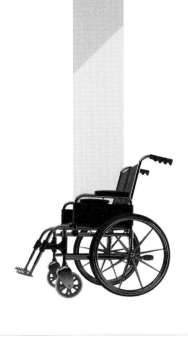

Assistive Technology Service

보조공학 서비스

한국보조공학사협회 편

육주혜 · 이근민 · 김소영 · 이진현 · 오현정 · 유성문 · 성기창 공저

학지사

머리말

2011년에 설립한 한국보조공학사협회는 한국보조공학회와 한국재활복지공학회에서 교부하던 자격을 '보조공학사'로 통합하고, 이후 보조공학 및 서비스 분야에 많은 변화를 이끌어 냈습니다. 이론과 임상을 동시에 교육해야 하지만 제대로 된 참고 도서가 없었던 상황에서 협회가 주도하고 우리나라 보조공학 관련 전문가들이 머리를 맞대고 노력하여 2012년 1월에 발간한 『보조공학총론』은 교재가 없고 번역서뿐이었던 보조공학 분야에 새로운 역사를 만들었습니다. 또한 2014년, 민간자격이었던 '보조공학사' 자격을 국내 최초로 한국직업능력개발원에 민간자격 2014-4894로 등록하였습니다.

이명수 국회의원과 강력하게 추진하던 「장애인·노인 등을 위한 보조기기지원 및 활용촉진에 관한 법률」이 2015년에 마침내 제정되었고, 이로 인해 '보조공학사' 자격이 국가자격으로 운영되도록 하였습니다. 법률에서 가장 중점을 두었던 보조기기의 효율적이고 효과적인 전달체계로 장애인·노인이 체감하는 원스톱 보조기기 서비스를 제도화하고, 이를 실현시키기 위해 중추적인 역할을 하는 보조공학사의 국가자격 조항이 만들어진 것입니다.

경과 기간을 거쳐 2019년 7월에는 제1회 보조공학사 국가시험, 9월에는 제1회 보조공학사 국가자격 특례시험이 실시되었고, 이를 통해 보조공학사로서 필요한 기본 능력과 지식이 무엇인지에 대한 논의가 더욱 깊어졌습니다. 이에 보조공학 서비스 분야를 심층적으로 다루는 교재가 필요하다는 의견이 많아졌고, 그 뜻을 모아 필요한 영역과 내용을 보강하여 『보조공학 서비스』라는 책을 내기에 이르렀습니다.

이 책은 크게 3부로 구성되어 있습니다. '보조공학사' 국가자격 시험과목을 기준으로 제1부는 보조공학 서비스의 기초로 제1장 보조공학의 개관, 제2장 장애학, 제3장 재활학, 제4장 해부생리학, 제5장 인체운동학, 제6장 장애 진단 및 평가, 제7장 보조공학 법규 및 서비스 전달체계를 다룹니다. 제2부는 영역별 보조공학 서비스로 제8장

이동보조기기와 서비스, 제9장 자세유지 보조기기와 서비스, 제10장 정보접근 보조기기와 서비스, 제11장 의사소통 보조기기와 서비스, 제12장 일상생활 보조기기와 서비스, 제13장 장애인 편의시설이 포함되어 있습니다. 그리고 제3부는 보조공학 서비스의 임상 적용으로, 제14장 보조공학 서비스 윤리, 제15장 보조공학 임상 및 사례관리, 제16장 보조기기 적용·훈련·교육, 제17장 보조기기 유지관리, 제18장 보조기기 개조·맞춤제작으로 구성하였습니다. 이 외에 보조공학에 필요한 공학 분야 과목은 별도의 교재를 집필 중이며, 조만간 출판될 예정입니다.

보조공학을 공부하려고 하는 학생들과 관련 전문가들에게 도움을 주고자 보조공학 서비스의 전반적이고 기초적인 내용을 담아 소개하게 되어 무척 기쁩니다. 여전히 부족한 부분들이 있지만, 지금부터 다시 공부하고 연구하여 다음에는 현장과 밀접한 내용으로 보완할 것을 다짐하며 집필을 마무리하였습니다. 마지막으로 이 책의 발간을 위해 집필하여 주신 모든 저자분과 편집 및 출판을 위해 애써 주신 학지사 김진환 사장님과 직원들에게 감사드립니다.

한국보조공학사협회

차례

제2부 영역별 보조공학 서비스

제 **1** 부

보조공학 서비스의 기초

제1장

보조공학의 개관

▌ 육주혜

1. 보조공학의 정의

세계보건기구(World Health Organization: WHO)에서 2001년도에 발표한 국제기능 · 장애 · 건강분류(International Classification of Functioning, Disability and Health: ICF, 2001)는 개인의 기능은 건강 상태를 기반으로 한 신체 기능과 구조, 활동, 참여로 표현되며 이는 개인 요인과 환경 요인을 포함하는 개인을 둘러싼 배경요인과의 상호작용에 의해 인간의 장애를 설명한다. 특정 영역에서 개인들의 기능 수준은 건강 상태와 상황적 요인의 상호작용의 결과로 본 것이다(이채식 외, 2018). 최근 장애에 대한 개념은 한 개인의 손상이나 기능 저하에 머무르지 않고 사회적 상호작용과 환경에 따라 개인이 원하는 활동 및 참여 가능 여부를 고려하여 판단한다. 따라서 본인이 원하는 움직임과 활동, 참여를 가능하게 또는 보다 원활하게 하는 지원 영역인 보조공학과 편의 증진이 매우 중요한 역할을 하게 된다(WHO, 2013, p. 7).

이러한 맥락에서 **보조공학**(Assistive Technology: AT)은 장애인의 신체 기능과 구조, 활동, 참여를 보완, 유지, 향상하기 위해 사용하는 하드웨어와 소프트웨어 등 모든 형태의 제품, 장비, 시스템과 이를 적용하는 데 필요한 모든 서비스를 통칭한다(육주혜 외, 2017).

보조공학에서 포함하고 있는 하위 개념들을 살펴보면, 미국 「보조공학법」(Assistive Technology Act: ATA)」(2004)에서는 보조공학을 보조공학기기(Assistive Technology Devices: ATD)와 보조공학 서비스(Assistive Technology Service)로 구분한다. 국제표준기구(International Standard Organization: ISO)에서는 보조 제품(Assistive Products)이라는 용어를 사용한다. 「장애인·노인 등을 위한 보조기기 지원 및 활용촉진에 관한 법률」(이하 「장애인보조기기법」)에서는 '보조기기(Assistive Devices)'와 '보조기기 서비스(Assistive Devices Service)'라는 용어를 규정하고 있다. 여기서는 보조공학기기와 보조기기를 같은 의미로, 보조공학 서비스와 보조기기 서비스를 같은 의미로 해석하여 함께 사용한다. 다만, 장애인보장구, 재활보조기구, 복지용구, 보철구 등 법률, 제도, 연구 논문 등 참고 자료에서 사용하고 있는 용어는 바꾸지 않고 그대로 그 용어를 인용하고자 한다.

2. 보조공학기기의 정의

「장애인보조기기법」 제3조(정의)에 따르면 **보조기기**란 "장애인 등의 신체적·정신적 기능을 향상·보완하고 일상 활동의 편의를 돕기 위하여 사용하는 각종 기계·기구·장비"이다. 미국 「보조공학법」(2004)에 따르면, 보조공학기기는 장애인의 기능을 증진·유지·향상시키기 위해 사용하는 기존 또는 개조 제품이나 맞춤제작한 장비와 제품 시스템이다.

우리나라에서 보조기기의 종류는 다음을 말한다(「장애인보조기기법 시행규칙」 제2조).

- 개인 치료용 보조기기
- 기술 훈련용 보조기기
- 보조기 및 의지(義肢)
- 개인 관리 및 보호용 보조기기
- 개인 이동용 보조기기
- 가사용 보조기기
- 가정·주택용 가구 및 개조용품
- 의사소통 및 정보전달용 보조기기
- 물건 및 기구 조작용 보조기기

- 환경 개선 및 측정용 보조기기
- 고용 및 직업훈련용 보조기기
- 레크리에이션용 보조기기
- 그 밖에 다른 법령에 따른 장애인 등을 위한 기계 · 기구 · 장비로서 보건복지부장
  관이 정하는 보조기기

　「장애인복지법」 제65조에서는 장애인보조기구를 장애인이 장애의 예방 · 보완과 기
능 향상을 위하여 사용하는 의지보조기 및 그 밖에 보건복지부장관이 정하는 보장구
와 일상생활의 편의 증진을 위하여 사용하는 생활용품으로 규정한다.
　「장애인보조기구 품목의 지정 등에 관한 규정」(보건복지부고시 제2016-15호, 2016. 2.
2.) 〈별표 1〉에서 제시한 장애인보조기구 품목 및 분류체계 개요는 다음과 같다.

표 1-1　장애인보조기구 품목 및 분류체계 개요(보건복지부고시 제2016-15호, 2016. 2. 2.)

종류	분류	
개인 치료용 보조기구	• 호흡용 • 순환 치료용 • 투석 치료용 • 투약용 • 인지검사 및 평가용 • 인지 치료용	• 자극장치 • 열 또는 냉 치료용 • 욕창 예방용 • 지각 훈련용 • 척추 당김용 • 운동, 근력, 균형 훈련용 장비
기술 훈련용 보조기구	• 의사소통 치료 및 훈련용 • 보완대체 의사소통 훈련용 • 배변 훈련용 • 인지 기술 훈련용 • 기본 기술 훈련용	• 교육 과목 훈련용 • 예술 훈련용 • 사회적 기술 훈련용 • 입력장치 및 제품 취급 훈련용 • 일상생활활동 훈련용
보조기 및 의지	• 척추 및 머리 보조기 • 배 보조기 • 팔 보조기 • 다리 보조기 • 신경근 자극 장치용 보조기	• 팔 의지 • 다리 의지 • 기타 의지 • 교정용 신발류
개인 관리 및 보호용 보조기구	• 의류 및 신발 • 신체 보호 착용 • 신체 안정용 • 옷 입고 벗기용 • 화장실용	• 대소변 수집용구 • 대소변 흡수용 • 불수의적 대소변 누출 예방용 • 씻기, 목욕, 샤워용 • 손발(손발톱) 관리용

종류	분류	
	• 기관절개 관리용 • 인공항문 관리용 • 피부 보호 및 청결용 제품 • 소변 처리용구	• 머리카락 관리용 • 체온, 체중 등 신체상태 측정 용구 • 성 활동용
개인 이동용 보조기구	• 한 팔 조작형 보행용 • 양팔 조작형 보행용 • 보행용 보조기구 액세서리 • 장애인용 특수 자동차 • 장애인 차량용 액세서리 및 개조용품 • 전동식 대안형 이동 • 자전거	• 수동휠체어 • 전동휠체어 • 휠체어 액세서리 • 수동식 대안형 이동수단 • 이동 및 회전용 • 들어 올리기 • 방향 안내용
가사용 보조기구	• 취사용 • 식기 세척용 • 식사용	• 청소용 • 직조 제작 및 수선용
가정·주택용 가구 및 개조용품	• 탁자 • 자세보조용구 • 자세보조용구 액세서리 • 침대 • 가구 높이 조절용	• 지지대 및 손잡이 • 대문, 방문, 창 및 커튼 개폐장치 • 승강용 • 가정, 주택용 안전 장비
의사소통 및 정보 전달용 보조기구	• 시각 • 청각 • 발성용 • 그리기 및 쓰기 • 계산용 • 시청각 정보의 기록, 재생, 표시용	• 대면 의사소통용 • 전화 및 무선 정보 전달용 • 경보, 표시, 기억, 신호전달용 • 읽기용 • 컴퓨터 입력장치
물건 및 기구 조작용 보조기구	• 용기 조작용 • 작동 및 조종 기구용 • 원격 조종 • 팔, 손, 손가락 및 다른 복합기능 대체용	• 길게 뻗기용 • 위치 조정용 • 고정용 • 운반 및 운송용
환경 개선 및 측정 용 보조기구	• 환경 개선용	• 측정용
고용 및 직업훈련 용 보조기구	• 작업장 내 가구 및 비품요소 • 작업장 내 사물 운반용 • 작업장 내 사물 이송 및 재배치용 • 작업장 내 사물고정, 뻗기, 움켜쥐기용	• 작업장 내 기계 및 공구류 • 사무행정, 정보보관 및 관리용 • 작업장 내 건강보호 및 안전용 • 직업 평가 및 직업훈련용
레크리에이션용 보조기구	• 놀이용 • 스포츠용 • 연주 및 작곡	• 사진, 영화, 비디오 제작용 • 수공예 공구, 재료, 장비 • 원예 및 농작용

주: 분류에서 반복되는 용어 '보조기구'는 생략하였음.

3. 보조공학 서비스의 정의

「장애인보조기기법」제3조(정의)에서는 **보조기기 서비스**를 '장애인 등이 보조기기를 확보하고 효율적으로 활용할 수 있도록 제공되는 일련의 지원'을 말한다. 미국 「보조공학법」(2004)에 따르면, 보조공학 서비스란 보조공학기기를 선택·구입·사용하는 데 장애인을 직접적으로 돕는 일을 말한다.

미국 「보조공학법」에서 정한 보조공학 서비스의 내용은 다음과 같다.

- 장애인의 일상적 환경에서 적절한 보조공학기기와 서비스 제공 효과의 기능적 평가를 포함한 보조공학 요구 평가
- 장애인의 보조공학기기 획득을 위해 제공되는 구입, 임대, 관련 서비스
- 장애인에게 보조공학기기의 선택, 설계, 피팅, 맞춤, 변형, 적용 보존, 수리, 교환, 기증 서비스
- 장애인 본인 또는 필요한 경우 그 가족 구성원, 보호자, 권익 옹호자, 대리인에 대한 보조공학기기 사용 훈련이나 기술적 지원
- 전문가(교육·재활 서비스 제공자와 보조공학기기 제작자 또는 판매자 포함), 고용주, 고용·훈련 서비스 제공자, 장애인에게 이외의 서비스를 제공하거나 장애인·직원을 고용하거나 사용자 본인의 주생활 기능에 실질적으로 관계가 있는 기타 개인들에 대한 훈련 또는 기술적 지원
- 전자·정보기술을 포함한 기술에 접근성을 확장하는 서비스

보조공학 서비스는 보조공학기기의 적용을 위해 수행하는 정보제공, 평가, 설계, 제작, 개발, 교육, 활용, 관리 등의 지원을 말한다. 보조공학 서비스의 과정과 내용은 보조공학 상담평가, 보조공학 기능평가 및 시범적용평가, 보조공학 서비스 계획 수립, 보조기기 맞춤제작 및 연구개발, 보조기기 사용 훈련 및 제공, 보조공학 서비스 결과 및 성과 평가, 사후 관리 및 사례관리로 다음과 같이 구조화하였다(육주혜 외, 2017; 한국보조공학사협회, 2016).

과정	보조공학 서비스 내용	
상담평가	- 서비스 클라이언트 정보 수집 - 장애와 질환 관련 정보 분석 - 일상생활 기초 평가 - 운동기술 기초 평가 - 시각/청각 능력 기초 평가 - 자세유지 기초 평가 - 사회적 상호작용 및 의사소통 기술 기초 평가 - 클라이언트 및 당사자 요구 파악	- 사용자 정보 분석 - 경제적인 상황 분석 - 학습 및 행동 기초 평가 - 피부감각 능력 기초 평가 - 이동성 기초 평가 - 평가자 종합 의견 기록

↓

기능평가 및 시범적용평가	- 이동보조기기 사용 평가 - 컴퓨터 및 정보기기 사용 평가 - 일상생활 보조기기 사용 평가 - 보조기기 시범적용평가	- 자세유지 보조기기 사용 평가 - 보완대체 의사소통 평가 - 주거생활 · 시설환경 이용 평가 - 평가자 종합 의견 기록

↓

보조공학 서비스 계획 수립	- 보조공학 서비스 현황 분석 - 상담/기능/시범적용평가 결과 종합 - 보조기기 사용 우선순위 합의 결정 - 보조기기 제공 유형, 방법, 일정, 구매/지원/대여 등의 프로그램 선택, 종결 계획 합의 결정

↓

맞춤제작 및 연구개발	- 보조기기 맞춤제작, 개조, 수리, 유지보수 - 보조기기 연구, 개발, 생산, 판매 및 연계

↓

보조기기 사용 훈련 및 제공	- 보조기기 사용 훈련, 안내, 정보제공 - 보조기기 구매, 지원, 대여 서비스 및 연계 - 보조기기 조정, 피팅, 설치

↓

보조공학 서비스 결과 및 성과 평가	- 보조기기 제공 결과 및 성과 기록 - 보조공학 서비스 계획 달성도 기록 - 담당자 종합 의견 기록

↓

사후 관리 및 사례관리	- 사후 관리 일정과 방법 수립 및 실행 - 담당자의 후속 평가 및 서비스 제공 의견 기록 - 개인 사례별 보조공학 서비스 과정을 총괄적으로 관리

그림 1-1   보조공학 서비스의 내용

출처: 육주혜, 이근민, 송병섭, 손병창, 김소영, 김장환, 김은주(2017). p. 24.

4. 보조공학사의 정의

「장애인보조기기법」 제15조에서는 장애인 등에게 보조기기의 상담·사용법 교육·정보제공 또는 생산·수리 등의 서비스를 제공하기 위하여 자격요건을 갖춘 사람(이하 "보조공학사"라 한다)에게 보조공학사 자격증을 내주어야 한다고 명시하고 있다.

『장애인보조기구 사례관리사업 운영지침 및 사업수행 가이드북』(보건복지부 국립재활원, 2019)에 의하면 **보조공학사**(Assistive Technology Professional: ATP)의 주요 업무는 보조기기 서비스(평가, 기기적용 및 훈련, 사후 관리), 보조기기 유지관리(수리, 점검 및 세척 등), 보조기기 개조 제작, 정보포탈 구축, 그 밖에 보조기기센터 사업에 필요한 업무를 포함한다.

5. 보조공학의 도입[1]

처음으로 보장구에 관한 기술이 도입된 것은 1945년 미군이 들어오면서 미군 병원에서 전상자의 치료와 재활을 목적으로 시작되었다. 그 후 기술이 발전되고, 대규모 제작소가 생겨나면서 일부 전기공학과와 의용기기 전공학부에서 재활공학에 대한 연구를 하였다. 근대적인 의미의 재활공학의 시작은 한국전쟁 이후 미국 등 선진국의 전후 원조계획에 의한 재활용구의 기술 전수였다(김선규, 1997).

1951년 11월 1일 당시 사회부 동래정양원에 임시 의지공장이 설치되었고 1952년 5월 5일 미국의 원조로 육군 제31 정양병원에 공장을 신축하여 동년 8월 16일 국내 최초로 육군의지창이 창설되었다(한국장애인복지체육회, 1996). 그 당시 미국, 영국 등의 원조를 통하여 태동하기 시작한 의지 기술을 습득한 소수에 의해 발전되어 왔는데, 정식 교육과정이 없이 기술 전수가 유일한 기술 보급 방식이었다. 그러나 한국전쟁 직후의 시기는 미국 등 선진국에서 아직 연구개발이 한창 진행 중인 단계여서 우리로서는 그들의 완성된 기술을 도입하지 못하였기 때문에, 1960년대에는 기술 도입이 거의 없었다(김선규, 1997). 소아마비 발생으로 인해 1960년대부터 보장구 분야가 발전하기 시

---

1 육주혜, 이근민, 송병섭, 손병창, 김소영, 김장환, 김은주(2017). pp. 25-28. 전문 인용함.

작하였지만 1970년대 보장구 수준은 매우 낙후되어 있었고 더욱이 전문가도 거의 없는 상황이어서 의지와 보조기가 보장구의 전부였다고 해도 과언이 아니다(한국재활재단, 1996).

1970년대에 세계재활재단의 후원으로 의지ㆍ보조기 기사의 해외 연수가 이루어져 미국의 완성된 기술을 습득할 기회를 가졌으나 전문 교육기관의 부재로 이들에 의한 국내 기술 전수 역시 결실을 보지 못하였다(홍승홍, 1993). '한국 보철구 기공협회'라는 이름으로 1976년에 창립된 한국보장구협회는 1981년 제정된 「심신장애자 복지법」에 의해 처음으로 보장구의 제작 또는 수리에 관한 규정이 도입되었으며, 인적 요건인 보장구 제작기사에 대해서는 그가 제조하는 보장구에 관한 지식이 풍부하고, 그 보장구를 7년 이상 제조한 경험이 있어야 한다고 규정하고만 있고, 지식의 여부에 대한 측정기준이나 제작기술에 대한 국가자격고시제도는 없었다(김명회, 1995 재인용). 다행히 우리나라에서도 2000년 1월부터 시행된 개정 「장애인복지법」에서 장애인의 재활에 필수적인 의지보조기를, 의사의 처방에 따라 제조ㆍ개조ㆍ수리 또는 신체에의 장착을 하는 전문가에 대한 국가자격증을 교부하도록 하였고, 이에 필요한 국가시험을 신설(2000년 11월) 하였다.

1980년대 이후 급격한 산업화에 의한 산업재해와 교통사고로 인해 장애인들이 늘어나면서 여러 유형의 보장구가 필요하게 되었다. 특히 1988년 장애인올림픽을 계기로 선진국에서 이용되고 있는 다양하고 우수한 품질의 제품들이 소개되면서 보장구에 대한 중요성이 널리 인식되기 시작하였다(한국재활재단, 1996). '재활보조기'라는 용어는 1989년 대통령 자문기구로 설립된 '장애자 복지대책 위원회'에서 처음으로 사용되기 시작했으며, "보조기, 의지, 휠체어, 보청기 등의 보장구를 비롯한 장애인이 사용하는 생활용품과 각종기기"로 정의되었다. 그 이후 1997년 개정된 「장애인복지법」에서부터 '재활보조기구'라는 용어로 명칭이 변경되었다(김인서, 2000). 우리나라 과학기술의 장애인분야 활용에 대한 정부 차원의 대책은 1989년 과학기술처 주도로 소외계층을 위한 과학기술의 활용이라는 슬로건 아래 재활공학적 연구개발계획이 최초로 수립되었다(한국장애인복지체육회, 1996).

보장구 및 장애인 복지관련 연구개발이 1993년까지는 구체적인 결실이 미미한 상태였으나 1994년 이후 보장구 및 장애인 재활 관련 연구의 중요성이 인식되어 많은 변화가 일어났다. 현재 여러 연구기관 및 산업체에서 이에 대한 연구개발 활동을 수행 중이며 정부의 연구개발에 대한 지원 및 투자도 증가되고 있다. 1997년 보건복지부에서 그간 개별적으로 추진되어 왔던 재활보조기구 관련 정책을 체계화하고 중장기적 발전 방향을 제시하기 위해 관련 전문가 및 장애인계의 의견을 수렴한 후 '97년 12월 '장애인 복지발전 5개년('98~2002년) 계획'에 재활보조기구 분야를 포함하여 발표한 바 있다. 그러나 국내의 연구는 외국에 비해 시작단계였으며 기존에 연구되었거나 진행 중인 것은 전동휠체어나 이와 관련된 연구이며 최근 다양한 분야로의 시도가 이루어지고 있다.

우리나라의 재활공학 및 특수교육공학 분야의 전문인은 거의 전무하다고 해도 과언이 아닐 것이다. 그리고 소수의 연구소에서 재활공학에 대한 연구를 하지만 선진국에 비하면 너무나 부족하다. 다행히도 장애인들 스스로가 재활공학을 활용하는 사례가 국내에서는 많다. 1996년에는 국내 최초로 생긴 대구미래대학(전, 경북실업전문대학) 재활학과(전 재활공학과)에서 '보장구사' 전문인을 배출하였다. 1997년에는 대구대학교 재활과학대학에 재활과학과가, 1999년에는 나사렛대학교 재활학부에 재활공학과가 신설되어 장애인의 재활을 효과적이고 성공적으로 달성할 수 있도록 보조공학 서비스를 제공하게 될 재활공학전문가를 양성하고 있다. 2000년부터 시행되고 있는 의지·보조기 기사 국가시험을 활성화시키고 양질의 전문 의지·보조기 기사를 양성하기 위한 학과가 몇 개의 학교에 개설되었다. 이렇듯 국내에서도 점차 재활공학의 전문인을 양성하는 기관이 늘고 있고, 비록 수입에 의존하기는 하지만 다양한 보장구와 보조공학기기를 비롯한 재활기기를 제공하는 업체들도 속속 생겨났다.

학회와 동호회를 보면, 2001년 대한재활공학회가 설립되어 장애인 컴퓨터 트레이너 및 휠체어 치료사 자격연수와 자격시험을 주관하였다. 또한 한국특수교육공학회가 역시 2001년에 설립되어 특수교육 관련 분야의 첨단 공학화와 이를 통한 특수교육의 질적 발전을 위하여 힘을 쏟았다. 아이소리의 'Assistive Technology 연구회'(학술동호회)는 장애인의 교육, 직업, 일상 및 사회생활을 보조하는 각종 하드웨어와 소프트웨어의 활용 및 제작과정 원리와 실제적 적용에 대한 연구를 하였다. 그리고 파라다이스 복지재단 장애아동 연구소에서 국내에서는 유일하게 『장애아동과 테크놀로지』라는 잡지의 창간호를 2002년도에 발간하였다.

보조기기 맞춤제작과 서비스에 대해서는 오픈마인드(Open Mind), 재활공학서비스 연구지원센터, 노틀담자세유지보조기구센터, FORT 재활공학연구소에서 보조기기를 장애인의 신체에 맞게 주문 제작, 맞춤 조정 서비스하고 있으며 전문 연구기관으로 근로복지공단 산하에 설립된 재활공학연구소가 있다.

　　최근 우리나라는 장애범주의 확대와 후천적 원인에 의한 장애 발생률 증가, 초고령
화 사회로의 진입으로 인해 장애인구 및 장애인보조기기 수요자가 지속적으로 증가
하고 있다. 장애인보조기기 수요자 증가에 따라 국가의 보조기기 공적급여 예산도 가
파른 증가 추세에 있으며, 건강보험을 포함하여 국가 공적급여의 전체 예산 규모가
1,000억 원을 넘어서고 있는 상황이다(보건복지부, 2013).

　　건강보험공단은 2013년 10월부터 합병증 및 2차 장애예방을 위해 중증 뇌성마비나
척수손상 장애인이 자세를 유지하기 위해 쓰는 보조기기를 건강보험에 적용하였다. 뇌
병변 및 지체장애인 가운데 의학적 검사를 거쳐 처방을 받을 경우 앉는 자세유지를 위
해 보조기기가 필요한 사람은 구입 비용을 최대 120만 원까지 지원받을 수 있다. 자세
유지기구를 처방 받은 장애인은 보조공학사, 의지 · 보조기 기사, 작업치료사 자격을
소지한 직원이 있는 제조회사에서 맞춤식 평가와 제작을 통해 구입할 수 있다. 건강보
험공단은 이때 처음으로 민간자격이었지만 보조공학사(한국보조공학사협회)의 전문성
을 인정하여 자세유지기구의 전달체계에 전문가로서의 역할을 인정하기 시작하였다.

　　2004년 건강보험을 통해 전동휠체어 및 스쿠터의 지원이 된 이후 사용자의 목소리
에 의해 각 지방자치단체는 이동보조기기 수리사업을 지원하였다. 이러한 지방자치
단체의 보조기기 수리사업은 「장애인복지법」 및 그 시행규칙, 「장애인 · 노인 · 임산부
등의 편의 증진 보장에 관한 법률」 「의료급여법」 및 「건강보험법」 시행규칙, 각 지자체
의 장애인 휠체어 등 수리 지원에 관한 시 조례 및 해당 지자체의 구청장 방침 등 그 근
거가 다양하다. 수리비용의 예산에는 중앙정부의 편성 및 지원되는 예산이 없으며, 대
부분 해당 지자체의 자체예산으로 운영되었다(한국장애인개발원, 2011). 지자체의 사업
운영에 따라 지역별로 차별이 있는 수리사업이 문제로 제기되기도 하였다. 건강보험
및 의료급여를 통해 교부받은 이동보조기기의 사후 관리에 대한 여러 가지 문제점을
인식한 건강보험공단은 2016년부터 사후 관리와 보조기기에 대한 정보를 제공하기 위
해 강원도 인제와 경기도 이천에 이동보조기기 수리사업 시범사업센터를 설치하였다.
수리에 대한 전문성은 보조공학사 자격증을 소지한 자를 각 센터별로 2명씩 채용함으
로써 점차 보조공학사에 대한 인식의 변화와 전문성을 인정하였다.

　　보건복지부에서는 2010년부터 장애인보조기구 사례관리 시범사업을 실시하였고,
현재 '보조기기센터'로 명칭을 변경하여 국립재활원의 중앙보조기기센터를 중심으로
전국 16개 시 · 도에 설치 운영되고 있다. 이러한 보조기기센터에서 보조기기에 대한
전문적인 서비스는 보조공학사의 역할을 공고히 하였으며, 이를 계기로 업체, 병원, 공

공기관 등에서 보조공학사에 대한 전문성을 인정하게 되었다고 볼 수 있다. 보조기기 센터는 현재 교부사업의 연계를 중심으로 전문성 있는 보조기기 서비스를 제공하기 위해 노력하고 있으나 기존에 지원되고 있는 공적급여 제도의 서비스를 직접적으로 제공하는 것에는 한계를 가지고 있는 실정이다(보건복지부, 2013).

　　고용노동부는 「장애인고용촉진 및 직업재활법」에 따라 고용노동부장관이 장애인을 고용하거나 고용하려는 사업주에게 장애인 고용에 필요한 비용 또는 기기 등을 융자하거나 지원할 수 있도록 하는 것을 근거로 보조공학기기를 지원하고 있다. 고용노동부에서 보조기기를 지원하는 사업은 크게 근로장애인을 위한 '보조공학기기 지원'과 산재장애인을 위한 '재활보조기구 지원'으로 구분할 수 있다. 한국장애인고용공단의 경우 근로장애인의 직무 유지를 위한 기기 지원 사업을 무상임대 또는 보급 형태로 실시하고 있다(한국장애인고용공단, 2013). 근로복지공단에서는 산업재해 장애인 위해 산재의료관리원 및 산하 재활공학연구소를 통해 의수족 및 그 외 모든 종류의 보장구를 요양급여의 행태로 지급 및 수리 서비스를 제공하고 있다. 2011년부터 한국장애인고용공단은 공단 산하 직원들이 보조조공학기기와 관련된 업무 역량을 갖추도록 하기 위해 한국보조공학사협회의 보조공학사 자격연수 및 보수교육을 받고 자격증을 받을 수 있도록 지원함으로써 다양한 방면에서 전문성 확보를 위해 노력해 오고 있다.

참고문헌

김명회(1995). 우리나라 보장구 산업의 현황. 장애인고용 16호. 한국장애인고용촉진공단.

김선규(1997). 한국재활공학의 현실과 개선방안에 관한 연구. 지체중복건강장애연구, 29(29), 66-82.

김인서(2000). 효과적인 재활 서비스를 위한 대학 내 보조공학 센터 모델 제시. 대구대학교 대학원 미간행 석사학위 청구논문.

보건복지부(2013). 장애인보조기구센터 내실화 사업.

보건복지부 국립재활원(2019). 장애인보조기구 사례관리사업 운영지침 및 사업수행 가이드북.

육주혜, 이근민, 송병섭, 손병창, 김소영, 김장환, 김은주(2017). 보조공학사 자격제도 도입방안 연구. 보건복지부/나사렛대학교 산학협력단.

이채식, 이은영, 이형렬, 김재익, 전영록(2018). 장애인복지론. 서울: 창지사.

한국보조공학사협회(2016). 보조공학총론(2판). 서울: 학지사.

한국장애인개발원 편(2011). 장애인보조기구 수리지원 사업 운영 결과 보고서.

한국장애인고용공단(2013). 장애인 보조공학기기 지원안내서.

한국장애인복지체육회(1996). 보장구 품목고시 및 용어의 단일화 연구.

한국재활재단(1996). 한국 장애인 복지 변천사. 서울: 양서원.

홍승홍(1993). 한국의 재활공학의 현실과 발전방향. 한국장애인재활협회 제2회 재활심포지엄 자료집.

World Health Organization (2013). *How to use the ICF: A practical manual for using the International Classification of Functioning, Disability and Health(ICF)*, p.7. Geneva: WHO.

제2장

장애학

▌ 육주혜

1. 장애인의 정의

장애인의 정의는 국가마다 역사, 문화, 사회, 경제적 수준, 가치관, 관점에 따라 다르게 규정된다. 우리나라에서는 「장애인복지법」 제2조에서 "**장애인이란 신체적·정신적 장애로 오랫동안 일상생활이나 사회생활에서 상당한 제약을 받는 자**"로 정의하고 있다.

2. 국제적 장애 개념의 변화

세계보건기구(World Health Organization: WHO)에서는 1980년 **국제장애분류**(International Classification of Impairments, Disabilities, and Handicaps: ICIDH)를 발표하였는데 장애의 개념을 **손상**(impairment), **능력장애**(disabilities), **사회적 불리**(handicaps)의 3개 영역으로 구분하였다. **손상**은 생물학적 기능과 구조의 장애로 기능의 감소를 야기하는 영구적이거나 일시적인 병리적 상태이다. **능력장애**는 기능장애로 인한 활동 수행 능력의 제약이나 결여이다. **사회적 불리**는 기능장애와 능력장애 때문에 독립생활, 교육, 취업 등이 저해되는 상태이다. 손상이 능력장애를 가져오고 이것이 다시 사회적 불리의 결과를 초래한다는 것이다(이채식 외, 2018).

세계보건기구는 이전 국제장애분류를 새롭게 정비하여 1997년『**국제장애분류 제 2판**(International Classification of Impairments, Disabilities, and Handicaps-2: ICIDH-2)』을 발표하였다. 여기서는 장애개념을 **손상**(impairment), **활동**(activities), **참여**(participation) 로 구분하여 설명하고 있다. **손상**은 신체 구조나 기능의 상실 또는 비정상으로 기본적 인 기능 수행에 제한이 있음을 말한다. **활동**은 개인적 수준에서 기능의 범위와 본질로 서 일상생활과 관계된 능력을 말한다. **참여**는 손상, 활동, 건강조건, 생활요인과 관련 한 사회적 상황에서 개인의 연관성 정도와 본질이다(이채식 외, 2018). 손상, 활동, 참여 의 순서적 원인 결과가 있다기보다 서로 상호작용하며 같은 손상이라도 활동과 참여 의 양상은 개인에 따라 다르게 나타날 수 있다.

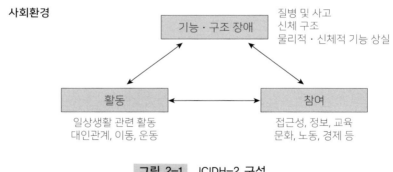

그림 2-1   ICIDH-2 구성

출처: 이채식, 이은영, 이형렬, 김재익, 전영록(2018).

세계보건기구의 2001년 **국제장애분류**(International Classification of Functioning, Disability and Health, ICF)는 개인적 · 사회적 상황 고려와 긍정적 용어 사용으로 이전 의 장애개념을 보다 포괄적으로 정비하였다. 장애는 개인의 **건강 상태**, 환경 요인과 **개인 요인**에 따라 **신체 기능과 구조**, **활동**, **참여**에 영향을 주고받는다는 것이다. 그리고 이러한 맥락에서 신체 기능과 구조, 활동, 참여의 제한 수준과 범위로 장애를 설명한다.

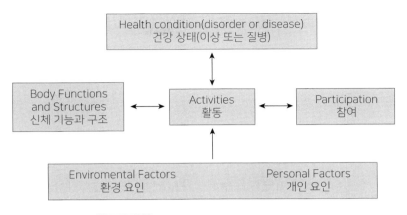

그림 2-2 ICF 구성요소들 간의 상호관계

출처: World Health Organization (2013). p. 7.

3. 장애인 복지 이념과 정책

1) 장애인 복지 이념

장애인 복지의 기본 이념은 장애인의 완전한 사회 참여와 평등을 통하여 사회통합을 이루는 데에 있다(「장애인복지법」 제3조). 이를 인권존중, 정상화, 사회통합, 자립생활, 사회책임으로 구분하여 설명하고자 한다(이채식 외, 2018; 최기창, 박관영, 2014).

(1) 인권존중

모든 사람은 태어날 때부터 자유롭고 동등한 존엄성과 권리를 가지고 있다(세계인권선언). 마찬가지로 장애인도 인간으로서의 존엄과 가치를 존중받으며, 그에 걸맞은 대우를 받아야 한다(「장애인복지법」 제4조 제1항). 장애라는 일부 특성에 초점을 맞추지 않고, 장애인을 전인격적인 존재로, 사회의 구성원으로 인정하고 생명과 생존권을 보장하는 것이다(이채식 외, 2018).

(2) 정상화

장애인은 지역사회의 생활환경 속에서 다른 구성원들과 마찬가지로 한 구성원으로 정상적이고 일상적인 생활을 해야 한다. 이를 위해 장애인을 대규모 시설에 수용하는 것을 반대하며 지역사회에서 다른 이웃과 같은 삶을 누릴 수 있도록 정신적·물리적·문화적 환경을 이루어 가는 것이다.

(3) 사회통합

장애인 복지는 장애인이 개인적 차원에서 자유와 권리를 존중받고 사회에 적응하며 발전하도록 지원하는 데에 그치지 않고 장애인이 사회구성원으로서 역할을 수행하며 살아갈 수 있도록 사회 구조와 환경, 제도를 개선·변화시키는 것이다. 아울러 장애인이 주류(mainstream)의 입장에서 사회와의 요구 및 수용에 대한 상호작용을 통해 함께 살아가는 사회를 만들어 가는 것이다.

(4) 자립생활

사회적 인식과 구조의 변화로 장애인의 생활이 시설중심에서 지역사회중심으로 전환되면서 장애인 스스로 자신의 삶에 책임을 지고 결정하고 선택하며, 능동적이고 주체적인 삶을 살 수 있도록 하는 것이다. 정신적·사회적·경제적 자립을 통해 원하는 삶의 목표 설정과 생애 설계를 자신의 의지에 따라 전개해 나아가는 것이다.

(5) 사회책임

장애를 개인의 범위를 넘어 사회의 문제로 인식하고 사회와 구성원 모두가 극복하고 해결해야 할 문제로 보아야 함을 원칙으로 한다. 장애인의 요구와 현황을 기반으로 서비스와 제도를 적극적으로 구축·제공하고 스스로의 삶을 개척해 나가는 데 제한이 심한 장애인들에 대한 보호와 권리 옹호의 책임 또한 사회에 있다.

2) 장애인 복지 정책

장애인 복지 정책은 크게 소득보장, 고용보장, 교육보장, 의료보장으로 구분할 수 있다(이채식 외, 2018; 최기창, 박관영, 2014).

(1) 소득보장정책

한국보건사회연구원의 장애인실태조사(2017)에 따르면, 장애인가구의 15.0%가 국민기초생활보장 생계급여 수급자인 것으로 나타났다. 장애인가구의 월 평균 수입액은

253.5만 원이고 장애인 개인 수입액의 평균은 108.2만 원이었다. 한편, 장애인가구가 한 달 동안 살아가는 데 필요한 최소한 생활비는 187.9만 원, 장애로 인한 추가 소요비용이 월 평균 15만 5,100원으로 장애인 가구 또는 장애인 개인의 수입으로 생계를 영위하는 데 어려운 상태임을 나타냈다.

이를 해결하기 위한 장애인 소득보장정책은 직접적 소득보장과 간접적 소득보장으로 나뉜다. **직접적 소득보장**으로 사회보험은 국민연금보험, 산업재해보상보험이 있고 공공부조로 국민기초생활보장제도가 있으며 사회수당은 경증 장애수당, 중증장애인 연금제도, 장애아동수당이 있다. **간접적 소득보장**에는 장애인 자녀의 교육급여 지원, 장애인 자립자금 대여제도, 소득세 공제 및 시·청각장애인 TV 수신료 면제와 같은 각종 경제적 부담 경감시책들을 시행하고 있다(이채식 외, 2018).

(2) 고용보장정책

우리나라의 15세 이상 장애인 취업인구는 2017년 현재 931만 4천 명이다. 장애인 인구대비 취업자 비율(고용률)은 36.9%로 전체인구의 취업자 비율 61.3%보다 크게 낮고 장애인 실업률도 5.1%로 전체인구 실업률 3.4%보다 약 1.5배 높은 수준이다(한국보건사회연구원, 2017).

우리나라 장애인 고용보장제도는 할당고용정책, 보호고용정책, 유보고용정책을 시행하고 있다. **할당고용정책**(장애인 의무고용제도)은 일정 수 이상의 근로자를 고용하는 사업주에게 의무적으로 장애인을 고용하도록 하는 제도이다. 고용부담금 의무고용률의 경우 2016년 민간사업주는 2.7%, 국가·지방자치단체는 2.7%, 공공기관은 3.0%인데 연차별로 계속 상향 조정하는 추세이다. **보호고용정책**은 통상적인 작업환경에서 일하기 어려운 장애인을 위하여 특정한 환경을 근로환경으로 제공하고 그 근로환경에서 일할 수 있도록 하면서 장애인에게 고용의 기회를 제공하기 위한 것이다. 2007년 개정된 「장애인복지법」에서 장애인보호작업장과 장애인근로작업장 2개 유형으로 통폐합하였다. **유보고용정책**은 인정한 직종을 지정하여 그 직종에 대해서만큼은 장애인을 우선적으로 고용하도록 하는 것이다. 우리나라에서는 안마사 자격을 가지고 「장애인복지법」에 의한 장애인 등급 1급에서 3급(장애의 정도가 심함)에 해당하는 시각장애인은 30% 이상, 4급에서 6급(장애의 정도가 심하지 않은)에 해당하는 시각장애인은 30% 이하로 유보하는 제도를 시행하고 있다.

(3) 교육보장정책

학령기교육, 보육, 평생교육 현황을 2017년 장애인실태조사(한국보건사회연구원) 결과로 살펴보고자 한다. 장애인 교육수준은 '무학' 10.4%, '초등학교' 27.3%, '중학교' 16.7%, '고등학교' 30.4%, '대학 이상' 15.1%인 것으로 조사되었다. 초·중·고등학교를 다니지 않았거나 중도에 그만둔 이유는 '경제적으로 어려워서'라고 응답한 비율이 72.5%로 가장 많은 비율을 차지하였다. 그다음 이유로는 '집에서 다니지 못하게 해서'가 11.9%, '다니기 싫어서'가 6.4%, '심한 장애로 인하여'가 5.5%였다.

현재 다니고 있는 보육시설 형태는 장애아 통합보육시설 12.2%, 장애아 전문보육시설 12.2%, 일반보육시설 3.6%로 나타났다. 보육시설에 대한 만족도는 '대체로 만족'이 63.7%, '매우 만족'이 36.3%로 전반적으로 높았다. 유치원이나 초등학교를 다니는 장애아동을 제외하고 현재 보육시설에 다니지 않는 이유는 '다른 방법이 없어서'가 6.0%, '시설이 없어서'가 3.3%였다. 또한 보육시설이나 초등학교를 다니는 장애아동을 제외하고 현재 유치원에 다니지 않는 이유는 '다른 방법이 없어서'가 4.9%, '시설이 없어서'가 4.3%로 나타났다.

학교생활(보육시설/유치원 포함) 적응 정도는 '잘 적응하는 편'이 68.9%, '매우 잘 적응하는 편'이 10.8%이고 '잘 적응 못하는 편'이 19.4%, '전혀 적응 못함'이 0.8%였다. 보육시설·유치원·학교생활의 문제점은 '수업내용의 이해(진도 따라가기)'가 28.7%, '친구들의 이해부족·놀림'이 11.4%, '특수교사의 부족'이 8.6%, '등·하교 불편'이 7.7%로 조사되었다. 장애인의 평생교육 프로그램 참여 경험은 '없다'가 98.5%로 거의 없는 것으로 나타났다.

교육보장제도로 특수교육대상자에 대해 유치원·초등학교·중학교·고등학교 과정의 교육은 의무교육으로 한다. 전공과와 만 3세 미만의 장애영아교육은 무상으로 제공한다. **특수교육**이란 특수교육대상자의 교육적 요구를 충족시키기 위하여 특성에 적합한 교육과정 및 특수교육 관련서비스 제공을 통하여 이루어지는 교육을 말한다(「장애인 등에 대한 특수교육법」 제2조). **특수교육 관련서비스**란 특수교육대상자의 교육을 효율적으로 실시하기 위하여 필요한 인적·물적 자원을 제공하는 서비스로서 상담지원·가족지원·치료지원·보조인력지원·보조공학기기지원·학습보조기기지원·통학지원 및 정보접근지원 등을 말한다(제2조). 개발화교육과 통합교육을 원칙으로 하며, 일반학교에서 통합교육을 받거나, 장애정도가 심하여 장·단기 결석이 불가피하거나, 이동이나 운동기능의 심한 장애로 인하여 각급학교에서 교육을 받기 곤란하거나 불가능하여 복지시설·의료기관 또는 가정 등에 거주하는 특수교육대상자의 교육을 위하여 필요한 경우 순회교육을 실시한다(제25조).

(4) 의료보장정책

장애인은 평소 자신의 건강 상태에 대해 '매우 나쁨' 12.0%, '나쁨' 38.2%로 인식하고 있었다. 희귀·난치성 질환을 갖고 있다는 응답은 8.0%, 현재 3개월 이상 계속되는 만성질환이 있다고 응답한 비율은 79.3%였다. 최근 1년간 본인이 의료기관에 가고 싶을 때 가지 못한 경험이 있는 경우는 17.0%였다. 이는 19세 이상 전체 국민의 최근 1년 동안 치료가 필요하나 받지 못한 미충족 의료율 8.8%(보건복지부 질병관리본부, 2016)보다 2배 정도 높은 비율이다. 원하는 때 병의원에 가지 못한 이유는 '경제적 이유'가 39.2%, '의료기관까지 이동의 불편함'이 25.0%, '시간이 없어서'가 13.7%의 순으로 나타났다. 현재 재활치료서비스를 이용하지 않는 이유 중 '다닐 필요가 없어서' 67.8%를 제외하면 '비용 부담 때문에'가 8.9%로 가장 높고 '접근하기 어려워서(이동의 어려움 등)' 8.5%, '다른 방법이 없어서' 5.8%였다(한국보건사회연구원, 2017).

장애인의 의료보장제도는 장애인 의료비 지원, 장애인 보조기기 무료 교부, 의료 관련서비스 지원이 있다. **장애인 의료비 지원**은 국민건강보험과 의료보호제도를 통하여 의료서비스를 받도록 하고 있다. 국민건강보험 적용 대상은 국내에 거주하는 국민으로 건강보험의 가입자 또는 피부양자가 된다. 의료급여는 생활이 어려운 사람에게 국민보건의 향상과 사회복지 증진을 위해 시행한다. 의료급여의 내용은 진찰·검사, 약제·치료재료의 지급, 처치·수술과 그 밖의 치료, 예방·재활, 입원, 간호, 이송과 그 밖의 의료 목적 달성을 위한 조치들이다. **장애인 보조기기 무료 교부** 대상자는 「국민기초생활보장법」상 수급자 및 차상위계층의 「장애인복지법」에 따라 등록한 지체·뇌병변·시각·청각장애인 등에게 교부한다. 교부 품목은 욕창 방지용 방석 및 커버, 와상용 욕창 예방 보조기기 등 매년 고시한다. **의료 관련서비스 지원**에는 장애인 등록 진단비 지급, 건강보험 지역가입자의 보험료 경감, 장애인 의료재활시설 운영, 희귀·난치성질환 의료비 지원이 포함된다(이채식 외, 2018).

4. 장애 인구 및 출현율

한국보건사회연구원의 2017년 장애인실태조사에 의하면 전국 재가 장애인과 시설 장애인을 합하여 총 2,668만 4천 명이며, 출현율은 5.39%인 것으로 추정하였다. 장애인 출현율은 2011년 5.61%, 2014년 5.59%, 2017년, 5.39%로 감소하는 추세이다. 장애인 중 지체장애인 2.51%, 뇌병변장애인 0.52%, 시각장애인 0.51%, 청각장애인 0.52%의 비율로 나타났다(한국보건사회연구원, 2017).

표 2-1 장애인 출현율의 변화추이   (단위: %, 명)

구분	2011년[1]		2014년[2]		2017년[3]	
	출현율	추정 수	출현율	추정 수	출현율	추정 수
전체	5.61	2,683,477	5.59	2,726,910	5.39	2,668,411
지체장애	2.72	1,303,032	2.71	1,319,132	2.51	1,242,785
뇌병변장애	0.59	280,180	0.48	234,675	0.52	258,121
시각장애	0.51	245,917	0.53	257,492	0.51	252,046
청각장애	0.50	240,695	0.50	245,935	0.52	256,018
언어장애	0.04	17,010	0.03	15,252	0.03	15,790
지적장애	0.28	131,648	0.36	173,296	0.38	187,300
자폐성장애	0.01	5,880	0.02	10,572	0.03	13,215
정신장애	0.23	109,817	0.23	112,632	0.22	111,031
신장장애	0.10	48,741	0.12	60,790	0.15	72,722
심장장애	0.04	17,852	0.02	8,331	0.01	6,176
호흡기장애	0.04	17,068	0.03	14,965	0.02	11,485
간장애	0.02	8,314	0.02	11,162	0.02	10,609
안면장애	0.00	2,111	0.01	2,702	0.01	3,073
장루·요루장애	0.03	14,096	0.03	14,833	0.03	14,309
뇌전증장애	0.02	9,895	0.01	6,610	0.02	8,299
중복장애	0.48	231,222	0.49	238,532	0.42	205,431

주: 1) 시설 거주 장애인 중 중복장애를 반영함.
　　2), 3) 재가장애인은 중복장애를 별도 산정하였으나, 시설장애인은 행복e음을 통해 파악하여 중복장애에 대한 정보가 없어 한 가지 장애만 가지고 있는 것으로 추정함.
출처: 한국보건사회연구원(2017). 2017년 장애인 실태조사. p. 122.

5. 법률별 장애유형

장애의 유형과 기준은 「장애인복지법」, 「산업재해보상보험법」, 「장애인 등에 대한 특수교육법」에서 정한 규정을 소개하고자 한다.

1) 「장애인복지법」

「장애인복지법 시행령」 [별표 1] 장애인의 종류 및 기준에서 제시하는 장애유형은 신체적 장애와 정신적 장애로 구분하여 다음과 같이 정의한다. 장애등급은 2019년 폐지하고 중증장애(심한 정도)와 경증장애(심하지 않은 정도)로 구분하여 종합판정의 방향으로 제도 변화가 이루어졌다(「장애인복지법 시행규칙」 [별표 1] 장애인의 장애 정도 참조).

(1) 신체적 장애
① 외부 신체 기능의 장애
- 지체장애인: 절단장애, 관절장애, 지체기능장애, 신체에 변형 등의 장애가 있는 사람
- 뇌병변장애인: 뇌성마비, 외상성 뇌손상, 뇌졸중 등 뇌의 기질적 병변으로 인하여 발생한 신체적 장애로 보행이나 일상생활의 동작 등에 상당한 제약이 있는 사람
- 시각장애인: 시력장애, 시야결손장애가 있는 사람
- 청각장애인: 청력장애, 평형기능장애가 있는 사람
- 언어장애인: 음성기능, 언어기능에 영속적으로 상당한 장애가 있는 사람
- 안면장애인: 안면 부위의 변형이나 기형으로 인하여 사회생활에 상당한 제약을 받는 사람

② 내부기관의 장애
- 신장장애인: 신장의 기능부전으로 인하여 혈액투석이나 복막투석을 지속적으로 받아야 하거나 신장기능의 영속적인 장애로 인하여 일상생활에 상당한 제약을 받는 사람
- 심장장애인: 심장의 기능부전으로 인한 호흡곤란 등의 장애로 일상생활에 상당한 제약을 받는 사람

- 간장애인: 간의 만성적 기능부전과 그에 따른 합병증 등으로 인한 간기능의 장애로 일상생활에 상당한 제약을 받는 사람
- 호흡기장애인: 폐나 기관지 등 호흡기관의 만성적 기능부전으로 인한 호흡기능의 장애로 일상생활에 상당한 제약을 받는 사람
- 장루 · 요루장애인: 배변기능이나 배뇨기능의 장애로 인하여 장루 또는 요루를 시술하여 일상생활에 상당한 제약을 받는 사람
- 뇌전증장애인: 뇌전증에 의한 뇌신경세포의 장애로 인하여 일상생활이나 사회생활에 상당한 제약을 받아 다른 사람의 도움이 필요한 사람

(2) 정신적 장애
① 발달장애
- **지적장애인**: 정신발육이 항구적으로 지체되어 지적 능력의 발달이 불충분하거나 불완전하고 자신의 일을 처리하는 것과 사회생활에 적응하는 것이 상당히 곤란한 사람
- **자폐성장애인**: 소아기 자폐증, 비전형적 자폐증에 따른 언어 · 신체표현 · 자기조절 · 사회적응 기능 및 능력의 장애로 인하여 일상생활이나 사회생활에 상당한 제약을 받아 다른 사람의 도움이 필요한 사람

② 정신장애인: 지속적인 조현병, 조현정동장애, 양극성 정동장애, 재발성 우울장애에 따른 감정조절 · 행동 · 사고 기능 및 능력의 장애로 인하여 일상생활이나 사회생활에 상당한 제약을 받아 다른 사람의 도움이 필요한 사람

2) 「산업재해보상보험법」의 장해계열과 장해등급

「산업재해보상보험법」에 따른 장해계열과 장해등급 기준은 보상을 기본 취지로 하기 때문에 신체 부위별 기질장해와 기능장해로 구분하면서 1급에서 14급까지의 노동상실률의 개념으로 장해정도를 구분한다.

표 2-2 「산업재해보상보험법」시행규칙 [별표 3] 장해계열표

부위		기질장해	기능장해	계열번호
눈	안구(양쪽)		시력장해	1
			운동장해	2
			조절기능장해	3
			시야장해	4
	눈꺼풀(좌 또는 우)	결손장해	운동장해	5
귀	내이 등(양쪽)		청력장해	6
	귓바퀴(좌 또는 우)	결손장해		7
코	비강(鼻腔)		비호흡(鼻呼吸) 및 후각기능장해	8
	외부 코	결손장해		9
입			씹는 기능장해 및 말하는 기능장해	10
		치아장해		11
두부, 안면부, 경부(頸部)		흉터장해		12
신경 · 정신		신경장해		13
		정신장해		14
흉복부 장기 (외부 생식기 포함)		흉복부장기 장해		15
체간	척주	변형장해	기능장해	16
	그 밖의 체간골	변형장해(쇄골, 흉골, 늑골, 견갑골 또는 골반골)		17
팔	팔(좌 또는 우)	결손장해	기능장해	18
		변형장해(상완골 또는 전완골)		19
		흉터장해		20
	손가락(좌 또는 우)	결손장해	기능장해	21
다리	다리(좌 또는 우)	결손장해	기능장해	22
		변형장해(대퇴골 또는 하퇴골)		23
		단축장해		24
		흉터장해		25
	발가락(좌 또는 우)	결손장해	기능장해	26

표 2-3   「산업재해보상보험법」 시행령 [별표 6] 장해등급의 기준(제53조 제1항 관련)

제1급
1. 두 눈이 실명된 사람
2. 말하는 기능과 씹는 기능을 모두 완전히 잃은 사람
3. 신경계통의 기능 또는 정신기능에 뚜렷한 장해가 남아 항상 간병을 받아야 하는 사람
4. 흉복부 장기의 기능에 뚜렷한 장해가 남아 항상 간병을 받아야 하는 사람
5. 두 팔을 팔꿈치관절 이상의 부위에서 잃은 사람
6. 두 팔을 완전히 사용하지 못하게 된 사람
7. 두 다리를 무릎관절 이상의 부위에서 잃은 사람
8. 두 다리를 완전히 사용하지 못하게 된 사람
9. 진폐의 병형이 제1형 이상이면서 동시에 심폐기능에 고도 장해가 남은 사람

제2급
1. 한쪽 눈이 실명되고 다른 쪽 눈의 시력이 0.02 이하로 된 사람
2. 두 눈의 시력이 각각 0.02 이하로 된 사람
3. 두 팔을 손목관절 이상의 부위에서 잃은 사람
4. 두 다리를 발목관절 이상의 부위에서 잃은 사람
5. 신경계통의 기능 또는 정신기능에 뚜렷한 장해가 남아 수시로 간병을 받아야 하는 사람
6. 흉복부 장기의 기능에 뚜렷한 장해가 남아 수시로 간병을 받아야 하는 사람

제3급
1. 한쪽 눈이 실명되고 다른 쪽 눈의 시력이 0.06 이하로 된 사람
2. 말하는 기능 또는 씹는 기능을 완전히 잃은 사람
3. 신경계통의 기능 또는 정신기능에 뚜렷한 장해가 남아 평생 동안 노무에 종사할 수 없는 사람
4. 흉복부 장기의 기능에 뚜렷한 장해가 남아 평생 동안 노무에 종사할 수 없는 사람
5. 두 손의 손가락을 모두 잃은 사람
6. 진폐증의 병형이 제1형 이상이면서 동시에 심폐기능에 중등도 장해가 남은 사람

제4급
1. 두 눈의 시력이 각각 0.06 이하로 된 사람
2. 말하는 기능과 씹는 기능에 뚜렷한 장해가 남은 사람
3. 고막 전부의 결손이나 그 외의 원인으로 두 귀의 청력을 완전히 잃은 사람
4. 한쪽 팔을 팔꿈치관절 이상의 부위에서 잃은 사람
5. 한쪽 다리를 무릎관절 이상의 부위에서 잃은 사람
6. 두 손의 손가락을 모두 제대로 못 쓰게 된 사람
7. 두 발을 리스프랑관절 이상의 부위에서 잃은 사람

제5급
1. 한쪽 눈이 실명되고 다른 쪽 눈의 시력이 0.1 이하로 된 사람
2. 한쪽 팔을 손목관절 이상의 부위에서 잃은 사람
3. 한쪽 다리를 발목관절 이상의 부위에서 잃은 사람

4. 한쪽 팔을 완전히 사용하지 못하게 된 사람
5. 한쪽 다리를 완전히 사용하지 못하게 된 사람
6. 두 발의 발가락을 모두 잃은 사람
7. 흉복부 장기의 기능에 뚜렷한 장해가 남아 특별히 쉬운 일 외에는 할 수 없는 사람
8. 신경계통의 기능 또는 정신기능에 뚜렷한 장해가 남아 특별히 쉬운 일 외에는 할 수 없는 사람
9. 진폐증의 병형이 제4형이면서 동시에 심폐기능에 경도장해가 남은 사람

제6급
1. 두 눈의 시력이 각각 0.1 이하로 된 사람
2. 말하는 기능 또는 씹는 기능에 뚜렷한 장해가 남은 사람
3. 고막 대부분의 결손이나 그 외의 원인으로 두 귀의 청력이 모두 귀에 대고 말하지 아니하면 큰 말소리를 알아듣지 못하게 된 사람
4. 한쪽 귀가 전혀 들리지 않게 되고 다른 쪽 귀의 청력이 40센티미터 이상의 거리에서는 보통의 말소리를 알아듣지 못하게 된 사람
5. 척주에 극도의 기능장해나 고도의 기능장해가 남고 동시에 극도의 척추 신경근장해가 남은 사람
6. 한쪽 팔의 3대 관절 중 2개 관절을 제대로 못 쓰게 된 사람
7. 한쪽 다리의 3대 관절 중 2개 관절을 제대로 못 쓰게 된 사람
8. 한쪽 손의 5개의 손가락 또는 엄지손가락과 둘째 손가락을 포함하여 4개의 손가락을 잃은 사람

제7급
1. 한쪽 눈이 실명되고 다른 쪽 눈의 시력이 0.6 이하로 된 사람
2. 두 귀의 청력이 모두 40센티미터 이상의 거리에서는 보통의 말소리를 알아듣지 못하게 된 사람
3. 한쪽 귀가 전혀 들리지 않게 되고 다른 쪽 귀의 청력이 1미터 이상의 거리에서는 보통의 말소리를 알아듣지 못하게 된 사람
4. 신경계통의 기능 또는 정신기능에 장해가 남아 쉬운 일 외에는 하지 못하는 사람
5. 흉복부 장기의 기능에 장해가 남아 쉬운 일 외에는 하지 못하는 사람
6. 한쪽 손의 엄지손가락과 둘째 손가락을 잃은 사람 또는 엄지손가락이나 둘째 손가락을 포함하여 3개 이상의 손가락을 잃은 사람
7. 한쪽 손의 5개의 손가락 또는 엄지손가락과 둘째 손가락을 포함하여 4개의 손가락을 제대로 못 쓰게 된 사람
8. 한쪽 발을 리스프랑관절 이상의 부위에서 잃은 사람
9. 한쪽 팔에 가관절이 남아 뚜렷한 운동기능장해가 남은 사람
10. 한쪽 다리에 가관절이 남아 뚜렷한 운동기능장해가 남은 사람
11. 두 발의 발가락을 모두 제대로 못 쓰게 된 사람
12. 외모에 극도의 흉터가 남은 사람
13. 양쪽의 고환을 잃은 사람
14. 척주에 극도의 기능장해나 고도의 기능장해가 남고 동시에 고도의 척추 신경근장해가 남은 사람 또는 척주에 중등도의 기능장해나 극도의 변형장해가 남고 동시에 극도의 척추 신경근장해가 남은 사람
15. 진폐증의 병형이 제1형·제2형 또는 제3형이면서 동시에 심폐기능에 경도 장해가 남은 사람

제8급

1. 한쪽 눈이 실명되거나 한쪽 눈의 시력이 0.02 이하로 된 사람
2. 척주에 극도의 기능장해가 남은 사람, 척주에 고도의 기능장해가 남고 동시에 중등도의 척추 신경근 장해가 남은 사람, 척주에 중등도의 기능장해나 극도의 변형장해가 남고 동시에 고도의 척추 신경근장해가 남은 사람 또는 척주에 경미한 기능장해나 중등도의 변형장해가 남고 동시에 극도의 척추 신경근장해가 남은 사람
3. 한쪽 손의 엄지손가락을 포함하여 2개의 손가락을 잃은 사람
4. 한쪽 손의 엄지손가락과 둘째 손가락을 제대로 못 쓰게 된 사람 또는 엄지손가락이나 둘째 손가락을 포함하여 3개 이상의 손가락을 제대로 못 쓰게 된 사람
5. 한쪽 다리가 5센티미터 이상 짧아진 사람
6. 한쪽 팔의 3대 관절 중 1개 관절을 제대로 못 쓰게 된 사람
7. 한쪽 다리의 3대 관절 중 1개 관절을 제대로 못 쓰게 된 사람
8. 한쪽 팔에 가관절이 남은 사람
9. 한쪽 다리에 가관절이 남은 사람
10. 한쪽 발의 5개의 발가락을 모두 잃은 사람
11. 비장 또는 한쪽의 신장을 잃은 사람

제9급

1. 두 눈의 시력이 0.6 이하로 된 사람
2. 한쪽 눈의 시력이 0.06 이하로 된 사람
3. 두 눈에 모두 반맹증 또는 시야협착이 남은 사람
4. 두 눈의 눈꺼풀에 뚜렷한 결손이 남은 사람
5. 코에 고도의 결손이 남은 사람
6. 말하는 기능과 씹는 기능에 장해가 남은 사람
7. 두 귀의 청력이 모두 1미터 이상의 거리에서는 큰 말소리를 알아듣지 못하게 된 사람
8. 한쪽 귀의 청력이 귀에 대고 말하지 아니하면 큰 말소리를 알아듣지 못하고 다른 귀의 청력이 1미터 이상의 거리에서는 보통의 말소리를 알아듣지 못하게 된 사람
9. 한쪽 귀의 청력을 완전히 잃은 사람
10. 한쪽 손의 엄지손가락을 잃은 사람 또는 둘째 손가락을 포함하여 2개의 손가락을 잃은 사람 또는 엄지손가락과 둘째 손가락 외의 3개의 손가락을 잃은 사람
11. 한쪽 손의 엄지손가락을 포함하여 2개의 손가락을 제대로 못 쓰게 된 사람
12. 한쪽 발의 엄지발가락을 포함하여 2개 이상의 발가락을 잃은 사람
13. 한쪽 발의 발가락을 모두 제대로 못 쓰게 된 사람
14. 생식기에 뚜렷한 장해가 남은 사람
15. 신경계통의 기능 또는 정신기능에 장해가 남아 노무가 상당한 정도로 제한된 사람
16. 흉복부 장기의 기능에 장해가 남아 노무가 상당한 정도로 제한된 사람
17. 척주에 고도의 기능장해가 남은 사람, 척주에 중등도의 기능장해나 극도의 변형장해가 남고 동시에 중등도의 척추 신경근장해가 남은 사람, 척주에 경미한 기능장해나 중등도의 변형장해가 남고 동시에 고도의 척추 신경근장해가 남은 사람 또는 척주에 극도의 척추 신경근장해가 남은 사람
18. 외모에 고도의 흉터가 남은 사람

19. 진폐증의 병형이 제3형 또는 제4형이면서 동시에 심폐기능에 경미한 장해가 남은 사람

제10급

1. 한쪽 눈의 시력이 0.1 이하로 된 사람
2. 한쪽 눈의 눈꺼풀에 뚜렷한 결손이 남은 사람
3. 코에 중등도의 결손이 남은 사람
4. 말하는 기능 또는 씹는 기능에 장해가 남은 사람
5. 14개 이상의 치아에 치과 보철을 한 사람
6. 한 귀의 청력이 귀에 대고 말하지 않으면 큰 말소리를 알아듣지 못하게 된 사람
7. 두 귀의 청력이 모두 1미터 이상의 거리에서는 보통의 말소리를 알아듣지 못하게 된 사람
8. 척주에 중등도의 기능장해가 남은 사람, 척주에 극도의 변형장해가 남은 사람, 척주에 경미한 기능장해나 중등도의 변형장해가 남고 동시에 중등도의 척추 신경근장해가 남은 사람 또는 척주에 고도의 척추 신경근장해가 남은 사람
9. 한쪽 손의 둘째 손가락을 잃은 사람 또는 엄지손가락과 둘째 손가락 외의 2개의 손가락을 잃은 사람
10. 한쪽 손의 엄지손가락을 제대로 못 쓰게 된 사람 또는 둘째 손가락을 포함하여 2개의 손가락을 제대로 못 쓰게 된 사람 또는 엄지손가락과 둘째 손가락 외의 3개의 손가락을 제대로 못 쓰게 된 사람
11. 한쪽 다리가 3센티미터 이상 짧아진 사람
12. 한쪽 발의 엄지발가락 또는 그 외의 4개의 발가락을 잃은 사람
13. 한쪽 팔의 3대 관절 중 1개 관절의 기능에 뚜렷한 장해가 남은 사람
14. 한쪽 다리의 3대 관절 중 1개 관절의 기능에 뚜렷한 장해가 남은 사람

제11급

1. 두 눈이 모두 안구의 조절기능에 뚜렷한 장해가 남거나 또는 뚜렷한 운동기능장해가 남은 사람
2. 두 눈의 눈꺼풀에 뚜렷한 운동기능장해가 남은 사람
3. 두 눈의 눈꺼풀의 일부가 결손된 사람
4. 한쪽 귀의 청력이 40센티미터 이상의 거리에서는 보통의 말소리를 알아듣지 못하게 된 사람
5. 두 귀의 청력이 모두 1미터 이상의 거리에서는 작은 말소리를 알아듣지 못하게 된 사람
6. 두 귀의 귓바퀴에 고도의 결손이 남은 사람
7. 척주에 경도의 기능장해가 남은 사람, 척주에 고도의 변형장해가 남은 사람, 척주에 경미한 기능장해나 중등도의 변형장해가 남고 동시에 경도의 척추 신경근장해가 남은 사람 또는 척주에 중등도의 척추 신경근장해가 남은 사람
8. 한쪽 손의 가운뎃손가락 또는 넷째 손가락을 잃은 사람
9. 한쪽 손의 둘째 손가락을 제대로 못 쓰게 된 사람 또는 엄지손가락과 둘째 손가락 외의 2개의 손가락을 제대로 못 쓰게 된 사람
10. 한쪽 발의 엄지발가락을 포함하여 2개 이상의 발가락을 제대로 못 쓰게 된 사람
11. 흉복부 장기의 기능에 장해가 남은 사람
12. 10개 이상의 치아에 치과 보철을 한 사람
13. 외모에 중등도의 흉터가 남은 사람
14. 두 팔의 노출된 면에 극도의 흉터가 남은 사람

15. 두 다리의 노출된 면에 극도의 흉터가 남은 사람
16. 진폐증의 병형이 제1형 또는 제2형이면서 동시에 심폐기능에 경미한 장해가 남는 사람, 진폐증의 병형이 제2형·제3형 또는 제4형인 사람

제12급
1. 한쪽 눈의 안구의 조절기능에 뚜렷한 장해가 남거나 뚜렷한 운동기능장해가 남은 사람
2. 한쪽 눈의 눈꺼풀에 뚜렷한 운동기능장해가 남은 사람
3. 한쪽 눈의 눈꺼풀의 일부가 결손된 사람
4. 7개 이상의 치아에 치과 보철을 한 사람
5. 한쪽 귀의 귓바퀴에 고도의 결손이 남은 사람 또는 두 귀의 귓바퀴에 중등도의 결손이 남은 사람
6. 코에 경도의 결손이 남은 사람
7. 코로 숨쉬기가 곤란하게 된 사람 또는 냄새를 맡지 못하게 된 사람
8. 쇄골, 흉골, 늑골, 견갑골 또는 골반골에 뚜렷한 변형이 남은 사람
9. 한쪽 팔의 3대 관절 중 1개 관절의 기능에 장해가 남은 사람
10. 한쪽 다리의 3대 관절 중 1개 관절의 기능에 장해가 남은 사람
11. 장관골에 변형이 남은 사람
12. 한쪽 손의 가운뎃손가락 또는 넷째 손가락을 제대로 못 쓰게 된 사람
13. 한쪽 발의 둘째 발가락을 잃은 사람 또는 둘째 발가락을 포함하여 2개의 발가락을 잃은 사람 또는 가운뎃발가락 이하의 3개의 발가락을 잃은 사람
14. 한쪽 발의 엄지발가락 또는 그 외에 4개의 발가락을 제대로 못 쓰게 된 사람
15. 국부에 심한 신경증상이 남은 사람
16. 척주에 경미한 기능장해가 남은 사람, 척주에 중등도의 변형장해가 남은 사람 또는 척주에 경도의 척추 신경근장해가 남은 사람
17. 두 팔의 노출된 면에 고도의 흉터가 남은 사람
18. 두 다리의 노출된 면에 고도의 흉터가 남은 사람

제13급
1. 한쪽 눈의 시력이 0.6 이하로 된 사람
2. 한쪽 눈에 반맹증 또는 시야협착이 남은 사람
3. 한쪽 귀의 귓바퀴에 중등도의 결손이 남은 사람 또는 두 귀의 귓바퀴에 경도의 결손이 남은 사람
4. 5개 이상의 치아에 치과 보철을 한 사람
5. 한쪽 손의 새끼손가락을 잃은 사람
6. 한쪽 손의 엄지손가락 뼈의 일부를 잃은 사람
7. 한쪽 손의 둘째 손가락 뼈의 일부를 잃은 사람
8. 한쪽 손의 둘째 손가락 끝관절을 굽혔다 폈다 할 수 없게 된 사람
9. 한쪽 다리가 다른 쪽 다리보다 1센티미터 이상 짧아진 사람
10. 한쪽 발의 가운뎃발가락 이하의 1개 또는 2개의 발가락을 잃은 사람
11. 한쪽 발의 둘째 발가락을 제대로 못 쓰게 된 사람 또는 둘째 발가락을 포함하여 2개의 발가락을 제대로 못 쓰게 된 사람 또는 가운뎃발가락 이하의 3개의 발가락을 제대로 못 쓰게 된

사람

12. 척추에 경도의 변형장해가 남은 사람 또는 척추의 수상 부위에 기질적 변화가 남은 사람
13. 외모에 경도의 흉터가 남은 사람
14. 두 팔의 노출된 면에 중등도의 흉터가 남은 사람
15. 두 다리의 노출된 면에 중등도의 흉터가 남은 사람
16. 진폐증의 병형이 제1형인 사람

제14급
1. 한쪽 귀의 청력이 1미터 이상의 거리에서는 작은 말소리를 알아듣지 못하게 된 사람
2. 한쪽 귀의 귓바퀴에 경도의 결손이 남은 사람
3. 3개 이상의 치아에 치과 보철을 한 사람
4. 두 팔의 노출된 면에 경도의 흉터가 남은 사람
5. 두 다리의 노출된 면에 경도의 흉터가 남은 사람
6. 한쪽 손의 새끼손가락을 제대로 못 쓰게 된 사람
7. 한쪽 손의 엄지손가락과 둘째 손가락 외의 손가락 뼈의 일부를 잃은 사람
8. 한쪽 손의 엄지손가락과 둘째 손가락 외의 손가락 끝관절을 굽혔다 폈다 할 수 없게 된 사람
9. 한쪽 발의 가운뎃발가락 이하의 1개 또는 2개의 발가락을 제대로 못 쓰게 된 사람
10. 국부에 신경증상이 남은 사람
11. 척추에 경미한 변형장해가 남은 사람 또는 척추의 수상 부위에 비기질적 변화가 남은 사람

3) 「장애인 등에 대한 특수교육법」

「장애인 등에 대한 특수교육법」 제15조에서는 교육장 또는 교육감이 다음 각 호의 어느 하나에 해당하는 사람 중 특수교육을 필요로 하는 사람으로 진단·평가된 사람을 특수교육대상자로 선정한다. 특수교육대상자 선정 기준은 〈표 2-4〉의 내용과 같다.

- 시각장애
- 청각장애
- 지적장애
- 지체장애
- 정서·행동장애
- 자폐성장애(이와 관련된 장애를 포함한다)
- 의사소통 장애
- 학습장애

- 건강장애
- 발달지체

표 2-4 「장애인 등에 대한 특수교육법 시행령」[별표] 〈개정 2016. 6. 21.〉

특수교육대상자 선정 기준(제10조 관련)

1. 시각장애를 지닌 특수교육대상자

   시각계의 손상이 심하여 시각기능을 전혀 이용하지 못하거나 보조공학기기의 지원을 받아야 시각적 과제를 수행할 수 있는 사람으로서 시각에 의한 학습이 곤란하여 특정의 광학기구·학습매체 등을 통하여 학습하거나 촉각 또는 청각을 학습의 주요 수단으로 사용하는 사람

2. 청각장애를 지닌 특수교육대상자

   청력손실이 심하여 보청기를 착용해도 청각을 통한 의사소통이 불가능 또는 곤란한 상태이거나, 청력이 남아 있어도 보청기를 착용해야 청각을 통한 의사소통이 가능하여 청각에 의한 교육적 성취가 어려운 사람

3. 지적장애를 지닌 특수교육대상자

   지적 기능과 적응행동상의 어려움이 함께 존재하여 교육적 성취에 어려움이 있는 사람

4. 지체장애를 지닌 특수교육대상자

   기능·형태상 장애를 가지고 있거나 몸통을 지탱하거나 팔다리의 움직임 등에 어려움을 겪는 신체적 조건이나 상태로 인해 교육적 성취에 어려움이 있는 사람

5. 정서·행동장애를 지닌 특수교육대상자

   장기간에 걸쳐 다음 각 목의 어느 하나에 해당하여, 특별한 교육적 조치가 필요한 사람
   가. 지적·감각적·건강상의 이유로 설명할 수 없는 학습상의 어려움을 지닌 사람
   나. 또래나 교사와의 대인관계에 어려움이 있어 학습에 어려움을 겪는 사람
   다. 일반적인 상황에서 부적절한 행동이나 감정을 나타내어 학습에 어려움이 있는 사람
   라. 전반적인 불행감이나 우울증을 나타내어 학습에 어려움이 있는 사람
   마. 학교나 개인 문제에 관련된 신체적인 통증이나 공포를 나타내어 학습에 어려움이 있는 사람

6. 자폐성장애를 지닌 특수교육대상자

   사회적 상호작용과 의사소통에 결함이 있고, 제한적이고 반복적인 관심과 활동을 보임으로써 교육적 성취 및 일상생활 적응에 도움이 필요한 사람

7. 의사소통 장애를 지닌 특수교육대상자

   다음 각 목의 어느 하나에 해당하여 특별한 교육적 조치가 필요한 사람
   가. 언어의 수용 및 표현 능력이 인지능력에 비하여 현저하게 부족한 사람

　　나. 조음능력이 현저히 부족하여 의사소통이 어려운 사람

　　다. 말 유창성이 현저히 부족하여 의사소통이 어려운 사람

　　라. 기능적 음성장애가 있어 의사소통이 어려운 사람

8. 학습장애를 지닌 특수교육대상자

　　개인의 내적 요인으로 인하여 듣기, 말하기, 주의집중, 지각(知覺), 기억, 문제해결 등의 학습기능이나 읽기, 쓰기, 수학 등 학업 성취 영역에서 현저하게 어려움이 있는 사람

9. 건강장애를 지닌 특수교육대상자

　　만성질환으로 인하여 3개월 이상의 장기입원 또는 통원치료 등 계속적인 의료적 지원이 필요하여 학교생활 및 학업 수행에 어려움이 있는 사람

10. 발달지체를 보이는 특수교육대상자

　　신체, 인지, 의사소통, 사회 · 정서, 적응행동 중 하나 이상의 발달이 또래에 비하여 현저하게 지체되어 특별한 교육적 조치가 필요한 영아 및 9세 미만의 아동

6. 장애인의 인권과 권리보장

1) 장애인 차별의 개념

　　차별은 개인을 존재 자체로 존중하지 않고 성별, 연령, 학력, 빈부, 인종, 민족, 지역 등 그가 가진 특성에 따라 사회참여와 평등권을 동등하게 누릴 수 없는 것을 말한다. 「장애인차별금지 및 권리구제 등에 관한 법률」에서는 다음의 **차별**을 금지하도록 명시하였다(제4조).

표 2-5 　「장애인차별금지 및 권리구제 등에 관한 법률」 제4조(차별행위)

1. 장애인을 장애를 사유로 정당한 사유 없이 제한 · 배제 · 분리 · 거부 등에 의하여 불리하게 대하는 경우
2. 장애인에 대하여 형식상으로는 제한 · 배제 · 분리 · 거부 등에 의하여 불리하게 대하지 아니하지만 정당한 사유 없이 장애를 고려하지 아니하는 기준을 적용함으로써 장애인에게 불리한 결과를 초래하는 경우
3. 정당한 사유 없이 장애인에 대하여 정당한 편의 제공을 거부하는 경우

> 4. 정당한 사유 없이 장애인에 대한 제한·배제·분리·거부 등 불리한 대우를 표시·조장하는 광고를 직접 행하거나 그러한 광고를 허용·조장하는 경우. 이 경우 광고는 통상적으로 불리한 대우를 조장하는 광고 효과가 있는 것으로 인정되는 행위를 포함한다.
> 5. 장애인을 돕기 위한 목적에서 장애인을 대리·동행하는 자(장애아동의 보호자 또는 후견인, 그 밖에 장애인을 돕기 위한 자임이 통상적으로 인정되는 자를 포함한다. 이하 '장애인 관련자'라 한다)에 대하여 제1호부터 제4호까지의 행위를 하는 경우. 이 경우 장애인 관련자의 장애인에 대한 행위 또한 이 법에서 금지하는 차별행위 여부의 판단대상이 된다.
> 6. 보조견 또는 장애인보조기구 등의 정당한 사용을 방해하거나 보조견 및 장애인보조기구 등을 대상으로 제4호에 따라 금지된 행위를 하는 경우

장애인에 대한 **정당한 편의**는 장애인이 장애가 없는 사람과 동등하게 같은 활동에 참여할 수 있도록 장애인의 성별, 장애의 유형 및 정도, 특성 등을 고려한 편의시설·설비·도구·서비스 등 인적·물적 제반 수단과 조치를 말한다(제4조). 차별금지는 고용, 교육, 재화와 용역의 제공 및 이용, 사법·행정절차 및 서비스와 참전권, 모·부성권, 가족·가정·복지시설, 건강권, 장애여성 및 장애아동 등에 있어서 모든 활동, 참여, 기회, 접근의 영역에 걸쳐 적용된다.

2) 장애인 권익 옹호와 지원 체계

국가인권위원회(위원회)는「장애인차별금지 및 권리구제 등에 관한 법률」에서 지정한 장애인차별시정기구로서 차별행위로 피해를 입은 사람(피해자) 또는 그 사실을 알고 있는 사람이나 단체가 그 내용을 진정할 수 있는 곳이다. 위원회는 진정이 없는 경우에도 차별행위가 있다고 믿을 만한 상당한 근거가 있고 그 내용이 중대하다고 인정할 때에 이를 직권으로 조사할 수 있다. 위원회는 차별행위에 대해 시정명령을 할 수 있고 차별행위자에게 그 이행 상황을 제출할 것을 요구할 수 있다. 위원회의 차별시정국에 장애차별조사1과와 2과에서 전담하여 장애인차별금지에 대한 제도적 지원 체계를 운영하고 있다.

참고문헌

이채식, 이은영, 이형렬, 김재익, 전영록(2018). 장애인복지론. 서울: 창지사.

보건복지부 질병관리본부(2016). 2016 국민건강통계.

최기창, 박관영(2014). 장애인복지론. 서울: 영림미디어.

한국보건사회연구원(2017). 2017년 장애인실태조사.

한국보조공학사협회(2016). 보조공학총론(2판). 서울: 학지사.

World Health Organization (2013). *How to use the ICF: A practical manual for using the International Classification of Functioning, Disability and Health(ICF)*, p. 7. Geneva: WHO.

제3장

재활학

▌ 김소영

1. 재활학의 개요

재활이라는 말은 문자 그대로 활성화시킨다는 뜻을 담고 있다. 의학에서도 몸과 마음의 기능을 다시 활성화시키는 의학이라는 뜻으로 쓰이고 있다. 세계보건기구(World Health Organization: WHO)에서 규정한 **장애인을 위한 재활**은 "최적의 신체적 · 감각적 · 지능적 · 심리적 · 사회적 수준을 향상시키고 유지시키는 과정"으로 정의하고 있다. 즉, 질환, 외상 또는 노인성 변화로 신체적 기능 및 심리사회적 기능이 떨어지게 되고, 결국 스스로 독립적인 일상생활을 유지할 수 있는 능력이 감소하게 되므로 개개인의 남아있는 신체적 · 정신적 능력을 최대로 회복시키고자 하는 것을 말한다.

〈표 3-1〉은 세계보건기구의 장애와 관련된 정의를 정리한 것이다.

표 3-1	세계보건기구의 장애와 관련된 정의

- 손상(impairment), 장애(disability), 불리(handicap)의 정의(1980)
  - 손상: 생리적, 심리적, 또는 해부학적 구조 및 기능의 이상·소실
  - 장애: 손상으로 인하여 보통의 일상적인 방법으로 활동을 수행하는 능력이 부족하거나 제한된 상태
  - 불리: 장해나 장애로 인하여 개개인의 나이, 성, 사회적·문화적 배경에 따른 역할을 수행하는 데에 제한이 있는 경우, 이러한 장해나 장애로 인한 불이익
- 손상(impairment), 활동(activity), 참여(participation)의 정의(1997)
  - 손상: 생리적 또는 심리적 기능의 이상 및 소실, 혹은 몸 구조물의 이상 및 소실
  - 활동: 개체 수준에서 기능을 발휘하는 정도 및 양상
  - 참여: 손상, 활동, 건강 상태 등과 관련되어 일상생활에 관여하는 정도 및 양상

1) 재활의학이란

재활의학은 선천적·후천적 장애로 인하여 나타난 다양한 신체적·정신적·사회적 기능저하 및 문제점을 해결하기 위한 학문이다. 재활의학은 물리의학에서 출발하여 재활치료가 포함되어 하나의 독특한 의학분야로 발전해 왔다. 이것은 재활의학의 범주가 반드시 장애를 가진 클라이언트뿐만 아니라 물리치료로 대부분 회복되는 다양한 일차적 질환군이 포함됨을 의미한다. 재활의학은 단순한 질병치료 외에도 삶의 질을 만족시키는 의학적 수단으로도 사용된다.

2) 재활의학의 치료분야

재활치료의 대상이 되는 것은 일반적으로 모든 장애 상태라고 할 수 있으나 실질적으로 다루게 되는 주요 분야는 다음과 같다.

표 3-2	재활치료 대상의 주요 분야

• 뇌질환 및 손상재활	• 요부 질환 및 만성 통증 재활
• 척수 손상 및 척수 질환 재활	• 지체 절단 재활
• 중추 및 말초신경 손상 재활	• 화상 및 동상 재활
• 뇌성마비, 근이영양증을 포함한 소아질환 재활	• 호흡기 및 순환기 장애 재활
• 골절, 탈구 및 염좌를 포함한 근골격계 질환 재활	• 노인 질환 재활
	• 스포츠 손상 재활
	• 암환자 재활
• 결합 조직 질환 재활	• 중추 및 말초신경계를 위한 전기진단

2. 재활분야 팀의 구성과 역할

재활병원, 재활센터, 재활의학과, 또는 기타 재활 시설의 특수성에 따라서 필요로 하는 세부 분야의 전문요원들은 서로 다를 수 있다.

일반적으로 재활분야의 팀을 구성하는 전문요원으로는 환자와 가족, 재활의학전문의, 재활간호사, 물리치료사, 작업치료사, 직업재활전문요원, 보조공학사, 의지·보조기 기사, 의료사회복지사, 언어재활사, 임상심리사 등이 있다.

1) 물리치료사

물리치료사는 환자의 움직임을 훈련시켜 주고 관리해 주며 치료해 주는 기사라 할 수 있다. 물리치료 또는 물리요법은 따뜻한 열이나 차가운 얼음이나 공기, 광선, 전기, 전자기파, 초음파, 치료자의 손이나 기계적인 힘, 심지어 중력 등을 이용하여 통증을 완화시키거나 조직의 치유를 촉진시키고 신체의 움직임을 향상시키는 등 특정한 목적의 재활의학적 치료효과를 얻고자 하는 행위를 말한다.

2) 작업치료사

작업치료사가 수행하는 작업치료는 작업과 운동, 그리고 놀이를 통하여 모든 신체적·감정적 힘을 사용하도록 자극, 훈련하여 신체적·정신적 장애를 향상시킴으로써 최대한 독립적 일상생활을 하게 한다. 작업치료는 작업(occupation), 즉 목적 있는 활동(purposeful activity)이 신체적·정신적 원인에 의한 기능장애를 예방하거나 호전시킬 수 있다는 믿음에 그 기초를 두고 있다. 작업치료에서는 '작업'이란 단어를 '우리가 일상생활에서 접하게 되는 활동들(activities)'이란 뜻으로 사용하고 있다.

3) 직업재활전문요원

직업재활은 신체장애인 등이 적합한 직업을 발견하고, 될 수 있는 한 빨리 직업생활에 복귀할 수 있도록 행해지는 원조수단을 말한다. 국제노동기구(International Labor

Organization: ILO)의 정의에 의하면 그것은 직업상담, 직업훈련, 직능평가, 직업기능훈련, 보호고용에의 취업지도, 정착지도, 사후보호 등을 포함한 일련의 원조체계이며, 다양한 고용기회의 창출을 위한 방책도 포함된다.

우리나라의 직업재활전문요원은 지난 1990년 「장애인 고용촉진 및 직업재활법」에 의해 양성되고 있는 직업생활상담원과 2007년 개정된 「장애인 등에 대한 특수교육법」에 의한 진로 및 직업교육을 담당하는 전문 인력, 지난 1991년부터 한국직업재활학회에 의해 자격이 관리되고 있는 장애인직업재활사의 직업평가사로 나누고 있다. 또한 「장애인 복지법」에서 장애인의 직업재활 등을 지원하기 위해 2015년 장애인재활상담사 제도를 시작하였다.

4) 보조공학사

보조공학은 장애인들이 직면한 문제들을 다양한 기구, 서비스, 보상방법, 그리고 실습을 통해 착상 및 응용을 하여 개선시키는 기술을 의미한다. 보조공학사는 장애인, 노인의 일상생활, 교육, 직업, 여가, 문화, 지역사회 활동 등 다양한 환경에서 신체적·정신적 어려움과 불편함을 제거할 수 있도록 각종 보조공학기기들을 개발, 평가, 선택, 개조, 설치, 유지보수 등을 하며 개인에 맞는 보조기기 맞춤제작 업무를 한다. 즉, 장애인 등에게 보조공학기기 상담 및 사용법 교육을 제공하고 또는 생산 및 수리 등의 서비스를 제공하기 위하여 자격요건을 갖춘 사람이다.

5) 의지·보조기 기사

의지·보조기 기사는 의사의 의뢰에 따라 의지보조기와 보장구를 제작하여 장착·수리하는 전문가이다. 신체 일부의 절단, 골절 등 원인에 의한 손상으로 신체가 고유의 기능을 상실했을 때, 결손된 신체가 본래의 기능을 수행할 수 있도록 의학·공학지식을 기반으로 제공하는 의·공학적 재활서비스 분야이다.

6) 의료사회복지사

의료사회복지사는 질병을 가진 클라이언트와 그 가족, 지역사회를 대상으로 의료진과 함께 협의하여 클라이언트의 심리적 · 사회적 · 정서적 · 환경적 문제를 해결하도록 돕고, 입원 시뿐만 아니라 입원 전과 퇴원 후에도 사회적 기능을 원활히 수행할 수 있도록 질병의 예방과 회복, 사후 관리에 이르는 연속적 과정에서 개인에 대한 접근뿐 아니라 의료제도와 정책 차원의 접근을 통하여 의료사회복지실천의 목적을 달성하도록 돕는 보건의료 영역의 전문사회복지사이다.

7) 언어재활사

언어재활사는 말이나 언어에 문제가 있는 대상에게 진단적 · 치료적 서비스를 제공한다. 말과 언어장애의 원인과 증상을 진단 및 평가하고, 이에 대한 치료계획을 수립하여 클라이언트를 치료하는 재활서비스 업무를 담당한다.

8) 임상심리사

임상심리사는 심리적인 장애가 있는 개인이나 집단을 대상으로 심리학적 치료를 한다. 즉, 인간의 심리적 건강 및 효과적 적응을 다루어 궁극적으로 심신의 건강 증진을 돕고, 심리적 장애가 있는 사람에게 심리평가, 심리검사, 개인 및 집단 심리상담, 심리재활 프로그램의 개발과 실시, 심리학적 교육, 심리학적 지식을 응용해 자문을 하는 역할을 한다.

3. 장애의 유형 및 재활

1) 지체장애

지체장애는 신경계와 근골격계에 다양한 원인으로 인해 발생하는데, 몸의 기능이 영구적으로 제한된 것을 말한다. 절단으로 인해 손가락, 발가락, 팔, 다리, 몸통 등의 기능에 장애가 있는 경우, 왜소증, 소아마비, 척추만곡증과 같은 신체 변형으로 인해 장애가 있는 경우, 관절 이상으로 운동에 제한이 있는 경우 등이 있다.

(1) 원인

지체장애의 원인은 크게 선천적 원인과 후천적 원인으로 구분이 가능하다. **선천적 원인**은 유전적 결함이나 출생 시 문제, 출생 전후의 감염 등으로 태아의 발달에 문제가 생기는데, 유전이나 염색체 이상, 대사장애, 임신 중 약물복용, 방사선 노출, 풍진과 같은 감염, 혈액형 부조화 등 많은 원인이 존재한다. 그러나 정확한 선천적 원인을 찾지 못하는 경우가 더 많다.

후천적 원인은 출생 이후 예기치 않은 질병이나 사고로 신체적인 결함을 갖게 되는 경우를 의미한다. 이는 각종 질환에 의한 신경계 손상, 교통사고로 인한 재해, 산업재해 등 외상에 의한 경우이거나 당뇨병, 혈액순환장애, 관절염 등 만성질환으로 인해 발생한다.

(2) 구분

지체장애의 종류는 「장애인복지법」에 따른 장애분류 및 장애범주 확대에 따라 크게 지체기능장애, 관절장애, 절단, 변형으로 구분된다. **지체기능장애**는 팔, 다리의 장애와 척추장애로 대별되며, 신체의 일부 또는 전부를 움직일 수 없거나, 움직일 수 있어도 조절이 되지 않고 약화된 상태로서, 마비에 의한 팔, 다리의 기능장애는 주로 말초신경계의 손상이나 근육병증 등으로 운동기능장애가 있는 경우를 말한다. **관절장애**는 해당 관절의 강직, 근력의 약화 또는 마비, 관절의 불안정이 있는 경우이고 **절단**은 상지나 하지의 일부분을 잃어버린 상태를 의미하며 선천적 결손도 포함한다. **변형**은 척추나 상·하지의 형태가 변질된 상태로서 기능적 장애가 있는 경우이며, 다리 길이의 단축, 척추의 만곡, 왜소증 등을 말한다. 평가 방법과 내용은 일반적으로 이동능력, 신변처리 등의 자기관리활동을 기준으로 하여 상지기능과 하지기능의 제한정도와 일상생활을 하는 데 있어 타인의 의존정도를 독립적 상태, 약간 의존상태, 보통 의존상태, 심한 의존상태, 전적 의존상태의 다섯 단계로 구분하여 종합적인 측정을 한다. 평가는 걷기, 휠체어 타기, 양치질하기, 세수하기, 옷 입기, 화장실 가기 등 구체적인 조사항목에 의해 객관적인 결과에 따라 이루어진다.

(3) 특징

지체장애인이 겪는 가장 많은 문제 중 하나는 **운동기능장애**이다. 근육이나 관절을 오래 사용하지 않거나 마비가 장기간 지속되면 대부분 근력이 약해지거나 위축, 경직이 일어나기 때문에 정상적으로 움직일 수가 없다. 이러한 운동기능장애는 주로 이동이나 손동작의 곤란을 야기하며, 이러한 곤란은 유아기에 탐색활동을 제한시키고 학령기에는 경험부족을 유발시켜 학업부진이나 학습장애를 일으키는 경우도 있다. 그렇기 때문에 지체장애 아동의 경우 신체기능의 유지와 개선 및 활성화를 위하여 운동은 학습활동보다 더 많은 노력과 꾸준한 지원이 요구될 것이다. 사춘기를 포함한 청년기에는 자신의 신체나 운동에 대한 열등감을 야기시키기도 한다.

지체장애인은 구강 주변의 근육 조절과 협응의 문제로 **언어표현 능력의 제한**이 있을 수 있다. 표현하는 언어에서 불완전한 문장, 부정확한 문장구조, 덜 복잡한 문장, 자신만의 구조화된 문장 구성 등 여러 제약이 따르는 범위가 다양하고 그 원인이 저마다 다르다. 또한 세밀한 신체 동작의 어려움으로 언어 이전의 비언어적 행동(몸짓, 손짓, 표정, 소리 등)을 발전시키는 데 한계를 가진다. 그렇기 때문에 상호 의사소통 기술을 습득하는 데 어려움이 있으며 이는 자신만의 독특한 비언어적 정체성을 정립하는 것을 방해한다.

운동기능 장애는 감각 및 지각 능력 발달에도 영향을 준다. 오감의 전체적 · 부분적 · 상황적 협응의 어려움으로 방향위치 · 전경 · 주변배경 지각곤란, 항상성, 시각운동의 측면에서 종합적인 한계를 가질 수 있다.

2) 뇌병변장애

뇌병변장애는 중추신경의 손상으로 인한 복합적인 장애로 뇌성마비와 질병, 사고 또는 뇌졸중 등 뇌의 기질적 이상으로 일상생활을 영위하는 데 신체적 · 정신적으로 겪는 어려움을 말한다. 질병이나 외상으로 인해 뇌에 기질적 이상을 보이는 뇌병변장애는 뇌경색, 뇌출혈 등의 신경계 장애가 가장 큰 원인으로 알려져 있다.

(1) 뇌성마비

뇌성마비는 대뇌에 문제가 있어서 마비 증상을 일으키는 모든 질병을 통칭할 수 있는 매우 포괄적인 의미이다. 뇌성마비는 발달 중인 태아 혹은 영아의 뇌에 발생한 비진행성 장애에 의해 활동 제한을 유발하는 일군의 운동 및 자세 발달 장애들을 일컫는다. 이러한 뇌성마비에서의 운동장애와 함께 감각, 인지, 의사소통, 지각, 행동의 장애 혹은 경련 등이 자주 동반된다.

① 뇌성마비 원인

뇌성마비의 원인은 다양하며, 대부분의 경우 하나 이상의 원인 인자를 가진 다인성으로 나타나므로 정확하게 그 원인을 알 수 없는 경우가 많다. 일반적인 원인으로는 산전원인, 주산기원인, 산후원인으로 나누며 이 중 산전원인과 주산기원인이 약 2/3를 차지한다.

조산에 의한 미숙아는 전체 원인에서 가장 의미 있는 원인 인자인데, 산전 인자에 의해 조산이 초래될 수 있으며, 미숙아가 자주 겪게 되는 허혈성 뇌증은 뇌실 주변에 백질연화를 초래하여 피질척수로(corticospinal tract)의 손상을 가져와 경직성 양지마비가 될 가능성이 높다.

주산기 때의 핵황달에 의한 뇌손상에서는 빌리루빈에 감수성이 높은 구조물이 특이적으로 손상되어 주로 기저핵(basal ganglia), 제7 뇌신경핵 등을 포함하는 피질하핵(subcortical nuclei)이 선택적으로 침범되기 때문에 임상적으로는 무정위형(athetoid) 뇌성마비가 되고, 청력장애가 자주 동반되며, 저산소증에 의한 미만성 뇌손상에 비해 지능이 정상인 경우가 많다.

② 뇌성마비 분류

뇌성마비의 분류는 정도에 따라, 침범된 지체별로, 신경운동 형태에 따라 다음과 같이 분류하고 있다.

표 3-3 뇌성마비의 분류

중등도	국소해부학	신경운동 형태	근긴장도
• 경증 • 중등도 편마비 • 중증 사지마비	• 양지마비 • 중복 편마비 • 삼지마비 • 하지마비 • 단마비	• 경직형 • 이상운동형 • 무정위 운동형 • 무도병형 • 진전형 • 강직형 • 운동실조형 • 혼합형	• 등장성(isotonic) • 과긴장성(hypertonic) • 저긴장성(hypotonic)

③ 뇌성마비 동반 장애

지적장애, 발작, 구강운동장애, 위장관 운동장애, 언어(조음)장애, 시각장애, 치과적인 문제 등이 동반되고 근골격계 장애로 경직형 고관절 이형성증, 척추변형(척추측만증), 관절구축 등이 나타난다.

(2) 뇌졸중

뇌졸중은 뇌손상으로 인한 하나의 복합적인 기능장애로 세계보건기구는 "뇌의 병소부위에 따른 징후와 증상이 나타나는 혈관의 문제로 인한 급성 신경학적 장애"라고 정의를 한다. 뇌졸중은 손상된 뇌 반구 반대쪽의 팔다리와 몸통, 때로는 얼굴과 입 구조를 포함하는 신체 한쪽에 반신마비 또는 마비 증세를 일으키는 위운동신경기능장애의 결과이다. 운동장애를 수반하여 감각장애, 인지 및 지각장애, 시각장애, 개성과 지능의 변화, 복합적인 말하기 범주장애와 연관된 언어장애가 나타난다.

뇌졸중은 나이가 듦에 따라 발생률 및 유병률이 증가하는 대표적인 질환으로 고령화 사회로 접어들면서 증가하고 있다.

① 뇌졸중의 원인

- **고혈압**은 허혈성 뇌졸중을 바꿀 수 있는 가장 중요한 단일 위험인자이다. 혈압 120/80 이하인 사람은 고혈압인 사람에 비해 평생 뇌졸중의 위험이 절반으로 떨어진다.
- **심장병**은 심장의 기능이 떨어져 부정맥이 발생하는 것으로 심장세동의 중증도에 따라 뇌졸중 발생이 8%까지 높아지는 만큼, 뇌졸중의 중요한 원인이 된다. 심근경색, 심장근육병, 판막질환도 뇌졸중의 위험을 높인다.
- **당뇨병과 포도당 신진대사**의 이상으로 허혈성 뇌졸중이 증가한다. 꾸준한 관리로 뇌졸중 위험을 줄일 수 있다.
- **흡연**은 단독으로도 뇌졸중의 위험요인이 되지만 고혈압과 당뇨가 있는 경우 위험성은 더욱 증가된다. 흡연은 혈중 섬유소원과 적혈구용적률 및 혈소판 응집을 증가시켜 혈액의 점도를 올리고, 혈관경련수축을 일으켜 뇌 혈류량을 감소시킨다. 또한 혈관내피세포에 손상을 주어 혈전형성을 유발시킨다.
- **신체질량지수가 증가**하면 심혈관질환 위험성도 증가한다. 서구화된 식습관으로 **비만**의 유병률이 증가하고 있다.
- 기타 음주, 약물 복용, 신체 활동 부족, 다이어트 그리고 감정적인 스트레스와 같은 생활양식 요소는 뇌졸중 원인과 관련이 있다.

② 뇌졸중의 분류

뇌졸중은 크게 출혈성 뇌졸중과 허혈성 뇌졸중으로 나눈다.

표 3-4 **뇌졸중의 분류**

	원인에 따른 분류	부위에 따른 분류
출혈성 뇌졸중	• 외상성 출혈 • 비외상성 출혈	• 경막하 출혈 • 천막 상부 출혈(엽상 · 심부출혈) • 천막 하부 출혈(뇌간 · 소뇌 출혈)
허혈성 뇌졸중	• 혈전성 뇌졸중 • 색전성 뇌졸중 • 열공성 뇌졸중	• 전대뇌동맥 폐쇄 • 중대뇌동맥 폐쇄 • 후대뇌동맥 폐쇄 • 척추기저동맥 폐쇄

③ 대표적인 증상

• 편마비

운동영역을 담당하는 대뇌피질 부위에 손상을 받게 되면 그 부위의 지배를 받는 말초 운동 부위의 마비가 온다. 상지의 경우는 굽힘 시 어깨관절의 벌림 및 바깥회전, 팔꿉 관절의 굽힘, 아래팔의 뒤침, 손목관절의 굽힘, 손가락의 굽힘이 동시에 나타난다. 하지의 경우는 엉덩관절 굽힘 · 벌림 · 바깥회전, 무릎관절의 굽힘, 발목관절의 발등굽힘 · 벌림과 발가락 폄이 동시에 나타난다.

• 감각장애

통증 및 온도 감각, 관절 고유수용감각 등의 경로들이 손상되어 감각저하를 보이고 특히 시상 또는 척수 시상로에 병변이 있을 경우 종종 심한 통증을 호소한다.

• 경직

경직은 상위신경원의 장애로 인해 근 신장 속도에 의존하여 발생하는 근 저항, 진행 시 관절 유연성 감소, 관절 변형 및 구축을 유발할 수 있다.

• 운동 협응 및 균형 장애

대뇌의 운동피질은 한 근육의 움직임을 행할 때 다른 주변 근육들의 움직임을 활성화와 역제를 통해 복합적인 방식으로 조절한다. 운동 협응장애(incoordination)는 이러한 대뇌피질로 인해 작용근과 길항근의 신장 반사 역치들의 중추성 통제에 장애가 생길 때 나타나는 현상이다.

• 인지기능 장애

뇌졸중 발병 3개월 정도에서 30% 인지기능의 장애가 관찰되는데 클라이언트의 연령이 증가할수록 더 증가한다. 증상으로는 기억력 감퇴를 포함하여 시지각장애 등이 나타난다.

• 실행증

실행증(apraxia)은 감각기관이나 운동 능력에 손상은 없으나 대뇌 일부의 손상으로 지시에 따른 행동이나 운동을 하지 못하는 상태로 언어 실행증(apraxia of speech), 구성 실행증(constructional apraxia), 관념적 실행증(ideational apraxia) 등 다양한 유형으로 나타날 수 있다. 가장 흔한 것은 관념운동 실행증(ideomotor apraxia)인데 운동·감각 또는 인지기능의 장애 없이 목적이 있는 행동을 못하거나 구두 명령이나 동작 따라 하기를 수행하는 데 어려움이 있는 경우이다.

• 편측무시

지각장애(perceptual impairment)란 감각기능은 정상이나 감각 자극을 대뇌에서 인지하는 데에 장애가 발생하는 것으로 대표적인 것은 편측무시(hemineglect)이다. 편측무시는 특정 부위의 다양한 감각 자극들(시각, 청각, 촉각, 후각)에 대한 반응 또는 인지능력의 소실이 발생하는 것이다. 반대측 상·하지를 잘 사용하려 들지 않는 운동 편측무시(motor neglect) 또는 상상하고 있는 장면들 중 한 부분을 묘사하지 못하는 구상화 편측무시(representational neglect) 등이 나타날 수 있다.

• 연하곤란

연하곤란은 뇌졸중 클라이언트의 30~65%에 흔히 동반되는 증상이다. 양측 대뇌반구 손상이나 뇌간 부위 손상 외에 편측 대뇌반구 손상 시에도 나타난다.

(3) 외상성 뇌손상

외상성 뇌손상은 교통사고, 산업재해, 낙상, 추락, 폭행, 스포츠 손상 등 각종 사고에 의한 것으로 교통사고로 인한 대다수의 외상성 뇌손상은 폐쇄성 뇌손상이며, 이 경우 뇌는 다발성 또는 미만성 손상을 받게 된다.

① 외상성 뇌손상의 분류

• 개방성 뇌손상

두개골의 손상이 있는 것으로 골절이나 관통으로 인한 손상을 말한다. 관통성 손상은 총상이나 자상과 같은 것으로 침범부위의 열상을 일으키며 감염이 동반될 수 있다.

• 폐쇄성 뇌손상

두개골이 손상되지 않은 경우로 주로 교통사고 및 낙상으로 인해 발생한다. 폐쇄성 뇌손상은 뇌가 물체에 부딪혀 발생하는 타격 손상과 가속에 의해 반대쪽에 발생하는 반충 손상에 의해 발생하며 뇌가 앞뒤로 흔들리면서 두개골 뼈 돌출부에 부딪히게 된다.

② 대표적인 증상

• 신체적 손상

무의식 상태의 외상성 뇌손상 클라이언트는 대뇌반구의 손상으로 인해 상지는 굽힘·안쪽돌림·모음, 하지는 경직된 폄 동작이 나타나는 겉질제거 경직과, 뇌줄기 및 추체외로의 손상으로 나타나는 상하지 모두 경직된 폄·안쪽돌림·모음 등이 나타나는 대뇌제거 경직 등의 두 가지 형태의 강직을 보인다.

각성이 있는 클라이언트는 비정상적 근 긴장 및 경직이 보이는데 근육긴장저하 및 근육긴장항진이 나타나고 원시반사가 발생하며, 오랜 침상생활 및 육체적 활동의 결핍으로 인해 근력 약화 및 지구력 감소가 발생한다. 또한 비협응적 움직임과 감소된 근긴장이 특징인 운동 실조증(ataxia)이 나타나며 근긴장의 불균형으로 인해 자세 문제가 나타난다.

• 연하곤란

신경학적 손상 및 턱의 안정성 문제, 비정상적인 구강의 반사, 인지 문제로 인해 연하곤란과 스스로 먹기에 문제가 발생된다.

• 인지 손상

외상성 뇌손상은 인지상태의 변화가 특징적인데 손상 초기에는 지남력 장애, 혼동, 제한적인 자기 인식이 매우 흔하게 나타나고, 이러한 지남력 장애로 인해 자신이 처한 환경과 손상에 관련된 상황을 이해하지 못해 결과적으로 혼동된 상태에 놓이게 된다.

인지상태는 감소된 주의력 및 집중력, 기억력의 손상, 특히 단기기억 장애가 잔존, 활동의 시작과 종료의 손상, 감소된 안전의식 및 흐린 판단력, 느려진 정보처리, 손상된 실행기능과 추상적 사고, 새로운 것을 학습하여 일반화 하는 데 어려움을 보인다.

• 시각적 기능 손상

손상되는 시각적 기능은 안구진탕, 반맹증, 스캐닝과 안구추적의 손상, 빠르고 순간적인 눈 움직임, 눈 깜박임 감소, 안검하수, 불완전한 눈의 감김, 눈 모음 기능 손상 등이다.

- 지각 기술 손상

외상성 뇌손상 환자는 인지기능의 손상에 영향을 줄 수 있는 하위 요소인 지각 기술 능력이 손상되는 경우가 많다. 시지각 기술은 시각으로 본 것을 의미 있게 해석하는 능력으로 물체를 식별하기 위하여 시각 자극을 처리하는 것이다. 외상성 뇌손상 환자는 시지각 기술, 특히 좌우구별, 전경배경 구분, 형태 항상성, 공간 내 위치, 지리적 지남력에 문제를 보이고 시각 실인증이 나타난다. 또한 신체의 특정 부분을 인식하는 능력인 신체도식에 어려움이 나타나며 대표적으로 편측무시증후군이 발생된다. 수용성 실어증인 베르니케 실어증과 표현성 실어증인 브로카 실어증이 나타난다. 그 외 운동계획의 손상, 실행증 등이 발생된다.

- 사회심리적 손상

외상성 뇌손상 이후에 발생되는 사회심리적 손상은 자아개념의 손상, 사회적 역할의 손상으로 인해 의존적으로 바뀌고, 좌절, 보정, 타협, 우울, 적응 등을 경험하게 되면서 심리적 경험이 좌절된다. 감정의 변화는 손상된 부위에 따라 다양한 양상이 나타나는데, 예를 들어 좌반구의 손상은 우울, 정서불안 등을 보인다.

3) 시각장애

시각장애는 시력장애, 시야결손장애로 물체를 식별하는 눈의 기능 결함과 다른 신체적 결함으로 인해 시력에 제한을 받게 되는 경우를 말한다.

(1) 시각장애의 원인

시각장애의 원인으로는 여러 가지가 있으며, 그 사회의 생활수준, 처해 있는 환경, 시대 변천에 따른 변화 등에 따라 나타나는 양상은 조금씩 다를 수 있다. 대표적인 원인으로는 외상 및 중독, 질환, 유전적 요인 등이 있으며, 백내장, 녹내장, 포도막염, 망막박리, 베체트병 등의 질환이 있다. 특히 최근에는 중도 실명이 증가하고 있는 추세이다. 시각장애는 선천적인지 후천적인지 그 원인을 추적할 수 있는 경우와 분명하게 구별할 수 없는 경우도 있는데 의학적으로는 출생 전후로 선천성 여부를 구분하나 교육적으로는 약 5세 미만에서 실명된 경우까지 선천적 시각장애로 간주한다.

실명에 관계되는 대표적인 몇 가지 중요한 질환의 원인은 다양하며, 확실히 구별할 수 없는 불분명한 경우도 있어 그 원인이 어디에 있는지 알 수 없는 경우도 있다.

(2) 시각장애의 판정 기준

장애의 원인 질환 등에 관하여 충분히 치료하여 장애가 고착되었을 때 등록하며, 그 기준 시기는 원인 질환 또는 부상 등의 발생 후 또는 수술 후 6개월 이상 지속적으로 치료한 후로 한다. 시각장애의 판정 개요는 다음과 같다.

표 3-5 시각장애의 판정 개요

- 시력장애와 시야결손장애로 구분하여 판정한다.
- 시력은 안경, 콘택트렌즈를 포함한 모든 종류의 시력 교정법을 이용하여 측정된 교정시력을 기준으로 한다.
- 시력은 만국식 시력표 등 공인된 시력표에 의해 측정된 것을 사용할 수 있다.
- 안전수지 등으로 표현되는 시력은 모두 1급으로 판정한다.
- 한 눈을 실명한 경우를 5급 2호로 판정할 수 없다.

(3) 시각장애의 특징

시각장애인의 시각 판정 등급에 따라 시각장애인의 생활 능력이 달라질 수 있는데 상당수는 명암을 구분할 수 있는 광각이 있거나 희미하게나마 색깔을 구분할 수 있거나 또는 다양한 정도의 잔존 시각기능을 이용하여 그것을 일상생활에 중요하게 활용하고 있다.

대부분의 시작장애인은 시각적 모방의 제한으로 인해 반복학습과 재구성의 경험이 부족하거나 전무하며, 움직임에 대한 동기가 부족하고, 다양한 신체기능 활용으로 상황에 따른 대응요령의 습득기회가 상대적으로 낮다. 비정상적인 자세와 걸음걸이, 방향·균형 감각 부족으로 움직이는 정도가 매우 조심스럽고 제한되거나 혹은 이와 반대로 움직임이 과다하다. 환경에 대한 정보판단의 어려움으로 인해 근력과 근긴장도의 부족이 나타나기도 한다.

시각장애 아동의 특성으로는 충분한 정보를 접하는 데 제약을 받기 때문에 학습상 문제가 있을 수 있으며 지적 기능에 있어서도 시각적 경험의 범위가 제한됨으로써 다소간 영향을 받을 수 있다. 이들의 경우에는 시각을 제외한 청각이나 촉각과 같은 다른 감각을 통해서만 환경과 상호작용할 수 있는데, 지능에 있어서는 일반아동과 의미 있는 차이가 없는 것으로 알려지고 있다.

시각장애인은 사회적 상호작용이 제한되거나 잘못 해석하는 오류가 나타나는데 이는 시각적 신호를 통하여 주변 환경과 정보나 감정 등을 상호 교류함으로써 스스로 수정하고 보완하는 자기학습 과정이 제한되기 때문이다. 시각장애로 인하여 사회적·환경적 상호작용을 이해하고 시작하는 것과 유지하는 것이 어렵게 되어 스스로 가두려는 소극적인 모습이 나타난다.

정리하면, 시각장애인의 주요 특징으로는 장애로 인한 잔존감각에 대한 자신감의 상실, 환경과의 현실적 접촉 능력의 상실, 시각적 배경의 상실, 이동 능력의 상실, 개인적 독립성의 상실 등을 보인다.

4) 청각장애

소리는 공기 중의 음파가 외이도를 지나 고막을 진동시키고, 이 진동은 고막 뒤에 있는 이소골을 지나면서 증폭되어 난원창을 통하여 내이에 들어가 와우 내의 림프액에 진동을 일으키고, 다시 이 진동은 코르티기관에서 전기적 에너지로 변환되어 청신경을 통하여 대뇌에 이르게 된다. 이러한 청각 경로의 어느 부분에라도 이상이 있으면 듣기에 어려움을 겪게 되는데 이러한 현상을 청각장애라고 한다. 청각장애는 청력장애, 평형기능 장애로 청각기관의 결함이나 청력이 손실되면서 의사소통에 장애가 오게 된다.

(1) 청각장애의 원인

청각장애는 90%가 후천적 원인에 의한 것으로 선천적 원인에 의해 청각기관이나 청력손실을 입는 경우는 적다. **선천적**으로는 임신 중 산모가 풍진, 바이러스성 질환, 영양실조, 알코올 및 약물중독 상태이거나, 산모 복부에 구타가 있었을 경우 산모의 정신적 쇼크가 원인이 될 수도 있다. **후천적**으로는 분만하는 과정에서 신생아가 외상을 입거나, 출생 후 각종 질병과 사고가 대표적인 원인으로 나타난다.

귀의 구조에 따라 청각장애의 원인을 바깥귀, 가운데귀, 속귀의 구조적 결함 및 기능 이상으로 나눌 수 있다.

바깥귀의 원인을 보면 귀지나 이물 등이 외이도를 막아서 경미한 청각장애를 유발할 수 있다. 그러나 바깥귀의 구조의 결함으로 선천적 기형에 의해 외이도가 생기지 않은 경우에는 가운데귀의 기형까지 있어 심한 경우 약 70데시벨까지의 전도성 청각장애를 초래할 수 있다. 이러한 선천적 기형은 임신 초기 태아에게 영향을 주는 바이러스성

감염(풍진, 인플루엔자)에 의한 경우가 많다.

　가운데귀의 원인은 중이염, 고막천공, 이경화증(otosclerosis) 등인데 알레르기성 중이염은 유스타키오관이 부어서 중이 내에 음기압(negative air pressure)을 일으키며, 이 음기압은 중이 내막(lining)의 혈청이 중이강 속으로 빨려 들게 하여 청력손실을 일으킨다. 감염에 의해 나타나는 급성 중이염은 중이에 액이 차서 가운데귀의 증폭 기능이 장애를 입게 된다. 약 30데시벨(dB) 정도의 청력손실이 오나 의료적인 치료로 치유가 가능하다. 고막 안의 중이강 속에 끈적끈적한 진물이 차서 잘 안 들리게 되는 삼출성 중이염은 30데시벨 정도의 청력손실이 오는데 원인은 잘 모르며, 만성으로 진행되는 경우가 대부분이다. 고막천공은 외상이나 중이의 갑작스러운 기압 변화, 기타의 염증에 의해 발생한다. 이경화증 중이염은 등골이 난원창에 비정상적으로 붙어 있게 하는 질병인데 일반적으로 유전되는 것으로 알려져 있다.

　가운데귀보다 좀 더 복잡한 구조인 속귀의 장애는 치명적인 청력손실을 가져오게 된다. 속귀 장애의 원인으로는 유전성, 바이러스 감염, 세균감염(뇌막염, 뇌염), 머리 강타, 출생 시의 산소결핍, 임산부의 산전감염, 약물중독, 직업성 내이 파괴, 모자혈액 부적합 등이 있다.

　청각 중추는 상위의 부위로 올라갈수록 고도의 기능을 가진 다른 작용, 즉, 언어 · 판단 · 기억 · 학습 등과 같은 작용을 하는 중추들과 상호 의존하고 보완하고 견제하는 기능을 가지고 있어 청각 중추의 손상으로 청각장애만 오는 경우는 드물고 학습장애, 뇌성마비 또는 정신과적 문제 등을 동반한다. 이러한 장애의 원인은 뇌중추의 발육 부진이나 손상이 있는 기질적인 경우와 기능적으로 정신과적 문제들이 동반되는 경우가 많다.

(2) 청각장애의 분류
① 청력손실 정도
청력손실 정도에 따라서 다음과 같이 청각장애를 구분할 수 있다.

표 3-6 청력손실 정도에 따른 청각장애 구분

구분	데시벨(dB)
정상 청력(normal)	0~26
경도난청(mild)	27~40
중등도난청(moderate)	41~55
중등고도난청(severe)	56~70
고도난청(profound)	71~90
농(deaf)	91 이상

② 청각기관 손상 부위

청각기관 손상 부위에 따라서 다음과 같이 청각장애를 구분할 수 있다.

표 3-7 청각기관 손상 부위에 따른 청각장애 구분

종류	설명
전음성 청각장애	바깥귀나 가운데귀의 질환에 의하여 초래된 청각장애로 일반적으로 그 정도가 심하지 않으며 치료가 가능함.
감각성 청각장애	속귀나 청각신경계의 질환이나 장애로 인해 발생하는 경우로 대부분 그 정도가 심하여 청각을 통한 의사소통이 어려움.
중추성 청각장애	청각신경이 다리뇌에 이르러 대뇌피질까지의 사이를 관장하는 중추신경계통에 신경학적 장애가 있어 발생.
기능성 청각장애	기질적인 장애나 손상이 없는데도 발병하는 장애로, 보통 심인성으로 추정.
혼합성 청각장애	만성 중이염에서와 같이 염증에 의하여 가운데귀의 증폭기능에 장애가 생기고, 속귀에까지 염증이 퍼져 속귀에 감음신경성 장애가 생기는 경우.

(3) 청각장애의 특징

청각장애 아동이 겪는 가장 큰 어려움은 사회적으로 통용하는 언어적 의사소통에서 구체적인 표현을 하고 자신의 의지를 전달하는 데 상당한 장애를 경험하는 것이다. 청력손실 정도와 청력손실 시기, 병변부위에 의해 언어적 특징이 큰 차이를 보이는데 언어습득 이전에 청력이 손상된 아동들은 말을 배우기가 더욱 힘들다. 따라서 생후 3세 내지 4세 이후에 최중도의 청각장애가 생긴 경우가 출생 시부터 경도의 청각장애를 경험한 경우보다 어휘 조합능력(단어, 어휘, 읽고 쓰기 등)에서 더 높은 언어습득 능력을 획득할 가능성이 있다.

청각장애 아동은 또래집단의 건청 아동에 비해 여러 가지 면에서 언어습득 능력이 현저히 부족할 수밖에 없는 환경에 처해 있다. 건청 아동은 타인의 말을 듣고 이해하면서 스스로 자연스럽게 어휘와 언어 및 구체적인 말을 습득하지만, 청각장애 아동은 이러한 과정의 모든 것을 반복적인 교정 훈련 등을 통해 익혀야 하기 때문에 언어습득 능력이 낮다. 청각장애 아동은 말을 할 때 주어와 동사의 위치를 무시하며 나열하고, 특정 음소, 조사를 누락시키거나 다른 음소, 조사로 표현하며 말의 억양이나 액센트가 부조화스럽고 발음 속도나 억양의 부적절함 등으로 비음이 나거나 지나치게 눌린 듯한 탁하고 숨찬 소리를 내기도 한다. 게다가 말의 조음적인 면과 단어와 어휘 및 문장 구조, 어순의 이해와 습득에도 장애를 겪는다.

그리고 평형기능을 터득하는 반고리관에 손상이 있는 경우에는 신체의 균형을 잡기가 어려우며, 폐활량이 점차 적어져 운동 능력은 다른 사람들에 비해 다소 지체되어 있다. 청각장애인은 사회적·행동적 문제는 없으나 의사소통의 제약을 받으므로 자신을 타인이 정확하게 이해했는지 등의 심리적 불안을 갖는 경우가 많고, 자아개념, 정서발달, 가족관계, 사회성을 포함하여 심리사회적 발달, 정체성 확립에도 어려움을 겪게 된다. 또한 동료와의 관계, 장애에 대한 역할 방식, 장애를 가진 사람의 무능한 역할, 그리고 그들의 장애를 판단하는 환경 등에 대한 상황은 자신의 장애를 수치스러워하는 등 정체성을 거부하게 만들어 부정적 자아정체감을 형성시킨다.

청각장애 아동은 인습적 언어 체제의 부적절한 발달 때문에 인지의 발달이 제한되어 있지만 지적 잠재력을 갖고 있으므로 청력손실 정도, 청력손실 시기, 가족의 사회·경제적 지위, 그리고 부모의 청력 상태가 학업적 성공과 연관된다.

5) 언어장애

언어장애는 음성기능이나 언어기능 장애로 구음기관과 조음기관 같은 소리 전달 과정에 문제가 생겨 정상적인 언어에서 이탈되어 음의 고저가 적당하지 않거나, 발성에 어려움이 있어 상대방이 이해하기 곤란한 경우 등을 말한다.

(1) 언어장애의 원인

언어장애의 원인은 신체발달의 지체, 청각장애, 지적 능력의 지체, 조음기관의 장애, 신체적·정신적 건강의 문제, 부적절한 주위환경 등이다.

대부분 신체적인 발달과 언어발달은 평행적인 관계를 보여 준다. 신체발달이 지체가 되면 대부분 언어발달에도 지체가 나타난다. 그리고 언어는 일차적으로 귀를 통해서 소리를 듣고 말을 습득하기 때문에 청력손실, 청각 식별문제, 청각 인지문제를 가진 아동들은 소리를 잘 못 듣거나 잘못 이해하므로 언어장애가 필수적으로 나타날 수 있다.

언어를 습득하기 위하여 아동은 먼저 기호를 사용하기 위한 지적 능력이 있어야 한다. 언어가 발달하기 위해서는 생후 18개월 이전까지 주위 사물을 관찰하여 아동이 생활하는 환경에서 배워야 하는 필수적인 능력들이 있는데, 이러한 지적 능력이 지체되면 대부분 언어발달도 지체가 된다.

또한 조음기관의 장애로 언어장애가 발생할 수 있는데 말은 조음을 하는 데 중요한 기관인 혀, 턱, 이, 입술, 구개, 성대 등의 움직임을 통해서 이루어지므로, 신경계 결함, 뇌손상 등으로 조음기관에 마비가 오거나 조음기관에 기능장애를 가져와서 언어를 표현하는 데 어려움이 발생한다. 심한 장애가 있는 경우에는 전혀 조음을 하지 못하며, 말은 하더라도 조음기관의 우둔함으로 조음을 빨리하지 못하여 말의 속도가 느려지고 조음이 부정확하여 말의 뜻을 알아들을 수 없게 된다.

아동의 신체적·정서적 건강은 언어발달을 도와주고 촉진시키는 데 중요한 역할을 하고 있다. 아동의 건강이 나쁘면 치료에 주력을 하게 되므로 아동의 모든 에너지가 치료에 소모당하여 가족들과 친구들 간의 유대관계도 제한을 받게 된다. 그리고 언어 준비단계에서 정상아동이 밟아 가는 여러 가지 주위 사물을 탐구하고 주위환경을 배우는 과정을 방해받게 된다.

마지막으로 아동의 언어습득은 함께 생활하는 가족들을 통해서 배우게 된다. 그러므로 아동에게 적절하게 말을 해 주며 아동이 말했을 때 칭찬을 해 주어서 자꾸 말을 하도록 하는 적절한 환경을 만들어 주는 것이 매우 중요하다. 만일 적절한 환경이 이루어지지 못하면 언어발달에 문제가 나타나게 된다.

(2) 언어장애의 분류

언어장애를 분류하는 방법에는 원인에 따라서, 증상에 따라서, 기질적(신체적)이상의 수반여부에 따라서 여러 가지가 있을 수 있다. 여기에서는 관찰이 용이한 언어 증상에 따라 네 가지 범주, 조음에서 오류가 발생하는 조음장애, 말의 흐름에서 편차에 어려움을 보이는 유창성 장애, 음도·강도·음질에서 비정상인 음성장애, 말을 이해하고 표현하는 데 편차를 보이는 기호장애로 나눈다.

① 조음장애

조음장애란 발음이 부정확한 것을 말한다. 언어장애 중에 가장 많은 장애유형으로 청력손실, 입술이나 구개의 파열, 소대의 이상, 신경운동장애로 인한 마비성 조음장애, 실행증 등의 문제로 나타날 수 있는 기질적 조음장애 그리고 신체 구조상의 이상이 없더라도 연령, 지능, 성격, 사회ㆍ경제적 위치, 문화적 영향, 학업 성취도, 습관 등에 따라 자신의 독특한 패턴으로 나타날 수 있는 기능적 조음장애가 있다. 장애가 나타나는 조음 오류 형태는 생략, 대치, 왜곡이 있다.

- 특정 음소를 생략하는 것(예: '고기'를 '오기'로, '사탕'을 '사타'로 발음)
- 어떤 표준음소 대신 다른 음소로 대치하는 것(예: '고기'를 '도기'로 '사탕'을 '다탐'으로 발음)
- 정상 발음과는 다른 유사한 음소로 왜곡하는 것

② 유창성 장애(말더듬, 속화증 등)

발음의 부적절한 속도 혹은 리듬으로 말하는 **유창성 장애**는 말의 흐름에 있어서 나타나는 여러 가지 특성으로 말이 너무 빠르거나, 문장의 단락과 쉼을 구분하지 못하거나, 어색한 톤의 강세를 사용하거나, 말의 흐름이 매끄럽지 못하여 음절이나 단어를 어휘적으로 반복하는 현상 등의 특징이 나타난다.

- 말더듬: 말소리, 음절, 어절, 조음 운동 등이 불필요하게 반복 또는 연장하는 발음장애로 기질적 원인, 심리적 원인으로 나타나며 틱장애와 구분해야 한다.
- 속화증: 말더듬과 기본적으로 유사하나 첫음절 반복하기, 모음 연장하기, 지나치게 빠른 속도에 따른 불완전한 말하기, 발음속도의 증가로 두 음절을 붙여서 말하기, 쫓기듯 다급하게 말하기 등과 같이 실질적으로는 의사소통에 어려움을 가지므로 유창성이 낮고 빠르지만 비정상적인 말하기를 특징으로 하는 장애이다.

③ 음성장애

음성장애는 후두, 특히 성대의 이상으로 인한 성대 혹이나 성대 결절, 성대 부종, 스트레스 등으로 목소리의 크기가 너무 크거나 작은 소리(강도장애), 지나치게 높거나 낮은 소리(음도장애), 목 쉰 소리, 숨찬 소리, 거친 소리, 과 비성(음질장애) 등이 나타난다.

목소리의 강도나 음도에 의도적으로 변화를 주지 못하는 경우도 포함된다.

- **강도장애**: 지나치게 큰 소리로 고함을 질러 음성을 남용하거나 독감에 걸리면 얼마 동안 큰 소리로 말을 할 수 없거나 단지 숨찬 속삭임 소리로밖에는 말할 수 없게 되는데 이러한 경우를 부전실성증이라고 한다. 음성은 불안, 슬픔, 놀람, 적의 등의 정서 상태를 반영하는데 이러한 일을 너무 많이 겪어 신경증적이 되어 음성장애를 일으키는 경우를 히스테리성 실성증, 음성의 남용이나 긴장 때문에 음성을 잃어버린 경우를 기능적 실성증, 성대의 마비나 종양 때문에 음성을 잃었을 경우를 기질적 실성증이라고 한다.
- **음도장애**: 음도 변화의 정상범위는 성별, 연령, 기타 여러 가지 요인들에 달려 있으며 남자들의 음성은 일반적으로 여자들의 음성보다 평균 음도가 낮다. 남자들이 고음도의 음성을 내는 것은 사회적 의사소통에서 장애가 되며, 여자의 음성이 매우 낮은 음도이고 남자와 같은 억양의 형태를 가질 때 그 음성 자체에 주의를 끌며 불안감의 원인이 될 수 있다. 음도장애의 종류에는 너무 높은 음도, 너무 낮은 음도, 단음도, 음도 파열, 이중음성 등이 있다.
- **음질장애**: 사람마다 제각기 얼굴이 다르듯이 각각 독특한 음질을 갖고 있기 때문에 목소리만 듣고도 말하는 사람을 쉽게 알 수가 있다. 음질장애에는 지나치게 콧소리를 많이 내어 말하는 과비성, 거친 음성, 숨찬 음성, 목 쉰 음성, 가성, 과소비성 등이 있다.

④ 기호장애(언어장애)

기호장애는 메시지의 정확한 본질인 코드나 기호 체계의 장애이기 때문에 모든 언어 종속행동, 즉 말하기, 이해하기, 읽기, 쓰기 등에 문제가 나타난다. 언어장애에는 언어가 또래아동들보다 늦은 언어발달 지체, 교통사고나 중풍으로 인한 대뇌손상이나 신경계 이상으로 인한 실어증이나 구어 실행증, 지능이 낮은 결과로 인한 언어지체 등이 있다.

- **실어증**: 후천적인 신경계의 손상으로 생기는 것으로 말하기, 쓰기, 듣기, 읽기의 기본적인 언어영역의 수행 능력이 현저히 낮은 효율성을 나타내는 상태를 뜻한다.
- **단순 언어장애**: 언어 외의 다른 발달영역에서는 전혀 문제가 없는 상태로서 단지

언어 사용에만 어려움을 겪는 경우이다.

(3) 언어장애의 특징

언어장애를 가지고 있는 사람들의 공통점은 의사소통이 부자유스럽기 때문에 사회생활을 영위하는 데 있어 많은 어려움을 가지게 되는 것이다. 따라서 이들은 대인관계나 사회적응력에 문제를 보이는 경우가 있다. 또한 언어 자극의 결핍으로 인해 사고나 추리력 발달에 지체를 보이거나 적절한 학습과정을 방해하기 때문에 지능발달의 지체를 가져올 수 있다. 따라서 사회생활에 적응력이 떨어지는 언어장애인은 열등의식을 가질 수 있기 때문에 정서발달에도 지체를 보일 가능성이 높다.

6) 지적장애

지적장애란 지능지수가 70 이하인 경우로서 일반적으로 지적 능력이 떨어지거나 적응행동 수준이 낮은 것을 말한다.

(1) 지적장애의 원인

지적장애의 원인은 생물학적 원인과 사회심리적 원인으로 나누어 생각해 볼 수 있다. 하지만 이러한 원인 규명은 생물학적 원인의 10~20% 정도만이 가능하다.

대체로 중도 지적장애에서는 주로 생물학적 원인이 나타나고 대부분의 경도 지적장애는 사회심리적 원인에 더 밀접하게 관련되어 있다고 볼 수 있다. 생물학적 요인은 주로 단일 원인인 경우가 많고 병적인 면이 강하게 작용한다. 이 요인에 의한 것은 정확한 진단이 가능하고 이에 따라 예방이 가능하며 악화를 방지할 수 있고 정확한 처방이 가능하다는 점에서 장점을 가지고 있다.

① 생물학적 원인

아동기 때 획득한 문제(예: 독소, 외상 또는 감염을 통해), 태아 발달과 출산의 문제, 염색체 문제, 중추신경계 기형, 선천적 비정상 그리고 신경피부·대사·내분비장애 등의 원인으로 지적장애가 발생한다고 볼 수 있다. 임산부가 홍역, 풍진, 매독 등에 감염되면 태아가 지적장애를 일으킬 수 있는 확률이 높다. 또한 유아나 어린 아동이 뇌막염이나 뇌염에 감염되면 정신적인 발달에 영향을 받을 수 있다. 중독도 감염과 같이 태

아나 유아에게서 지적장애를 일으킬 수 있으며 알코올·카페인·니코틴 중독도 미숙
아 발생을 일으킬 수 있는 원인이 된다.

또한 유전적으로 결정되는 대다수의 지적장애는 대사 장애에 기인하는 경우
가 많다. 결손열성유전인자의 조합으로 이루어지는 대사 장애에는 페닐케톤뇨증
(phenylketonuria: PKU)과 갈락토스혈증(galactosemia) 등이 있다. 또한 태내기에서의
영양 부족도 뇌세포 성장을 억제하여 뇌손상을 일으킬 수 있다.

지적장애를 보이는 가장 보편적 염색체 장애는 다운증후군이다. 다운증후군에는 삼
색염색체증, 21번째의 염색체가 다른 염색체에 붙어 생기는 전위형, 모자이크형 등의
세 유형이 있다. 이것은 임산부의 양수 일부를 빼내어 그 속의 세포를 분석함으로써
염색체의 이상 유무를 발견하는 양막 천자의 기술로서 조기에 진단이 가능하다. 이 밖
에 성염색체의 이상으로 생기는 클라인펠터 증후군과 터너 증후군, 타콥스 증후군 등
이 있다.

② 심리사회적 요인

아동을 양육하는 형태, 가정의 경제적인 위치, 거주지 문화의 정도, 감각 자극의 상
실, 어머니와의 상호작용 장애 등의 요인이 아동에게 결핍환경으로서 영향을 줄 수 있
다. 사회심리학적 원인들은 단일 요소로 작용하기보다 다른 부분의 요소들을 포함하
여 복잡하게 영향을 끼치며, 특히 경도 지적장애의 경우 많은 유전적 요소들과 상호작
용을 하는 것으로 간주된다.

(2) 지적장애의 분류

지적장애는 심리학, 교육, 의학, 우리나라「장애인복지법」등으로 분류할 수 있다.

① 심리학적 분류

심리학에서는 모집단을 전제로 한 정상분포에 의해 지적장애를 분류하였다. 이런
분류는 기능주의적 패러다임에 의한 것이고 상대적으로 지능수준에 의미를 부여한 것
이다. 이에 따른 분류는 다음과 같다.

표 3-8 지적장애의 심리학적 분류

분류	지능	표준편차	특징
경도(mild)	IQ 56~70	-3~-2	• 원조를 받아 가며 독립된 생활을 할 수 있음.
중등도(moderate)	IQ 41~55	-4~-3	• 어느 정도의 자조기능과 의사소통 및 학습 기술을 획득할 수 있음.
중도(severe)	IQ 26~40	-5~-4	• 언어의 발달이 극소하며, 훈련을 하면 신변처리를 겨우 할 수 있음. • 생활 전반에서 보호가 필요함.
최중도(profound)	IQ 25 이하	-5 이하	• 언어의 발달이 거의 없고, 의사소통을 할 수 없음. • 기본적인 생활습관과 신변처리 모두에 개호가 필요함.

② 교육적 분류

과거 교육적 분류는 교육 배치, 즉 지적장애아가 교육받는 기관이 어디인가에 따라 분류하였다. 특수학교, 특수학급, 수용시설은 표준 교육과정을 갖고 있으며, 이 교육과정에 적당한 대상 학생을 수용하여 왔기 때문에 교육적 분류는 특정 교육기관에 따라 분류한 것이다. 이런 분류체계는 다음과 같다.

표 3-9 지적장애의 교육적 분류

분류	설명
교육가능(educable) 지적장애	IQ 51~75, 특수학급 교육 대상 아동
훈련가능(trainable) 지적장애	IQ 26~50, 특수학교 교육 대상 아동
보호대상(custodial) 지적장애	IQ 25 이하, 수용시설 교육 대상 아동

현재는 이런 분류체계가 사용되지 않고 있다. 완전통합교육의 실현으로 특정 대상아가 그의 지능수준 때문에 어떤 특정 교육기관에 등록한다는 것은 있을 수 없다. 모든 학생은 그들의 필요와 요구에 따라 어떤 교육기관에라도 갈 수 있게 열려 있는 것이다.

③ 의학적 분류

의학에서의 관심사는 지적장애의 원인에 있기 때문에 의학적 분류체계는 원인론의 분류체계에 따르게 된다. 원인에 의한 분류는 유전학, 의학 등에서 깊은 관심을 갖는 반면, 교육에서는 현재 나타나고 있는 증상에 더 깊은 관심을 갖게 된다.

④ 우리나라 「장애인복지법」에 따른 분류

「장애인복지법 시행규칙」에서는 지적장애인은 장애의 정도가 심한 분류만 규정하고 있다. 지능지수가 70 이하인 사람으로서 교육을 통한 사회적·직업적 재활이 가능한 사람으로 설명하고 있다.

(3) 지적장애의 특징

지적장애인은 지적발달의 장애로 정신발육이 항구적으로 지체되어 지적 능력이 열등하고 자신의 일을 처리하는 능력이 열악하며, 사회생활 적응에 현저한 지체를 보인다. 또한 낮은 언어능력을 동반하여 의사소통에 어려움이 있기 때문에 대인관계 형성에 문제점을 나타내거나 학습에 지장을 주는 경우가 많다. 뿐만 아니라 대체로 스스로 통제할 수 있는 능력이 떨어지고, 판단 능력이 떨어져 그들의 행동을 일반 사회에서 수용하기에는 어려운 경우가 많다. 분석력이 미흡하거나 주위가 산만하여 주의 집중하는 시간이 짧아 학습능력도 떨어질 수밖에 없다.

① 동기유발 부족

지적장애인들은 학령기에서부터 자주 실패에 부딪히기 때문에 실패를 미리 예상한다. 즉, 실패의 쓴 경험에서 도피하기 위해 그들은 실패를 야기하는 상황을 피하는 경향을 보이며, 결과적으로 자기성취 예언과 목표를 낮게 설정하는 경향이 있다. 학업을 성취하지 못하거나 성공감과 만족감을 갖지 못하는 사람은 어떤 상황이나 대상을 피하고 싶어 한다. 목표학습 과제와 문제해결 과제에 전혀 흥미나 관심이 없고 경험적으로 학습된 무기력을 보인다. 그것이 결국 동기유발에 부정적인 영향을 미치게 된다.

② 의존적인 경향

지적장애인들은 문제 상황을 해결하기 위해 일반적으로 다른 사람(교사나 조력자, 또래아동)에게 의존하는 경향을 나타낸다. 이는 곧 그들 자신의 능력을 불신한 결과이다.

③ 부정적 자아개념

선행 연구에 의하면 지적장애인들은 열등한 자아개념을 가진다. 그들은 자신의 능력과 잠재성에 대해 부정적이다. 이런 부정적 자아개념은 생활에의 부적응과 중요한 상관관계를 가진다.

④ 사회행동적 특징

지적장애인들이 대인관계가 원만하지 못하고 여러 상황에 적응하지 못하는 것은 적응능력이 부족하기 때문이다. 특히 자기 지향성, 책임감, 사회적 기술 등이 부족하여 부적절한 행동을 하게 되고 이로 인해 주위 사람들로부터 거부당하는 것을 볼 수 있는데, 이러한 거부는 일반아동들이 교과학습의 무능보다 행동의 부적절성을 더 의식하는 데서 비롯된다.

⑤ 말과 언어의 지체

말과 언어의 발달은 지적 발달과 밀접하게 연관되어 있기 때문에 지적장애인들은 일반인보다 말과 언어에 더 많은 곤란을 보인다. 특히 음의 대치와 생략 같은 조음장애가 자주 발생하고, 구어발달의 지연, 제한된 어휘 그리고 정확하지 않는 문법 사용 등을 포함한 언어장애를 갖는 것이 보통이다. 언어 기능과 기술은 지적장애아들이 사회에 완전히 통합되기 위해 극복되어야 할 가장 큰 장애 중의 하나이다.

⑥ 신체 건강상 특징

신체 건강상 특징은 일반인에 비하여 크게 다르지 않다. 사회심리적으로 혜택을 받지 못한 경도 지적장애 아동들도 뚜렷한 신체 건강상의 특징은 보이지 않는다.

⑦ 지적장애 아동의 학습 특징

- **주의집중 곤란**: 주의집중 지속시간, 주의집중의 범위와 초점, 선택적 주의에 심한 곤란을 가진다. 따라서 지적장애아가 교사나 학습과제에 대해 주의집중을 할 수 있도록 한다면 학습지도에 성공할 수 있다.
- **중재전략의 곤란**: 지적장애아는 주어진 투입정보를 나중에 재생하기 위해 조직하고 구성하는 효과적인 기술이 부족하다. 성숙한 학습자는 언어의 시연과 반복, 명칭 붙이기, 분류, 연합 그리고 표상의 기술을 사용한다. 선행연구에 의하면 지적장애아들은 이러한 기술의 부족으로 학습을 회피하려는 경향이 강하기 때문에 이 같은 전략을 사용하는 데 곤란이 따른다.
- **단기기억의 곤란**: 일반적으로 지적장애아들은 장기적으로 정보를 보유하지만, 단기기억 분야에 곤란을 보인다고 한다. 지적장애아들은 흐트러진 숫자의 기억과 같은 비연속적인 단기기억에 곤란을 보이고, 중재전략의 자발적인 사용이 어렵

다. 그리고 주어진 투입정보를 나중에 재생하기 위해 조직하고 구성하는 효과적인 기술이 부족하여 의도적인 지도와 기술이 필요하다.

- 전이와 일반화, 추상화의 곤란: 지적장애아들은 새로운 일이나 문제 자극 상황에 지식이나 기술을 적용하는 능력에 곤란을 보인다. 그들은 선행 경험을 미래의 비슷한 상황이나 문제해결에 도움이 되도록 사용하지 못한다. 특히 추상적으로 사고하는 능력이나 추상적 자료를 가지고 일하는 능력이 제한되어 있다.

- 우발학습의 경향: 지적장애아들은 상당히 비능률적으로 학습하는 경향이 있다. 그것은 우발정보에 더 주의를 기울이는 경향이 강하기 때문이다. 일반아동들은 나이가 들어감에 따라 관계없는 정보나 무관한 자극을 무시하고, 일의 본질적인 면에 선택적으로 참여할 수 있으나, 지적장애아는 그렇지 않다.

7) 자폐성장애

자폐성장애는 주고받는 사회적 상호작용과 의사소통 기술에 대한 심하고 복잡한 장애 그리고 상동 행동, 상동 관심, 상동 활동을 특징으로 한다.

(1) 자폐성장애의 원인

자폐성장애의 원인은 완전히 밝혀지지 않았으나 그 발생과 관련된 것으로 여겨지는 다양한 요인들이 제시되고 있다. 특히 두뇌발달 이상, 유전적 요인, 임신 중의 특정 요소(고령임신, 임신 중 약물복용, 난산)와 같은 생물학적 요인들이 자폐성장애의 발생과 관련된 것으로 추측하고 있다.

(2) 자폐성장애의 분류

「장애인복지법 시행규칙」에서 자폐성장애인은 장애의 정도가 심한 분류만 규정하고 있다. 제10차 국제질병사인분류(International Classification of Diseases, 10th version)의 진단 기준에 따른 전반성 발달장애(자폐증)로 정상 발달의 단계가 나타나지 않고, 기능 및 능력 장애로 일상생활이나 사회생활에 간헐적인 도움이 필요한 사람으로 설명하고 있다.

(3) 자폐성장애의 특징

자폐성장애의 행동 특징은 장애를 진단하는데 있어 중요한 것으로 다음과 같은 특징을 보이는 장애로 분류할 수 있다.

① 사회적 상호작용 장애

아동은 사람과 가까운 물체와 의미 있는 관계를 맺는 능력에 영향을 미친다. 자폐성장애아동의 경우 나이와 정도에 따라 다르지만 관찰할 수 있는 행동은 좋지 못하거나 치우친 눈 마주침, 동료 관계 발달의 실패, 지연되거나 부적절한 얼굴 표정, 신체 접촉에 대한 거부감, 사회적 상호작용의 부족, 안기는 것에 대한 예기반응의 지연 또는 결여, 즐거움을 나누기 위해 다른 사람을 자발적으로 찾는 행동의 부족, 계속 혼자 있고 싶어 하는 것에 대한 선호 등이다.

② 의사소통 장애

자폐성장애 아동은 가벼운 정도에서 심한 정도까지의 연속체로 생각할 수 있다. 연속체의 가벼운 쪽에서는 약간의 입소리 또는 음조 결핍만 있는 정상적인 언어가 관찰될 수 있다. 심한 쪽에는 언어의 완전한 결여가 있다. 이 밖에 연속체의 각 지점에서 여러 가지 의사소통 문제가 묘사되는데 자폐증 아동의 언어는 자연에서 반복적인 경우, 즉 반향어(echolalic)인 경우가 많다. 고전적 반향어는 아동이 구절에 노출된 직후 앵무새와 같은 구절의 반복이며 지연된 반향어는 후에 구절 반복으로 이루어진다. 반향어는 사회적 맥락으로부터 일어나며 의사소통의 가치가 적거나 없는 것으로 보인다. 다른 종류의 말하기와 언어 문제는 언어구조 문제, 무조 또는 무리듬 언어, 대명사 뒤바뀜 그리고 의사소통 도중 목소리 변화나 감정의 부족이 포함된다.

③ 행동장애

자폐성장애 아동은 규칙 이탈에 대한 못견딤증, 어떤 종류의 변화에 대한 저항, 그리고 상동적이고 똑같은 것만을 고집한다. 상징 놀이 또는 가상 놀이도 상동적이고 반복적이고 비사회적이다. 또한 이상한 물건에 대한 희귀한 집착이 발생한다. 예를 들어, 동물인형이나 인형이 아닌 청소기 또는 종이 한 장에 대한 굉장한 집착을 보이는 경우가 있다. 이 행동의 패턴은 강박의식이며, 어떠한 이탈도 참지 못한다. 규칙 이탈은 아무리 작아도 심한 분노를 일으킨다.

④ 운동 패턴

자폐성장애 아동은 운동 패턴의 치우침이 팔, 손, 몸통, 다리 또는 몸 전체에서 나타 날 수 있다. 팔의 운동 패턴은 흔하게 나타나며 꿈틀거림이나 손가락의 튕김, 손가락 의 반복적 폄과 구부림 그리고 팔의 반복적 엎침과 뒤침이 포함된다. 다른 운동 패턴 은 머리 굴림과 박음, 몸의 앞뒤 흔들림과 좌우 흔들림, 찌르거나 돌진하는 움직임, 발 가락 걸음, 사지의 근육긴장 이상, 머리와 근위 사지 마디의 수동적 협동작용 그리고 동시에 두 가지 운동을 하는 것에 대한 무능력을 포함한다.

⑤ 감각 및 지각 처리 장애

자폐성장애 아동은 다양한 시각, 전정 그리고 청각 자극에 대한 비정상적인 반응을 보인다. 특히 자폐성장애 아동은 소리에 지나치게 민감하며 매일의 환경적 소음에 대 한 대체능력의 어려움을 가질 수 있다. 청각적인 저반응 또는 촉각 입력의 과반응 등 이 나타나며 촉각과민 아동은 상동증과 반복적 행동과 같은 유연하지 못한 행동을 나 타낸다.

8) 정신장애

정신장애를 분명하게 구별 짓는 정의는 없고 문화에 따라 정의도 약간씩 다르다.

미국정신의학회(2013)에서는 장애는 "개인에게 발생되고 있는 임상적으로 중요한 행동적 · 심리적 증후군이나 양상으로서, 이러한 증후군이나 양상은 현재의 고통이나 무능력을 동반하거나, 고통스런 죽음이나 통증, 무능력 또는 자유의 상실 위험을 증가 시키고, 이러한 증상이나 양상의 원인이 무엇이든지 간에 현재 개인에게 행동적, 심리 적 또는 생물적 기능장애가 나타나고 있어야 한다."라고 정의한다.

(1) 정신장애의 원인

정신장애의 원인에 대해서는 여러 측면의 다양한 의견과 이론이 있다.

정신장애의 원인은 크게 네 가지 개인 내적인 원인, 기질적 원인, 심리적 원인, 사회 적 원인으로 나눌 수 있고 외부의 자극(심리, 사회)과 같은 원인, 개인적(기질, 유전 체 질) 소인으로 볼 수 있다.

원인에 대한 접근 방법으로는 정신분석론적, 생리학적, 사회반응론적, 사회학습론적, 사회스트레스 모델 등이 있다.

(2) 정신장애의 분류

① 조현병

조현병(schizophrenia)은 마음의 분열 상태를 의미하는 것으로 생각, 감정, 판단 그리고 행동이 분열 증상을 보이는 경우를 말한다. 조현병은 성장기와 활동기 때에 발병률이 비교적 높고 여러 가지 기능적 증상을 촉발시킬 뿐만 아니라 대부분의 경우 만성 정신질환으로 고착될 가능성이 높다. 성별에 따른 유병률은 비슷하며 가족 중 병력자가 있으면 발병률이 그만큼 높다.

조현병은 몇 가지 특징적인 증상을 보이며, 이전의 기능수준이 저하되고 6개월 이상 증상이 지속되는 양상을 보인다. 정신병적 증상에는 환각(hallucinations)과 망상(delusions)이 있다. 환각은 외부 자극 없이 일어나는 유사 지각 경험으로, 예를 들어 다른 사람이 지각할 수 없는 소리 및 물체를 듣거나 보고, 피부에 벌레가 기어간다고 느끼는 것인데 가장 보편적인 환각은 환청이다. 망상이란 모순된 증거를 고려하고도 쉽게 변경되지 않는 고정된 믿음이다. 어떤 망상들은 비현실적이라서 기괴한 망상을 보이는데, 예를 들어 외계인이 마이크로칩을 머리에 삽입하여 자신을 조종한다는 믿음을 보인다. 현실적 가능성이 있는 망상도 있지만 자신의 상황과는 맞지 않는 것들이다.

조현병에서 흔한 정신병 증상은 사고 형태와 사고 내용의 장애이다. 또한 감정이나 느낌을 표현하는 능력이 저하되거나(무반응), 부적절하게 반응하며 일상생활활동에 대한 동기 그리고 다른 사람과 상호작용하는 능력도 저하된다.

② 양극성 및 관련 장애

양극성장애(bipolar disorder)는 조울증으로 알려져 있는데, 기분의 양극단을 보이며, 일부 환자에서는 망상, 환각 등의 정신병적 증상을 보인 경우도 있다. 클라이언트는 조증, 우울증, 교대증상을 보인다.

조증(mania)은 항상 기분이 상승되어 있고 모든 것을 과장해 표현하며 불안정한 상태이고, 종종 잠을 설친다. 조증은 조증 삽화와 경조증 삽화가 교대로 나타나고 또한 우울증 삽화와 경조증 삽화도 나타난다. 경조증은 조증보다는 심각성이 낮고 지속기간이 짧은 것을 말한다.

우울증(depression)은 우울한 기분 또는 거의 모든 활동에 있어서 흥미나 즐거움의 상실을 말한다. 조증과 마찬가지로 수면장애를 보이고 식욕 증가 또는 감소, 낮은 에너지, 자살 생각, 무가치감, 초조, 무기력 등이 나타난다.

③ 우울장애

우울장애(depression disorder)는 주요 우울 삽화가 적어도 2주 이상 지속되는 것으로 우울증의 진단을 받은 클라이언트는 활력이 없고, 목욕이나 자기 관리에 관심이 부족하며, 사회적 및 작업적 기능에 상당한 결함이 발생할 수 있다. 그러나 주요 우울장애 진단을 받은 사람들은 개인차가 심해서 상당수는 장기간의 슬픔을 호소하지만 다른 사람들이 인식하지 못할 정도로 충분히 일상생활을 잘하는 사람도 있다.

④ 불안장애

불안장애(anxiety disorder)는 심리적인 불안상태에서 비롯하여 걱정, 두려움 그리고 죽을 것 같은 기분을 느낀다. 불안장애에는 공황장애와 공포증이 속하는데 공황장애(panic disorder)는 예상하지 못한 호흡곤란, 맥박 증가, 현기증, 메스꺼움 등과 같은 특징적인 공황발작이 반복적으로 나타난다. 이런 상태를 벗어난 후에도 클라이언트가 또 공황상태가 올 것에 대한 두려움 때문에 일반적으로 불안한 상태가 계속된다. 광장공포증(agoraphobia)은 공황장애와 함께 나타나기도 하는데 클라이언트는 자신이 낯선 장소에 있다는 것에 두려움을 느끼게 되며 심각해지면 집 밖으로 나설 수 없게 된다. 공포증(phobia)은 특정 자극에 의해서 발생하는 두려움이 특징으로 사회공포증은 다른 사람의 칭찬이나 조롱에 노출될 수 있는 상황을 두려워하는 것이다. 범불안장애(generalized anxiety disorder)는 클라이언트가 둘 이상의 무관한 상황에 대해 걱정하고 다른 진단이 불안을 설명할 수 없을 때 진단한다. 주관적 증상이 적어도 6개월 동안 지속될 때 진단한다.

⑤ 성격장애

성격 특성은 넓은 범위의 사회적 · 개인적 상황에서 나타나는 환경 및 자기자신에 대한 지각과 관계, 사고의 지속적인 패턴을 말한다. 성격 특성이 고정적이고 부적응적이며, 심각한 기능적 손상이나 내적 고통을 줄 때만 성격장애(personality disorder)로 규정한다. 성격장애 진단을 위해서는 성격 특성이 고정적이고 장기간 지속되어야 한다.

DSM-5에서는 성격장애를 세 가지 증상군(A군, B군, C군)으로 분류하고 있다. A군에는 편집성 성격장애, 조현성 성격장애, 조현형 성격장애가 있다. 이 증상군에 있는 사람들은 다른 사람들 눈에 상식에서 벗어나 괴짜 같고, 남다르게 보인다. B군에는 반사회성 성격장애, 경계성 성격장애, 연극성 성격장애, 자기애성 성격장애가 있다. 이들 장애의 공통점은 변덕스럽고, 감정적이며, 자기중심적인 행동이다. C군에는 회피성 성격장애, 의존성 성격장애, 강박성 성격장애가 있다. 이들은 불안하고 겁이 많고 삶에 대해 회피적인 특성을 보이는 집단이다.

⑥ 강박 및 관련장애

강박장애(obsessive-compulsive disorder)는 과도하게 집착하며 충동적인 성향을 나타내는 것으로 시간을 낭비하고, 괴로움을 느끼며, 기능을 방해한다. **강박사고**(obsession)란 '차를 벽으로 몰고 가고 싶다'와 같은 원하지 않은 사고 삽입이나 충동적 사고로서 사라지게 하려고 시도해도 잘 되지 않는다. **강박행위**(compulsive)는 강박적인 사고가 반복적인 행동으로 나타나는 것으로 손 씻기, 확인하기, 정리정돈하기 등이 예가 될 수 있다. 관련된 장애로는 신체이형장애(body dysmorphic disorder), 수집광(hoarding disorder), 발모광(trichotillomania), 피부뜯기장애(excoriation disorder)가 있다.

⑦ 성장애 및 성기능 장애

성장애는 **성도착증**(paraphilias)으로 대표되는데, 이것은 성장애의 대상과 방식에 따라 30종 이상의 증상과 유형이 있다. 즉, 이는 특수한 성적 환상이며 강한 성적 충동과 그에 따른 행위를 말한다. 유형으로는 패학증, 가학증, 노출증, 관음증, 물품 음란증, 의상도착증, 소아기호증 등이 있고 물건, 동물, 노인, 사체에 이르기까지 다양하다.

성기능 장애는 크게 네 가지 경우로 나눌 수 있다. 성적 욕망이 생기지 않은 경우, 성적 감응이 생기지 않는 경우, 절정기 도달이 되지 않는 경우, 성교할 때 통증이 오는 경우 그리고 기타의 경우이다. 원인은 기질적 요인, 환경적 요인, 심리적 요인으로 나눌 수 있으며 전문가의 의학적 개입과 상담과정 등 다양한 진단과 치료, 지원이 요구되는 영역이다.

⑧ 급식 및 섭식장애

급식 및 섭식장애(feeding and eating disorder)는 비정상적인 음식의 소비 및 저장행동을 특징으로 한다. **이식증**(pica)은 발달연령 이후에만 진단 가능한데, 2세 이후가 되어 흙, 비누, 머리카락, 페인트, 비식품류를 먹는 것이다. 이러한 행동들은 지적장애 또는 자폐 스펙트럼 장애를 가진 사람에게서 나타나는 경우도 있다. **신경성 식욕부진증**(anorexia nervosa)은 음식 섭취나 체중 증가를 거부하고, 체중 증가에 대한 두려움과 체형 인식 결함으로 비정상적인 저체중을 유발하는 것이다. **신경성 폭식증**(bulimia nervosa)은 과식 후 억지로 구토를 하거나 극단적인 감량법(단식, 설사제)을 사용하는 것이다.

⑨ 물질 관련 및 중독장애

물질 관련 및 중독장애(substance-related and addictive disorder)는 약한 유해 물질의 오용을 포함한다. 물질 중 일부는 매장에서 합법적으로 판매하고 있다(술, 특정 지역에서 마리화나). 의사 처방에 따른 진통제 등도 오용될 수 있다. DSM-5에서 제시한 아홉 가지 물질은 알코올, 카페인, 대마, 환각제, 흡입제, 아편, 진정제·수면제·항불안제, 코카인을 포함한 자극제, 담배가 있다.

물질 관련 및 중독장애는 오로지 약물이 없으면 신체적 항상성을 유지하기 힘들 정도로 심신의 의지가 약해져 있으며 정신적·심리적 요인에 의하여 억제력이 상실된 경우이다.

(3) 정신장애의 특징

정신장애도 일상생활과 직업 활동에서 다른 장애와 유사한 어려움을 겪고 있으며, 신체장애와 비슷하거나 그 이상의 사회적 편견이 따르기에 본인을 포함한 가족의 고통이 큰 장애이다. 또한 다른 사람들과 정서적 관계를 맺거나 의사소통을 하는 데 있어 자기 방어적이다. 이들은 의도적으로 자신의 감정을 숨기는 반면, 자기 통제력을 상실하여 눈에 띄는 행동을 할 때도 있다. 다른 종류의 장애보다 일상생활이나 직업 활동을 하는 데 있어 더 많은 어려움을 겪는다. 더욱이 사회적 편견으로 인한 가족들의 심리적 부담으로 인해 가족으로부터 외면당하는 경우가 많아 고립된 생활을 할 수밖에 없다. 이에 따라 정신장애인의 완전치료와 사회적응 및 사회복귀 가능성은 매우 희박한 상황이나 정서적 안정을 통해 가능한 경우가 있으므로 주변 사람들의 절대적인 지지가 요구된다.

9) 신장장애

신장장애는 투석치료 중이거나 신장을 이식받은 경우로서 신장기능이 90% 이상 소실되어 혈액투석이나 복막투석을 지속적으로 받아야 하거나 신장기능의 영속적인 장애로 일상생활활동에 어려움이 있는 것을 말한다.

(1) 신장장애의 원인

신장장애의 원인은 신장질환에 의한 것으로 만성사구체신염, 당뇨병성 신증, 고혈압성 사구체경화증, 통풍신 등이 있다. 현재 우리나라에서는 당뇨병성 신증으로 인한 장애가 가장 많은 비중을 차지하는 것으로 나타나고 있다. 신장장애는 신체의 혈액 항상성과 전해질의 적정성 유지 등 혈액 속의 노폐물을 제거하여 적절한 수분과 전해질을 보유하도록 조절하는 기관인 신장의 기능 이상으로 인해 일상생활활동에 어려움이 있으며 장기간 신장기능을 대신하는 치료가 필수적이다.

(2) 신장장애의 분류

신장장애의 종류는 다음과 같다.

표 3-10 신장장애의 종류

종류	설명	
사구체신염	신장의 여과 부위인 사구체에 염증반응이 생겨 발생하는 신장질환을 총칭하는 말	
만성신부전	신장병 중에서 오랜 기간 동안 지속되는 질환	
급성신부전	신기능이 갑작스럽게 상실되는 것으로 하루 소변량이 400ml 이하이면 신장기능 상실을 의미	
신증후군	중증 단백뇨(1일 3.5g 이상)의 지속적인 배설, 고지혈증, 저알부민혈증(혈청 알부민치 3.0g/dl 이하), 전신부종 등 4대 증상 및 증후가 복합된 증후군	
급성신우신염	요로 감염으로 인한 신장의 세균감염	
신장결석	신장에서 형성된 작은 입자가 신장 내부나 요도에 존재하는 질환	

그리고 신장장애는 만성과 급성으로 구분하는데 우리나라 법정 장애인의 범주에는 만성신부전증만을 규정하고 있다. 3개월 이상 혈액투석이나 복막투석을 받고 있는 사

람을 장애의 정도가 심한 신장장애인, 신장을 이식받은 사람으로 신장이식 이후에는 신장이 정상적인 기능을 할 수는 있으나 경제적인 문제 등을 고려하여 일시적으로 장애로 인정하고 장애의 정도가 심하지 않은 신장장애인으로 판정한다.

(3) 신장장애의 특징

신장장애가 있는 사람의 경우 진료일수가 길고 병원에서 보내는 시간이 많아 직업생활을 유지하기가 힘들다. 또한 치료비 부담이 상당히 크기 때문에 대부분의 신장장애가 있는 사람은 경제적인 고통도 함께 경험하고 있다.

① 신체적 · 인지적 특성

2급 중증장애인은 평생 1주 3회, 1회 4~5시간 투석(희귀난치성질환에 포함)을 해야 한다. 소변이 나오지 않으므로 수분을 제한해야 하고 식이요법을 병행해야 하므로 제한적인 식생활을 해야 한다. 감각기능 저하로 자극 있는 것을 선호하며, 예를 들어 얼음과 뜨거운 물 섭취, 강렬한 맛의 음식을 찾고, 신체적 리듬의 변화, 판단력, 기억력, 집중력, 계산능력이 저하되어 있는 경우가 많다. 투석 시 두통을 호소하고 혈압기능이 저하될 가능성이 있다.

② 심리적 · 사회적 특성

신장장애인은 장기간 투병으로 인한 대인기피증과 우울증을 갖고 있다. 그리고 합병증, 욕구불만, 사망에 대한 불안 증세를 보이며, 오랜 투석으로 인한 가정과 사회에서의 직업적인 역할이 상실될 가능성이 높아 경제적 빈곤으로 인한 가정 유지가 어렵게 된다.

③ 경제적 특성

신장장애인은 월 20~30만 원의 과중한 치료비가 소요되어 경제적으로 부담스럽다. 또한 오랜 투석 시간으로 경제적 · 사회적 활동에 지장을 준다,

④ 식이요법

• 수분 섭취 제한: 소변량이 적거나 없어지기 때문에 수분이 체내에 고이게 되고 그로 인해 체중이 증가한다. 체내에서 배출이 되지 않으므로 부종이 생기고 혈압이

상승하게 된다. 수분 섭취를 줄이기 위해 염분 섭취가 제한된다.

- **칼륨** 섭취 제한: 근육무력감, 부정맥이 나타나고 심하면 생명위협을 느낀다. 칼륨 흡착제를 식후 복용하면 대변으로 배설된다. 칼륨을 다량 함유하고 있는 식품, 생 야채, 과일, 잡곡류, 견과류, 감자, 고구마 등의 섭취가 제한된다.
- **인** 섭취 제한: 뼈에서 칼슘이 빠져나와 뼈가 약해지고 가려움증이 유발된다. 우유, 치즈, 땅콩, 견과류, 두유, 콜라 등의 섭취가 제한된다.

10) 심장장애

심장장애는 일상생활이 현저히 제한되는 심장기능 이상으로 심장기능의 장애가 지속적으로 나타나고, 호흡곤란 등의 장애로 인해 일상생활에서 겪는 어려움을 말한다.

(1) 심장장애의 원인

혈액순환기관인 심장에 기능장애가 오면 정맥압을 상승시키고, 충분한 양의 산소를 말초 조직에 공급할 수 없게 되는 심기능 부족 증상이 나타난다. 심장장애의 원인은 다음과 같다.

① 심근경색증

심근경색증은 심장에 산소와 영양을 날라다 주는 관상동맥의 일부가 막혀, 혈류가 중단됨으로써 그 부분의 심장의 벽, 즉 심근이 썩는 병이다. 심장 근육에 혈액을 공급하는 관상동맥이 막혀서 발생하는데, 주로 관상동맥경화증이 원인이 된다. 이러한 관상동맥경화증의 위험요인으로는 고콜레스테롤 혈증, 고혈압, 흡연, 당뇨병과 비만 등이 있어 이들 질환에 대한 예방 및 치료가 심근경색증 예방에 중요한 부분을 차지하게 된다.

② 심장판막증

심장판막의 기능은 심장 안에서 혈액이 일정한 방향으로 흘러가도록 제어하는 것인데, 판막의 기능이 문제가 되어 충분히 열려야 할 때에 잘 열리지 않아 혈액이 심장 안으로 유입되거나 밖으로 유출되는 데 장애가 생기는 경우를 **심장판막증**이라고 한다. 심장이 닫혀야 할 때에 완전히 닫히지 않아 혈액이 한쪽 방향으로만 흐르지 않고 역류되는 일이 발생하게 된다. 일반적으로 판막 질환의 원인으로는 류마티스열, 퇴행성, 석회화, 점액종성 변화, 심장 유두근의 기능 이상이나 파열, 감염성 심내막염 등이 있다.

③ 협심증(또는 허혈성 심장병)

협심증은 심장에 혈액을 공급하는 관상동맥이 좁아져 상대적으로 심장 근육에 공급되어야 할 혈액의 양이 부족해지면서 가슴의 통증이 나타나는 질환이다. 협심증이 생기는 가장 흔한 원인은 동맥경화증 때문이다. 동맥혈관 안쪽 벽에 여러 가지 이물질이 쌓여져 굳어지면서 딱딱해진 혈관은 정상적인 혈관과는 달리 혈관의 안쪽 지름이 점점 좁아지게 되는데 이로써 가슴 조임이 발생한다.

④ 부정맥

여러 심장 세포들 중 어느 한 군데라도 이상이 생겨 전기자극이 만들어지고 전달되는 과정에 이상이 오면 맥박이 불규칙해지는데, 이를 **부정맥**이라 한다. 부정맥은 정상 생리반응과는 다르게 심장의 박동이 비정상적으로 빨라지거나, 느려지거나 또는 불규칙하게 뛰는 현상을 모두 포함한다. 부정맥은 여러 가지 원인으로 발생될 수 있다. 전기적 신호 발생이 느려지거나 전달 경로가 차단되면 심박동수가 비정상적으로 느려지게 되고, 반대로 정상 전기적 신호 전달 경로 이외의 부위에서 전기적 신호가 발생하면 심장이 예정보다 한 박자 빨리 뛰거나 심박동수가 비정상적으로 빨라질 수 있다.

⑤ 심부전증

심부전증은 심장이 여러 원인으로 기능 부전 상태에 빠지는 것으로 심장 근육이 취약해져 수축력이 저하되고 이로써 폐와 전신에 필요한 양의 혈액을 충분히 보낼 수 없어서 신체의 여러 장기가 기능 장애를 가지게 되는 상태를 말한다. 심부전을 일으키는 원인은 연령대에 따라 다양하다. 소아에서는 대부분이 만 1세 이전에 발생하게 되는데, 가장 흔한 원인은 심장의 용적 과부하를 일으키는 심실 중격 결손이나 방실 중격 결손과 같은 선천성 심기형이다. 그 밖에 심장의 압력 과부하를 일으키는 선천성 심기형이나 고혈압성 심질환, 심근의 수축력이 감소되는 심질환인 심근염이나 관상동맥 이상 등의 질환, 심장 맥박이 병적으로 느린 서맥이나 병적으로 빠른 빈맥 등도 심부전을 일으킬 수 있다.

⑥ 확장성 심근(병)증

확장성 심근(병)증은 심장의 근육 자체에 이상이 있는 질환군으로 심방, 심실의 확장과 심실 수축력 저하와 심근, 특히 심실 중격이 비정상적으로 두꺼워지고, 심실벽이 경직되어 나타난다.

⑦ 선천성 심장병

선천성 심장병은 태아의 심장이 형성되는 이러한 과정에 이상이 생겨서 임신 기간 중 매우 초기에 발생한다. 대체로 신생아 100명당 약 4~5명에서 신체적인 기형이 발견되며 100명당 1명꼴로 선천성 심장 기형이 발견되며, 국가 간, 인종 간 거의 같은 빈도로 발생한다. 선천성 심장병은 다운증후군을 위시한 여러 염색체 이상 등의 유전적인 원인이나 풍진, 인플루엔자 같은 바이러스 감염, 항경련제, 항부정맥약, 정신과 약 등의 약물에 의한 특수한 예를 제외하고는 대부분의 경우 뚜렷한 원인을 찾을 수 없고, 대개 약간의 유전적인 요인과 환경적인 요인이 복합된 것으로 뚜렷한 예방법도 없다.

(2) 심장장애의 분류

심장질환의 네 가지 분류는 다음과 같다.

표 3-11 심장질환의 네 가지 분류

분류	뉴욕협회 기능분류	캐나다심혈관협회 기능분류	특정 활동척도
I	심장질환은 있지만 신체활동에는 제한이 없음. 일상적인 신체활동이 피로, 심장의 두근거림, 호흡곤란 또는 협심통증을 유발하지 않음.	걷기, 계단 오르기와 같은 일상적인 신체활동 시에는 협심증이 나타나지 않음. 노력을 요하거나 속도가 빠른 또는 장시간의 노력이 필요한 활동을 할 때 협심증이 발생함.	7MET 이하의 활동은 수행할 수 있음(80파운드의 물건 옮기기, 눈 또는 흙 삽질과 같은 야외활동, 스키·농구·스쿼시·핸드볼과 같은 여가활동, 시속 5마일로 일하거나 걷기).

분류	뉴욕협회 기능분류	캐나다심혈관협회 기능분류	특정 활동척도
II	신체활동에 약간의 제한을 지닌 심장질환자. 휴식 시에는 불편함이 없으나 일상적인 활동 시에도 피로, 심장의 두근거림, 호흡곤란 또는 협심증이 나타남.	아침에 일어난 지 몇 시간 되지 않았을 때 또는 감정적 스트레스 상태에 있을 때, 날이 춥거나 바람 부는 날, 빠른 속도로 걷거나 계단을 오르기, 언덕 오르기, 식사 후 걷거나 계단을 오르기와 같은 일상적인 활동에 약간의 제한이 나타남. 또한 정상속도, 정상 컨디션에서 평지를 두 블록 이상 걷고 계단을 한 층 이상 오르는 것이 어려움.	5MET 이하의 활동은 수행할 수 있으나(쉬지 않고 성교하기, 잡초를 뽑고 갈퀴질하며 정원 손질하기, 롤러스케이트, 포크댄스, 평지에서 시속 4마일로 걷기) 7MET 이상의 활동은 수행할 수 없거나 완결하지 못함.
III	심장질환으로 인해 현저한 신체활동의 제한이 나타남. 휴식 시에는 불편함이 없으나 일상적인 신체활동보다 가벼운 활동에서 피로, 두근거림, 호흡곤란 또는 협심통증이 나타남.	일상적인 신체활동에 심각한 제한이 있음. 정상 컨디션에서 평지의 한두 블록을 걷거나 계단을 한 층 이상 오르지 못함.	2MET 이하의 활동은 완수할 수 있음(쉬지 않고 샤워하기, 침대보 정리하기, 창문 닦기, 2.5마일 걷기, 볼링, 골프, 쉬지 않고 옷 입기). 그러나 5MET 이상의 활동은 수행할 수 없거나 완결하지 못함.
IV	심장질환으로 인해 신체활동을 수행할 수 없음. 심장기능 상실 또는 협심증 증상이 휴식 시에도 나타남. 신체활동을 수행할 경우 불편함이 증가함.	모든 신체활동 시 불편함이 나타남. 휴식 시에도 협심증 증상이 나타나기도 함.	2MET 이상의 어떠한 활동도 완수하지 못하며 앞에서 나열한 활동들을 수행할 수 없음.

* MET: Metabolic Equivalent of Task(활동에너지 소비량)

심장장애의 장애등급에 따른 분류는 다음과 같다.

(3) 심장장애의 특징

심장장애는 호흡곤란 때문에 일상생활은 물론 사회생활 및 직업생활이 거의 불가능하다고 할 수 있다. 그에 따라 대인관계 형성이 축소되고, 경제적 능력 또한 상실되어 생활 곤란까지 경험하는 경우가 많다.

심장장애의 주요 증상은 특정 유형의 통증(예: 흉통), 숨가쁨, 피로, 두근거림(느리거나 빠르거나 불규칙한 심장박동에 대한 자각), 어찔어찔함(기립 시의 현기증 또는 경미한 두통 및 식후 저혈압), 기절, 다리·발목·발의 부기 등이 있다.

11) 호흡기장애

호흡기장애는 폐나 기관지 등 호흡기관의 기능 장애로 인해 일상생활 및 사회생활 활동이 제한되어 있는 경우를 말한다.

(1) 호흡기장애의 원인

호흡기장애는 인체의 호흡기계에서 발생하는 각종 질환들이 회복되지 않거나 혹은 반복적으로 발생하여 심각한 후유증이 남아 있는 만성 호흡기질환 모두를 포함하며, 가장 흔한 만성 호흡기질환으로는 만성 폐쇄성 폐질환, 만성 제한성 폐질환, 만성 환기장애 질환군, 만성 폐혈관 질환군 등 네 가지가 있다.

만성 폐쇄성 폐질환은 대개 40대 이후부터 만성 기침, 호흡기질환의 재발 등으로 나타나기 시작하며, 주로 흡연이 원인으로 만성 기관지염에서부터 폐기종까지 다양한 질환이 있다. 환자는 호흡운동 과정에 이상이 있어 폐 용적 분포에 이상이 생기고 결국 산소-이산화탄소 교환 과정에 이상이 생기는 것이다. **만성 제한성 폐질환**은 폐간질 질환(간질 섬유증, 폐부종), 흉막질환(흉수, 혈흉), 흉벽 및 복부질환(신경근육전도장애, 흉곽기형, 심한 비만, 흉부 손상)으로 발생하며, 폐 용량 자체의 부족이나 산소-이산화탄소 환산능력의 감소 등에 의하여 호흡곤란 증세가 나타난다. **만성 환기장애 질환군**은 수면무호흡증, 뇌신경계 이상, 횡경막 마비 등으로 인해 발생한다. **만성 폐혈관 질환군**은 폐동맥고혈압, 폐동맥혈전증, 폐동맥색전증, 폐혈관염 등으로 인해 발생한다.

(2) 호흡기장애의 분류

호흡기장애의 종류는 다음과 같다.

표 3-12   **호흡기장애의 종류**

만성 폐쇄성 폐질환	대개 40대 이후부터 만성 기침, 호흡기질환의 재발 등으로 나타나기 시작하며 흡연이 원인.
만성 환기장애 질환군	수면무호흡증, 뇌신경계 이상, 횡격막 마비 등이 포함.
만성 폐혈관 질환군	폐동맥고혈압, 폐동맥혈전증, 폐동맥색전증, 폐혈관염 등이 포함.

(3) 호흡기장애의 특성

주로 만성 호흡기질환에 의한 호흡기능의 손실로 오는 장애이며, 일단 장애가 오면 환기기능의 손실이나 산소–이산화탄소의 가스교환에 이상이 발생하여 호흡기능의 회복이나 호전이 불가능하다.

호흡기장애의 원인을 보면 모든 호흡기질환의 마지막 결과로 폐기능이 저하되어 생길 수 있으며, 활동 시에 더욱 심한 호흡곤란을 유발하므로 환자의 삶의 질이 현격히 저하된다. 평상시에는 비교적 안정적인 만성 호흡기장애 환자라도 급성 악화의 요인이 생기면 생명을 위협할 수 있는 치명적인 장애이며, 비장애인에게는 큰 문제가 되지 않는 간단한 감기나 그 밖의 호흡기 감염증이 가장 흔한 급성악화의 요인이 될 수 있다.

따라서 호흡기장애인의 재활에는 무엇보다도 환자의 폐질환에 대한 이해와 치료에 대한 적극적인 참여가 중요하며 병의 진행 상태를 회복시키는 치료와 함께 호흡기장애의 호전을 위하여 재활이 이루어져야 한다.

12) 간장애

간장애는 간의 기능에 장애가 지속되며, 이로 인하여 기본적인 일상생활 및 사회생활 활동이 제한되는 사람을 말한다. 주로 만성 간질환으로 간이식수술 받은 경우나 잔여 간기능 평가등급이 C인 사람, 내과적 치료로 조절되지 않는 난치성 복수, 자발성 세균성 복막염 등이 해당된다.

(1) 간장애의 원인

간장애의 종류는 급성간염, 만성감염, 간경변증, 지방간, 간암 등으로 나눌 수 있는데 간장애 종류별로 그 원인을 나누어 보았다.

표 3-13　간장애의 종류

종류	원인
급성간염	급격한 증상으로 발병되지만 꽤 단기간에 치료되는 간염으로 술이나 약물 때문에 생길 수도 있으나, 가장 빈번한 원인은 간염 바이러스이다.
만성간염	만성간염은 30~40대에 많고 가장 흔한 원인은 B형 간염바이러스이다.

간경변증	B형 간염바이러스와 술이 대표적인 원인으로 간실질세포가 변성되거나 괴사된 후 세포 재생이 일어날 때 결합조직의 증식이 심해져 간의 경변이 심해지는 것을 일컫는다.
지방간	여러 가지 원인으로 지방이 비정상적으로 많이 축적되면 지방간이라 한다. 주요 원인으로는 식이, 술, 내분비 이상, 약물 등을 들 수 있다.
간암	거의 모든 간암은 간경변 환자에게서 발병한다. 간암은 간 자체에서 발생한 간암 요인에 의해 발생한 것과 타기관의 암이 전이되어 발생한 전이암 등이 있다.

(2) 간장애의 분류

간기능장애의 구체적 질환으로는 간경화, 만성간염, 간암 등이 있는데 장애의 정도가 심한 장애인과 장애의 정도가 심하지 않은 장애인으로 장애판정을 받는다. 이들 중 만성 간질환으로 진단받고 내과적 치료로 조절되지 않는 난치성 복수 등의 합병증이 있고 간기능의 지속적 장애로 인해 활동이 극도로 어려워서 항상 보호가 필요한 사람, 만성 간질환으로 진단받고 자발성 세균성 복막염 등의 병력이 있으며, 수면과 휴식시간 이외의 일상생활에 도움이 필요한 사람, 간기능에 장애가 있으나 잔여 간기능이 일정등급 이상이거나 보호자가 항상 필요한 것이 아니라 수시로 도움을 필요로 하는 상태에 있는 경우, 장애의 정도가 심한 장애인으로 판정된다. 그리고 만성 간질환으로 간이식을 시술받은 경우에는 장애의 정도가 심하지 않은 장애인으로 판정을 받는다.

(3) 간장애의 특성

피로, 구토, 식욕부진, 헛배부름, 소화불량, 체중감소 등이 나타나고, 소변이 진해지고 황달이 나타나며, 잇몸과 코에서 피가 나고 성욕이 감퇴되고 여성인 경우 생리가 없어지기도 한다. 남자인 경우 고환이 수축되기도 한다. 말기 증상은 간세포 기능장애와 합병증이다. 간암으로 발전할 가능성이 많다.

간장애는 일반적으로 교육을 받을 때에는 문제가 되는 것이 없지만, 장기간 치료를 받게 되면 몸의 이상 징후로 인하여 학교 출석 등을 못하는 경우가 발생할 수 있어 교육에 영향을 미칠 수 있다. 일상생활은 간경변증의 경우 거의 지장이 없다. 그러나 음주, 약물 오남용 등 감염을 악화시키는 것을 피하고 다른 간염바이러스에 중복되지 않도록 깨끗한 위생환경이 요구된다. 그 밖에도 식생활과 관련된 저염식, 단백질 섭취 제한으로 약간의 불편함을 감수해야 할 수도 있다. 그리고 적당량의 운동과 체력관리가 필요하다. 우리나라에서는 취업 시 신체검사에서 내과적인 질환이 있는지를 중요하게 보기 때문에 간장애를 가지면서 취업이 어려운 경우가 많다. 즉, 간장애를 가진 사람들의 취업실패율이 비장애인들에 비해 몇 배나 높다.

간장애를 가진 사람들은 자신의 몸에 대한 자책과 짜증을 보이기도 한다. 심신이 지쳐 간다는 의미이다. 부정적 마인드가 신체적 건강에 해로운 영향을 줄 수 있다. 또한 취업에 따른 현실적 직업생활에서 느끼는 스트레스와 갈등은 자기 존중감에 여러 가지로 작용할 것이다. 즉, 신체적·정신적 고통을 동시에 받을 수도 있기 때문이다. 긍정의 마음은 뇌하수체의 엔도르핀을 강화하고 확장시켜 면역력을 향상시킨다. 따라서 생각의 건전함이 곧 건강의 지름길이다.

13) 안면장애

안면장애는 안면부의 변형으로 인한 장애가 지속되며, 이로 인하여 사회생활 활동이 현저하게 제한된 사람을 말한다.

(1) 안면장애의 원인

안면장애의 원인은 크게 선천적 원인과 후천적 사고로 대별된다. **선천적 원인**에는 혈관종이나 혈관기형, 신경섬유종증, 거대모반증이 대표적이며 **후천적 원인**으로는 화상과 각종 사고로 인한 반흔(scar)을 들 수 있다. 가장 대표적인 예로 안면부의 화상은 치유 후에 다양한 정도의 반흔 및 반흔 구축을 초래하는데 심한 경우 안면구조물의 중요 기능장애와 더불어 혐오감을 불러일으키는 비후성 반흔과 색소침착, 구조물의 변형이 발생하게 된다. 이러한 원인에 의해 일단 발생하고 나면 현대의학이 많이 발달하였다고는 하지만 원상회복이 거의 불가능하여 질병이나 상해의 단계에서 장애로 이행하게 된다.

안면장애를 가지면 원인질환 자체로 겪는 어려움과 동시에 경우에 따라 미용수술로 분류되어 보험혜택을 받을 수 없고 비싼 수술비로 인한 경제적 부담이라는 이중고를 겪게 된다. 그러나 그보다 심각한 것은 이로 인해 파생되는 사회적응의 문제와 경제활동 기회 제한 때문에 환자뿐 아니라 가족 모두가 큰 고통과 어려움을 겪는다는 사실이다. 더구나 선천적 원인이나 어릴 때 입은 화상이나 손상으로 인한 안면장애의 경우에는 심리적인 장애까지도 유발하며 평생을 고통 속에서 살아가야 한다.

(2) 안면장애의 분류

노출된 안면부의 75퍼센트 이상이 변형된 사람과 노출된 안면부의 50퍼센트 이상이 변형되고 코 형태의 3분의 2 이상이 없어진 사람은 장애의 정도가 심한 장애인으로 판정된다. 노출된 안면부의 45퍼센트 이상이 변형된 사람과 코 형태의 3분의 1 이상이 없어진 사람은 장애의 정도가 심하지 않은 장애인으로 판정된다.

(3) 안면장애의 특징

계속되는 성형수술 등으로 인한 의료비 지출로 경제적인 어려움을 경험하게 되며, 의료비 지출이 없는 고정된 경우라 하더라도 타인에게 혐오스러운 인상을 줄 수 있기 때문에 직장생활이나 기본적인 사회생활에서 배척되는 어려움을 겪을 수 있다.

14) 장루 · 요루장애

장루 기능에 장애가 지속되며, 이로 인하여 일상생활 및 사회생활 활동이 제한된 사람을 말한다. 원인으로는 대부분 대장암, 자궁암 등 중증의 질병으로 인한 것이 많다.

(1) 장루 · 요루장애의 원인
① 결장루

우리나라 **결장루** 보유자들의 원인 질병은 95% 이상이 직장암이나 대장암 등의 악성 종양이며, 흔하지는 않지만 장결핵, 크론병, 거대결장증, 척추기형, 무항문증 등이 원인이 되기도 한다.

② 회장루

회장루의 원인은 기족성 용종증, 궤양성 대장염, 크론병, 장결핵, 거대결장증, 대장암 등이 있다.

③ 요루

요루의 원인은 대부분 방광암이다. 흔하지는 않지만 방광결핵이나 방광경화증 등으로 방광자율신경이 마비된 때에 요루를 시술하게 된다. 또한 수뇨관이나 요도의 종양, 협착증, 결석 등으로 인해서도 요루를 시술한다.

(2) 장루 · 요루장애의 분류

배변이나 배뇨를 위하여 복부에 인위적으로 조성된 구멍(장루 또는 요루)을 가지고 있는 경우에 장루 · 요루장애로 진단한다. 요루는 회장도관, 요관피부루, 경피적 신루를 포함한다. 2급에 해당하는 말단 공장루는 소장의 2/3 이상 절제한 경우에 판정한다. 합병증의 유무를 평가하는 것도 중요한데, 첫째, 배뇨기능장애는 간헐적 도뇨 등이 필요한 경우를 말하며, 요역동학검사 등 신경학적 검사 소견과 진료기록 및 의사의 소견으로 확인하여야 한다. 전립선비대증 등 타과적 질환으로 인한 배뇨장애나 노화로 인한 요실금, 신경인성방광 등 원발성 배뇨장애는 장루 · 요루장애의 합병증으로 인정하지 아니한다. 둘째, 장피누공(방광질누공, 직장질누공, 요관질누공 포함 등)은 방사선 등에 의한 손상으로 장루 이외의 구멍으로부터 장 내용물이 지속적으로 흘러나오며 수술 등에 의해서도 치유될 가능성이 없는 경우를 말하며 사진 및 방사선검사결과지 등의 객관적 자료로 확인하여야 한다.

(3) 장루 · 요루장애의 특징

장루 · 요루장애로 인하여 개인적 활동, 가정과 사회생활 및 경제활동에 영향을 받을 수밖에 없다. 그러므로 올바른 장루 처치법을 이해하고 습득함으로써 사회 및 직업상 발생할 수 있는 사회적 불이익을 미연에 방지하거나 축소할 수 있도록 하여야 한다. 여러 가지 어려움이 있지만 냄새에 관한 것 만큼 비중이 높은 것은 없다. 즉, 이러한 어려움은 중요하면서도 매우 심각하게 다뤄져야 할 문제다. 장루장애는 신체변형 및 타인에게 주는 피해나 타인으로부터의 시선에서 자유롭지 않은 만큼 심리적 위축감을 갖게 되므로 상담을 통하여 적극적이고 긍정적이며 미래지향적인 마인드를 가질 수 있도록 지속적으로 지원하는 것이 요구된다.

장루 · 요루장애의 경우 사회 · 경제 생활에 직면하면서 겪는 환경적, 신체적, 사회적, 심리적 그리고 보다 내밀한 성적 문제를 해결하기 위해서 수술 전후 환자와의 충분한 의료적 · 심리적 전문 상담, 바람직한 장루 · 요루 형성, 장루 · 요루 치료사와의 전문적인 상담 등을 정기적이고 지속적으로 지원하여 환자가 장루 · 요루 관리기술을 이해하고 습득함으로써 원만한 생활을 하고 안정되도록 하여야 한다.

15) 뇌전증장애

뇌전증은 간질이라는 용어가 바뀐 것으로, 여러 가지 원인에 의하여 뇌가 손상을 받으면 이 부위의 뇌세포가 비정상적인 뇌파(발작파)를 만들어 내는 경우가 있어, 이때 표출되는 이상한 감각이나 경련을 간질성 발작이라고 부른다. 반복적으로 발작을 일으키고 일정 시간이 흐르면 발작을 일으키기 이전 상태로 다시 회복이 되는 과정으로 정상적 전기 흐름에 이상이 생기는 증상이다

(1) 뇌전증장애의 원인
질병관리본부(KCDC) 질환정보에서는 뇌전증장애의 원인을 다음과 같이 정리하였다.

표 3-14 뇌전증장애의 원인

연령	뇌전증 발작의 원인		
출생~6개월	분만 전후의 손상, 뇌의 발달이상, 선천성 기형, 중추신경계 급성감염		
6~24개월	급성 열성경련, 중추신경계의 급성감염, 분만 전후의 손상, 뇌의 발달이상		
2~6세	중추신경계의 급성감염, 분만 전후의 손상, 뇌의 발달이상, 특발성, 뇌종양		
6~16세	특발성(원인이 잘 밝혀지지 않은 경우), 뇌종양, 중추신경계 급성감염, 분만 전후 뇌손상, 뇌의 발달이상		
성인	뇌외상, 중추신경계의 감염, 뇌종양, 뇌혈관질환(뇌졸중)		

(2) 뇌전증장애의 분류
뇌전증장애의 부분발작은 의식의 장애가 없이 평소와 다르다는 신체적 반응의 느낌을 갖는 것으로 손이나 발 등의 신체의 일부분이 불수의적으로 움직이거나 떨리는 증상이 나타난다. 전신발작은 몸 전체에서 보이는 불수의적 움직임과 반복적인 떨림을 의미한다.
다음은 뇌전증장애의 종류이다.

표 3-15 뇌전증장애의 종류

발작	종류
부분발작	단순 부분발작
	복합 부분발작
전신발작	결신발작(변경 전: 소발작)
	강직간대성 발작(변경 전: 대발작)
	근간대성 발작
	강직성 발작
	간대성 발작
	무긴장성발작

(3) 뇌전증장애의 특징

뇌전증 증상은 뇌전증의 발작 분류에 따라 증상이 다양하지만 몇 가지 **특징적인 증상**이 있다. **첫째**, 갑자기 정신을 잃고 온몸이 뻣뻣해지고 떠는 증상으로 부분발작이나 전신발작이 생길 수 있다. **둘째**, 하던 행동을 갑자기 중단하고 수 초간 멍해지는 상태를 지속한다. **셋째**, 의식은 정상이나 놀라듯 '움찔'하는 동작이 나타날 수 있다. **넷째**, 근육의 긴장이 갑자기 소실되어 고개를 푹 숙이거나 쓰러지는 형태로, 외상을 많이 입게 되는 증상 중 하나를 보인다. **다섯째**, 반응이 느려지거나 이상 행동을 하기도 한다. **여섯째**, 초점이 없어지면서 행동을 멈추고, 입맛을 다시거나 물건을 만지작거리는 등의 반복적인 행동을 보이기도 한다. **일곱째**, 의식 소실이 없이 신체의 어느 한 부분에 국한된 발작으로 나타나기도 한다. **여덟째**, 머리 한 부분에서 시작된 발작이 머리 전체로 퍼져서 온몸을 떠는 발작이 나타난다.

이러한 증상으로 인해 주변 사람에게 두려움을 주거나 스스로 수치감을 느껴서 사회생활에서 위축받는 등 어려움을 겪게 된다. 심리적 위축과 더불어 질병에 대한 오해로 유전병 혹은 지능 및 신체 능력이 낮다는 편견을 받는 경우가 상당한데, 대인관계와 구직, 결혼 등에 사회·경제적 활동이 어려움을 경험하는 경우가 많다. 뇌전증장애의 경우 발생연령이 다양하고 증상이 부정기적이어서 예측하기 어렵고 관리하기에 힘든 부분이 있다. 그렇기 때문에 경제활동 연령층에 있더라도 취업이 힘든데 특히 뇌전증에 대한 부정적 편견이 아직도 남아 있어서 사회생활에 큰 애로를 겪는 장애이다.

참고문헌

권도하(1994). 언어치료학 개론. 부산: 한국언어치료학회.

박석돈(2003). 직업재활과정에서의 직업평가사의 역할, 기능 및 전문능력에 관한 고찰. 한국지체중복건강장애교육학회, 49(0), 3-20.

육주혜, 이근민, 송병섭, 손병창, 김소영, 김장환, 김은주(2017). 보조공학사 자격제도 도입방안 연구. 보건복지부/나사렛대학교 산학협력단.

이혜숙(2010). 청각장애 대학생의 삶의 경험에 관한 현상학적 연구. 한국사회복지교육, 13(13), 181-210.

임종호 외(2016). 장애인복지론. 서울: 학지사.

장문영 외(2017). 정신사회작업치료학(5판). 서울: 정문각.

전세일(2011). 재활치료학(개정판). 서울: 계축문화사.

정동빈(1994). 언어발달지도. 서울: 한국문화사.

정동영, 김형일, 정동일(2001). 특수교육 요구아동 출현율 조사 연구. 국립 특수교육원, 173.

주영임(1992). 언어교육. 경기: 교문사.

최성규(1997). 청각장애아의 심리. 서울: 도서출판 특수교육.

한국보조공학사협회 편(2016). 보조공학총론(2판). 서울: 학지사.

한태륜, 방문석(2014). 재활의학(5판). 서울: 군자출판사.

APA. (2013). *Desk reference to the diagnostic criteria from DSM-5*. APA Publishing.

Case Smith, J., & O'Brien, J. C. (2010). 아동작업치료학. [*Occupational Therapy for Children* (6th ed.)]. (최혜숙 외 공역). 서울: 엘스비어코리아. (원저는 2010년에 출판).

Deena, K., & Ellenmorris, T. (1989). *Language and communication disorders in children*. Merrill Publishing Co.

Dorothy, M., & James, E. (1982). *Child language disorder*. London: Mosby Co.

Frans, N. I., Scheuerle, J., Bequer, N., & Habal, M. B. (1988). Middle Ear Tissue Mass and Audiometric Data from Otologic Care of infants with cleft palate. *Cleft Palate Journal*, *25*(1), 70-71.

Paul, P. V., & Jackson, D. W. (1993). *Toward a psychology of deafness: Theoretical and empirical perspectives*. Boston, MA: Allyn & Bacon.

국가법령정보센터(2015). 장애인 등에 대한 특수교육법〈시행 2013.12.3.〉

국가법령정보센터(2015). 장애인 등에 대한 특수교육법 시행규칙〈시행 2013.10.6.〉

국가법령정보센터(2015). 장애인 등에 대한 특수교육법 시행령〈시행 2015.1.1.〉

국가법령정보센터(2015). 장애인복지법〈시행 2015.9.12.〉

국가법령정보센터(2015). 장애인복지법 시행규칙〈일부개정. 2015.08.3.〉

국가법령정보센터(2015). 장애인복지법 시행령〈개정 2014.6.30.〉

대구지적장애인복지협회 http://www.daidd.kr/

대한의료사회복지사협회 http://www.kamsw.or.kr/

장애인고용공단(2015). 장애유형 및 등급안내 https://www.kead.or.kr/view/etc/system/ standard_2010.jsp

질병관리본부KCDC http://www.cdc.go.kr/CDC

한국시각장애인연합회 http://www.kbuwel.or.kr/

한국신장장애인경북협회 http://www.kbkidney.or.kr/

한국임상심리사협회 http://www.kacp.or.kr/xe/

한국호흡기장애인 협회 http://pulm.or.kr/

제4장

해부생리학

▌김소영

1. 뼈대 계통

뼈대 계통(skeletal system)의 주요 기능은 **보호, 버팀, 운동, 지렛대, 무기물 저장, 조혈작용**이다.

1) 뼈의 분류

뼈는 형태에 따라 구분한다.

긴뼈(long bone)는 하나의 뼈몸통과 양쪽에 끝부분으로 구성된다. 긴뼈는 길이가 긴 것이 특징으로 넙다리뼈(femur), 정강뼈(tibia), 종아리뼈(fibula), 위팔뼈(humerus), 노뼈(radius), 자뼈(ulna) 등이 있다.

짧은 뼈(short bone)는 길이가 짧은 것이 특징으로 발목뼈(tarsal), 손목뼈(carpal) 등이 있다.

불규칙뼈(irregular bone)는 모양이 일정하지 않은 뼈로 척추뼈(vertebra), 볼기뼈(hip bone) 등이 있으며, **납작뼈**(flat bone)는 납작한 모양의 머리뼈의 일부, 어깨뼈(scapula),

갈비뼈(rib) 등이 있다.

　　종자뼈(sesamoid bone)는 식물의 씨앗 형태, 주로 손과 발에 존재되어 있는 힘줄(tendon)이나 관절주머니(articular capsule)에 있는 뼈이다. 개인에 따라 개수가 차이가 있으며 대표적으로 무릎뼈(patella)가 있다.

　　공기뼈(air bone)는 속면에 공간을 형성하여 공기를 함유하고 있는 뼈로 이마뼈(frontal bone), 위턱뼈(maxilla), 벌집뼈(ethmoid bone), 나비뼈(sphenoid bone), 관자뼈(temporal bone) 등이 있다.

2) 뼈의 개수

　　우리 몸의 뼈의 개수는 총 206개이다. 이 중 몸통뼈대(axial skeleton)는 80개로 머리뼈(skull) 22개(목뿔뼈를 머리뼈에 포함시킬 경우 23개), 귓속뼈(auditory ossicle) 6개, 목뿔뼈(hyoid bone) 1개, 척주(vertebral column) 26개, 복장뼈(sternum) 1개, 갈비뼈(rib) 24개이다.

　　또한 팔다리뼈대(appendicular skeleton)는 126개이고 팔뼈(upper limb) 64개, 다리뼈(lower limb) 62개로 되어 있다.

3) 머리뼈

　　머리뼈(skull)는 15종 23개(목뿔뼈 포함)로 뇌를 감싸고 있는 8개의 뼈로 구성된 뇌머리뼈와 얼굴을 이루는 15개의 뼈로 구성된 얼굴머리뼈이다.

　　뇌머리뼈의 구성은 이마뼈 1개, 마루뼈(parietal bone) 2개, 관자뼈 2개, 뒤통수뼈(occipital bone) 1개, 나비뼈 1개, 벌집뼈 1개이다.

　　뇌머리뼈를 이루고 있는 대부분의 뼈는 **봉합**(suture)이라 불리는 움직이지 않는 관절에 의해 결합되어 있다. 두 개의 마루뼈는 시상봉합(sagittal suture)에 의해 정중선에서 결합되어 있다. 관상봉합(coronal suture)은 마루뼈와 이마뼈가 만나는 부위이고, 시옷봉합(lambdoid suture)은 마루뼈와 뒤통수뼈가 만나는 부위이다.

　　갓 태어난 아기의 머리뼈 관절은 뼈형성이 완전하게 일어나지 않은 상태이다. 섬유결합조직이나 연골에 의해 느슨하게 결합되어 있는데 숫구멍(fontanelle, 천문)이라 불리는 6개의 관절은 마루뼈를 따라 위치하고 있다. 앞숫구멍(anterior fontanelle)은 1개로 관상봉합과 시상봉합이 만나는 부위에 위치하고 있으며 생후 2년에 폐쇄된다. 뒤숫구멍(posterior fontanelle)은 시상봉합과 시옷봉합이 만나는 부위로 1개이며, 생후 3개월에 폐쇄된다. 앞가쪽숫구멍(anterolateral fontanelle)은 관상봉합과 비늘봉합이 만나는 곳에 있으며, 생후 6개월에 폐쇄된다. 뒤가쪽숫구멍(posterolateral fontanelle)은 시옷봉합과 비늘봉합이 만나는 곳에 있으며 생후 1년에 폐쇄된다. 앞가쪽숫구멍과 뒤가쪽숫구멍은 오른쪽과 왼쪽에 위치하고 있으므로 2개씩 있다.

4) 얼굴머리뼈

얼굴머리뼈(facial bones)를 이루는 뼈는 이마뼈를 포함하여 13개의 뼈로 이루어져 있다. 얼굴머리뼈의 구성은 광대뼈(zygomatic bone; cheek) 2개, 위턱뼈 2개, 코뼈(nasal bone) 2개, 눈물뼈(lacrimal bone) 2개, 보습뼈(vomer) 1개, 입천장뼈(palatine bone) 2개, 아래코선반(inferior nanal conchae) 2개, 아래턱뼈(mandible) 1개로 되어 있다.

기타 얼굴머리뼈에는 목뿔뼈가 속한다.

5) 눈확

안구와 그 부속기를 수용하고 있는 **눈확**(orbit)의 구조는 위벽에 이마뼈, 나비뼈, 아래벽은 위턱뼈, 입천장뼈, 안쪽벽은 벌집뼈, 위턱뼈, 눈물뼈, 마지막으로 가쪽벽은 광대뼈, 나비뼈로 되어 있다.

6) 코안과 코곁굴

코안(nasal cavity)을 이루고 있는 뼈는 벌집뼈, 위턱뼈, 입천장뼈, 코뼈, 코선반뼈, 나비뼈, 이마뼈이다. 코중격(nasal septum)의 위쪽에는 벌집뼈 수직판이 있고, 아래쪽에는 보습뼈가 위치되어 있다. 위·중간·아래코선반(superio·middle·inferior nasal concha)와 위·중간·아래콧길(superio·middle·inferior nasal meatus)이 있다.

코곁굴(paranasal sinus)은 코안과 서로 교통하며 빈 공간을 형성하여 공기를 함유하고 있는 머리뼈 일부를 말하며 이마굴(frontal sinus), 벌집굴(ethmodal sinus), 나비굴(sphenoidal sinus), 위턱굴(maxillary sinus)이 있다. 축농증(sinusitis)은 속면의 점막이 염증에 의해 농이 생기는 병으로 주로 위턱굴에서 발생한다.

7) 척주

척주는 26개의 척추(vertebra)와 23개의 척추사이원반(intervertebral disc)을 가지고 있으며 길이는 약 61~71cm이다. 신생아의 척추뼈는 32~35개로 엉치뼈가 5개, 꼬리뼈가 3~5개이지만 점차 융합되어 엉치뼈가 1개, 꼬리뼈가 1개로 된다.

척추의 구성뼈는 목뼈(cervical vertebra) 7개, 등뼈(thoracic vertebra) 12개, 허리뼈(lumbar vertebra) 5개, 엉치뼈(sacrum) 1개, 꼬리뼈(coccyx) 1개 등 총 26개로 구분된다.

척주에는 출생 전과 소아기에 형성되는 4개의 **굽이**(curvature)가 존재하므로 옆에서 보면 S자 모양으로 보인다. 등굽이(thoracic curve)와 엉치굽이(sacral curve)는 일차굽이로 태어날 때 이미 형성되었다. 이차굽이인 목굽이(cervical curve)는 생후 3~9개월경에 형성되고, 허리굽이(lumbar curve)는 생후 12~18개월에 형성된다.

척추사이원반은 목뼈에서 허리뼈 사이의 섬유연골로 척주 전체 길이의 1/4 이상 된다. 구조는 주변에 섬유테(annulus fibrosus), 중앙에 속질핵(nucleus pulposus)으로 되어 있다.

척추뼈의 구조는 몸통(body), 구멍(foramen), 고리(arch)로 되어 있다. 척추뼈몸통은 척추사이원반으로 서로 연결되어 체중을 유지하는 역할을 하고, 척추뼈구멍에는 척주관을 형성하고 척수가 통과한다. 척추뼈고리는 3종 7개의 기본돌기로 가시돌기(spinous process) 1개, 가로돌기(transverse process) 2개, 위·아래관절돌기(superior·inferior articular process) 4개로 되어 있다.

(1) 목뼈

척추뼈 가운데 가장 작은 뼈로 가로구멍(trasnsverse foramen)이 있어 척추 동맥과 정맥이 통과하고 있다. 목뼈의 개수는 7개이고 2~6번 목뼈의 가시돌기가 이분되어 있다. 제1목뼈는 **고리뼈**(atlas)라고 부르고 척추뼈몸통과 가시돌기가 없는 것이 특징이다. 고리뼈에는 오목한 위관절면(superior articular facet)이 있어 뒤통수뼈와 관절을 이루고 있고, 제2목뼈의 치아돌기와 정중고리중쇠관절(median atlantoaxial joint)을 형성하는 치돌기오목(facet of dens)이 있다.

제2목뼈는 **중쇠뼈**(axis)라고 부르고, 고리뼈의 바로 아래 있으며 치아돌기(odontoid process or dens)라는 작은 돌기가 상방으로 돌출되어 있는 작은 몸통을 가지고 있다.

제7목뼈인 **솟을뼈**(prominens)는 가시돌기가 목뼈 중에서 가장 길어 척추뼈를 세는 기준뼈가 된다.

(2) 등뼈

등뼈는 목뼈에 비해 몸무게를 좀 더 많이 지탱하기 때문에 상대적으로 목뼈에 비해 좀 더 크다. 총 12개로 갈비오목(costal facet)이 있어 척추뼈몸통의 뒤가쪽면에서 갈비뼈 머리와 관절을 이루고 있다. 제1~10등뼈에는 **가로돌기 갈비오목**(transverse costal facet)이 가로돌기 앞면에 갈비뼈 결절과 관절을 이루고 있지만 제11, 12등뼈에는 가로돌기 갈비오목이 없다.

(3) 허리뼈

허리뼈는 5개로 상체의 무게를 지탱해야 하기 때문에 척추뼈 가운데 가장 크다. 허리뼈에는 많은 근육이 부착되기 때문에 가시돌기가 수평으로 뻗어 있고, 크고 견고하다. 꼭지돌기(mammillary process)와 덧돌기(accessory process)가 있다.

(4) 엉치뼈

역삼각형 모양의 **엉치뼈**는 1개로 여성에 비해 남성의 엉치뼈가 좁다. 엉치뼈의 윗부분은 다섯 번째 허리뼈와 관절을 이루고, 양쪽면은 엉덩뼈와 관절을 이루어 엉치엉덩관절(sacroiliac joint)을 형성하며, 아랫부분은 꼬리뼈와 관절을 이룬다. 엉치뼈의 바닥부 가장자리에는 엉치뼈 곶(promontory)이라는 구조물이 있어 골반공간 속으로 튀어나와 있는데 이곳이 골반의 계측지점이 된다. 엉치뼈의 양쪽면에 4쌍의 엉치뼈구멍이 연속적으로 존재하는데 이 통로를 통해 신경이 지나간다.

(5) 꼬리뼈

3~5개의 꼬리척추뼈가 유합되어 1개인 **꼬리뼈**는 작은 삼각형 모양의 뼈로 윗부분은 엉치뼈와 관절을 이룬다. 꼬리뼈는 꼬리근, 항문올림근의 부착부위이다.

8) 가슴우리

가슴우리(thorax)는 복장뼈(sternum)와 등뼈 그리고 12쌍의 갈비뼈에 의해 형성된다.

가슴우리는 팔이음뼈(pertoral girdle)와 팔을 형성하는 뼈들을 지지하는 역할을 하며, 숨을 쉬는 데에도 중요한 역할을 한다. 가슴안(thoracic cavity)은 심장과 허파, 식도, 기관, 큰 혈관, 간, 비장과 신장 등과 같은 흉부 및 복부 장기 등이 위치하고 있어 보호하는 역할을 한다.

(1) 갈비뼈

갈비뼈는 12쌍으로 가슴우리의 바깥벽을 형성한다. 갈비뼈의 구조는 갈비뼈머리, 갈비뼈목, 갈비뼈몸통으로 되어 있다. 갈비뼈는 앞쪽에서 처음 7쌍의 갈비뼈가 복장뼈와 직접 연결되는데 이를 참갈비뼈(true ribs)라고 한다. 직접 관절을 이루지 못한 나머지 8~12번째 갈비뼈는 거짓갈비뼈(false ribs)라고 한다. 11~12번째 갈비뼈는 몹시 짧고 끝에 관절이 없으며 떠 있으므로 뜬갈비뼈(floating ribs)라고 한다.

갈비뼈와 갈비뼈 사이를 **갈비사이공간**(intercostal space)이라고 하며 총 11쌍이 존재한다. 갈비사이공간에는 호흡에 관여하는 갈비사이근육들이 부착되어 있다.

9) 팔뼈

팔뼈(upper limb)의 개수는 64개로 팔이음뼈 4개, 자유팔뼈 60개로 이루어져 있다. **팔이음뼈**는 팔을 몸통뼈대에 부착시키는 역할을 하며 어깨뼈와 빗장뼈(clavicle)로 이루어져 있다. 팔이음뼈는 복장뼈와는 관절을 이루지만 척주와는 관절을 이루지 않는다.

자유팔뼈(bones of free upper limb)로 위팔(arm)에는 위팔뼈, 아래팔(forearm)에는 자뼈(ulna)와 노뼈(radius)가, 손목(wrist)에는 8개의 작은 손목뼈(carpal bone), 손바닥(palm)에는 5개의 손허리뼈(metacarpal bone)가 그리고 손가락(finger)에는 14개의 손가락뼈(phalanx)가 있다.

(1) 어깨뼈

어깨뼈는 가슴우리 뒷면 삼각형 모양의 뼈로 2~7번째 갈비뼈사이에 위치하고 있다. 앞면은 어깨밑오목(subscapular fossa)을 형성하고, 어깨밑근을 부착하고 있다. 뒷면에는 어깨뼈 가시(spine of scapula)에 의하여 위쪽에는 가시위오목(supraspious fossa)과 아래쪽은 가시아래오목(infraspious fossa)으로 구분한다. 어깨뼈 가쪽 끝은 넓고 편평한 돌기인 어깨뼈봉우리(acromion)를 이루어 빗장뼈의 봉우리끝(acromial end)과 관절을 이룬다.

어깨뼈의 위모서리(superior border)와 안쪽모서리(medial border)가 만나 위각(superior angle)을 이루고, 위모서리와 가쪽모서리(lateral border)가 만나 가쪽각(lateral angle), 가쪽모서리와 안쪽모서리가 만나 아래각(inferior border)을 이루는데, 위모서리에는 어깨뼈패임(scapular notch)이 있어 어깨위신경의 통로가 되고, 가쪽각에는 위팔뼈머리와 연결되어 어깨관절을 이루는 관절오목(glenoid cavity)이 있다.

관절오목 앞쪽에 부리돌기(coracoid process)가 돌출되어 있어 여러 근육과 인대들의 부착부위가 된다.

(2) 빗장뼈

뼈들 중 가장 빨리 뼈되기(ossification)가 시작되는 **빗장뼈**는 S자 모양이다. 복장뼈와 관절을 이루고 있는 곳을 복장끝(sternal end)이라고 하고, 어깨뼈와 관절을 이루고 있는 곳을 봉우리끝이라고 한다. 복장끝에는 복장빗장관절(sternoclavicular joint)이 있어 팔뼈 전체를 몸통에 연결하는 유일한 관절이 된다. 봉우리끝에는 봉우리빗장관절(acromioclavicular joint)을 형성한다.

(3) 위팔뼈

위팔뼈는 팔에서 가장 긴 뼈로 위팔뼈머리가 어깨뼈의 관절오목에 안착하여 어깨관절(shoulder joint)을 형성한다. **위팔뼈머리** 아래에는 큰결절(greater tubercle)과 작은결절(lessor tubercle)이 있고, 큰결절과 작은결절 사이에 결절사이고랑(intertubercular groove)이 있어 위팔두갈래근(biceps muscle)의 힘줄이 존재한다.

위팔뼈머리와 결절들 사이에 잘록한 해부목(anatomical neck)이 있으며, 결절 아래에 골절이 잘 일어나는 잘록한 부분인 외과목(surgical neck)이 있다.

위팔뼈 몸통은 전체적으로 원통모양으로 어깨 세모근(deltoid)이 부착하는 세모근거친면(deltoid tuberosity)이 있고, 뒤쪽에는 노신경이 지나가는 노신경고랑(groove for radial nerve)이 비스듬히 지나고 있다.

먼쪽끝(distal end)은 팔꿉관절(elbow joint)을 이루는 부위로 앞면에는 위팔뼈작은머리(capitulum)와 도르래(trochlea)가 있고, 뒷면에는 도르래가 연결되어 있다. 앞면 도르래 위 안쪽 부위에는 자뼈의 갈고리돌기가 들어가는 갈고리오목(coronoid fossa)이 있고, 가쪽 부위에는 노오목(ladial fossa)이 있으며, 뒷면에는 팔꿉치머리가 들어가는 팔꿈치오목(olecranon fossa)이 형성되어 있다. 먼쪽 끝 안쪽과 가쪽에는 돌출부가 형성되어 있는데 이를 안쪽ㆍ가쪽 위관절융기(medial · lateral epicondyle)라고 한다.

(4) 자뼈

아래팔에서 안쪽을 구성하는 **자뼈**는 몸통끝(proximal end) 앞쪽에 갈고리돌기(coronoid process)와 뒤쪽에 팔꿈치머리(olecranon)가 있으며, 도르래패임(trochlear notch)이 그 사이에 있어 위팔뼈 도르래와 관절을 이룬다. 갈고리돌기 가쪽에는 노뼈머리와 관절하는 노패임(radial notch)이 있고, 앞아래에는 위팔근이 부착되는 자뼈거친면(ulnar tuberocity)이 있다.

몸통은 삼각기둥모양으로 뼈사이모서리(interosseous border)가 있고, 아래팔뼈사이막이 부착한다.

먼쪽끝(distal end)에는 붓돌기(styloid process)가 아래 안쪽에 돌출되어 있고, 아래 바깥쪽에는 노뼈와 관절하는 자뼈 머리(head)가 있다.

(5) 노뼈

아래팔에서 바깥쪽을 구성하는 **노뼈**는 몸쪽끝에 노뼈머리와 위팔두갈래근이 정지하는 노뼈거친면(radial tuberosity)이 있고, 몸통은 삼각기둥모양으로 뼈사이모서리가 있어 자뼈의 몸통과 함께 아래팔뼈사이막이 부착한다.

먼쪽끝에는 붓돌기가 아래 바깥쪽에 돌출되어 있어 손목인대들의 부착부위가 되고, 안쪽에는 자뼈머리와 관절하는 자패임(ulnar notch)이 있다. 또한 손배뼈, 반달뼈, 세모뼈와 손목관절(wrist joint)을 형성하는 손목관절면(carpal articular surface)이 있다.

(6) 손목뼈

손목뼈는 8개의 짧은 뼈로 몸쪽뼈 4개, 먼쪽뼈 4개로 구분되어 있다. 몸쪽뼈(proximal carpal bone)는 엄지손가락 쪽에서부터 손배뼈(scaphoid), 반달뼈(lunate), 세모뼈(triquetrum), 콩알뼈(pisiform)의 순서로 배열되어 있고, 콩알뼈는 손바닥쪽의 세모뼈 위에 얹혀 있다. 먼쪽뼈(distal carpal bone)에는 큰마름뼈(trapezium), 작은마름뼈(trapezoid), 알머리뼈(capitate), 갈고리뼈(hamate)가 위치하고 있다. 알머리뼈는 손목뼈 중 가장 크기가 크다.

(7) 손허리뼈

손바닥을 이루는 5개의 **손허리뼈**(metacarpal bones)는 첫째손허리뼈가 큰마름뼈와 관절을 이루고, 둘째손허리뼈는 작은마름뼈와 관절을 이루고 있으며, 손허리뼈 가운데 길이가 가장 길다. 셋째손허리뼈는 알머리뼈와 관절을 이루고, 넷째손허리뼈와 다섯째손허리뼈는 갈고리뼈와 관절을 이루고 있다.

일부에서는 엄지손가락의 첫마디뼈와 만나는 지점에 종자뼈를 볼 수가 있다.

(8) 손가락뼈

손가락뼈(phalanges)는 엄지손가락뼈를 제외하고 첫마디뼈(proximal phalanx), 중간마디뼈(middle phalanx), 끝마디뼈(distal phalanx)로 구성되어 있다. 엄지손가락뼈는 중간마디뼈를 제외한 첫마디뼈와 끝마디뼈로 되어 있다. 끝마디뼈에는 끝마디뼈거친면(tuberosity of distal phalanx)이 있는데, 손톱이 놓여 있는 부위이다.

10) 다리뼈

다리뼈는 총 62개의 뼈로 다리이음뼈(pelvic girdle) 2개와 자유다리뼈(free bone of lower limb) 60개로 구성되어 있다.

다리이음뼈는 두 개의 볼기뼈에 의해 형성되는데, 골반(pelvis)은 다리이음뼈에 의해 형성되어 엉치뼈와 관절을 이룬다.

자유다리뼈는 넙다리뼈 2개, 무릎뼈(patella) 2개, 정강뼈 2개, 종아리뼈 2개, 발목뼈 14개, 발허리뼈(metatarsal bone) 10개, 발가락뼈(phalanges) 28개 총 60개로 되어 있다.

(1) 볼기뼈

볼기뼈는 척추와 다리를 연결하고, 생식기관과 방광, 일부 대장과 같은 골반강 내의 여러 장기를 보호한다. 볼기뼈는 3개의 뼈가 융합되어 생성되는데 가장 크고 위쪽에 있는 엉덩뼈(ilium), 가장 뒤아래쪽에 궁둥뼈(ischium), 가장 앞쪽에 두덩뼈(pubis)로 되어 있다.

엉덩뼈, 궁둥뼈, 두덩뼈가 만나는 곳에 엉덩관절(hip joint)을 형성하는 절구(acetabulum)가 있어 넙다리뼈머리와 관절을 이룬다.

엉덩뼈는 가장 위쪽에 엉덩뼈능선(iliac crest)이 있고, 엉덩뼈능선을 따라 앞쪽에는 위앞엉덩뼈가시(anterior superior iliac spine)가, 뒤쪽에는 뒤앞엉덩뼈가시(posterior superior iliac spine)가 있다.

궁둥뼈 아래쪽에는 궁둥뼈결절(ischial tuberosity)이라는 거친 돌출부가 있어 앉아 있을 때 체중부하를 받는다. 궁둥뼈 뒷면에는 궁둥뼈가시(ischial spine)가 돌출되어 있는데 위쪽에는 볼기뼈에 형성된 큰궁둥패임(greater sciatic notch)이, 아래쪽에는 궁둥뼈에 형성된 작은궁둥패임(lessor sciatic notch)이 있다.

두덩뼈는 엉덩뼈와의 융합흔적인 엉덩두덩융기(iliopubic eminence)가 있고, 엉덩뼈가지와 결합하여 폐쇄구멍(obturator foramen)을 형성한다. 두덩뼈결절(pubic tubercle)이 있어 샅고랑인대와 배곧은근이 부착하고, 오른쪽과 왼쪽 두덩결합면(symphyseal surface)이 만나 두덩결합(symphysis pubis)를 이룬다.

(2) 골반

골반은 볼기뼈, 엉치뼈(sacrum), 꼬리뼈(coccyx)에 의해 형성된다. 엉치뼈곶과 볼기뼈의 엉덩두덩선(iliopectineal line)을 잇는 골반의 분계선(brim of the pelvis)에 의해 위쪽인 큰골반(major pelvis), 아래쪽인 작은골반(minor pelvis)으로 나뉜다. 큰골반은 큰창자의 일부를 수용하고 있고, 작은골반은 골반안을 형성하여 자궁 등 생식기를 수용하고 있다.

골반의 기울기는 골반입구의 앞뒤지름과 수평선이 이루는 경사도로 서 있을 때 약 60~65도가 정상이다.

남녀 골반의 차이는 다음의 〈표 4-1〉과 같다.

표 4-1 남녀 골반의 차이

골반 형태	여성	남성
골반 전체	가볍고 매끈	무겁고 거침
골반입구	타원형	심장형
큰골반	좁다	넓다
작은골반	넓고 얕다	깊고 좁다
엉치뼈	넓고 비교적 완만	좁고 많이 굽음
엉덩뼈	바로 서 있음	약간 누워 있음
두덩밑각	넓다(>90°)	좁다(<90°)

폐쇄구멍	삼각형	타원형
두덩결합	짧다	길다

(3) 넙다리뼈

넙다리뼈는 우리 몸에서 긴 뼈로 넙다리뼈머리는 볼기뼈의 볼기뼈절구와 결합하여 엉덩관절을 형성하며 넙다리뼈인대가 부착하는 넙다리뼈머리오목(fovea of head of femur)이 있다. 머리의 아래쪽에 잘록한 넙다리뼈목(neck of femur)이 있고, 위가쪽으로 돌출된 부위인 큰돌기, 위안쪽으로 돌출된 부위인 작은돌기가 있다.

넙다리뼈몸통은 원통모양으로 근육들이 부착하는 거친선(linea aspera)이 있고, 먼쪽끝은 안쪽관절융기(medial condyle)와 가쪽관절융기(lateral condyle)를 이루어 정강뼈와 관절을 이루고 있다. 관절융기 윗부분에는 안쪽ㆍ가쪽위관절융기(medial · lateral epicondyle)가 돌출되어 있어 근육과 인대들의 부착부위가 된다. 먼쪽끝 앞부분에는 무릎뼈가 붙는 무릎면(patellar surface)이 있고, 뒷부분에는 융기사이오목(intercondylar fossa)이 있다.

(4) 무릎뼈

가장 큰 종자뼈인 **무릎뼈**는 앞면에 무릎힘줄(patellar tendon)이 시작되고, 뒷면은 넙다리뼈의 무릎면과 관절한다.

(5) 정강뼈

정강뼈는 종아리뼈의 안쪽을 구성하는 뼈로 종아리뼈보다 굵고 길다. 몸쪽끝은 안쪽ㆍ가쪽관절융기가 있고, 관절사이융기(intercondylar eminence)에는 십자인대가 부착한다. 몸통은 삼각기둥 모양으로 앞위쪽에는 무릎인대가 정지하는 정강뼈거친면(tibial tuberosity)이 있다. 먼쪽끝은 종아리뼈와 관절하는 종아리패임(fibular notch)이 있고, 안쪽에는 안쪽복사(medial malleolus)가 돌출되어 있다.

(6) 종아리뼈

종아리뼈의 가쪽을 구성하는 뼈로 몸쪽끝은 정강뼈의 가쪽관절융기와 접하고 있는 머리가 있고, 해부학적 위치 때문에 넙다리로부터 체중이 전달되지는 못한다. 몸통은 매우 가늘고 대부분 근육으로 둘러싸여 있다. 먼쪽끝 바깥쪽에는 가쪽복사(lateral malleolus)가 돌출되어 있다.

(7) 발목뼈

총 7개의 뼈로 **몸쪽 발목뼈**(tarsal bone)는 목말뼈(talus), 발꿈치뼈(calcaneus), 발배뼈(navicular), 먼쪽 발목뼈는 안쪽쐐기뼈(medial cuneiform), 중간쐐기뼈(intermediate cuneiform), 가쪽쐐기뼈(lateral cuneiform), 입방뼈(cuboid)로 구성되어 있다.

목말뼈는 정강뼈 및 종아리뼈와 관절하여 발목관절(ankle joint)를 형성한다.

발꿈치뼈는 발목뼈 중 가장 크고, 발뒤꿈치를 형성하며, 서 있을 때 체중을 유지하는 역할을 한다. 발꿈치뼈는 우리 몸에서 가장 강한 힘줄인 발꿈치힘줄(calcaneal tendon), 아킬레스힘줄(Achilles tendon)이 부착하는 곳이다.

(8) 발허리뼈

발바닥을 형성하는 **발허리뼈**(metatarsal bone)는 5개의 뼈로 이루어져 첫째 발허리뼈가 가장 굵고 강하며 체중유지에 중요한 역할을 한다. 첫 번째 발허리뼈는 첫 번째 쐐기뼈와 관절하고, 두 번째 발허리뼈는 두 번째 쐐기뼈와 관절을 이루고 있다. 세 번째 발허리뼈는 세 번째 쐐기뼈와 관절하며, 네 번째와 다섯 번째 발허리뼈는 입방뼈와 관절을 이루고 있다.

(9) 발가락뼈

발가락뼈는 손가락뼈와 같이 엄지발가락만 2개이고 나머지는 모두 3개의 뼈로 구성되어 있다. 끝마디뼈거친면에 발톱이 놓여 있다.

(10) 발바닥활

발바닥은 한 개의 가로발바닥활(transverse arch)과 두 개의 세로발바닥활(longitudinal arch)로 되어 있으며, 통합하여 **발바닥활**(foot arch)이라고 한다. 가로발바닥활은 안쪽·중간쪽·가쪽 쐐기뼈와 입방뼈를 잇는 굽이이고, 안쪽세로발바닥활은 발꿈치뼈, 목말뼈, 발배뼈, 쐐기뼈, 첫째~셋째 발허리뼈를 잇는 굽이, 가쪽세로발바닥활은 발꿈치뼈, 입방뼈, 넷째·다섯째발허리뼈를 잇는 굽이이다.

발바닥활의 역할은 서 있을 때 체중을 분산시키는 데 중요한 역할을 한다. 발은 걷거나 뛰거나 점프할 때 발의 강도, 탄력성과 안정성을 유지하기 위해 매우 강한 근육과 인대가 필요하다.

편평발(flat foot)은 세로발바닥활이 없는 발로 경쾌한 걸음걸이가 어렵고 장시간 서 있거나 걷고, 뛸 경우 발에 통증이 발생한다.

2. 관절 계통

1) 관절의 분류

관절을 구성하고 있는 뼈와 뼈 사이에 있는 조직에 따라 섬유관절(fibrous joint), 연골 관절(cartilaginous joint), 윤활관절(synovial joint)로 구분한다. 섬유관절은 두 뼈가 섬유 조직으로 연결된 것이다. 이것은 관절안이 없고 거의 움직일 수 없으며, 인대 결합과 봉합이 이에 속한다. 연골관절은 연골을 사이에 두고 두 뼈가 연결되는 관절이다.

(1) 윤활관절

우리 몸에 존재하는 대부분의 관절은 **윤활관절**이다. 이 관절들은 자유롭게 움직이는 관절이라 불리지만 관절에 따라 움직이는 정도는 다양하다. 윤활관절을 형성하는 뼈 들의 끝은 유리연골(hyaline cartilage)로 덮여 있지만, 유리연골 위에는 어떠한 막도 덮여 있지 않다. 관절연골에는 신경과 혈관이 분포하지 않는다. 윤활관절은 질긴 섬유결합 조직으로 이루어진 관절주머니(joint capsule)에 의해 덮여 있고, 인대에 의해 강화되는데 인대는 뼈들을 연결하는 섬유결합 조직이면서 동시에 관절의 움직임을 제한하는 역할도 한다.

관절주머니 속층은 윤활액(synovial fluid)을 분비하는 윤활막(synovial membrane)으로 덮여 있다. 윤활액은 움직임이 일어날 때 마찰을 감소시키고 충격을 흡수하며, 관절연골에 영양을 공급하는 역할을 한다. 일반적으로는 관절면의 형태에 따른 분류를 한다.

첫째, **평면관절**[plane joint, 미끄럼 관절(gliding joint)]로 무축성 관절이다. 한 뼈가 회전 하지 않은 채 다른 뼈 위에서 미끄러지는 운동만 가능하다. 관절면은 납작하거나 약간 비어 있다. 예를 들어, 손목뼈사이관절, 발목뼈사이관절이 있다.

둘째, **경첩관절**(hinge joint)이다. 한 뼈의 볼록면이 다른 뼈의 오목면에 맞는 형태로 펴고 굽히는 운동만 가능한 1축성 관절이다. 이런 관절은 대부분 강한 곁인대(collateral ligament)가 있다. 예를 들어, 팔꿈관절, 무릎관절, 손가락뼈사이관절 등이 있다.

셋째, **중쇠관절**(pivot joint)로 한 뼈의 작은 돌기가 다른 뼈의 고리 모양 소켓의 중심이 되는 형태로 회전만 가능한 1축성 관절이다. 예를 들어, 고리중쇠관절(atlantoaxial joint), 몸쪽·먼쪽노자관절 등이 있다.

넷째, **타원관절**(condyloid joint)이다. 타원형의 관절융기가 타원형 오목면과 맞으며 장·단축의 각운동을 하는 2축성 관절이다. 예를 들어, 손허리뼈와 손가락뼈 사이의 관절, 턱관절, 고리뒤통수관절 등이 있다.

다섯째, **안장관절**(saddle joint)이다. 두 관절면이 말안장처럼 생긴 것으로 서로 직각 방향으로의 넓은 범위의 움직임이 일어나는 2축성 관절이다. 예를 들어, 손목손허리관절(carpometacarpal joint), 복장빗장관절 등이 있다.

마지막으로, **절구관절**(ball and socket joint)이 있다. 관절머리는 공 모양이고 관절오목은 소켓처럼 오목하고 깊어 여러 운동이 가능한 다축성 관절이다. 예를 들어, 어깨관절, 엉덩관절 등이 있다.

2) 관절의 운동

관절의 운동은 뼈대근육의 수축에 의해서 나타나게 된다.

굽힘(flexion)은 관절을 굽히는 것으로 움직임이 대개 관절의 각도를 감소시키는 방향으로 일어나므로 두 뼈가 점점 가까워지게 된다.

폄(extension)은 굽힘의 반대로 관절의 각도는 커지고 두 뼈 사이의 거리가 증가되는 것이다.

벌림(abduction)은 신체의 중간선이나 정중면에서 뼈나 팔다리가 멀어지는 운동이다.

모음(adduction)은 신체의 중간선이나 정중면 쪽으로 뼈나 팔다리가 이동하는 운동으로 벌림의 반대 운동을 말한다.

휘돌림(circumduction)은 신체 부위로 원을 그리는 움직임의 조합으로 어깨관절과 같은 절구관절에서 일어나는 운동을 말한다.

회전(rotation)은 고개를 돌리는 것과 같이 축을 중심으로 신체 부위를 회전하는 운동이다. 360도 회전하는 관절은 존재하지 않고, 안쪽돌림(medial rotation)과 가쪽돌림(lateral rotation)이 있다.

엎침(pronation)은 아래팔을 신전시킨 채 위로 향하던 손바닥을 아래로 향하게 뒤집는 운동을 말한다.

뒤침(supination)은 엎침의 반대로 아래팔을 신전시킨 채 손바닥을 위로 향하게 뒤집는 운동이다.

안쪽번짐(inversion)은 발바닥을 내측으로 돌리는 발목운동으로 발바닥이 몸의 정중면으로 향하게 하는 운동이다.

가쪽번짐(eversion)은 발바닥을 외측으로 돌리는 발목운동으로 발바닥을 몸의 가쪽으로 향하게 운동이다.

내밈(protraction)은 턱관절 등에서 나타나는 움직임으로 앞쪽으로 관절을 미는 운동을 말한다.

들임(retraction)은 턱관절 등에서 내밈되었던 관절을 원위치로 되돌리는 운동을 말한다.

올림(elevation)은 몸의 신체 일부를 위로 잡아당기는 운동을 말한다.

내림(depression)은 올림과 반대되는 운동으로 신체 일부를 아래로 잡아당기는 운동이다.

3. 근육 계통

1) 분류

(1) 뼈대근육

뼈대근육(skeletal muscle)은 운동신경의 지배를 받아 자신의 의지대로 움직일 수 있는 수의근육(voluntary muscle)이며, 몸의 운동기관으로 가장 많은 체열을 생산하는 기관이다. 뼈대근육은 수백 개의 근섬유(muscle fiber)로 이루어져 있는 가로무늬 모양이다.

근육세포(muscle cell)는 수축성이 강하고 가는 근섬유로 되어 있고, 원통형으로 민무늬근육이나 심장근육보다 훨씬 크며 핵이 횡문근형질막(sarcolemma) 부근에 여러 개 존재하는 다핵세포이다. 골격근세포의 세포막인 횡문근형질막에는 기능상 흥분성과 전도성을 가지고 있어 근수축에 중요한 기능을 한다. 세포질을 근형질(sarcoplasm)

이라고 하고, 세포질그물은 근육세포질그물(sarcoplasmic reticulucm: SR)이라고 한다. 세포질그물은 근섬유가 수축할 때 Ca^{2+}를 근형질로 유리하고, 재분극 시에는 Ca^{2+}를 다시 회수한다. Ca^{2+} 부착부에는 트로포닌(troponin)이 있다.

가로무늬근육에서, 근육의 세포막이 세포 속으로 가느다란 대롱처럼 밀고 들어가 근육 원섬유를 가로로 둘러싸는 관인 가로세관(T-tube)은 세동이(triad)를 형성하는데 종말수근(terminal cisterna)이 가로세관 양쪽에 붙어 있다.

(2) 민무늬근육

내장과 혈관을 지배하는 **민무늬근육**(smooth muscle)은 가로무늬가 보이지 않고, 방사성 배열을 한 근육원섬유 무늬가 나타난다. 핵은 방추형의 단핵세포로 세포질 내에는 어둡게 염색되는 치밀소체(dens body)가 존재한다.

가로무늬근육에 비해 액틴(actin) 함량은 2배, 미오신(myosin) 함량은 1/3이며, 트로포닌(troponin)이 없어 수축과정을 진행하기 위해 Ca^{2+}이 칼모듈린(calmodulin)과 결합하여 수축을 진행한다. 수축이 느리며 불수의근육(involuntary muscle)으로 자율신경의 지배를 받는다.

민무늬근육은 단일단위민무늬근육(unitary smooth muscle)과 다단위민무늬근육(multiunit smooth muscle)으로 구분하는데 단일단위민무늬근육은 일명 내장근육으로 소화관벽 등을 구성하고 있다. 다단위민무늬근육은 큰 혈관의 벽이나 눈의 홍채를 구성한다.

(3) 심장근육

심장근육(cardiac muscle)은 뼈대근육과 비슷한 모양인 가로무늬근육이지만 우리의 의지대로 움직일 수 없는 불수의근육이고 자동적으로 수축하는 자동능이다.

가로무늬근육 사이에 사이원반(intercalated disc)이 있고, 뼈대근육보다 근육세포가 작고 가늘며, 타원 모양의 핵이 세포 중앙부에 1개씩 들어 있다. 세포질에는 사립체(미토콘드리아)가 많이 들어 있다. 사이원반 끝에 틈새이음부(gap junction)라는 통로가 형성되어 있는데 이온들의 이동이나 전기적인 흥분을 전달하는 부위로 활동전압이 쉽게 전체로 퍼질 수 있어 심방이나 심실이 동시에 수축된다.

심장근육은 가로세관 1개와 근육세포질그물의 종말수조 1개가 합해 두동이(diad)를 형성한다.

2) 뼈대근육의 구조

 뼈대근육은 일반적으로 힘줄에 의하여 뼈막에 부착되어 있고, 중간부는 근육조직이 많은 힘살(belly)로 되어 있다. 근육이 시작되는 이는곳(origin)과 닿는곳(insertion)이라고 한다.

 근육원섬유(myofibril)는 다수의 **근육잔섬유**(myofilament)로 구성되어 있다. 근육잔섬유는 **굵은근육잔섬유**(myosin filament)와 **가는근육잔섬유**(actin filament)로 구성되어 서로 평행하게 배열되어 있다. **굵은근육잔섬유**는 분자량이 비교적 큰 단백질인 **미오신**(myosin)으로 구성되어 있고, 두 개의 공 모양의 머리(head)는 근육의 수축과정에서 액틴(actin) 및 ATP와 결합하는 장소가 된다. **가는근육잔섬유**는 **액틴**, **트로포미오신**(tropomyosin), **트로포닌**으로 구성되어 있고, 분자량이 작아 전체적으로 가늘게 나타난다.

 근육원섬유를 현미경으로 관찰하면 밝고 어두운 가로무늬가 나타난다. **밝은띠**(I-band)는 가는근육잔섬유만 있는 곳이고, **어두운띠**(A-band)는 굵은근육잔섬유와 가는근육잔섬유가 겹쳐 있는 곳이다. 밝은띠는 전체가 밝게 보이는 것이 아니고 중간에 어두운 점들이 선처럼 나타나는데 이를 **Z선**(Z-line)이라고 하며, Z선에서 Z선 사이를 뼈대근육의 기본단위인 **근육원섬유마디**(sarcomere)라고 한다. 어두운띠 가운데 밝은 부위로 굵은근육잔섬유만 존재하는 곳을 **H대**(H-zone)이라고 하고, H대 중앙에 굵은근육잔섬유가 부푼 곳을 **M선**(M-line)이라고 한다. 근육수축 시 어두운띠는 변화가 없지만, 밝은띠와 H대 그리고 Z선에서 Z선까지는 짧아진다.

(1) 뼈대근육의 신경분포
 뼈대근육의 수축조절은 운동신경과 감각신경의 지배를 받고 있다. 운동신경과 근육이 만나는 부분을 **신경근육이음부**(neuromuscular junction)라고 하며, 이곳에서 **운동종말판**(motor end plate)이라는 구조를 형성한다. 운동신경은 알파운동신경으로 소근육의 지배비율이 낮고, 몸통근육의 지배율이 높다.

 근육의 길이나 수축 속도를 감지하는 **근육방추**(muscle spindle)는 감각신경섬유인 Ia섬유와, II섬유가 분포하고 있고, 운동신경은 감마운동신경이 지배한다. **골지힘줄기관**(Golgi tendon organs)은 근육의 장력을 감지하는 수용기로 근육의 양 끝에 분포하는데 감각신경섬유인 Ib섬유를 통하여 중추신경계통에 전달하는 기관이다.

(2) 뼈대근육의 부속기관

뼈대근육은 비수축성 부속기관을 갖고 있다.

근막(fascia)은 각각의 근육이나 근육무리의 전체를 싸는 결합조직성 막이다. 피부와 깊은근막 사이에서 많은 근육을 싸고 있는 지방이 풍부한 성긴 결합조직막으로 우리 몸의 체온이 밖으로 빠져나가는 것을 방지하는 절연체 역할을 하는 얕은근막(superficial fascia), 근육의 표면을 직접 싸고 있는 섬유조직의 치밀층으로 근육을 지지하고, 근육들이 독립된 운동을 할 수 있게 하는 깊은근막(deep fascia), 내장 표면을 싸고 있는 장막밑근막(subserous fascia)이 있다.

힘줄(tendon)은 뼈대근육의 양 끝을 뼈막에 부착시키는 섬유성 띠이다.

힘줄집(tendon sheath)은 힘줄을 싸고 있는 막을 말한다.

윤활주머니(synovial bursa)는 힘줄이나 근육이 뼈 위를 지날 때 마찰을 감소시켜주는 주머니이다. 위치에 따라 피부밑주머니(subcutaneous bursa), 근육밑주머니(submuscular bursa), 근막밑주머니(subfascial bursa), 힘줄밑주머니(subtendinous bursa) 등으로 분류한다.

도르래는 힘줄을 고정시켜 주는 결합조직을 말한다.

종자뼈는 힘줄 속에 있는 조그마한 뼈로 힘줄과 뼈의 마찰을 감소시키고 지렛대 역할을 한다.

3) 근육의 수축

가로무늬근육은 Ca^{2+}이 트로포닌 C와 결합하여 근육수축기전이 진행되고, 민무늬근육은 Ca^{2+}이 칼모듈린과 결합하여 근육수축기전이 진행된다.

수축의 1단계는 운동뉴런을 통해 신경전달물질(neurotransmitter)인 아세틸콜린(acetylcholine)이 유리되어 확산된 후 근섬유막에 있는 수용체(receptor)와 결합한다. 그 결과 근섬유 형질막이 탈분극되어 형질막 안팎의 전위차가 감소하게 된다. 탈분극으로 인해 활동전위(action potential)가 유발된다.

2단계는 가로세관을 따라 활동전위가 전도되고, 근형질세망에서 Ca^{2+}이 유리되어 세포사이의 Ca^{2+} 농도를 증가시키게 된다.

3단계는 트로포닌과 트로포미오신이 협동해서 액틴과 미오신의 결합반응을 억제하고 있지만 Ca^{2+} 농도가 높아지면서 트로포닌 C는 Ca^{2+}과 결합한다. 그때 트로포닌의 형태가 변화하면서 트로포미오신을 액틴의 사슬 안으로 밀어 넣는다.

4단계는 액틴에 있는 결합부위가 노출되면서 고 에너지 미오신 머리와 액틴이 교차다리를 이루며 결합한다.

5단계는 미오신 머리가 축이 되어, 굵은근육잔섬유와 가는근육잔섬유가 서로 잡아당기도록 장력을 만들어 낸다. 이 단계 동안 ATP(adenosine triphosphate)가 ADP(adenosine diphosphate)와 Pi(무기인산)로 가수분해된다.

6단계는 마지막으로 교차다리가 끊어지면 새로운 ATP 분자가 미오신 머리와 결합하여 새로운 주기가 시작된다.

활동전위가 끝난 이후 Ca^{2+}은 능동적 이동에 의해 근형질세망으로 이동된다.

운동뉴런으로부터 오던 신경 흥분이 중단되면 근섬유는 휴식상태로 돌아가게 된다.

(1) 근육수축 시 에너지원

- **ATP**는 직접적인 에너지원으로 ATP가 가수분해되어 ADP, Pi, 에너지를 얻게 된다. 이러한 화학반응은 미오신 머리에 있는 ATPase에 의해 이루어진다.
- 산소부채 시 **크레아틴인산**(creatine phosphate)의 분해를 이용하여 에너지를 공급하게 되는데 ADP와 크레아틴인산이 결합하며 ATP와 크레아틴이 생성된다.
- **포도당**(glucose)이 분해되면서 젖산(lactic acid)과 에너지가 생성된다.

근육수축 시 분해·소비되는 물질은 ATP, O_2, 포도당, 크레아틴인산이다. 근육수축 후 생성되는 물질은 ADP, CO_2, 젖산, 크레아틴이다. 골격근이 장시간 지속적으로 활동하거나 격렬하게 운동을 하게 되면 젖산이 생성되어 근육이 피로상태가 되는데 간에서 글리코겐(glycogen)으로 재합성된다.

근육수축 시 사용되는 에너지원 순서는 ATP → 크레아틴인산 → 포도당이다.

(2) 근육수축의 종류

① 장력과 길이의 변화에 따라 등장성 수축(isotonic contraction)과 등척성 수축(isometric contraction)으로 분류된다.

등장성 수축은 장력의 변화 없이 근육의 길이가 변하는 수축으로 근육의 길이가 길어지면서 수축하는 **원심성 수축**(eccentric contraction)과 근육의 길이가 짧아지면서 수축하는 **구심성 수축**(concentric contraction)으로 나눈다.

등척성 수축은 근육의 길이 변화 없이 장력이 변하는 수축이다.

② 근육 형태에 따라 단일수축(twitch), 강축(tetanus), 구축(contracture), 긴장(tonus), 사후강직(rigor mortis)으로 분류된다.

단일수축(twitch)은 역치 이상의 단일자극에 의한 한 번의 수축으로 자극 후 근육수축 전 잠복기(0.01초), 근육의 수축기(0.04초), 안정상태로의 회복인 안정기(0.05초)의 순서로 총 0.1초의 시간이 걸린다.

강축(tetanus)은 2개 이상의 자극이 짧은 간격으로 반복되는 것으로 크고 지속적인 수축이 일어난다.

구축(contracture)은 활동전위가 없이 일어나는 비가역적인 수축으로 근육과 건의 수축에 의해 사지의 운동이 제한되며, 관절에 비정상으로 발생하고 굴곡과 고정의 특징이 있다.

긴장(tonus)은 근육의 부분적인 수축이 지속되는 것이다. 자세유지를 위해 자세유지 근육들이 계속 긴장상태를 유지해야 한다.

사후경직(rigor mortis)은 죽은 후에 나타나는 근육의 경화로 활동전위 및 ATP 분해 없이 일어나는 근육수축이다.

4) 각 관절의 작용근육

(1) 어깨관절의 작용근육

표 4-2 어깨관절의 작용근육

굽힘	폄	벌림	모음	가쪽돌림	안쪽돌림
어깨세모근 큰가슴근 부리위팔근 위팔두갈래근	어깨세모근 넓은등근 큰원근 위팔세갈래근	어깨세모근 가시위근 위팔두갈래근	큰가슴근 넓은등근 큰원근 위팔세갈래근	어깨밑근 어깨세모근 큰가슴근 넓은등근	가시아래근 작은원근 어깨세모근

(2) 팔꿉관절의 작용근육

표 4-3   팔꿉관절의 작용근육

굽힘	폄
위팔근 위팔두갈래근 위팔노근 원엎침근	위팔세갈래근 팔꿈치근

(3) 엉덩관절의 작용근육

표 4-4   엉덩관절의 작용근육

굽힘	폄	벌림	모음	가쪽돌림	안쪽돌림
큰허리근 엉덩근 넙다리곧은근 두덩근 넙다리빗근 중간볼기근 작은볼기근 두덩정강근 긴모음근 짧은모음근 큰모음근 넙다리근막긴장근	큰볼기근 넙다리두갈래근 반힘줄근 반막근 중간볼기근 작은볼기근 큰모음근	넙다리곧은근 중간볼기근 넙다리빗근 큰볼기근 작은볼기근 넙다리근막긴장근	두덩근 두덩정강근 긴모음근 짧은모음근 큰모음근 큰볼기근	넙다리근막긴장근 작은볼기근 반힘줄근 반막근 중간볼기근 두덩정강근 큰모음근	큰볼기근 넙다리빗근 두덩근 중간볼기근 작은볼기근 긴모음근 짧은모음근 큰모음근 넙다리두갈래근

(4) 무릎관절에 작용하는 근육

표 4-5   무릎관절의 작용근육

굽힘	폄	안쪽돌림	가쪽돌림
넙다리두갈래근 반힘줄근 반막근 넙다리빗근 두덩정강근 오금근 장딴지근 장딴지빗근	넙다리네갈래근	반힘줄근 반막근 오금근 두덩정강근 넙다리빗근	넙다리두갈래근

4. 신경 계통

1) 중추신경계통

(1) 대뇌

중추신경계통(central nervous system)에서 운동, 감각, 감정의 주관, 높은 정신활동을 담당하고 있는 **대뇌**(cerebrum)는 뇌 전체 중량의 80%를 차지하는 중요한 부위로 1쌍의 대뇌반구(cerebral hemisphere)로 이루어져 있다. 대뇌반구 사이에 있는 뇌들보(corpus callosum)에 의해 서로 연결되어 있다. 대뇌겉질(cerebral cortex)에는 많은 주름이 잡혀 있는데, 주름이 올라와 있는 부분을 이랑(gyrus), 들어간 부분을 고랑(sulcus)이라고 하고, 좀 더 깊게 패인 곳을 틈새(fissure)라고 한다. 대뇌겉질은 신경세포들이 밀집되어 있는 곳으로 회색질의 색깔을 띄고, 대뇌속질(medulla)은 신경섬유가 밀집되고 있어 백색질의 색깔이 나타난다. 각각의 대뇌반구에는 뇌척수액이 들어 있는 가쪽뇌실(lateral ventricle)이 발달되어 있다.

대뇌의 고랑 혹은 깊은 틈새를 경계로 이마엽, 마루엽, 뒤통수엽, 관자엽으로 나누며, 이마엽과 마루엽의 경계를 중심고랑(central sulcus), 마루엽과 뒤통수엽의 경계를 마루뒤통수고랑, 이마엽과 관자엽의 경계는 가쪽고랑이라고 한다.

① 대뇌겉질의 기능
대뇌겉질(cerebral cortex)의 주요 기능을 세 가지로 요약할 수 있다.

- 기억, 기능, 책임감, 사고, 추론, 도덕적 감각, 학습과 관련된 정신적 활동 등으로 고위중추 영역의 역할을 한다.
- 통증, 온도, 촉각, 시각, 청각, 미각 등 환경으로부터 오는 자극에 대하여 의식적으로 지각한다.
- 뼈대근육의 의식적인 움직임을 조절하는 수의운동을 계획하고 실행한다.

② 대뇌겉질의 기능적 영역
대뇌겉질의 기능적 분류는 브로드만(Brodmann)이 47개의 영역으로 분류한 것을 표준으로 하여 모든 교과서에서 사용되고 있다.

• 이마엽(frontal lobe)의 운동영역

중심고랑 앞에 위치한 곳을 이마엽의 운동영역(motor area)이라고 한다. 중심고랑의 바로 앞에 위치되어 있는 중심앞이랑(precentral gyrus)은 **일차운동영역**(primary motor area)으로 브로드만 영역 4에 해당한다. 뼈대근육의 수의운동실행(execution)을 담당하는 영역으로 숙련되고 섬세함이 요구되는 사지 먼쪽 부위의 움직임을 조절한다.

브로드만 영역 6에 해당하는 **운동앞겉질**(premotor cortex)은 학습된 운동을 계획하고, 주로 사지의 몸쪽 근육 및 몸통의 주축근(axial muscle.)의 조화로운 움직임을 담당한다. 운동앞겉질영역이 손상되면 수의적인 운동마비가 없는데도 학습된 운동을 못하게 되는 **행위상실증**(apraxia)이 생기며, 또한 글씨를 쓰지 못하는 **쓰기언어상실증**(agraphia)의 원인이 되기도 한다.

보완운동겉질(supplementary motor cortex)은 브로드만 영역 6에 해당되는 것으로 운동앞겉질영역과 함께 수의운동을 계획하는 곳이다. 이곳은 복잡한 순서가 있는 신체 움직임을 계획하는 데 중요한 역할을 한다. 보완운동겉질영역의 병변 시 강직(spasticity) 같은 **위운동신경세포증후군**이 유발된다.

이마엽눈운동(frontal eye field)은 브로드만 영역 8에 해당되는 곳으로 물체를 추적할 때 발생하는 안구의 수의적인 동향운동(conjugate movement)을 조절한다. 이마엽눈운동영역의 손상 시 한쪽이 손상되면 손상된 쪽으로 눈이 편향된다.

운동언어영역(motor speech area) 또는 **브로카 영역**(Broca's area)은 브로드만 영역 44, 45로 언어기능을 담당한다. 브로카 영역의 손상 시 표현언어상실증(expressive aphasia) 또는 브로카 언어상실증(Broca's aphasia)이 생기는데 말을 알아들어도 말을 못하거나 더듬게 된다.

• 마루엽의 감각영역(sensory area)

이마엽의 바로 뒤쪽에 위치한 중심뒤이랑(postcentral gyrus)은 **일차몸감각겉질**(primary somatosensory cortex)으로 브로드만 영역 1, 2, 3에 해당된다. 일차몸감각겉질영역은 통증, 열, 차가움 촉각 등을 의식적으로 지각하는데, 이 영역의 앞부분은 피부에서 전달하는 피부감각(cutaneous sensation)을, 뒷 부분은 근육과 관절에서 오는 깊은감각(deep sensation)을 담당한다. 일차몸감각겉질영역의 병변 시 감각 자체는 어느 정도 느끼나 감각의 종류는 구별하기 힘들게 된다.

몸감각연합겉질(somatosensory association cortex)인 브로드만 영역 5, 7은 일차몸감각겉질영역에서 느낀 감각의 종류를 종합, 분석하여 판단하는 기능을 한다. 이 영역이 손상되면 감각입력을 이해하고 해석하는 데 장애가 발생하여 신체 반대쪽을 무시하는 현상이 발생하게 되는데, 예를 들어 눈을 감고 물체의 무게, 모양, 크기, 질 그리고 이전의 감각경험을 비교하는 것이 불가능한 촉각인식불능증(tactile agnosia) 또는 촉각에 의한 물체의 모양을 인식하는 것이 불가능한 입체인식불능증(astereognosis)이 발생할 수 있다.

• 관자엽의 감각영역

관자엽의 위관자이랑(superior temporal gyrus)은 **일차청각겉질**(primary auditory cortex)으로 브로드만 영역 41, 42에 해당된다. 이곳은 소리를 의식적으로 듣는 역할을 하며, 앞가쪽부분(anterolateral part)은 저주파를 전달하는 섬유들이고, 뒤안쪽부분(posteromedial part)은 고주파를 전달하는 섬유들로 구성되어 있다.

청각연합겉질(auditory association cortex) 또는 **베르니케 영역**(Wernicke's area)이라 부르는 브로드만 영역 22는 들리는 소리가 무엇을 의미하는지를 지각하는 기능을 한다. 병변 시 말을 듣기는 하지만 이해하지 못하고 말을 듣고 따라 하지 못하는 감각실어증(sensory aphasia) 또는 베르니케 언어상실증(Wernicke's aphasia)이 발생할 수 있다.

• 뒤통수엽의 감각영역

마루뒤통수고랑(parieto-occipital sulcus)에 의해 경계 지워지는 **일차시각겉질**(primary visual cortex)은 브로드만 영역 17에 해당하는 것으로 다른 겉질영역에 비해 가장 얇다. 망막에서 일어난 흥분이 사이뇌의 가쪽무릎체를 거쳐 입사되는 부위로 물체의 색과 크기, 모양 및 움직임 등을 인지하는 기능을 한다. 일차시각겉질영역에 병변이 생기면 반대쪽 시야(visual field)에 있어서 시력상실(blindness) 원인이 된다.

시각연합겉질(visual association cortex)에 해당되는 브로드만 영역 18, 19는 보는 것을 이해하고 기억하는 기능을 한다. 시각연합겉질에 병변이 생기면 보는 데는 지장이 없으나 그것이 무엇인지를 모르는 시각인식불능증(visualagnosia)의 원인이 된다.

• 고위기능영역

이마앞영역(prefrontal area)은 브로드만 9, 10, 11, 12에 해당되는 곳으로 판단, 예견과 같은 고위 정신기능에 기초하여 행동과 운동을 조절하는 곳이다.

③ 대뇌속질

뇌와 척수 사이를 연결하는 구심성 또는 원심성 섬유의 경로는 같은 쪽 대뇌반구 내의 겉질(회색질)을 연락하는 **연합신경경로**(association tract), 한쪽 대뇌겉질에서 반대쪽 대뇌겉질로 연결되는, 즉 반대쪽 회색질을 연결하는 **교차신경경로**(commissural tract), 대뇌겉질과 아래중추인 뇌줄기 및 척수를 연결하는 오름·내림섬유들을 연결하는 **투사신경경로**(projection tract)가 있다.

④ 바닥핵

대뇌의 깊은 곳에 위치한 겉질밑회색질(subcortical gray matter)의 덩어리들로 이루어진 **바닥핵**(basal nucleus)은 근육의 운동과 긴장성을 억제조절하는 고리 모양의 회로를 통해 대뇌겉질로 들어온 정보를 분석하여 구성된 수의운동 계획을 통합, 조절 및 재구성한 뒤 대뇌겉질로 되먹임하여 운동을 조절하는 역할을 한다.

바닥핵은 4개의 중요한 핵으로 이루어져 있는데 줄무늬체(striatum), 창백핵(globus pallidus), 흑색질(substantia nigra), 시상밑핵(subthalamic nucleus)이다.

바닥핵의 일부 또는 전부가 손상되면 불수의적 운동장애와 근육경직(muscle rigidity)을 포함한 근육긴장 이상이 나타난다. 불수의적 운동장애는 떨림(tremor), 곰지락운동(athetosis), 무도병(chorea), 발리즘(ballism), 근육긴장이상(dystonia)이 포함된다. 또한 운동이 감소하거나 느려지는 운동느림증(bradykinesia), 운동감소증(hypokinesia), 운동불능증(akinesia)의 증상이 있으며, 근육경직을 포함하는 과긴장증(hypertonia)과 저긴장증(hypotonia)이 있다.

줄무늬체가 있는 신경전달물질인 GABA를 함유한 신경세포가 파괴되었을 때 유전적 질환인 헌틴턴병(Huntigton's disease)이 나타나는데, 주요 증상으로 무도병이 발생한다.

그리고 흑색질 치밀부 신경세포의 파괴와 이에 따른 도파민(dopamine)의 결핍으로 인해 파킨슨병(Parkinson's disease)이 유발되고, 운동불능증, 근육경직 및 휴식 시 떨림의 임상징후가 나타난다.

⑤ 둘레계통

둘레계통(limbic system)은 대뇌반구의 안쪽 아래쪽에 위치하며 계통발생학적으로 가장 오래된 부분이고, 사이뇌(diencephalon)와 끝뇌(telencephalon) 사이의 경계에 위치한다.

둘레계통은 사람의 모든 행동이 동기(motivaton), 마음(mind), 감각(sense), 내적 욕구(inner drive) 등의 영향에 의해 필요에 적합하도록 계획되는데, 이러한 감정에 해당되는 뇌의 활동을 담당한다. 또한 학습 및 기억과정에도 관여한다.

시상(thalamus) 주위에서 고리모양을 이루고 있는 둘레계통의 구조는 관자엽의 앞쪽 끝부분에 가쪽뇌실(lateral ventricle)의 아래뿔(inferior horn)과 렌즈핵(lentiform nucleus) 사이에 위치한 **편도체**(amygdala), 뇌들보부리(rostrum of corpus callosum)의 아래쪽에 위치하는 회색질 덩어리인 **사이막**(septum), 해마(hippocampus), 치아이랑(dentate gyrus) 및 해마옆이랑(parahippocampal gyrus)으로 이루어진 **해마형성체**(hippocampal formation) 그리고 **띠이랑**(cingulate gyrus)이 있다. 해마는 장기기억(long-term memory)을 강화하는 역할을 하고, 편도체는 감정처리, 내분비계통의 활동, 성적 태도, 음식물의 섭취를 조절하는 기능을 한다.

파페츠회로(Papez circuit)는 둘레엽(limbic lobe), 시상하부의 유두체(mammillary body) 및 시상의 앞시상핵무리(anterior nuclear group)를 연결하는 회로이고, 감정을 담당한다.

(2) 사이뇌

사이뇌는 중간뇌의 위쪽으로 계속되는 부분이며 뇌줄기와 대뇌반구 사이에 위치한다. 제3뇌실 주위에 있는 회색질 구조로 시상(thalamus), 시상밑부(subthalamus), 시상상부(epithalamus) 및 시상하부(hypothalamus)로 구분된다.

시상은 좌우 동형인 한 쌍의 회색질 구조로 사이뇌 구성 중 가장 중요한 부분이고 많은 핵으로 이루어져 있다. 통각의 일부와 후각을 제외한 모든 종류의 감각을 받아서 대뇌겉질과 관련된 감각영역으로 보내는 기능을 한다. 시상후부(metathalamus)에는 청각의 중계소인 안쪽무릎체(medial geniculate body)와 시각의 중계소 역할을 하는 가쪽무릎체(lateral geniculate body)가 있다.

시상밑부는 시상과 중간뇌 뒤판 사이의 부위로 뼈대근육의 불수의 운동에 관여한다.

시상상부는 둘레계통과 연결되어 있는데, 시상의 등쪽 고삐핵(habenular nucleus), 고삐맞교차(habenular commissure), 시상섬유줄(stria medullaris thalamus), 내분비 기능을 하는 솔방울샘(pinea gland)으로 구성되어 있다.

시상하부는 중뇌와 이어지는 제3뇌실의 바닥을 이루는 회색질 부위로 자율신경계의 조절중추, 정서반응, 행동조절, 체온조절, 수분의 균형과 갈증조절, 수면-각성 주기의 조절, 내분비계의 기능조절 등을 한다.

(3) 중간뇌

뇌줄기(brain stem)의 가장 윗부분에 있는 **중간뇌**(midbrain)는 중간뇌수도관(cerebral aqueduct)을 통해 제3뇌실과 제4뇌실을 연결한다. 중간뇌의 기능은 시각 및 청각 반사의 중추, 동공반사의 중추, 자세반사의 중추 역할을 한다.

중간뇌의 **덮개**(tectum)에는 시각 자극에 따른 눈과 목의 위치를 반사적으로 조정하고, 한쪽 눈에 빛을 비추면 다른쪽 동공도 같이 수축하며, 시각 원근조절 동안 일어나는 모양체근의 수축에 관여하는 위둔덕(superior colliculus)과 청각전도로의 중계핵이 포함되어 있는 아래둔덕(inferior colliculus)이 있다. **뒤판**(tegmentum)에는 소뇌와 협조하여 직립보행 등의 운동을 조절하는 적색핵(red nucleus), 바닥핵과 연결되어 근육의 긴장을 조절하는 흑색질(substantia nigra), 동공의 크기 조절 반사이자 수정체 두께를 조절하여 가까운 물체에 초점을 맞추는 반사작용을 하는 에딩거베스트팔핵(Edinger-Westphal necleus), 눈돌림신경(Ⅲ), 도르래신경(Ⅳ)이 있다. 또한 중간뇌의 앞면에는 위쪽의 대뇌피질에서 뇌줄기, 소뇌 및 척수로 내려가는 신경섬유들이 통과하는 1쌍의 대뇌다리(cerebral peduncle)가 있다.

(4) 다리뇌

다리뇌(pons)는 앞쪽에서 볼 때 소뇌반구(cerebellar hemisphere)와 중간뇌 및 숨뇌를 연결시켜 주는 다리와 같이 생긴 뇌줄기의 한 부분이다. 다리뇌 앞쪽부분은 뇌겉질에서 어떠한 움직임을 수행하려는 의도된 운동명령(intended motor command)을 소뇌겉질로 이어 주는 중계소 역할을 한다. 호흡조절중추이자 지속흡입중추의 기능을 한다.

다리뇌는 오름 및 내림 신경로와 뇌신경의 핵으로 구성되어 있고, 뒤쪽 표면은 제4뇌실(fourth ventricle)의 바닥을 이루고 있다.

다리뇌에 있는 뇌신경과 관련된 핵은 삼차신경(Ⅴ), 갓돌림신경(Ⅵ), 얼굴신경(Ⅶ), 속귀신경(Ⅷ)이 있다.

(5) 숨뇌

뒤통수뼈의 바닥부위에 위치한 **숨뇌**(medulla oblongata)는 속에 그물체(reticular

formation)가 발달되어 있으며 생명유지에 필수적인 심장, 호흡, 소화, 각막반사 등에 관한 중요한 반사중추들이 있다.

숨뇌의 뒷쪽에는 혀인두신경(IX), 미주신경(X), 더부신경(XI), 혀밑신경(XII)이 나오고, 앞면에는 피라미드 모양으로 대뇌겉질에서 시작한 내림신경섬유들이 지나가는 피라미드로(pyramidal tract)가 있으며, 아래 끝에서 왼쪽과 오른쪽의 섬유가 서로 교차하는 피라미드교차(pyramidal decussation)를 형성한다.

그물체는 뇌줄기에 형성된 그물 모양의 신경구조로 숨뇌의 피라미드교차에서 시작되어 사이뇌의 시상 일부까지 퍼져 있다. 오름신경을 통해 대뇌겉질을 활성화시키고 각성상태를 유지시키는 오름그물활성계(ascending reticular activating system: ARAS)가 있다. 그물체는 뼈대근육의 긴장 및 평형유지, 수면-각성 주기, 의식 등의 대뇌겉질 기능을 조절하고, 통증 인지, 생명에 필요한 호흡과 심장박동 및 혈압 조절 중추 등과 관련되어 있다. 그물체의 병변 시 혼수상태가 되거나 의식을 유지하는 데 어려움을 보일 수 있고, 집중력이 떨어지는 경향을 보이게 된다.

(6) 소뇌

소뇌(celebellum)는 움직임과 관련된 광범위한 정보를 받아들여서 통합하고 처리하여 과제를 연습하는 동안 의도했던 움직임에 점차 가깝게 과제를 수행할 수 있도록 조절하는 기능을 한다. 그리고 피부, 관절 및 근육으로부터 몸 감각 정보와 시각, 청각, 신체 평형에 관한 감각 정보를 받아들이고 조절하며, 근육의 긴장도(근육활동), 즉 고유감각 정보를 받아들여 수의운동의 계획 및 시행을 조정한다.

소뇌의 틈새에 따라 가로로 소뇌엽이라고 부르고 앞엽, 뒤엽, 타래결절엽으로 구분된다. 기능적으로는 안뜰소뇌(vestibulocerebellum), 척수소뇌(spinocerebellum), 다리소뇌(pontocerebellum)로 구분되는데 안뜰소뇌는 평형유지에 관한 정보를 수용하고, 척수소뇌는 몸의 고유감각 정보가 들어와 근육의 긴장도를 조절하는 기능을 한다. 또한 다리소뇌는 대뇌의 정보가 다리뇌를 거쳐 유입되는 곳으로 미세운동의 협동에 관여하고 있다.

소뇌의 겉질은 겉에서부터 속으로 분자층(molecular layer), 조롱박신경세포층(Purkinje cell layer), 과립층(granular layer) 등 3층 구조로 구분된다.

소뇌핵(cerebellar nucleus)은 회색질인 심부핵(deep nuclei)에 위치해 있고, 바깥쪽에서 안쪽으로 치아핵(dentate nucleus), 마개핵(emboliform nucleus), 둥근핵(globose nucleus), 꼭지핵(fastigial nucleus) 등 4쌍의 핵으로 구성되어 있다.

소뇌의 기능 이상 시 주로 몸운동기능(somatic motor function)에 이상이 나타난다. 증상으로는 운동실조(ataxia), 떨림, 근긴장 저하(hypotonia), 언어장애(speech disturbance), 안구진탕(nystagmus) 등이 나타난다.

(7) 척수

척수(spinal cord)는 척주관(vertebral column) 내에 위치해 있는 원기둥 형태로 척수의 길이는 43cm 정도, 척주관의 위쪽 2/3 정도를 차지한다. 척수신경의 앞·뒤뿌리가 종말끈(terminal filum)을 싸고 있는 것을 말총(cauda equina)이라고 한다.

척수는 31쌍의 척수신경이 분지하고 있는데, 목신경 8쌍, 가슴신경 12쌍, 허리신경 5쌍, 엉치신경 5쌍, 꼬리신경 1쌍으로 되어 있다. 그리고 목분절(목척수), 가슴분절(가슴척수), 허리분절(허리척수), 엉치분절(엉치척수), 꼬리분절(꼬리척수) 등의 분절성 구조(segmental structure)이며, 신경관(neural tube)으로 기본 구조를 유지한다.

가로 단면을 살펴보면 척수의 속질(안쪽)은 회색질로 신경세포의 세포체(cell body)가, 척수의 주변 겉질은 백색질로 신경세포의 축삭(axon)들이 형성된 구조로 되어 있다. 척수의 속질은 H자 형태로 앞뿔(anterior horn)에는 운동신경세포가, 가쪽뿔(lateral horn)은 가슴분절 및 허리분절에만 있는 자율신경세포가, 뒤뿔(posterior horn)에는 감각신경세포가 있다. 척수의 겉질은 앞·뒤·가쪽섬유단(anterior·posterior·lateral funiculus)으로 구분된다. 척수의 중심에는 중심관(central canal)이 있는데 뇌척수액이 수용되어 있어 뇌실과 교통한다.

(8) 뇌실

뇌실(ventricle)은 중추신경계통을 보호하고 뇌척수액의 생성과 순환을 담당하는 뇌조직의 속공간이다. 또한 뇌실은 가쪽뇌실(lateral ventricle) 2개, 제3뇌실(third ventricle), 제4뇌실(fourth ventricle)로 구성되어 있다. 가쪽뇌실은 대뇌반구에 위치되어 있고 오른쪽과 왼쪽에 있다. 가쪽뇌실에서 제3뇌실로 연결해 주는 사이에 뇌실사이구멍(interventricular foramen)이 있고, 제3뇌실은 사이뇌에 위치해 있다. 제3뇌실과 제4뇌실 사이에는 중간뇌에 위치되어 있는 중간뇌수도관이 있고, 마름뇌에 위치되어 있는 제4뇌실의 아래쪽은 척수에 있는 중심관(central canal)과 연결되어 있다.

(9) 뇌척수막

3층 구조의 막으로 형성된 **뇌척수막**(meminge)은 바깥쪽에 경막(dura mater), 중간쪽에 거미막(arachnoid mater), 안쪽에 연막(pia mater)으로 되어 있다.

경막은 내·외층의 2층 구조로 경막정맥동굴(sinus of dura mater)이 일정한 간격을 형성하고 있으며, 대·소뇌낫(falx cerebri·cerebelli)과 소뇌천막(tentorium cerebelli) 등의 3종 주름이 있다. 척수의 경막은 단층으로 경막밑공간(epidural space)을 형성하고 그 속에는 림프가 차 있다.

거미막은 신경분포가 미약하고 고유혈관이 없다. 거미막밑공간(subarachnoid space)에는 뇌척수액이 수형되어 있고 일정 부위에서 넓어져 거미막밑수조를 형성한다.

연막은 뇌실 표면에 밀착되어 있고, 뇌척수액을 형성하는 혈관성 구조인 맥락얼기(choroid plexus)를 형성한다.

(10) 뇌척수액

뇌척수액(cerebrospinal fluid: CSF)은 뇌와 척수를 지지하며 충격으로부터 보호해 주는 투명한 액체로 가쪽뇌실 제3뇌실, 제4뇌실의 맥락얼기(choroid plexus)에 분비된다. 혈장과 비슷한 성분이지만 단백질과 지방 등이 부족하다. 뇌척수압은 누운 자세에서 130mmH$_2$0, 앉은 자세에서 300~400mmH$_2$0가 된다.

뇌척수액의 순환 경로는 뇌실의 위치와 동일한데, 가쪽뇌실에서 시작되어 뇌실사이구멍, 제3뇌실, 중가노니수도관, 제4뇌실, 척수중심관, 종말뇌실 순으로 순환한다.

(11) 뇌파

뇌파(EEG)는 신경계에서 뇌신경 사이에 신호가 전달될 때 생기는 전기의 흐름이다. 종류는 델타(δ), 세타(θ), 알파(α), 베타(β), 감마(γ)등이다.

델타(δ)의 주파수는 0~4Hz로 정상인의 경우 깊은 수면 시 많이 발생하고, 뇌종양, 뇌염, 의식장애 등에서 나타난다.

세타(θ)는 4~8Hz로 주로 어린이에게 나타나는 뇌파이다. 성인에서는 수면으로 이어지는 과정에서 나타난다.

알파(α)는 8~13Hz이고 이완, 편안한 상태, 명상에 잠길 때 나타난다. 뒤통수 부위에서 우세하게 나타나고 일명 안정파라고 부른다.

베타(β)는 13~30Hz이고, 각성 상태 또는 의식적인 행동을 할 때 나타난다. 이마 부위에서 우세하게 나타나며 일명 활동파라고 한다.

감마(γ)는 30~50Hz이고 고도의 인지활동에서 나타나며 마음이 초조할 때에도 나타난다.

2) 말초신경계통

말초신경계통(peripheral nervous system)은 뇌에서 직접 출입하는 12쌍의 뇌신경(cranial nerve)과 척수 양측을 출입하는 31쌍의 척수신경(spinal nerve)으로 이루어져 있다. 말초신경은 중추신경계통과 몸의 각 말초조직을 연결하는 역할을 한다.

(1) 뇌신경

뇌신경은 감각을 전도하는 감각신경(sensory nerve)과 운동을 전도하는 운동신경(motor nerve) 그리고 운동과 감각을 전도하는 혼합신경(mixed nerve)으로 구분한다.

감각신경에 해당하는 뇌신경은 제 I, II, VIII 뇌신경이고, **운동신경**은 제 III, IV, VI, XI, XII 뇌신경이며, **혼합신경**은 제 V, VII, IX, X 뇌신경이다.

또한 제 III, VII, IX, X 뇌신경은 부교감신경섬유인 자율신경 날신경섬유를 포함하고 있다.

① 후각신경

후각신경(olfactory nerve, I)은 냄새를 전달하는 감각신경으로 후각세포(olfatory cell)가 코 안 윗부분의 점막상피에 있어 냄새를 후각신경으로 전달하고 후각망울(olfactory bulb), 후각로(olfactory tract)를 거쳐 대뇌 관자엽의 후각중추에 도달하게 된다.

② 시각신경

시각신경(optic nerve, II)은 시각을 담당한다. 망막의 신경절세포(ganglion cell), 시각신경관(optic canal), 시신경교차(optic chiasm), 시각신경로(optic tract), 사이뇌의 가쪽무릎체와 중간뇌의 위둔덕으로 전달된다.

③ 눈돌림신경

눈돌림신경(oculomotor nerve, III)은 안구의 운동과 동공조절에 관여하는 신경으로,

눈알을 움직이는 바깥눈근(extraocular muscle)을 지배하는 몸운동신경세포(somatic motor neuron)가 눈알을 위로, 아래로, 안쪽으로 움직인다. 그리고 눈의 민무늬근(smooth muscle)을 조절하는 신경절이전 부교감신경세포(preganglionic parasympathetic neuron)는 동공의 크기를 조절하는 빛 반사나 수정체의 두께를 변화시켜 물체에 초점을 맞추게 하는 원근조절반사(accommodation reflex)에 중요한 역할을 한다.

④ 도르래신경

도르래신경(trochlear nerve, IV)은 순수한 몸운동신경세포로 눈을 아래쪽 안쪽으로 움직이는 역할을 한다. 눈돌림신경과 함께 해면정맥동(carvermous sinus)의 가쪽면, 위눈확틈새를 지나 안구의 윗빗근(superior orbital oblique muscle)이 신경을 지배하며, 윗빗근이 수축하면 안구가 가쪽 아래로 움직이게 된다.

⑤ 삼차신경

삼차신경(trigeminal nerve, Ⅴ)은 감각신경섬유와 운동신경섬유 모두 포함하고 있다. **감각신경섬유**는 주로 머리에서 고유감각, 촉각, 압각, 통각, 온도감각 등을 담당하고 있고, **운동신경섬유**는 음식물을 씹는 데 관여하는 씹기근육(mastication muscle)을 지배, 유해감각에 반응해서 눈을 감소, 얼굴을 찌푸리는 반응을 일으키는 각막반사(corneal reflex)를 조절, 씹기근육, 입안 밑의 턱목뿔근(mylohyoid muscle)과 두힘살근(digastric muscle)의 앞힘살의 신경을 지배한다.

⑥ 갓돌림신경

갓돌림신경(abducens nerve, VI)은 순수 몸운동신경세포로 가쪽곧은근(lateral rectus muscle)이 수축함으로써 눈을 가쪽으로 향하게 한다. 해면정맥동, 위눈확틈새를 거쳐 눈확으로 들어가 눈알의 가쪽곧은근을 지배를 한다.

⑦ 얼굴신경

얼굴신경(facial nerve, Ⅶ)은 감각, 운동 및 부교감 신경섬유를 포함하고 있는 혼합신경섬유이다. **감각신경섬유**는 혀의 앞쪽 2/3의 미각을 담당하는 특수감각신경과 귓바퀴 일부의 피부감각을 맡고 있는 일반감각신경으로 구분한다.

운동신경섬유는 얼굴표정근, 붓모뿔근(stylohyoid muscle), 두힘살근(digastric muscle)

의 뒤힘살에 신경을 지배하고 가운뎃귀의 등자근(atapedius muscle) 신경을 지배하며 각막에 촉각 자극이나 시각 자극에 반응하여 눈을 감는 보호반응, 즉 각막반사(corneal reflex)에 관여한다. 또한 시끄러운 소리에 반응하여 등자근이 반사적인 수축을 한다.

부교감신경섬유는 턱밑샘(submandibular gland)과 혀밑샘(sublingual gland) 같은 침샘, 눈물샘(lacrimal gland) 및 입과 코의 점막(mucous membrane)에 분포한다.

⑧ 안뜰달팽이신경(속귀신경)

안뜰달팽이신경(vestibulocochlear nerve, Ⅷ)은 속귀로부터 전달되는 감각충동을 전달하는 안뜰신경(vestivular nerve)과 청각정보를 전달하는 달팽이신경(cochlear nerve)으로 이루어져 있다.

안뜰달팽이신경은 감각신경으로 머리의 움직임과 위치에 관련된 고유감각 정보의 축삭들로 이루어져 있는데, 안뜰신경은 머리의 움직임, 중력과 관성력에 관련된 머리 위치에 대한 정보를 제공한다. 자세조절에 있어서의 안뜰계의 역할은 위치와 움직임을 지각하는 역할, 수직에 대한 신체 정위를 유지하는 역할, 신체의 무게중심을 조절하는 역할, 머리를 안정시키는 역할 등을 한다.

달팽이신경은 속귀의 달팽이관 속에 있는 코르티기관(organ of Corti)의 털세포들과 연결되어 있는 가지돌기들을 가지고 있는 섬유로 청각 정보를 수정하고 억제하는 기능을 한다. 달팽이신경은 시끄럽고 큰 소리가 들릴 때, 등자근(stapedius muscle)과 고막긴장근(tensor tympani muscle)의 수축을 조절한다.

⑨ 혀인두신경

혀인두신경(glossopharyngeal nerve, Ⅸ)은 주로 감각신경, 신경절이전 부교감신경과 약간의 몸운동신경섬유를 포함하고 있다. **감각신경섬유**는 혀의 뒤쪽 1/3부터 미각을 전달하고 모든 혀의 일반감각과 인두의 벽 및 가운뎃귀의 일반감각을 전달한다. 또한 목동맥팽대(carotid sinus)에서 감지한 동맥 속의 혈압 변화와 목동맥체(carotid body)에서 감지한 혈중 이산화탄소 농도 변화를 중추로 전달한다.

운동신경섬유는 매우 작으며, 붓인두근(stylopharyngeus muscle)을 신경지배한다.

부교감신경섬유는 귀밑샘(parotid gland)을 자극하여 침을 분비하는 역할을 한다.

⑩ 미주신경

미주신경(vagus nerve, Ⅹ)은 감각신경섬유, 운동신경섬유, 부교감신경섬유들을 포함하는 혼합신경이다. **감각신경섬유**는 첫째, 인두, 후두, 식도, 고막, 바깥귀길(external auditory meatus) 및 바깥귀의 일반감각을 전달하고, 둘째, 후두덮개의 미각을 전하며, 셋째, 목에서 목동맥팽대, 가슴에서는 심장과 큰 혈관 그리고 허파에 분포하는 특수 수용기가 있어 이들 장기의 확장과 수축, 농도 등을 조절함으로써 혈압, 심장박동, 호흡수와 깊이 조절에 관여한다.

운동신경섬유는 숨뇌의 의문핵(nucleus ambiguus)에서 시작하여 물렁입천장(soft palate), 후두, 인두, 식도의 윗부분의 근육의 운동성을 지배하고, 언어와 삼킴(swallow)을 조절한다.

부교감신경섬유들은 심장관계, 호흡계 및 위장관계에 매우 넓게 분포한다.

⑪ 더부신경

더부신경(accessory nerve, ⅩⅠ)은 뇌뿌리(cranial root)와 척수뿌리(spinal root)가 한 줄기로 되어 목정맥구멍을 지나가는 운동신경으로 뇌뿌리는 물렁입천장, 인두와 후두근육을, 척수뿌리는 목빗근(sternocleidomastoid muscle)과 등세모근(trapezius muscle)의 신경지배를 한다.

⑫ 혀밑신경

혀밑신경(hypoglossal nerve, ⅩⅡ)은 혀의 속근육들과 바깥근육들을 신경지배하여 혀의 모양을 변화시키거나 혀를 움직이는 기능, 빨기·씹기·삼키기의 반사적인 움직임 조절, 혀의 수의적인 조절과 언어에 관여한다.

(2) 척수신경

척수신경은 31쌍으로 목신경(cervical nerve) 8쌍, 가슴신경(thoracic nerve) 12쌍, 허리신경(lumbar nerve) 5쌍, 엉치신경(sacral nerve) 5쌍, 꼬리신경(coccygeal nerve) 1쌍으로 되어 있다. 척수신경은 혼합신경으로 앞뿌리는 운동성이고, 뒤뿌리는 감각성이다. 대부분 앞가지(anterior ramus)가 뒤가지(posterior ramus)보다 더 발달되어 있고 척수신경얼기(spinal plexus)를 형성한다. 하지만 가슴신경은 척수신경얼기를 형성하지 않는다.

① 척수신경얼기와 주요 가지

척수신경얼기 중 **목신경얼기**(cervical plexus, $C_1 \sim C_4$)는 목의 근육과 피부, 가로막 등에 분포한다.

팔얼기신경(branchial plexus, $C_5 \sim T_1$)은 팔 전체를 지배하고 종말가지는 겨드랑신경(axillary nerve), 근육피부신경(musculocutaneous nerve), 정중신경(median nerve), 자신경(ulnar nerve), 노신경(radial nerve)이 된다.

허리신경얼기(lumbar plexus, $T_{12} \sim L_4$)는 아랫배부위, 골반 및 넓적다리 등에 다수의 신경들을 내보낸다. 엉덩아랫배신경(iliohypogastic nerve), 엉덩샅굴신경(ilioinguinal nerve), 음부넙다리신경(genitofemoral nerve), 가쪽넙다리피부신경(lateral femoral cutaneous nerve), 넙다리신경(femoral nerve), 폐쇄신경(obturator nerve)은 허리신경얼기의 가지이다.

엉치신경얼기(sacral plexus, $L_4 \sim S_4$)는 넙다리 앞면을 제외한 다리 전체에 분지한다. 엉치신경얼기 가지는 궁둥신경(sciatic nerve), 정강신경(tibial nerve), 온종아리신경(common fibular nerve), 위볼기신경(uperior gluteal nerve), 아래볼기신경(inferior gluteal nerve), 뒤넙다리피부신경(posterior femoral cutaneous nerve), 음부신경(pudendal nerve)이 있다.

마지막으로 꼬리신경얼기(coccygeal plexus, $S_4 \sim C_0$)는 항문 주위 피부에 분포한다.

② 말초신경 손상과 주요 증상

자신경이 마비되면 뼈사이관절이 굴곡되고 손허리손가락관절이 젖힘된 **독수리 손**(claw hand)이 된다.

정중신경이 마비되면 손의 엎침이나 손목 및 손가락 굽힘이 되지 않는 **원숭이손**(ape hand) 형태가 되고, **손목굴증후군**(carpal tunnel syndrome)이 발생된다.

노신경은 팔의 모든 폄근을 지배하는데 마비 시 팔꿈치가 펴지지 않고 손목과 손가락이 구부러지며 축 늘어지는 **손목 처짐**(wrist drop)이 된다.

깊은종아리신경(deep peroneal nerve)은 앞정간근, 긴발가락폄근, 종아리근 등의 마비로 발의 발등굽힘이 불가능한 **발목 처짐**(foot drop)이 된다.

(3) 자율신경계통

자율신경계통(autonomic nervous system)은 민무늬근, 심장근, 신체의 분비샘을 조절하는 말초신경계의 한 부분이다.

자율신경계통은 무의식적으로 작용하여 몸 운동과 연계하여 내장계를 조절하고, 항상성(homeostasis)을 조절하여 신체의 내적 환경을 최적의 상태로 유지시킨다. 그리고 생식(reproduction)을 조절하여 내부 장기와 혈관의 활동 등 혈액순환, 호흡, 소화, 신진대사, 배설, 체온 및 생식 조절 등에 관여한다.

자율신경계통은 교감신경(sympathetic nerve)과 부교감신경(parasympathetic nerve)으로 구분한다.

교감신경의 기능은 내부 장기들로 최적의 혈액 공급을 유지하는 데 혈관벽들의 민무늬근을 자극하고, 밤 동안에도 혈관벽의 수축에 관여한다. 교감신경계의 활동 증가 시 혈관이 수축되고, 감소 시 혈관이 확장된다. 또한 신체의 비상시나 긴장상태, 즉 갑작스러움, 심한 운동, 공포 및 분노상태에서 활동하기 때문에 투쟁 또는 도피반응(fight or flight reaction)이라고 한다. 이때 생리적 변화는 혈압이 상승하고, 맥박이 증가되며, 뼈대근 및 폐의 혈류량 증가, 호흡량 증가, 동공 확장 등이다. 하지만 소화기계통의 활동은 감소한다.

부교감신경의 기능은 첫째, 에너지의 보존과 저장에 관여하는데 심장에서의 작용은 심박동을 느리게 하거나 심장수축력을 감소시키고, 호흡기계통에서는 기관지 수축을 일으키고 점액분비를 증가시키며, 소화기계통에서는 꿈틀운동과 간에서의 글루코겐 합성 및 분비를 촉진시킨다. 둘째, 얼굴신경과 혀인두신경의 부교감신경섬유들은 침샘들을 지배하는데 각막에 먼지가 끼어 눈물을 흘리거나 울 때 눈물샘이 분비된다. 셋째, 눈돌림신경의 부교감신경섬유들은 동공을 축소시키고, 가까이에 있는 물체를 응시하는 데 관여하여 수정체의 굴절을 증가시키는 역할을 한다. 넷째, 척수에 있는 부교감신경섬유들은 대소변 배출과 음경의 발기를 조절하는 역할을 한다. 마지막으로 다섯째, 음식물의 소화와 흡수작용을 도와 위장관에서 샘 분비를 증가시키고 꿈틀운동을 자극한다.

다음은 교감신경과 부교감신경의 특성을 비교한 표이다.

표 4-6 　교감신경과 부교감신경 특성 비교

구분		교감신경	부교감신경
이는곳		가슴분절(T_1~T_{12}), 허리분절(L_1~L_3)	뇌(III, VII, IX, X 뇌신경), 엉치분절(S_2~S_4)
신경절		교감신경줄기신경절, 중간신경절	종말신경절
신경절 이전섬유	길이	짧다	길다
	전달물질	아세틸콜린	아세틸콜린
신경절수용체		니코틴수용체	니코틴수용체
신경절 이후섬유	길이	길다	짧다
	전달물질	노르에피네피린(땀샘 제외)	아세틸콜린
효과기		민무늬근육, 심장근육, 샘	민무늬근육, 심장근육, 샘
효과기 수용체		α, β 수용체	무스카린수용체

자율신경 흥분에 대한 각 기관의 반응을 정리하였다.

표 4-7 　자율신경 흥분에 대한 각 기관의 반응

구분	기관	교감신경	부교감신경
감각기관	동공 눈물샘 섬모체근	동공확대 미량분비 원점을 위한 이완	동공 축소 다량 분비 근점을 위한 수축
외피	땀샘 털세움근	국소 분비 수축	온몸 분비 영향 없음
소화기	침샘 민무늬근육 소화샘	점액성 분비 꿈틀운동 억제 분비 억제	수양성 분비 꿈틀운동 촉진 분비 촉진
호흡기	기관지	확대	축소
순환기	심박동 심장동맥 말초혈관	증가 확대 수축	감소 수축 –
비뇨기	방광조임근 방광벽	수축 이완	이완 수축
생식기	남자생식기 자궁	사정 수축과 이완	발기 다양함

5. 감각 기관

1) 감각의 종류와 수용기

일반감각과 특수감각을 구분하고 감각의 종류와 감각수용기를 정리하면 다음과 같다.

표 4-8 감각의 종류와 수용기

구분		감각의 종류	감각 수용기
일반 감각	체성감각 — 피부감각	• 촉각, 압각 • 온각 • 냉각 • 통각	• 파니치 소체, 마이스너 소체 • 루피니 소체 • 크라우제 소체 • 자유신경종말
	체성감각 — 심부감각	• 관절의 위치와 운동 • 근의 신장(근신전) • 건의 장력(건신전)	• 관절낭의 수용기 • 근방추 • 골지힘줄기관
	내장감각	• 혈압 • 폐포의 확장 • 혈액 O_2 분압 • 혈액 CO_2 분압 • 혈액삼투압 • 혈당치 • 중심정맥압 • 두부 혈액온도 • 뇌척수액의 pH	• 목동맥팽대와 대동맥활의 압력수용기 • 허파꽈리벽 • 목동맥토리, 대동맥토리 • 숨뇌의 들숨중추 • 시상하부, 이자 β 세포 • 시상하부 • 대정맥벽, 심장벽 • 시상하부 • 숨뇌(화학감수세포)
특수감각		• 시각 • 청각 • 후각 • 미각 • 평형각	• 망막의 막대세포와 원뿔세포 • 속귀의 콜티나선기 • 코점막의 후각세포 • 혀의 맛봉오리 • 속귀의 반고리관, 타원·둥근주머니

2) 피부

피부(skin)는 바깥층의 표피(epidermis)와 속층인 진피(dermis)로 구성되며 그 아래에는 지방이 풍부한 피부밑조직(subcutaneous tissue)이 있다.

표피는 가장 바깥층을 이루는 중층편평상피층으로 각질층(horny layer), 투명층(clear layer), 과립층(grnular layer), 종자층(germinative layer)으로 구분된다.

각질층은 핵이 없고, 죽은 세포로 구성되어 있으며 각질(keratin)로 차 있어 표면에서 끊임없이 박리·탈락한다. 투명층은 손바닥과 발바닥에서만 볼 수 있고 반유동성 물질인 엘레이딘(eleidin)을 함유하고 있다. 과립층은 세포질 안에 각질유리질(karatohyalin)의 불규칙한 과립이 함유되어 있고, 핵이 위축되어 있다. 종자층은 위층의 가시층(spinous layer)과 아래층의 바닥층(basal layer)으로 구성되어 있고, 가시층은 세포결합체를 형성하며 바닥층은 세포 생산 및 멜라닌색소(melanin pigment)가 들어 있다.

진피(dermis)는 탄력섬유와 함께 혈관과 신경이 풍부하게 분포되어 있고, 유두층(papillary layer)과 그물층(reticular layer)으로 구분된다. 유두층은 작은 유두가 돌출되어 있어 지문, 손금, 족문을 형성한다. 그물층은 분할선[line of cleavage, 랑거선(Langer's line)]이 있어 피부주름을 형성한다.

피부밑조직은 지방이 풍부한 조직으로 남성보다 여성에서 더 발달되어 있다.

3) 시각기관

시각기관(organ of sight)은 주위 환경에서 일어나는 빛 자극을 감수하여 전달해 주는 기관으로 안구(eyeball), 안구의 부속기관인 안구 근육, 눈꺼풀, 결막, 눈물기관 등으로 구성되어 있다.

(1) 안구

안구는 눈확(orbit) 속에 지름 24mm로 위치해 있다. 3층의 피막으로 되어 있는 안구벽(coat of the eyeball)과 굴절질(refracting media)로 구성되어 있다.

① 안구벽

안구벽은 바깥층의 섬유막(fibrous coat), 중간층의 혈관막(vascular coat), 속층의 신경막(nervous coat)이라는 3층의 피박으로 구성되어 있다.

섬유막에는 안구 앞부분의 1/6을 차지하고 안구의 형태 유지 및 내용물을 보호하기 위한 각막(cornea)이 있는데 각막은 빛을 굴절시키는 굴절체이며 눈신경이 분포되어 있고 혈관은 분포되어 있지 않다. 각막의 표면이 고르지 못하면 난시(astigmatism)가 유발된다. 안구 뒷부분의 5/6을 이루고 있는 공막(sclera)은 흰색의 불투명한 막으로 흔히 흰자위라고 불리는 곳이다. 각막과 공막의 결합부에 공막정맥굴(venous sinus of sclera)이 있는데 이곳에서 방수(agueous humor)가 흡수되어 섬모체정맥에 이어진다.

　혈관막은 섬유막과 신경막 사이에 있는 막으로 뒤쪽은 맥락막(choroid), 앞쪽은 섬모체(ciliary body)와 홍채(iris)로 구분한다. 혈관 분포가 잘 되어 있고 광선 투과량을 조절하는 막이다. 맥락막은 공막의 속면으로 혈액과 멜라닌색소가 함유되어 있어 광선을 차단하는 암실의 역할을 한다. 섬모체에는 섬모체 띠(ciliary zonule)가 있어 수정체와 연결되어 있고, 민무늬근육인 섬모체근(ciliary muscle)이 수정체의 두께를 조절하는 역할을 한다. 홍채는 동공을 형성하여 광선 통과량을 조절하는 조리개 역할을 한다. 홍채에는 멜라닌색소가 있는데 종족과 개인의 함유량에 따라 눈 색깔이 결정된다. 동공조임근(sphincter pupillae muscle)과 동공확대근(dilatator pupilae muscle)이 있어 동공의 크기가 조절된다.

　신경막은 안구벽의 속층을 이루며 본질적인 광선의 수용기인 망막(retina)이 있다. 망막은 톱니둘레에 의하여 시각 부분과 비시각 부분으로 구분되는데 비시각 부분으로 시각신경과 망막중심동·정맥이 안구로 들어오고 나가는 시각신경원반(optic disc)이 있고, 감각상피가 없어 물체의 상이 맺히지 않는 맹점(blind spot)이 있다. 물체의 상이 가장 선명하게 맺히는 곳은 황반(macula lutea)의 중심오목(fovea centralis)이다. 망막의 빛 수용체에는 막대세포(rod cell)와 원뿔세포(cone bell)가 있는데 막대세포는 거의 모든 가시광선 파장에 예민하여 밤눈 보기에 적응되어 있고, 명암 구분만 가능하다. 로돕신(rhodopsin)을 함유하고 있으며 이상 시 야맹증이 유발된다. 원뿔세포는 낮눈 보기를 하고 색깔을 구분하며 아이오돕신(iodopsin)을 함유하고 있으며, 이상 시 색맹이 유발된다.

　② 굴절질
　굴절질(refracting media)이란 빛이 망막에 도달하기 위해서 통과하고 빛을 굴절시키는 것으로 안구의 내용물인 방수, 수정체(lens), 유리체(vitreous body)가 있다.
　방수는 섬모체돌기에서 분비되고 끊임없이 순환하며 어떠한 원인으로 순환장애가 발생하면 방수가 증가하여 안압이 상승하게 되고 이로 인해 녹내장(glaucoma)이 발생한다.

수정체는 투명한 볼록렌즈 모양의 구조물로 최대 굴절체이다. 혈관이 분포되어 있지 않고, 섬모체근의 수축과 이완에 의해 두께가 조절된다. 수정체가 혼탁해져 시력장애가 야기되는 경우를 백내장(cataract)이라고 한다.

유리체는 수정체와 망막 사이의 넓은 공간을 채우고 있는 투명한 젤리 모양의 조직이다. 초자체라고도 불리며 99%가 수분으로 이루어져 있다. 유리체는 안구의 형태를 유지하고 투명도를 유지함으로써 상이 망막에 맺히도록 하는 역할을 한다.

4) 평형 · 청각기관

평형 · 청각기관(organ of hearing · equilibrium)에는 귀가 있으며, 귀는 청각과 평형각을 감지하는 기관으로 바깥귀(external ear), 가운뎃귀(middle ear), 속귀(inner ear)로 구분한다.

(1) 바깥귀

바깥귀는 외부의 음파를 모아 가운뎃귀에 전달하는 곳으로 귓바퀴(auricle)와 바깥귀길(external acoustic meatus)로 구성되어 있다. 귓바퀴는 조개껍질 모형의 탄력연골로 되어 있고 바깥귀길은 관자뼈 속에 있으며 바깥귓구멍에서 시작하여 고막에서 끝난다.

(2) 가운뎃귀

가운뎃귀(middle ear)는 음파의 진동을 적당한 강도로 바꾸어 속귀에 전달하는 부분으로 고막(tympanic membrane), 고실(tympanic cavity), 귀관(auditory tube)으로 구성되어 있다.

고막은 바깥귀와 가운뎃귀의 경계막으로 윗부분은 좁은 이완부로 느슨하게 되어 있고, 긴장부는 아랫부분으로 넓고 긴장되어 있다.

고막은 중심부가 안쪽으로 약간 들어간 상태를 하고 있는데, 중심의 오목한 부분을 고막배꼽(tympanic umbo)이라고 하고, 망치줄(malleolar stria)이 있어 망치융기(malleolar prominence)로 향하고 있다. 고막 내부에는 망치뼈자루(mallear manubrium)가 부착되어 있어 고막의 진동을 전달하고 진동수를 조절하는 역할을 한다.

고실은 귀관을 통해 인두와 연결되어 있고, 고막의 속면과 연결되어 있는 망치뼈 (malleus), 가운데 뼈인 모루뼈(incus), 안뜰창과 연결되어 있는 사람 몸에서 가장 작은 뼈인 등자뼈(stapes) 등 3개의 귓속뼈를 포함하고 있다. 안뜰창(vestibular)은 증폭된 진동을 바깥림프에 전달하는 역할을 하고, 달팽이창(cochlear)은 제2의 고막으로 섬유조직으로 막혀 있다.

소리는 바깥귀길, 고막, 망치뼈, 모루뼈, 등자뼈, 안뜰창 순으로 전도된다.

귀관은 가운뎃귀 속의 압력을 유지시키는 역할을 하는 곳으로 평상시에는 거의 막혀진 상태로 있으나 음식물 혹은 침을 삼킬 때 잠깐 열린다. 귀관은 호흡기 질환이 있을 때 중이염을 유도하는 곳이다.

(3) 속귀

속귀는 평형감각과 청각을 받아들이는 곳으로 구조가 매우 복잡하며, 바깥쪽을 뼈미로(bony labyrinth), 안쪽을 막미로(membranous labyrinth)로 구분한다.

① 뼈미로

뼈미로는 관자뼈의 빈 공간이 이루는 동굴 모양으로 안뜰, 반고리뼈관, 달팽이로 구분한다.

안뜰(vestibule)은 미로의 중앙부로 안뜰창과 달팽이창이 있고 속에는 둥근주머니 (sacule)와 타원주머니(utricle)가 들어 있다.

반고리뼈관(bony semicircular canal)은 위치에 따라 앞, 뒤, 가쪽이 반원상의 고리로 되어 있다. 이들 반고리뼈관은 서로 직각을 이루고 있다.

달팽이(cochlea)는 안뜰의 앞아래에 위치한 달팽이 껍질 모양의 뼈 속 공간으로 달팽이나선관(spiral canal)을 형성한다.

② 막미로

뼈미로 속에 막으로 이루어진 폐쇄관을 막미로라고 하는데 둥근주머니와 타원주머니의 구조물이 들어 있으며 속에는 림프가 흐르고 있다. 주머니의 관내강을 향하여 운동성이 없는 평형반(macula)이 있고, 평형반에 안뜰신경이 분포되어 있어 머리의 위치감각을 감지하는 역할을 한다.

반고리뼈관 속에 들어 있는 반고리관(semicircular canal)은 속면에 감각상피가 비후되어 있는 팽대능선(ampullary crest)이 있고, 팽대능선에 안뜰신경이 분포되어 있어 몸의 급격한 회전 혹은 머리를 급하게 돌리는 등의 자세 변화 시 이를 감지하는 회전감각(평형감각)을 감지한다.

달팽이관(cochlear duct)의 **바닥막**(basilar membrane)에는 달팽이신경이 분포되어 있고 나선기관[spiral organ, 코르티기관(organ of Corti)]이 있어 청각을 감지하는 역할을 한다. 바닥막은 달팽이관과 고실계단 사이의 막으로 비교적 두껍다.

청각은 나선기관, 달팽이신경, 가쪽섬유띠, 중간뇌의 아래둔덕, 시상의 안쪽무릎체, 관자엽의 청각영역으로 전도된다.

평형감각은 평형반, 안뜰신경, 안뜰핵, 안뜰소뇌로, 소뇌 등으로 전도되는 부분이 있고, 평형반, 안뜰신경, 안뜰핵, 시상, 대뇌겉질로 전도되는 부분이 있다.

5) 후각기관

후각기관(organ of smell)은 후각을 위한 감각기관으로 코점막의 일부인 후각 부위에서 냄새를 맡을 수 있다. 후각세포에서 후각신경으로, 그 다음 벌집뼈의 체판구멍(cribriform foramen)을 지나 머리뼈 안으로 들어간 다음, 후각망울(olfactory bulb)에 이른다. 이어 관자엽에 있는 후각중추에 도착하게 된다.

6) 미각기관

미각기관(organ of taste)은 미각을 위한 감각기관이다. 맛을 감지하는 **맛봉오리**(taste bud)는 주로 혀의 뒤쪽 성곽유두(vallate papillae)에 있으며, 입천장과 인두 및 후두덮개에도 존재한다. 맛봉오리는 미각세포(taste cell)와 버팀세포(supporting cell)로 구성되어 있고 미각세포의 표면에 맛털(taste hair)이 돌출되어 있다.

혀의 앞쪽 약 2/3는 얼굴신경(VII)의 분지인 고실끈신경(chorda tympani)이, 뒤쪽 1/3은 혀인두신경(IX)이 지배하고 있으며 입천장과 인두 후두는 미주신경(X) 그리고 촉각, 압각, 온도감각 등은 삼차신경(V)을 거쳐 중추에 전달된다.

이후 고립로(solitary tract), 고립로핵(nucleus of solitary tract)을 지나 반대쪽으로 교차하고 안쪽섬유띠(medial lemmiscus), 시상의 배쪽핵에 이른 후 대뇌 관자엽의 미각중추에 투사된다.

6. 호흡 계통

호흡 계통은 대기 중의 산소를 신체에 공급하고 이산화탄소를 배출하는 역할을 하는 체계이다. 혈액과 허파 사이의 기체 교환은 바깥호흡(external respiration), 혈액과 세포들 사이의 기체 교환은 안쪽호흡(internal respiration)이라고 한다. 호흡 계통을 구성하는 장기들은 코(nose), 인두(pharynx), 후두(larynx), 기관(trachea), 기관지(bronchi), 세기관지(bronchiole), 허파(lung) 및 허파의 막인 가슴막(pleura), 호흡근육 등이다.

1) 코와 콧구멍(비강)

코는 공기의 가온(warming), 여과와 청소작용(filtering and cleaning) 및 가습(humidification), 공명작용과 냄새를 감지하는 기능 등을 한다.

2) 후두

후두는 '목소리 상자(voice box)'로 혀의 뿌리와 혀의 뼈 부위에서 시작되어 기관에 연결되어 있으며 넷째 목뼈에서 여섯째 목뼈 사이에 위치해 있다. 사춘기에 크기가 변화하는데, 특히 남성은 크기가 더욱 증가한다.

3) 기관

기관의 위치는 아래 모서리 여섯째 목뼈에서 시작되어 다섯째 등뼈까지 이어진 부위로 길이는 약 10~11cm 되고, 식도의 앞부분 가운데 위치해 있다.

기관의 연골과 탄력섬유의 배열은 머리와 목 움직임에 발생할 수 있는 기도의 비틀림과 폐쇄를 방지하는 기능과, 공기가 통과할 수 있는 통기성의 기능을 한다. 반복적이고 규칙적으로 점액섬모가 점액에 부착된 입자를 후두 쪽으로 밀어 올려 삼키도록 하거나 기침을 통해 배출시키도록 한다. 기관에서 기침반사가 나타나고 지속적으로 정상적인 습도와 온도를 조절한다.

4) 기관지

기관지는 오른쪽에 3개의 가지로 분지되어 있고 왼쪽에는 2개의 가지로 분지되어 있다.

미주신경(부교감신경)이 세기관지 나무(bronchial tree)에 분포하는 민무늬근을 수축시켜서 기관지를 축소시키고, 교감신경성 자극이 기관지를 확장시키는 역할을 한다.

기관지의 기능은 공기유입 조절 역할인데, 가온 및 가습, 입자성 물질의 제거, 기침반사, 지지 및 통기성의 기능을 한다.

5) 허파

허파는 가슴 공간 정중선 양쪽에 2개가 있고, 원뿔 모양의 구조로 되어 있으며, 장액이 차 있는 밀폐된 장막성 주머니인 가슴막으로 싸여 있다.

허파는 왼쪽·오른쪽 모두 위쪽이 뾰족한 허파꼭대기(apex)를 이루고, 아래쪽은 넓은 허파바닥면(base)으로 가로막이 얹혀 있다. 가로막의 가슴 표면에 접해 있는 곳은 갈비뼈면(costal surface)이고, 안쪽면은 삼각형 모양의 허파문(hilum)이 있다. 높이는 다섯째에서 일곱째 가슴등뼈 높이에 있다.

6) 호흡

호흡(breathing)은 신체 세포와 바깥환경 사이의 기체 교환을 의미하고 능동적인 과정이다.

(1) 호흡근

대표적인 **호흡근**은 바깥갈비사이근(external intercostalis)과 가로막(diaphragm)으로 들숨운동 시 수축되고, 배근육이 이완되며, 계면활성제가 분비된다. **가로막**은 날숨 시 이완되어 아래쪽 갈비뼈와 복장뼈로 이어지는 널힘줄(central tendon)이 여덟째 가슴등뼈에 위치하게 되며, 들숨 시 근육들이 수축하면 근섬유들이 단축되고 널힘줄이 아홉째 가슴등뼈 높이까지 아래로 당겨지게 된다.

(2) 호흡주기

성인은 평균 분당 10~14회, 어린이는 20~25회, 신생아는 40~70회의 호흡수를 보이는데 들숨, 날숨, 휴지기의 순서로 호흡이 진행된다.

① 들숨

들숨(inspiration) 시 갈비사이근과 가로막이 동시에 수축한다. 근수축을 위한 에너지가 필요하므로 능동적 과정이고 안정 시 2초 동안 지속된다.

② 날숨

날숨(expiration)은 갈비사이근과 가로막의 이완작용으로 안정 시 3초간 지속된다.

(3) 호흡에 영향을 미치는 생리학적 변수

호흡에 영향을 미치는 생리학적인 변수는 크게 세 가지로 볼 수 있다. 첫째, 호흡 이후에 허파가 정상적인 모양으로 되돌아오는 능력인 **탄력성**, 둘째, **허파순응도**, 즉 허파의 확장성으로 건강한 허파는 순응도가 높고 최소한의 노력으로 팽창된다. 허파순응도와 탄력성은 반대의 힘이다. 셋째, **기도저항**으로 기관지가 수축되고, 증가 시 허파를 팽창시켜 호흡의 노력이 증가하게 된다.

(4) 호흡조절 중추

호흡의 조절은 불수의적으로 이루어지며 **호흡주기중추**(respiratory rhythmicity)는 숨뇌의 신경집단으로 형성되고, 호흡의 리듬(호흡율과 호흡의 깊이를 조절)을 조절한다. 들숨을 촉진하여 지속적으로 가능하게 하는 지속흡입중추(apneustic center)와 들숨을 억제하는 호흡조정중추(pneumotaxic center)는 다리뇌이다.

화학수용체는 혈액과 뇌척수액(cerebrospinal fluid) 속의 산소 및 이산화탄소 분압 변화에 반응하는데 중추 및 말초 부위에 위치한다.

호흡에 영향을 미치는 기타 요소는 말하기, 노래하기, 울기·웃기· 두려움과 같은 감정 표현, 진정제·알코올과 같은 약물들, 수면 그리고 온도가 높을수록 호흡수가 증가하고 저체온증에서는 반대의 현상이 나타난다.

(5) 기체 운반

기체 교환은 반투과성 막에 작용하는 분압의 차이에 의해 유발되는데, 고농도 부위에서 저농도 부위로 농도 평형이 이루어질 때까지 확산을 통해 이동한다.

혈액에서 산소와 이산화탄소가 운반된다. **산소**는 헤모글로빈과의 화학적 결합을 통해서 형성되는 산화헤모글로빈(oxyhaemoglobin)과 혈장 속의 용액에 의해 운반되며, 산소 해리를 증가시키는 요소는 낮은 산소 조건과 함께 pH의 감소 및 온도의 증가로 활성된다.

이산화탄소는 세 가지 기전을 통해 운반되고 허파를 통해 배출된다. 첫 번째는 혈장 속의 중탄산이온을 통해 이동되는 것이고, 두 번째는 일부가 적혈구의 헤모글로빈과 느슨하게 결합한 카르바미노헤모글로빈의 형태로 이동되는 것이며, 마지막은 일부가 혈장에 용해되어 이동하여 배출되는 것이다.

참고문헌

국시연구회(2018). 해부생리학. 서울: 퍼시픽북.

용준환, 이인모(2015). 새용어판 해부생리학 문제해설집. 서울: 형설출판사.

용준환 외(2015). 해부학(2판). 서울: 정담미디어.

우원홍 외(2010). 인체해부학. 서울: 한미의학.

이강이 외(2018). 인체생리학(6판). 서울: 현문사.

이성란 외(2017). 알기 쉽게 풀이한 새 의학용어. 서울: 현문사.

이원택, 박경아(2008). 의학신경해부학. 서울: 고려의학.

작업치료교재편찬위원회(2016). 사람해부학(2차 수정판). 서울: 에듀팩토리.

조광필 외(2012). 새용어 핵심요점정리 해부생리학 문제해설집. 서울: 범문에듀케이션.

한국해부생리학교수협의회 편(2015). 사람해부학(4판). 서울: 현문사.

한재희 외(2017). 해부생리학입문(4판). 서울: 범문에듀케이션.

홍용근 외(2016). 인체생리학(12판). 서울: 정담미디어.

CIBA원색도해의학총서 편찬위원(2010). CIBA원색도해의학총서 Volume 8(part Ⅰ,Ⅱ, Ⅲ). 서울: 정담.

제5장

인체운동학

▌ 김소영

1. 척추의 운동학

　척주(vertebral column)는 몸통의 뒤쪽을 따라 내려가는 골격으로 다양한 목적을 가지고 있으며 다음과 같은 기능을 동시에 수행해야 한다. 장기보호(호흡, 저작, 삼키기와 같은 생명력 유지에 필요한 기능), 중력에 대한 몸통, 머리, 팔의 지지기능, 상지와 하지간의 힘의 전달, 손의 기능, 이행작용, 충격 흡수, 모든 방향으로의 운동성을 부여한다. 척주의 뒷부분은 척수 보호, 운동의 유도 및 제한, 돌기에 의한 몸통과 몸통근육의 지레를 증가시키는 기능이 있다.

1) 관절에서 발생하는 운동

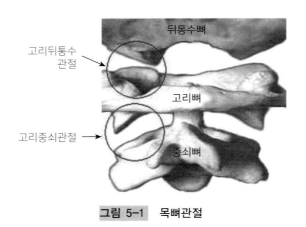

그림 5-1 목뼈관절

(1) 고리뒤통수관절

고리뒤통수관절(occipital-atlantal joint)은 뒤통수뼈(occiput)의 관절융기와 고리뼈(atlas)의 위관절면이 만나는 곳으로 약간의 전·후 운동이 가능한 융기관절이다.

(2) 고리중쇠관절

고리중쇠관절(atlanto-axial joint)은 고리뼈와 중쇠뼈(axis) 사이에 형성된 중쇠관절로 머리의 돌림운동이 가능하다. 고리중쇠관절은 고리뼈 앞고리와 중쇠뼈의 치아돌기가 만나서 이루는 정중고리중쇠관절 그리고 고리뼈의 아래관절면과 중쇠뼈의 위관절돌기 사이의 평면관절로 되어 있는 가쪽고리중쇠관절로 구성되어 있다.

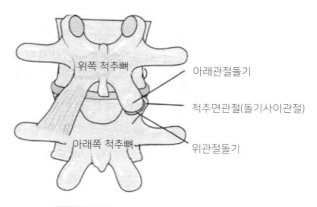

그림 5-2 척추면관절(척추돌기사이관절)

(3) 척추뼈 돌기사이관절

척추뼈 돌기사이에 있는 척추뼈 돌기사이관절(apophyseal joint, 면관절) 2개가 인접한 척추뼈의 돌기관절에 위치하고 있다.

2) 척주굽이

척주는 출생 전부터 후방 굽이가 존재하며 이를 1차 굽이라고 한다. 1차 굽이에는 **등굽이 및 엉치굽이**가 해당된다. 생후 3개월경부터 2차 굽이인 **목굽이**가 형성되고 12개월경부터는 **허리굽이**가 형성되어 척주굽이가 완성이 된다.

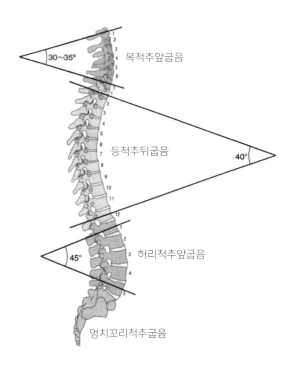

목척추앞굽음
30~35°
등척추뒤굽음
40°
허리척추앞굽음
45°
엉치꼬리척추굽음

그림 5-3 **정상 척추굽이**

잘못된 자세나 질환으로 인한 **척추변형**은 척추옆굽음증(scoliosis), 척추뒤굽음증(kyphosis), 척추앞굽음증(lordosis)을 야기할 수 있는데 **척추옆굽음증**은 대개 등뼈와 허리뼈에서 일어나는데 오른손잡이는 등뼈의 오른쪽으로 약간의 만곡이 있고 허리뼈의 왼쪽으로 S곡선이 일어나거나 등뼈와 허리뼈가 약간 왼쪽으로 C곡선을 이룬다. 척추

148

옆굽음증으로 인해 엉덩관절, 골반, 하지의 비대칭을 일으키게 된다.

척추뒤굽음증은 외상 및 척추 불안정, 질환 또는 연령과 관련된 결합조직의 변화로 나타난다. 등뼈의 자연적인 척추뒤굽이는 척추뼈몸통사이관절의 앞쪽 방향에 주어지는 압박력에 의해 제한되는데 뼈엉성증과 질환으로 인해 앞쪽 압박력을 지지하지 못하게 되어 척추뼈몸통사이관절의 앞쪽 높이가 감소되면서 척추뒤굽이가 현저하게 증가된다. 굽힘의 증가된 자세는 체중의 힘선을 보다 더 앞쪽으로 이동시켜 외적인 모멘트 팔의 길이와 굽힘된 척추뒤굽이 자세의 크기를 증가시키게 되어 등뼈와 목뼈 영역에 중등도의 굽힘 토크가 발생하게 된다. 이러한 자세의 악순환이 반복되면서 척추뒤굽음증이 더 증가된다.

척추앞굽음증은 척추가 앞쪽으로 심하게 굽은 상태를 말하며 앞골반의 기울임과 함께 허리굽이에서 주로 나타난다. 심한 비만, 골반의 굽힘과 구축 또는 근육퇴행위축과 같은 이상에 대해 이차적으로 생길 수 있다. 척추앞굽음증은 청소년기에 많은 여아가 경험하는 급격한 성장 와중에 일어날 수 있다.

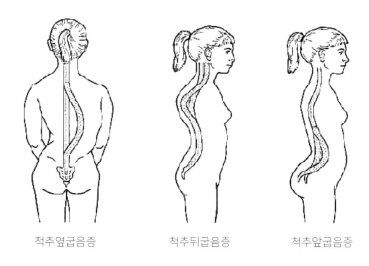

척추옆굽음증   척추뒤굽음증   척추앞굽음증

그림 5-4 척추 결손

3) 척추뼈의 운동형상학

3개의 기본적 운동면에서 회전운동이 일어난다.

표 5-1 척추뼈의 운동형상학

뼈 운동학	운동면	돌림축	관절운동형상학
굽힘과 폄	시상면	안/가쪽	앞쪽 활주와 뒤쪽 활주
오른쪽 또는 왼쪽 가쪽굽힘	이마면	앞/뒤쪽	오른쪽 또는 왼쪽 활주
오른쪽 또는 왼쪽 축회전	수평면	수직	회전, 비틀림

4) 골반관절에서 발생하는 운동

엉치엉덩관절(sacroiliac joint)의 엉치뼈(sacrum)는 척추의 체중을 지탱하고 체간의 부하를 하지로 전달한다. 엉치엉덩관절은 골반의 뒷벽을 이루고 있고 섬유성연골로 구성되어 있다. 관절의 중심은 엉치뼈 2번에 있고 좌·우 엉덩뼈가시를 연결한 가상의 선상에 있다. 엉덩뼈능선의 최상부를 연결한 선은 제4~5번 허리뼈의 가시돌기(spinous process) 사이를 지나게 된다.

5) 골반경사각과 척추허리 자세

골반은 골반 내에서의 운동의 가동성이 없으며 골반 전체가 골반경사가 증가되거나 감소되는 것과 측면으로 경사를 이루는 움직임이 있고 좌우 회전 운동이 일어난다. 골반의 움직임은 척추의 움직임과 엉덩관절의 움직임에 좌우된다.

다음 표는 골반의 운동과 척추, 엉덩관절의 움직임을 정리한 것이다.

표 5-2 골반의 운동과 척추, 엉덩관절의 움직임

골반	척추의 움직임	엉덩관절의 움직임
경사각의 증가	과도한 폄	약간의 굽힘
경사각의 감소	약간의 굽힘	완전 폄
측면 경사(좌측)	약간의 옆쪽 굽힘(우측)	오른쪽: 약간의 모음 왼쪽: 약간의 벌림
왼쪽으로 회전	오른쪽으로 회전	오른쪽: 약간의 가쪽돌림 왼쪽: 약간의 안쪽돌림

골반의 엉치바닥각이 대략 30°이면 정상인 각도이고 30° 이상이면 척추전만을 증가 시키며, 그 이하이면 척추전만을 감소시킨다. 골반의 앞쪽기울임(anterior tilting) 시 가 장 중요한 것은 허리뼈의 척추전만을 증가시키는데, 척추전만이 증가함으로써 허리 뼈 면관절에 부하되는 압박력이 증가하게 된다. 그리고 허리엉치이음부에서 앞쪽 전 단력이 증가되어 앞척추전방전위증을 유발하기도 한다. 골반의 뒤쪽기울임(posterior tilting)은 엉덩관절을 폄 시키고 허리뼈 전만을 감소시킨다.

엉치바닥이 완전히 수평을 유지한다면 척추는 전반적으로 일직선을 유지하고, 머리 는 수평으로 유지하게 된다. 하지만 엉치바닥이 기울어져 있으면 척추는 머리를 바로 유지하기 위해 구부러져야 한다.

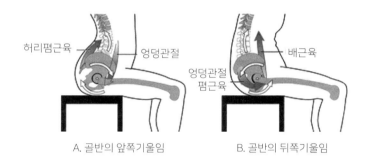

A. 골반의 앞쪽기울임   B. 골반의 뒤쪽기울임

그림 5-5 **골반의 기울임**

6) 골반대의 변형

중간볼기근의 근력 약화로 인해 골반대의 기울임에 영향을 주게 된다. 중간볼기근 이 정상이라면 클라이언트가 양 하지에 균등하게 체중을 주고 서 있을 때 오목한 곳은 같은 높이에 위치하게 된다. 그다음 한쪽 다리로 똑바로 서 있다면 딛고 있는 다리의 중간볼기근은 반대측 다리가 지면에서 떨어지자마자 곧 수축하게 되며 들고 있는 다 리의 골반은 위로 올라가게 된다.

하지만 중간볼기근의 근력이 약하다면 들고 있는 다리의 골반이 그대로 있거나 내 려가게 된다. 이를 **트렌델렌버그 양성징후**(Trendelenburg sign)라고 한다. 중간볼기근이 약화가 되면 보상작용으로 몸통은 디딤쪽으로 기울어지고 벌림근들의 약화는 상쇄된 다. 약화된 쪽으로 기울어져 보행하는 것을 중간볼기근 절뚝거림 또는 보상적 트렌델 렌버그 보행이라 한다.

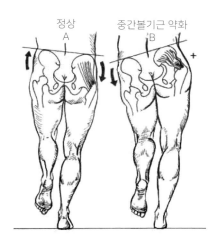

정상
A

중간볼기근 약화
B

그림 5-6 정상보행과 보상적 트렌델렌버그 보행

2. 팔다리의 운동학

1) 어깨관절의 운동학

팔이음대는 어깨뼈, 빗장뼈, 위팔뼈로 구성되어 있으며 이 3개의 뼈에 의해 관절이
형성된다. 일반적으로 20개의 근육과 3개의 골성관절, 3개의 기능성 관절로 구성되어
있기 때문에 인체에서 가장 큰 운동성을 가지고 있고, 운동을 일으킬 때 독립적인 운동
보다는 어깨관절 복합체의 운동을 동반한다. 다음 표는 어깨관절을 구분한 것이다.

표 5-3 어깨관절의 구분

골성관절	기능성관절
• 어깨관절 • 봉우리빗장관절 • 복장빗장관절	• 어깨가슴관절 • 위팔위(봉우리밑)관절 • 결절사이고랑

(1) 관절에서 발생하는 운동

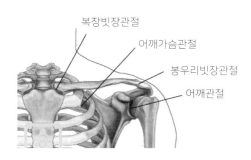

복장빗장관절
어깨가슴관절
봉우리빗장관절
어깨관절

그림 5-7 **어깨관절의 구분**

① 어깨가슴관절

어깨가슴관절(scapulothoracic joint)은 실제 해부학적인 관절이 아니기 때문에 관절낭, 연골, 활막조직이 없다. 해부학적 위치는 어깨뼈의 안쪽 가장자리에서 시작해서 1~9번 갈비뼈 앞쪽 가장자리에 있는 앞톱니근(serratus anterior)의 부착 부위가 된다.

팔을 늘어뜨린 자세에서 어깨뼈는 이마면에서 등세모근 윗부분과 어깨올림근 그리고 팔의 무게 사이의 힘 균형을 통해서, 가로면과 시상면에서는 작은가슴근과 마름근 그리고 앞톱니근 사이의 힘 균형을 통해서 안정된다.

어깨가슴관절은 운동성과 안정성의 필수적인 순수한 기능이 있다. 위팔뼈를 위해 움직이는 지지면을 제공하여 팔의 운동범위를 증가시켜 주고 팔을 90° 이상 들어 올릴 때 어깨세모근에 적절한 길이-장력 관계를 유지해 주며 거꾸로 서기나 머리 위로 팔을 들어 일을 할 때 위팔의 안정성을 제공한다. 또 쭉 뻗은 팔에 가해지는 힘의 충격을 흡수하고 하지마비 환자의 목발보행이나 이동에서 상체를 올리는 작용을 한다.

② 복장빗장관절

관절원반을 가진 불일치한 3축의 안장관절로 가슴과 팔을 직접적으로 연결시키는 유일한 관절이다. 복장빗장관절(sternoclavicular joint)은 앞·뒤 복장빗장인대와 빗장뼈 간 및 갈비빗장인대(costoclavicular ligament)의 지지를 받는다. 빗장뼈가 앞·뒤쪽으로 움직일 때 빗장뼈의 관절면은 같은 방향으로 활주한다. 빗장뼈가 위·아래로 움직일 때 빗장뼈의 관절면은 빗장뼈 움직임의 반대 방향으로 활주한다.

표 5-4　복장빗장관절의 운동

빗장뼈의 생리적 동작	빗장뼈의 활주방향
올림(elevation)	하방
내림(depression)	상방
내밈(protraction)	전방
들임(retraction)	후방
회전	축회전(spin)

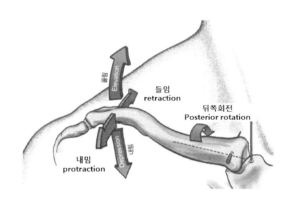

그림 5-8　복장빗장관절의 운동

③ 봉우리빗장관절

봉우리빗장관절(acromioclavicular joint)은 빗장뼈의 외측 부분과 봉우리에 의해 형성된 관절로 축으로 활주하는 평면관절이며, 관절원반을 가지고 있거나 없을 수도 있다. 약한 관절주머니는 봉우리빗장인대(acromioclavicula ligament)에 의해 보강되어 있고 주로 봉우리빗장인대에 의해 안정성이 제공된다.

어깨봉우리면이 오목하기 때문에 어깨뼈가 움직일 때에 어깨봉우리면은 어깨뼈가 움직이는 방향과 같은 방향으로 활주한다. 이 관절이 영향을 주는 동작은 어깨뼈의 상방회전, 하방회전, 척추모서리의 날개모양운동(winging)과 아래각의 경사운동 등이 있다.

④ 어깨관절

어깨관절(glenohumeral joint)은 관절낭이 느슨하고 불일치하며 반구형으로 우리 몸에서 운동범위가 가장 크고, 절구관절로 자유도 3을 가지고 있다. 어깨관절은 위팔뼈머리 일부분만 관절오목과 접하고 있기 때문에 구조적으로는 안정성이 거의 없다.

위팔뼈가 움직일 때 볼록한 위팔뼈머리는 위팔뼈가 움직이는 방향과 반대방향으로 활주한다.

표 5-5 어깨관절의 운동

위팔뼈의 생리적 동작	위팔뼈의 활주방향
굽힘	후방
폄	전방
벌림	하방
모음	상방
안쪽돌림	후방
가쪽돌림	전방
수평벌림	전방
수평모음	후방

어깨관절의 돌림근띠(rotator cuff)는 어깨밑근, 가시위근, 가시아래근, 작은원근 등 4개 근육으로 구성되어 있고 동적 안정성을 제공한다.

(2) 어깨-위팔 리듬

어깨-위팔 리듬(scapulohumeral rhythm)이란 오목위팔관절과 어깨가슴관절의 상호 작용이다. 위팔뼈 움직임과 동시에 일어나는 어깨뼈의 움직임은 어깨관절 가동범위를 어깨뼈 올림과 함께 굽힘이나 벌림으로 $150°\sim180°$까지 허용한다. 비율은 개인마다 차이가 있지만 일반적으로 벌림 $30°$ 이후 전체적인 운동은 2:1[관절오목 위팔뼈의 움직임 (2):어깨뼈의 회전(1)]로 알려져 있다. 즉, 벌림 $30°\sim170°$ 사이에서 $15°$ 움질일 때마다 어깨관절에서 $10°$, 어깨가슴관절에서 $5°$의 운동이 일어난다.

팔의 올림에 있어서 어깨관절의 굽힘과 벌림의 정상범위는 $180°$로 되어 있지만 몸통 운동을 방지하고 주의 깊게 측정하면 평균 $170°$로 측정된다.

(3) 어깨관절과 어깨뼈에 작용하는 근육

표 5-6 어깨관절과 어깨뼈에 작용하는 근육

	작용	근육
어깨뼈 (scapular)	올림(elevation)	등세모근(trapezius, superior fiber) 어깨올림근(levator scapulae)
	내림과 모음 (depression & adduction)	등세모근(trapezius, inferior fiber)
	벌림과 위쪽돌림 (adduction & upward rotation)	앞톱니근(serratus anterior)
	모음과 아래쪽돌림 (adduction & downward rotation)	큰마름근(rhomboid major) 작은마름근(rhomboid minor)
	모음(adduction)	등세모근(trapezius, middle fiber)
어깨관절 (shoulder)	굽힘(flexion)	어깨세모근(deltoid, anterior fiber) 부리위팔근(coracobrachialis)
	폄(extension)	넓은등근(latissimus dorsi) 큰원근(teres major)
	모음(adduction)	큰가슴근(pectoralis major)
	벌림(abduction)	삼각근(deltoid, middle fiber) 가시위근(supraspinatus)
	수평모음(horizontal adduction)	큰가슴근(pectoralis major)
	수평벌림(horizontal abduction)	삼각근(deltoid, posterior fiber)
	가쪽돌림(lateral rotation)	가시아래근(infraspinatus) 작은원근(teres minor)
	안쪽돌림(medial rotation)	어깨밑근(subscapilaris)

(4) 근육마비로 인한 운동장애

앞톱니근이 마비가 되면 어깨관절 굽힘 시 날개어깨뼈(winging scapula)가 된다. 날개어깨뼈로 인해 어깨뼈의 아래모서리 돌출이 심해지고, 어깨관절의 굽힘과 벌림이 약화와 함께 등세모근이 어깨뼈를 돌림하기 위해 보상작용을 한다.

등세모근이 마비된 환자는 벌림과 굽힘 상태에서 올림 능력이 감소되고 어깨뼈를 당길 수 없지만 대상작용으로 어깨올림근, 앞톱니근, 어깨세모근, 큰가슴근을 사용하여 팔을 부분적으로 올릴 수 있다. 굽힘보다 벌림에 더 많은 영향을 준다. 앞톱니근과

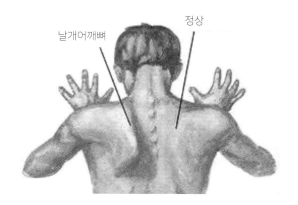

날개어깨뼈

정상

그림 5-9 날개어깨뼈

등세모근이 마비되면 어깨뼈의 안정성이 소실되어 팔을 올릴 수 없다.

(5) 검사

① 요르가손 테스트

요르가손 테스트(Yergason test)는 위팔두갈래근 긴갈래의 안정성 검사로 위팔두 갈래근 구(groove)에서의 통증은 힘줄염 또는 긴장을 의미한다. 어깨의 통증은 오목 테두리의 병변, 구에서 빠져나가는 느낌이나 터지는(pop out) 느낌은 가로위팔인대 (transverse humeral ligament)의 째짐을 의미한다.

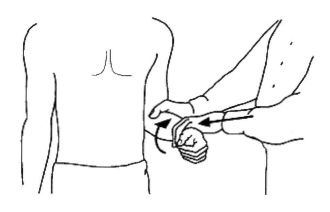

그림 5-10 요르가손 테스트

② 팔 떨어뜨리기 검사

팔 떨어뜨리기 검사(drop arm test)는 돌림근띠의 찢어짐(tearing) 검사, 특히 가시위힘줄(supraspinatus)의 찢어짐 검사를 의미한다.

③ 어깨관절 탈구에 대한 불안검사(apprehension test)

2) 팔꿉관절과 아래팔의 운동학

팔꿉관절은 3개의 관절로 구성된 활막성 관절로 위팔자관절, 위팔노관절, 몸쪽노자관절로 구성되며, 관절주머니와 관절강이 세 관절을 연결하여 구조적으로 안정되어 있다. 그리고 아래팔은 먼쪽 노자관절로 연결되어 있다. 팔꿉관절은 경첩관절로 굽힘과 폄이 일어나고 아래팔은 뒤침과 엎침이 일어난다.

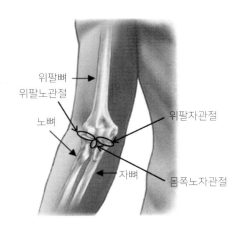

그림 5-11 팔꿉관절의 구성

(1) 관절에서 발생하는 운동
① 위팔자관절

위팔자관절(humeroulnar joint)은 위팔뼈의 도르래와 자뼈의 도르래패임이 형성하는 경첩관절로 굽힘과 폄 동작이 나타난다.

② 위팔노관절

위팔노관절(humeroradial joint)은 위팔뼈 작은머리와 노뼈머리 윗면에 형성된 평면 관절이다.

③ 몸쪽노자관절

몸쪽노자관절(proximal radioulnar joint)은 노뼈머리의 둘레관절면과 자뼈의 노뼈패임이 형성하는 중쇠관절로 돌림운동이 일어난다. 안쪽돌림은 아래팔의 엎침, 가쪽돌림은 아래팔의 뒤침을 일으킨다.

④ 먼쪽노자관절

먼쪽노자관절(distal radioulnar joint)은 노뼈의 관절면이 오목하기 때문에 노뼈는 자뼈머리 주위에서 회전이 가능하다. 자뼈머리와 근접되어 있는 손목뼈 사이에는 원반(disk)이 놓여 있다.

(2) 운반각

손바닥을 앞쪽으로 한 해부학적 자세에서 팔꿉관절을 폄 하였을 때 위팔뼈와 아래팔뼈의 축은 팔꿉에서 운반각(carrying angle)이라고 알려져 있는 팔꿉각을 형성한다.

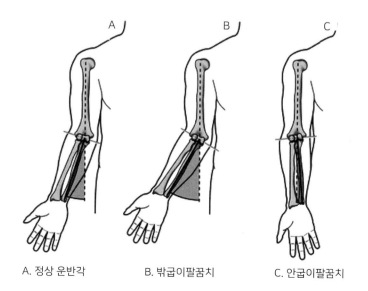

A. 정상 운반각　　　　B. 밖굽이팔꿈치　　　　C. 안굽이팔꿈치

그림 5-12 　운반각

밖굽이(valgus)란 중앙선에서 멀어지는 것 또는 바깥쪽으로 기울어진 것을 의미한다.

정상적인 운반각은 남자는 약 5°, 여자는 10°～15°이다. 운반각은 엉덩뼈능선(iliac crest) 바로 위의 허리가 움푹 들어간 곳에 팔꿈이 잘 맞도록 되어 있다. 이 각도는 손에 무거운 물건을 들 때 특히 두드러지게 나타난다.

밖굽이팔꿈치(cubitus valgus)는 아래팔이 정상 범위인 5°～15°보다 그 이상 벌어진 경우에는 비정상이다. 운반각이 증가되는 원인은 가쪽위관절융기(lateral epicondyle) 골절로 인한 이차적인 골단선의 손상일 수 있으며, 주로 손의 자신경 지배영역에 나타나는 지연성 자신경마비(delayed ulnar nerve palsy)의 원인이 될 수 있다.

안굽이팔꿈치(cubitus varus)는 운반각의 감소로 총상기형(gunstock deformity)이라고도 한다. 어린아이의 경우 위팔뼈의 말단이 뼈 단면에서 부정유합(malunion)되거나 골단판의 성장이 지연되는 관절융기위거친면 골절(supracondylar fracture)과 같은 외상의 결과로 자주 일어난다. 발생빈도는 밖굽이팔꿈치보다 안굽이팔꿈치가 훨씬 더 빈번하다.

(3) 팔꿈관절 및 아래팔에 작용하는 근육

표 5-7　팔꿈관절 및 아래팔에 작용하는 근육

	작용	근육
팔꿈 (elbow)	굽힘	위팔두갈래근(biceps brachii) 위팔근(brachialis) 위팔노근(brachioradialis)
	폄	위팔세갈래근(triceps brachii)
아래팔 (forearm)	뒤침	위팔두갈래근(biceps brachii) 뒤침근(supintor)
	엎침	원엎침근(pronator teres) 네모엎침근(pronator quadratues)

(4) 근육마비로 인한 운동장애

노신경 손상은 위팔세갈래근, 원엎침근 이하 폄근육들의 마비를 초래할 수 있으므로 강한 팔꿈관절 폄이나 아래팔 엎침을 할 수 없으며 손목 처짐(wrist drop)을 초래할 수 있다. 또한 위팔세갈래근의 마비로 인해 효과적으로 밀거나 음식을 자르는 움직임

을 수행할 수 없다. 근피신경의 손상은 위팔두갈래근, 위팔근의 마비를 초래하여 팔굽
관절 굽힘 약화를 초래한다. 이러한 근육이 손상된 사람들은 팔굽관절의 폄에서 굽힘
자세를 위한 지레가 좋지 않기 때문에 팔을 흔들어서 운동의 모멘트로 사용한다. 그런
다음, 아래팔근육은 지레가 좋아지는 굽힘 90°에서 팔굽관절을 유지할 수 있다. 정중
신경의 마비는 원엎침근, 네모엎침근의 마비를 초래하여 아래팔의 엎침 힘이 약해지
면서 열쇠를 돌리거나 물 잔을 들고 있기가 어렵게 된다.

3) 손목관절 및 손가락관절의 운동학

손목관절(wrist joint)과 손은 복잡한 구조로 되어 있고 일상생활의 모든 동작을 완수
하는 데 절대적으로 필요한 기능을 가진 정교하게 균형을 이루고 있는 관절이다. 손목
관절은 구조적으로 매우 안정성이 있고 손에 광범위한 운동성을 제공한다. 비록 손목
관절이 단순히 자유도 2의 융기관절(condyloid joint)로 분류되지만 실제로는 15개의 뼈
와 17개의 관절로 구성된 폭넓은 인대계로서 매우 복합한 구조이다. 손은 자유도가 높
기 때문에 360° 회전이 가능하고 같은쪽의 아래팔과 위팔뼈를 제외한 모든 부위에 닿
을 수 있으며 상지의 먼쪽관절로서 일차적 효과기(effector)의 기능을 하고 제스처, 접
촉 등을 통하여 감정을 표현하는 데 사용되기도 한다. 즉, 손은 섬세한 동작을 할 수 있
으며 촉각을 통한 감각기관으로 정보를 제공하는 뇌의 연장선이라고 할 수 있다.

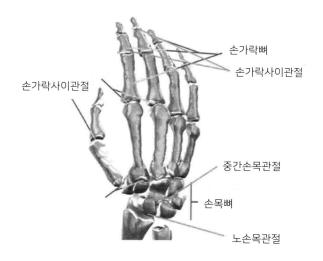

손가락뼈
손가락사이관절
손가락사이관절
중간손목관절
손목뼈
노손목관절

그림 5-13 손목관절 및 손가락관절

(1) 관절에서 발생하는 운동

① 노손목관절

타원 모양의 노손목관절(radiocarpal joint)은 노뼈 먼쪽의 오목한 관절면과 손배뼈(scaphoid), 반달뼈(lunate), 세모뼈(triquetrum)의 볼록한 관절면으로 형성된다. 삼각형의 섬유성 연골인 원반이 노뼈 먼쪽끝과 자뼈 붓돌기, 세모뼈와 연결되어 있고, 원반은 노뼈와 자뼈를 함께 둘러싸고 먼쪽노자관절과 자뼈를 노손목관절과 분리시킨다. 노손목관절의 움직임에서는 굽힘, 폄, 노쪽벌림, 자쪽벌림의 부분적 운동이 일어난다.

② 중간손목관절

중간손목관절(midcarpal joint)은 해부학적 단위라기보다는 기능적인 단위이다. 손배뼈가 큰마름뼈(trapezium)·작은마름뼈(trapezoid)·갈고리뼈(hamate)와 관절하고, 반달뼈는 알머리뼈(capitate)와 세모뼈·갈고리뼈와 관절한다. 세모뼈의 손바닥면과 접하고 있는 콩알뼈(posoform)는 중간손목관절에 포함되지 않는다. 중간손목관절면은 서로 상호적으로 볼록·오목 면으로 되어 있으며 노손목관절의 굽힘, 폄, 노쪽벌림과 자쪽벌림 운동이 일어난다.

③ 손목손허리관절

손목손허리관절(carpometacarpal joint)은 보통 관절강(cavity) 내에 있고, 먼쪽손목뼈의 손허리뼈와 각 손허리뼈 기저부(metacarpal base)와의 사이에서 관절을 형성하고 있다. 관절에서 운동은 적지만 손의 기능에 중요한 역할을 하고 주먹을 쥐었다가 펼 때 가로손목궁(transverse arch)의 모양에 많은 변화를 줄 수 있다.

④ 손허리손가락관절

손허리손가락관절(metacarpophalangeal joint)은 융기관절로 손허리뼈의 볼록한 머리와 몸쪽손가락뼈의 기저부에 오목한 면이 관절을 형성하며 자유도 2를 가지는 관절이다. 관절의 운동은 굽힘과 폄 운동은 물론 손가락을 폄시킨 상태에서 양 옆쪽으로 움직이는 운동이 가능하다. 그러나 손가락을 굴곡시킨 상태에서는 옆쪽으로 움직이는 운동이 거의 불가능하다. 엄지에서는 2개의 종자뼈(sesamoid bone)가 붙어 있고 자뼈쪽으로는 엄지모음근, 제1등쪽뼈사이근(dorsal interossei), 노뼈쪽으로는 짧은엄지굽힘근(flexor pollicis brevis), 짧은엄지벌림근(abductor pollicis brevis)의 부착부 힘줄 위에 놓여 있다. 특히 종자뼈는 정확한 집게(pinch)를 할 수 있도록 엄지의 동적 회전을 발생시키며, 손바닥판은 관절의 가동범위를 크게 하는 역할을 한다.

⑤ 손가락사이관절

손가락사이관절(interphalangeal joint)은 경첩관절이고 굴곡과 신전만 가능하다. 2~5번째 손가락에는 2개의 지절간관절이 있고, 몸쪽손가락사이관절(proximal interphalangeal joint)과 먼쪽손가락사이관절(distal interphalangeal joint)이라고 하며 자유도 1이다. 엄지손가락에는 하나의 지절간관절이 존재한다.

(2) 손목관절 및 손가락관절에 작용하는 근육

표 5-8 손목관절 및 손가락관절에 작용하는 근육

	작용		근육
손목 (wrist)	굽힘		노쪽손목굽힘근(flexor carpi radialis) 긴손바닥근(palmaris longus) 자쪽손목굽힘근(flexor carpi ulnaris)
	폄		긴노쪽손목폄근(extensor carpi radialis longus) 짧은노쪽손목폄근(extensor carpi radialis brevis) 자쪽손목폄근(extensor carpi ulnaris)
손가락 (fingers)	굽힘	MCP	벌레근(lumbricals)
		몸쪽 (proximal)	얕은손가락굽힘근(flexor digitorum superficalis)
		먼쪽 (distal)	깊은손가락굽힘근(flexor digitorum profundus)
	폄		손가락폄근(extensor digitorum) 시지폄근(extensor indicis) 소지폄근(extensor digiti minimi)
	벌림		손등뼈사이근(dorsal interossei) 소지벌림근(abductor digiti minimi)
	모음		손바닥뼈사이근(palmar interossei)
	엄지 굽힘 (flexion-thumb)		짧은엄지굽힘근(flexor pollicis brevis) 긴엄지굽힘근(flexor pollicis longus)
	엄지 폄 (extension-thumb)		짧은엄지폄근(extensor pollicis brevis) 긴엄지폄근(extensor pollicis longus)

엄지 벌림 (abduction-thumb)	짧은엄지벌림근(abductor pollicis brevis) 긴엄지벌림근(abductor pollicis longus)
엄지 모음 (adduction-thumb)	엄지모음근(adductor pollicis)
맞섬(opposition)	엄지맞섬근(opponens pollicis) 소지맞섬근(opponens digiti minimi)

(3) 손의 쥐기 형태

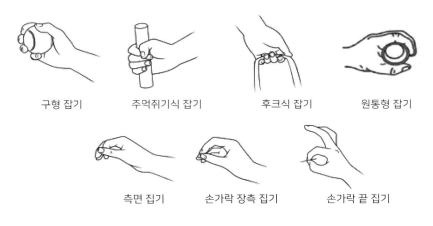

구형 잡기   주먹쥐기식 잡기   후크식 잡기   원통형 잡기

측면 집기   손가락 장측 집기   손가락 끝 집기

그림 5-14   다양한 쥐기 형태

손의 쥐기(grasp) 형태는 다음과 같이 설명된다.

① 구형 잡기(spheric grasp)
공이나 사과와 같은 구형의 물체를 잡는 형태이다.

② 주먹쥐기식 잡기(fist grasp)
비교적 가는 물건을 단단히 잡는 방법으로 골프채나 망치자루를 쥘 때처럼 다른 손가락 위로 엄지손가락이 포개지면서 꽉 쥐게 된다.

③ 후크식 잡기(hook grasp)
가방을 들 때처럼 손가락 4개를 후크로 사용하며 엄지손가락은 사용되지 않는다. 중요근의 활동은 깊은손가락굽힘근과 얕은손가락굽힘근에 의해 제공된다.

④ 원통형 잡기(cylindric grasp)

원통형 물체를 잡을 때 손의 바닥면이 활동하게 되고 엄지손가락은 물체 주위를 둘러싼다.

⑤ 측면 집기(lateral prehension)

카드나 열쇠 같은 두께가 얇은 물체를 집을 때 엄지손가락과 사지의 측면을 이용한다.

⑥ 손가락 장측 집기(palmar prehension)

엄지손가락이나 그 이상의 손가락과 대립하고 먼쪽손가락의 손바닥 표면을 이용하여 물건을 집는다. 이 쥐기는 지우개나 펜과 같은 작은 물건을 집거나 잡을 때 이용된다. 또한 큰 물건도 손가락을 벌려 이와 같은 방식으로 잡을 수 있다.

⑦ 손가락 끝 집기(tip prehension)

엄지손가락 끝과 다른 손가락의 끝을 사용하여 구슬, 핀, 동전과 같은 작은 물건을 집는 형태이다.

(4) 말초신경 손상으로 인한 운동장애

손의 운동과 감각을 담당하고 있는 말초신경에는 노신경, 자신경, 정중신경이 있다.

① 노신경

노신경은 손목의 폄근과 손가락의 긴손가락폄근을 담당하는데, 마비가 되면 **손목 처짐**(wrist drop) 형태의 기형이 발생한다.

② 자신경

자신경이 지배하고 있는 네 번째, 다섯 번째 손가락의 깊은 손가락굽힘근과 벌레근 그리고 뼈사이근이 마비가 되면 주로 손가락이 침범되고 새끼손가락두덩근이 제 기능을 못하며 온손가락폄근은 네 번째와 다섯 번째 손가락의 손허리손가락관절을 과다폄 상태로 유지하려는 경향을 보인다. 이러한 기형을 **갈퀴손**(claw hand)이라고 한다.

③ 정중신경

정중신경은 대부분 손가락의 굽힘근에 작용하는데 정중신경 마비 시 손가락 굽힘근 작용을 상실하여 쥐기 활동에 심하게 영향을 받는다. 또한 엄지의 굽힘 대립운동이 상실되고, 엄지두덩근이 위축되며, 엄지는 폄근에 의해 손등쪽으로 끌려서 손바닥과 같은 면에 놓이거나 더 끌려가는 형태를 보이게 된다. 이를 **원숭이 손**(ape hand)이라고 한다.

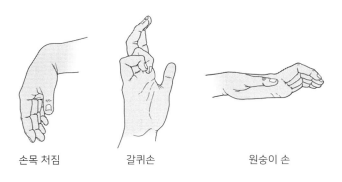

손목 처짐　　갈퀴손　　원숭이 손

그림 5-15　말초신경 손상으로 인한 운동장애

4) 엉덩관절의 운동학

엉덩관절은 **다축성 관절**로 인체의 3면 모두에서 그 기능을 수행할 수 있으며 하지와 연결되어 있다. 엉덩관절은 주로 신체의 체중 지지를 위해 이루어진 관절로 머리, 몸통, 상지의 무게를 지탱하며, 보행 시 하지로부터 전달되는 힘들은 엉덩관절을 통하여 골반과 몸통 상부로 전달된다. 골반은 엉치뼈, 꼬리뼈 그리고 3개의 볼기뼈로 구성되고, 엉치뼈와 꼬리뼈는 척추뼈이다. 다리이음뼈는 장기를 보호하거나 지지하고 머리, 팔, 몸통으로부터 하지로 힘을 전달하는 역할을 한다.

(1) 관절에서 발생하는 운동
① 골반

골반은 좌우 엉치엉덩관절, 두덩뼈결합, 허리엉치관절, 엉치꼬리관절, 양쪽 엉덩관절 등 전체적으로 7개의 관절이 있다. 엉치엉덩관절, 두덩뼈결합, 엉치꼬리관절에서의 움직임은 매우 작지만 아주 중요한 의미가 있다. 이러한 관절은 손상되기 쉽고 과운동성이나 저운동성으로 인해 통증과 기능장애를 유발할 수 있다. 그리고 분만 시 중요한 역할을 하는 관절이다.

② 엉덩관절

엉덩관절(hip joint)은 전형적인 절구관절로 골반절구와 넙다리뼈머리에 형성되는 매우 안정된 관절이다. 엉덩관절은 인체에서 운동성이 많으면서 강한 관절낭으로 되어 있고 볼기뼈와 넙다리뼈가 운동에 관여한다. 또한 체간과 지면 사이에 큰 힘을 전달하고 기어오르거나, 의자에서 일어날 때 몸을 들어올리고, 신발을 신을 때 발을 앞으로 가져가는 등의 역할을 한다.

③ 엉치엉덩관절

엉치엉덩관절(sacroiliac joint)의 움직임은 매우 작고 측정하기 어렵지만 염증, 인대 손상, 과운동, 저운동은 요통의 근원이 되기도 하므로 중요하다.

④ 두덩뼈결합

두덩뼈결합(symphysis pubis)은 좌우 두덩뼈가 두덩사이원반으로 연결되어 있는 부동관절로, 관절은 모든 면에서 싸고 있는 강한 인대에 의해 보호받고 있다.

⑤ 꼬리뼈관절

엉치꼬리관절(sacrococcygeal joint)과 꼬리뼈사이관절(intercoccygeal joint)은 섬유관절로 초기 발달기에는 분리되었다가 나중에 전체적으로 유합된다. 관절은 엉치꼬리인대라고 하는 여러 개의 작지만 강한 인대로 둘러싸여 있다. 출산 및 배변 시 약간의 수동적 앞뒤 움직임이 가능하다.

(2) 경사각과 넙다리비틀림각

넙다리뼈의 경사각이란 넙다리뼈목과 넙다리뼈몸통의 안쪽면 사이에 형성된 이마면 내에서의 각도를 말하는 것으로 평균 125°이다. 경사각이 평균보다 작아지면 안굽이엉덩관절(coxa vara)로 다리 길이가 짧아지고, 평균보다 커지면 밖굽이엉덩관절(coxa valga)이라 하고 다리 길이가 길어진다. 비정상적인 정렬은 엉덩관절의 탈구나 퇴행을 일으킬 수 있다.

넙다리뼈 비틀림(femoral torsion)이란 넙다리뼈몸통과 넙다리뼈목 사이에서 나타나는 상대적인 회전을 말하는 것으로 넙다리비틀림각은 가로면에서 넙다리뼈의 몸통과 연관된 머리와 목의 경사이다. 넙다리뼈를 위에서 볼 때 넙다리뼈목은 이마면 상에서 13°～15° 전방으로 각을 이룬다. 이 각이 증가하면 앞굽이(anteversion)이라고 하며 보행시 발가락이 안으로 향하고(안짱걸음, in-toeing) 새 발가락(pigeon toes) 모양이 된다.

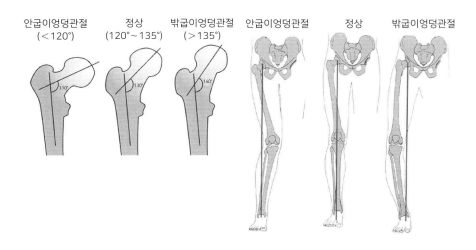

그림 5-16　넙다리의 경사각

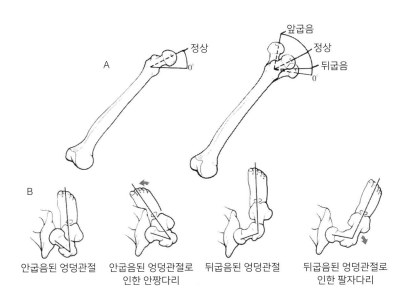

그림 5-17　엉덩관절의 넙다리비틀림각

지속적인 과도한 앞경사는 관절 접촉의 힘의 증가, 관절의 불일치, 엉덩관절 탈구 관절
연골의 마모 가능성을 증가시켜 이차적으로 엉덩관절의 관절염을 유발시킬 수 있다.

또한 각이 감소하면 뒤굽이(retroversion)가 되는데 걸을 때 발가락이 바깥쪽을 향하
게 된다(팔자걸음, out-toeing). 일반적으로 넙다리뼈 비틀림은 어린이의 성장과 발달에
영향을 미치기 때문에 발가락을 안쪽으로 향하여 걷는 어린아이의 경우 보존적 치료
를 권장한다.

(3) 엉덩관절에 작용하는 근육

표 5-9 엉덩관절에 작용하는 근육

	작용	근육
엉덩관절 (hip joint)	굽힘	큰허리근(psoas major), 엉덩근(iliacus), 큰모음근(adductor magnus), 짧은모음근(adductor brevis), 긴모음근(adductor longus), 두덩근(pectineus)
	폄	큰볼기근(gluteus maximus), 반힘줄근(semitendinosus), 반막모양근(semimembranosus), 넙다리두갈래근 긴갈래(biceps femoris-longus head)
	모음	큰모음근, 짧은모음근, 긴모음근, 두덩근, 두덩정강근(gracilis)
	벌림	큰볼기근, 중간볼기근(gluteus medius), 작은볼기근(gluteus minimus)
	가쪽돌림	궁둥구멍근(piriformis), 큰볼기근, 넙다리두갈래근 긴갈래(biceps femoris-longus head)
	안쪽돌림	작은볼기근, 반힘줄근, 반막모양근, 중간볼기근

5) 무릎관절의 운동학

무릎관절은 큰 힘을 견디고, 안정성을 제공하며 넓은 운동범위를 유지하는 기능을
갖고 있다. 운동성은 뼈의 구조 때문이고 안정성은 연부조직, 즉 인대, 근육, 연골 등에
의해 제공된다.

무릎관절을 구성하고 있는 뼈는 넙다리뼈(femur), 정강뼈(tibia), 무릎뼈(patella)이고
3개의 관절, 즉, 안/가쪽 정강넙다리관절(medial/lateral tibiofemoral ligament), 무릎넙다
리관절(patellofemoral joint)로 구성되며 자유도 2로 경첩관절(modified hinge joint)로 분
류한다.

정강뼈의 관절면에는 섬유연골인 안쪽·가쪽 반달연골이 있다. 안쪽반달연골은 반달 모양으로 정강뼈안쪽관절융기의 윗면을 덮고 양 끝은 융기사이융기(intercondylar eminence)에 단단히 붙어있다. 가쪽반달연골은 안쪽반달연골보다 작으며 O자 모양에 가까운 둥근 모양이고 정강뼈가쪽융기의 윗면을 덮고 융기사이융기 뒤쪽에서 앞 위쪽으로 가서 넙다리뼈 안쪽융기의 내면에 정지한다.

(1) 관절에서 발생하는 운동
① 정강넙다리관절

정강넙다리관절(tibiofemoral ligament)에는 반달연골이 있으며 인대와 근육에 의해 지지된다. 앞·뒤 안정성은 앞·뒤 십자인대에 의해 이루어지며 안쪽·가쪽 안정성은 안쪽·가쪽곁인대에 의해 각각 유지된다.

반달연골의 기능은 무릎관절을 더 깊어지게 하여 안정성을 더해 주고, 충돌힘을 흡수하고 분산시킨다. 그리고 관절을 일치시키고 접촉면을 증가시킴으로써 충돌하는 힘을 분산시킬 수 있으며 관절윤활을 증가시켜 부드럽게 관절을 움직일 수 있게 한다. 또한 반달연골은 관절주머니가 관절공간으로 들어가는 것을 방지하고 인대가 무릎관절의 과다폄 방지를 거의 담당하지만 반달연골 또한 과도한 움직임을 부분적으로 방지하는 역할을 한다.

② 무릎넙다리관절(patellofemoral joint)

무릎뼈는 넙다리힘줄에 있는 종자뼈(sesamoid bone)이다. 무릎뼈 꼭대기에서부터 시작하는 무릎인대(patellar ligament)는 넙다리네갈래근 힘줄의 연속이며 정강거친면까지 뻗어 간다.

무릎뼈의 기능은 무릎관절의 근육이 작용할 때 지렛대의 역할을 하여 운동의 효율을 높인다. 또한 무릎뼈는 넙다리네갈래근의 수축에 의해 움직이므로 등척성 수축(isometric contraction)을 일으키는 데 중요한 역할을 한다. 무릎뼈의 기능을 정리하면 첫째, 운동축으로부터 작용선까지의 거리를 증가시킴으로써 넙다리네갈래근의 토크(무릎관절 굽힘 50°~60°에서 최대)와 지레증가(무릎관절 굽힘 45°에서 최대), 둘째, 무릎관절굽힘 시 넙다리뼈와의 먼쪽관절면을 보호, 셋째, 넙다리뼈 위의 압력의 감소와 힘의 분산, 넷째, 무릎을 깊게 구부린 상태에서처럼 굽힘에 저항하는 넙다리네갈래근 위에 가해지는 압박력의 감소이다.

③ 무릎의 인대

• **앞십자인대**(anterior cruciate ligament)

안쪽반달연골 융기사이 부위에 있는 정강뼈의 앞면에서 시작하여 위 뒤쪽으로 향하여 넙다리의 뒤가쪽관절융기 안쪽면에 붙는다.

• **뒤십자인대**(posterior cruciate ligament)

융기사이 부위에 있는 뒤정강뼈에서 시작하여 위 앞쪽으로 향하여 넙다리의 앞쪽 안쪽관절융기 안쪽면에 붙는다. 관절 내에서 앞십자인대와 교차하고 같은 쪽의 안쪽 곁인대와도 교차한다.

• **안쪽곁인대**(medial collateral ligament)

넙다리뼈의 안쪽관절융기에서 시작하여 정강뼈의 위 끝에 붙으며 폭이 넓은 부채 모양의 형태를 하고 있다. 넙다리뼈에 대해 정강뼈가 벌림(밖굽이무릎, genu valgum 또는 knock knee)이 되는 것을 방지한다.

• **가쪽곁인대**(lateral collateral ligament)

넙다리뼈의 가쪽위관절융기와 종아리뼈머리를 연결하는 인대로서 관절주머니와는 독립적으로 분리되어 있으며 넙다리뼈에 대해 정강뼈가 모음(안굽이무릎, genu varum 또는 bow leg)되는 것을 방지한다. 안쪽 및 가쪽곁인대는 무릎관절을 펼 때에 팽팽해지고 굽힐 때는 느슨해진다.

(2) 무릎관절의 변형

무릎관절에서 볼 수 있는 변형은 안굽이무릎, 밖굽이무릎, 젖힌무릎이 있다.

① 안굽이무릎변형

관절의 안쪽구획에 대한 부하를 증가시키고 안쪽관절공간의 상실을 초래하며 더 큰 안굽이 변형을 유발하는 악순환을 반복시킨다.

② 밖굽이무릎변형

높은 신체질량지수, 손상병력, 유전적 소인, 인대의 느슨함 등의 원인이 될 수 있는데 다리의 양쪽 끝 관절 중 어느 하나에서의 비정상적인 정렬 또는 근육약화에 의해 발생하거나 악화될 수 있다. 또한 과도한 무릎의 밖굽이는 무릎넙다리관절 이동경로에 부정적인 영향을 미치며 앞십자인대에 부가적인 스트레스를 준다. 이러한 스트레스는 뼈관절염을 유발시킨다.

③ 젖힌무릎

무릎관절을 폄 상태에서 시상면으로 대략 5°~10°가 정상으로 간주되는데 10°이상을 넘어선 과다폄 상태이다. **무릎의 과다 젖힘**은 일차적으로 무릎의 뒤쪽구조물을 과다폄 시키는 과도한 무릎 폄근육의 토크 때문에 일어난다. **과도한 무릎 폄 토크**는 무릎굽힘근 육의 마비를 유발하는 신경근육질환, 네갈래근의 강직, 자세조절능력의 부족 등으로 나타난다.

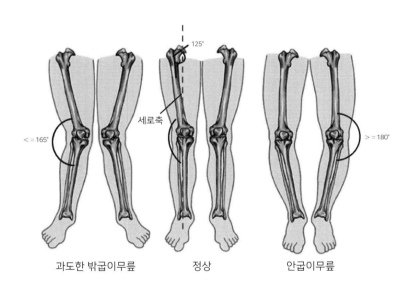

그림 5-18 밖굽이와 안굽이 무릎

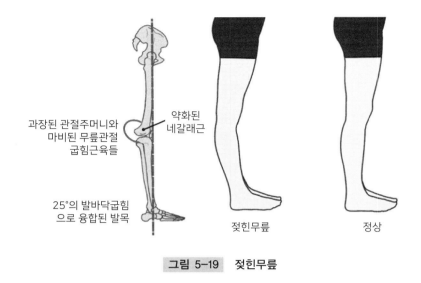

과장된 관절주머니와
마비된 무릎관절
굽힘근육들

약화된
네갈래근

25°의 발바닥굽힘
으로 융합된 발목

젖힌무릎   정상

그림 5-19   젖힌무릎

(3) 무릎관절에 작용하는 근육

표 5-10   무릎관절에 작용하는 근육

	작용	근육
무릎관절 (knee joint)	굽힘	넙다리두갈래근 짧은갈래(biceps femoris-brevis head), 반힘줄근(semitendinosus), 반막모양근(semimembranosus), 오금근(popliteus), 장딴지근(gastrocnemius)
	폄	넙다리곧은근(rectus femoris), 가쪽넓은근(vastus laqteralis), 안쪽넓은근(vastus medialis), 중간넓은근(vastus intermedialis)

6) 발목관절 및 발가락 관절의 운동학

발목관절은 보행을 할 때 몸의 전체 체중을 받는 곳이다. 두꺼운 발뒤꿈치와 발바닥은 걷거나 달릴 때 충격을 흡수하는 작용을 하며 그 사이의 관절들은 다양한 지면에서 균형을 유지하기 위해 필요에 따라 조절이 가능하다.

발목과 발은 정강뼈(tibia)와 종아리뼈(fibula) 그리고 26개의 뼈와 34개의 관절로 구성되어 있다. 발목과 발의 유연하고 견고한 특징은 다음과 같다.

• 체중지지

- 다리의 고정과 조절작용
- 불규칙한 지면에 발의 조정
- 발가락으로 서기, 오르기, 점프에서 몸통 들기
- 걷기, 달리기, 점프하여 착지 시 충격 흡수
- 기계조작
- 상지 절단 혹은 근육마비를 가진 사람의 손 기능 보상

(1) 관절에서 발생하는 운동

① 정강종아리관절

정강뼈와 종아리뼈 사이에 있는 정강종아리관절(tibiofibular joint)은 몸쪽과 먼쪽으로 구분되는데 몸쪽 종아리관절은 윤활관절인 반면, 먼쪽 종아리관절은 인대결합의 섬유지방조직으로 되어 있다.

② 발목관절

발목관절(talocrural joint)은 목말뼈와 정강뼈 그리고 종아리뼈로 이루어져 있으며 일반적으로 'ankle joint'라고 알려져 있다. 자유도 1의 경첩관절로 발등굽힘과 발바닥쪽굽힘 운동이 일어난다. 체중부하를 받는 목말뼈 위쪽의 돔(dome)은 정강뼈 끝부분과 관절을 맺는 반면, 목말뼈의 안·가쪽면은 정강뼈의 안쪽복사 및 종아리뼈의 외측복사와 관절을 맺는다.

③ 목말밑관절

목말밑관절(subtalar joint)은 작은 움직임을 보이지만 보행 또는 달리기 때 발생하는 힘을 흡수하여 발아치를 형성하기 위해 즉각적인 변화를 준다.

④ 가로발목뼈관절

가로발목뼈관절(transverse tarsal joint)은 목말뼈, 발꿈치뼈와 발배뼈, 입방뼈 사이에 위치해 있다.

⑤ 발목발허리관절

발목발허리관절(tarsometatarsal joint)은 발목뼈와 발허리뼈 사이의 관절로 발허리뼈

가로활(trasverse metatarsal arch)을 형성하며 세로활에 대한 기여도 약간 제공한다.

⑥ 발허리뼈사이관절

발허리뼈사이관절(intermetatarsal joint)은 발허리뼈의 각 기저부가 인접한 발허리뼈와의 사이에 형성한 관절이다. 발등쪽, 발바닥쪽 및 뼈사이인대가 보강하고 있다.

⑦ 발허리발가락관절과 발가락뼈사이관절

발허리발가락관절(metatarsophalangeal joint)은 발허리뼈와 발가락뼈 사이의 관절이고 발가락뼈사이관절(interphalangeal joint)은 발가락뼈 사이에 위치하고 있으며 **경첩관절**이다. 엄지발가락은 발가락뼈사이관절이 하나 존재하고 둘째에서 다섯째 발가락은 발가락뼈사이관절이 두 개씩 존재한다.

⑧ 발목관절의 인대

관절의 바깥쪽에는 발꿈치종아리인대(calcaneofibular ligament)가 있고, 안쪽에는 삼각인대(deltoid ligament)가 있다. 종아리뼈의 가쪽복사뼈와 발꿈치뼈의 뒷면에는 뒤목말종아리인대(posterior talofibular ligament)가 있고, 종아리뼈의 가족복사뼈와 목말뼈머리 사이에 앞목말종아리 인대(anterior talofibular ligament)가 있다.

(2) 발활

발활(foot arch)은 가로세로아치(lateral longitudinal arch), 안쪽세로아치(medial longitudinal arch), 가로아치(transverse arch)로 구성되어 있다.

가로세로아치는 발의 바깥쪽을 지나가는 아치로 안쪽세로아치보다 높지 않다. 안쪽세로아치는 발에서 가장 큰 아치로 체중부하 및 충격흡수 구조가 된다. 발꿈치뼈, 목말뼈, 발배뼈, 쐐기뼈, 3개의 안쪽발허리뼈가 안쪽세로활을 형성한다. 가로아치(transverse arch)는 발의 가로면을 지나는 것으로 쐐기뼈사이와 쐐기입방관절복합체가 형성하며 발 중간부에 가로 안정성을 제공해 준다.

(3) 발목관절에 작용하는 근육

표 5-11　발목관절에 작용하는 근육

	작용	근육
발목관절 (talocrural joint, ankle joint)	발등굽힘 (dorsi flexion)	앞정강근(tibialis anterior)
	발바닥굽힘 (plantar flexion)	장딴지근(gastrocnemius), 가자미근(soleus), 뒤정강근 (tibialis posterior), 긴종아리근(peroneus longus), 짧은종 아리근(peroneus brevis)
	안쪽번짐 (inversion)	앞정강근(tibialis anterior)
	가쪽번짐 (eversion)	긴종아리근(peroneus longus), 짧은종아리근(peroneus brevis)

(4) 발의 변형

발은 근육경련, 근육마비, 뼈의 선천성 기형, 과도한 체중부하 등의 원인으로 변형이 올 수 있다. **갈퀴발가락**(claw toe)은 발허리관절의 과도한 폄, 몸쪽발가락사이관절과 먼쪽발가락사이관절의 굽힘이 특징적으로 나타나는 발가락 기형이다. **망치발가락**(hammer toe)은 발허리관절과 먼쪽발가락사이관절의 과도한 폄, 몸쪽발가락사이관절의 굽힘을 나타내는 발가락 기형으로 대개 한 발가락만(특히 둘째 발가락) 침범되는 것이 보통이다. **엄지발가락가쪽휨증**(hallux valgus)은 발허리발가락관절에서 엄지발가락이가쪽편위가 된 것을 말하는데 이러한 결과로 발가락 관절의 안쪽에 건막류나 활액낭염을 일으킬 수 있다.

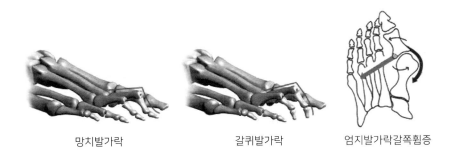

망치발가락　　　　　　　갈퀴발가락　　　　　　엄지발가락갈쪽휨증

그림 5-20　발가락 변형

안쪽들린휜발증(내반족, talipes varus)은 태내에서 체위이상, 종아리근육의 마비 등으로 발이 안쪽굽은 위치로 되는 변형이다. **내반**(pes varus)은 거의 영구적인 발의 엎침-안쪽 변형이고, 체중이 발의 바깥쪽으로 전달되어 발의 안쪽모서리가 바닥에서 떨어진다. **가쪽들린휜발증**(talipes valgus)은 발바닥의 고유근 및 뒤정강근의 마비, 긴종아리근의 구축 등으로 발생할 수 있는 변형으로 발의 외반(pes valgus)은 거의 영구적인 뒤침-바깥쪽 변형으로 체중이 내측세로발궁과 가로발궁을 감소시키는 작용을 한다. **편평발**(pes planus)은 발의 안쪽세로활이 이완되어 발바닥이 땅에 접촉되는 변형이다. 오목발(pes cavus)은 발활이 지나치게 높거나 발바닥이 오목하게 들어간 변형이다. **발끝들린휜발**(talipes calcaneus)은 발뒤꿈치로 걸으며 발 앞쪽이 지면에 닿지 않고 발이 발등쪽굽힘된 기형으로 장딴지근, 가자미근 또는 긴종아리근의 마비나 약화에 의해 형성될 수 있다. **발꿈치들린휜발**(까치발, talipes equinus)은 발뒤꿈치가 지면에 닿지 않고 발의 모지구로 걸으며 흔히 볼 수 있는 발의 기형이다. 병적인 경우는 앞정강근이나 발등쪽굽힘근의 약화와 마비 또는 장딴지근이나 가자미근의 과도한 근긴장이나 구축으로 생긴다.

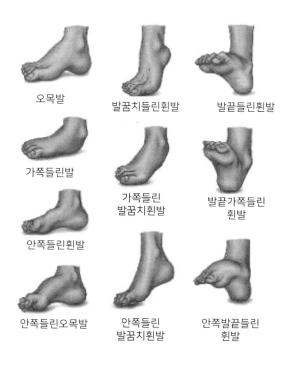

오목발	발꿈치들린휜발	발끝들린휜발
가쪽들린발	가쪽들린 발꿈치휜발	발끝가쪽들린 휜발
안쪽들린휜발		
안쪽들린오목발	안쪽들린 발꿈치휜발	안쪽발끝들린 휜발

그림 5-21 **발의 변형**

3. 앉기와 걷기의 운동학

1) 앉기 운동학

(1) 중력 중심과 앉기 자세

중력이란 신체와 그 움직임에 작용하고 영향을 미치며 항상 존재하는 힘을 말한다. 균형과 동적 조절을 관리하는 데 중력 중심이 매우 중요한 역할을 한다. 앉은 자세에의 안정성을 유지하기 위해서는 좌골결절(ischial tuberosity) 위에 체중을 지지하여야 한다.

자세 안정성을 위한 최우선의 목표는 첫째, **안정적인 지지 기저면**(supporting base)을 확보하는 것이다. 지지 기저면 바로 위에 중력 중심을 유지하는 것은 균형을 유지하는 데 도움을 주고, 중력 중심이 낮을수록 안정적인 구조가 되며, 기저면이 클수록 신체는 안정성이 커지며 움직일 수 있는 범위가 더 커진다. 둘째, **정적 평형**(static equilibrium)을 취하는 것이다. 정적 평형 상태를 취하기 위해서는 모든 힘의 합과 물체에 가해지는 회전 모멘트가 0(zero)이 되어야 한다. 앉아 있을 때 정적 평형은 서로 다른 방향에서 신체에 작용하는 각각의 힘과 회전 모멘트가 상쇄되었을 경우 가능하다.

(2) 앉기 자세

중력 중심이 기립자세에 비하여 낮아지고, 엉덩이, 넓적다리 후면, 발이 포함된 새로운 기저부를 형성한다. **골반 안정성**은 앉아 있을 때보다 기립자세에서 더 크게 되는데 이는 기립 동안 엉덩관절이 완전히 폄 되었을 때 인대성지지(ligamentous support)에 의해 제공되는 엉덩 관절의 수동 잠금 기전(passive locking mechanism) 때문이다.

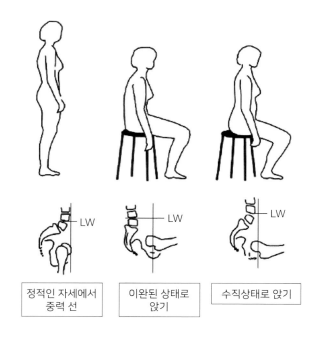

| 정적인 자세에서 중력 선 | 이완된 상태로 앉기 | 수직상태로 앉기 |

그림 5-22　앉기 자세

① **이완된 상태로 앉기**

이완된 상태로 앉기(relaxed unsupported sitting)를 할 때 엉덩관절은 굴곡, 수동 잠근 기전이 사라진다. 앉아 있을 동안 골반은 후방으로 회전되는데 엉덩관절 굽힘 시 부분적으로는 엉덩관절 폄근, 특히 오금부위근육근(hamstring) 긴장이 되고 골반의 후방경사(posterior tilting)로 인해 무릎관절이 폄이 되면 더욱 증가된다.

중력선(line of gravity)은 궁둥결절(ischial tuberosity)의 후방과 허리뼈의 전방을 통과한다.

② **수직상태로 앉기**

수직상태로 앉기(erect sitting)는 직립 또는 앞굽음 있는 앉기 자세로 골반이 전반으로 회전되고 중력선이 궁둥결절을 통과한다. 중력선이 허리뼈 앞에 위치하지만 중력선과 허리뼈 간의 거리는 이완된 상태로 앉기에 비해 짧다.

③ 전방 앉기

　전방 앉기(forward sitting posture)는 같은 의미로 기능적 과제 위치(functional task position) 또는 준비 자세(posture of readiness)로 사용된다. 전방 앉기는 체간을 앞으로 기울이는 것으로 중력선은 좌골결절의 전방을 통과하고 척수를 가로지른다. 척주를 최대한 굽힘, 약간의 골반 회전이나 골반회전 없이 이루어지거나, 척추를 더욱 곧게 하고 골반을 전방으로 회전시킴으로써 이루어질 수 있다.

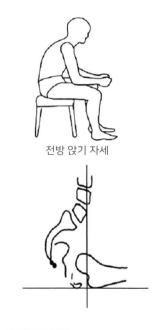

전방 앉기 자세

그림 5-23 전방 앉기 자세

2) 걷기 운동학

　걸음은 넓은 의미로 한 장소에서 다른 장소로 움직이는 이동(locomotion)하는 것을 말한다.

(1) 정상보행주기

　보행주기는 발이 지면에 닿아 있는 시기인 디딤기(stance phase)(60%)와 발이 지면에서 떨어져 앞으로 나아가는 시기인 흔듦기(swing phase)(40%)로 나눈다.

(2) 걸음 용어

① 디딤기 시간

디딤기 시간(stance time)은 걸음주기에서 한쪽 다리의 디딤기에서 다음 디딤기 사이의 시간을 말한다.

② 한다리 디딤기

한다리 디딤기(single support phase)는 걸음주기에서 왼쪽과 오른쪽 다리가 지면에 체중을 지탱하고 있는 시간으로 인체의 중력 중심이 가장 높은 위치에 있다.

③ 양다리 디딤기

양다리 디딤기(double support phase)는 걸음주기 동안 왼쪽다리와 오른쪽 다리가 모두 동시에 지면에 닿는 시기로 걸음주기에서 두 번 일어난다. 걸음속도에 따라 디딤 시간이 좌우된다. 양다리 디딤기 동안은 인체의 중력 중심점이 가장 낮은 위치에 있고, 가장 안정된 상태이다. 만약 균형 장애가 있다면 양다리 디딤 시간이 길어질 것이다. 정상적인 걸음의 경우 걸음주기의 약 20~25%를 차지한다.

④ 한 발짝 시간

한 발짝 시간(step duration)은 단일 한 발짝(single step)을 하는 동안에 소요되는 시간의 양을 말한다.

⑤ 걸음률

걸음률(cadence, walking rate)은 단위 시간 동안에 한 발짝의 수로 주로 분당 한 발짝의 수로 측정한다. 성인 남자는 90~120 한 발짝, 성인 여자는 90~120 + 6~9 한 발짝 정도로 남자보다 분당 걸음률이 더 많다.

$$걸음률 = 한 발짝의 수/시간$$

⑥ 한 발짝 길이

한 발짝 길이(보폭 길이, step length)는 양쪽 발의 뒤꿈치 닿기 사이(왼쪽 발꿈치 닿기와 오른쪽 발꿈치 닿기 사이 거리)로 건강한 성인은 약 71cm이다.

⑦ 한 걸음 길이

한 걸음 길이(stride length)는 한쪽 다리 발꿈치 닿기부터 왼쪽다리 발의 발꿈치 닿기까지의 거리를 말한다. 건강한 성인은 약 142cm이다. 한 걸음(stride)에는 오른쪽다리 한 발짝과 왼쪽다리 한 발짝으로 이루어진다.

⑧ 발목각도

한 발짝 동안에 발이 위치한 각도를 발목각도(foot angle)라고 한다. 발목각도는 진행 방향선의 직선과 발꿈치의 중앙에서 둘째 발가락을 연결하는 직선 사이에서 이루어진 각도로 정상 남자는 약 7°이며, 걸음속도 증가 시 지면이 좁아야 하므로 각도가 감소된다.

⑨ 한 발짝 간격

한 발짝 간격(step width)은 왼쪽다리와 오른쪽다리 발 사이의 폭으로 양발 간격은 디딤 기저면(base of support)의 크기를 결정한다. 정상인 경우는 약 6~9cm이다.

한 발짝 간격(6~9cm)
발목각도(7°)

그림 5-24   한 발짝 간격

⑩ 힘 발생

근육의 길이가 줄어지면서 동심성 수축(concentric contraction)을 한다. 힘 발생 (power generation)은 양(positive)의 일을 수행과 인체의 전체 에너지가 증가되면서 발생된다.

⑪ 힘 흡수

근육이 늘어나면서 편심성 수축(eccentric contraction)을 한다. 힘 흡수(power absorption)는 음(negative)의 일을 행하고 몸의 에너지는 감소된다. 관절의 움직임과 모멘트가 반대방향이라면 음의 일은 에너지를 흡수한다.

⑫ 걸음속도

걸음속도(walking velocity)는 일정한 단위시간당 얼마만큼의 거리를 움직였는가를 표현하는 변수로 첫 번째 발꿈치와 마지막 발꿈치 사이의 거리를 측정하여 걷는 데 소요된 시간으로 나눈다.

$$걸음속도 = 이동한\ 걸음거리(m)/시간(s)$$

(3) 걷기 검사

가능한 환자가 검사실에 들어서는 그 순간부터 걷기 검사를 실시한다.

걷기 검사 시 고려해야 할 사항은 다음과 같다.

- **양발 넓이**(width of the base, 한 발짝 간격)이다. 소뇌이상, 발바닥의 감각 감소 등이 있으면 불안정한 걷기 자세로 인해 현기증을 느끼게 된다. 이를 보상하기 위해 환자는 넓은 걷기(wide gait)를 한다.
- **무게 중심**(center of gravity: COG)이다. 무게 중심은 인체에서 제2엉치뼈(2nd sacrum)의 전방 5cm 지점에 위치하는데 수직방향의 중심운동으로 보행의 원활한 모양을 유지하게 한다.
- **무릎관절**이다. 무릎관절은 발뒤꿈치 닿기를 제외한 디딤기의 모든 시기에 약간 굴

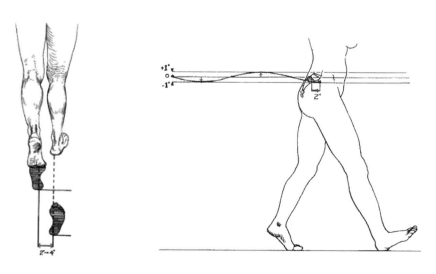

그림 5-25 양발 넓이　　　　　　**그림 5-26** 무게 중심

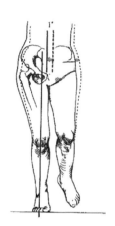 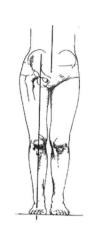 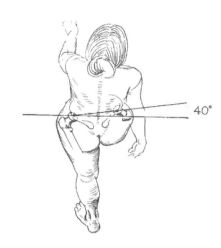

| 그림 5-27 | 보행하는 동안의 무게 중심 이동 | 그림 5-28 | 흔듦기에서 골반 전방 이동 각도 |

곡되어 있다.

- 보행하는 동안 무게 중심을 엉덩관절 위로 이동하기 위하여 골반과 몸통은 보행 중에 체중부하가 이루어지는 쪽으로 2.5cm 정도 측방 이동한다.
- 평균적인 보폭으로 나이가 들거나 통증, 피로, 하지의 병변 등으로 인해 **보폭이 감 소된다.**
- 성인의 평균 보행 수로 **평균 에너지 소비량은 100cal/mile**이다.
- 흔듦기에서 골반은 전방으로 40° 회전하며 반대편 하지의 엉덩관절은 회전을 위 한 받침점으로 작용한다.

(4) 걸음주기

① 디딤기

디딤기는 전체 걸음주기(gait cycle)에서 약 60% 차지한다. 디딤기는 발뒤꿈치 닿기, 발바닥 닿기, 중간 디딤기, 발끝 떼기로 나눈다.

발뒤꿈치 닿기(heel strike)는 처음 동작, 전체 걸음주기의 약 0~2% 지점으로 이 시기 발에서 나타나는 통증은 종골(calcaneus), 발바닥 부분(plantar surface)의 안쪽 결절부에 서 돌출된 뒤꿈치 충동(heel spur) 때문에 발생한다. 또한 주머니염(bursitis)의 발생으로 발을 치켜들고 깡충 뛰는 것처럼 하고 걷게 된다. 발뒤꿈치 닿기 동안 무릎관절은 신 전되어 발이 지면에 닿게 되는데 대퇴사두근(quadriceps)의 근력이 약하여 무릎관절을 신전할 수 없거나 굴곡상태가 유합되어 고정된다면 무릎을 펴기 위하여 손으로 무릎을 누르면서 걷게 된다.

발바닥 닿기(foot flat)는 전체 걸음주기의 약 0~10% 지점으로 발바닥 전체가 지면에 닿게 되는 순간을 말한다. 이때 발에 작용하는 근육은 배측굴곡근(dorsiflexor), 앞정강근(tibialis anterior), 긴발가락폄근(exnsor digitorum longus), 긴엄지폄근(extensor hallucis longus)으로 편심성 신장(eccentric elongation)을 하여 발바닥쪽 굽힘(plantar flexion)이 일어나 발을 지면에 살며시 내려놓게 된다. 발목관절이 융합된 환자는 중간 디딤기까지 발을 편평하게 유지하는 것이 불가능하고, 발목관절의 발등굽힘(dorsiflexor)이 약하면 발뒤꿈치 닿기 후 발이 힘없이 털썩 떨어지게 된다.

중간 디딤기(mid stance)는 전체 걸음주기의 약 10~30% 지점으로 반대쪽 흔듦하는 다리가 통과하는 시기이다. 이때 발바닥 전체에 균등하게 체중부하가 이루어지며 중둔근(gluteus medius)의 역할이 중요하다. 목발밑관절염(subtalar arthritis) 또는 평편족(rigid pes planus)이 있거나, 발 앞쪽의 횡족궁(transverse arch)이 내려앉은 환자는 발허리뼈 머리(metatarsal head)에 통증을 수반한 못(callus)이 발생한다. 또한 티눈(corn)이 생겨 통증이 나타날 수 있다.

무릎관절은 중간 디딤기에서 완전히 펴이 되어 있지 않기 때문에 안정성을 위해 넙다리네갈래근이 수축한다. 엉덩관절은 약 2.5cm 정도 체중부하 측으로 측방 이동하게 되는데 중둔근이 약한 환자는 무게 중심이 환측으로 기울어지는 바깥벌림근 파행

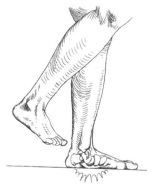

- 종족궁이 내려앉음(평편족)

- 횡족궁이 내려 앉게 되면, 2차적으로 뒤꿈치뼈 머리에 못이 생겨 심한 통증 야기

- 갈퀴발가락 위에 생긴 티눈은 통증의 원인

그림 5-29

(abductor lurch) 또는 중간볼기근 파행(gluteus medius lurch)이 나타난다. 대둔근(gluteus maximus)이 약화되면 엉덩관절의 폄을 유지하기 위해 몸통을 위쪽으로 젖히게 된다. 이것을 폄근 파행(extensor lunch) 또는 큰볼기근 파행(gluteus maximus lurch)이라고 한다.

　발끝 떼기(push-off)는 발꿈치 떼기(heel off)와 발가락 떼기(toe off)로 이루어져 있는데 발끝 떼기는 전체 걸음주기의 약 30~50% 지점에서 일어나고 발가락 떼기는 전체 걸음주기의 약 50~60% 지점에서 일어난다. 발허리발가락관절의 일부 또는 전부가 융합되는 강직성 굴지증(hallux rigidus), 골관절염, 발허리발가락관절이 내려앉아서 2차적으로 가골염(callosities)이 발생되거나, 넷째와 다섯째 발가락 사이에 티눈이 생길 수 있다. 발의 비정상적인 병변으로 인해 발 앞쪽과 발가락을 비스듬히 가로지르는 사전의 주름 발생한다. 발끝 떼기 시 무릎관절에서 작용하는 근육은 장딴지근(gastrocnemius), 가자미근(soleus), 긴엄지굽힘근(flexor hallucis longus)으로 근육이 약화가 되면 발바닥 보행(flat gait)이나 발뒤꿈치 보행(calcaneus gait)을 한다.

　② 흔듦기
　흔듦기는 가속기, 중간 흔듦기, 감속기로 나눈다.
　가속기(acceleration)는 발가락 끝 떼기 다음에 발이 지면에서 떨어져 앞으로 나가는 시기로 전체 걸음주기의 약 60~73% 지점에 해당된다. 흔듦기 시기에 발목관절은 발등쪽 굽힘이 되어 모든 시기에 작용한다. 무릎관절은 발가락 끝 떼기와 중간 흔듦기 사이에 최대로 약 65°까지 굴곡되어 있고 엉덩관절은 넙다리네갈래근이 발 끝 떼기 바로 직전에 수축하기 시작한다. 넙다리네갈래근이 약하다면 환자는 다리를 앞으로 내밀기 위하여 과장된 방법으로 골반을 과도하게 전방으로 회전하게 된다.

　흔듦기에 있는 다리가 반대쪽 다리의 중간 디딤기의 위치에 있는 **중간 흔듦기** 시기는 전체 걸음주기의 약 73~85% 지점으로 발등쪽 굽힘근육이 작용하지 않으며 구두 앞부리를 지면에 끌면서 소리 나게 걷는 신발 끝 긁기(shoe scrapes)가 발생한다. 이 자세를 보상하기 위해 계상 보행(steppage gait)을 하게 되는데 엉덩관절을 굴곡시키고, 무릎을 굴곡시켜 지면으로부터 발을 들어 올리기 쉽게 걷게 된다.

　감속기(deceleration)는 전체 걸음주기의 약 85~100% 지점으로 발뒤꿈치 닿기 바로 직전부터 천천히 다리가 바닥에 닿을 때까지 수축한다. 슬와부근(hamstring)이 약하면 발뒤꿈치가 거칠게 일어나고, 발뒤꿈치의 피부는 두터워지게 되며 무릎이 과신전된다(back knee gait).

그림 5-30   신발 끝 긁기와 계상 보행

참고문헌

구봉호 외(2012). 임상운동학. 서울: 현문사.

김동대 외(2013). 임상운동학. 서울: 현문사.

김종만 외(2010). 근육뼈대계의 기능해부 및 운동학. 서울: 정담미디어.

박경한 외(2018). 새 의학용어. 서울: 범문에듀케이션.

박지환 외(2013). 근골격계 물리치료진단학. 서울: 현문사.

작업치료교재편찬위원회 저(2013). 측정 및 평가. 서울: 범문에듀케이션.

장정훈 외(2016). 운동치료총론(6판). 서울: 영문출판사.

정진우(2014). 척추와 사지의 검진. 서울: 대학서림.

채윤원(2011). 뉴만 KINESIOLOGY(2판). 서울: 범문에듀케이션.

최혜숙 외(2011). 아동작업치료학(6판). 서울: 엘스비어코리아.

최혜숙 외(2017). 작업치료사를 위한 임상운동학. 서울: 범문에듀케이션.

한재희 외(2017). 해부생리학입문. 서울: 범문에듀케이션.

CIBA원색도해의학총서 편찬위원(2010). CIBA원색도해의학총서 Volume 8(part I, II, III). 서울: 정담.

Mansfield, N. (2015). 임상운동학 및 기능해부학 [*Essentials of kinesiology for the physical therapist assistant* (2nd ed.)]. (채윤원 역). 서울: 현문사. (원저는 2013년에 출판).

제6장

장애 진단 및 평가

❚ 김소영

1. 장애 진단과 평가의 원리

보조공학의 목적은 손상된 기능을 회복시키는 것이 아니라 기능적인 활동을 수행할 수 있도록 도와주는 보조공학을 제공하는 것이다. 그러므로 평가는 인간, 활동, 환경, 보조공학을 고려해 이루어진다. 평가는 신중하고 지속적으로 이루어져야 하며, 전문가들의 협력과 클라이언트 중심의 접근 방법을 사용하여야 한다. 평가과정에는 자료를 모으고 해석하는 과정과 기록이 포함되는데, 전문가의 임상적인 경험과 클라이언트의 장애를 이해할 수 있는 의학적 지식이 기초가 되어야 한다. 평가는 일정한 기간을 정하여 실시함으로써 클라이언트의 현실적인 문제점을 객관적으로 찾아 보조공학 서비스를 제공할 수 있도록 해야 한다.

1) 평가의 의의

모든 재활분야는 평가에서 시작하여 평가로 끝난다고 알려져 있으나 평가란 클라이언트의 현시점에서 상태를 파악하고 치료방침 및 보조공학 서비스를 결정하여 그 실시과정이 어떤지를 확인하고 또 장래를 예측하기 위해 필요한 수단이다. 또한 개인이 특정 과제를 수행하지 못하는 근본적인 이유를 결정하여, 정확한 진단을 내리고, 보조공학 서비스를 제공할 것인지 다른 수단이 필요한지 등을 판단할 수 있게 한다.

일반적으로 평가를 간단한 검사라고 생각하는 경향이 있으나 평가는 문제점들을 측정하는 특정 검사들의 조합으로 모든 검사의 통합된 과정이며, 관찰, 검사 및 측정, 기록, 통합과 해석이 포함된다.

2) 장애 진단 판별평가

장애 진단 판별평가의 목적은 클라이언트가 가진 능력과 제한점을 알아내고 수행이 이루어지는 환경에서 보조공학기기로 인해 발생하는 여러 가지 가능성을 예측하고 문제점을 대처하는 것이다. 전문가는 클라이언트와 함께 어떤 활동에 어떤 어려움이 있는지, 왜 어려운지를 알려 주고, 흥미 있는 영역에 대한 부분은 판별과정 중에 검사한다.

장애 진단 판별평가 후에 결과 해석은 판별검사 영역에 대해 점수가 평균 이하일 경우 해당 영역에 대한 손상을 의심할 수 있다. 이는 추후 좀 더 정밀한 검사가 필요함을 의미한다. 정밀한 검사를 시행한 후 모든 검사자료를 바탕으로 정확한 장애 진단을 내릴 수 있고, 동일한 장애 진단을 받았더라도 장애의 질과 환경에 따라 치료 및 보조공학 서비스가 달라진다. 그러므로 장애 진단 판별검사를 바탕으로 장애 진단을 내리지 않는다.

2. 지체장애 진단 및 평가

1) 관절운동범위 측정

관절운동범위(range of motion: ROM)는 관절이 움직일 수 있는 정도로 두 뼈 사이에 나타나는 움직임의 범위를 말한다. 관절운동범위의 측정은 관절이 외부적 힘에 의해 움직일 때 주어진 관절에서의 동작범위를 측정하는 수동관절운동범위(passive range of motion: PROM)와 클라이언트 자신의 힘을 사용함으로써 이루어지는 주어진 관절에서의 동작범위를 측정하는 능동관절운동범위(active range of motion: AROM)에서 이루어질 수 있다. 관절운동범위는 수동관절가동범위로 측정하는 것이 원칙이지만 제한요인을 알기 위해 적절한 근력이 있는 경우 능동관절운동범위를 관찰한다.

(1) 관절 측정에 사용되는 각도계

관절의 측정을 위해 여러 가지 각도계들이 사용된다. 관절각도계(goniometer)의 종류는 axial rotation gravity goniometer, cervical ROM instrumental(CROM), 경사계(inclinometer), 지각도계(finger goniometer), 일반 각도계(general goniometer)가 있다.

모든 각도계는 눈금이 있는 각도기(protractor), 회전축(axis), 고정막대과 운동막대를 갖는다. 각도계는 180°까지 표시되어 있는 반원형 각도계 형태와 360°까지 표시되어 있는 원형 각도계 형태가 있다.

(2) 관절 측정 원리와 절차
① 시각적 관찰

측정자는 클라이언트에서 능동적 움직임이 가능하다면 최대한 많이 움직여 보라고 지시하고 이를 시각적으로 관찰한다. 이때 측정자는 대상작용, 자세, 근육의 수축 정도, 피부의 상태를 관찰하며 손상되지 않은 쪽과 비교한다. 그다음 수동관절운동범위를 측정한다.

② 시작자세

양발을 모아 똑바로 선 자세에서 정면을 바라보고, 노뼈 및 자뼈의 엎침과 뒤침 자세를 제외하고, 인체의 모든 방향에 위치의 기준이 되는 해부학적 자세를 취한다. 측정하고자 하는 관절 및 결합조직, 근육과 건이 긴장되지 않도록 자세를 취한다.

③ 측정자의 자세

측정하고자 하는 클라이언트의 각 관절에 따라 측정자의 자세는 달라진다. 작은 관절을 측정할 때에는 측정자가 클라이언트와 마주 보거나 옆에 앉아서 측정하고, 큰 관절을 측정할 때에는 측정자가 클라이언트의 팔다리 옆에 서서 측정한다.

④ 촉진

측정자는 관절을 측정하기 위해 각도계의 축과 각도계의 각 막대들이 위치할 뼈와 관절의 회전축을 찾기 위해 촉진을 한다. 엄지손가락, 집게손가락과 가운데 손가락을 사용하여 클라이언트의 피부 및 근육, 힘줄, 뼈 구조를 찾아낼 수 있을 정도로 부드럽게 조절하여 촉진한다. 클라이언트의 피부에 측정자의 손톱이 닿지 않도록 한다.

⑤ 회전축

각도계의 회전축을 측정하고자 하는 동작의 회전축에 놓는다. 일부 관절에서 동작의 회전축은 뼈의 해부학적 기준과 일치하지만 다른 관절에서는 움직임을 관찰하고 움직임이 발생하는 곳의 주변 지점을 찾음으로써 회전축을 알 수 있다. 동작의 회전축은 움직이는 동안 변경될 수 있으며 각도계의 축 조절이 필요하다. 시작자세에서 각도를 측정한 후 운동하는 동안 각도계를 떼었다가 운동범위 마지막에 재위치시켜야 한다. 측정 자세를 정렬하고 각도계의 두 막대를 올바르게 정렬시키면 자동적으로 회전축에 놓이게 된다.

⑥ 끝느낌

끝느낌(end-feel)은 관절범위의 말단에서 움직임을 더할 때 연조직 신장, 인대와 관절낭(joint capsule) 신장, 연조직 간의 접근, 뼈와 뼈의 접촉 때문에 느껴지는 저항이다. **정상 끝느낌**은 딱딱하거나 부드럽거나, 빈틈없이 단단한 느낌이다. 딱딱한 끝느낌의 예는 팔꿈관절을 수동적으로 펼 때 팔꿈치 오목에 맞물릴 때 느껴지는 뼈와 뼈가 접촉하는 느낌이다. 부드러운 끝느낌은 무릎을 굽힐 때 허벅지의 뒷부분과 종아리가 만날 때 느껴지는 저항이다. 빈틈없이 단단한 끝느낌은 용수철과 같은 감각으로 무릎이 펴진 상태에서 발목이 발등쪽 굽힘(dorsiflexion)을 할 때 장딴지근(gastrocnemius)의 장력으로 관절운동범위의 제한을 느끼는 경우이다. **병리학적인 끝느낌**은 수동적인 관절운동범위가 증가되거나 감소되었을 때, 또는 수동적인 관절운동범위는 정상이지만 비정상적인 해부학적 구조로 움직임이 나타날 때 느껴진다.

⑦ 두 관절 근육

두 관절 근육(two-joint muscle)이 지나가는 관절의 운동범위를 측정할 때 이 관절은 수동적 부족(passive insufficiency)이라는 특성 때문에 관절의 자세가 정해져서 측정하고자 하는 관절의 운동범위에 영향을 받게 된다. 두 관절 근육은 두 관절의 정상 운동 범위의 최대 한계에 도달하기 전에 완전히 늘어나게 되어 관절에서 긴장을 느끼게 된다. 그러므로 중립자세 또는 이완자세를 취하여 근육이 충분히 느슨해진 상태로 하여 측정을 실시한다.

⑧ 주의 및 금기사항

클라이언트가 탈골이 되었거나 완전히 치료되지 않은 골절, 관절 주위의 연조직 수술 직후, 골화성 근염이 있는 경우 관절운동범위 측정은 금기사항이다. 클라이언트가 관절의 염증이 있는 경우, 통증 감소를 위한 약이나 근육이완제를 처방받고 있는 경우, 골다공증이나 과도한 움직임 또는 관절의 아탈구가 있는 경우, 혈우병이 있는 경우, 혈종·연조직의 상처를 가지고 있는 경우, 최근에 골절이 치료된 경우, 계속 움직이지 않은 자세를 유지해야 하는 경우, 골성 관절경직이 의심되는 경우, 뼈의 종양이 있거나 뼈가 취약한 상태인 경우에는 관절측정을 주의해야 한다.

(3) 관절운동범위 측정

180°까지 표시되어 있는 반원형 각도계를 사용하여 측정할 때 측정자는 시작자세에서의 각도와 최대 관절을 움직였을 때만 최종자세에서의 각도를 기록한다. 정상 관절운동범위는 항상 0°에서 시작하여 180°로 진행된다. 동작의 제한으로 인해 0°에서 시작이 불가능한 경우 시작자세의 각도를 측정해서 기록한다.

먼저 클라이언트에게 적절한 자세를 취하게 하고 측정부위의 근육이 이완된 상태가 되도록 유지시킨다. 클라이언트의 측정 관절을 노출시키고 움직임이 제한되지 않도록 환경을 살핀다. 측정자는 클라이언트에게 평가목적을 설명하고 시행 방법에 대해 시범을 보인다. 클라이언트의 대상작용과 긴장을 최소화하기 위해 두세 번의 수동적인 움직임을 만들어 낸다. 관절 측정을 위한 연접경계(landmark)를 촉진하여 정하고, 측정하고자 하는 관절의 몸쪽(proximal) 부분을 고정시킨다. 가능한 관절운동범위를 수동적으로 움직여서 관절의 움직임에 대한 감각을 얻는다. 시작자세에서 관절축 위에 각도계의 축을 올려놓고, 고정막대는 몸쪽의 고정된 뼈에 위치하고, 이동막대는 먼쪽(distal)의 움직이는 뼈 위에 놓는다. 각 측정 동작의 시작점과 종료 시에 각도계가 가리키는 눈금의 수치를 읽고 검사지에 기록한다.

다음은 관절운동범위 측정 기록양식이다.

표 6-1 관절운동범위 측정 기록양식

클라이언트 성명: _____   차트번호: _____
생년월일: _____   연령: _____   성별: _____
진단명: _____   발병일: _____
장애: _____

왼쪽			척추	오른쪽		
3	2	1		1	2	3
			목뼈			
			굽힘 $0°\sim45°$			
			폄 $0°\sim45°$			
			가쪽 굽힘 $0°\sim45°$			
			회전 $0°\sim60°$			
			등뼈와 허리뼈			
			굽힘 $0°\sim80°$			
			폄 $0°\sim30°$			
			가쪽굽힘 $0°\sim40°$			
			회전 $0°\sim45°$			
			어깨			
			굽힘 $0°\sim170°$			
			폄 $0°\sim60°$			
			벌림 $0°\sim170°$			
			수평 벌림 $0°\sim40°$			
			수평 모음 $0°\sim130°$			
			내회전 $0°\sim70°$			
			외회전 $0°\sim90°$			
			팔꿈치와 아래팔			
			굽힘 $0°\sim135°\text{-}150°$			
			뒤침 $0°\sim80°\text{-}90°$			
			엎침 $0°\sim80°\text{-}90°$			
			손목			
			굽힘 $0°\sim80°$			
			폄 $0°\sim70°$			
			자뼈 치우침 $0°\sim30°$			
			노뼈 치우침 $0°\sim20°$			
			엄지			
			MP 굽힘 $0°\sim50°$			
			MP 과신전 $0°\sim80°\text{-}90°$			
			벌림 $0°\sim50°$			
			손가락			
			MP 굽힘 $0°\sim90°$			
			MP 과신전 $0°\sim15°\text{-}45°$			
			PIP 굽힘 $0°\sim110°$			
			DIP 굽힘 $0°\sim80°$			
			벌림 $0°\sim25°$			
			엉덩이			
			굽힘 $0°\sim120°$			
			폄 $0°\sim30°$			
			벌림 $0°\sim40°$			
			모음 $0°\sim35°$			
			내회전 $0°\sim45°$			
			외회전 $0°\sim45°$			
			무릎			
			굽힘 $0°\sim135°$			
			발목과 발			
			발바닥쪽 굽힘 $0°\sim50°$			
			등쪽 굽힘 $0°\sim15°$			
			안쪽번짐(내번) $0°\sim35°$			
			가쪽번짐(외번) $0°\sim20°$			

출처: Pendleton & Schultz-Krohn (2014).

(4) 결과 해석

초기 평가는 관절에 제한이 있는지를 확인하기 위해 기록지를 검토함으로써 해석된다. 관절운동범위의 제한은 기능적인 수행을 감소시키며 변형을 야기시킬 수 있다. 측정자는 관절운동의 제한이 조직 변화의 결과인지 근육 약화의 결과인지를 평가한다.

만약 AROM이 PROM보다 작다면 근육 약화의 문제가 있는 것이다. AROM의 제한이 관찰되고 full PROM이 가능할 경우에는 능동 운동에 문제는 있다고 본다. 그러나 PROM에서 마지막 범위에 도달하지 못하면 문제는 수동운동에 있는 것이다.

2) 근력의 평가

도수근력검사(manual muscle test: MMT)는 근력을 평가하는 방법이다. 도수근력검사는 근이나 근군의 최대 수축을 측정한다. 근 수축의 징후, 근 수축 시 관절이 움직이는 관절운동범위의 양, 근육이 수축할 때 대항하는 저항의 양이 근력의 측정에 사용되는 기준이 된다. 중력은 저항의 형태로 여겨진다. 도수근력검사는 근력의 양을 결정하고 근력의 증가와 상실을 기록하는 데 쓰인다.

(1) 도수근력검사의 목적

근력검사의 목적은 사용할 수 있는 근력의 양을 결정함으로써 중재계획의 기초선을 설정하기 위해서, 일상생활활동과 수단적 일상생활활동과 같은 의미 있는 작업을 수행하는 데 근 약화가 어떻게 활동의 제한을 주는지를 인식하기 위해서, 근력의 불균형으로 인한 변형을 방지하기 위해서, 보상수단으로서 보조도구의 필요성을 결정하기 위해서, 환자의 능력 안에서 작업의 선택을 돕기 위해, 중재전략과 양식의 효율성을 평가하기 위해서이다.

도수근력검사는 말초신경과 척수손상과 같은 신경근 이상을 진단하는 데 필요하고, 신경이 살아 있거나 부분 또는 완전히 손상되었는지를 결정하는 데 도움을 주며, 척수손상의 수준을 결정하는 데 도움을 준다.

(2) 도수근력검사의 금기증과 주의점

도수근력검사를 이용한 근력의 평가는 다음과 같은 증상이 있을 때 검사를 피해야 한다. 검사부위의 염증이 있거나 통증이 있을 때, 탈구나 치유되지 않은 골절이 있을 때, 최근 수술(특히 근골격계)을 했을 때, 골화근염이 있을 때, 골암종이나 뼈가 부러지기 쉬운 상태일 때이다.

또한 다음과 같은 증상은 도수근력검사를 수행할 때 주의를 필요로 한다. 골다공증이 있을 때, 관절이 아탈구되었거나 과운동성일 때, 혈우병이나 여러 형태의 심장혈관계 질환이나 병이 있을 때, 복부 수술이나 복벽 탈장이 있을 때, 그리고 클라이언트의 상태를 심하게 할 정도로 피로한 경우일 때이다.

도수근력검사는 검사과정에 있어 환자의 완전한 참여가 필요하다. 따라서 측정자의 저항이 주어질 때 클라이언트가 진정한 노력을 해야 하는, 약간의 불편을 참아야 하는, 검사의 요구사항을 이해하려는 클라이언트의 의지가 있어야 한다.

(3) 도수근력검사의 원리
① 검사 시 준비사항

클라이언트는 딱딱한 표면 위에 안정된 자세를 취한다. 옷의 경우 측정자가 근육을 볼 수 있는 것으로 준비하거나 벗는다. 클라이언트가 검사하는 동안 정확한 자세를 취할 수 없다면, 측정자는 검사를 변형시키고 대략적인 근력 등급을 임상적 판단에 의해 결정한다.

② 고정

근육의 수축이 일어날 때 근육의 길이는 짧아지기 때문에 움직임이 일어나는 부위의 다른 쪽은 움직임이 일어나지 않게 고정해야 한다. 움직임에서 약한 근육 기능이 있을 때 보상하려는 경향이 있기 때문이다. 이것을 **대상작용**이라고 하는데 다른 쪽을 고정함으로써 검사하는 근육을 선택적으로 수축하도록 할 수 있다. 검사하는 동안 근육의 촉진을 통해 나타날 수 있는 대상작용을 제거한다. 또한 측정자는 클라이언트의 통증, 예민한 부위, 검사 근육 위의 고정은 피하도록 한다.

③ 근육 기능에 영향을 주는 중력

중력은 근력에 대한 저항의 형태이다. 중력에 대항하여 움직일 수 있는지에 따라 근력의 등급이 정해진다. 중력에 대한 움직임은 수직면(sagittal plane)에서 수행되고 F(3), G(4), N(5) 등급을 사용한다. 중력과 저항에 대한 움직임은 도수 또는 기계적 저항을 더한 상태로 수직면에서 수행되고 F+(3+)에서 N(5) 등급을 사용한다.

근력이 약한 등급 Z(0), T(1), P(2), P+(2+)를 위한 평가는 중력의 저항을 줄이기 위해 수평면에서 수행된다.

(4) 근력등급 체계

근력의 등급은 우선 건측을 측정함으로써 힘의 기준을 세운다. 낮은 지구력이나 피로 때문에 근력등급의 결과가 잘못 나올 수 있으므로 검사를 세 번 이상 반복하지 않도록 한다. 도수근력의 등급 및 각 등급에 대한 정의는 다음과 같다.

표 6-2 근력의 등급과 정의

숫자	등급	등급의 정의
0	Zero(0)	아무런 근수축도 보이거나 느껴지지 않는다.
1	Trace(T)	근수축이 보이거나 느껴지기는 하나, 동작은 일어나지 않는다.
2-	Poor minus(P-)	최소중력 상태에서 불완전한 관절운동범위로 움직인다.
2	Poor(P)	최소중력 상태에서 완전한 관절운동범위로 움직인다.
2+	Poor plus(P+)	중력에 대항해서 유용한 관절운동범위의 50% 미만으로 움직이거나, 최소중력 상태에서 약간의 저항과 함께 완전한 관절운동범위로 움직인다.
3-	Fair minus(F-)	중력에 대항해서 유용한 관절운동범위의 50% 이상으로 움직인다.
3	Fair(F)	중력에 대항해서 완전한 관절운동범위로 움직인다.
3+	Fair plus(F+)	약간의 저항과 함께 중력에 대항해서 완전한 관절운동범위로 움직인다.
4	Good(G)	중등도의 저항과 함께 중력에 대항해서 완전한 관절운동범위로 움직인다.
5	Normal(N)	최대의 저항과 함께 중력에 대항해서 완전한 관절운동범위로 움직인다.

출처: Pendleton & Schultz-Krohn (2014).

(5) 도수근력검사의 기록양식

다음은 도구근력검사 측정 기록양식이다.

표 6-3 도구근력검사 측정 기록양식

이름:		차트번호:	
생년월일:		나이:	성별:
진단명:		발병일:	
장애:		평가일:	담당측정자: _____ (인)

	왼쪽				오른쪽		
		목	굽힘근				
			폄근				
		몸통	굽힘근				
			오른쪽바깥빗근 회전근 왼쪽바깥빗근				
			왼쪽배속빗근　　　　오른쪽배속빗근				
			폄근　　　　　　　등				
			허리				
			골반올림　　　　허리네모근				
		엉덩이	굽힘근　　　　엉덩허리근				
			폄근　　　　　큰볼기근				
			벌림근　　　　중간볼기근				
			모음근				
			가쪽돌림근				
			안쪽돌림근				
			넙다리빗근				
			넙다리근막긴장근				
		무릎	굽힘근　　　　넙다리두갈래근				
			안쪽오금근육				
			폄근　　　　　넙다리네갈래근				
		발목	발바닥쪽굽힘근　장딴지근				
			가자미근				
		발	안쪽번짐근　　앞정강근				
			뒤정강근				
			가쪽번짐근　　짧은종아리근				
			긴종아리근				
		발가락	발허리발가락관절굽힘근　벌레근				
			발가락뼈사이관절굽힘근(first)　짧은발가락굽힘근				
			발가락뼈사이관절굽힘근(second) 긴발가락굽힘근				
			발허리발가락관절폄근　짧은발가락폄근				
			긴발가락폄근				
		엄지발가락	발허리발가락관절굽힘근　짧은엄지굽힘근				
			발가락뼈사이관절굽힘근　긴엄지굽힘근				
			발허리발가락관절폄근　짧은엄지폄근				
			발가락뼈사이관절폄근　긴엄지폄근				
		어깨뼈	벌림근　　　　앞톱니근				
			올림근　　　　위등세모근				
			내림근　　　　아래등세모근				
			모음근　　　　중간등세모근				
			마름근				
		어깨	굽힘근　　　　앞어깨세모근				
			폄근　　　　　넓은등근				
			큰원근				
			벌림근　　　　중간어깨세모근				

			수평벌림근	뒤어깨세모근				
			수평모음근	큰가슴근				
			가쪽돌림근					
			안쪽돌림근					
		팔꿈치	굽힘근	위팔두갈래근				
				위팔노근				
			폄근	위팔세갈래근				
		아래팔	뒤침근					
			엎침근					
		손목	굽힘근	노쪽손목굽힘근				
				자쪽손목굽힘근				
			폄근	긴·짧은노쪽손목폄근				
				자쪽손목폄근				
		손가락	손허리손가락관절굽힘근	벌레근				
			손가락뼈사이관절굽힘근(first)	얕은손가락굽힘근				
			손가락뼈사이관절굽힘근(second)	깊은손가락굽힘근				
			손허리손가락관절폄근	손가락폄근				
			모음근	바닥쪽뼈사이근				
			벌림근	등쪽뼈사이근				
			새끼벌림근					
			새끼맞섬근					
		엄지손가락	손허리손가락관절굽힘근	짧은엄지굽힘근				
			손가락뼈사이관절굽힘근	긴엄지굽힘근				
			손허리손가락관절폄근	짧은엄지폄근				
			손가락뼈사이관절폄근	긴엄지폄근				
			벌림근	짧은엄지벌림근				
				긴엄지벌림근				
		모음근						
		맞섬근						

측정:

걸을 수 없음	날짜	말하기
서기	날짜	삼키기
도움 없이 걷기	날짜	가로막
기구 이용하여 걷기	날짜	갈비사이근

중요단어

5	N	정상	중력과 완전한 저항에 대항해서 관절운동범위 수행
4	G	우*	중력과 약간의 저항에 대항해서 관절운동범위 수행
3	F	양*	중력에 대항해서 관절운동범위 수행
2	P	가*	중력이 제거된 상태에서 관절운동범위 수행
1	T	불가	약한 수축의 징후. 관절 움직임 없음
0	O	영	수축의 징후가 전혀 없음
S 또는 SS			경직 또는 심한 경직
C 또는 CC			구축 또는 심한 구축

* 근 경직 또는 구축이 관절운동범위를 제한시킨다. 움직임에 대한 등급을 정한 후 매겨진 물음표는 이런 이유로 수행되지 않았다는 것을 의미한다.

출처: Pendleton & Schultz-Krohn (2014).

(6) 근력검사의 제한점

뇌졸중이나 뇌성마비와 같은 상위 운동신경 손상에 의해 발생되는 경직이 있는 클라이언트에게는 근력검사가 적합하지 않다. 또한 근지구력, 근 협응과 운동수행능력을 측정할 수 없다.

3) 아동발달 평가

발달이란 수정에서부터 사망할 때까지 사람에게서 일어나는 체계적이며 연속적인 변화과정을 말한다. 즉, 발달(development)은 '변화(change)'라고 할 수 있으며 그 특성은 체계적이고 연속적이라는 것이다.

(1) 아동발달 평가의 목적

아동의 장애 진단 유무를 검사하기 위해서 아동과 환경을 평가한다. 장애의 위험이 있거나 장애를 가진 아동을 대상으로 포괄적 평가와 여러 가지 주의 깊은 선별 단계 동안 이루어지는 검사에 대한 의사결정을 논의한다. **아동발달 평가의 목적**은 첫째, 특정 하부 평가(evaluation)의 필요 유무를 결정하기 위해, 둘째, 아동의 보다 나은 평가를 결정하기 위해, 셋째, 아동의 적격성 및 진단검사를 통해 치료 서비스 및 보조공학 서비스 등 재활 서비스의 적격 및 진단과정에 도움을 주기 위해, 넷째, 아동에게 재활 서비스의 진행 및 좀 더 나은 서비스가 필요한지에 대한 재평가를 위해, 다섯째, 재활서비스의 효과에 대한 임상적 결과를 도출하기 위해, 여섯째, 특정 질환을 가진 아동의 발달 패턴 및 기능적 변화를 기술하기 위해, 일곱째, 재활 서비스를 개발하기 위해서이다.

(2) 숙련된 관찰

아동발달을 평가하기 위해서는 검사자가 예리하고 정확한 관찰능력을 지녀야 한다. 또한 객관적 방법을 통해 아동의 행동을 기록할 수 있어야 한다. 검사자는 표준화된 평가도구와 함께 아동의 능력을 파악할 수 있으며 아동이 어떻게 수행하는지 실제적으로 반영할 수 있다.

올바른 관찰방법은 자연스러운 아동의 행동을 방해해서는 안 되며, 아동의 수행을 지지하는 환경에 대해 관심을 가져야 한다. 검사자는 아동의 행동을 관찰할 수 있으며 자연스러운 용어를 사용하고 체계적 · 객관적 방법을 이용하여 정확하고 신뢰할 수 있게 기록한다.

(3) 아동발달 평가도구

① Denver Developmental Screening Test Ⅱ(DDST Ⅱ)

DDST는 아동의 잠재적 발달 문제를 판별하기 위해 개발되었다. 아주 간단하게 아이의 발달 수준을 파악할 수 있는 기준들을 제공하며, 발달장애가 의심되는 아동을 조기 판별(screen)하는 평가도구이지 진단평가 도구가 아니다. 신생아부터 6세까지 아동을 대상으로 네 가지 영역을 평가하는데 개인-사회성(personal-social) 영역, 소운동-적응력(fine motor-adaptive) 영역, 언어(language) 영역, 대운동(gross motor) 영역으로 구성되어 있다.

평가방법은 연대기적 연령을 계산하여 연령선을 긋고 검사항목을 선정한다. 그리고 검사 시 행동양상을 평가하고 검사 결과를 통과(pass) 'P', 실패(fair) 'F', 기회 없음(no opportunity) 'NO', 거부(refusal) 'R'로 표시한다. 검사결과의 해석은 월등한 항목, 정상 항목, 주의 항목, 지연 항목으로 구성된다. 정상 발달은 지연 항목이 없고 주의 항목이 최대 1개일 경우, 의심스런 발달은 1개의 지연 항목이나 2개 이상의 주의 항목일 경우, 검사 불능은 완전히 연령선 왼쪽의 항목에서 1개 이상의 거부나 75~90%의 연령선이 지나는 항목에 2개 이상이 'R'인 경우이다. 재검사는 1~2주 이내 실시하는데, 재검사 결과 다시 의심이나 검사 불능으로 나오는 경우 전문가에게 의뢰한다.

② Gesell Developmental Scale

Gesell Developmental Scale은 주로 진단용으로 사용되는 척도로 아동의 신경운동기능과 인지능력 발달의 지연정도를 알아보기 위해 개발되었다. 발달 정도에 대한 진단 및 추적조사에 사용되는데 DDST로 판별해 낸 발달지연 아동의 추적조사를 위해 사용하기도 한다. 대상은 0~3세, 2~6세, 6~10세 아동을 대상으로 운동, 적응성, 언어, 개인 및 사회성 등 4개 영역을 평가한다.

③ 뮌헨기능발달진단검사(Munchener Funktionelle Entwixcklungsdiagnostik)

뮌헨기능발달진단검사는 영유아의 발달진단을 통해 조기치료의 기회를 제공한다. 신생아에서 3세까지의 영유아를 대상으로 실시하고 직접적인 관찰 및 도구를 이용한 자유놀이, 부모 면접을 통해 영유아 발달을 평가한다. 영아용은 기기·앉기·잡기·지각·언어표현·언어이해·사회성의 8가지 영역으로 구성되어 있고, 2~3세용은 총 179개 항목으로 대동작·손기능·지각·언어표현·언어이해·사회성·독립성을 평가한다.

④ Bayley Scale of Infant Development Ⅱ

Bayley Scale of Infant Development Ⅱ는 아동의 초기 발달 상태를 검사하여 아동의 수준을 측정하는 데 목적이 있으며, 지적 능력과 운동능력의 지연 정도를 수치로 알아볼 수 있다. 1~42개월 아동을 대상으로하며, 지능 178항목, 운동 111항목, 유아행동기록 30항목의 세 부분으로 구성되어 있고 수행에 관한 검사 중 행동항목에 따라 아동을 관찰하여 기록한다.

3. 뇌병변장애 진단 및 평가

1) 운동 평가

운동조절능력은 목적 있는 활동에서 동적인 자세 교정과 직접적인 신체와 사지의 움직임을 만드는 능력이다. 정상적인 운동조절을 위해서는 근육긴장도, 자세긴장도, 자세역학, 선택적인 움직임, 협응 등이 정상적으로 기능해야 한다. 뇌혈관질환, 뇌손상과 같은 신경학상의 손상 또는 다발성 경화증, 파킨슨병과 같은 질병은 운동조절에 영향을 준다.

작업을 수행하는 동안 운동조절 기능장애를 관찰하는 것은 운동조절을 평가하는 방법으로 근 긴장, 자세조절, 협응력, 비정상 반사 및 정형화된 움직임 패턴 등을 평가한다.

(1) 수행평가 도구

클라이언트의 실제 목표를 명확하게 세우고 치료에 도움이 되는 가장 기본적인 과정으로 많은 일상생활을 하면서 운동조절을 관찰하는 데 도움이 된다.

① Fugl-Meyer Assessment(FMA)

FMA는 뇌졸중 이후 클라이언트의 신경학적 회복의 자연스러운 진행과정에 근거를 둔다. 클라이언트의 운동기능, 균형, 일부 감각과 관절 기능을 평가하기 위해 개발되었는데 뇌졸중의 운동 회복단계인 브런스톰(Brummstorm)의 6단계 회복수준에 따른 운동기능 평가로 낮은 점수는 심한 경직이 존재하는 것을 나타낸다. FMA의 평가는 일상생활 활동 수행과 관련이 있다.

② Wolf Motor Function Test(WMFT)

WMFT는 뇌졸중이나 뇌외상 이후 상지기능이 높은 사람부터 만성 클라이언트의 운동능력을 수치화하는 데 이용되었다. 하나 또는 여러 개의 관절 동작들과 기능적 과제들을 통해 팔의 움직임 능력을 정량화하며 억제-유도 움직임 치료의 영향을 평가하기 위해 개발되었다.

③ 편마비 상지 기능검사(Functional Test for the Hemiplegic/Paretic Upper Extremity)

편마비 상지 기능검사는 클라이언트의 의미 있는 과제를 위해 마비된 팔의 사용능력을 평가한다. 검사는 기본적인 안전성이 필요한 과제부터 몸쪽 안정과 미세한 조작을 필요로 하는 데 어려운 과제들로 구성되어 있다. 이 평가도구는 브런스톰의 뇌졸중 운동 회복단계를 반영하는데 기능이 어느 정도 향상되었는지 객관적인 기록을 제공한다. 총 17개의 과제들로 구성되어 있는데 다음은 편마비 상지의 기능검사지이다.

표 6-4 편마비 상지의 기능검사지

수준	과제	일시: 측정자:		일시: 측정자:		일시: 측정자:	
		등급	시간	등급	시간	등급	시간
1	클라이언트는 높은 수준의 과제를 완수할 수 없다.						
2	A. 연합반응						
	B. 손을 무릎에 놓기						
3	C. 셔츠를 걷어 올리는 동안의 팔 공간						
	D. 지갑을 쥘 수 있음						
	E. 베개를 고정						

수준	과제	일시: 측정자:		일시: 측정자:		일시: 측정자:	
		등급	시간	등급	시간	등급	시간
4	F. 병(jar)을 고정						
	G. 포장을 고정						
	H. 걸레를 짜기						
5	I. 펜 뚜껑을 쥐기						
	J. 후크를 채우고 지퍼 잠그기						
	K. 시트 접기						
6	L. 블록과 박스						
	M. 선반 위에 상자 놓기						
	N. 동전 게이지(coin gauge)에 동전 넣기						
7	O. 실뜨기 놀이하기						
	P. 백열전구를 끼우기						
	Q. 고무 밴드 제거하기						

(2) 근육의 긴장도

근육의 긴장도는 수동적으로 늘림이나 신장에 대한 근육의 저항으로 정의된다.

① 정상적인 근육긴장도

정상적인 근육긴장도는 약간의 근육수축이 지속되는 상태이거나 근육이 준비되어 있는 상태이다. 근육의 이는 곳과 닿는 곳 사이에서 측정자가 팔다리를 수동적으로 다룰 때 저항을 느낄 수 있다. 정상적인 근육긴장도는 사람마다 다르게 느껴진다.

② 비정상적인 근육긴장도

비정상적인 근육긴장도는 이완, 근육긴장저하, 근육긴장항진, 경직, 근경련, 강직 등의 상태를 보인다.

- 이완(flaccidity)

이완은 정상적인 근 긴장이 감소되어 있거나 없는 것을 말한다. 이완된 상태에서는 깊은 힘줄반사와 능동적인 움직임이 없다. 측정 시 근육의 부드럽고 수동적인 운동에 저항을 느끼지 못하며 보통의 넓은 관절운동범위를 갖는다. 측정자는 이완된 사지를 수동적으로 움직일 때 무겁게 느껴질 것이다.

- 근육긴장저하(저긴장, hyptonus)

근육긴장저하는 대부분 정상적인 근 긴장이 감소된 것으로 깊은힘줄반사는 감소되거나 상실된다. 근육긴장저하는 수동적 늘림에 대해 정상 근긴장보다 저항이 약하다. 측정자는 클라이언트의 사지를 움직일 때 헐렁하고 무겁게 느껴질 것이고 갑자기 측정부위에 손을 땐다면 클라이언트는 자세를 유지할 수 없거나 중력에 저항할 수 없다.

- 근육긴장항진(과긴장, hypertonus)

근육긴장항진은 근육긴장이 증가된 상태로 과도한 긴장은 운동영역의 겉질(피질), 바닥핵 또는 소뇌 손상을 입었을 때 일어날 수 있다. 근육긴장항진은 수동적 늘림에 대해 정상 근 긴장보다 저항에 강하다. 근육긴장항진은 심리적인 요인, 유해자극이나 통증의 결과로 더 증가될 수 있고, 빠른 움직임이나 움직임을 시작할 때 어려움을 갖는다.

- 경직(spasticity)

경직은 상위 운동신경원 증후군의 한 요인으로서 신장반사의 과도한 흥분으로부터 기인하는 과도한 힘줄(건)반사를 보이는 속도-의존적인 긴장성 신장반사(근육긴장)의 증가가 특징적인 운동장애이다. 경직의 세 가지 특징은 다음과 같다. 첫째, 근육수축의 지나친 활동은 근방추의 구심성 신경(Ia)의 흥분과 함께 신장반사를 보인다. 둘째, 속도 의존성은 신장반사가 측정자의 빠르고 수동적인 신장에 의해서만 도출된다는 의미이다. 셋째, 빠른 수동적 신장을 통해 팔다리를 움직였을 때 갑작스런 멈춤이나 저항이 느껴지고 저항이 다시 감소하는 '칼 접히는 현상(잭나이프 현상)'이 나타난다.

- 근경련(clonus)

근경련은 경직의 특별한 형태로서 중등도 이상의 심한 경직이 있는 클라이언트에게서 흔히 나타난다. 근경련은 빠른 신장에 대한 대항근의 반복적인 수축이 특징이다. 근경련은 손가락 굽힘근과 발목의 바닥쪽 굽힘근에서 가장 많이 나타나며, 활동, 이동, 기동에 방해가 될 수 있다. 측정자는 진동수를 계산하여 근경련을 기록한다.

- 강직(rigidity)

강직은 작용근과 대항근의 자극으로 근긴장이 동시에 증가된 상태를 말한다. 모든 관절운동범위에서 어느 방향으로도 저항이 증가되며, 속도에 의존하지 않는다. 강직은 뇌줄기, 바닥핵, 뇌줄기의 추체외로계와 연관성이 있는 징후로 파킨슨병, 퇴행성 질환, 외상성 뇌손상, 뇌염, 종양 그리고 일반적인 독이나 일산화탄소 중독에 의한 뇌손상과 같은 추체외로계 장애가 있을 때 나타난다 또한 뇌졸중과 뇌손상 클라이언트에서 경직과 같이 나타나기도 한다.

강직에는 납 파이프 강직, 톱니바퀴 강직, 제뇌강직, 피질박리 강직 등이 있다. 납 파이프 강직과 톱니바퀴 강직은 파킨슨병에서 나타날 수 있는데, 납 파이프 강직은 관절운동범위 안에서 어느 방향에서든지 전반적으로 저항을 느끼며, 톱니바퀴 강직은 톱니바퀴를 돌리는 느낌과 같이 관절운동범위를 통해 관절에 리드미컬하게 나타난다. 제뇌강직은 중뇌와 사이뇌의 양 뇌반구가 손상된 결과로 나타나며 모든 사지와 목에서 펴지는 강직 자세가 나타난다. 피질박리 강직은 대뇌피질의 손상 시 발생하고 팔의 굽힘 패턴과 다리의 폄 패턴을 보인다.

③ 근육의 긴장도 평가
• Ashworth Scale

Ashworth Scale은 근육긴장항진의 정도를 정량화하는 데 사용된다. 전체 관절운동범위를 통한 수동 움직임에 대항하는 저항은 근육의 긴장도 증가가 없는 것으로부터 굽힘과 폄에서의 팔다리 강직까지 5점 척도로 등급화되어 있다.

Ashworth Scale의 근육 신장 시 나타나는 저항은 다음과 같다.

표 6-5 **Ashworth Scale의 근육 신장 시 나타나는 저항**

0 = 정상적인 근육긴장
1 = 근육긴장도가 가볍게 증가, 사지를 움직일 때 '느낄 수 있음'
2 = 근육긴장이 두드러지게 증가하지만 사지는 쉽게 구부러짐
3 = 근육긴장이 상당히 증가
4 = 굽힘이나 폄 동안 팔다리가 강직되어 있음

• Modified Ashworth Scale

Modified Ashworth Scale는 임상에서 가장 많이 사용되고 있는 평가도구로 수동 움직임의 속도를 1초 세면서 조절하고 처음에 저항이 나타나는 각도를 통합하였다. 검사는 세 번 반복되고 측정자는 세 번의 검사 동작을 수행한 후 느낀 저항을 검사기준에 따라 등급화한다.

다음은 Modified Ashworth Scale의 등급 점수이다.

표 6-6	Modified Ashworth Scale의 등급 점수
0	• 근육긴장의 증가가 없음.
1	• 근육긴장이 약간 증가. • 손상된 부위가 굽힘 또는 폄으로 움직여질 때 관절운동범위 끝부분에 경도의 저항이 나타남.
1+	• 근육긴장이 약간 증가. • 관절운동범위의 1/2 이하에서 경도의 저항이 나타남.
2	• 관절운동범위 대부분에서 보다 현저한 근육긴장의 증가가 나타나지만 손상된 부위가 쉽게 움직여짐.
3	• 수동적 움직임이 어려울 정도로 확연한 근육긴장의 증가가 있음.
4	• 굽힘 또는 폄 동작에서 강직이 있음.

(3) 자세조절

자세조절은 신체 자세가 변화하는 동안, 안정을 위해 중력에 대해 직립자세를 유지하는 진행 능력을 말한다. 일상생활활동 모든 것들이 자세조절에 의존하기 때문에 자세조절 평가는 매우 중요하다고 볼 수 있다.

① 균형의 평가

균형은 정상적인 평형과 보호 반응에 의존한다. **평형반응**은 미로 자극에 의해서 생기며 모든 활동에 균형을 유지하고 원래 상태로 복귀하는 것이다. 평형반응은 신체의 지지 면적이 바뀌거나 중력의 중심이 변할 때 충분히 안전한 자세로 신체를 배열하는 것이며 평형반응이 없는 클라이언트는 모든 자세와 활동에서 균형을 유지하거나 원래대로 복귀하기 어렵다.

보호반응은 평형반응과 관련되어 있으며 팔과 손이 보호적으로 쭉 펴지면서 나타나는데, 이것은 넘어질 때 머리와 얼굴을 보호하려는 것이다. 보호반응이 없다면 클라이언트는 좌우 양측의 정상적인 활동을 하는 동안 손상 쪽에 체중부하를 하기 싫어하거나 넘어지게 된다.

균형은 일반적으로 직립자세로 있는 동안 지지면 위로 중력 중심선을 유지하는 능력이라고 볼 수 있다.

② 균형이나 자세조절 평가

• Functional Balance Scale

Functional Balance Scale은 일상생활에서 일반적인 14개 항목들에서 클라이언트의 수행을 평가하며 0등급에서 4등급으로 5점 척도로 되어 있다. 높은 점수일수록 좋은 균형을 반영한다.

항목은 앉은 상태에서 편안하게 서기 자세 취하기, 발을 모은 상태에서 서기 자세 취하기, 발을 일자로 선 자세와 한 발 서기 자세 유지하기 등이 포함되어 있다. 또 클라이언트가 얼마나 잘 앉은 자세에서 선 자세로 자세를 변경하고 의자에서 의자로 이동하며 회전하는지, 바닥으로부터 물건을 집고 앉을 수 있는지 평가한다.

• Sitting balance

Sitting balance는 클라이언트의 재활을 위한 지침으로 앉기 균형을 설명하고 있다. 모서리에 앉거나 다리를 펴고 앉은 상태에서 검사하며 5점 척도로 되어 있다.

다음은 Sitting balance 검사에 대한 정의이다.

표 6-7 Sitting balance 검사에 대한 정의

검사 자세	• 클라이언트는 short 또는 long sitting 자세를 취함.
Normal(5)	• 클라이언트가 3분 동안 정적으로 앉은 자세를 유지. • 균형을 잃거나 동적인 움직임 동안 몸통의 평형반응을 이용하여 자세를 조절.
Good(4)	• 클라이언트가 2분 동안 정적으로 앉은 자세를 유지. • 균형을 잃거나 동적인 움직임 동안 상지의 보호반응을 이용하여 자세를 조절.
Fair(3)	• 클라이언트가 1분 동안 정적으로 앉은 자세를 유지. • 균형을 잃을 때 자세조절을 하지 못함. • 동적인 움직임 동안 반대쪽 상지로 균형을 유지하거나 앞뒤로만 움직임.
Poor(2)	• 앉은 자세를 유지할 수 없다. 손으로 받쳐서 자세를 유지. • 외부 도움 없이는 앉은 자세에서 움직이지 못함.
Zero(0)	• 이완되어 있으며, 앉은 자세를 유지하기 위해 최대한의 도움이 필요.

• 버그 균형 척도(Berg Balance Scale)

버그 균형 척도는 균형능력을 객관적으로 검사할 수 있는 척도로 14가지의 동작을 통하여 균형능력을 평가한다. 각 평가는 0~4점으로 채점하며 총점은 56점이다.

다음은 버그 균형 척도 기록지이다.

표 6-8 버그 균형 척도 기록지

버그 균형 척도

이름: _____   성별: _____   진단명: _____

발병일: _____   장애: _____   평가일: _____   담당측정자: _____(인)

검사항목	점수
1. 앉은 상태에서 서기	
2. 도움 없이 서 있기	
3. 기대지 않고 스스로 앉기	
4. 선 상태에서 앉기	
5. 이동하기	
6. 눈 감고 서 있기	
7. 두 발을 모으고 서 있기	
8. 선 상태에서 팔을 펴고 뻗기	
9. 선 상태에서 바닥의 물건 집어 올리기	
10. 선 상태에서 양쪽 어깨를 넘어 뒤돌아보기	
11. 360° 돌기	
12. 서 있는 동안 발판에 두 발을 교대로 놓기	
13. 한 발을 다른 발 앞에 놓고 지지 없이 서 있기	
14. 한 발로 서 있기	
총점	/56

• 평형검사

롬버그 검사(Romberg test)는 소뇌 평형기능을 검사하는 것이다.

다음과 같이 검사를 실시한다.

표 6-9	롬버그 검사
준비	발을 최대한 모아 붙이고 서게 함. 검사자는 클라이언트 가까이 섬.
과정	클라이언트가 발을 모아 붙인 상태에서 균형을 유지하도록 함. 클라이언트가 먼저 눈을 뜬 상태에서 시작하고 그다음 눈을 감은 상태에서 균형을 유지하게 함. 검사자는 클라이언트의 과도한 자세동요나 균형감각 손실이 있는지 살핌.
결과	정상: 눈을 뜨거나 감은 상태에서 모든 균형을 유지. 눈을 감을 때 약간의 흔들림이 있을 수 있지만 넘어지지 않음. 병변: 눈을 뜨거나 감은 상태에서 수행하지 못하면 소뇌장애일 수 있으며, 눈을 감을 때에만 수행하지 못하면 고유수용감각 장애를 의심할 수 있음.

(4) 협응

협응은 정확하고 조절된 움직임을 만들어 내는 능력으로 협응된 움직임은 부드럽고, 리듬감이 있으며, 적당한 속도와 필요한 움직임을 만들어 내는 데 필요한 근육들이 최소로 배열되어야 하고, 적절한 근장력, 자세의 긴장 그리고 균형이 필요하다.

근육활동의 협응은 소뇌의 통제하에 있으며 추체외로계의 영향을 받는다. 협응된 움직임을 위해 신경근 기전의 모든 요소들과 고유수용감각, 신체도식, 공간을 통해서 신체를 바르게 유지하거나 공간에서 정확하게 판단하는 능력, 예상한 목표에 대한 적절한 시점에서 신체 부위를 조정하는 능력들이 정상이어야 한다.

① 협응장애

협응장애는 소뇌와 추체외로계의 장애로 나눌 수 있다.

• 소뇌장애

소뇌장애가 있을 때 타이밍의 비정상, 움직임의 속도·범위·힘 조절의 문제를 나타낸다.

다음은 소뇌장애로 인해 나타나는 증상들이다.

표 6-10   소뇌장애로 인해 나타나는 증상들

증상	설명
운동실조증 (ataxia)	• 움직임의 시작이 잘 되지 않고 운동 범위와 힘에 문제가 있으며, 움직임 속도의 정확성에 오류가 있는 것처럼 보임. • 클라이언트는 비틀거리며 넓게 다리를 벌려 걷고 팔의 흔들림이 없거나 감소되어 있으며, 보폭의 길이가 일정치 않고 병변이 있는 쪽으로 쓰러지는 경향이 있음. • 불안정에 대한 보상으로 자신의 자세를 고정하려는 경향이 있음.
반복불능증 (adiadochokinesis)	• 엎침과 뒤침 또는 팔꿈치 굽힘과 폄 같은 빠른 반복동작을 수행할 수 없음. • 평가는 틀 안에서 10초 동안 얼마나 많은 원을 만들 수 있는지 세는 것임. 먼저 건측(또는 덜 손상된)을 시행하고, 그다음 환측을 시행하여 양쪽을 비교.
운동측정장애 (dysmetria)	• 움직임의 목표로 도달하기 위해 필요한 관절운동범위를 판단하지 못함. • 운동측정장애는 목표에 지나치는 측정 과대증과 목표에 도달하지 못하는 측정 과소증이 있음.
협동운동이상 (dyssynergia)	• 수의적인 움직임이 부분적으로 해체되어 갑작스런 움직임이 나타남. • 소뇌병변의 결과로 조음과 발성에 문제를 보이기도 함.
홈즈의 반동현상 (rebound phenomenon of Holmes)	• 'check reflex(저지반사)' 결핍으로 어떤 것에 부딪히는 것을 피하기 위해 동작을 재빠르게 멈추거나 취하지 못함. • 반동현상을 보이는 클라이언트는 팔꿈치를 구부리고 있을 때 저항을 하다가 갑자기 제거하면 손으로 자신의 얼굴이나 몸을 때릴 수 있음.
눈떨림증 (안구진탕증, nystagmus)	• 안구의 상하 전후 또는 돌림 방향으로 움직이는 능력이 저하된 것. • 눈떨림증은 머리의 조절과 정확하게 조정하는 능력을 방해하는데, 안뜰계, 뇌줄기나 소뇌 병변의 결과로 나타남.
조음장애 (눌어증, dysarthria)	• 언어영역의 부조화로 파열음이나 불분명한 발음으로 언어를 구사. • 클라이언트의 말소리는 고음이거나 비음에 가까우며 떨림이 있음.

• 추체외로 장애

추체외로 장애는 운동감소증(hypokinesia)이나 운동과다증(hyperkinesia)이 특징이다. 파킨슨병은 느린 운동, 톱니바퀴형과 납 파이프형 강직, 자세 역학의 감소나 소실 그리고 안정 시 손 끝을 둥글게 말듯이 떨리는 진전 등이 특징이다.

다음은 추체외로 장애로 인해 나타나는 증상들이다.

표 6-11 추체외로 장애로 인해 나타나는 증상들

증상	설명	
무도병 (chorea)	• 불규칙적이고, 무의식적 · 불수의적으로 갑작스럽고 빠른 비율동적인 형태의 움직임이 보임. 수면 중에도 증상이 발생. • 주로 팔다리의 원위와 얼굴에서 나타나는데 대표적으로 헌팅턴병은 무도성 느린비틀림운동을 동반한 실조성 걸음을 보이며, 병이 진행될수록 경축이 증가함. 마치 춤을 추는 듯한 모습이 나타남.	
느린비틀림운동 (무정위성 움직임, athetoid)	• 지속적이고 느리며 벌레와 같은 율동적인 움직임으로 팔다리의 말단 부위에 일차적으로 나타남. 바닥핵 병변에 의한 결과. • 수면 중에는 나타나지 않음. 흔히 뇌성마비에서 관찰됨.	
근긴장이상 (dystonia)	• 팔, 다리 몸쪽 근육에 지속적으로 나타나며 몸통이 불규칙하게 뒤틀리는 운동이 동시에 나타남. 몸통과 근위 팔다리의 왜곡된 자세를 일으킴. • 경직과 함께 보이는 경우가 많음.	
발리즘 (Ballism)	• 팔, 다리의 축과 근위부 근육이 지속적이고 크고 갑작스런 수축에 의해 발생하는 드문 증상으로 거의 볼 수 없음.	
떨림 (진전, tremor)	• 활동 떨림(의도적 진전, intention tremor)은 자발적인 움직임이 있는 동안 나타남. 움직임이 끝날 때 더 강해지고 다발성 경화증에서 자주 보임. 팔, 다리에서 세밀하고 정확도가 필요한 과제를 수행할 때 어려움을 보임. • 안정 시 떨림(resting tremor)은 쉴 때 나타나고 수의적인 움직임을 시도할 때는 중단됨. 초기 바닥핵의 질병으로 나타나고 파킨슨병에서 흔히 볼 수 있음. • 본태성 떨림(essential familial tremor)은 상염색체가 우세한 특성으로 유전됨. 클라이언트가 집중이 필요한 세밀한 과제를 수행할 때 가장 잘 나타남.	

② 협응 평가

협응장애를 알아보기 위한 신경학적 검사로는 손가락-코 검사, 코-손가락-코 검사, 팔의 대항운동반복검사, 다리의 대항운동반복검사, 선 그리기 검사, 나선형 그리기, 반동현상, 뒤꿈치-무릎 검사 등이 있다.

- 손가락-코 검사(finger to nose test)

표 6-12 손가락-코 검사

준비	• 팔을 옆으로 내려뜨린 자세로 앉게 함.
과정	• 검사자는 클라이언트 팔 길이보다 조금 먼 곳에 한 손을 들어 두 번째 손가락 끝을 세움. • 클라이언트의 두 번째 손가락 끝으로 자신의 코끝에 닿게 한 다음, 검사자의 손가락 끝에 닿게 함. • 클라이언트는 가급적 빨리 이 동작을 여러 번 반복하게 함.
결과	• 정상: 팔의 움직임이 유연하고 정확. 쉽고 정확하게 자신의 코끝과 검사자의 손끝 사이를 교대로 왕복할 수 있음. • 병변: 상지의 움직임이 부정확. 클라이언트는 자신의 코끝이나 검사자의 손끝에 닿는 데 실패하거나 지나침. 특히 클라이언트 손가락이 목표에 닿을 때 떨림이 있을 수 있음. 운동거리조절과대증, 의도성 떨림, 운동거리조절과소증이 관찰됨.

- 대항운동반복검사(rapid alternating test)

팔의 대항운동반복검사와 다리의 대항운동반복검사가 있다.

표 6-13 팔의 대항운동반복검사

준비	• 손을 무릎 위에 올린 상태로 앉게 함.
과정	• 검사자는 클라이언트가 손을 무릎 위에 올려놓고 최대한 빨리 손바닥을 위아래로 뒤집게 함. • 대체검사방법으로 엄지와 다른 네 손가락들을 교대로 닿도록 함.
결과	• 정상: 움직임이 빠르고 양쪽 모두 규칙적으로 수행. • 불능: 손의 뒤침과 엎침 동작의 반복시행 시 수행이 어려움.

표 6-14 다리의 대항운동반복검사

준비	• 발바닥을 지면에 붙이고 앉게 함
과정	• 발가락으로 최대한 빨리 바닥을 치게 함. • 클라이언트는 발꿈치를 지면에 붙이고, 발목관절의 발바닥쪽굽힘과 발등굽힘을 반복.
결과	• 정상: 움직임이 빠르고 규칙적으로 수행. • 불능: 반복 수행이 어려움.

• 선 그리기 검사(Line drawing test)

표 6-15 선 그리기 검사

준비	• 종이와 연필.
과정	• 종이에 10cm 간격으로 2개의 세로의 선을 긋고, 그 선 사이를 직각으로 연결하는 선을 긋게 함.
결과	• 정상: 세로선에서 멈춤. • 병변: 연필이 세로선 앞에서 멈추거나 지나쳐 가서 멈춤.

• 반동현상(rebound phenomenon)

표 6-16 반동현상

준비	• 팔을 앞으로 나란히 뻗은 상태에서 편하게 앉거나 서게 함.
과정	• 검사자는 클라이언트에게 팔을 밑으로 누르면서 그 자세를 유지하도록 함. • 그런 다음 검사자는 갑자기 저항을 없앰. 또는 클라이언트에게 주먹을 얼굴 쪽으로 향하게 하고 손목에 저항을 줌. • 그 후 갑자기 저항을 없앰.
결과	• 정상: 클라이언트의 팔은 약간 아래로 내려간 후 원래의 자세로 되돌아오는데, 수평선을 지나쳐 가지는 않음. • 소뇌병변: 반동현상을 나타내는데 움직임을 재빨리 멈출 수 없다는 뜻임. 검사자가 클라이언트의 팔을 아래로 밀 경우 클라이언트의 팔은 바닥을 향해 아래로 떨어진 후 수평선을 지나서까지 올라간 다음, 다시 아래로 내려가 원래 위치로 돌아옴. 이런 반동은 원래의 위치로 돌아오기까지 한 번 이상 일어남.

③ 협응을 평가하는 도구들

협응을 평가하는 도구들은 표준화된 운동기능과 손의 민첩성을 알아보는 검사들이다.

• Box and Block Test

협응장애 클라이언트의 손 기민성을 평가한다. 각 손에 대해 1분 동안 한 상자에서 다른 상자로 적목을 옮기도록 하고 옮긴 적목들의 수를 센다.

• Jebson-Taylor Hand Function Test

일상생활에서 사용되는 손 기능을 단계별로 간단하게 평가한다. 글쓰기, 카드 뒤집기, 작은 물건 집어 올리기, 모의 식사, 장기알 쌓기, 크고 가벼운 물건 들어 올리기, 크고 무거운 물건 들어 올리기 등의 일곱 가지 항목으로 구성되어 있고 각 항목에 대한 수행시간을 측정한다. 먼저 비우세손을 검사하고 우세손을 검사한다.

 • Purdue Pegboard Test

손, 손가락과 팔의 큰 움직임을 평가하고, 손끝의 미세한 기민성을 평가한다. 연령에 제한이 없다.

 • Manual Function Test

뇌졸중 클라이언트의 조기 재활치료의 신경학적 회복의 시기에 있어 상지 운동기능의 변화를 평가한다.

 • Grooved Pegboard Test

손의 조작 및 기민성을 평가하며, 5세 이상의 아동과 성인이 대상이 된다. 검사목적은 편측성 뇌손상 환자의 복합성 시각-운동 협응능력을 평가하고, 산업체의 근로자를 선별하기 위해서 사용된다. 열쇠 모양의 페그를 페그 보드 판에 끼우고 전체를 실시하는 데 걸리는 시간을 측정한다.

 • Nine Hole Peg Test

시각-운동 협응능력 및 미세 기민성을 평가한다. 9개의 구멍이 뚫린 나무 상자에 9개의 나무 핀을 끼우는 것으로 핀을 다 끼우고 그것을 다시 뺄 때까지의 시간을 초시계로 측정한다.

4. 감각장애 진단 및 평가

1) 감각 평가

감각은 신체기능으로, 신체의 어느 부분에서 받아들일 수 있는 일반체성감각과 신체의 특정한 부분에 있는 수용기를 통해서만 받아들일 수 있는 특수감각으로 나눌 수 있다. 일반체성감각은 피부와 같은 표면이나, 근골격계와 같은 심부로부터의 감각을 다루고, 특수감각은 후각, 시각, 청각, 평형감각, 미각 등을 다룬다. 일반체성감각은 척수신경을 통해 들어오는 감각이고, 특수감각은 뇌신경을 통해 뇌로 들어가지만 척수로 들어오지 않는다.

(1) 감각 검사의 부위

감각 검사를 할 때 피부분절과 말초신경의 신경지배 부위를 알아야 한다. 피부분절에 따른 평가는 중추신경 손상 클라이언트에게 적절하고, 말초신경지배 부위 검사는 감각결여를 결정하기 위한 시간을 절약하기 위해 중요하게 사용된다. 예를 들어, 정중신경 기능을 판별하기 위해 엄지 끝, 집게손가락 끝, 집게손가락 첫째 마디뼈를 검사한다.

다음은 피부분절에 따른 감각부위를 정리한 표이다.

표 6-17 **피부분절에 따른 감각부위**

척수수준	감각 부위	척수수준	감각 부위
C2	바깥후두융기	L1	가슴신경 12번과 허리신경 2번 사이의 반
C3	빗장위오목	L2	넓적다리의 중간 앞쪽
C4	봉우리빗장관절의 위쪽	L3	안쪽넙다리뼈 융기
C5	아래팔의 가쪽부위	L4	안쪽 복사뼈
C6	엄지손가락	L5	3번째 발허리뼈의 등쪽
C7	가운뎃손가락	S1	가쪽 발꿈치
C8	새끼손가락	S2	오금지(슬와부) 중심선
T1	아래팔의 안쪽(자쪽) 부위	S3	두덩뼈 결절
T2	겨드랑이	S4~S5	항문 주위
T3	3번째 갈비뼈 사이 공간		
T4	4번째 갈비뼈 사이 공간(젖꼭지 부위선)		
T5	5번째 갈비뼈 사이 공간		
T6	6번째 갈비뼈 사이 공간		
T7	7번째 갈비뼈 사이 공간		
T8	8번째 갈비뼈 사이 공간		
T9	9번째 갈비뼈 사이 공간		
T10	10번째 갈비뼈 사이 공간(배꼽)		
T11	11번째 갈비뼈 사이 공간		
T12	서혜인대부위 중간 부분		

(2) 감각 평가

평가 장소는 조용하고 혼란스럽지 않은 환경에서 이루어져야 한다. 클라이언트가 평가 방법을 이해할 수 있도록 정상에 가까운 쪽부터 평가를 한다. 모든 감각 검사를 위해 클라이언트의 시각은 가려져야 하는데 클라이언트에게 눈을 감도록 요청하거나 다른 수단들로 검사 부위를 가리는 것이 필요하다. 감각, 지각, 균형 등에 문제가 있는 클라이언트에게 눈가리개를 사용하거나 눈을 감는 것은 심리적인 불안을 일으킬 수 있으므로 커튼이 매달려 있는 작은 스크린이나 감각 검사 차단막, 또는 서류철을 사용할 수 있다. 클라이언트의 평가하는 손을 완전하게 지지해주기 위해 고무찰흙이나 측정자의 손에 올려놓는다.

(3) 감각 검사의 종류
① 통증감각

통각은 실제로 일어나거나 잠재적으로 일어날 세포손상을 알게 하거나 예방하기 위해 전달되는 불유쾌한 감각이고, 지각적인 경험이다. 통증감각은 주관적이고 다차원적이다.

핀 찌르기 검사(pinprick test)를 이용해 측정할 수 있다.

표 6-18 핀 찌르기 검사

목적	보호감각을 나타내는 예리한 자극과 무딘 자극의 구별을 측정
도구	살균된 또는 새 안전핀
자극	안전핀의 뾰족하고 둔한 쪽을 번갈아 가며 무작위로 사용하고, 구별하는지 확인
반응	클라이언트는 자극 후에 "뾰족해요" 또는 "무뎌요"라고 반응
점수	자극의 수로 나눈 올바른 반응의 수로 점수화 함
예상결과	• 예상점수는 100% • 보호감각 정상: 예리함과 둔함 모두 정확하게 반응 • 보호감각 손상: 예리함과 둔함 모두에 부정확한 반응 • 보호감각 결여: 접촉되는 것을 인식하는 능력 부재 • 통각과민: 자극에 대해 과장된 통증 반응

② 온도인식검사

온도감각은 **보호감각**의 하나로 생활에서의 손상을 보호하기 위해 중요하다. 주관적인 결과가 나타난다.

표 6-19	온도인식검사
목적	따뜻한 자극과 차가운 자극의 구별을 측정
도구	따뜻하거나 차가운 액체를 채운 튜브나 금속달린 실린더
자극	• 클라이언트의 피부에 차가운 자극(4~5℃)이나 따뜻한 자극(46~49℃)을 제공하고 무작위 순서로 자극 • 통각 수용기를 자극할 수 있으므로 지나치게 뜨겁거나 차가운 것 사용하지 않음
반응	클라이언트는 자극 후에 "따뜻해요" 또는 "차가워요"라고 반응
점수	자극의 수로 나눈 올바른 반응의 수로 점수화 함
예상결과	• 예상점수는 100%, 정상 손은 1~5℃의 차이를 구별할 수 있음 • 보호감각 정상: 뜨겁고 차가운 자극 모두에 올바른 반응 • 보호감각 상실: 차가운 것으로부터 뜨거운 자극을 분별하는 능력 부재

③ 두 점 식별검사

두 점 식별검사는 **모노필라멘트**를 사용하여 검사한다. 두 점 식별은 수용체의 밀도를 검사하며, 감각손실 이후에 회복되는 감각지도를 파악하는 데 사용할 수 있다. 동적 두 점 식별검사는 정적 두 점 식별검사 전에 회복되며, 이는 정적 두 점 식별이 향상되기 전에 회복됨을 알려 주는 지침이 된다.

• 정적 두 점 식별검사

표 6-20	정적 두 점 식별검사
목적	손의 느린 적응 섬유들의 신경지배 밀도를 측정
도구	Disk Criminator, 촉각계(aesthesiometer), 끝이 날카롭지 않은 Boley Gauge
자극	• 손가락 끝에만 검사를 함 • 시작점은 두 감각도구의 거리가 5mm 지점부터 실시. 노뼈쪽, 자뼈쪽의 손가락에 10회씩 두 점, 한 점을 무작위로 실시 • 가볍게 압박하고, 손가락 피부가 하얗게 되면 멈춤
반응	클라이언트는 "하나" "둘" 또는 "모르겠다"로 표현
점수	점수는 하나 또는 둘에 대한 인식을 하는 최소 거리. 열 번의 감각에 대해 일곱 번 맞히면 알맞은 반응을 한 것으로 고려
예상결과	• 정상: 1~5mm • fair: 6~10mm • poor: 11~15mm • 보호감각만 있음: 한 지점으로 인식 • 무감각(anesthetic): 점들을 인식하지 못함

• 동적 두 점 식별검사

표 6-21 동적 두 점 식별검사

목적	손가락 끝의 빠른 적응 섬유들의 신경지배 밀도를 측정
도구	Disk Criminator, 촉각계
자극	• 두 점 간의 거리는 8mm에서 시작 • 한 점이나 두 점을 무작위로 선택하여 손가락의 근위부에서 원위부로 이동하면서 손가락이 긴 축에 평행하게 자극하되, 말단 신경들은 자극하지 않도록 함. 자극의 강도는 클라이언트가 자극을 충분히 알아차리는 정도에서 적용 • 만약 클라이언트가 정교하게 반응하면 두 점 사이의 간격을 줄이고, 클라이언트가 정확히 지각하는 최소의 거리가 나올 때까지 반복
반응	클라이언트는 "하나" "둘" 또는 "모르겠다"로 표현
점수	점수는 하나 또는 둘에 대한 인식을 하는 최소 거리. 열 번의 감각에 대해 일곱 번 맞히면 알맞은 반응을 한 것으로 고려
예상결과	• 4~60세: 2~4mm • 60세 이상: 4~6mm

④ 압박감각 검사

가벼운 촉각은 피부 표면의 수용체들에 의해 지각되고 압각(깊은 촉각)은 피하 및 심부조직에 있는 수용기에 의해 감지된다. 가벼운 촉각은 손을 사용함에 있어 세밀한 구별기능을 하는 데 중요한 역할을 하고, 심부 압각은 보호감각으로서 중요한 역할을 한다. 압박감각 검사는 피부가 움푹 들어가거나 하얗게 될 정도로 충분한 압력을 가한다.

표 6-22 압박감각 검사

목적	가벼운 촉각 또는 표피 압박의 역치를 측정
도구	Semmes-Weinstein 모노필라멘트
자극	• 모노필라멘트 1.65부터 시작. 모노필라멘트를 피부 표면에 수직이 되게 놓고 1초에서 1.5초 정도로 구부러질 때까지 누름. 압력을 멈추고 1~1.5초 동안 가만히 둠 • 1~1.5초로 모노필라멘트를 들어 올림. 필라멘트가 구부러지는 것이 적당한 정도의 압력을 나타냄 • 1.65~4.08 모노필라멘트는 이 단계들을 세 번씩 같은 부분에 반복 • 4.08보다 높은 단계에서는 한 번만 실시. 검사를 실시하는 손과 적용하는 모노필라멘트는 무작위로 선택

반응	클라이언트는 "닿았어요"라고 표현
점수	세 번의 시도에서 적어도 한 번 감지한 가장 얇은 필라멘트의 숫자 또는 실제 압력을 표시. 결과는 손의 도형과 색연필이나 표시도구를 사용하고 표준 색 코드에 따라 기록
예상결과	• 성인의 정상 촉각역치는 발바닥을 제외하고 2.83 인식. 발바닥의 정상촉각역치는 3.61임. • 가벼운 촉각 정상: 녹색(1.65~2.83) • 가벼운 촉각 감소: 파랑(3.22~3.61) • 보호감각 감소: 보라(3.84~4.31) • 보호감각 소실: 빨강(4.56~6.65) • 가장 굵은 모노필라멘트를 감지 못할 경우 검사불가를 의미

⑤ 고유감각 검사

의식적 고유감각은 근육, 건, 관절에 있는 수용체로부터 전달되고, 공간에서의 관절 움직임을 알게 한다. 움직임의 위치를 아는 것은 피질하 수준(subsortical level)에 있으며 정상적으로 의식적인 노력을 요구하지 않는다. 고유감각은 관절의 움직임을 인식하는 것을 의미한다.

표 6-23 **고유감각 검사**

목적	근육, 관절, 피부 수용기의 입력에 의존하여 관절 자세의 감각을 평가
도구	없음
자극	검사되는 신체분절의 측면을 잡고 다양한 자세로 움직이고 유지
반응	클라이언트는 반대 측 팔다리로 자세를 모방
점수	정상(intact), 손상(impaired), 감각결여(absent)로 등급을 매김
예상결과	보통 자세의 모방은 4°~7°의 오차를 보이지만 모방이 가능하면 정상

⑥ 운동감각 검사

운동감각은 효과적으로 움직일 수 있도록 하는 데 필수적이다. 운동감각이 손상되면 우리는 종이컵을 잡기 위해 어느 정도의 힘과 압력을 주어야 할지 가늠하기 어려울 것이다.

표 6-24	운동감각 검사
목적	근육, 관절, 피부 수용기의 입력에 의존하여 관절 자세의 감각을 평가
도구	없음
자극	검사되는 신체분절의 측면을 잡고 다양한 각도로 움직임
반응	클라이언트는 신체 부위가 위로 또는 밑으로 움직였는지 나타냄
점수	정상, 손상, 감각결여로 등급을 매김
예상결과	보통 자세의 모방은 4~7°의 오차를 보이지만 모방이 가능하면 정상

⑦ 입체인지지각

입체인지지각은 시야에 있지 않는 물건을 촉각과 고유감각 정보의 입력에 의지하여 구별하고 알게 하는 데 사용된다. 입체인지지각이 없다면 동전이나 열쇠와 같은 주머니 속에 있는 특정한 물건을 손으로 꺼내는 것이나 등에 있는 지퍼를 여닫는 활동을 할 수 없다. 표현성 실어증이 있는 경우 물건의 이름을 말하는 대신에 그림카드를 지적하도록 한다.

표 6-25	입체인지지각
목적	감각입력들의 해석을 필요로 하는 능력 측정
도구	클라이언트가 알고 있는 다수의 작은 물건들. 또는 3차원적 기하학적 모형(예: 정사각형, 원형, 피라미드 모양 등)
자극	손등이 테이블 위에 놓이도록 하고 검사되는 손 안에 작은 물건을 무작위 순서로 놓음
반응	클라이언트는 손 안에서 물건들을 조작하고 물건의 이름을 말함
점수	제공한 물건의 전체 수로 나눈 올바른 반응이 수 또는 각 물건을 확인하기 위한 시간
예상결과	정상반응: 2~3초 내에 거의 모든 물건들에 대해 올바르게 확인

5. 아동언어장애 진단 및 평가

1) 그림 어휘력 검사

2~8세 아동을 대상으로 **수용언어능력을** **측정한다.** 대상은 일반아동 및 장애아동이

다. 검사 문항은 총 112문항이다. 준비물은 그림자료 및 검사지를 이용하여 실시하고 맞으면 1점, 틀리면 0점으로 점수를 기록한다. 검사절차는 처음 연습문항을 실시하고 생활연령 혹은 추측언어연령에 해당하는 항목부터 시작하여 연속으로 8개를 맞출 때까지 기초선을 설정한다. 기초선 설정 후 연속 8개 중 6개 틀리면 위로 맞은 항목에 각 1점씩 원점수를 산출하고, 기초선 아래는 맞은 것으로 간주한다.

백분위 산출표를 이용하여 점수를 매기고, 생활연령과 관계없이 검사의 원점수가 어떤 발달수준에 해당하는지 나타내는 수치를 이용하여 결과를 해석한다. 장점은 검사 실시가 용이하고 우리나라 아동 기준에 맞추어 수용언어 발달연령이 산출 가능하다. 단점은 흑백그림으로 되어 있어 흥미도가 떨어지고 등가 연령이 6개월로 정밀한 진단이 어렵다.

2) 문장 이해력 검사

4~6세 아동을 대상으로 **문장이해 능력 수준**을 측정한다. 검사 실시요강을 참고하여 그림자료 및 검사지를 이용하여 검사하는 것으로 총 27문항 각각에 대해 맞으면 '+', 틀리면 '-', 무반응 'NR'로 표기한다. 실시하는 방법을 설명한 후 1번부터 실시한다. 모든 문장을 그대로 정확하게 읽어 주고 연속해서 5문항이 틀리면 중지한다. 맞은 항목 당 1점씩 원점수를 산출하고 백분위점수를 이용하여 등가연령을 산출한다. 검사의 실시가 용이하고 우리나라 기준에 맞추어 문장이해력에 대한 수영언어능력을 평가할 수 있는 장점이 있지만, 흑백그림으로 검사 시 흥미도가 떨어질 수 있다. 등가연령이 1년으로 정밀 진단이 어렵다.

3) 언어이해 · 인지력 검사

총 40문항으로 대상연령은 3~5세 11개월이며, **언어 이해력 및 인지력을 측정**하는 검사도구이다. 일반아동 및 장애아동이 대상이다. 검사 실시요강에 따라 그림자료 및 실물자료와 검사지를 이용하여 검사를 한다. 통과하면 '+', 실패 시 '-'로 체크한다. 검사는 생활연령에 따라 제시된 시작문항에서 시작하고 첫 문항부터 연속 5문항 실패하면 더 낮은 연령 시작문항부터 실시한다. 연속 5문항 실패하면 검사를 중단한다. 통과문항은 1점식 원점수를 산출한다. 백분위 점수 및 등가연령으로 결과를 해석한다. 검사도구의 장점은 언어 이해력 및 인지력을 측정하고 검사 결과에 따라 IEP 기초 자료로 사용이 가능하다. 단점은 표집 아동 수가 적고, 등가연령이 1년으로 정밀진단이 어렵다.

4) 영 · 유아 언어발달 선별검사(SELSI)

대상연령은 생후 5개월에서 36개월, 영 · 유아의 언어발달 정도를 평가하여 조기선별을 하는 것을 목적으로 하며, 부모나 주양육자의 면담을 통해 이루어진다. 수용언어 75문항, 표현언어 75문항으로 구성되어 있다. 검사 실시 지침서에 따라 검사를 진행하고 평가 기록지에 기입한다. '예'라고 대답하면 1점, '아니요'라고 하면 0점으로 표기한다. 수용언어부터 생활연령보다 두 단계 낮은 연령단계의 첫 문항부터 시작하고 8개 연속 '예'가 나오면 기초선이 되고, 시작문항에서부터 기초선이 설정되지 않으면 한 단계 낮은 단계로 내려가 응답한다. 기초선이 설정되면 '아니요'가 연속 8개가 나올 때까지 위로 계속 평가하고 표현언어영역도 같은 방법으로 평가한다. '예'는 1점, '아니요'는 '0'점으로 기입하고 총점을 계산한 후 영역별 총점과 전체 총점을 따로 산출한다. 표준편차 −1은 정상발달, −1에서 −2는 약간 지체 또는 유의 요망, −2 이하는 언어발달지체로 수용언어장애 및 표현언어장애의 여부를 점수로 알 수 있다. 또한 영역별 평가에서 약간 지체 또는 언어발달지체로 판정된 경우 영역별 결과를 참고하여 해석한다. 검사도구의 장점은 검사 실시가 용이하고 영 · 유아의 전반적 언어능력을 제시할 수 있으며 수용/표현 언어능력 영역별 지체 여부에 대해 파악이 가능하다. 그리고 의미 · 인지능력, 음운능력, 구문능력, 화용 중 어느 영역이 지체되는지 알 수 있으며 우리나라 아동 기준에 맞추어 발달연령이 산출 가능하다. 다른 평가도 참고하여 언어능력을 평가해야 더 정확한 결과를 알 수 있다.

6. 인지기능 장애의 평가

1) 간이정신상태검사(Mini-Mental State Examination: MMSE)

MMSE는 기질성 정신장애와 기능적 정신장애를 구별하기 위해 개발되었다. 치매를 비롯한 대뇌의 기질적인 병변이 의심되는 클라이언트를 대상으로 평가하고, 중등도 또는 중증 치매를 구분하는 데 사용된다. MMSE는 인지기능장애 정도를 정량적으로 평가하고 반복적인 측정으로 인지기능의 변화를 관찰할 수 있다. 평가에 소요되는 시간은 5~10분 정도이다. 평가항목은 지남력(orientation), 기억등록(registration), 기억회상(recall), 주의집중과 계산능력, 시공간 구성능력, 언어와 관련된 능력들을 포함하고 있다.

MMSE-K는 한국어판으로 문맹자들을 위해 일부 문항을 변경하여 번안한 검사로 치매선별검사에 가장 많이 사용되고 있다.

다음은 간이정신상태검사 한국어판(MMSE-K) 검사 수행 방법 및 검사지이다.

표 6-26 간이정신상태검사 한국어판(MMSE-K) 검사 수행 방법

MMSE-K

1. 검사 수행
   - 클라이언트를 대상으로 일대일로 실시하며 시간제한은 없음.
   - 지남력, 기억력, 주의집중과 계산능력, 언어와 시공간 구성능력을 평가하는 항목이 포함

(1) 시간지남력(0~5점)
   - 오늘 날짜에 대해서 질문. 그리고 빠진 부분에 대해서 특별히 물음.
   - 음력으로 대답해도 정답으로 간주함. 년은 간지(갑자을축)로 대답해도 정답으로 간주함.
   - 맞은 대답에 대해 점수를 가산

(2) 장소지남력(0~5점)
   - 주소를 묻고 맞는 대답에 대해 점수를 가산(0~4점)
   - "여기가 어떤 곳(예: 시장, 학교, 병원 등)입니까?"라고 현재 장소를 질문(1점)

(3) 기억등록(0~3점)
   - 기억력을 검사한다고 피검자에게 이야기하고 나무, 자동차, 모자와 같이 서로 관계없는 3개의 단어를 1초 간격으로 천천히 정확하게 불러 줌. 그리고 이것을 따라하게 함.
   - 첫 번째 시행에서 정확히 반복한 단어에 대해서 점수를 가산
   - 피검자가 주의를 집중하지 않아서 세 가지 모두를 반복하지 못하는 경우 전혀 다른 세 가지 물건 이름을 똑같이 제시하여 따라 하도록 지시함(예: 이불, 물, 젓가락). 3개의 단어를 완전히 따라 할 때까지 여섯 번까지 반복. 36개의 문항을 결국 못한다면 기억회상은 실시하지 않음.

(4) 기억회상(0~3점)
   - 기억등록 과제 이후 3~5분 후에 앞에서 이야기한 세 가지의 단어를 기억해 보라고 함.
   - 기억등록과 기억회상 사이에는 언어적 과제를 실시해서는 안 됨.

(5) 주의집중과 계산능력(0~5점)
- 100에서 7을 빼라고 지시함. "그 수에서 다시 7을 빼세요."라는 지시를 5회까지 실시(예: 93-80-73-63-56은 3점으로 처리)
- 만약 환자가 하지 못하거나 지시를 거부할 때에는 "삼천리강산"을 거꾸로 이야기하도록 요구(예: "산강천리삼"은 3점)

(6) 언어관련 기능과 시공간 구성능력(0~7점)
- 이름 대기: 연필과 시계를 보여 주고 무엇이냐고 물음(0~2점).
- 3단계 명령: "오른손으로 종이를 집어서 반으로 접은 다음 무릎 위에 놓으세요."라고 정확한 발음으로 한 번만 명령한다. 점수는 정확하게 수행한 각 부분(오른손, 반, 무릎)에 1점씩 가산(0~3점)
- 따라 말하기: "간장 공장 공장장"을 말한 후 따라 하도록 지시. 한 번만 언급(0~1점)
- 겹쳐진 오각형 베끼기: 깨끗한 종이 위에 각 변이 1인치 정도 되는 오각형 2개를 겹치도록 그린 후 피검자에게 그림을 보면서 똑같이 따라 그리도록 지시. 10개의 각이 분명하고 2개의 5각형이 겹쳐진 경우 1점을 줌. 약간 돌아간 그림은 무관하나, 두 도형이 떨어져 있는 경우에는 점수를 얻지 못함(0~1점).

(7) 이해와 판단능력(0~2점)
- 이해: "옷은 왜 빨아서 입습니까?"라고 물음. "깨끗하게 하기 위해" "더러워서" 등 위생에 대한 답인 경우(즉, 문장을 이해한 경우)는 1점을 줌(0~1점).
- 판단: "길에서 남의 주민등록증을 주웠다면 어떻게 쉽게 주인에게 돌려줄 수 있습니까?"라고 물음. 우체국에 관계되는 대답(예: 우체국, 우편소, 우체부, 배달부, 우편함 등은 정답이고 동사무소, 지서, 명장 등은 오답)에만 1점을 줌(0~1점).

2. 점수 매기기 및 해석
- 각 문항들은 2점 척도로서 피검자가 제대로 수행하면 1점, 수행하지 못하면 0점을 줌.
- 전체 문항 총점을 점수로 함.
- 무학인 경우 점수 가산: '시간지남력'에 1점, '주의집중과 계산능력'에 2점, '언어관련 기능'에 1점씩 가산함. 가산된 점수가 그 영역의 만점의 범위를 넘지 않도록 함.
- 해석: 24점 이상은 확정적 정상, 20~23점은 치매의심, 19점 이하는 확정적 치매로 봄.

| 표 6-27 | 간이정신상태검사 한국어판(MMSE-K) 검사지 |

<table>
<tr><td colspan="3" align="center">간이정신상태검사-한국어판(MMSE-K)</td></tr>
<tr><td colspan="3">이름:　　　　　　성별:　　　　　　　생년월일:
교육: 유학(　) 무학(　)　검사일:　　　　　　검사자:</td></tr>
<tr><th>항목</th><th>문항</th><th>점수</th></tr>
<tr><td rowspan="3">지남력</td><td>1. 오늘은 　　년　　 월　　일　　요일　　계절</td><td>/5</td></tr>
<tr><td>2. 당신의 주소는　도(특별시 또는 직할시)　군(구)　면(동)　동
(여기는 어떤 곳 입니까?) (예: 학교, 시장, 병원, 가정, 집 등)</td><td>/4</td></tr>
<tr><td>3. 여기는 무엇을 하는 곳입니까?(예: 마당, 안방, 화장시르, 진찰실 등)</td><td>/1</td></tr>
<tr><td>기억등록</td><td>4. 물건 이름 세 가지(예: 나무, 자동차, 모자)</td><td>/3</td></tr>
<tr><td>기억회상</td><td>5. 3분 내지 5분 뒤에 위의 물건 이름들을 회상</td><td>/3</td></tr>
<tr><td>주의집중 및
계산</td><td>6. 100-7=　　-7=　　-7=　　-7=　　-7=
(무학일 때에는 "삼천리강산"을 거꾸로 말하기)</td><td>/5</td></tr>
<tr><td rowspan="4">언어기능</td><td>7. 물건의 이름 맞추기(연필, 시계)</td><td>/2</td></tr>
<tr><td>8. 오른손으로 종이를 반으로 접어서 무릎 위에 놓기(3단계 명령)</td><td>/3</td></tr>
<tr><td>9. 5각형 2개를 겹쳐 그리기</td><td>/1</td></tr>
<tr><td>10. "간장 공장 공장장"을 따라 하기</td><td>/1</td></tr>
<tr><td rowspan="2">이해 및 판단</td><td>11. "옷은 왜 빨아(세탁해)서 입습니까?"라고 질문</td><td>/1</td></tr>
<tr><td>12. "길에서 남의 주민등록증을 주웠을 때 어떻게 하면 쉽게 주인에게
　　되돌려 줄 수 있습니까?"라고 질문</td><td>/1</td></tr>
<tr><td colspan="2" align="center">총점</td><td>/30</td></tr>
</table>

2) 몬트리올 인지 검사(Montreal Cognitive Assessment: MoCA)

몬트리올 인지 검사는 1996년 캐나다 몬트리올에서 **알츠하이머나 인지장애를 판별**하기 위해 만들어진 후 한국어 등 55개 언어로 번역되어 쓰이고 있다. 30문항에 10~15분이 소요되는데 검사 대상자는 알츠하이머, 뇌종양, 치매, 헌팅턴병, 파킨슨병, 뇌졸중을 가진 사람등이다.

평가영역은 주의력, 실행능력, 기억력, 언어능력, 시공간 구성능력, 개념화, 계산능력, 지남력이며, 총점은 30점이고 26점 이상은 정상이다.

7. 장애의 심리사회기술 평가

1) 벡의 우울증 척도

벡(Beck)의 우울증 척도는 우울증상의 정도를 측정하기 위해 개발되었다. 이것은 증상의 정도를 표현하는 구체적인 진술문에 응답하게 함으로써 클라이언트가 자신의 심리상태를 수량화하는 데 겪는 혼란을 줄일 수 있다.

다음은 벡의 우울증 척도에 대한 검사지이다.

표 6-28 벡의 우울증 척도에 대한 검사지

벡의 우울증 척도

이름: _____   연령: _____ 세   성별: 남 / 녀   작성일: _____년 _____월 _____일

다음 글을 잘 읽어 보고 4개의 문항 중 요즘 자신에게 가장 적합하다고 느끼는 문항에 체크를 하세요.

1. (0) 나는 슬픔을 느끼지 않는다.
   (1) 나는 항상 슬프고 그것을 떨쳐 버릴 수 없다.
   (2) 나는 슬픔을 느낀다.
   (3) 나는 너무나도 슬프고 불행해서 도저히 견딜 수 없다.

2. (0) 나는 앞날에 대해 특별히 낙담하지 않는다.
   (1) 나는 앞날에 대해서 별로 기대할 것이 없다고 느낀다.
   (2) 나는 앞날에 대해 기대할 것이 아무것도 없다고 느낀다.
   (3) 나의 앞날은 암담하여 전혀 희망이 없다.

3. (0) 나는 실패감 같은 것을 느끼지 않는다.
   (1) 나는 다른 사람들보다 실패의 경험이 더 많다고 느낀다.
   (2) 나의 살아온 과거를 되돌아보면 나는 항상 많은 일에 실패를 했다.
   (3) 나는 한 인간으로서 완전히 실패했다고 느낀다.

4. (0) 나는 전과 다름없이 일상생활에서 만족하고 있다.
   (1) 나의 일상생활은 전처럼 즐겁지가 않다.
   (2) 나는 더 이상 어떤 것에서도 실제적인 만족을 얻지 못한다.
   (3) 나는 모든 것이 다 불만스럽고 지겹다.

5. (0) 나는 특별히 죄의식을 느끼지 않는다.
   (1) 나는 많은 시간 동안 죄의식을 느낀다.
   (2) 나는 대부분의 시간 동안 죄의식을 느낀다.
   (3) 나는 항상 죄의식을 느낀다.

6. (0) 나는 내가 벌을 받고 있다고 느끼지 않는다.
   (1) 나는 내가 벌을 받을지도 모른다고 느낀다.
   (2) 나는 벌을 받아야 한다고 느낀다..
   (3) 나는 현재 내가 벌을 받고 있다고 느낀다.

7. (0) 나는 내 자신에 대해 실망하지 않는다.
   (1) 나는 내 자신에 대해 실망하고 있다.
   (2) 나는 내 자신을 역겨워하고 있다.
   (3) 나는 내 자신을 증오한다.

8. (0) 나는 내가 다른 사람보다 못하다고 생각하지 않는다.
   (1) 나는 나의 약점이나 실수에 대해 내 자신을 비판하는 편이다.
   (2) 나는 나의 잘못에 대해 항상 내 사진을 비난한다.
   (3) 나는 주위에서 일어나는 모든 잘못된 일에 대해 내 자신을 비난한다.

9. (0) 나는 자살할 생각 같은 것을 하지 않는다.
   (1) 나는 자살할 생각은 하고 있으나 실제 실행하지는 않을 것이다.
   (2) 나는 자살하고 싶다.
   (3) 나는 기회만 있으면 자살하겠다.

10. (0) 나는 전보다 더 울지는 않는다.
    (1) 나는 전보다 더 많이 운다.
    (2) 나는 요즘 항상 운다.
    (3) 나는 전에는 자주 울었지만 요즘은 울래야 울 기력조차 없다.

11. (0) 나는 전보다 화를 더 내지는 않는다.
    (1) 나는 전보다 쉽게 화가 나고 짜증이 난다.
    (2) 나는 항상 화가 치민다.
    (3) 전에는 화를 내게 했던 일인데도 요즘 화조차 나지 않는다.

12. (0) 나는 다른 사람에 대한 흥미를 잃지 않고 있다.
    (1) 나는 다른 사람들에게 흥미를 덜 느낀다.
    (2) 나는 다른 사람들에 대하여 거의 흥미를 잃었다.
    (3) 나는 다른 사람들에 대하여 완전히 흥미를 잃었다.

13. (0) 나는 전과 같이 결정하는 일을 잘 해낸다.
　　(1) 나는 어떤 일에 대해 결정을 못 내리고 머뭇거린다.
　　(2) 나는 어떤 결정을 할 때 전보다 더 큰 어려움을 느낀다.
　　(3) 나는 이제 아무 결정도 내릴 수가 없다.

14. (0) 나는 전보다 내 모습이 나빠졌다고 느끼지 않는다.
　　(1) 나는 내 용모에 대해 걱정한다.
　　(2) 나는 남들에게 매력을 느끼게 할 용모를 지니고 있지 않다.
　　(3) 나는 내가 추하고 불쾌하게 보인다고 생각한다.

15. (0) 나는 전과 다름없이 일을 잘할 수 있다.
　　(1) 어떤 일을 시작하려면 전보다 더 힘이 든다.
　　(2) 어떤 일을 시작하려면 굉장히 힘을 들이지 않으면 안 된다.
　　(3) 나는 너무 지쳐서 아무런 일도 할 수가 없다.

16. (0) 나는 전과 다름없이 잠을 잘 잔다.
　　(1) 나는 전처럼 잠을 자지 못한다.
　　(2) 나는 전보다 한두 시간 빨리 잠이 깨며, 다시 잠들기가 어렵다.
　　(3) 나는 전보다 훨씬 빨리 잠이 깨며, 다시 잠들 수가 없다.

17. (0) 나는 전보다 더 피곤하지 않다.
　　(1) 나는 전보다 더 쉽게 피곤해진다.
　　(2) 나는 무슨 일을 하든지 곧 피곤해진다.
　　(3) 나는 너무나 피곤해서 아무 일도 할 수가 없다.

18. (0) 내 식욕은 전보다 나빠지지 않았다.
　　(1) 내 식욕이 전처럼 좋지 않다.
　　(2) 내 식욕은 요즘 매우 나빠졌다.
　　(3) 요즘 전혀 식욕이 없다.

19. (0) 요즘 나는 몸무게가 줄지 않았다.
　　(1) 나는 전보다 몸무게가 줄은 편이다.
　　(2) 나는 전보다 몸무게가 많이 줄었다.
　　(3) 나는 전보다 몸무게가 너무 많이 줄어서, 건강에 위협을 느낄 정도이다.

20. (0) 나는 전보다 건강에 대해 더 염려하지는 않는다.
　　(1) 나는 두통, 소화불량 또는 변비 등의 현상이 잦다.
　　(2) 나는 내 건강에 대하여 매우 염려하기 때문에 제대로 일을 하기가 어렵다.
　　(3) 나는 내 건강에 대하여 너무 염려하기 때문에 다른 일을 거의 생각할 수가 없다.

21. (0) 나는 요즘 이성에 대한 관심에 변화가 없다고 생각한다.
　　(1) 나는 이전보다 이성에 대한 흥미가 적다.
　　(2) 나는 요즘 이성에 대한 흥미를 상당히 잃었다.
　　(3) 나는 이성에 대한 흥미를 완전히 잃었다.

체크한 문항 번호를 합산해 일반적으로 16점 이상이면 우울증으로 의심하지만 이 점수만으로 우울
증을 진단하거나 경중을 판단하는 것은 한계가 있습니다.
아래의 기분을 참고하되 점수가 높게 나온 경우, 전문가의 상담을 받는 것이 좋습니다.

★ 0~9점: 우울하지 않은 상태
★ 10~15점: 가벼운 우울 상태
★ 16~23점: 중한 우울 상태
★ 24~63점: 심한 우울 상태

2) 벡의 불안척도(Beck Anxiety Inventory: BAI)

　　벡의 불안척도는 클라이언트가 호소하는 불안의 정도를 측정하는데, 특히 우울로부
터 불안을 구별하기 위한 목적으로 개발되었다. 불안의 인지적 · 정서적 · 신체적 영역
을 포함하고 자가 보고식으로 지난 한 주 동안 불안을 경험함 정도를 4점 척도상에 표
시한다.
　　다음은 벡의 불안척도 검사지이다.

표 6-29 벡의 불안척도 검사지

벡의 불안척도					

이름: ＿＿＿＿＿　　연령: ＿＿＿ 세　　성별: 남 / 녀　　작성일: ＿＿＿년＿＿＿월＿＿＿일

각 문장을 자세히 읽어 보시고 오늘을 포함하여 지난 일주일 동안 자신의 상태를 가장 잘 나타낸다
고 생각되는 번호에 표시하여 주십시오.

문항	내용	전혀 느끼지 않았다	조금 느꼈다	상당히 느꼈다	심하게 느꼈다
1	가끔씩 몸이 저리고 쑤시며 감각이 마비된 느낌을 받았다.	0	1	2	3
2	흥분된 느낌을 받는다.	0	1	2	3
3	가끔씩 다리가 떨리곤 한다.	0	1	2	3

문항	내용	전혀 느끼지 않았다	조금 느꼈다	상당히 느꼈다	심하게 느꼈다
4	편안하게 쉴 수가 없다.	0	1	2	3
5	매우 나쁜 일이 일어날 것 같은 두려움을 느낀다.	0	1	2	3
6	어지러움(현기증)을 느낀다.	0	1	2	3
7	가끔씩 심장이 두근거리고 빨리 뛴다.	0	1	2	3
8	침착하지 못하다.	0	1	2	3
9	자주 겁을 먹고 무서움을 느낀다.	0	1	2	3
10	신경이 과민되어 있다.	0	1	2	3
11	가끔씩 숨이 막히고 질식할 것 같다.	0	1	2	3
12	자주 손이 떨린다.	0	1	2	3
13	안절부절못해 한다.	0	1	2	3
14	미칠 것 같은 두려움을 느낀다.	0	1	2	3
15	가끔씩 숨쉬기 곤란할 때가 있다.	0	1	2	3
16	죽을 것 같은 두려움을 느낀다.	0	1	2	3
17	불안한 상태에 있다.	0	1	2	3
18	자주 소화가 잘 안 되고 뱃속이 불편하다.	0	1	2	3
19	가끔씩 기절할 것 같다.	0	1	2	3
20	자주 얼굴이 붉어지곤 한다.	0	1	2	3
21	땀을 많이 흘린다(더위로 인한 경우는 제외).	0	1	2	3

평가자 기록란: 총점 _____ 평가

〈해석〉
★ 22~26점: 불안 상태(일단 진찰을 요함)
★ 27~31점: 심한 불안 상태
★ 32점 이상: 극심한 불안 상태

참고문헌

국시연구회(2017). 측정 및 평가. 서울: 퍼시픽북.

박수현(2013). 작업치료사를 위한 임상지침서. 서울: 군자출판사.

안나연(2008). Quebec User Evaluation of Satisfaction with Assistive Technology(QUEST 2.0)
의 한국어 번역 및 검증연구. 나사렛대학교 대학원 석사학위논문.

이재학 외(1996). 측정 및 평가. 서울: 대학서림.

이한석 외(2009). 임상작업치료 평가. 서울: 계축문화사.

장문영 외(2014). 측정 및 평가. 서울: 범문에듀케이션.

정신사회작업치료학 편찬위원회(2012). 정신사회작업치료학. 서울: 한미의학.

정진우(2014). 척추와 사지의 검진. 서울: 대학서림.

한국보조공학사협회 편(2016). 보조공학총론(2판). 서울: 학지사.

Case Smith, J., & O'Brien, J. C. (2010). 아동작업치료학. [*Occupational Therapy for Children*
(6th ed.)]. (최혜숙 외 공역). 서울: 엘스비어코리아. (원저는 2010년에 출판).

Pendleton, H. M., & Schultz-Krohn, W. (2014). 작업치료학: 신체기능장애를 위한 기술. [*Pedretti's
Occupational Therapy* (7th ed.)]. (최혜숙, 정민예, 이재신, 장기연, 박수현 외 공역). 서울:
엘스비어코리아. (원저는 2013년에 출판).

Radomski, M. V., & Latham, C. A. T. (2015). 작업치료학. [*Occupational Therapy for Physical
Dysfunction* (7th ed.)]. (이정원 외 공역). 서울: 한미의학. (원저는 2014년에 출판).

제7장

보조공학 법규 및 서비스 전달체계

❚ 육주혜

1. 보조공학 지원 법률

　장애인, 노인의 자립생활과 사회참여를 증진하여 전반적인 삶의 질을 향상시키는 보조공학의 효과에 대한 사회적 인식이 확산되고 있다. 본 장에서는 보조공학 법률과 제도에 대해 설명하고자 한다. 우리나라에서는 여러 법에서 국가가 보조공학을 제공할 의무가 있고 어떻게 집행해야 하는지에 대한 규정과 조항이 지속적으로 확대되고 있다. 이들 중 부처별로 실제 보조공학 예산이 편성, 집행되고 있는 법률들을 중심으로 소개하고자 한다. 각 법률들에서 보조공학 지원의 근거가 되는 규정들을 보면 다음과 같다.

1) 보건복지부

(1) 장애인·노인 등을 위한 보조기기 지원 및 활용촉진에 관한 법률

① 제1장 총칙

「장애인·노인 등을 위한 보조기기 지원 및 활용촉진에 관한 법률」(이하 「장애인보조기기법」)은 장애인·노인 등을 위한 보조기기 서비스를 효율적으로 제공하여 장애인·노인 등의 활동의 제약을 최소화하고, 삶의 질을 향상하는 데 목적을 둔다. 장애인·노인 등의 필요와 요구에 따라 보조기기를 편리하고 자유롭게 활용할 수 있도록 보장함으로써 이들이 자아를 실현하고, 완전한 사회참여와 삶의 질 향상을 통하여 사회통합을 이루는 것을 기본이념으로 한다.

보건복지부장관은 관계 중앙행정기관의 장과 협의하여 5년마다 보조기기 지원과 활용촉진을 위한 기본계획을 수립하여야 한다. 그리고 보조기기 정책수립에 필요한 기초자료로 활용하기 위하여 3년마다 보조기기 실태조사를 실시하여야 한다.

② 제2장 보조기기의 지원 등

국가와 지방자치단체는 보조기기의 교부·대여 및 사후 관리 등 사례관리 사업, 보조기기 관련 정보의 제공, 보조기기 품질관리 및 연구개발 지원에 노력해야 한다. 보조기기를 생산·판매·유통·대여·수입·수리하는 보조기기업체는 장애인 등에게 사용에 필요한 정보를 제공하고 고장수리 등 사후 관리 서비스를 제공하여야 한다.

③ 제3장 보조기기센터

중앙보조기기센터는 다음의 사업을 수행해야 한다.

1. 보조기기 관련 정책의 연구 및 개발 사업
2. 보조기기 전문인력에 대한 교육·연수 및 보조기기 정책 홍보
3. 보조기기 관련 정보의 수집·관리 및 데이터베이스 구축·제공
4. 지역보조기기센터의 운영 및 관리 지원
5. 보조기기 이용자 및 이용실태 관련 모니터링
6. 보조기기 관련 국제협력
7. 그 밖에 보조기기 지원 및 활용촉진을 위하여 필요한 사업으로서 보건복지부장관이 정하는 사업

지역보조기기센터는 다음의 사업을 수행해야 한다.

1. 보조기기 관련 상담 · 평가 · 적용 · 자원연계 및 사후 관리 등 사례관리 사업
2. 보조기기 전시 · 체험장 운영
3. 보조기기 정보제공 및 교육 · 홍보
4. 보조기기 서비스 관련 지역 연계 프로그램 운영
5. 보조기기 장기 및 단기 대여, 수리, 맞춤 개조와 제작, 보완 및 재사용 사업
6. 다른 법률에 따른 보조기기 교부 등에 관한 협조
7. 중앙센터가 수행하는 사업에 대한 협력
8. 그 밖에 보건복지부장관이 정하는 사업

④ 제4장 보조기기 관련 전문인력

보조공학사는 장애인 등에게 보조기기의 상담 · 사용법 교육 · 정보제공 또는 생산 · 수리 등의 서비스를 제공하는 전문인력이다. 보조공학사로서 결격사유는 다음과 같다.

1. 「정신건강증진 및 정신질환자 복지서비스 지원에 관한 법률」 제3조 제1호에 따른 정신질환자. 다만, 전문의가 보조공학사로서 적합하다고 인정하는 사람은 그러하지 아니하다.
2. 마약 · 대마 또는 향정신성의약품 중독자
3. 피성년후견인, 피한정후견인, 피특정후견인
4. 이 법이나 「형법」 제234조 · 제317조 제1항, 「의료법」 「국민건강보험법」 「의료급여법」 「보건범죄 단속에 관한 특별조치법」 「마약류 관리에 관한 법률」 또는 「후천성면역결핍증 예방법」을 위반하여 금고 이상의 형을 선고받고 그 형의 집행이 끝나지 아니하였거나 집행을 받지 아니하기로 확정되지 아니한 사람

⑤ 제5장 보조기기 연구개발 및 활성화

국가와 지방자치단체는 보조기기의 활용촉진을 위하여 보조기기를 생산하는 업체에 대한 생산장려금 지급, 기술지원, 우수업체의 지정, 연구개발 장려를 해야 한다. 그리고 보조기기에 관한 연구개발활동 및 보조기기 서비스를 제공하는 비영리법인 또는 단체에 대하여 예산의 범위에서 보조금 등 지원을 할 수 있다.

(2) 국민건강보험법

「국민건강보험법」의 목적은 국민의 질병 · 부상에 대한 예방 · 진단 · 치료 · 재활과 출산 · 사망 및 건강증진에 대하여 보험급여를 실시함으로써 국민보건을 향상시키고 사회보장을 증진하는 것이다(제1조). 이 법률에서 보조공학과 관련된 규정은 제51조

(장애인에 대한 특례)로 다음과 같다.

> ① 공단은 「장애인복지법」에 따라 등록한 장애인인 가입자 및 피부양자에게는 「장애
> 인 · 노인 등을 위한 보조기기 지원 및 활용촉진에 관한 법률」 제3조제2호에 따른
> 보조기기에 대하여 보험급여를 할 수 있다.
> ② 제1항에 따른 보조기기에 대한 보험급여의 범위 · 방법 · 절차와 그 밖에 필요한
> 사항은 보건복지부령으로 정한다.

(3) 의료급여법

「의료급여법」의 목적은 생활이 어려운 자에게 의료급여를 실시함으로써 국민보건의
향상과 사회복지의 증진을 위함이다. 제13조(장애인 및 임산부에 대한 특례)의 제1항에
따라 다음과 같이 보조공학 제공 규정을 명시하고 있다.

> ① 시장 · 군수 · 구청장은 「장애인복지법」에 따라 등록한 장애인인 수급권자에게 「장
> 애인 · 노인 등을 위한 보조기기 지원 및 활용촉진에 관한 법률」 제3조제2호에 따
> 른 보조기기에 대하여 급여를 실시할 수 있다.

(4) 장애인복지법

「장애인복지법」의 목적은 장애인의 인간다운 삶과 권리보장을 위한 국가와 지방자
치단체 등의 책임을 명백히 하고, 장애발생 예방과 장애인의 의료 · 교육 · 직업재활 ·
생활환경개선 등에 관한 사업을 정하여 장애인복지대책을 종합적으로 추진하며, 장애
인의 자립생활 · 보호 및 수당지급 등에 관하여 필요한 사항을 정하여 장애인의 생활
안정에 기여하는 등 장애인의 복지와 사회활동 참여증진을 통하여 사회통합에 이바지
함이다.

제22조(정보에의 접근) 규정은 다음과 같다.

> ① 국가와 지방자치단체는 장애인이 정보에 원활하게 접근하고 자신의 의사를 표시
> 할 수 있도록 전기통신 · 방송시설 등을 개선하기 위하여 노력하여야 한다.
> ② 국가와 지방자치단체는 방송국의 장 등 민간 사업자에게 뉴스와 국가적 주요 사항
> 의 중계 등 대통령령으로 정하는 방송 프로그램에 청각장애인을 위한 수어 또는

폐쇄자막과 시각장애인을 위한 화면해설 또는 자막해설 등을 방영하도록 요청하여야 한다.

③ 국가와 지방자치단체는 국가적인 행사, 그 밖의 교육·집회 등 대통령령으로 정하는 행사를 개최하는 경우에는 청각장애인을 위한 수어통역 및 시각장애인을 위한 점자 또는 점자·음성변환용 코드가 삽입된 자료 등을 제공하여야 하며 민간이 주최하는 행사의 경우에 수화통역과 점자 또는 점자·음성변환용 코드가 삽입된 자료 등을 제공하도록 요청할 수 있다.

④ 제2항과 제3항의 요청을 받은 방송국의 장 등 민간 사업자와 민간 행사 주최자는 정당한 사유가 없으면 그 요청에 따라야 한다.

⑤ 국가와 지방자치단체는 시각장애인이 정보에 쉽게 접근할 수 있도록 점자도서와 음성도서 등을 보급하기 위하여 노력하여야 한다.

⑥ 국가와 지방자치단체는 장애인의 특성을 고려하여 정보통신망 및 정보통신기기의 접근·이용에 필요한 지원 및 도구의 개발·보급 등 필요한 시책을 강구하여야 한다.

65조(장애인보조기구)에서 제시한 규정은 다음과 같다.

① "장애인보조기구"란 장애인이 장애의 예방·보완과 기능 향상을 위하여 사용하는 의지보조기 및 그 밖에 보건복지부장관이 정하는 보장구와 일상생활의 편의 증진을 위하여 사용하는 생활용품을 말한다.

② 보건복지부장관은 제1항에 따른 장애인보조기구의 품질향상 등을 위하여 장애인보조기구의 품목·기준 및 규격을 정하여 고시할 수 있다.

(5) 노인장기요양보험법

「노인장기요양보험법」은 고령이나 노인성 질병 등의 사유로 일상생활을 혼자서 수행하기 어려운 노인 등에게 제공하는 신체활동 또는 가사활동 지원 등의 장기요양급여에 관한 사항을 규정하여 노후의 건강증진 및 생활안정을 도모하고 그 가족의 부담을 덜어 줌으로써 국민의 삶의 질을 향상하도록 함을 목적으로 한다.

　제2조의 정의에서 노인 등과 장기요양급여의 의미는 다음과 같다.

1. "노인 등"이란 65세 이상의 노인 또는 65세 미만의 자로서 치매·뇌혈관성질환 등 대통령령으로 정하는 노인성 질병을 가진 자를 말한다.
2. "장기요양급여"란 제15조 제2항에 따라 6개월 이상 동안 혼자서 일상생활을 수 행하기 어렵다고 인정되는 자에게 신체활동·가사활동의 지원 또는 간병 등의 서비스나 이에 갈음하여 지급하는 현금 등을 말한다

제23조(장기요양급여의 종류)에서 보조기기 관련하여 용구 지원에 대해 규정하고 있 다. 제1항 재가급여 중 기타 재가급여에 수급자의 일상생활·신체활동 지원에 필요한 용구를 제공하거나 가정을 방문하여 재활에 관한 지원 등을 제공하는 장기요양급여로 서 대통령령으로 정하는 것을 명시하고 있다.

(6) 고령친화산업 진흥법

「고령친화산업 진흥법」은 고령친화산업을 지원·육성하고 그 발전 기반을 조성함 으로써 노인의 삶의 질 향상과 국민경제의 건전한 발전에 이바지함을 목적으로 한다 (제1조). 고령친화제품 등이라 함은 노인을 주요 수요자로 하는 제품 또는 서비스(제2 조 1항)인데 가항에 노인이 주로 사용하거나 착용하는 용구·용품 또는 의료기기가 명 시되어 있다. 고령친화제품은 장애가 있는 노인이 필요로 하는 보조공학이 포함된 개 념인 것이다. 이 법을 관장하는 중앙행정기관은 보건복지부이며, 조항별 사업 부처는 기획재정부, 정보통신과학기술부, 문화체육관광부, 농림축산식품부, 산업통상자원부, 보건복지부, 고용노동부, 국토교통부가 포함된다(제2조 제4항).

2) 고용노동부

(1) 산업재해보상보험법

「산업재해보상보험법」은 산업재해보상보험 사업을 시행하여 근로자의 업무상의 재 해를 신속하고 공정하게 보상하며, 재해근로자의 재활 및 사회 복귀를 촉진하기 위하 여 이에 필요한 보험시설을 설치·운영하고, 재해 예방과 그 밖에 근로자의 복지 증진 을 위한 사업을 시행하여 근로자 보호에 이바지하는 것을 목적으로 한다. 보조공학 관 련 규정은 제40조(요양급여)에서 근로자가 업무상의 사유로 부상을 당하거나 질병에 걸린 경우 요양급여를 지급한다고 명시하였는데 이로 인해 장애가 발생하였을 경우

제4항에서 약제 또는 진료재료와 의지, 그 밖의 보조기를 지급하도록 규정하고 있다.

(2) 장애인고용촉진 및 직업재활법

「장애인고용촉진 및 직업재활법」은 장애인이 그 능력에 맞는 직업생활을 통하여 인간다운 생활을 할 수 있도록 장애인의 고용촉진 및 직업재활을 꾀하는 것을 목적으로 한다. 제21조(장애인 고용 사업주에 대한 지원)에서는 보조공학 제공을 다음과 같이 규정하고 있다.

① 노동부장관은 장애인을 고용하거나 고용하려는 사업주에게 장애인 고용에 드는 다음 각 호의 비용 또는 기기 등을 융자하거나 지원할 수 있다. 이 경우 중증장애인 및 여성장애인을 고용하거나 고용하려는 사업주를 우대하여야 한다.
  1. 장애인을 고용하는 데에 필요한 시설과 장비의 구입·설치·수리 등에 드는 비용
  2. 장애인 직업생활에 필요한 작업 보조공학기기 또는 장비 등
  3. 장애인의 적정한 고용관리를 위하여 장애인 직업생활 상담원, 작업 지도원, 수화 통역사 또는 낭독자 등을 배치하는 데에 필요한 비용
  4. 그 밖에 제1호부터 제3호까지의 규정에 준하는 것으로서 장애인의 고용에 필요한 비용 또는 기기
② 고용노동부장관은 장애인인 사업주가 장애인을 고용하거나 고용하려는 경우에는 사업주 자신의 직업생활에 필요한 작업 보조공학기기 또는 장비 등을 지원할 수 있다.

3) 국가보훈처의 국가유공자 등 예우 및 지원에 관한 법률

「국가유공자 등 예우 및 지원에 관한 법률」의 목적은 국가를 위하여 희생하거나 공헌한 국가유공자, 그 유족 또는 가족을 합당하게 예우(禮遇)하고 지원함으로써 이들의 생활안정과 복지향상을 도모하고 국민의 애국정신을 기르는 데에 이바지하는 것이다. 제43조의2(보철구의 지급)에서는 전상군경, 공상군경, 4·19혁명부상자, 공상공무원 및 특별공로상이자로서 신체장애로 보철구(補綴具)가 필요한 사람에게는 대통령령으로 정하는 바에 따라 보철구를 지급하도록 규정하고 있다.

4) 과학기술정보통신부의 국가정보화 기본법

「국가정보화 기본법」은 국가정보화의 기본 방향과 관련 정책의 수립·추진에 필요한 사항을 규정함으로써 지속 가능한 지식정보사회의 실현에 이바지하고 국민의 삶의 질을 높이는 것을 목적으로 한다. 제3조(정의) 제9항에서는 '정보격차'를 사회적, 경제적, 지역적 또는 신체적 여건으로 인하여 정보통신 서비스에 접근하거나 정보통신 서비스를 이용할 수 있는 기회에 차이가 생기는 것이라고 하였다. 이는 장애인을 포함하여 정보에 소외된 계층을 모두 아울러 이들에 대한 공공의 지원 책임을 명시함을 보여준다. 제31조(정보격차 해소 시책의 마련), 제32조(장애인·고령자 등의 정보 접근 및 이용 보장), 제32조의2(웹접근성과 이동통신단말장치에 설치되는 응용 소프트웨어 접근성 품질인증 등), 제33조(정보격차의 해소와 관련된 기술 개발 및 보급 지원), 제34조(정보통신제품의 지원), 제35조(정보격차해소교육의 시행 등)에서 이를 더욱 구체적이고 공식적으로 실행하도록 기준을 제시하고 있다.

5) 교육부의 장애인 등에 대한 특수교육법

「장애인 등에 대한 특수교육법」의 목적은「교육기본법」 제18조에 따라 국가 및 지방자치단체가 장애인 및 특별한 교육적 요구가 있는 사람에게 통합된 교육환경을 제공하고 생애주기에 따라 장애유형·장애정도의 특성을 고려한 교육을 실시하여 이들이 자아실현과 사회통합을 하는 데 기여하는 것이다. 제2조(정의)의 제2항에서 규정한 '특수교육 관련서비스'는 특수교육대상자의 교육을 효율적으로 실시하기 위하여 필요한 인적·물적 자원을 제공하는 서비스로서 상담지원·가족지원·치료지원·보조인력지원·보조공학기기지원·학습보조기기지원·통학지원 및 정보접근지원 등을 포함한다. 제28조(특수교육 관련서비스)에서 명시한 보조공학 관련 규정 제4항과 제8항은 다음과 같다.

④ 각급학교의 장은 특수교육대상자의 교육을 위하여 필요한 장애인용 각종 교구, 각종 학습보조기, 보조공학기기 등의 설비를 제공하여야 한다.

⑧ 각급학교의 장은 각급학교에서 제공하는 각종 정보(교육기관에서 운영하는 인터넷 홈페이지를 포함한다)를 특수교육대상자에게 제공하는 경우 특수교육대상자의 장

애유형에 적합한 방식으로 제공하여야 한다.

또한 제5장 고등교육 및 평생교육의 제31조(편의제공 등)에서도 대학의 장이 각종 학습보조기기 및 보조공학기기 등의 물적 지원(제1항의1)과 정보접근 지원(제1항의4)에서 장애학생의 교육활동의 편의를 위하여 이러한 수단을 적극적으로 강구하고 제공하여야 한다고 명시하고 있다.

6) 문화체육관광부의 도서관법

「도서관법」의 목적은 국민의 정보접근권과 알 권리를 보장하는 도서관의 사회적 책임과 그 역할 수행에 필요한 사항을 규정하여, 도서관의 육성과 서비스를 활성화함으로써 사회 전반에 대한 자료의 효율적인 제공과 유통, 정보접근 및 이용의 격차해소, 평생교육의 증진 등 국가 및 사회의 문화발전에 이바지함이다. 보조공학 관련 조문은 제8장 지식정보격차해소에서 제43조 도서관의 책무, 제44조 지식정보격차 해소 지원, 제45조 국립장애인도서관의 설립·운영이다.

7) 보조공학 지원 법률 현황

살펴본 바와 같이 법적으로 보조공학 확산이 강화되는 경향을 보이고 있다. 하지만 여러 법률들에서 특정 대상에 대해 특정 목적에 따라 특정 품목을 규정하고 있어서 잠재적 사용자의 발굴이 쉽지 않으며, 어떤 경우에도 해당되지 않는 사용자는 보조공학 제공을 받지 못하는 일이 발생하게 된다. 또한 부처의 예산 편성 비중이나 우선순위에 따라 특정 부분의 보조공학 제공이 더 많이 또는 더 적게 실시되는 현상을 보인다.

이들을 포괄하고 공식적으로 연계할 수 있는 법률인 「장애인·노인 등을 위한 보조기기 지원 및 활용촉진에 관한 법률」이 2015년 12월 제정되었다. 이 법률은 모든 장애인과 노인에 대한 보조기기 전달 서비스와 품질관리를 체계화하는 내용을 담고 있다. 향후 이에 따른 장애인·노인의 편의가 적극적으로 확보될 수 있도록 국가적으로 통합적인 보조공학 전달 체계가 정비되어야 하는 과제를 남기고 있다.

2. 보조공학 전달체계와 제도

사회적으로 장애인들의 요구가 높은 활동보조인 제도 시행이 확대되면서 다른 선진국과 마찬가지로 인적 지원의 보완과 경제적 효율 차원에서 보조공학과 편의시설이라는 물적 지원의 제도도 함께 강화되고 있다. 또한 65세 이상 노인인구가 전체 인구 중 20%를 넘는 초고령사회를 앞두고 있는 우리나라는 노화로 인한 장애 발생이 주요 보조공학 사용자층을 형성할 것이다. 때문에 이러한 보조공학의 요구가 2000년대를 기점으로 예산과 전달체계에 본격적으로 반영되었으며, 이를 수행하는 전문가인 보조공학사의 배치 등이 실제적으로 진행되고 있는 것이다. 보조공학 전달체계를 정부·공공부문, 지자체부문으로 구별하여 정리하면 다음과 같다(한국보조공학사협회, 2016; 육주혜 외, 2017).

1) 정부·공공부문

(1) 보건복지부

보건복지부 산하 **국민건강보험공단**은 「국민건강보험법」에 따라 국민건강보험 가입자 또는 피부양자로서 「장애인복지법」에 의한 등록장애인에게 보조기기 대여와 지급 사업을 하고 있다. 「노인장기요양보험법」에 따라서는 노인의 일상생활·신체활동 지원에 필요한 용구를 제공한다. 또한 「의료급여법」, 「장애인보조기기법」에 따라 시·군·구청에서 「국민기초생활보장법」 상 수급자 및 차상위계층으로서 「장애인복지법」에 의해 등록한 장애인에게 보조기기를 교부한다. **국립재활원 재활연구소와 산하 재활보조기술연구과**에서는 재활보조기술연구개발, 재활로봇중개연구, 재활로봇보급 등의 연구개발 및 보급 사업을 한다. **중앙보조기기센터**에서는 전국의 지역보조기기센터 관리와 품질관리 등 보조기기 서비스 체계에 대한 총괄적인 사업을 수행한다. **재활병원**에서는 「국민건강보험법」에 의해 보조기기를 교부 또는 제작 지급하며 한국장애인개발원에서는 보조기기 관련 정책 연구개발, 한국보건산업진흥원에서는 보조기기 개발 지원을 하고 있다.

표 7-1 보건복지부 산하 보조공학 담당 부서나 사업이 있는 기관과 지급, 교부 품목

기관, 사업 수행처	근거법	사업, 업무와 교부 품목(2019)
국민건강 보험공단	「국민건강보험법」	• 보조기기 보험급여 • 팔의지, 다리의지, 팔보조기, 척추보조기, 골반보조기, 다리보조기, • 교정용 신발류 • 수동휠체어, 지팡이, 목발, 의안, 저시력보조안경, 콘택트렌즈, 돋보기, 망원경, 흰지팡이, 보청기, 체외용 인공후두, 전동휠체어, 전동스쿠터, 자세보조용구, 욕창예방방석, 욕창예방매트리스, 이동식전동리프트, 지지워커 • 전동휠체어 및 전동스쿠터용 전지(2개 1세트)
	「노인장기요양 보험법」	• 용구 요양급여 • 구입 품목: 이동변기, 목욕의자, 성인용보행기, 안전손잡이, 미끄럼방지용품, 간이변기, 지팡이, 욕창예방방석, 자세변환용구, 요실금팬티 • 대여 품목: 수동휠체어, 전동침대, 수동침대, 이동욕조, 목욕 리프트, 배회감지기, 경사로 • 구입 또는 대여 품목: 욕창예방매트리스
지자체 (시, 군, 구)	「의료급여법」	• 보조기기 의료급여 • 국민건강보험 보장구 보험급여와 품목 같음
	「장애인·노인 등을 위한 보조기기 지원 및 활용촉진에 관한 법률」	• 보조기기 교부 • 지체·뇌병변장애: 목욕의자, 휴대용 경사로, 보행차, 좌석형 보행차, 탁자형 보행차, 독립형 변기 팔지지대 및 등지지대(변기용 팔지지대) • 지체·뇌병변장애(1~3급): 기립훈련기/이동변기/음식 및 음료섭취용 보조기기/식사도구(칼, 포크), 젓가락 및 빨대/머그컵, 유리컵, 컵 및 받침접시/접시 및 그릇/음식 보호대/환경조정장치 • 지체·뇌병변·심장·호흡장애(1~3급): 미끄럼보드, 미끄럼 매트 및 회전좌석/휠체어용 탑승자 고정장치 및 기타 액세서리 • 심장장애(1~3급): 와상용 욕창예방 보조기기 • 지체·뇌병변·심장·호흡장애: 장애인용 의복 • 시각장애: 녹음 및 재생장치, 영상확대 비디오, 음성유도장치, 음성시계 • 청각장애: 시각신호표시기, 헤드폰, 진동시계 • 뇌병변·발달·청각·언어장애: 대화용장치
국립재활원 재활연구소, 중앙 및 전국 광역보조기기센터		• 보조기기 연구개발 • 보조기기의 국가적·통합적 체계화 • 보조기기 사례관리 • 보조기기 품질관리

기관, 사업 수행처	근거법	사업, 업무와 교부 품목(2019)
재활병원	「국민건강보험법」	• 보조기기 교부 또는 제작 지급 • 의지보조기, 전동휠체어, 전동스쿠터, 자세보조용구, 보청기, 맞춤형 교정용 신발, 의안, 팔 지지대 및 랩트레이, 다리 및 발 지지대 등
한국장애인 개발원	「장애인복지법」	• 장애인보조기기 관련 정책 연구개발
한국보건 산업진흥원	「한국보건산업 진흥원법」	• 의료기기 기술개발 지원

(2) 고용노동부

고용노동부는 **근로복지공단과 산하 재활공학연구소, 산재병원**에서 「산업재해보상보험법」에 따라 장애인에게 재활보조기구를 지원한다. **한국장애인고용공단**에서는 「장애인 고용촉진 및 직업재활법」에 의해 장애인을 고용하여 사업을 행하거나 하고자 하는 사업주와 산하 직업능력개발센터 및 공단 지정 직업훈련실시기관에 장애인훈련생에게 상용 보조공학기기를 무상 임대, 무상 지원하고 맞춤제작 보조공학기기는 무상 지원한다.

표 7-2 고용노동부 산하 보조공학 담당 부서나 사업이 있는 기관과 지원 품목

기관, 사업 수행처	근거법	사업, 업무와 교부 품목
근로복지공단, 재활공학연구소, 산재병원	「산업재해보상 보험법」	• 직무지원형 재활보조기구 지급(2016) • 하지 인공발, 하지 인공무릎, 하지 관련 기능형 제품, 상지 전동의수 및 관련 기능형 제품, 이동기기 휠체어 및 관련 기능형 제품 • 재활보조기구 수리 A/S 등 사후 관리 지원
한국장애인 고용공단	「장애인 고용촉진 및 직업재활법」	• 작업 보조공학기기, 차량용 보조공학기기 지원(2019) • 정보접근, 작업기구, 의사소통, 사무보조, 운전보조, 탑재보조, 승·하차보조를 위한 보조공학기기

(3) 국가보훈처

국가보훈처에서는 「국가유공자 등 예우 및 지원에 관한 법률」에 따라 **보훈공단의 보훈병원 보장구센터**(서울, 부산, 광주, 대구, 대전)에서 국가유공자 및 일반장애인의 각종 보철구 제작 및 수리를 지원한다.

표 7-3　국가보훈처 산하 보훈공단의 보훈병원 보장구센터 교부 품목

기관, 사업 수행처	근거법	사업, 업무와 교부 품목(2019)
한국보훈복지의료공단의 보훈병원 보장구센터	「국가유공자 등 예우 및 지원에 관한 법률」	• 국가유공자 및 일반장애인에게 보철구 제작 지급 및 수리 • 자체 제작 공급 품목: 팔·다리 의지, 팔·다리·척추 보조기, 맞춤형 교정용 신발, 의안, 보청기, 실리콘 제품 • 구입 지원 품목(국가유공자에 한함): 휠체어, 중상이자 리프트, 지팡이류, 청각언어장애 보장구, 시각장애 보장구, 욕창방석·의치·비데·욕창매트리스

(4) 과학기술정보통신부

과학기술정보통신부의 **한국정보화진흥원**에서는 「장애인복지법」 상 등록 장애인과 정보소외계층에게 「국가정보화기본법」에 따라 정보통신 보조기기를 보급한다.

표 7-4　과학기술정보통신부 산하 한국정보화진흥원 보급 품목

기관, 사업 수행처	근거법	사업, 업무와 교부 품목(2019)
한국정보화진흥원	「국가정보화기본법」	• 정보통신제품, 정보통신 보조기기 보급, 개발 지원 • 시각, 청각·언어, 지체·뇌병변장애에 적합한 정보통신 보조기기 및 특수 SW • 정보통신 보조기기 전시 및 체험 • 활용 및 사후 관리

(5) 교육부

교육부에서는 보조공학기기·학습보조기기·교재·교구·콘텐츠·소프트웨어 예산을 매년 편성하여 지원하고 있다. **국립특수교육원**에서 연구 및 정책 개발을 하고 전국 시·도 교육청의 199개 **특수교육지원센터**에서 특수학교(급)에 보조공학기기 대여 사업을 실시한다. 에듀에이블에서는 특수교육공학과 관련된 각종 정보와 자료를 제공한다.

표 7-5　교육부 산하 특수학교(급), 특수교육지원센터 보조공학기기 대여

기관, 사업 수행처	근거법	사업, 업무(2019)
특수학교(급), 특수교육지원센터	「장애인 등에 대한 특수교육법」	• 특수교육대상자에게 학습보조기기, 보조공학기기, 정보접근 지원

(6) 산업통상자원부

산업통상자원부는 **한국산업기술평가관리원**에서 장애인, 고령자, 저소득층 등 사회적 약자에 대한 편익 증진 및 일반 국민들의 사회적 이슈 해결 등을 위한 분야의 연구기술 개발과 산업화 지원을 한다. **고령친화종합체험관**에서는 노인이 사용하는 보조공학제품 들이 다수 전시되어 있고 고령친화제품 기업을 지원한다.

표 7-6 산업통상자원부 산하 고령친화종합체험관 보조공학 사업

기관, 사업 수행처	근거법	사업, 업무와 교부 품목(2019)
고령친화종합 체험관	「고령친화산업 진흥법」	• 고령친화산업 발전을 위한 종합체험관 운영, 노인이 사용하는 보조공학기기 전시, 체험 제공 • R&BD 지원, 교육지원, 건강증진센터

(7) 문화체육관광부

문화체육관광부의 **국립장애인도서관**은 2007년 이후 운영되던 국립장애인도서관지원 센터를 확대하여 2012년 개정 「도서관법」의 시행으로 설립되었다. 지식정보 취약계층 중에서 특히 장애인에 대한 도서관 서비스를 지원하기 위함이다.

표 7-7 문화체육관광부 산하 국립장애인도서관 보조공학 사업

기관, 사업 수행처	근거법	사업, 업무와 교부 품목(2019)
국립장애인 도서관	「도서관법」, 「저작권법」	• 도서관의 독서보조기기, 보조공학과 편의시설을 포함한 장애인 서비스를 위한 국가 시책 수립 시행 • 장애인을 위한 각종 도서관 대체자료를 수집, 제작, 정리 제공 • 대체자료: 텍스트데이지자료, 전자점자도서, 전자점자악보, 수어영상도서, 발달장애인자료, 휴먼음성자료, 화면해설영상자료, 자막영상자료, TEXT-PDF도서, 보이스브레일도서

2) 지자체부문

(1) 광역단위

광역단위로 서울특별시 지원 **서울시보조기기센터**에서 장애인 보조기기 대여, 구입비 지원, 맞춤제작, 개조 서비스 제공을 하고 있다. 경기도에서는 조례에 의해 **경기도재활**

공학서비스연구지원센터에서 보조기기 서비스, 관리, 수리, 전문 교육, 연구개발, 후원 및 홍보, 검색DB 운영이 이루어지고 있다. 인천광역시에서는 **노틀담장애인복지관 자세유지기구센터**를 통해 자세유지기구 사례관리, 제작 보급, 연구개발을 하고 있다.

표 7-8 광역시·도 지원 보조공학 기관

광역시·도	기관	사업, 업무
서울특별시	서울시보조기기센터 (동남, 동북, 서남, 서북센터)	장애인 보조기기 대여, 구입비 지원, 맞춤제작, 개조 서비스 제공
경기도	경기도재활공학서비스 연구지원센터(수원)	보조기기 서비스, 관리, 수리, 전문 교육, 연구개발, 후원 및 홍보, 검색DB 운영
인천광역시	노틀담장애인복지관 자세유지기구센터	자세유지기구 사례관리, 제작 보급, 연구개발

(2) 지역단위

시·군·구 지역의 지원을 받아 장애인자립생활센터, 장애인복지관, 대학 등에서 보조기기 유지보수, 대여, 체험 등의 보조공학 사업을 일부 수행하고 있다. 그런데 2014년에 개소한 Good Job 보조공학서비스센터는 강남구가 지원하는 종합적·전문적 보조공학 서비스 기관으로 지역단위로서 눈에 띄는 사례이다.

3) 보조공학 전달체계와 제도 현황

보조공학 전달체계가 확산되고 있음에도 지속적으로 제기되는 요구는 **원스톱 서비스**의 실현일 것이다. 어떤 부처나 기관이나 담당자에게 언제, 어떻게, 무슨 품목을 신청해야 할지 전체적인 내용을 알지 않는 이상 당사자와 가족이 판단하기 어려운 구조의 개선이 무엇보다 시급하다. 이러한 정보는 의료, 재활, 복지 분야에 종사하는 전문가들조차도 잘 알기 힘들다는 것이 더욱 큰 문제이다. 보조기기 실태조사(국립재활원 중앙보조기기센터, 2017)에서도 나타난 바와 같이, 장애인들이 요구하는 제도 개선 사항은 개인별 특성에 맞는 상담 또는 서비스와 각종 장애인 보조기기에 대한 정보제공이다. 물리적인 인프라와 함께 전문인력인 보조공학사가 기관과 기업에 전면 배치되어 실제적인 통합 맞춤형 보조공학 서비스가 시행되어야 할 것이다.

참고문헌

국립재활원(2019). 장애인보조기기 교부사업 품목 정보 안내서.
국립재활원 중앙보조기기센터(2017). 보조기기 실태조사.
근로복지공단(2016). 직무지원형 재활보조기구 지급품목.
보건복지부(2019). 2019 장애인복지사업 안내.
보건복지부 국민건강보험공단(2018). 복지용구 급여제품안내.
육주혜, 이근민, 송병섭, 손병창, 김소영, 김장환, 김은주(2017). 보조공학사 자격제도 도입방안
　　연구. 보건복지부/나사렛대학교 산학협력단.
한국보조공학사협회(2016). **보조공학총론**(2판). 서울: 학지사.
한국장애인고용공단(2019). 2019년 장애인보조공학기기 지원안내서.
한국정보화진흥원(2019). 정보통신 보조기기 보급사업 및 제품 안내.

제 2 부

영역별 보조공학 서비스

제8장

이동보조기기와 서비스

▌유성문

1. 이동 보조공학의 개념 및 관련 현황

1) 이동보조기기의 개념

산업화, 정보화, 디지털화 그리고 4차 산업혁명(사물인터넷, 클라우드, 빅데이터, 모바일) 등 향상된 의료서비스와 신약들의 개발에도 불구하고, 새로운 질병이나 다양한 유형의 장애는 여전히 발생되고 있다. 결국 인간의 문명이 발달하고 시대가 고도화되었다고는 하지만, 인간이 필요로 하는 신체의 요구는 아직까지도 그 수요를 충족하기에 부족한 실정이다.

2017년 실시된 장애인실태조사에 따르면 우리나라의 장애인구는 인구 1만 명 중 539명이며, 장애 발생 원인은 사고나 질환 등과 같은 후천적 원인[1](88.1%)에 기인한다고 보고되고 있다. 또한 장애인구 중 65세 이상 노인의 비율이 46.6%로 2014년의

---

1 후천적 장애 발생률 감소경향: 2011년(질환 55.1%, 사고 35.4%) → 2014년(질환 56.2%, 사고 32.7%) → 2017년(질환 56.0%, 사고 32.1%)

43.3%[2]에 비해 3.3% 증가되어 장애인구(치매환자 및 낙상으로 인함)도 점차 고령화되고 있다는 것을 시사하고 있다(보건복지부, 2017).

　이처럼 신체의 물리적 · 정신적 장애로 인하여 일상생활이나 사회생활에 제약을 받는 사람들에게 국가는 다양한 현대의 물리적 · 인적 · 제도적 지원을 제공하고 있으며, 그중 하나가 보조기기 지원사업이다. 이러한 지원사업에서 제공되고 있는 보조기기 중 이동과 관련된 보조기기는 장애인과 노인의 기본적인 삶을 영위하기 위한 필수 요소라 할 수 있다. 지금도 이동에 대한 장애인 및 노인의 욕구는 꾸준히 증가되고 있는 실정이다.

　이 책에서 이동보조기기를 사용하는 주 대상은 장애인 및 노인이다. 임상에서 이동보조기기란 단어는 휠체어나 전동휠체어 또는 전동스쿠터 등 다양한 이동보조기기로 불리는 경우가 많으나 이동보조기기는 대체적으로 휠체어를 일컫는 경우가 대부분이라 할 수 있다.

2) 우리나라에서의 이동보조기기 현황

(1) 보조기기 공적급여

　우리나라는 장애인 및 노인 등의 안정된 재활과 사회복귀를 위하여, 2005년 5월부터 이동과 관련된 보조기기 지원사업을 실시하고 있다. 이동보조기기를 포함하는 정부의 공적급여 사업은 5개 부처 9개 사업 중 4개 부처 7개 사업이 있다. 이 중 교육부에서 실시하는 장애학생사업의 경우, 개인 교부가 아닌 교내 대여 방법으로 제공되는 사업인 점을 감안할 때, 실제 개인에게 제공되는 이동보조기기 지원 공적급여 사업은 3개 부처 6개 사업이라 할 수 있다.

---

2 장애인구 및 출현율 중 65세 이상 인구: 2011년(38.8%) → 2014년(43.3%) → 2017년(46.6%)

표 8-1   소관부처별 공적급여 지원 사업

소관 부처		사업명	사용명칭	신청 대상자	서비스 방법	지급 품목(2019)
보건 복지부	장애인 자립 기반과	장애인 보조기구 교부사업	장애인 보조기기	기초생활수급대 상자, 차상위계층	지원	22품목(2016년 개정) (휴대용 경사로, 이동변기 품목 추가 및 보행자 종복 세분화)
	기초 의료 보장과	장애인보장구 지원사업 (의료급여)	보조기기	의료급여수급자	지원 및 대여	9개 분류, 84개 품목(휠체어, 보행기, 지팡이, 목발, 목욕기구 대여 가능)
	보험 급여과	장애인보장구 지원사업 (건강보험급여)	보조기기	건강보험가입자		
	요양 보험 제도과	노인장기 요양보험 복지용구 지원사업	복지용구	65세 이상 또는 65세 미만으로 노인성 질병을 가진 자로 장기 요양등급 5등급 이상인 자	지원 및 대여	- 구입전용품목: 이동변기, 목욕의자, 보행차, 보행보조차, 안전손잡이, 지팡이, 미끄럼 방지용품, 욕창예방 방석 등 - 구입대여품목: 수동휠체어, 전동/ 수동침대, 욕창예방매트리스, 이동 욕조, 목욕리프트 등
과학 기술 정보 통신부	정보 문화과	정보통신 보조기기 보급사업	정보통신 보조기기	등록장애인, 기초생활수급자, 아동복지법에 의거한 요보호아 동, 국가유공자 등	지원	시각, 청각, 언어, 지체, 뇌병변 정보 통신 보조기기 84종(1인 1계통)
고용 노동부	산재 보상 정책과	산재보험급여 재활보조기구 지급사업	재활보조 기구	산재보험 가입자, 산업재해 장애인	지원	102품목 (경강보험급여품목 83품목, 산재보험 별도 금액품목 19개)
	장애인 고용과	보조공학기기 지원사업	보조공학 기기	등록장애인 등 근 로자직업훈련생 또는 장애인고용 사업부	지원 및 대여	- 임대(상용기기): 1인당 천만 원(중 증 1,000), 사업장당 총 2억 원 이내 - 지원(상용, 맞춤형): 300만 원(중증 500만 원), 사업장당 총 5천만 원 이내
보훈처	보훈 의료과	국가유공자 보철구 지급사업	보철구	전산군경, 공상군경, 4·19 혁명부상 자, 공상공무원, 특별공로상이자 로서 신체장애인	지원	의지, 보조기, 휠체어 등 269종 - 보철구 상한액까지 무상지원
교육부	특수 교육 정책과	장애학생 지원사업	보조공학 기기	특수교육 대상 학생	교체 대여	-

* 중앙보조기기센터 홈페이지

(2) 연도별 생산액, 수출입 현황

2006년부터 2009년까지 우리나라의 휠체어 자체 생산규모는 꾸준히 증가하였으나, 2010년에는 점차 감소하였다. 또한 수출보다는 수입이 증가하는 추세를 보이고 있어, 자체 생산보다는 수입에 의존하는 시장으로 전환되고 있다고 분석할 수 있다(한국의료기기산업협회, 2011; 한국소비자원, 2011).

(3) 사용상의 불편사항

2011년 실시된 휠체어 안전사고 실태조사(한국소비자원, 2011)에 따르면, 현재 사용 중인 휠체어에 대해서 가장 불편한 점은 '가격이 비싸다' 35.1%, '수리 및 보수가 필요하다' 23.4%, 'A/S가 제대로 안 된다' 11.7%로 파악되었다. 이는 제품을 구매하기 전이나 제품을 사용하는 중에도 제품에 대한 불만요소가 여전히 높다는 것으로 분석될 수 있다.

2. 이동보조기기의 개요

이동에 대한 개념은 모든 기본 권리의 시작으로서, 이동의 장벽은 장애인의 사회참여를 제한하고, 노동과 교육권을 행함에도 영향을 미치며, 문화적 권리나 정치적 권리를 비롯한 장애인의 사회참여 기회에도 영향을 미친다(임정민 외, 2014). 이동보조기기는 '이동을 보조하기 위한' 과거의 단순한 개념에서 한 단계 더 나아가, 장애인의 신체적 제한 극복을 통해 자기 개발의 계기를 마련해 주는 중요한 도구가 되고 있다.

또한 재활치료 및 자립을 위한 일상생활의 접근성 향상을 통하여 교육, 노동, 여가 등에서도 필수적인 요소로 자리 잡고 있는 실정이다. 결국 장애인 및 노인을 위한 이동보조기기는 장애인 및 노인 개인의 삶의 질 향상과 자기 개발의 열매를 맺기 위한 씨앗과 같은 요소로서 그 중요성이 꾸준하게 부각되고 있는 것이다.

1) 이동보조기기의 정의

대부분의 사람들에게 '휠체어'라는 단어가 전신마비 환자를 자동적으로 떠올리게 하지만, 뇌졸중 환자나 척수손상 환자와 같은 다른 질병이나 장애로 인하여서도 다양한 유형의 사람들이 휠체어를 이용하게 된다.

이동보조기기는 보행을 하지 못하거나 어려운 경우의 환자나 장애인에게 일상생활 활동뿐만 아니라 학업 및 직업 활동을 위해 도움을 주는 보조기기로서, 일반적인 관점에서 볼 때 앉은 자세에서의 지지함과 동시에 이동성을 제공해 주는 장비(Equipment)이다.

2) 이동보조기기가 필요한 경우(적응증)

이동보조기기는 절단, 근력약화, 변형, 뇌병변, 비협응 등으로 인하여, 기능적인 보행이 불가능한 경우 사용하거나, 하지의 떨림 등으로 보행 안정성 및 정적 안정성이 제공되지 않는 상황에서 사용한다. 또한 심폐기능의 저하가 있을 경우나 하지의 체중부하 및 독립적 하지 제어가 불가능한 경우에도 사용된다.

3) 이동보조기기 착석시스템 적용의 효과

올바른 휠체어에서의 착석자세는 관절구축의 진행을 지연하거나 방지해 주며, 통증의 감소 및 안락감을 제공하고 심리적 안정성을 제공한다. 바로 앉는 습관을 통해서 착석지구력을 향상시켜 주며, 비정상적인 근 긴장 및 반사 영향을 최소화해 줄 수 있다. 결국 이러한 요소들의 결합은 신체의 기능적 능력향상을 도모한다고 할 수 있다.

4) 이동보조기기 사용의 위험요소

이동보조기기가 신체의 기능적 능력향상 및 심리적 안정성 제공 등의 긍정적인 요소를 제공하지만, 이동보조기기를 사용하게 됨으로써 발생되는 합병증과 같은 부정적인 사항도 존재한다는 것을 잊어서는 안 된다. 예를 들어 전방전도나 후방전도, 장기간 착석으로 인한 욕창발생률의 증가, 하지 골다공증 발생, 고관절 및 슬관절의 굴곡구축, 무용성 위축이나 근육의 지속적인 약화 및 이동보조기기에 대한 의존도 증가 등이 있다. 사용자 및 사용자의 이해관계자는 이러한 사항들을 반드시 숙지하여야 하며, 이동보조기기에 대한 서비스 및 정보제공 시 반영할 수 있어야 한다.

3. 이동보조기기의 활용

국내에서 이동보조기기는 ISO9999 및 보조기기품목고시의 분류체계를 준용함으로써 그 기준을 적용하고 있으나 해당 분류체계 자체로는 기준 적용이 명확하지 않은 상태이기 때문에 본 내용에서는 보건복지부 보조기기 사례관리사업 중앙보조기기센터에서 사용되고 있는 이동보조기기의 분류체계를 참고하였다. 휠체어 및 이동보조기기는 보행보조기기, 수동휠체어, 전동휠체어, 전동스쿠터, 아동/유아용 이동보조기기, 기타 이동보조기기의 총 6가지로 분류할 수 있다(유성문, 2011).

1) 유형별 이동보조기기의 분류

(1) 보행 보조기기

보행 보조기기는 재활병원, 재활훈련시설 및 일상생활 등에서 단거리 이동 및 보행훈련을 위해 사용하며, 보행에 필요한 하지 및 상지의 신체기능이 일정 수준 이상인 장애인 및 노인이 사용하는 이동보조기기이다. 워커(walker), 보행차(rollator and walking table for walking support), 보행보조차(4-wheeled walking aids for walking help of the

그림 8-1   보행보조기기: 워커

elder), 지팡이(cane), 크러치(crutch)가 대표적이라고 할 수 있다.

　워커는 일반적으로 중증장애 상태의 보행훈련 단계에서 주로 사용되며, 보행단계로 볼 때 평행동(parallel bar)에서는 균형을 잘 잡을 수 있으나 크러치를 사용하기에는 아직 미숙한 단계의 사람에게 적용된다. 국내에서 유통되는 워커의 종류는 다음과 같다.

(2) 보행차

　보행차는 워커와 동일한 기능과 역할을 제공하여 주지만, 일반적으로 지지 하단부가 고무팁이 아닌 4개의 바퀴(caster)로 구성되어 있으며, 보행훈련이나 이동 중에 휴식을 제공할 수 있는 시트면(Seat)이 추가되어 있다는 차이점이 있다.

실버카　　　　　　　　　　　　　　　　　　　클레이터

그림 8-2　보행차

(3) 지팡이

　지팡이 또한 환자의 체중을 받쳐 주어 약한 다리를 보조해 주거나 체중을 덜어 주어 동통이 있는 부위의 통증을 감소시켜 줌으로써 좀 더 자연스러운 보행을 할 수 있도록 도움을 주는 보행 보조기기이다.

4점 지팡이

그림 8-3　지팡이

(4) 크러치

크러치는 장애인을 비롯하여 정형외과적인 손상을 입은 일반인에게도 사용되는 이동보조기기로서, 나무나 알루미늄으로 제작된다.

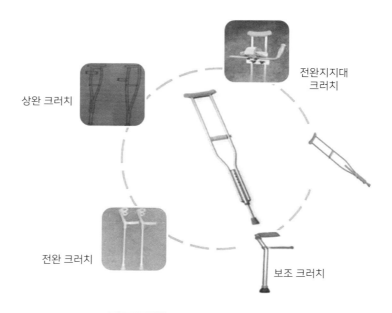

상완 크러치

전완지지대
크러치

전완 크러치

보조 크러치

그림 8-4　보행보조기기: 크러치

(5) 수동휠체어

재활 초기에 주로 사용되는 이동보조기기로서 수동휠체어와 전동휠체어를 예로 들

수 있다. 전기 동력의 존재 유무에 따라 이 두 가지를 구분할 수 있으며, 상지의 기능이
온전하며 수의적인 체간 조절능력이 원활한 경우에는 수동휠체어를 사용하게 된다.
특히 척수손상 장애인의 재활 초기에 사용되는 수동휠체어는 재활 프로그램과 함께
적절하게 사용될 경우 재활의 효과를 극대화할 수 있다.

수동휠체어(human-driven wheelchair)는 크게 표준형, 활동형, 스포츠형, 특수형으
로 분류할 수 있으며, 최근의 수동휠체어는 프레임 재질의 변화(티타늄 등의 특수합금,
카본 등)와 더불어서 경량화 되는 특성을 가지고 있다.

개인이 사용하는 **표준형 수동휠체어**는 2005년을 기점으로 변화된 양상을 보인다고 할
수 있다. 최초에 대다수의 휠체어들이 스틸 재질로 제작되다가 공적급여를 통한 수동
휠체어 보급이 원활해지면서 점차 알루미늄으로 재질의 변화가 이루어졌다. 표준형
휠체어는 기본적으로 앞바퀴 지름 8인치, 뒷바퀴 지름 24인치, 시트폭 17인치로 되어
있으며, 시트 재질은 인조 가죽, 메시, 천 등이다.

활동형 휠체어는 표준형 휠체어가 가지는 사용상의 제한점들을 일부 향상시킨 제품
으로서 스포츠형 휠체어의 장점인 원활한 움직임 및 구동성, 빠른 회전력, 지면에 대한
뒷바퀴 마찰력 감소 등을 부분적으로 적용함으로써 표준형 수동휠체어의 디자인, 무
게 등 기능적으로 제한적인 부분들을 개선한 제품이라 할 수 있다.

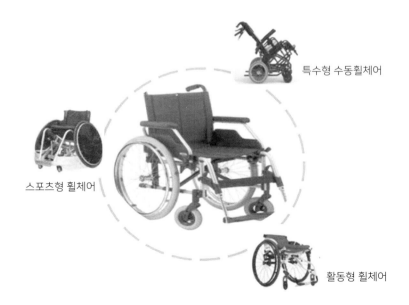

특수형 수동휠체어

스포츠형 휠체어

활동형 휠체어

그림 8-5   수동휠체어

　문화 활동 등의 사회참여 증대와 더불어 다양한 사회체육의 참여 확대로 스포츠용 휠체어의 요구가 증대됨에 따라 활동형 휠체어의 사용이 증가하고 있는 추세에 있다 (공진용).

(6) 전동휠체어

　전동휠체어(powered wheelchair)는 보행이 불가능한 대상자 중에서 본인 스스로 수동휠체어를 사용할 수 없는 경우에 사용하는 이동보조기기이다. 사람의 힘에 의존하여 추진하는 수동휠체어에 비해 전기적인 동력(electric power)에 의존하여 이동하는 전동휠체어는 수동휠체어와의 차이점인 **조절스위치**(controller/joystick)의 미세한 조작에 의해 사용되는 이동보조기기로서, 조절스위치 조작능력의 수준을 파악하여야 한다. 수동휠체어에 비해 실외 장거리 이동에 적합하며, 전동스쿠터(mopeds and motorcycles)의 조작에 있어서 기능적 역할 수행이 힘들 경우 사용하게 된다. 조절 스위치 사용, 배터리 충전 등에 대한 교육이 사전에 수행되어야 하며, 전동휠체어는 일반적인 휠체어 형태의 표준형과 자세변환이 가능한 특수형으로 분류할 수 있다.

그림 8-6　보행보조기기: 전동휠체어

(7) 전동스쿠터

전동스쿠터(크기별)는 전동휠체어에 비해 조작을 위한 상지의 능력이 상대적으로 좋을 경우에 사용되며, 특히 체간의 조절능력이 우수한 경우 사용된다.

그림 8-7　보행보조기기: 전동스쿠터

2) 이동보조기기의 분류

① 사용 장소에 따른 분류: 실내용 및 실외용 휠체어
  • 실내용(상대적으로 짧은 전체 길이): 바퀴가 가늘고, 작다. 예전에는 구동륜이 전방에 있는 방식
  • 실외용(상대적으로 긴 전체 길이): 바퀴가 넓고, 크다. 구동륜이 후방에 있는 방식
② 재질 및 무게에 따른 분류: 표준 / 중량 / 경량 / 초경량
  • 예: 판테라[Panthera(휠 포함 4.2kg / 휠 분리 시 2.1kg)]
③ 구동방식에 따른 분류: 수동 구동/ 전동 구동 / 전 · 수동 전환 구동
④ 기타 특수 휠체어: 절단자용
  • 발걸이와 발판 없음
  • 표준형보다 긴 전체 길이

3) 휠체어의 구성요소: 수동휠체어

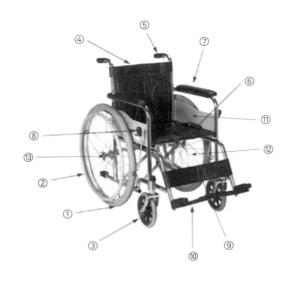

그림 8-8   **수동휠체어의 구성요소**

① **뒷바퀴**(rear wheel): 수동휠체어 뒷바퀴의 지름은 20~26인치로 다양하며, 24인치
　가 표준으로 가장 많이 쓰임

② **뒷바퀴 추진 장치**(push handrim): 휠체어의 뒷바퀴에 장착되어 있는 추진 장치로서
　사용자의 상지능력과 근력에 따라 선택됨

③ **앞바퀴**(caster): 휠체어의 방향 전환을 가능하게 하는 바퀴

④ **좌석 등받이**(back rest): 전체 또는 최대의 체간 지지가 가능하도록 도움을 주는 장치

⑤ **보호자용 손잡이**(push handle): 스스로 휠체어 구동에 어려움이 있을 때, 보호자가
　사용하여 구동에 도움을 주는 장치

⑥ **좌석 바닥면**(seat): 체중을 지탱하여 골고루 분배되도록 고안된 장치

⑦ **팔걸이**(arm rest): 주관절을 받쳐 주어 적절한 자세의 정렬이 되도록 도움을 주는
　장치

⑧ **바퀴 잠금장치**(wheel lock, brake): 휠체어 바퀴의 전후 고정을 통하여 안정성을 제
　공해 주는 장치

⑨ **종아리 받이**(calf rest): 족부의 이탈방지 및 안정성을 제공하여 자세 정렬에 도움을
　주는 장치

⑩ **발판**(foot rest): 족부의 안정된 지지 및 자세의 정렬이 되도록 도움을 주는 장치

⑪ **측받이**(side guard): 골반지지 및 의복보호 등의 역할을 통하여 도움을 주는 장치

⑫ **휠체어 기본틀**(brace): 두 개의 대각선 프레임으로 구성되어 충격흡수 및 휠체어의 기본틀 역할을 수행하는 장치

⑬ **뒷바퀴 축**(rear wheel axis): 휠체어 기본구조에 뒷바퀴를 연결해 주는 장치

4) 휠체어의 구성요소: 전동휠체어

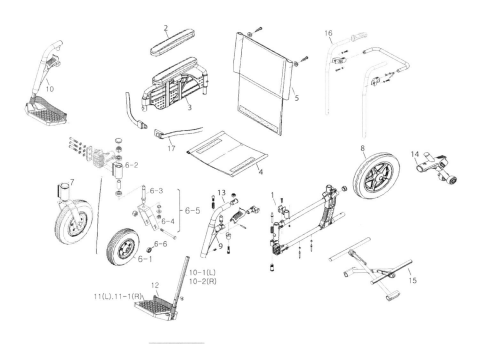

그림 8-9   전동휠체어의 구성요소

① **팔걸이 고정장치**(arm rest socket): 휠체어에서 침대로, 침대에서 휠체어로의 이동 및 다양한 상황에서의 착석을 위한 이동 시 분리되는 팔걸이(swing away armrest)가 적용되며, 이러한 분리형의 팔걸이를 고정시키도록 해 주는 장치

② **팔걸이의 부드러운 면**(arm rest pad): 주관절을 받쳐 주어 적절한 자세의 정렬이 되도록 도움을 주는 장치 중에서 부드러운 재질을 사용하여 주관절의 안락함을 제공해 주는 장치

③ **팔걸이**(arm rest): 주관절을 받쳐 주어 적절한 자세의 정렬이 되도록 도움을 주는

장치

④ **좌석 바닥면**(seat): 체중을 지탱하여 골고루 분배되도록 고안된 장치

⑤ **좌석 등받이**(back rest): 전체 또는 최대의 체간 지지가 가능하도록 도움을 주는 장치

⑥ **앞바퀴/전륜**(front wheel): 휠체어의 방향전환을 가능하게 하는 바퀴

⑦ **앞바퀴 연결장치**(fork): 휠체어의 프레임에 앞바퀴를 연결하여 앞바퀴의 방향전환에 도움을 주는 장치

⑧ **뒷바퀴/후륜**(rear wheel): 전동휠체어 뒷바퀴의 지름은 표준형이 12인치로 가장 많으며, 최근에는 14인치, 16인치도 양산(量産)화되어 많이 사용됨

⑨ ⑬ **발걸이 전체**(leg rest): 하지 전체의 안정된 지지 및 자세의 정렬이 되도록 도움을 주는 장치

⑩ **발판**(foot rest): 족부의 안정된 지지 및 자세의 정렬이 되도록 도움을 주는 장치

⑪ **넓은 발판**(foot plate for seat width): ⑩에서 좀 더 넓은 발판을 필요로 하게 되는 경우 적용하는 장치

⑫ **발꿈치 이탈방지 고리**(heel loop): 발꿈치가 발판에서 후면으로 이동하는 것을 방지해 주는 장치

⑭ **보조바퀴**(anti-tip stabilizer): 외부 충격으로 인해 휠체어가 후면으로 전도되는 것을 방지하기 위하여 장착된 장치

⑮ **휠체어 기본틀**[(cross) brace]: 두 개의 대각선 프레임으로 구성되어 충격흡수 및 휠체어의 기본틀 역할을 수행하는 장치

⑯ **휠체어 등받이 기본틀**(back pipe): 프레임으로 구성되어 휠체어 등받이의 기본틀 역할을 수행하는 장치

⑰ **안전띠**(safety belt): 휠체어 이동 중 사고 시, 충격으로부터 보호하기 위하여 사람을 좌석에 고정하는 띠

⑱ **수동휠체어와 구분되는 요소**: 조절스위치, 모터 및 기어, 축전지 또는 건전지 등

5) 휠체어 구성요소에 따른 종류 및 고려사항

(1) 프레임(수동휠체어, 전동휠체어 공통)

수동휠체어와 전동휠체어의 프레임은 크게 폴드형(접이형: 움직임에 따른 충격흡수가 용이, 기본적인 방식의 접이 방식으로 수납이 용이하지만, 리지드형과 비교했을 때 상대적으

로 무거움)과 리지드형(일체형: 움직임에 따른 충격흡수는 상대적으로 감소, 등받이를 접어
서 수납, 접이형과 비교했을 때 상대적으로 가벼움)으로 구분할 수 있다.

프레임의 발걸이 각도는 자체 기준 120°에서 90°로 갈수록 공간 활용에 유리하며, 일
반적인 각도는 약 120°정도이다. 캠버각(camber angle)은 수동휠체어의 바퀴를 사선으
로 배치하여, 안정성과 회전능력(마찰력 감소)을 향상시키는 휠체어의 요소로서 환경
적인 부분에 민감한 영향을 받는다.

(2) 후륜 휠(수동휠체어)

휠체어에 장착되는 휠은 크게 네 가지로 분류되며, 다음과 같은 특성을 지닌다.

표 8-2 휠체어 휠의 종류 및 특성

종류	장점	단점
스포크 타입	일반형, 살 자체가 탄력적, 무게가 가벼움	상대적으로 녹에 취약
스피너지 타입	탄소섬유로 구성, 충격흡수력 증가, 가벼움	국내에서의 사용은 기능보다는 미적인 요소, 높은 가격대
마그 타입	부러질 염려가 적음, 휠체어의 후반부를 무겁게 하여 휠체어 안정성 증가	전체 무게 증가
카본 휠	소수의 지지대로 휠을 지지, 가벼움	높은 가격대

(3) 타이어(수동휠체어, 전동휠체어 공통)

휠체어의 타이어는 사용자의 사용 환경에 맞추어 적절하게 적용되어야 한다. 또한
타이어 내부에 장착되어 있는 튜브는 공기를 주입하는 방식이 무시고무의 종류에 따
라 바뀌므로, 그 형태를 충분히 숙지하여야 한다.

표 8-3 휠체어 타이어 유형에 따른 장단점

종류	장점	단점
뉴메틱	공기주입형, 일반적인 형태의 기본 타이어	실내외 겸용
하드러버 타이어	폴리우레탄 재료(pu, solid, no-tube, 통타이어라고도 함)	교체방법이 어려움, 높은 가격대
쓰레드	마찰력을 제공, 자갈이나 모래, 빙판길에 유용	실내에서는 큰 마찰력으로 움직임에 제한
스무드	마찰력이 없는 밋밋한 타이어, 실내용	실외에서 펑크의 위험

(4) 바퀴의 축(수동휠체어)

수동휠체어 프레임과 후륜 바퀴(휠)을 연결시켜 주는 역할을 하는 요소로서, 바퀴의 축이 있다. 바퀴의 축은 휠체어에 장착된 경우, 고정형과 분리형으로 분류할 수 있으며, 장착되지 않은 경우, 별도로 구성된 위치 조정용 플레이트(판)로 바퀴의 위치 축을 변경하여, 휠체어의 사용성을 극대화할 수 있다.

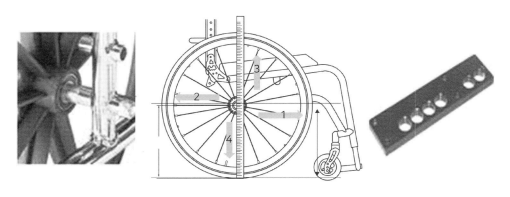

* 1-전방 이동, 2-후방 이동, 3- 상방 이동, 4-하방 이동

그림 8-10   **휠체어의 바퀴 축**

(5) 전동휠체어 종류 및 구성요소, 고려사항

전동휠체어는 기본적으로 4가지 형태로 분류할 수 있으며, 각각에 대한 의미와 특성은 다음과 같다.

표 8-4   **전동휠체어의 종류**

전동휠체어의 형태	의미	비고
일반형 direct drive (power base) type	일반적인 전동휠체어	모터, 기어, 휠로 구성된 기본적인 전동휠체어
벨트 구동형 standard belt driven type	후륜의 좌·우측에 모터와 연결된 두 개의 벨트로 구동	주로 자동차에 적용
전륜 구동형 front wheel drive type	차체 전면부에 모터 장착	실내형에 적합
전동 장치 추가형 power add-on unit type	수동휠체어에 동력보조장치를 부착	수납 용이

전동휠체어는 구동륜의 위치에 따라 다음과 같은 특성을 갖게 된다.

표 8-5 **전륜 구동형태와 후륜 구동형태의 차이점**

장단점	전륜 구동	후륜 구동
장점	• 생산비가 적다. • 회전반경이 짧다(실내 사용 용이).	• 작은 전륜으로 핸들 조작이 수월하다. • 고속 주행 시 차체 후면이 안정적이다.
단점	• 가속 시 앞바퀴 미끄러질 우려가 크다. • 고속 주행 시 차체 후면이 불안정하다 (승차감 떨어짐). • 차체 앞쪽이 무거워 핸들링이 감소한다.	• 생산비가 많다(부품량 증가로 인해). • 회전반경이 길다(실외 사용 용이). • 에너지 소비효율이 낮다.

전동휠체어 조절스위치는 컨트롤러 또는 조이스틱이라는 명칭으로 불리며, 그 종류
는 신체의 조작여부에 따라 다양하게 구성되어 있다. 대표적으로 손 조작 방식, 턱조
절 방식, 호흡을 이용한 방식, 머리 받침대의 센서를 이용한 방식, 혀를 이용한 방식 등
이 있다.

4. 이동보조기기의 선택과 적용평가 방법

1) 휠체어 및 이동기기의 적용에 필요한 평가

(1) 사용자 기초평가 및 신체평가
• 기본적인 개인정보, 학업, 직업 및 취향을 통한 연계성 파악
• 욕구파악: 장애인 당사자와 보호자 간 의견수렴
• 신체평가

(2) 환자에 대한 평가
• 병력: 어떠한 질병 및 질환이 있었는지 그리고 지금은 어떠한지
• 신체적 손상 정도: 질병 및 사고로 인한 신체의 손상 정도 파악
• 신체형태: 신체의 변형이 있는지 또는 진행중인지
• 조작능력: 신체의 어느 부위를 이용하여 조작할 것인지

(3) 환경에 대한 평가

- 현재 사용하고 있는 휠체어가 있는지? 편한가? 불편한가? 불편하다면 어디가 어떻게 불편한가?
- 휠체어 사용시간: 어떠한 환경에서 몇 시간 휠체어를 사용하는지
- 개조 여부: 경사로가 있는지, 실내개조가 되었는지
- 사용자의 사회적인 내력: 직장 및 모임, 기타 사회적 활동
- 주택 상황: 휠체어의 접근 가능성
- 보호자: 휠체어의 유지 및 관리
- 장거리 이동: 차량 내 수납, 바퀴 잠금장치
- 식사나 수업에 필요한 부속장치

(4) 휠체어 선택의 기본사항

- 환자의 현재 상황
- 환자의 요구
- 환자의 요구와 환자에게 요구되는 기능의 적절한 조화
- 현재 상태에서 가장 적절하고 안정된 상태 유지: 바른 자세, 신체의 정렬
- 변화에 대한 민감도: 성장 고려

(5) 휠체어의 선택에서 중요한 고려사항

- **연령**: 만약 어린 아동이라면 성장속도를 예측, 자세보조용구는 수정 및 교체 고려
- **성별**: 체지방 분포, 체지의 길이, 해부학적 구조, 신체중력중심의 차이
- **신장**: 신장에 따른 좌석 높이의 변화로 트랜스퍼 및 휠체어 추진률 향상
- **체중**: 과체중 환자의 경우 안정된 체중지지를 위해 중경량성 프레임 적용

(6) 휠체어 사용자의 신체측정

표 8-6 휠체어 사용자의 신체측정 방법

좌석 넓이

앉은 자세에서 골반의 가장 넓은 면을 측정한 뒤, 그 수치에 약 1~2인치를 추가하면 적용되어야 할 휠체어의 좌석 넓이가 된다. 사용자의 신체 제어능력이 좋을수록 수치는 감소(최대한 맞춤형)시켜 주는 것이 좋다.

좌석 깊이

무릎 뒤쪽과 의자 앞면 사이의 간격이 2인치 정도를 유지할 수 있도록 한다. 무릎 뒤쪽의 비골신경에 시트면이 접촉될 경우, 하지의 저림 현상이나 강직 및 경직 등의 다양한 증상이 발생될 수 있으니, 2인치의 간격을 필히 유지할 수 있도록 한다.

등받이 높이

상지의 운동을 방해하지 않는 상황을 유지(증상에 따라 차이 발생)하는 위치로 휠체어의 높이를 정하는 것이 원칙이지만, 신체 제어수준 및 대상자 및 보호자의 의견을 수렴하여 등받이 높이를 맞출 수 있도록 한다.
[예: 외상성 척수손상(SCI)을 기준으로 경수(C) 레벨은 견갑골 이상, 흉수(T) 레벨은 견갑골 이하, 흉수 레벨 이상의 상위 레벨일 경우는 좌, 우 겨드랑이를 연결한 선 이하, 스포츠 활동을 요하는 휠체어를 적용하는 경우는 앞의 내용을 기본으로 하되, 대상자의 의견을 수렴한 후 휠체어 등받이 높이를 선정할 수 있다].

좌석 높이

기능적 자세유지를 위한 최적의 공간 확보, 휠체어 및 이동기기 사용자의 하지 부분이 기능적인 자세를 유지할 수 있는 수준에서 조절하여야 한다.

발걸이 길이

중력으로 인한 둔부와 대퇴부 후면의 압력이 골고루 분포되어야 하며, 대퇴부와 하퇴부의 각도가 약 90°~100°를 유지하는 수준에서 조절할 수 있다. 적절한 발걸이 길이를 확보함으로써 앉은 자세에서의 압력이 골고루 분산되도록 유지한다.

참고문헌

국민건강보험공단(2017). 장애인 전동보장구 · 자세보조용구 급여제품안내.

보건복지부(2017), 장애인실태조사.

보건복지부(2018). 장애인복지법.

보건복지부(2019). 도로교통법.

유성문(2011). 휠체어 실무자 및 사용자를 위한 휠체어 및 이동기기 안내서.

임정민, 이지현, 신슬이, 장다희(2014). 인간공학적 시선으로 본 장애인의 이동권. LG Global Challenger.

한국소비자원(2011). 휠체어 안전사고 실태조사.

한국의료기기산업협회(2011). 의료기기 실적보고 자료.

Cooper, R. A., HISAICHI Ohnabe, H., & Hobson, G. A. (2010). 행복한 기술 재활공학 (*An introduction to rehabilitation engineering*). (김종배, 김완호, 정지홍 공역). 서울: 그린. (원저는 2006년에 출판).

제9장

자세유지 보조기기와 서비스

▌이진현

1. 착석과 자세유지의 요구

사람은 다양한 활동과 일상에서 크게 눕기, 앉기, 서기와 같은 자세의 변화를 지속적이며 자동적으로 수행하면서 살아간다. 현대사회의 생활환경에서 앉는 자세를 취하는 비중이 점차 높아지는 것을 느낄 수 있다. 좋은 앉기 자세는 비장애인들에게도 중요하지만 신체적 제약을 가지고 있는 장애인들에게는 보다 적절한 보조공학적 중재가 필요하다. 장애의 정도에 따라 차이가 있겠지만 중중 장애를 가지고 있을수록 눕기, 앉기, 서기의 모든 자세에서 올바른 방향을 제공하기 위한 노력이 요구된다. 보조공학사는 장애인 및 보호자들이 요구하는 착석에 대한 전문적인 지식과 다양한 경험을 가지고 있어야 하며, 이러한 기술적 적용에 대한 효과를 이해하고 있어야 한다.

착석과 자세유지에 대한 중재는 크게 '자세조절과 변형관리, 압력관리, 편안함 및 자세 조정'으로 구분된다(오길승 외, 2009 재인용; Cook & Hussey, 2002; Hobson et al., 1990). **자세조절과 변형관리**는 뇌성마비와 같이 비정상적인 반사, 근긴장도, 골격의 변화 등에 대응하여 지속적인 관리를 통해 자세 변형을 예방하는 것이 중요하다. **압력관리**는 주로 척수장애, 근이양증과 같이 움직임에 제한이 있는 경우 장시간 앉기 또는 눕기 자세에서 발생하는 욕창의 예방을 위해 압력 분산이 필요하다. 자발적인 **자세 변화**를 주도하기에 어려움이 있는 장애인들의 경우 지속적인 관리뿐만 아니라 **편안함**을 제공할 수 있는 착석 구조를 제공해야 한다. 동일한 착석 자세가 지속되면 불편함이 야기될 수 있으므로 이를 효과적으로 줄여 줄 수 있는 적절한 자세유지기구와 사용되는 재료의 선택, 맞춤형 제작, 사용되는 구성품들의 조화 등을 고려할 수 있다.

2013년 10월부터 국내에서는 본격적으로 공적 제도인 국민건강보험에서 자세유지용구를 지원하고 있다. 자세보조용구를 제작·수입하는 업소로 등록하기 위해서는 인력구성으로 의지보조기 기사 또는 작업치료사 1명 이상 또는 관련학과(재활공학, 의지보조기학, 작업치료학)를 졸업 후 자세보조용구 제작 1년 이상의 경력을 가진 자 1명 이상 또는 보조공학사 자격을 취득 후 자세보조용구 제작 1년 이상의 경력을 가진 자 1명을 채용하고 있어야 하며, 제작업소의 경우에는 제작 및 수리를 위한 공간을 82m^2 이상의 공간, 모듈러형 수입업소 및 판매 업소는 자세보조용구를 유통 및 수리를 위한 공간을 49m^2 이상을 갖추고 있어야 신청 자격에 해당한다. 지원 절차는 등록 장애인으로 의사의 처방전을 발급받아 보장구 구입 전에 '보장구급여신청서'와 함께 공단에 제출하여 공단으로부터 '급여 승인' 결정을 통보받고, 승인을 받은 서류를 가지고 자세유지용구를 구입한 후에 의사의 '보장구 검수' 확인을 받아야 한다. 의사의 최종 검수 전에 제조한 사람의 확인을 받아야 하며, 제작업소 관리번호 및 대표자 성명과 직인 등을 확인하여 급여비를 공단에 청구하여 지급을 받는 절차로 되어 있다(국민건강보험공단 홈페이지).

올바른 자세보조용구를 서비스하기 위한 전달체계에는 다양한 전문 영역의 전문가

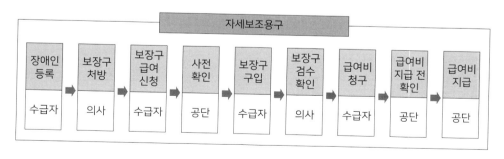

그림 9-1 자세보조용구 지원 절차

출처: 국민건강보험공단 사이버민원센터(국민건강보험공단) https://minwon.nhis.or.kr/menu/retriveMenuSet. xx?menuId=MENU_WBMAC02

들이 개입할 필요가 있다. 의사는 대상자의 의료적 상태와 예후 그리고 착석 시스템 적용을 위한 의료적 판단과 더불어 착석과 관련된 치료를 계획할 것인지 수술이 필요한 것인지를 결정하게 된다. 작업치료사와 물리치료사는 일상생활, 신체 및 운동신경 기능과 관련된 발달을 촉진할 수 있는 다양한 치료 실시와 적절한 기구의 적용에 필요한 장애와 관련된 지식의 전문성을 제공할 수 있다. 자세유지기구 제작자(보조공학 공급자) 또는 재활공학자(rehabilitation engineer)는 구체적인 목표에 적용하기 위해 이용 가능한 제작 기술을 제공한다. 사용자의 장애정도에 따라서 적절한 자세유지기구의 종류를 구성 또는 직접 맞춤형으로 설계하여 제작할 수도 있다. 이러한 전문가들이 결합하여 효과적인 착석 자세 중재를 위한 팀접근 방식으로 구성되기도 한다(Cook & Hussey, 2002: 오길승 외, 2009 재인용).

자세유지기구를 통해 좋은 자세를 제공하기 위해서는 기능적 향상의 목표를 가지고 접근하게 된다. 즉, 좋은 자세는 인체의 부분들이 적절한 위치에서 기능적인 능력을 높여 주고 정적인 평형을 통해 안정적인 신체적 균형을 획득하는 것이지만, 이러한 자세를 계속 유지하는 것은 어려운 일이다. 지구상의 인간은 누구나 중력의 영향을 받으며 항중력근을 통해 활동을 할 때 균형적인 자세를 만들 수 있지만, 불규칙한 신체 움직임을 가지고 있는 장애인들은 자발적인 균형이 어렵다. 이러한 대상들에게 요구되는 균형적인 자세유지는 "개인별 골격 구조, 신체 외형, 근육의 능력, 수행하는 활동의 형태 및 주변 환경에 따라 달라진다."(Ham et al., 2005) 즉, 개별적인 상황에 따라 착석 시스템의 적용을 세심하게 다루어야 하며, 특히 성장기의 아동에게 제공된 자세유지기구는 지속적인 사후 관리(follow-up)가 요구된다.

자세유지기구는 신체운동의 발달에서 정상적인 착석자세 습득을 도와줌으로써 불수의적인 움직임으로 인한 패턴화된 자세를 예방해 줄 수 있으며, 원시반사를 억제함으로써 정상적인 반사와 반응의 발달 촉진을 도와줄 수 있다. 또한 자발적인 자세와 운동능력과 의욕을 높여 줌으로써 2차적인 변형 및 구축의 장애를 예방할 수도 있다. 자세유지기구를 통해 좋은 자세를 취함으로써 심폐기능을 활성화시켜 줄 수 있으며, 정상적인 호흡패턴의 발달에 기여하여 바른 구음의 기초를 만들 수 있는 역할에도 도움이 된다. 그리고 씹기, 빨기, 삼키기와 같은 구강운동기능 향상에도 도움이 된다(Cook & Hussey, 2002; Ham et al., 2005). 정신적인 발달에서 살펴보면 상지의 기능적 움직임을 통해 협응능력을 발달시켜 환경에 대한 능동적 대처 능력을 키워 주며, 좋은 착석 자세로 시야가 넓어지므로 촉각 및 청각적인 정보와의 통합을 쉽게 만들어 줄 수 있다. 또한 능동적인 능력의 향상으로 자극적인 행동을 억제하여 유목적적인 행동을 촉진하는 데 도움을 줄 수도 있다. 착석을 통한 이동으로 생활공간이 확대되므로써 행동범위가 넓어지고, 친구 및 가족, 나아가 인간관계의 교류가 쉬워져 정서적으로 안정과 대인관계의 발달이 촉진된다(Cook & Hussey, 2002).

자세유지기구의 목적은 골반, 체간, 머리, 하지, 상지의 중립 자세를 제공하고 이를 통한 착석 훈련을 통한 기능 향상과 2차적인 장애 발생의 예방이라고 볼 수 있다. 특히 상지의 기능 향상은 발달을 촉진하고 일상생활 동작의 확대를 도울 수 있다. 착석에서 좋은 중립 자세는 생리적 기능의 개선을 유도할 수 있다. 또한 생활 공간의 확대를 통한 의식의 변화까지 염두에 두어 사용자의 생애주기에 맞추고 적절한 서비스 목표를 설정하여 접근해야 한다. 착석 시에 중립 자세는 근골격계의 변형 및 구축을 예방할 수 있도록 전문적인 지식을 가지고 접근해야 한다.

2. 자세유지 보조기기의 종류와 착석 분류

1) 자세유지 보조기기의 종류

"자세유지 보조기기는 크게 모듈러형(modular type)과 몰딩형(molding type)으로 구분할 수 있으며 휠체어, 유모차, 차량시트, 목재의자, 피더시트 등의 프레임에 장착할 수 있다. **모듈러형**은 시트와 등판을 비롯한 다양한 패드나 벨트 등이 다양한 장애인의 신체 사이즈와 특성에 맞게 규격화된 구성품들의 조합을 통해 자세유지 착석 서비스를 제공한다. 장점은 사용자의 신체적 성장에 따른 변화들에 대응할 수 있는 것이며 때때로 기성품으로 나온 제품을 개조하여 적용할 수도 있다. 하지만 중증 장애인의 심각한 신체 변형 등에 적용하기에는 어려움이 발생할 수 있다. **몰딩형**은 개인의 신체에 맞도록 맞춤제작을 하는 형식으로 개별적인 신체 특성을 최대한 고려하여 좌석판이나 등받이 등을 성형하여 사용자에게 꼭 맞도록 제작한다. 장점은 자신에게 꼭 맞기 때문에 편안함을 증가시킬 수 있고 변형 등의 예방에 직접적인 도움이 될 수 있다. 하지만 몰딩형의 경우 자세유지기구를 제작하는 제작자의 실력에 따라 완성도의 차이가 날 수 있으며 사용자 이외의 사람들이 다시 사용하기가 어려우며 성장에 따라 대응하기에는 한계가 있다."(이진현, 2012)

최근에 적용되는 **역동적인 착석장치**(dynamic seating system)는 시트와 등받침대, 발받침대, 목받침대 부분의 연결 프레임을 기존의 단단한 고정장치를 대신하여 완충작용을 할 수 있는 장치로 대체하여 비정상적인 근긴장도에 의한 과도한 움직임을 자연스럽게 잡아 주고 근긴장도가 정상적으로 돌아왔을 때 기존의 자세로 돌아갈 수 있도록 고안된 시스템이다. 이러한 역동적인 착석장치는 기존의 고정식 착석장치(rigid seating system)와 비교하였을 때 근 긴장에 이상을 가지고 있는 뇌성마비와 같은 장애인들에게 골반을 중심으로 전·후 위치 동작의 범위를 증가하고 신전근의 뻗침을 감소하는 데 도움을 줄 수 있다. 그리고 신전근 뻗침 긴장도가 높아져 있는 동안 상지 관절의 보

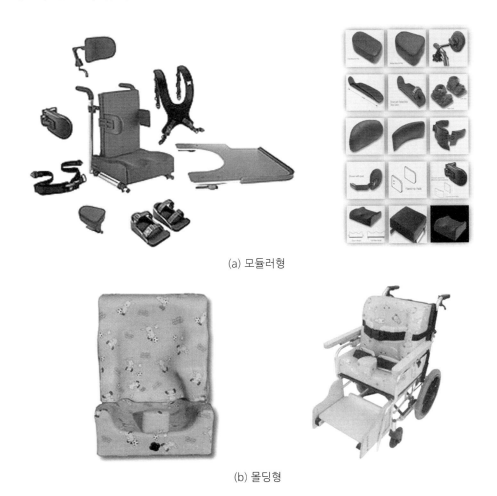

(a) 모듈러형

(b) 몰딩형

그림 9-2　자세유지 보조기기의 분류 (a) 모듈러형 (b) 몰딩형

출처: (a) AEL(Adaptive Engineering Lab, https://aelseating.com/), (b) EUGENE(㈜유진헬스케어, http://www.eugenehc.com/): 이진현(2012)에서 재인용.

다 부드러운 움직임을 보여 주고, 체간이 미끄러져 떨어지는 현상을 잡아 주는 부분에도 도움을 줄 수 있다(Cimolin et al., 2009).

 이러한 자세유지 보조기기를 적용할 때 유의할 부분은 성장에 대응하고, 원시반사 등으로 인한 이상(異常)자세를 고려하고, 불수의적인 운동의 억제를 최대한 고려하는 것이다. 또한 서비스 제공자는 핸드 시뮬레이션(hand simulation)을 통해 기구 사용자의 신체 특성을 세밀하게 관찰, 평가, 기록하여 제공하고자 하는 자세를 재현할 수 있도록 노력해야 한다(Zollars, 2010). 또한 자세유지 보조기기는 일상생활에서 사용되는 기능적인 부분들을 고려하여 사용자의 환경(차량으로의 적재, 주거 환경 조건 등)에 적절하게 배치할 수 있도록 하여야 한다.

(a) 휠체어　　　　　(b) 목제 의자

(c) 유모차　　　　　(d) 카시트

그림 9-3 　자세유지 보조기기를 장착할 수 있는 프레임

출처: (a) EUGENE(㈜유진헬스케어, http://www.eugenehc.com/), (b) · (c) · (d) EASY MOVE MALL(주식회사 이지무브, http://www.easymovemall.com/mall/): 이진현(2012)에서 재인용.

2) 착석 분류

자세유지 보조기기를 사용하는 장애인들의 착석 능력수준을 평가할 수 있는 정량적 기준은 찾아보기 힘들지만, 개인이 자세를 수행할 수 있는 능력의 기능적 평가를 파악하기 위한 방법의 모색은 지속되어 왔다. '착석 능력의 분류'와 '지지 및 장애의 정도에 기초한 분류'는 일반적으로 착석 자세를 평가하는 하나의 척도로써 활용할 수 있으며, 착석 및 자세 정렬에 관한 측정, 관찰, 평가 과정에서 자세 정도를 파악하여 서비스를 제공하는 데 기초 자료로 사용할 수 있다(Ham et al., 2005: 이진현, 2012 재인용). 착석 능력 분류에서는 손의 사용 유무와 체간 지지의 필요에 따라 세 가지로 구분하여 능력을 살펴볼 수 있다. **손이 자유로운 경우**에는 휠체어를 통해 독립적으로 이동할 수 있기 때문에 체간의 지지보다 욕창을 예방할 수 있는 시트를 중심으로 서비스 할 수 있다. **손에 의존한 착석과 지지가 필요한 착석**은 체간의 지지를 필요로 하기 때문에 착석장치 서비스가 필요하며 전자의 경우 기본적인 자세의 균형을 맞추기 위해 모듈러 착석시스템이 적용될 수 있으며, 후자의 경우 신체 특성을 모두 고려한 맞춤형 착석 시스템이 필요하다고 볼 수 있다(Ham et al., 2005: 이진현, 2012 재인용).

표 9-1 착석 능력의 분류

구분	내용
손이 자유로운 착석 (hands free sitter)	특별한 지지 없이 착석이 가능하고 휠체어에서 독립적으로 이동을 할 수 있음.
손에 의존하는 착석 (hands dependent sitter)	손 기능 활용을 위해 체간 지지가 필요하고 일반적으로 골반 및 경추 지지가 요구됨. 모듈러 착석시스템이 안정된 자세를 제공함.
지지가 필요한 착석 (propped sitter)	추가적인 기형의 초래를 예방하기 위해 신체를 전반적으로 고려한 맞춤형 착석 시스템의 제공이 요구됨. 이러한 착석 시스템 없이 착석이 불가능함.

출처: Ham et al. (2005).: 이진현 (2012) 재인용.

장애의 정도가 경증이냐 중증이냐에 따라 머리 및 체간 지지를 어느 정도 하느냐로도 구분할 수 있다. 어느 정도 조절이 가능한 장애인의 경우 간단한 착석장치를 제공하고 기능적인 제한은 있지만 변형 등이 심각하지 않은 경우에는 모듈러형을 제공할 수 있다. 중증의 장애를 가진 경우, 변형과 구축 등을 동반한 경우에는 맞춤형 착석장치가 적합하다(Ham et al., 2005: 이진현, 2012 재인용).

표 9-2 지지 및 장애의 정도에 기초한 분류

구분	내용	
최소 지지 (minimum support) 경도 장애 (mild disability)	• 머리 및 체간의 조절이 가능한 수준이며 특별한 지지 없이 착석하게 되면 불안정할 수 있음. • 안정된 좌석을 기반으로 간단한 벨트 등으로 최소한의 지지만으로도 좋은 기능이 가능함.	
중간 정도 지지 (medium support) 중증도 장애 (moderate disability)	• 머리 조절이 불수위적으로 움직임이 있으며 손의 기능이 제한적으로 체간 조절에 어려움이 있는 경우로 안정적인 자세를 위해서 체간의 지지가 필요함. • 안정된 골반과 체간의 지지에 있어 성장 등의 신체적인 변화에 따라 대응할 수 있는 조절 가능한 모듈러형 착석장치가 필요함.	
최대 지지 (maximum support) 중증 장애 (severe disability)	• 척추의 변형과 관절 구축 등이 있으며 머리 및 체간 조절 능력이 매우 제한적이기 때문에 지지 없이는 착석이 불가능함. • 신체의 전반적인 부분을 최대한 지지하기 위해 맞춤형 착석장치가 요구됨.	

출처: Ham et al. (2005).: 이진현 (2012) 재인용.

자세의 안정성은 기능적인 착석 자세를 확립하기 위해 우선적으로 수행해야 할 전제조건이라고 볼 수 있다. 자세를 조절할 수 있는 비장애인의 경우 착석 자세에서 기능적인 일을 하거나 불편함을 피하기 위해 자세 변경을 하게 되지만 착석 능력이 부족한 장애인들은 이러한 능력이 부재하여 어려움이 발생한다. 그러므로 자세 조절 능력이 결여되어 있는 장애인을 위해서 안정성을 마련하고 기능적인 활동을 제공하기 위해서 착석 능력에 따라 자세를 개선할 수 있는 착석장치가 필요하다(Green & Nelham, 1991: 이진현, 2012 재인용).

3. 자세유지 보조기기가 필요한 주요 대상

일반적으로 휠체어에서 자세유지가 어려운 장애를 가진 사람들은 올바른 자세를 유지하기 어렵게 만드는 비정상적인 근 긴장, 근육 약화, 원시반사 또는 불수의 운동 같은 특징들을 보이며 건강 상태에 차이가 있으나 골격 변형을 갖고 있는 경우가 많다

(Cook & Hussey, 2012: 이진현, 2012 재인용). 우선 자세조절 및 변형관리가 필요한 주요 대상은 뇌성마비(cerebral palsy)를 가진 장애인이지만 바텐병(Batten's disease), 근이양증(muscular dystrophy: MD), 소아마비(poliomyelitis), 레트 증후군(Rett syndrome), 척추이분증(spina bifida), 척수 근위축(spinal muscular atrophy), 척수손상(spinal cord injury: SCI) 등을 가지고 있는 사람들도 이러한 욕구를 갖고 있다(Hobson et al., 1990; Ham et al., 2005: 이진현, 2012 재인용).

뇌성마비는 출생 전, 출생 시, 출생 후에 유전적 요인, 조산으로 인한 산소 부족 및 외상 등과 같은 이유로 뇌에 병변이 생겨 기능이 퇴색함으로써 운동과 자세의 장애를 보이는 비진행성 질환이 특징이며, 지적 발달 지연, 시력 및 청력 감소, 행동적 문제, 언어장애, 뇌전증 등의 문제를 동반하는 경우가 발생하는 것으로 신경근육계와 결합하여 여러 가지 복합적 증상들을 동반하는 경우가 많다(Batshaw & Perret, 1986: 이진현, 2012 재인용). 국내 뇌성마비아의 발생 빈도는 1,000명당 2.7명으로 보고되고 있으며(조미애 외, 1997: 이진현, 2012 재인용), 뇌성마비의 발생 빈도 추세에 대하여 문헌 연구를 실시하였다. 그 결과 1980년 이후에는 신생아 집중 치료의 발달로 증가하는 경향을 보이다가 1990년 중반을 기점으로 극소 저체중아를 중심으로 발생 빈도가 감소되는 추세라고 보고하였다(오수영, 2007: 이진현, 2012 재인용).

뇌성마비의 유형은 주로 단마비(monoplegia), 양마비(diplegia), 편마비(hemiplegia), 하지마비(paraplegia), 사지마비(quadraplegia)의 다섯 가지인데 뇌의 손상이 침범된 부위가 어디냐에 따라 증상이 다르며, 비정상적인 운동조절이 일어나고 원시 반사가 지속되며 평형감각이 결여되는 등의 문제들로 자세조절 능력이 결여되는 경우가 많다(Batshaw & Perret, 1986: 이진현, 2012 재인용). 이러한 뇌성마비 장애의 주요 문제점은 자세조절 능력 부족으로 인해 균형적인 자세를 유지하기 위한 안전성이 결여되고 주변 환경에 대한 대응과 과제 수행 능력에 대한 감각적 운동 요소들의 적응력이 감소하게 되는 것이다. 그리고 손상된 자세조절 능력은 구축 등을 동반한 근골격계의 문제, 관절가동범위의 감소, 내적 자세 정렬 결여 등으로 나타난다(Finnie, 2000; Shumway-Cook et al., 2003: 이진현, 2012 재인용). 특히 자기 자세조절은 착석에 있어 지속적인 자세유지와 안전한 이동을 위해 필요한 요소이며, 나아가 학업, 가사, 작업 수행 등에 영향을 미치는 것이므로 이러한 능력이 결여된 뇌성마비 장애인들에게는 특별한 장치를 적용하여 자세유지가 가능하도록 해야 한다. 그러므로 휠체어에서 안정성 있는 자세를 제공하는 착석장치는 뇌성마비 장애를 가진 사람들에게는 중요한 역할을 하는 보조공학 영역의 하나라고 볼 수 있다(이진현, 2012).

뇌성마비는 운동신경학적 증상에 따라 경직형(spastictiy), 이상운동형(dyskinesia), 무정위 운동형(athetosis), 무도병(chorea), 운동실조형(ataxia), 저긴장형(hypotonia) 등으로 분류되며, 이 중에서도 60%를 차지하고 있는 **경직형**은 대뇌 운동영역의 손상으로 발생한다(Haskell & Barrett, 1989; Ham et al., 2005: 이진현, 2012 재인용). 이러한 경직형은 근긴장도의 증가, 근육의 불균형적 작용으로 골반 및 척추 기형이 발생할 위험요소가 있고, 근육이 짧아지는 단축으로 관절 구축이 일어날 수 있다(Ham et al., 2005: 이진현, 2012 재인용). **이상운동형**은 기저핵의 손상으로 발생하며, 비정상적인 운동과 더불어 불수의 운동이 일어난다(Ham et al., 2005: 이진현, 2012 재인용). **무정위 운동형**은 근긴장도의 기복이 심하여 불수의 운동이 일어나지만 안정된 자세를 지원하면 상지 운동의 기능적인 수행에 도움이 된다(Ham et al., 2005: 이진현 2012 재인용). **무도병**은 신체 조절 능력이 떨어져 마치 춤을 추는 것 같은 움직임을 보이는 특징을 가지고 있으며 일반 휠체어에서 안정된 자세를 가지기가 매우 어렵다(Ham et al., 2005: 이진현 2012 재인용). **실조형**은 소뇌에 관련되어 있다고 보고되어 있으며, 협응 능력과 정확하지 않은 운동 패턴을 가져 균형 조절이 부족하여 불안정한 보행 패턴이 특징적이다(Finnie, 2000; Ham et al., 2005: 이진현 2012 재인용). **저긴장증**은 근긴장도가 현저히 떨어지는 증상들을 보이며 특히 근육이 약하여 골격에 중력의 영향을 받아 심각한 척추 기형을 초래하는 경우가 발생한다(Ham et al., 2005: 이진현, 2012 재인용).

뇌성마비아를 위해 제작되는 **착석장치**들은 비정상적인 자세를 교정하고 조절하는 것을 중심적으로 고려하며, 안정된 자세와 체간을 바르게 정렬한 상태를 유지할 수 있어야 하며 성장과 능력 정도에 맞게 교체할 수 있는 시스템이 되어야 한다(Finnie, 2000: 이진현, 2012 재인용). 이러한 착석장치는 좋은 자세를 가지도록 하며, 장애정도에 상관없이 착석 자세를 만들어 주는 것은 중요한데, 이유는 독립적인 일상생활을 수행하거나 도움의 정도를 경감할 수 있는 역할을 하기 때문이다(Mulcahy et al., 1988: 이진현, 2012 재인용).

4. 착석을 위한 평가 및 측정

1) 기본 측정

자세유지 보조기기의 적용을 위해 필요한 측정으로는 착석의 기본이 되는 좌석의 깊이와 넓이를 측정하고, 등받침대의 각도, 높이 및 넓이를 측정한다. 다음으로 각 관절의 가동범위에 따라 팔받침대 높이, 발받침대 높이, 좌석의 높이, 머리받침대의 크기

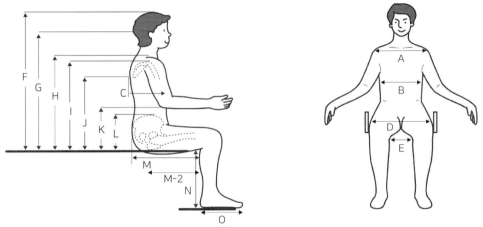

앉은 자세에서 측정 위치	사이즈 (mm)	앉은 자세에서 측정 위치	사이즈 (mm)
A: 어깨 너비		I: 좌석에서 어깨돌기(견봉: acromion)까지 높이	
B: 가슴 너비		J: 좌석에서 어깨뼈(scapula)	
C: 가슴 깊이		K: 좌석에서 팔꿈치까지 높이	
D: 엉덩이 너비		L: 좌석에서 엉덩뼈능선까지 높이	
E: 무릎 사이 너비		M: 엉덩이 후면 끝에서 무릎 관절 뒤쪽까지 길이	
F: 좌석에서 정수리까지 높이		M-2: 넓적다리 뒤쪽(생식기부위)에서 넙다리뒤인대까지 길이	
G: 좌석에서 후두까지 높이		N: 발바닥에서 넙다리뒤인대까지 높이	
H: 좌석에서 어깨까지 높이		O: 발길이	

그림 9-4 기본 측정 요소

출처: Wheelchair and Seating Evaluation and Justification, Rehabilitation Institute of Chicago. http://www.ric.org/conditions/pcs-specialized/wheelchair_seating/

및 위치를 측정하게 된다. 그리고 고관절 변형 및 구축에 따른 안쪽번짐 및 바깥번짐 방지를 위한 패드의 크기, 골반 안정성을 위한 벨트 등을 고려하는 측정이 필요하다. 체간을 지지하기 위한 체간 지지대의 위치 등에 대한 측정을 한다(Batavia, 2010; 이진현 2012 재인용).

2) 신체 평가

키, 몸무게 등의 기본적인 신체 크기를 측정한다. 우선 누운 자세와 앉은 자세에서 능동적 · 수동적 관절 유연성과 운동범위를 측정한다. 신체 평가를 통해 골격이나 근육의 움직임에 문제점을 발견하면 이를 고려한 착석장치 선택을 염두에 두어야 한다. 엎드려 누운 자세 및 앉은 자세의 척추 모양을 기록하고, 착석 자세에서 골반의 경사 및 회전의 유무에 대한 측정, 체간 안정 및 체간의 불안정한 방향 또는 불안정한 원인을 파악한다. 머리 조절 능력이 어느 정도 되는지에 대하여 파악하며 근긴장도 또는 폄 및 굽힘과 같은 근육 움직임의 패턴 등을 평가하여 휠체어 자세에 미치는 영향을 측정하며, 원시반사의 유형에 따라 휠체어 착석에 필요한 고려사항들을 문서화하여 둔다. 이러한 착석에 관한 신체검사를 위해서는 높낮이 조절이 가능한 좌석이 필요하다(Hobson et al., 1990; 이진현, 2012 재인용).

표 9-3 주요 신체 평가에 체크할 항목

골반	후방경사(posterior tilt), 전방경사(anterior tilt), 측방경사(lateral tilt; pelvic obliquity), 회전
체간	뒤굽음, 앞굽음, 옆굽음, 폄
고관절	굽힘, 모음, 안쪽돌림, 벌림, 바깥돌림
무릎	굽힘, 폄
발목과 발	발등굽힘, 발바닥굽힘, 안쪽번짐, 가쪽번짐,
머리와 목	폄, 굽힘, 회전, 가쪽굽힘, 회전을 동반한 폄
어깨	올림(elevation), 모음(retraction; adduction), 벌림(protraction; abduction)
팔꿈치	굽힘, 폄

출처: Zollars (2010).

3) 의료적 배경 요소

기본적인 측정 및 신체검사 후에 사용자의 의료적인 배경 정보를 고려해야 한다. 의료적 배경 정보는 다음과 같이 분류할 수 있다.

표 9-4 **착석 및 자세 평가의 의료적 배경 요소**

수술	자세 관련 수술 경험, 재발 또는 바른 자세를 위한 수술 계획
신경학적인 요인	휠체어 자가 추진과 압력 분산을 위한 자세 변경 및 체간 조절 능력 고려함. 감각적 능력 부족으로 인한 욕창 가능성을 고려해야 함.
욕창	욕창 발생에 대한 이력, 내·외부적인 위험요소 파악, 욕창 예방을 위한 자세 변경의 능력 파악
대소변	대소변 관리 능력에 따른 휠체어 쿠션 및 재질 결정
혈액순환 문제	심장 및 폐와 같이 순환기계통의 문제가 있는 사용자는 휠체어 동작을 제한하고, 등받이 조절로 인한 호흡기능의 문제가 발생할 수 있기 때문에 산소통 또는 흡입기를 장착함
착석 시 고통 정도	착석 자세에 의한 근육 또는 관절 아픔, 압력의 집중에 의한 고통
휠체어 안정성	이상 행동 등의 문제로 휠체어에 착석한 상태에서 몸을 심하게 흔드는 경우에 휠체어가 넘어지지 않도록 anti-tip과 같은 장치 장착
의지보조기 사용 여부	의지보조기 사용을 고려한 앉기 자세와 휠체어 구조 조정이 필요
건강 상태	휠체어 사용자의 건강 상태의 변화에 따른 대응이 필요
신체	사용자의 몸무게 또는 신장 성장의 변화를 감안

출처: 이근민(2001).: 이진현, 2012 재인용.

4) 기능적인 요소

기능적인 부분을 고려한 착석장치를 제공하는 것은 중요한데, 식사하기 등과 같은 일상생활과 관련된 기능을 할 수 있도록 착석 자세를 고려해야 한다. 그리고 사용자가 주로 활동하는 환경에서의 기능적인 부분을 감안하게 되는데 학교, 직장, 지역사회에 참여 등을 고려한 착석 자세와 개인적인 취미와 관심 분야에서 바른 자세유지를 위한 요소들을 파악한다. 예를 들면, 휠체어에서 침대나 바닥 등으로 이동이 편리하도록 착탈식 발받침대와 팔받침대가 고려되어야 하고, 교통수단, 즉 개인 승용차를 이용할 것이냐, 대중교통을 이용하느냐에 따라 휠체어와 자세유지용구를 분배하여 사용하게 된다.

그래서 이동 환경 방법에 따라 휠체어 및 착석장치의 유형과 필요로 하는 장치의 수에 차이가 생긴다. 그리고 의사소통 및 컴퓨터 접근 등을 위한 기기들을 장착할 수 있는지 파악할 필요가 있을 수 있으며 사용자의 의복과 신발 등에 따라 휠체어의 장비가 달라질 수 있으므로 고려되어야 한다(이근민, 2001: 이진현, 2012 재인용).

5. 착석 압력에 대한 이해

착석 압력과 관련된 주요 이슈는 욕창 관리와 관계가 있다. **욕창**은 착석을 하고 있는 동안 엉치뼈(sacrum), 꼬리뼈(coccyx), 궁둥뼈결절(ischial tuberosity), 넙다리뼈(femur)의 큰돌기(greater trochanter), 가쪽복사(lateral malleolus), 뒤꿈치(heel)와 같은 신체 부위에 발생한 압력이 줄어들지 않게 되면 혈관과 림프관이 파괴되어 혈류의 흐름 차단으로 세포에 산소와 영양공급이 제한되어 조직의 손상이 발생함으로써 나타난다(Cook & Hussey, 2002; Ham et al., 2005). 욕창의 진행과정에 따라 4개의 단계로 손상 정도를 구분하고 있다. **1단계**는 피부의 색깔이 변화하는 것으로 멍이 든 것과 같이 붉거나 자주색 또는 검은색을 띄는 현상을 보인다. **2단계**는 표피나 진피 또는 둘 모두 부분적으로 피부가 손상된 상태이다. **3단계**는 피부의 소실과 손상 또는 피하조직이 괴사한 상태이지만 그 하부의 근막과 뼈까지 손상이 되지 않은 것이다. **4단계**는 넓은 부위의 피부 소실 및 파괴, 조직의 괴사와 더불어 근육과 뼈의 지지구조까지 손상이 발생한 상태이다(Cook & Hussey, 2002; Ham et al., 2005). 욕창이 발생하면 그 단계에 따라 다르겠지만 상태가 심각할수록 치료와 수술에 많은 비용이 필요하고, 회복 기간 동안 활동의 제약으로 인한 경제적 손실을 초래하게 된다(Cook & Hussey, 2002). 또한 치료비와 더불어 직장, 학교, 가정에 부정적 영향을 미치고 개인적인 자존감 감소와 같은 사회적 비용이 발생하게 된다(Krouskop et al., 1983: Cook & Hussey, 2002 재인용).

욕창 발생의 가장 큰 원인 중에 하나는 직접적인 **압축력**(compression)으로 착석한 접촉면에서 뼈가 튀어나온 작은 면적에 과도한 힘이 작용하여 큰 면적과 비교했을 때 보다 큰 압력(pressure)이 발생하기 때문이다(Ham et al., 2005). 두 번째 원인은 두 면이 반대의 방향으로 움직일 때 발생하는 **전단력**(parallel or shear force)으로 압력과 함께 작용하게 되면 압력의 크기가 반으로 감소하여도 욕창이 발생할 수 있으므로 함께 고려할 필요가 있는 요소이다(Bennett et al., 1979; Cook & Hussey, 2002). 세 번째는 **압력의**

지속시간으로 작은 압력에도 지속시간이 길다면 조직손상이 발생할 확률이 높아진다(Ham et al., 2005). 마지막으로 **온도**와의 관계이다. 온도가 상승하면 세포 대사도 증가하여 산소와 영양분의 대사 활동이 높아지게 되는데 이때 그 공급이 차단되면 보다 빠른 조직의 괴사를 야기할 수 있다(Ham et al., 2005). 이 외의 발생 요소로 볼 수 있는 부분은 척수손상, 뇌병변 등으로 운동 결손, 감각 소실, 근 위축, 자세 변형, 피부 보존 상태, 건강 및 영양 상태, 혈관 관계의 상태, 감염, 이동 기술, 나이 등의 복합적인 개인별 상황에 따라 욕창 발생 빈도와 정도에 영향을 미칠 수 있다(Cook & Hussey, 2002; Ham et al., 2005).

압력 측정 장비는 사용자의 착석 자세에 따른 압력분포를 실시간 측정 가능한 것으로 시트의 재질에 따라 압력을 어느 정도 분산시켰는지를 파악할 수 있다. 주요 장비로는 Tekscan, FSA, XSENSOR와 같은 제품들이 있다. 각 제품에 사용된 센서들의 차이에 의해서 착석장치에 따라 측정하여 도출되는 결과 값들의 차이가 발생할 수 있으나 임상적으로 압력분포에 대한 정보를 획득하는 부분에서 중요한 역할을 할 수 있다. 이와 같은 장비들은 소프트웨어를 통해 압력분포의 윤곽화된 모습을 그래픽으로 제시하고 있어 특정 부위의 압력 정도를 쉽게 파악할 수 있도록 구성되어 있다. 이러한 장비를 사용하여 전문가는 장애인이 사용하고 있는 자세유지기구와 욕창 예방용 방석 또는 매트리스 등에 따라 적절한 압력을 제시할 수 있다.

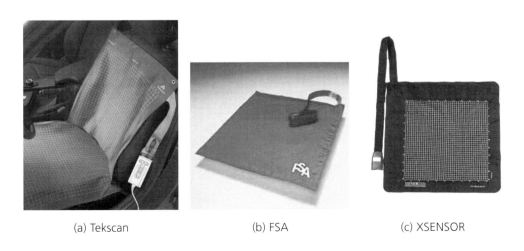

(a) Tekscan   (b) FSA   (c) XSENSOR

그림 9-5 압력 측정 장비의 종류

출처: https://www.tekscan.com/, http://www.pressuremapping.com/, http://www.xsensor.com/〉

   압력을 기술적으로 관리하는 방법은 크게 쿠션의 재질에 따른 관리와 쿠션의 디자인에 따른 관리로 구분할 수 있다. 주로 사용되는 **쿠션 재료**로는 공기, 물, 점성 액체, 겔, 폴리우레탄 폼, 라텍스 그리고 각 재료를 복합적으로 구성하여 사용하기도 한다(Ham et al., 2005). **공기**를 이용한 제품들은 공기의 흐름을 효율적으로 사용하기 위해 여러 셀로 나누어져 있는 형태를 취하고 있으며 적절한 공기량의 탄성에 따라 압력 분산을 효율적으로 제공한다. 다만, 공기를 감싸고 있는 각 셀의 연결 부위와 고무재질의 내구성이 취약하고, 공기량에 따라 과도한 압력과 분산의 효과가 적절히 나타나지 않는 경우가 발생하기 때문에 항상 적절한 공기량을 유지하는 것이 중요하다. **물**로 구성된 제품들은 착석면에서 발생하는 온도 상승을 예방할 수 있지만, 무겁고 공기를 사용하는 제품과 같이 내구성이 약한 단점들을 가지고 있다. **점성 액체**의 제품들은 기름과 같은 내용물로 구성되어 있다. **겔**로 구성된 쿠션은 사용되는 겔의 점탄성에 따라 압력 분산이 상이하게 나타난다(Ham et al., 2005). 겔 쿠션은 온도 상승의 효과를 특징으로 하고 있어 최근에는 공기와 함께 구성하여 표면에는 겔을 통해 착석의 편안함과 온도 상승 억제의 효과를 가지고, 공기의 압력 분산을 활용하는 제품들이 많이 출시되고 있다.

   폴리우레탄 폼, 라텍스, 플라스틱 엘라스토머(TPEs)와 같은 재질로 구성된 제품들은 제품의 모양을 윤곽화하여 착석의 접촉면을 넓게 활용하고 압력 분산에 노력을 기울이고 있다. **폴리우레탄 폼**은 경도, 밀도, 탄성에 따라 다양한 종류가 있어 사용자의 정도에 따라 적절한 재질을 선택할 필요가 있다. 대부분의 **폼과 라텍스**는 가볍고 가공이 용이하고 가격이 저렴하지만 절연체 작용으로 열을 방출하는 부분은 취약하다(Ham et al., 2005). **플라스틱 엘라스토머**는 벌집 모양의 쿠션으로 압력이 발생할 때 접히는 방향으로 연결되는 개방적인 셀의 층으로 설계되어 있어 공기가 통과하여 쿠션을 시원하게 유지시켜 줌으로써 습기에 강하며, 재질의 특성으로 항균성을 가지고 있다(Cook & Hussey, 2002).

   압력 분산을 위한 착석 시트 선택의 고려사항으로 자신의 외형에 적절한 크기 및 높이와 방석의 신장되는 정도를 파악해야 한다. 요실금을 가지고 있다면 방수가 되는 커버가 필요하다(Ham et al., 2005). 그리고 다양한 압력 경감 제품을 사용하더라도 지속적인 압력에는 욕창이 발생할 확률이 존재하므로 주기적인 자세의 변화를 조정하기 위한 움직임의 도움을 받을 필요도 있다.

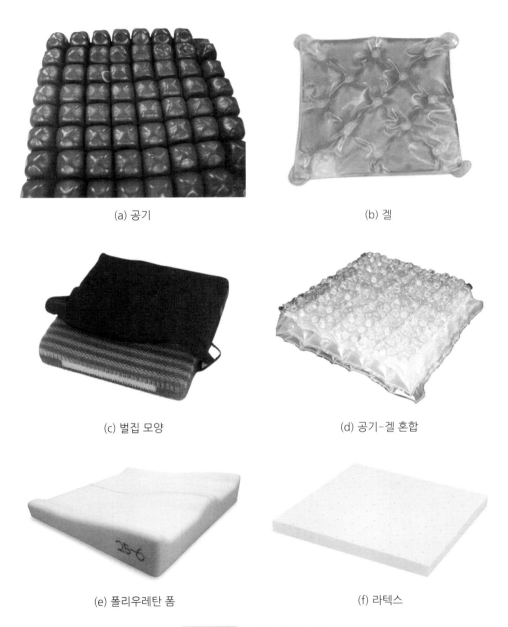

(a) 공기

(b) 겔

(c) 벌집 모양

(d) 공기-겔 혼합

(e) 폴리우레탄 폼

(f) 라텍스

그림 9-6 **쿠션 재질의 종류**

출처: 광주광역시 보조기구센터 홈페이지; 고령친화산업지원센터 홈페이지; 대구시니어체험관 홈페이지; http://m.babosarang.co.kr/product/product_detail.php?product_no=1303917〉

참고문헌

오길승, 남용현, 오도영, 남세현(2009). 보조테크놀로지의 원리와 실제: 재활·보조공학 입문서, 229-289. 서울: 학지사.

오수영(2007). 뇌성마비의 최신 지견. *Korean Journal of Obstetric and Gynecology, 50*(9), 1191-1204.

이근민(2001). 휠체어 사용자를 위한 효과적인 착석 및 자세 접근 방법. 중복·지체부자유아교육, 37, 61-77.

이진현(2012). 휠체어 시트 재질 및 전방웨지 높이의 변화가 착석 압력에 미치는 영향. 대구대학교 대학원 박사학위논문.

조미애, 박창일, 박은숙, 김성원, 김용욱(1997). 위험인자를 지닌 신생아에서 뇌성마비 발생 빈도. 대한재활의학회지, 21(6), 1068-1075.

Batavia, M. (2010). *The wheelchair evaluation: A clinician's guide* (2nd ed.). Jones and Bartlett Publishers.

Batshaw, M. L., & Perret, Y. M. (1986). *Children with Handicaps* (2nd ed.). Baltimore: Paul H. Brookes

Bennett, L., Kavner, D., Lee, B. Y., Trainer, F. S., & Lewis, J. M. (1979). Shear versus pressure as causative factors in skin blood flow occlusion. *Archives of Physical Medicine and Medicine, 60,* 309-314.

Cimolin, V., Piccinini, L., Cazzaniga, A., Turconi, A. C., Crivellini, M., & Galli, M. (2009). 3D-Quantitative evaluation of a rigid seating system and dynamic seating system using 3D movement analysis in individuals with dystonic tetraparesis. *Disability and Rehabilitation: Assistive Technology, 4*(6), 422-428.

Cook, A. M., & Hussey, S. M. (2002). *Assistive technologies: Principle and practics* (2nd ed.). Saint Louis, MO: Mosby.

Finnie, N. R. (2000). 뇌성마비아 가정치료 (한국뇌성마비복지회, 고 오정희 교수 추모모임 역). 서울: 을유출판사. (원저는 1997년에 출판)

Green, E. M., & Nelham, R. L. (1991). Development of sitting ability, assessment of children with a motor handicap and prescription of appropriate seating system. *Prosthetics and Orthotics International, 15,* 203-216.

Ham, R., Aldersea, P., & Porter, D. (2005). 임상적용을 위한 휠체어 진단 및 평가 (정동훈, 권혁철, 공진용, 구현모, 채수영 역). 서울: 정담미디어. (원저는 1998년에 출판)

Haskell, S, H., & Barrett, B. K., (1989). *The education of children with motor and neurological disabilities* (2nd ed.). Chapmam and Hall, London.

Hobson, D. A., Smith, R. V., & Leslie, J. H. (1990). Seating and Mobility for the severely disabled. *Advances in Rehabilitation engineering*, 193-253. Boca Raton, Fla: CRC Press.

Krouskop, T. A., Noble, P. C., Garber, S. L., & Spence, W. A. (1983). The effectiveness of preventive management in reducing the occurrence of pressure sore. *Journal of Rehabilitation Research and Development*, *20*(1), 74-83.

Mulcahy, C. M., Pountney, T. E., Nelham, R. L., Green, E. M., & Billington, G, D. (1988). Adaptive seating for the motor handicapped: Problems, a solution. *Assessment and prescription*, *Physiotherapy*, *74*(10), 531-536.

Nawaobi, O. M., & Smith, P. D. (1986). Effect of adaptive seating on pulmonary function of children with cerebral palsy, *Development Medicine Children Neurological*, *28*(3), 351-354.

Shumway-Cook, A., Hutchinson, S., Kartin, D., Price, R., & Wollacott, M. (2003). Effect of balance training on recovery of stability in children with cerebral palsy. *Developmental Medicine & Child Neurology*, *45*(2), 591-602.

Zollars, J. A. (2010). 그림으로 이해하는 자세보조용구*(Special Seating: An illustrated guide)* (임명준, 한지아, 임성은, 김진수, 장태연 역). 서울: 박영사. (원저는 2010년에 출판)

고령친화산업지원센터 홈페이지. 고령친화업체 검색란 (2015.11.21. 검색)
　http://www.khidi.or.kr/gfi/excProd/view?GOODSCODE=H12030027003&menuId=MENU00303&pageNum=48&rowCnt=10&GOODSNM=&COMNM=&GOODSCODE=&PRICEFR=&PRICETO=&BUYBASIC=&EXCLENCEDIVIDE=&GOODSDIVIDE=&CLFLAG=&LISTSORT=

광주광역시 보조기구센터 홈페이지. 커뮤티니 보조기구재활용 (2015.11.21. 검색)
　http://203.237.116.17/s4/s4.asp?s_board=RECYCLE&link=View&nIdx=13&page=5

국민건강보험공단 홈페이지. (2015.11.30. 검색)
　http://minwon.nhis.or.kr/wbm/ga/retrieveFaq.xx?selectedbultnSeq=1021

대구시니어체험관 홈페이지. 시니어체험관 갤러리 (2015.11.21. 검색)
　http://www.dgsfc.net/product/?method=pd_intro&act=list0&page=8

Tekscan® 홈페이지. (2015.11.20. 검색) https://www.tekscan.com/

VISTA MEDICAL 홈페이지. (2015.11.20. 검색) http://www.pressuremapping.com/

XSENSOR® Technology Corporation 홈페이지. (2015.11.20. 검색)
　http://www.xsensor.com/
　http://m.babosarang.co.kr/product/product_detail.php?product_no=1303917
　Rehabilitation Institute of Chicago 홈페이지(2015.12.30. 검색). Wheelchair and Seating Evaluation and Justification,
　http://www.ric.org/conditions/pcs-specialized/wheelchair_seating/

제10장

정보접근 보조기기와 서비스

▮ 오현정

1. 정보접근 보조기기의 개념

3차 산업혁명에서 컴퓨터라는 정보기술의 급속한 발전으로 다양한 정보들에 손쉽게 접근이 가능한 것 뿐만 아니라 이제는 4차 산업혁명인 지능정보사회로 인공지능, 사물인터넷, 빅데이터, 클라우드 등 기술혁명을 통해 다양한 정보원으로 시공간을 벗어나 개인의 일상영역에서 파생되어 사회적 측면까지 영향을 준다. 개인에게 하나의 '정보'가 아닌 영리를 추구할 수 있는 자원으로 '정보'의 중요성이 달라졌다고 볼 수 있다.

개인의 삶에서 다양한 정보매체에 접근하고 일상적으로 활용할 수 있는 능력은 개인의 이익을 발생하기도 하고, 시간과 비용투자라는 측면에서 효율적 의사결정 방식이며 삶의 질을 높일 수 있는 수단이 되기도 한다. 이렇듯 정보매체의 접근성이 중요시되고 있으며, 정보접근의 보편적 설계(universal design)를 추구하는 사회 인식의 변화로 웹접근성, 모바일접근성 등 표준 마련을 통해 터치패드, 음성인식 및 출력, 화면확대 등 언제, 누가, 어느 상황에서건 접근 가능한 기술들을 포함하여 다뤄지고 있다.

한국정보화진흥원에서 조사한 2018년 **디지털정보격차** 실태조사에 의하면, 장애인의

디지털 정보화 수준[1]에서 종합수준이 74.6%로 나타났으며, 2016년에 비해 9.2% 증가하였지만 일반국민이 100%라 가정했을 때 25.4%p의 정보격차를 의미한다. 장애인이 장노년(63.1%), 농어민(69.8%)보다 높은 정보화 수준을 나타내지만 연령대별 장애의 정보 격차를 세부적으로 살펴봤을 때, 장애인의 250만 인구 대비 만 65세 이상의 노인비율이 45.2%로 정보에 있어서 장애뿐만 아니라 노화로 인한 이중 정보 격차가 발생함을 알 수 있다(한국장애인고용공단 고용개발원, 2018).

이는 일반 국민의 정보화수준에 비해 장애인이 정보를 접근하고 활용하고, 역량을 가지는 데 다양한 측면이 고려되지 못하는 것을 의미한다. 또한 장애인이 정보 격차를 겪고 있는 현실을 나타내는 것이다.

우리나라는 이러한 장애인 정보접근 권리보장을 위해 「국가정보화기본법」 제32조 및 「장애인차별금지 및 권리구제 등에 관한 법률」 제20조에 장애로 인해 정보접근에 차별받지 않도록 명시되어 있으며, 정보접근을 위한 편의 제공 및 기술개발, 서비스 제공 등을 하도록 명시되어 있다.

또한 「국가정보화기본법」에서는 모든 국민이 정보통신 서비스에 원활하게 접근하여 활용할 수 있도록 태블릿PC 등 범용적으로 사용되는 기기에서의 장애인의 정보접근권을 위하여 웹접근성과 이동통신단말장치에 설치되는 응용 소프트웨어의 접근성 품질 인증을 지정하고 범용성 장비에 접근성을 확보할 수 있도록 기준 지침 등을 제공한다.

UN 장애인권리협약 제21조에서는 표현과 의견 및 정보접근의 자유를 명시하고 있으며, **UN/ESCAP 행동지침**(United Nations, Economic and Social Commission for Asia and the Pacific)에서는 플로피 디스켓, 대활자, 점자, 오디오카세트, 그리고 비디오카세트 포맷으로 되어 있는 정보자료의 이용성을 높이기 위한 협력을 명시하고 있다.

우리나라의 「국가정보화기본법」과 국제적으로 명시된 장애인의 정보접근 보장을 위해 제공되는 기기 등으로 정보매체에 접근할 수 있도록 도와주는 소프트웨어 및 하드웨어를 **정보접근 보조기기**라 한다.

이렇듯 정보접근 보조기기를 통해 일상생활에 파급력을 가져다주는 정보 자원에 장애인도 어려움 없이 접근할 수 있도록 국가가 서비스를 제공하여야 하며, 이때 보조공학사가 기능적이고 기술적인 정보접근 서비스를 수행할 수 있어야 한다.

---

1 한국정보화진흥원(2018). 2018 디지털정보격차 실태조사. 유무선 초고속 인터넷 융합 환경에서 모바일 스마트 기기와 PC의 확장적 활용을 통해 다양한 가치를 창출하는 데 필요한 정보화 수준의 개인 간 격차를 종합적으로 측정할 수 있도록 설계한 지수.

장애인의 정보접근을 위해서는 보조공학사가 정보접근 보조기기와 더불어 접근성 평가를 통해 다양한 방법들을 모색해야 하며, 장애유형별 정보접근성의 측면을 다음과 같이 고려하여야 한다.

2. 장애유형별 정보접근 보조기기

장애인의 정보접근 보조기기는 범용적인 일반 기기의 접근성 확보와 특수성을 가진 장애인의 정보접근 보조기기 등으로 구분할 수 있다.

범용적인 일반 기기의 접근성 확보는 앞서 언급된 바와 같이 「국가정보화기본법」 제32조 제5항에 장애인 및 고령자 등의 정보접근 및 이용편의 증진을 위한 지침으로 규정하고 있으며, 제2장 정보통신 서비스와 정보통신제품의 기능에 대한 설계 지침에 장애특성별로 〈표 10-1〉과 같이 구분하고 있다.

또한 동 지침 제3장에서는 이용자의 환경 등을 고려할 수 있도록 웹사이트 접근성 준수에 관한 설계 지침이 명시되어 있으며, 별표로 장애인 웹 콘텐츠 접근성 지침, 모바일 애플리케이션 접근성 지침 등 접근성 세부 기술지침이 포함되어 있다. 이러한 지침 등을 준수하여 장애인의 특수성을 고려한 정보접근 보조기기들이 일반 소프트웨어

표 10-1 장애인·고령자 등의 정보 접근 및 이용편의 증진을 위한 고시, 과학기술정보통신부고시 제2019-25호

정보 접근 분류기준	장애유형	정보통신 보조기기(예)
손 또는 팔 동작의 보완	지체장애, 뇌병변장애	특수마우스, 특수키보드
반응시간의 보완	지체장애, 뇌병변장애, 지적장애	접근성 지원
시력의 보완 및 대체	시각장애	화면 낭독 프로그램, 점자정보단말기, 화면확대 관련 제품
색상 식별 능력의 보완	시각장애	접근성 지원
청력의 보완 및 대체	청각장애, 언어장애	영상전화기, 보청기, 의사소통 보조기기(AAC), 증폭기
음성입력의 대체	청각장애, 언어장애, 지적장애	접근성 지원
인지능력의 보완	지적장애	의사소통 보조기기, 접근성 지원
깜박거림의 사용 제한	뇌병변장애, 시각장애	접근성 지원

그림 10-1 모바일 접근성 환경설정

와 호환성을 갖추도록 명시하였다.

　대표적인 예로는 시각장애인이 화면낭독프로그램을 통해 웹을 이용할 때 콘텐츠의 배열에 따라 순차적으로 읽어 내려가는 콘텐츠의 내비게이션 등을 고려하는 것과, 모바일 기기에서 장애인의 접근성을 고려한 토크백이나 보이스 오버, 화면확대, 스위치 제어 등 기능을 말한다.

　특수성을 가진 장애인의 정보접근 보조기기를 장애유형별로 구분하여 설명하고자 한다.

1) 지체 · 뇌병변장애인을 위한 정보접근 보조기기

　「장애인복지법」에 근거하여 **지체장애인**을 상지 및 하지의 관절부위에서 절단 또는 기형, 근육 이상 등으로 인해 보행이나 일상생활의 동작에 상당한 제약을 받은 사람으로 정의할 수 있으며, '뇌성마비, 외상성 뇌손상, 뇌졸중 등 뇌의 기질적 병변으로 인하여 발생한 신체적 장애로 보행이나 일상생활의 동작 등에 상당한 제약을 받는 사람'으로 **뇌병변 장애인**에 대해 정의할 수 있다.

　신체적 기능의 제한으로 인해 컴퓨터나 터치모니터 선택 등의 활용이 어려운 경우에 쓰일 수 있는 정보접근 보조기기는 〈표 10-2〉와 같고, 지체·뇌병변장애인의 개별적 장애특성에 따라 조작, 입력, 쓰기 등을 수행하기 위한 자세 정렬 등을 고려하여 휠체어, 높낮이조절책상, 모니터 암 등에 대한 접근성을 고려하여야 한다.

표 10-2　지체·뇌병변장애인의 정보접근 보조기기

구분	품목	주요 제품	
입력기기	특수 마우스	조이스틱 마우스	
		트랙볼 마우스	
		헤드마우스	
		입술마우스	
		안구마우스	

구분	품목	주요 제품	
입력기기	특수 키보드	확대키보드	
		미니 키보드	
		분리형키보드	
	스위치	스위치	
		스위치 인터페이스	
	터치 스크린 (모니터)	터치스크린 모니터	
입력 보조 장치	키보드 입력보조기기	타이핑스틱	

구분	품목	주요 제품
입력 보조 장치	키보드 입력보조기기	키가드
		마우스 스틱
정보접근성 환경조성	자세정렬 및 유지	높낮이조절책상
		모니터 이동보조기
		팔받침대

앞에 제시된 **입력기기** 중에서 특수마우스나 특수키보드의 원활한 조작을 위해서는 개인의 조작능력 등을 고려하여 컴퓨터나 모바일의 입력기기 환경설정을 고려해 줄 필요가 있다. 입력기기의 환경설정은 입력속도, 입력범위, 입력횟수 등을 말하며 컴퓨터에서는 제어판 접근성에서 키보드, 마우스의 속성을 변경할 수 있다. 조이스틱 마우스의 버튼, 속도 등을 제어하는 응용프로그램은 Joystick to mouse가 있다.

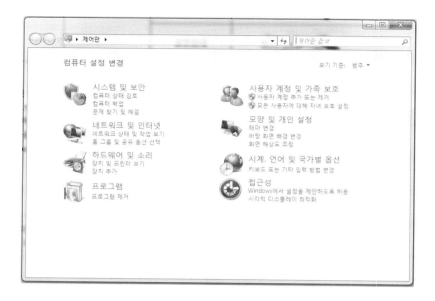

그림 10-2 윈도우 제어판 마우스 및 키보드 환경설정

2) 시각장애인을 위한 정보접근 보조기기

「장애인복지법」에서는 **시각장애인**을 '나쁜 눈의 시력(만국식시력표에 따라 측정된 교정시력을 말한다. 이하 같다)이 0.02 이하인 사람, 좋은 눈의 시력이 0.2 이하인 사람, 두 눈의 시야가 각각 주시점에서 10° 이하로 남은 사람, 두 눈의 시야 2분의 1 이상을 잃은

사람'으로 규정하고 있다.

시각장애인은 개인별 특성에 따라 잔존 시각능력, 점자해독능력에 따라 정보접근 보조기기를 구분할 수 있다. 먼저 잔존시각능력에 따라 '**저시력**(Visual Impairment)'과 '**전맹**(blind)'으로 구분할 수 있으며 기능별로는 저시력장애인의 잔존시력을 보완할 수 있는 **화면확대**와 점자해독능력에 따라 **점자**와 **음성** 관련 정보접근기기 이용으로 구분할 수 있다.

표 10-3 시각장애인을 위한 정보접근 보조기기

구분	품목	주요 제품
화면확대	인쇄물 화면확대	휴대용 독서확대기 탁상용 독서확대기 이동용 독서확대기
	모니터 화면확대 프로그램	화면확대 S/W
음성지원	데이지 플레이어	
	인쇄물 음성변환 출력기	
	화면낭독 프로그램	

구분	품목	주요 제품
점자 입·출력	점자 디스플레이	
	점자라벨기	
	점자정보 단말기	
	점자프린터	
	스마트 점자기기	

3) 청각장애인을 위한 정보접근 보조기기

「장애인복지법」에서는 **청각장애인**을 '두 귀의 청력손실이 각각 60데시벨(dB) 이상인 사람, 한 귀의 청력손실이 80데시벨 이상이면서 다른 귀의 청력손실이 40데시벨 이상인 사람, 두 귀에 들리는 보통 말소리의 명료도가 50퍼센트 이하인 사람 등', 언어장애인을 '음성기능이나 언어기능에 영속적으로 상당한 장애가 있는 사람'으로 규정하고 있다.

청각장애인은 청력에 따라 **난청**(hard of hearing)과 **농**(deaf)으로 구분하며, 개인별 잔

존 청력에 따라 상황(환경)을 인식할 수 있는 정보접근 보조기기를 다음과 같이 구분할
수 있다.

표 10-4   청각장애인을 위한 정보접근 보조기기

구분	품목	주요 제품
음성증폭	무선음성증폭기	
	강연청취용 보청기 / 골도헤드셋	
	골도전화기	
영상정보	영상전화기	
	신호알림장치	
	보완대체 의사소통	

4) 발달장애인을 위한 정보접근 보조기기

「장애인복지법 시행령 제2조」에 따라 **발달장애인**에는 지적장애인과 자폐성장애인이 포함된다. **지적장애인**은 정신 발육이 항구적으로 지체되어 지적 능력의 발달이 불충분하거나 불완전하고 자신의 일을 처리하는 것과 사회생활에 적응하는 것이 상당히 곤란한 사람으로 정의되어 있다. **자폐성장애인**은 소아기 자폐증, 비전형적 자폐증에 따른 언어·신체표현·자기조절·사회적응 기능 및 능력의 장애로 인하여 일상생활이나 사회생활에 상당한 제약을 받아 다른 사람의 도움이 필요한 사람이다.

발달장애인에 대한 정보접근 지원의 주요 내용은 주의집중, 계획하기, 기억, 읽기와 쓰기, 수학, 의사소통, 사회적 행동 기술들이다(한국보조공학사협회 편, 2016). **발달장애인을 고려한 하드웨어와 소프트웨어**의 설계 원리는 다음과 같다.

첫째, 활동의 세부 단계별로 가장 단순한 동작이나 행동 단위 안내 및 단서, 훈련 기회 제공이다. 둘째, 최대한 단순한 인터페이스를 제공한다. 셋째, 멀티미디어 기반 상호작용과 피드백을 통해 인지적 접근과 보완을 제공한다. 넷째, 반복적인 연습이 가능하도록 한다. 우리나라는 발달장애인에 대한 기술적 지원의 관심과 사회적 인식이 미흡한 상황이다. 발달장애인에 대한 국·내외 정보접근 보조기기의 사례를 살펴보면 다음과 같다.

표 10-5 발달장애인을 위한 정보접근 보조기기

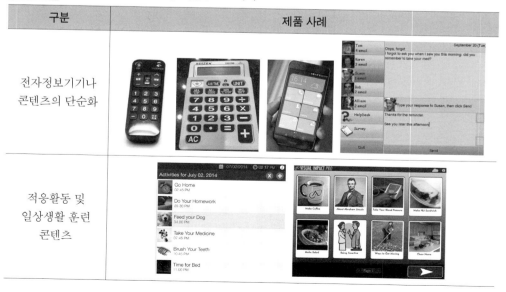

구분	제품 사례
전자정보기기나 콘텐츠의 단순화	
적응활동 및 일상생활 훈련 콘텐츠	

이동과 안전 감지 알림 장치 및 앱			
진로 및 직업훈련 콘텐츠			
학습 및 교육 콘텐츠			

3. 정보접근 보조기기의 선택과 적용 방법

　　장애인 개인의 수행능력에 따라 최적화된 정보접근 보조기기를 중재하기 위해서는 기능평가 및 수행평가를 통해 객관적인 보조기기를 선별해야 한다. 특히 컴퓨터 접근에 있어서, 지체·뇌병변장애인에게 맞는 특수키보드 및 특수마우스를 선별하는 것이 보조공학사의 주관적 판단보다는 보다 객관적이고 합리적이다.

　　장애인의 컴퓨터접근 보조기기 선택에 앞서 보조공학 HAAT 모델과 같이 개인 (Person)-활동(Activity)-환경(Enviroment)을 기반으로 다음과 같이 고려되어야 한다.

- 개인: 신체적인 잔존능력, 자세, 인지능력 등
- 활동: 컴퓨터 사용 경험, 흥미, 관심분야, 컴퓨터 사용목적, 활용횟수 등
- 환경: 컴퓨터 사용환경(위치), 컴퓨터유형(데스크탑, 노트북, 패드), 컴퓨터 환경(운영체제) 등

　　컴퓨터 입력기기 적합성 평가를 위한 고려요소는 다음과 같다.

- 마우스: 마우스 커서 위치 조작범위, 클릭/더블클릭 조작능력, 드래그, 목표물 이동선택
- 키보드: 키보드 조작 범위, 키 입력 정확도, 입력시간, 키 간격, 키 배열, 키 크기
- 스위치: 잔존 신체 부위의 스위치 선택 횟수, 입력시간, 스위치 크기, 스위치 배열, 스위치 압력

앞에 제시된 컴퓨터 입력기기 적합성 평가에 따라 타이핑스틱, 키가드, 팔받침대 등 입력보조기기 사용여부 등을 고려할 수 있다.

현재 표준화된 컴퓨터 평가도구로 국내에서 개발된 표준화된 평가도구는 없지만, 외국에서 개발된 평가도구 중 컴퓨터 적합성을 위한 양적 및 질적 평가도구는 다음과 같다(Horstmann et al., 2010).

1) 컴퓨터 적합성 양적 평가도구

(1) KPR Wizard Keyboard & Mouse(ATIA, 2011): 마우스와 키보드 수행속도, 오타율, 시간 등 정확성 평가
- 키보드: 반복율, 반복 지연, 고정키 등
- 마우스: 포인터 속도, 포인터 조준 강화, 더블클릭 입력시간, 더블클릭 입력간격, 타겟 크기

그림 10-3   KPR Wizard Keyboard & Mouse

(2) Mousetron: 마우스 움직임(움직인 거리, 좌우 클릭/더블클릭 횟수, 스크롤 횟수, 사용 시간) 정보제공

- 마우스 움직인 거리, 마우스 좌우 클릭, 더블클릭의 횟수, 스크롤 사용 횟수, 키보드 타이핑 수, 사용한 시간 제공

그림 10-4   Mousetron

(3) Compass(Horstmann et al., 2010): 키보드 입력, 마우스 타겟 선택, 메뉴항목 탐색, 스위치 사용과 같은 컴퓨터 접근에 요구되는 기술에서 사용자 수행 측정 및 저장 분석

- 마우스: 포인터 위치 이동 후 클릭, 더블클릭, 드래그 정확도, 메뉴항목 등 수행시간, 반응시간
- 키보드: 철자, 문자, 문장 입력 전체 수행시간, 키 입력시간, 키 떼는 시간, 오타율
- 스위치: 단일스위치 입력, 스캐닝 입력 정확도, 전체 시간, 누르는 시간, 떼는 시간

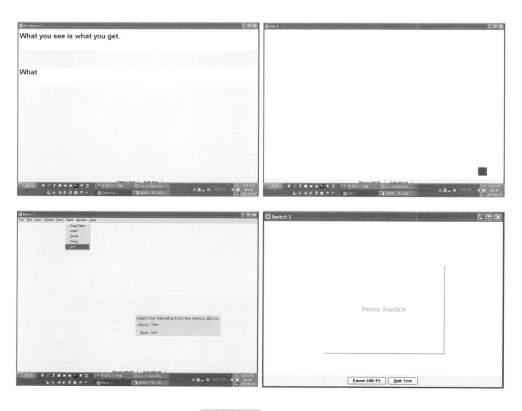

그림 10-5 　 Compass

2) 컴퓨터 적합성 질적 평가도구

- WATI(Wisconsin Assistive Technology Initiative, 2004): 위스콘신주에서 개발된 보조 공학 프로그램 계획을 위한 서비스 평가지로 장애학생의 신체 특성 및 컴퓨터 사용능력 항목을 확인하는 체크리스트

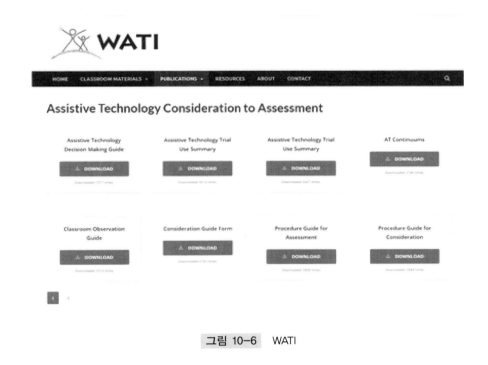

그림 10-6   WATI

4. 정보접근 보조기기와 서비스 제언

오늘날 정보 자원의 형태가 무궁무진하게 변해 가고 있어 앞으로 더욱 많은 개인의 정보력이 요구되고 중요하게 부각될 것이다. 단순히 점자나 텔레비전만으로 정보를 획득했던 시대와는 달리, 현재는 화면낭독 프로그램, 특수마우스 등 정보접근 보조기기를 통해 시공간을 초월하고 실시간 정보를 수집 및 재생산하고 있다. 일방적인 정보가 아닌 교차하는 정보의 홍수로 인해 이제는 사회가 요구하는 정보력이 더욱 다양하게 발생하고 있다. 따라서 다양한 정보수집 경로로부터 장애인이 소외되지 않고, 정보력을 가진 한 사회 일원으로 생활할 수 있도록 보조공학사들의 역할이 매우 중요하다.

보조공학사들이 현장에서 장애인과 정보접근 보조기기의 적합성을 선별하기 위해 소개된 평가도구들을 활용할 때 앞서 제시된 사용자의 환경을 고려하고 컴퓨터 환경 설정을 통해 기기의 적합성이 평가될 수 있도록 단계적인 검토가 필요하다. 또한 객관적인 수치 기록의 비교분석을 통해 보조공학 서비스의 객관성을 확보해야 한다.

아직까지 정보접근 보조기기를 선별하는 표준화된 평가도구의 부재로 인해 보조공학사들의 노력과 역량이 중요하다.

장애인이 재활훈련을 거치고 사회로 적응해 나가는 것과 같이 적합성으로 선별된 보조기기도 여러 번의 훈련과 반복으로 적응해 나가야 효과를 극대화할 수 있을 것이다. 단 한 번의 시도만 가지고 정보접근 역량이 나아지기를 기대하기란 어렵다. 정보접근 보조기기 중재를 통해 주기적으로 반복 평가하여 이용자와 기기의 적합성을 모색해 나가야 할 것이다.

더불어 정보접근 영역은 컴퓨터 접근과 모바일 스마트 기기와 관련하여 웹접근성, 프로그래밍 환경분석, 어플리케이션 개발 등 소프트웨어적인 부분도 많이 차지하고 있기에 보조공학 부분에만 국한하는 것이 아닌 장애인 정보접근 역할에 있어서 필요한 파생되는 부분들을 같이 갖추고 노력하는 자세가 필요할 것이라 사료된다.

참고문헌

한국보조공학사협회 편(2016). **보조공학총론**(2판). 서울: 학지사.
한국장애인고용공단 고용개발원(2018). 한 눈에 보는 2018 장애인 통계.
한국정보화진흥원(2018). 2018 디지털정보격차 실태조사.

ATIA (2011). Conference, Orlando, Florida.
Horstmann, K. H., Simpson, R. C., & LoPresti, E. F. (2010). Research in computer access assessment and intervention. *Phys Med and Rehab Clinics of North America, 21*(1), 15–32.
Wisconsin Assistive Technology Initiative (2004). *The WATI assessment package*. Wisconsin Assistive Technology Initiative; Oshkosh, WI. Retrieved May 24, 2006.

■ 이근민

제11장
의사소통 보조기기와 서비스

1. 도구적 및 비도구적 의사소통

의사소통자의 신체에 부가적인 장치를 필요로 하는 의사소통 방식(양식, 형식)을 **도구적 의사소통**(aided communication)이라고 한다. 예를 들면, 종이나 연필, 타자기, 컴퓨터, 헤드스틱, 그리고 의사소통 보조기기가 있다. 반면, **비도구적 의사소통**(non-aided communication)은 신체에 부가적인 장치 없이 하는 의사소통 방식을 말한다(〈표 11-1〉참조). 예를 들면, 얼굴 표정, 제스처, 수어 등 단순히 자신의 신체를 사용하여 의사를 전달하는 것을 말한다. 보완대체 의사소통(augmentative and alternative communication: AAC)에 사용되는 **상징**(symbols)은 구체적인 단계에서부터 추상적인 단계까지 이른다. 이것은 우리가 어릴 때 실제적인 사물을 통해 그 개념을 습득하고 실제적인 사물이 없을 경우에는 그 사물을 대체할 수 있는 장난감, 사진, 그림 등을 통해 습득한 것과 같다. 상징 또한 이와 유사한 단계를 거치는데 일반적으로 다음과 같은 순서로 체계가 이루어져 있다. ① 실제 사물, ② 소형/미니 사물, ③ 사진, ④ 색깔 그림, ⑤ 흑백 선 그림, ⑥ 사진에 기반을 둔 언어(시각적 언어), ⑦ 정통적인 철자 등이다.

표 11-1 도구적 및 비도구적 의사소통 예시

구분	직접 선택	스캐닝
비도구적	지시하기와 제스처	'예/아니요'의 고개 끄덕임
도구적 (하급공학)	의사소통 보드	단일 스위치를 사용한 시계형 의사소통 장치
도구적 (특정 목적을 위한 고급공학)	합성음성과 출력을 이용한 의사소통 장치	단일 스위치를 이용한 음성합성이 가능한 의사소통 장치
도구적 (비특정 목적의 고급공학)	합성음성 출력이 가능한 컴퓨터	음성합성과 단일 스위치를 이용한 컴퓨터

2. 하급 및 고급 의사소통 보조기기

보완대체 의사소통은 크게 하급공학(low-technology)과 고급공학(high-technology)이 있다(〈표 3-1〉). 하급공학이란(컴퓨터가 아닌), 음성출력 기능, 어휘저장 기능이 없거나, 또는 프로그램을 할 수 있는 기능이 없는 경우를 말하며, 고급공학(컴퓨터)은 소프트웨어에 의하여 장치를 의사소통 보조기기 또는 표준 컴퓨터와 연결해서 사용하는 것을 말한다. 하급공학은 일반적으로 메시지를 철자 하나하나씩 선택하거나, 아니면 그림 및 상징을 사용하여 표현한다. 또한 의사소통 보조기기는 특정 목적을 위한 것과 비특정 목적의 장치로 분류할 수 있다(Bain & Leger, 1997). 특정 목적을 위한 장치는 처음부터 보완대체 의사소통 목적을 위해서 설계된 것을 말한다. 특정 목적을 위해 고안된 장치들은 대부분 합성 또는 디지털 음성출력 기능이 포함되어 있다. 비특정 목적의 장치는 비장애인들이 사용하는 공학기기(예: 휴대용 컴퓨터)에 보완대체 의사소통 소프트웨어만 설치해서 사용하는 것을 말한다.

하급공학 기기(low-technology devices)에는 의사소통 보드, 의사소통 목걸이나 팔찌, 의사소통 수첩, 의사소통 가방 등이 포함된다. 이러한 기기들은 고급공학 기기(high-technology devices)에 비해 가격이 저렴하고, 보완대체 의사소통 사용자의 필요에 따라 다양한 형태로 제작할 수 있다는 장점을 가진다. 반면, 고급공학 기기는 기술 개발과 더불어 그 기능이 점차 다양해지고 있으며 음성 녹음 및 합성뿐만 아니라 그림과 사진, 동영상 등을 편집할 수 있는 기능을 가지고 있다.

3. 보완대체 의사소통 개요 및 기본적인 철학

보완대체 의사소통을 성공적으로 적용하기 위해서는 다음과 같은 17가지의 기본 철학을 가지고 하는 것이 좋다(Burkhart, 1993).

1) 적절한 훈련과 지원적인 환경

적절한 훈련과 지원적인 환경이 없는 공학과 의사소통 체계만 가지고는 아이들의 잠재능력을 알기가 어렵다. 자칫 잘못하면 공학과 보완체계를 숭배하다시피 하여 이 체계가 표현능력의 장애를 가진 이들을 완치시킨다는 그릇된 생각을 하기 쉽다. 아동들이 이러한 체계(공학과 보완체계)를 일상생활 및 학습과정에 사용하기 위해서는 이에 대한 훈련방법과 사람들의 태도가 중요하다. 예를 들어, 등산에 비유해서 보면, 우리가 산을 오를 때 장비만 있다고 해서 오를 수는 없고 동기유발(산을 올라야 하는 이유)과 가이드(산에 대한 전문가)가 필요하듯이 지원적인 환경을 통해서 보완대체 의사소통이 아동에게 무엇을 가져다줄 수 있는지를 보여 주어야 한다. 아동에게 의사소통 체계에 대한 동기유발을 심어 줄 필요성이 있으며 또한 등산에서의 가이드가 필요하듯이 아동의 신체적 능력, 참을성의 정도를 잘 아는 인내심 있는 중재자가 필요하다.

그림 11-1   적절한 훈련과 지원 환경

2) 상호작용 전략

한 사람이 일방적으로 대화를 주도해서는 절대로 안 된다. 상대방이 빨리 대화를 하지 않는다고 재촉하지 않도록 조심해야 한다. 언어 손상을 가지고 있는 사람들은 주로 자기가 하고 싶은 말의 기회를 제대로 가지지 못한다. 그리고 대화할 때도 자기 순서를 지키면서 하기가 어렵다. 이러한 것을 방지하기 위하여 **상호작용 전략**(Interactive Strategies)을 다음과 같이 이행한다.

- 하나씩 질문한다.
- '예' '아니요'를 예측하는 단순한 질문보다는 좀 더 설명을 요구하는 질문을 한다.
- 반응을 기다린다. 자연스러운 대화를 하기 위해서는 자기 순서를 기다린다.
- 주제를 선택할 수 있도록 충분한 시간을 허용한다.
- 보완대체 의사소통(AAC) 상대자가 사용자의 표현(철자, 단어 그리고 메시지)을 의도한 대로 이해했는지 반복(음성)해서 확인하는 것이 중요하다.
- 말을 하는 사람은 의사소통(생각과 아이디어를 정리)을 하는 데 소요되는 시간을 충분히 주도록 노력해야 하며 서로 상호작용하는 방식의 대화를 가지는 것이 중요하다.

3) 다양한 보완 체계의 필요성

아동의 의사전달 방법이 많으면 많을수록 의사를 더 잘 전달할 수 있다. 교실환경도 가능한 학생들이 하나 이상의 의사소통 방법을 통해 학습할 수 있도록 조성해야 한다. 그리고 메시지가 제대로 전달이 안 되거나 잘못 이해한 경우 대체방법을 통해서 전달될 수 있도록 항상 하나 이상의 의사소통 방법을 배우는 것이 바람직하다. 이를테면, 어떠한 경우는 개념을 전달하기 위해서 다른 도움을 받지 않고 단순히 자신의 신체를

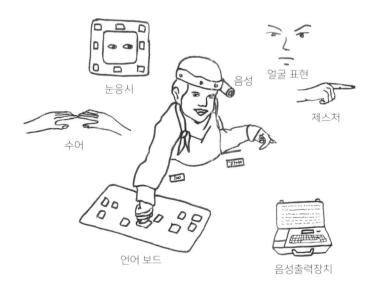

그림 11-2 다양한 보완체계의 사용

사용하여(몸짓, 얼굴 표현, 수어, 구어) 의사를 전달할 수 있고 또 어떤 경우는 보조도구(사진, 상징)를 사용하여 의사 전달을 쉽게 할 수도 있다. 꼭 의사소통 목적으로 개발된 장비가 아니더라도 시중에 나와 있는 라벨기 또는 휴대폰의 문자입력장치를 보완대체의사소통(AAC)에 활용해도 좋을 것이다. 스마트보드(글씨를 쓰고 난 후 플라스틱 종이를 들면 지워지고 다시 쓸 수 있는 것으로 문방구 또는 완구점에서 구입 가능)를 구입해서 손쉽고 저렴하게 사용할 수 있다.

4) 대화의 속도를 높이기 위한 전략

상대방이 시간이 없을 경우(급하면) 솔직히, 공손히, 그리고 상대방 마음을 상하지 않도록, "지금 시간이 없으니 나중에 대화합시다!" 또는 "조금 있다 다시 오겠습니다!"라고 대답하는 것이 바람직하다. 아니면 AAC 사용자에게 솔직히 시간이 없으니 속도를 조금 빨리 해 주면 좋겠다고 해도 된다. 하지만 재촉하는 것은 가급적이면 피하는 것이 바람직하다. 다음은 **대화의 속도를 높이기 위한 전략**이다.

- 상대방이 추측 또는 짐작할 수 있는 코드, 상징 또는 약자를 제공한다.
- 추측한 것이 맞는지 재확인한다.
- 약자 또는 미리 저장된 메시지를 예측한다. 메시지가 길면 시간을 단축하기 위해서라도 미리 저장해 놓는 것이 바람직하다. 예를 들면, 통장 번호, 주민등록번호 등이다. 컴퓨터에 기반을 둔 의사소통 보조기기와 전화를 연결해서 대화하는 방법을 살펴보자. 의사소통 보조기기를 사용해서 음식점에 주문을 할 때(피자 주문)도 종업원에게 할 말을 미리 저장해 놓으면 시간을 단축할 수 있어서 좋다. 예를 들면, 전화를 걸어서 상대방에게 "저는 컴퓨터를 사용해서 말을 하고 있습니다. 타이프 치는 데 시간이 오래 걸리는데 대화해도 좋습니까?"라고 양해를 먼저 구하고 시작하는 것이 좋다.

5) 잘못된 개념

AAC의 잘못된 개념 중에 하나는 사람이 말을 하지 못하면 대부분 할 말이 많이 없을 것이라고 간주한다는 것이다. 이와는 반대로 AAC 사용자는 할 말이 많으며 흥미롭고 아주 재미있는 대화를 할 수 있다. 그리고 우리는 의사소통 장애를 가지고 있는 사람의 의견을 듣고 싶어서 여러 전략을 사용한다. 누가 그의 생각을 대신(대변) 말해 주어선 안 된다. 그래서 가능하면 어렵고 시간이 오래 걸리더라도 본인이 스스로 의사표현을 하는 것이 제일 좋다.

6) 의사소통 오류의 이유

다음의 경우엔 의사소통 오류가 일어난다.

- 메시지를 잘못 이해한 경우
- 잘못 이해한 것을 밝히고 또는 잘못을 인정하고 싶지 않을 경우(부끄러울 경우)
- 장비/장치가 고장난 경우
- 의사소통 보드를 가리킬 때 어느 손가락으로 가리키는지 불분명할 경우
- 합성음성 이해가 어려울 경우

7) 의사소통 오류의 방지 방법

- 잘못 이해한 것을 부끄러워하지 말고 과감하게 인정한다.
- 뒤로 추적해서 재확인한다. 철자, 단어 그리고 메시지를 반복해서 서로 무엇을 말하려는지 확실하게 확인한다.
- 메시지를 될 수 있으면 쓰도록 한다. LED 또는 프린트물이 없으면 긴 메시지는 기억하기 어렵기 때문에 메모지에 쓰면 기억하기 좋다.
- 이해가 어려우면 필요시 설명을 요구한다.

8) 장비의 고장

다음의 경우엔 장비가 고장 나기 쉽다.

- 배터리 충전이 제대로 되지 않았을 경우
- LED 밝기가 잘 조절되지 않았을 경우

- 종이 부족, 잉크 부족, 리본 부족으로 인한 고장 또는 프린터 스위치가 커져 있지
  않을 경우
- 장비가 많을 경우, 코드/케이블이 엉켜 있을 경우
- 합성음성의 질이 떨어질 경우

9) 전문가들의 지속적인 팀 평가과정

보완대체 의사소통(AAC)에 대한 평가는 다방면의 전문가들로 구성된 팀에 의해 지속적으로 실행되어야 한다. 아동의 성장과 언어발달의 과정에 따라 팀의 평가를 지속적으로 해야 하며 보완 체계도 갱신 및 조절해야 한다(박은혜, 1994; Burkhart, 1993). 팀 구성원으로는 부모, 전문가, 특수교육 교사, 언어재활사, 작업치료사, 물리치료사, 심리치료사, 의사, 청각전문가, 시각전문가, 사회사업가, 보조공학사, 보완대체 의사소통 전문가, 보조공학기기 및 재정 전문가 등을 포함할 수 있다. 이를테면, 장비기술자, 개인의 학습 유형에 익숙한 자, 언어발달에 대해 이해하는 자, 다른 개인들과 보완대체 기술을 통해서 언어능력을 발전시킨 경험자, 아동의 신체적인 기술과 참을성에 관해 잘 아는 자, 잘 가르치는 자, 멀리 예측할 수 있는 자, 현재에 무엇이 필요한지를 말할 수 있는 자, 일상생활 기능에 우선 순위를 둘 수 있는 자, 상황에 따라 무슨 일을 해야 하는지를 아는 가족 구성원, 아동의 흥미와 필요성에 대해 이해하는 자 등도 포함된다.

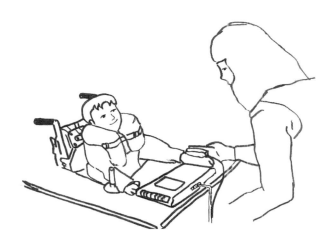

그림 11-3　보완대체 의사소통 평가

10) 지속적인 어휘 및 상징 선택 과정

어휘(vocabulary)**와 상징의 선택**도 지속적인 과정이 필요하다. 초기의 어휘와 상징 또는 표시(sign)의 선택과정은 매우 어렵고 시간이 많이 소비되는 작업이다. 효과적인 선택의 열쇠는 그 보완대체 의사소통 체계를 일상기능에 사용하고 있는지 여부에 있다. 어휘와 상징의 내용은 그 아동의 개인적인 흥미와 일상생활의 경험에 의해서 결정된다. 다음과 같은 힌트를 이용해서 선정을 하면 좋다. ① 가능한 많은 어휘들을 선택함으로써 시간을 허비하지 말고 처음에는 단지 몇 개의 어휘들로만 시작한다. ② 평범한 일상생활 중의 매 상황에서 아동이 말하고자 하는 것을 생각해 기록한다. ③ 그 학생이 사용 가능한 전기장치 중에 가장 강력한 시스템을 사용한다. ④ 무에서 시작하는 것보다는 이미 개발된 어휘체계로 시작해서 아동에게 맞추어 나가는 것이 바람직하다. ⑤ 그 학생의 동료 집단과 의사소통 상대자를 고려하고, 그들이 이해할 수 있는지를 염두에 둔다. ⑥ 학생 자신의 의사소통 체계가 가족 또는 친밀한 동료들에게 이해된다면 구태여 그것을 바꿀 필요는 없다.

11) 보완 체계를 받아들이는 경험의 중요성

보완 체계를 받아들이는 경험은 아동이 언어를 처음으로 습득하는 데 있어 중요하다. 따라서 지도하는 사람이 의사소통 보조기기를 사용해서 아동에게 의사표현을 하는 것이 좋다. 보완대체 의사소통 체계를 사용하는 것은 새로운 외국어를 배우는 것과

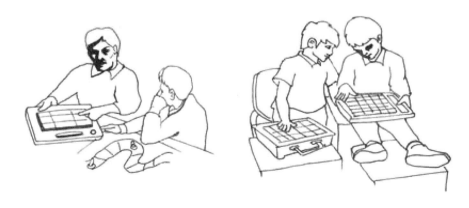

그림 11-4   중재자와 사용자가 함께 의사소통 보조기기 사용

유사하다. 왜냐하면 그 아동은 생소한 주변 환경과 의사소통을 하는 것이기 때문이다. 보완 언어체계(augmentative language system)를 사용할 아동은 그것이 사용되고 있는 것을 관찰할 필요가 있으며 상호작용 연습을 통해서 그 체계를 배워야 한다. 교사의 지도하에 잘못 사용되고 있는 것을 고쳐 주고 올바르게 사용할 수 있도록 강화해야 한다. 보완 체계를 가급적이면 제한되지 않은 환경에서 사용하도록 유도하되 그 체계에 익숙하지 않은 아동은 제한된 환경에서 연습을 하도록 해야 한다.

12) 상호작용적이고 실용적인 보완대체 의사소통 방법

상호작용적이며 실용적인 보완대체 의사소통(AAC)을 가르치는 방법이 제일 효율적이다. 아동들은 상호 작용적인 훈련과 시뮬레이션을 통해서 가장 효율적으로 AAC를 배울 수 있다. 예를 들면, 아동들끼리의 놀이, 게임, 일상생활 및 가정환경에 있어서의 활동, 시뮬레이션을 통한 기능적인 언어 연습 등을 통해서 가장 효과적으로 보완대체 의사소통을 배울 수 있다. Light와 Binger(1998)는 보완대체 의사소통을 사용하는 사람들과 서로 순서를 바꾸는 전략도 효과적인 방법이라고 말했다.

13) 동료의 훈련

동료를 훈련시키는 것도 의사소통을 성공적으로 할 수 있는 비결이다. 언어문제를 가지고 있는 사람도 완전한 사회참여를 도모하기 위해서는 의사소통의 방법과 절차에

그림 11-5　의사소통 상대자에 대한 훈련

있어 비장애인과 동등하게 나눌 수 있어야만 된다. 보완 체계를 사용하는 사람의 훈련
도 필요하지만 듣는 사람 또는 의사소통 상대방 훈련도 중요하다. 한경임(1999)은 보
완대체 의사소통 체계를 사용하는 중중 뇌성마비 아동에 대한 의사소통 기능 훈련도
중요하지만 결국 의사소통은 상대방과의 상호작용이므로 기능적인 의사소통 촉진에
는 상대방의 역할도 고려되어야 한다고 말했다. 특히 어떠한 개인의 반응을 적절하게
분석하는 능력, 의사소통이 느리게 이루어지는 것에 대한 참을성, 상대방을 대신해서
말하지 않는 것, 상호작용을 할 수 있는 적절한 자세, 적시의 도움, 질문에 대한 답변
예측, 상대방이 이해할 때까지 지속적으로 행할 수 있는 훈련이 중요하다.

14) 교실과 주택의 통합된 환경

교실과 주택의 통합이 성공비결의 하나이다. 보완대체 의사소통 체계의 사용은 아
동의 생활에 흡수되어야 한다. 처음에 배울 때는 치료적인 환경에서 이루어지지만 실
질적인 의사소통은 일상생활과 교실환경에서 이루어진다. 즉, 모든 활동에서 보완 체
계가 이용될 수 있어야 된다.

15) 새로운 학문

보완대체 의사소통 체계의 분야는 여전히 새로운 학문이고 개발 중에 있으며 보완
체계의 사용과 인식도는 날로 높아져 그 이론과 전략도 점차 확장되고 있다. 그리고
급변하는 공학적인 발전으로 인해 새로운 기기가 소개되고 있으며 어휘 선택 방법도
바뀌고 있다. 그러나 여전히 많은 연구가 이루어져야 되며 어떻게 하면 넓게 응용할
수 있는지도 연구되어야 한다.

16) 보조공학사, 치료사, 교사, 부모 그리고 사용자의 헌신적 노력

보완대체 의사소통 체계를 실행하기 위해서는 보조공학사, 치료사, 교사, 부모 그리
고 사용자의 많은 시간과 에너지가 소비된다. 실행과정은 매우 복잡하며 장기간의 시
간과 노력이 필요한데, 특히 준비시간 및 사용자와의 직접적인 적용시간이 필요하다.
전문가들은 행정가들에게 실행의 복잡성과 많은 시간이 필요하다는 것을 인식시킬 필

요성이 있다. 그리고 보완 체계가 그 사람의 기능적인 학습도구가 될 때는 긍정적인 효과가 대단하다는 것을 피력해야 한다. 보완대체 의사소통은 사용자의 자아개념, 자부심, 동기유발, 문제행동의 감소, 일상생활의 참여, 상호작용적인 학습환경의 도모, 잠재능력에 대한 기대 향상 등에 기여한다.

17) 의사소통에 영향을 미치는 다른 요소

- 모든 사람이 편안해야 한다.
- 방해되는 환경은 피한다.
- 장비를 적절하게 놓는다.
- 사용설명서를 잘 읽는다.
- 장비가 무엇을 할 수 있는지 기술자나 전문가에게 배운다.
- 얼굴 표현 및 제스처를 관심 있게 관찰하면 의사소통의 메시지와 무엇을 강조하려는지를 알 수 있다(예: 손가락 하나, '예' 손가락 둘, '아니요').
- 사람들이 단어와 아이디어를 어떻게 표시하는지 익숙해진다.
- 귀로 들은 메시지를 자주 재확인한다.
- 제일 중요한 점은 시간을 갖는 것이다.
- AAC 사용자에 대한 접근 태도의 중요성
  - 사람을 대할 때 인간의 존엄성을 중요시한다.
  - 자신이 정상적인 톤의 음성으로 말을 하고 있는지 확인한다.
  - 너무 많은 '예' '아니요' 질문들 또는 답이 뻔한 질문은 삼간다.

4. 보완대체 의사소통의 평가

1) 세부적인 능력평가

요스턴과 카일런(Yorston & Karlan, 1986)에 의하면 **능력평가**(capability assessment) 는 보완대체 의사소통 체계의 실행에 꼭 필요한 개인의 능력 수준을 확인하는 평가 이다. 예를 들면, 인지, 언어, 문해(읽고 쓸 줄 앎) 그리고 소근육의 조절능력을 평가한다. 보완대체 의사소통 체계의 능력평가의 궁극적인 목표는 개인의 약점과 손상을 확인하는 것이 아니라 오히려 장점과 강점을 찾는 것이다. 따라서 **완전한 평가**(maximal assessment)의 목표는 개인의 포괄적인 프로필을 작성하는 데 있다. 예를 들면, 개인의 수용언어 수준(receptive language level), 읽기 수준(reading level) 그리고 운동 능력(motoric capabilities)에 대한 평가들이 그러한 것들이다. 이 평가는 시간이 많이 소비되며 보완대체 의사소통 체계에 직접적으로 적용되는 정보는 소수에 불과하다. 또한 준거기반 평가(criteria-based assessment)는 평가를 좀 더 빨리 진행시키기 위해서 예/아니요 분리결정(branching decision) 기준에 따라서 평가를 하는 것이다. 예를 들면, 보완대체 의사소통 체계를 사용하기 위해 인터페이스를 선정할 때 첫 번째 질문이 "직접선택이 가능한가?"라고 했을 때, 만약에 "아니요."라고 대답하면 스캐닝의 여러 가지 선택이 고려되어야 한다. 만약에 "예."라고 대답하면 스캐닝의 모든 선택은 제외되며 직접선택만 고려하면 되는 것이다.

마지막으로 **예언적인 평가**(predictive assessment)는 먼저 선정된 과제들을 가지고 팀이 개인의 능력을 평가하는 것으로 개인의 어떠한 장치 또는 기술을 사용해서 그 효율성을 예언하여 실시하는 것이다. 그다음에 팀이 그 예언을 토대로 보완대체 의사소통을 실행해서 일정한 기간 동안 실험을 해 보는 것이다. 그러나 이러한 예언적인 평가를 하지 않고 평가를 하면 넓고 다양한 보완대체 의사소통의 선택과 장비가 실질적으로 현장에서 제공되어야 한다. 어떠한 능력평가를 할 것인지가 결정되면 그다음은 개인의 나이, 장애정도 그리고 기타 요소들에 의해 세부적인 평가 전략이 결정되어야 한다.

2) 착석 및 자세의 평가

착석 및 자세(positioning seating)를 위한 장치의 주요 목적은 모든 생활에서 그 사람의 능력을 최대화시키는 데 있다(Fraser, Hensinger, & Phelps, 1990). 치료적으로는 좋은 착석 시스템의 효과로 근육 긴장의 정상화, 원시반사의 영향 감소, 기형의 최소화, 운동범위(ROM) 유지, 자세의 안정성 증가, 자신감 획득, 움직임이 부여하는 모든 혜택을 누릴 수 있으며 결과적으로 기능을 향상시키고자 하는 것이다.

착석 및 자세에 대한 평가는 여러 측면에서 매우 중요하다. 착석 및 자세가 올바르지 않으면 보완대체 의사소통뿐만 아니라 모든 학습, 일상생활 기능, 신체 기능이 떨어진다. 그러므로 보완대체 의사소통을 성공적으로 하기 위해서는 착석 및 자세에 대한 정확한 평가가 이루어져야 하며 그에 대한 서비스도 제공되어야 한다. 그리하여 최대한 적합한 착석 및 자세에서 보완대체 의사소통을 적용할 수 있어야 한다. 예를 들면, 의사소통 보조기기의 화면을 시각적으로 제일 잘 보기 위해서는 착석 및 자세의 조절도 해야 하며 의사소통 보조기기의 적절한 각도, 신체에 대한 스위치의 위치 평가도 이루어져야 한다. 신경 및 운동 손상, 즉 근육의 상태, 원시반사, 골격 기형, 그리고 운동장애 등이 착석 및 자세에 중요한 영향을 준다.

착석 및 자세에 대한 평가를 하기 위해서는 다섯 가지의 원리 및 방법을 고려할 수 있다. 첫째, **자기 자신을 참조하거나 모델**로 하면 된다. 이를테면, 휠체어에 자기 자신이 앉아서 편하고 안전한지를 확인하는 것이다. 둘째, 항상 **골반부터** 제일 먼저 여러 가지 외부적인 지원(예: 안전벨트, 고정막대, 벨트, 랩 트레이)을 받아서 고정시킨 다음, **외부 방향으로 고정 및 안정**을 시켜 나간다. 셋째, **비정상적인 근육 상태**가 가급적이면 착석 및 자세에 영향을 미치지 않도록 그 상태를 **감소**시켜 준다. 근육상태가 약한 사람은 외부적인 지원(예: 머리 및 목 받침)을 이용해서 고정시켜 준다. 반대로 근육 상태가 강한 사람은 의사소통 보조기기, 스위치 또는 다른 보조기기들의 위치를 잘 선정해서 비정상적인 반사작용을 자극하지 않도록 절절한 거리와 각도를 유지한다. 넷째, **고정된 기형은 수용하고 유연성이 있는 기형은 고쳐 준다.** 유연성이 있는 기형은 대체적으로 착석 장치를 사용해서 고칠 수 있다. 하지만 고정된 기형은 대칭을 이루기가 어렵기 때문에 잔여 움직임의 수용, 편안함의 최대화, 피로 감소 그리고 최소한의 힘으로 움직일 수 있어야 한다. 예를 들면, 척추 만곡 또는 기타 기형으로 인해 바로 앉을 수 없을 경우 일시적 또는 영구적 받침을 사용해서 기능적으로 일렬이 될 수 있도록 한다. 다섯째, 가능한 한 **최소한의 적용으로 최대한의 효과**를 달성할 수 있도록 한다. 예를 들면, 좌석에 앉을 때 너무 고정되어 움직이기가 힘들 정도까지 하는 것은 피하는 것이 좋다. 자기 나름대로 편안하게 움직일 수 있는 공간의 여유를 주는 것이 좋다.

3) 운동능력 평가

운동능력 평가는 두 가지로 나누어지는데, 하나는 기능평가를 하기 위한 운동능력 평가이며 하나는 장기간을 위한 대체 접근이다. **운동능력 평가**에서 평가과정에서의 질문에 대답하기 위해서는 믿을 수 있는 의사소통 방법이 요구되는데, 직접선택 기술이 스캐닝보다 더 쉽다. 실질적으로 스캐닝 개념을 이해시키기가 어려울 뿐만 아니라 스위치를 제때 작동하기가 어렵다. 평가과정에서의 질문들은 가급적이면 간단하게 '예/아니요'로 대답하기 쉬운 간단한 질문들이 좋다. 대답은 음성, 눈 깜박임, 얼굴 표현, 머리 그리고 다른 몸짓들로 이루어질 수 있다. 대답을 이해하기 어려우면 손가락이나 손으로 대답을 하도록 유도한다. 그래도 대답을 이해하기 어려우면 눈 응시로 눈동자의 표현을 읽어서 파악한다.

　　장기간을 위한 운동능력 확인은 직접선택, 관찰과 인터뷰, 운동의 활동범위 및 정확성의 평가, 조절의 최대화, 부정적 영향에 대한 평가, 수어, 스캐닝을 위한 스위치 평가 등을 통해서 할 수 있다.

　　직접선택은 근육 조정이 충분한 개인에게 더 효과적이고 스캐닝보다 더 선호된다. 직접선택을 위한 운동능력 평가는 ① 손과 팔에 대한 평가, ② 머리, 목, 안면에 대한 평가, ③ 발바닥과 다리에 대한 평가를 통해서 이루어진다(Lee & Thomas, 1990).

- 관찰과 인터뷰: 개인의 직접선택 능력은 팀에 의해서 관찰된다. 의사소통 시 어떻게 움직이는지와 다른 정규적인 활동을 관찰한다. 개인, 가족, 간병인 또는 기타 사람들과 현재의 움직임 형식과 활동에 대해서 인터뷰한다.
- 운동의 활동범위 및 정확성의 평가: 주변의 다른 대체적인 도움 없이 운동의 활동범위와 정확성에 대해 평가한다. 보통 머리 또는 머리장착 지시기의 조종은 수평눈금(목표물을 맞히는)을 통해서 파악한다. 그리고 눈 지시기나 머리광선장착 지시기도 수직눈금을 통해서 파악한다.
- 조절의 최대화: 여러 크기의 목표물을 얼마만큼 정확하게 맞추는지의 여부, 최대 범위의 목표물 수는 얼마만큼 되는지의 여부, 키 보호기, 화면 표면의 각도, 화면 표면이 매끄러운지 거친지의 파악, 머리 받침과 가슴 받침 등을 사용해서 정확도, 효율성 그리고 활동범위에 대한 여부를 평가한다.
- 부정적 영향에 대한 평가: 보완대체 의사소통의 사용과 접근 기술에 대한 근육평가를 하는 동안 어떠한 직접선택은 부정적인 영향(비정상적인 반사작용, 과대한 근육 긴장, 비정상적인 자세, 또는 과대한 피로)을 초래할 수 있다. 따라서 항상 보완대체 의사소통 평가 팀은 대체적인 접근방법의 장점은 보존하고 부정적인 영향은 최소화하여야 한다.
- 수어: 만약에 수어가 고려되면 보완대체 의사소통 팀은 수어, 몸짓에 필요한 소 근

육 능력에 대한 평가를 실시해야 한다.

- 스캐닝을 위한 스위치 평가: 보완대체 의사소통 팀은 직접적인 선택이 도저히 불가
능할 경우 스위치 사용에 대한 평가를 실시해야 한다. 스위치에 대한 평가는 스위
치를 일관성 있게 작동할 수 있는 신체의 특정한 부분(예: 손, 머리, 발, 다리, 무릎,
턱, 입, 눈썹)을 찾는 것이다. 스위치를 작동시키기 위해서는 다음의 요소가 필요
하다. 즉, 타이밍을 잘 맞추는 것, 스위치를 작동하는 것, 누른 상태를 계속 유지
하는 것, 스위치를 정확하고 효율적으로 떼는 능력, 일정한 시간을 기다렸다가 다
시 작동을 하는 것을 반복하는 것이다.

4) 인지능력 평가

보완대체 의사소통 팀은 개인이 세상을 어떻게 이해하고 있고 의사소통을 어떠한
방식으로 최대한으로 도모할 수 있는지를 결정해야 한다. 보완대체 의사소통 기술을
사용하려면 여러 종류의 **인지능력을 평가**해야 한다. 예를 들면, 기본적인 그림 상징 의
사소통 보드를 사용하려면 언제 보드에 있는 항목을 지시하고 언제 상대방이 그에 따
라 반응을 하는가를 살펴봐야 한다. 어떠한 보완대체 의사소통 체계의 사용자는 원인
및 결과의 기본적인 개념을 이해 못하는 경우도 있다. 보완대체 의사소통을 사용하기
위한 공식적인 인지능력 시험은 현재 없다. 하지만 보완대체 의사소통 팀은 특정한 접
근에 필요한 인지적 필요에 대해서 분석해서 개인의 인지도가 적합한지 여부를 알아
야 된다. 또한 인지능력을 평가하기 위해서 하나 이상의 보완대체 의사소통 기술 또는
장치를 실험해 보는 것도 좋다.

상징이나 코드는 보완대체 의사소통 체계에서 사용되는 메시지의 과반수 이상을 차
지한다. **상징 평가**의 목표는 개인의 능력에 맞고 현재 의사소통 필요를 충족시킬 수 있
는 상징의 종류를 선택하는 것이고 미래에 사용할 수 있는 것이면 좋다. 제일 기본적
인 상징의 사용은 물체의 기능적인 사용을 이해하는 능력을 보여 준다. 보완대체 의사
소통 팀은 개인이 평가를 위해 선택한 물건을 어떠한 기능적인 목적으로 사용하는지
를 관찰한다. 예를 들면, 컵을 선택하면 마시려고 한다든지, 또는 컵을 보이면서 "이것
을 가지고 무엇을 합니까?"라고 묻는다든지, '예/아니요' 개념과 '예/아니요'를 표현하
는 데 아무런 문제가 없을 경우에는 개인에게 두 개 이상의 상징을 제시하면서 상징에
관련된 항목을 지적하든지 하는 방법이다. 만약에 항목을 지적하는 데 불편하면 '예/

아니요'로 대답할 수 있도록 질문을 하면 된다. 이러한 수용능력(receptive labeling) 또는 '예/아니요' 양식이 어려울 경우 시각-일치 방법을 사용해서 같은 효과를 가져올 수도 있다. 즉, 하나의 물체에 두 개 이상의 상징을 사용하는 시각-일치 방법을 사용하는데, 여기서는 해당 물체가 어느 상징과 일치되는지를 묻는다. 그러면 눈 응시나 지시 또는 직접선택으로 반응하게 된다.

다음은 말로 질문을 할 경우 개인이 반응을 상징으로 할 수 있는지를 보완대체 의사소통 팀이 평가한다. 평가에 앞서 개인이 항목을 지적할 수 있는 것 또는 개념을 이해할 수 있는 것을 먼저 확인해서 실시해야 한다. 예를 들면, "무엇을 아침으로 먹었습니까?"라고 물었을 경우 개인이 제일 좋아하는 음식, 자동차 그리고 강아지 상징을 제시한다.

아주 심한 의사소통 장애를 가지고 인지적으로 한계가 있는 개인이라도 상징과 물체를 맞추는 질문에 대해서 상징을 사용해서 대답할 수 있다. 하지만 상징을 사용해서 질문을 하는 것은 대답하기 어려울 것이다. 하나의 상징을 사용할 수 있으면 두 개 이상의 상징 사용이 가능하다. 상징을 명사, 동사, 형용사에도 사용할 수 있다. 항목별 능력을 평가할 수 있도록 상징을 항목별로 나열하는 방법도 있다. 상징을 제시하면서 항목별로 정리를 하도록 요구한다. 예를 들면, "모든 짐승은 이 상자에, 그리고 모든 자동차는 저 상자에 넣으시오!"라는 식으로 요구한다.

5) 언어능력 평가

보완대체 의사소통을 위해서는 두 종류의 언어평가가 이루어진다. 처음에는 개인의 **단어(한 단어)의 이해에 대한 평가**가 이루어진다. 일반 표준 어휘검사 도구가 있으면 사용해도 좋다. 검사도구 중에 신체적인 한계를 고려한 표준 검사도구가 있으면 더욱더 좋겠다. 예를 들면, 어떠한 검사도구는 눈 응시, 스캐닝 그리고 머리장착 지시기 등의 대체적인 방법으로 대답을 할 수 있도록 만들어진 것도 있다. 두 번째는 **서로 연관성이 있는 언어(예: 덥다-차다)에 대한 평가**가 이루어져야 하는데 개인의 의사소통 장애의 정도에 따라 문장 구성 또는 문법 능력에 대한 평가도 이루어져야 한다.

6) 문해 평가

개인의 읽기, 맞춤법, 그리고 쓰기 능력에 대한 다면적 평가가 이루어져야 한다. **단어의 철자와 음소를 인식하는지**를 철자 보드, 눈 응시 화면 또는 키보드를 사용해서 평가할 수 있다. 예를 들면 'ㄱ'이라는 철자를 지시 또는 눈으로 응시하라든지, 아니면 '그'라는 음소를 가진 철자를 가리키라든지 하면 된다. 나아가 다음은 **단어의 인식도와 독해력에 대한 평가**를 독해력 표준 평가도구를 사용해서 실시한다. 만약에 표준 평가도구 시험에서 결과가 좋지 않을 때는 비공식적인 단어 인식 및 독해력 평가를 별도로 하는 것도 좋다. **맞춤법에 대한 평가**도 보완대체 의사소통을 사용하기 위해서는 꼭 선행되어야 한다. 세 종류의 맞춤법에 대한 평가는 ① 자발적인 맞춤법, ② 단어의 첫 글자에 대한 맞춤법 그리고 ③ 인식 맞춤법에 대한 평가인데, 자발적인 맞춤법은 단어를 한 자한 자씩 쓰는 능력이다. 또한 단어에 대한 완전한 맞춤법을 몰라도 음성으로만 맞출수 있으면 철자법에 의한 보완대체 의사소통 장치를 사용할 수 있다. 단어의 완전한 맞춤법을 몰라도 단어의 첫 글자만 알면 첫 글자 메뉴를 사용하는 의사소통 보조기기를 사용할 수 있다. 예를 들면, '사'라는 단어의 첫 글자를 치면 '사과' '사자' '사람'이라는 메뉴가 제시되어 그중 자기가 원하는 단어를 고르는 방법이다. 마지막으로 **인식 맞춤법**은 단어를 시각적으로는 인식하지만 그 단어를 쓰거나 또는 첫 글자도 쓰지를 못하는 것을 말한다.

7) 감각 및 지각 평가

많은 보완대체 의사소통 사용자들이 시각 손상을 가지고 있기 때문에 시각에 대한 평가가 매우 중요하다. 보완대체 의사소통 적용 시 상징의 크기, 위치, 공간, 색깔을 결정할 때 이런 평가의 결과에 의해서 결정하는 것이 바람직하다. 청각적인 평가도 함께 이루어져야 한다. 이때 합성음성과 디지털 음성 중 어느 쪽이 더 잘 들리는지를 평가해야 한다.

5. 보완대체 의사소통의 접근 방식

대체 접근이란 장애인이 대체 수단을 통해 컴퓨터 및 관련된 기기에 접근할 수 있는 방법을 의미하는 것이다. 대체 접근은 사용자와 체계를 인지적 및 언어적 그리고 운동적으로 상호작용하는 것을 뜻한다(Koppenhaver et al., 1993).

1) 선택 세트

비장애인들이 손으로 글씨를 쓰기가 어려울 때 가장 잘 익숙해 있는 대체 접근이 타자기와 컴퓨터이다. 표준 컴퓨터 키보드 또는 타자기의 한정된 심벌 세트('tab' 'control' 'shift' 등) 자판을 **선택 세트**라고 한다. 보완대체 의사소통 기술의 대부분이 선택 세트의 항목을 시각적으로 표시한다. 그런데 시각장애로 인해 시각적 표시가 불가능하면 선택 세트의 항목을 청각적(음성) 또는 지각적(물체, 감촉, 형상, 점자)으로 표시해 주어야 한다.

(1) 선택 세트의 구성

보완대체 의사소통 체계의 선택 세트는 시각, 청각, 촉각으로 표현할 수 있는 모든 상징을 포함한다. 표준 컴퓨터 키보드의 선택 세트는 공장에서 이미 결정이 되어서 나오지만 보완대체 의사소통의 사용자는 선택 세트를 개인의 특성에 맞추어 결정한다. 메시지들은 사용자가 이해하기 쉽고 사용하기 쉽도록 구성되어야 한다. 선택 세트의 구성요소는 메시지, 상징 및 코드 그리고 상호작용적인 명령으로 되어 있다. 즉각적인 의사표현을 요구하는 메시지("정말 멋지다!")가 있는가 하면, 또한 빈도가 높은 메시지("안녕하십니까?")들도 포함되면 좋다. 개별적인 문자, 숫자 그리고 구두점으로 이루어진 문자들도 선택 세트에 포함될 수 있다. 상징을 결합시켜서 의사표현을 할 수 있을 뿐만 아니라 상징을 코드화(나당사: "나는 당신을 사랑합니다.")해서 긴 문장을 만들 수도 있다. 물론 상대방이 코드를 알아야 하거나, 아니면 음성 출력을 사용해서 전체 메시지를 풀어서 전달할 수도 있다. 상호작용적인 명령은 기계적인 장치를 조작할 때 ('enter' 'backspace' 'delete' 'print' 'speak') 활용될 수도 있으며 다른 경우에는 사용자가 의사소통 상대자를 가리키는 데 사용되기도 한다('반복' '단어의 끝' '시작' '잊어버림' '아직 끝나지 않았음').

(2) 선택 세트 화면의 물리적인 특성

선택 세트에서의 메시지, 상징, 코드 그리고 명령어들의 숫자가 고려되어야 한다. 개별적인 항목의 크기와 전체적인 표시 화면의 크기, 항목들이 차지하는 공간, 장착 및 휴대 가능한 요소 등을 고려해야 한다. 예를 들어서, 휴대하고자 하면 그 모양이나 무게가 관리하기 쉬워서 사용자가 피로를 느끼지 않아야 하며 정확한 크기는 사용자의 신체 능력에 의해 결정되어야 한다. 휠체어에 부착하고자 할 때는 그 크기가 너무 커서 시야를 가려서도 안 된다. 항목의 공간과 배치는 개별 사용자의 시각과 운동조절 능력에 따라 결정된다. 예를 들어서, 어떤 사용자들은 항목들이 넓게 펼쳐지고 둘레에 공간이 많은 것을 선호하는 반면에, 어떤 사용자들은 항목 둘레에 색을 칠해서 돋보이도록 하면 능력이 향상되는 사람도 있다. 따라서 사용자의 근육 상태에 따라 공간 정리가 결정된다. 선택 세트의 항목들이 가능한 한 접근하기 쉬운 위치에 놓이는 것이 중요하다. 근육조절 능력에 적절하도록 의사소통 보드를 곡선으로 배열해도 된다. 화면의 방향이라는 것은 항상 화면의 위치와 바닥과의 관계를 뜻한다. 시각적 또는 촉각적 화면의 방향은 사용자의 자세, 시각 그리고 운동조절 능력에 의존한다. 직접 입력 표시에 제일 중요한 요소는 사용자의 시각과 근육 능력이다. 스캐닝을 할 때 제일 중요한 요소는 사용자의 시각과 자세이다. 왜냐하면 이러한 요소들이 스위치를 작동시키는 데 큰 기여를 하기 때문이다. 시각 및 지각 표시를 휠체어 트레이 형식으로 바닥에서 평행이 되도록 하면 사용자의 팔과 손을 지지해 줄 수 있어서 좋다. 그리고 바닥에서 약 30° 내지 45°로 세우면 사용자가 그 표시를 정확하게 볼 수 있고 머리를 숙일 필요가 없어서 좋다.

2) 선택 방법

사용자의 필요성과 신체적인 평가를 토대로 사용자가 원하는 선택 세트를 직접선택할 수도 있고, 스캐닝 방식 또는 모스부호로 선택할 수도 있다. **직접선택**하는 방법은 사용자가 직접 의사소통 보조기기의 선택 세트를 지적하는 방법이고, **스캐닝**은 기기가 지적해 가는 대로 사용자가 그것이 원하는 선택 세트인지 아니면 다음 선택 세트로 진행해야 하는지 반응하는 형식이다. 그리고 **모스부호**는 점(·)과 선(−)을 사용해서 의사표현을 하는 것이다. 직접선택은 손가락, 머리, 손, 팔꿈치, 발가락, 코, 눈 등 신체의 일부분을 이용하여 사용자가 직접적으로 선택 세트를 지적하는 것이다. 지적하는 방법을 보조해 주는 헤드스틱(headsticks), 핸드스플린트(hand splints), 마우스스틱(mouthsticks) 등 단순한 보조기기가 있다. 간접적인 방법이지만 직접선택에 포함될 수 있는 광선 지시기(light beam pointer), 조이스틱(joysticks), 시선추적 모니터(ocular eyegaze monitors) 등도 있다(이상희, 1999).

각각의 **입력 방식의 장·단점**을 살펴보면, 직접선택은 사용자가 표현력이 향상되고 무엇보다도 빠르다는 것이 장점이라면, 간접선택은 미세한 근육활동만으로도 조작이 가능하다는 것이 장점이다. 직접선택의 단점은 사용자가 피로를 빨리 그리고 많이 느끼며 잘 되지 않을 때는 스트레스를 받게 되고, 자신감을 상실할 수도 있다는 것이다. 간접선택의 단점은 근육활동 자체가 제한되어 있다 보니 정보 입력이 제한되고, 스위치 작동이 이루어지기 전에 커서가 원하는 위치에 도달할 때까지 기다려야 하기 때문에 많은 시간이 소요된다는 것이다. 또한 모스부호는 단순히 점과 선만으로도 의사소통이 가능하지만 모든 문자에 해당하는 점과 선의 조합을 배워야만 사용 가능하다는 제한점이 있고 스캐닝을 하기 위해서는 시각적 관찰력, 상당한 집중력 그리고 순서화에 대한 능력을 요구한다.

(1) 직접선택

직접선택에서는 신체적인 압력 또는 떼는 힘(손가락, 발가락, 헤드스틱, 스플린트를 이용해서 표준 키보드를 누르고 뗀다)이 요구되기도 하고 또 의사소통판에 신체적 접촉이 이루어짐으로써 직접선택이 가능해진다. 그러나 신체적 접촉이 반드시 요구되지는 않는다. 눈 지시(eye pointing), 눈 응시(eye gaze), 광선발산 장치(예: 헤드마스터), 음성인식(예: Dragon Dictate) 등은 신체적 접촉 없이도 원하는 항목을 선택할 수 있기 때문이다.

직접선택을 활성화하는 데는 세 가지 전략이 있다. 첫째, **일정시간-활성화**(Timed Activation) **전략**이다. 이는 사용자가 어떠한 방법(신체적 접촉이나 광선을 비추거나)으로 모든 화면의 항목을 확인하는 것이 필요하고, 장치에 의해 선택이 인식되기 위해서는 접촉을 일정한 시간 동안 유지시키는 것이 필요하다. 이를테면, 일정시간-활성화는 사용자의 손가락, 헤드스틱, 광선을 장치의 표면에 마주치더라도 그 항목을 활성화시키지 않고 지나칠 수 있다. 왜냐하면, 활성화시키기 위해서는 일정한 시간 접촉을 유

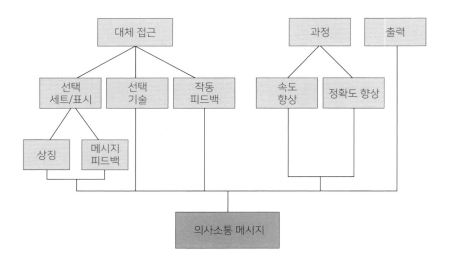

그림 11-6 AAC의 기본적 요소의 체계

출처: Beukelman, & Mirenda, P. *AAC Management of Severe Commuication Disorders in Children* (1992).
　　　p. 10.

지시켜 줘야 하기 때문이다. 반면에 둘째, **비접촉-활성화**(Release Activation) **전략**은 신체
의 한 부분 또는 어떠한 형태의 보조도구를 사용하는 것으로서 직접적인 접촉을 요구
하는 화면에만 적용된다. 즉, 화면에 직접적인 접촉이 유지되는 동안은 선택이 이루어
지지 않는다. 다만, 어느 항목에서 접촉을 중단하면 그 항목이 선택되는 기능을 말한
다. 셋째, **평균-활성화 전략**은 특별한 항목에서 잠깐 동안의 움직임은 무시하되, 전체적
인 영역에서 각 항목마다 소요되는 지시기의 시간을 감지한다. 이 장치는 단시간 내에
축적된 정보(각 항목에 소요되는 지시기의 시간)를 평균 계산해서 광학 장치 지시기가 가
장 길게 머물렀던 항목을 작동(활성화)시키는 방법이다.

(2) 간접선택

간접선택의 가장 대표적인 방법이 스캐닝이다. 스캐닝을 하는 방법에는 자동스캐
닝(automatic scanning)이 있고, 순차적 스캐닝(step scanning)이 있다. **자동 스캐닝**은 의
사소통 보조기기가 스캐닝을 계속해 가는 도중, 사용자가 원하는 상징기호에 도달했
을 때 스위치를 누르는 것을 말한다. 반대로, **순차적 스캐닝**은 사용자가 반복적으로 스
캐닝 커서를 이동시키기 위하여 스위치를 눌러야 하고, 원하는 상징기호에 도달했을
때 시간을 기다리거나, 혹은 제2의 스위치를 누르면 선택된 기호가 작동되는 방식이

다. **단체 또는 그룹 스캐닝**(group scanning)은 항목별로 스캐닝을 하다가 어느 항목을 선택하면 다시 하나씩 그 항목 안에 있는 것을 스캐닝하는 것인 반면, **행렬 스캐닝**(row-column scanning)은 처음에는 기기가 각 행을 스캐닝하고, 그다음에는 각 행에 있는 기호 하나하나를 스캐닝하는 방식이다. **역 스캐닝**(inverse scanning)은 사용자의 근력과 지구력을 요하는 방식이다. 즉, 원하는 항목에 이를 때까지 스위치를 누르고 있다가 원하는 항목에 도달했을 때 누르고 있던 손을 떼면 선택이 되는 방식으로 순간(momentary) 방식이라고도 한다. **원형 스캐닝**(circular scanning)은 개인적인 항목들이 원형의 판 위에 둥글게 나열되어 있고 사용자는 바늘이 원하는 항목을 가리킬 때까지 시계방향으로 스캐닝하다가 원하는 항목에서 멈추면 된다. 마지막으로 **선형 스캐닝**(linear scanning)은 자동 스캐닝처럼 순차적으로 행을 연결해서 스캐닝해 나가는 방식이다(Beukelman & Mirenda, 1992, 1998).

가능하면 직접 선택하는 방법을 항상 고려하는 것이 제일 바람직하다. 왜냐하면, 시간을 제일 단축시킬 수 있기 때문이다. 하지만 직접선택은 근육이 약한 장애인에게는 피로를 빨리 느끼게 하므로 직접선택이 도저히 불가능할 때는 스캐닝이나 모스부호를 고려해 보는 것이 좋다. 정신연령이 4세 미만인 아동들에게 스캐닝 시스템을 적용하는 것은 적절치 못하며, 더구나 행렬 스캐닝 혹은 기타 다차원적 스캐닝은 더욱 배우기 힘들 것이다. 스캐닝의 장점은 아무리 미비한 신체 근육의 움직임만 있더라도 그 근육이 일관성 있게만 움직여 준다면 스위치를 통해서 얼마든지 항목을 선택할 수 있다는 데 있다. 그러나 단점은 속도가 느리다는 점이다. 마지막으로 모스부호는 그 코드를 배우는 데 상당한 시간과 훈련을 필요로 한다. 하지만 일단 모스부호를 파악한 후에는 의사표현을 무한정으로 할 수 있을 뿐만 아니라 단일 스위치 하나만으로도 작동을 할 수 있어 좋다.

3) 활성 피드백

활성(작동) 피드백(activation feedback)은 보완대체 의사소통 사용자들이 입력장치(예: 스위치, 키보드)를 선택했을 때의 선택 표시를 말한다. 활성 피드백은 청각, 시각, 촉각 그리고 고유수용(proprioceptive) 피드백으로 나타난다. 그중에는 신호음, 클릭과 같이 전자적으로 나타나는 **청각적 활성 피드백**이 있다. 화면 배경에서 깜박이는 표식이나 위치와 같은 **시각적 활성 피드백**도 있다. 사용자의 신체 부분, 전기적이든 비전기적이든

간에 상징의 촉각적인 표면과의 접촉을 촉각적 활성 피드백이라고 한다. 마지막으로 **고유수용 활성 피드백**은 사용자가 저항력이 있는 표면(스위치나 키)에 대하여 압력을 가할 때 느끼는 것인데, 수어나 제스처도 고유수용 피드백을 느낄 수 있다.

메시지 피드백(message feedback)도 활성 피드백과 같이 청각, 시각으로 나타난다. 사용자들이 음성합성을 통해 타이핑되는 각각의 문자들의 반향을 듣고 컴퓨터 화면상에 문자, 단어 또는 구를 볼 수 있도록 하는 것이 메시지 피드백이다. 즉, 메시지 피드백은 사용자가 제작한 상징 또는 메시지를 다시 사용자에게 제공함으로써 재확인할 수 있도록 도와주는 역할을 한다.

4) 과정 및 결과

과정은 메시지가 어느 정도 빠르고 정확성 있게 작성되는 것을 말한다. 예를 들면, 우리가 컴퓨터 워드 작업을 할 때, 문서 작성을 더 빠르고 정확하게 하기 위해서 문법 및 맞춤법 확인 기능을 선택한다. 이런 기능 외에 한영사전 같은 것도 문서를 더 빠르고 정확하게 작성하는 데 많은 도움을 주는 것이다. 이와 같이 보완대체 의사소통 체계에서도 메시지를 어느 정도 빠르고 정확하게 작성해서 전달하는가가 의사소통 장애가 있는 이에게는 중요하다. 마지막으로 결과는 메시지가 상대방에게 전달된 것을 말한다.

6. 메시지 코드화 및 가속화 기술

보완대체 의사소통을 활용하는 사람들에게는 비효율적인 의사소통과 메시지 작성에 많은 시간이 소요되기 때문에 상호작용으로 의사소통을 하기에는 많은 어려움이 따른다. 대부분이 1분당 15단어 미만으로만 표현을 할 수 있으며 실제적으로는 1분당 2~8단어만 표현할 수 있는 것이 보통이다. 그러므로 의사소통 상대방과 어느 정도 효과적으로 의사소통을 할 수 있는지의 여부는 의사소통의 속도를 어느 정도까지 올리는가에 달려 있다. 사용자의 타이핑 속도와 지구력은 메시지를 가속화시켜 주는 프로그램을 통해 크게 향상되기 때문에 사용자의 좌절감을 감소시키는 데 도움이 된다(오길승 외, 1996). 메시지의 가속화 기술은 의사소통을 하기 어려운 사람들에게는 매우 심각한 문제이다. 왜냐하면, 신체적으로 움직이는 데 한계가 있고 피로를 빨리 느끼기 때문이다. 따라서 작은 움직임으로 최대한의 메시지를 표현하는 것이 이 기술의 관건이다.

1) 메시지 코드화

알파벳을 사용해서 메시지를 작성하는 방법에는 여러 가지가 있다. 우선 **핵심단어 코드화** 방법이 있는데 그것은 메시지 가운데 핵심단어의 머리글자를 코드로 구성하는 것을 뜻한다. 예를 들면 'Please open the door for me.'라는 메시지가 있을 때 여기서의 핵심단어인 'open'과 'door'를 코드화하면 'O.D.'가 되겠다. 둘째, **단어-범주 코드화** 방법은 범주화된 메시지의 구조적인 형태에 따라 결정되는데 코드의 첫 번째 글자는 범주를 의미하고 두 번째 글자는 그 범주의 세부적인 것을 지시하는 것이다. 예를 들면, 'Hello, how are you?' 'It's nice to see you.'는 'greetings'의 범주에 속해 있으므로 코드의 첫 번째 글자는 'G'이다. 코드의 두 번째 글자는 그 범주의 세부적인 것을 가리킨다. 그러므로 'Hello, how are you?'는 'G.H.'로 코드화할 수 있다. 셋째, **철자-숫자 코드화**는 문자와 숫자를 모두 포함하는 코드의 선택을 의미한다. 코드의 문자 부분은 메시지 범주 가운데 'greetings'의 'G'나 'transportation'의 'T'와 같은 것이고, 숫자는 범주 안의 메시지 가운데 특별하고 임의적으로 사용된다. 예를 들면, 'G1'은 'Hello, how are you?'를 의미하고, 'G2'는 'It's nice to see you.'와 같이 사용된다. 넷째, **숫자 코드화**는 메시지를 표현할 때 임의적으로 숫자를 사용해서 표현한다. 보통 숫자와 그것에 해당하는 메시지를 도표나 메뉴에 표시한다. 베이커(Baker, 1982, 1986)는 '의미론-간결화(Semantic Compaction)' 혹은 Minspeak(Semantic Compaction Systems)와 같은 아이콘(icon)식 코드화를 제시했으며 현재 미국의 보완대체 의사소통 제작 회사인 Prenke and Romich 회사에서 사용하고 있다. 다섯째는 점과 선으로 표시하는 모스부호화이다.

아이콘식 코드화는 배열된 아이콘을 결합해서 단어, 구, 문장 메시지를 음성출력이 가능한 장치에 저장한다. 예를 들면, '사과' 아이콘은 붉다, 둥글다, 음식, 과일, 과자를 의미하며, '태양' 아이콘은 날씨, 노란색, 뜨겁다, 여름 그리고 정오를 의미한다. '시계' 아이콘은 시간, 숫자, 일일 계획을 의미한다. '사과'+'태양'은 바비큐를 의미하며 또한 '사과'+'시계'를 결합시키면 먹을 시간을 의미한다.

Minspeak은 다음과 같은 장점을 고려하여 설계되었다. ① 언어발달 촉진, ② 빠른 의사소통, ③ 자동성(automaticity), ④ 짧은 상징 배열, ⑤ 작은 상징의 연합을 통하여 풍부한 상징 세트 생성, ⑥ 지속적인 인지적 과정 등이다. 진정한 언어 체계는 자동성이 풍부해야 된다. 가장 효과적이고 빠른 의사소통을 하기 위해서는 자동성이 필수적인데 자동성은 지속적인 인지적 과정에 의존한 체계 사용 실천에서부터 비롯된다. 가장 대표적인 예가 우리가 사용하고 있는 의사소통 방법이다. 우리는 의사소통을 하기 위해 지속적인 인지적 과정에 의존한다. 다시 말해서, 우리는 머리에서 생각이 나는 대로 입을 통해서 말이 나온다. 하지만 자동성이 부족하거나 없는 의사소통 체계는 감각적인 피드백을 요구한다. 가장 대표적인 예가 단어예측이다. 'Book' 단어를 입력하기 위해 다음과 같은 다섯 단계를 밟는다. ① 신체 운동을 사용하여 'B'를 입력한다. ② 감각기능과 분석기능을 사용하여 'B'로 시작하는 단어의 목록을 탐색한다. ③ 만약에 원하는 단어가 목록에 없을 경우 신체 운동을 사용하여 다음 알파벳 'o'를 입력한다. ④ 감각기능과 분석기능을 사용하여 'Bo'로 시작하는 단어의 목록을 탐색한다. ⑤ 만약 원하는 단어가 목록에 있으면 신체 운동을 사용하여 원하는 단어에 해당하는 번호를 입력한다. 이와 같이 단어예측은 신체 운동, 감각 및 분석과정을 거쳐야 되기 때문에 자동성이 없는 의사소통 체계이다.

표 11-2 메시지 코드화 전략

전략	코드	메세지
핵심단어 코드화 (salient letter encoding)	여안 HH	여보세요, 안녕하십니까? Hello, how are you?
단어-범주 코드화 (letter-category encoding)	인여 GH	(인사말) 여보세요, 안녕하십니까? (Greeting) Hello, how are you?
철자-숫자 코드화 (alpha-numberic encoding)	인-1 G-1	여보세요, 안녕하십니까? (첫 번째 인사말) Hello, how are you?
숫자코드화 (numeric encoding)	5-1 5-1	여보세요, 안녕하십니까? (임의적 숫자) Hello, how are you? (arbitrary numbers)
모스부호화 (morse code encoding)	.... . .⁻.. .⁻.. ---	여보세요 Hello
아이콘식 코드화 (iconic encoding)		여보세요 안녕하세요? Hello, how are you?

2) 메시지 되찾기와 학습능력

앞에서 말한 코드화된 메시지를 되찾는 기술로는 기억에 의존하는 것과, 도표에 의존하는 것 그리고 화면 또는 메뉴에 의존하는 것이 있다. 첫째, **기억에 의존**하는 되찾기 전략은 보완대체 의사소통 사용자가 특정한 메시지와 연관된 코드를 기억해야 한다. 그들은 메시지를 보내기 위해 도표나 메뉴를 필요로 하지 않는 대신 모든 것을 기억해야 하므로 코드를 암기하는 데 시간이 많이 걸린다. 둘째, **도표에 의존**하는 되찾기 전략은 도표 위에 코드와 그에 상응하는 메시지가 목록화되어 있는데 일반적으로 철자, 숫자 또는 범주에 따라 정렬되어 있다. 따라서 보완대체 의사소통 사용자와 그들의 의사소통 상대방들이 이러한 코드를 암기할 필요는 없다. 도표에 의존하는 되찾기 전략은 고정적인 것과 동적인 도표 되찾기 전략으로 분류될 수 있다. 고정적인 도표 되찾기 전략은 의사소통의 지속적인 요구를 수용하기 위해서 코드와 그에 해당하는 메시지가 항상 고정적인 반면, 동적인 도표 되찾기 전략은 고정적이지 않은 동적 도표를 사용하는 것이다. 즉, 보완대체 의사소통 사용자가 워드를 이용해서 문장을 작성할 때 화면의 우측 상단의 창안에 단어 메뉴가 나타난다. 셋째, 창에 나타나는 메뉴 안에 원하는 단어가 있으면 그 단어에 해당하는 숫자를 선택하면 되고, 없으면 그다음 문자를 입력하여 그에 해당하는 창이 다시 나타나도록 하는 방법이 있다. 예를 들면, 'ap'라는 문자를 쳤을 때 우측상단에 '1:apple' '2:application' '3:appointment'라는 창이 나타나고 그 중 원하는 단어의 숫자를 선택하면 단어가 그대로 입력이 된다.

3) 이-트랜 보드

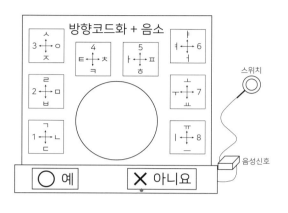

그림 11-7 방향코드화+음소

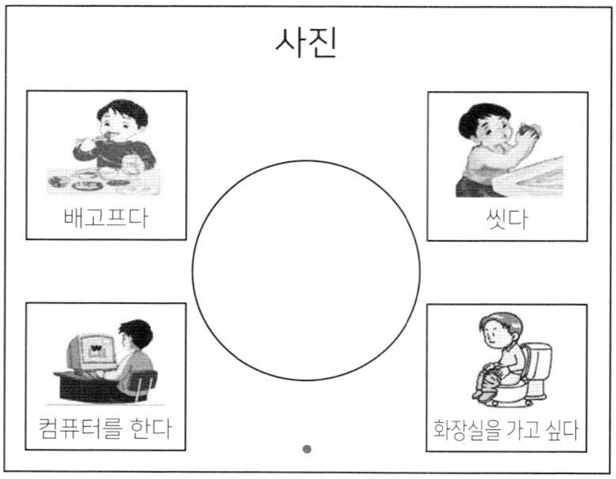

그림 11-8 사진

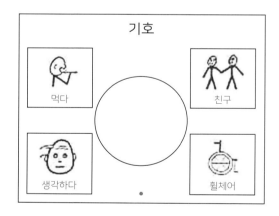

그림 11-9 기호

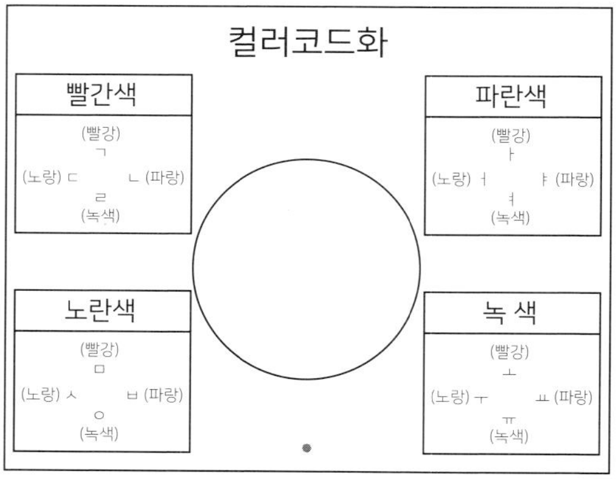

그림 11-10 컬러코드화

(1) 과정

① 스위치를 사용하여 부저를 울리거나 아니면 다른 방법으로 의사소통하기를 원한다는 사실을 알린다.

② 보조자는 사용자의 맞은편 위치에 있어야 한다(사용자와 정면에서 눈을 맞출 수 있도록).

③ 눈 응시를 통한 의사소통을 하기 위해서 사용자는 먼저 보드의 중앙에 있는 구멍

을 통해서 보조자와 눈을 마주친다.

④ 사용자는 방향코드화+음소, 사진, 기호, 컬러코드화 오버레이 중 어느 것을 사용하여 의사소통할 것인지를 알린다.

⑤ 사용자는 보조자가 사용자의 선택을 정확히 이해할 때까지 눈을 응시한 상태로 고정한다.

⑥ 보조자가 이해했음을 확인하는 절차로 사용자와 보드의 중앙에 있는 구멍을 통해 눈을 맞춘다.

⑦ 다음은 방향코드화+음소, 사진, 기호, 컬러코드화 모드의 의사소통 과정이다.

(2) 방향코드화 + 음소

① 의사소통을 시작하기 위해서 사용자는 대화 상대자와 보드의 중앙에 있는 구멍을 통해서 눈을 맞춘다.

② 사용자는 자신이 원하는 코드화된 메시지에 해당하는 두 개의 숫자로 된 코드의 첫 번째 숫자 또는 음소가 있는 공간을 눈으로 응시한다.

③ 사용자는 대화 상대자가 자신이 원하는 숫자 또는 음소가 있는 공간을 정확하게 맞출 때까지 눈을 응시한다.

④ 다음에 사용자는 대화 상대자와 보드의 중앙에 있는 구멍을 통해 눈을 맞춤으로써 대화 상대자의 해석이 맞음을 확인한다.

⑤ 그다음 사용자는 자신의 눈을 상하좌우로 움직이면서 방향을 선택하여 자신이 원하는 숫자 또는 음소를 더욱더 명확히 선택한다.

⑥ 그리고 나서 대화 상대자는 사용자가 선택한 문자를 말해 준다.

⑦ 먼저 서술된 과정은 두 번째 숫자 또는 단어가 형성될 때까지 혹은 대화 상대자가 정확하게 추측할 때까지 반복된다.

⑧ 숫자일 경우 대화 상대자는 코드화된 상징의 메시지를 판독판을 통하여 말한다. 음소일 경우 단어를 말한다.

(3) 사진, 기호

① 의사소통을 시작하기 위해서 사용자는 대화 상대자와 보드의 중앙에 있는 구멍을 통해서 눈을 맞춘다.

② 사용자는 선택한 사진 또는 기호를 대화 상대자가 정확히 이해할 때까지 눈을 응

시한 상태로 고정한다.

③ 그리고 사용자는 대화 상대자가 이해했음을 확인하기 위해 보드의 중앙에 있는 구멍을 통해서 눈을 맞춘다.

④ 이 과정은 다른 사진이나 기호를 선택하기 위해서 반복된다.

(4) 컬러코드화

① 의사소통을 시작하기 위해서 사용자는 대화 상대자와 보드의 중앙에 있는 구멍을 통해서 눈을 맞춘다.

② 먼저 원하는 문자색을 선정하여 응시한다.

③ 사용자는 응시한 색을 대화 상대자가 정확히 이해할 때까지 눈을 응시한 상태로 고정한다.

④ 그리고 사용자는 대화 상대자가 이해했음을 확인하기 위해 보드의 중앙에 있는 구멍을 통해서 눈을 맞춘다.

⑤ 그다음 글자가 있는 공간을 응시한다.

⑥ 대화 상대자는 이해한 문자를 말해 준다.

⑦ 그다음 문자를 선택하기 위해 ②~⑥의 과정이 반복된다.

(5) 메시지 예측

메시지 코드화와 같이 메시지 예측도 의사소통 속도를 높일 수 있는 새로운 접근방법이다(Musselwhite & St. Louis, 1988). 알파벳의 개개 문자는 같은 비율로 나타나지 않는다. 이를테면, 'e' 't'는 제일 자주 나타나는 반면에, 'z' 'q'는 제일 적게 나타나는 문자들이다. 이처럼 어떤 문자들은 다른 것들에 비해 더 자주 나타난다. 또한 'u'가 항상 'q' 다음에 따라오는 것과 같이 단어에서 문자의 발생 확률은 이전 문자에 의해 영향을 받는다. 전자적인 문자 예측체계는 이러한 문자들의 발생 확률과 문자가 사용될 때 그 문자의 조합 관계에서 기인한다. 그러므로 단어 하나를 입력하면, 그 단어 뒤로 가장 발생 확률이 높은 문자들의 메뉴가 동적 화면에 제공된다. 단어-수준 예측은 단어-양식 예측과 언어 예측으로 나뉠 수 있다. 단어-양식 예측은 일상생활의 대화에서 발생하는 것과 같은 어떠한 양식 혹은 단어 조합의 유형에 근거하여 단어를 예측하는 것을 말한다. 문법에서 'a' 'an' 'the'이 반드시 전치사적 문구를 따르는(예: on the bed, under a tree) 것과 같은 이치이다. 또한 언어 예측은 언어의 문법적 규칙에 근거하는 것인데,

구문(phrase)-수준 예측은 단단어보다 더 긴 문장의 예측을 말한다. 앞으로는 무엇을 생각하고 있는지를 예측할 수 있는 마음-예측도 가까운 시일에 선을 보일 것 같다. 마음-스위치(mind-switch)가 이미 선진국에서는 개발되어 있는 실정이다.

영국에서 개발된 **대셔**(Dasher)는 단어 예측을 동반한 자연적인 지속적 지시 제스처 (natural continuous pointing gestures)에 의하여 효과적인 정보를 입력하는 인터페이스 이다(MacKay, 2006). 대서는 표준 키보드에 의해 정보를 입력할 수 없을 경우 사용되는데 사용 방법은 다음과 같다. 초성은 항상 노란색 상자에 나타나며 중성은 파란색, 그리고 종성이 있을 경우에는 회색과 마지막 자음이 있을 경우에는 홍색으로 나타나며 종성이 없을 경우에는 새로 노란색 상자에서 시작된다. 대서는 기존의 선택 방법(사용자가 선택항목에 다가가는 것)과는 대조적으로 선택항목들이 사용자에게 다가오는 것이다. 측면에서 살펴보면 대서는 기존의 단어 예측보다는 지속적인 인지적 과정이 어느 정도 존재하므로 부분적인 자동성이 있다고 보아야 할 것이다.

7. 의사소통 능력에 따른 유형 구분

언어장애를 가지고 있는 사람들을 위해 AAC 접근을 할 때 중요하게 고려해야 하는 요인 중 하나는 AAC 사용자들의 문자언어 습득 여부이다. AAC 사용자가 '문자언어를 습득하였는가?'에 따라 AAC 팀이 제공하게 되는 접근 방법에 차이가 때문이다.

문자언어 습득 여부에 따른 AAC 사용자들의 유형은 다음과 같이 구분할 수 있다.

첫째, **문자언어 습득 이전**(preliterate)**의 사람들**이다. 이는 아직 문자언어를 학습하지 못한 유아 또는 아동을 모두 포함한다. 이 유형은 아직 문자언어 학습이 되어 있지 않지만 앞으로 학습을 통해 문자언어 습득이 가능한 경우이다. 둘째, 다양한 이유(주로 장애)로 인해 **문자언어를 습득할 수 없는 사람들**이다. 즉, 읽고 쓰는 능력을 잃었거나 배울 수 없는 문맹(non literate)의 사람들이다. 이 유형은 앞으로 적절한 문자언어 학습과정을 경험하더라도 문자언어 습득 가능성이 현저히 낮은 경우를 의미한다. 셋째, **이미 문자언어를 습득한**(literate) **사람들**이다. 이러한 문자언어 습득 여부에 따른 세 가지 유형에 따라 향후 AAC 팀이 제공하는 접근법에 차이가 나타나게 된다.

1) 문자언어 습득 이전의 사람들을 위한 어휘 선택

문자언어 습득 이전의 사람들은 읽기와 쓰기 기술이 발달되어 있지 않다. 이들은 주로 어린 아동이지만 문자언어를 습득하는 데 필요한 교육을 받아 보지 못한 청소년이나 성인도 포함될 수 있다. 따라서 이들을 위한 AAC 접근법은 하나 이상의 상징이나 부호로 어휘 항목을 나타내게 된다. 일반적으로 이들을 위한 어휘 요구는 다음과 같이 필수적인 메시지를 주고받기 위해 필요한 어휘와 이들의 언어기술을 발달시키기 위해 필요한 어휘의 두 가지 범주로 나눌 수 있다(Beukelman & Mirenda, 2017).

(1) 의사소통에 필수적인 메시지

의사소통에 필수적인 메시지에 포함되는 어휘는 개인의 기본적인 의사소통 요구를 충족시키기 위해 필요한 메시지를 의미한다. 주로 일상생활에서 자주 사용하는 어휘들이 포함되며 기본적인 욕구 충족을 위한 어휘들이 많이 포함되는 특성이 있다. 이러한 어휘들은 주로 먹기, 입기, 목욕하기 등과 같은 일상생활에 필요한 기본적인 어휘들로 구성되어 있다. 이러한 어휘들의 예는 "목이 말라요." "화장실에 가고 싶어요." "머리가 아파요." "외출하고 싶어요." 등이 있다. 문자언어를 습득하지 못한 사람들은 한 글자씩 필요한 메시지를 문자언어로 표현할 수 없기 때문에, AAC 팀은 AAC 사용자가 이러한 필수 어휘들을 적재적소에 사용할 수 있도록 메시지를 최대한 많이 포함시키도록 고려해야 한다. 벤데르헤이덴과 켈소(Vanderheiden & Kelso, 1987)는 이러한 의사소통에 필수적인 메시지들을 **적용어휘**라고 언급하였다. 이러한 적용어휘는 개개인의 의사소통 요구에 따라 다르다. 어휘 요구는 개인의 연령과 어휘 수준, 성별, 주변 상황, 의사소통 상황 등에 따라 변할 수 있다. 예를 들면, 가정 내에서 가족들과 생활하며 사용되는 적용어휘는 학교 환경에서 선생님이나 또래 친구들과 어울리면서 사용하는 어휘와 크게 다를 수 있다. AAC 팀은 문자언어 습득 이전의 사람들을 위한 적용어휘 선택에 있어서 이들의 환경과 의사소통 요구에 대한 상담, 관찰, 분석 등을 통해 결정하여야 하며, 이들의 환경과 상황 등이 바뀌게 되면 이에 따른 적절한 어휘의 수정 및 변화 등이 이루어져야 한다.

(2) 언어 촉진 메시지

AAC 체계의 어휘 세트에는 사용자가 아직 모르는 낱말과 '기능적 목적'이 아닌 언어/어휘의 성장을 촉진하는 낱말들 또한 포함될 것이다. 언어 성장은 지속적인 과정이기 때문에 최소한 일부 발달어휘 낱말은 다양한 연령대 사람들에게 제공되어야 한다(Romski & Sevcik, 1996). 적용어휘가 의사소통에 필수적인 메시지로 구성되어 있다면, 발달어휘는 어휘의 성장을 촉진시킬 수 있는 메시지를 의미한다. 즉, **발달어휘**는 기본적인 의사소통 욕구를 표현하는 메시지는 아니지만 연령, 성별, 상황 등에 맞게 적절한 어휘를 구사할 수 있도록 어휘 발달을 촉진시켜 주는 효과를 기대할 수 있는 어휘들이다. 예를 들어, 문자언어 습득 이전의 아동이 인형극 관람 등의 경험을 처음 한다면, AAC 팀은 이 아동이 이전에 전혀 사용해 본 적이 없을지라도 의사소통 어휘 구성에 인형극 관람 환경 등의 상황이 결합된 어휘 항목들을 포함시키는 등의 시도를 할 것이다. 그러면 인형극을 관람하는 동안 AAC 사용자들은 적용어휘에서 더 나아가 새로운 어휘 및 상징 등을 학습하는 효과를 얻을 수 있다. 이러한 과정은 AAC 사용자가 활용할 수 있는 어휘가 확장될 수 있도록 한다. 장애를 가지고 있지 않은 아동들도 언어 학습과정에서 여러 번 반복해서 들음으로써 새로운 낱말을 배우는 것처럼, 이러한 과정은 AAC 사용자가 반복 노출을 통해 언어와 어휘를 발달시키고 새로운 어휘를 학습할 수 있는 기회로 작용할 수 있다.

2) 문맹의 사람들을 위한 어휘 선택

문맹의 사람들은 한 글자씩 자신의 의사소통 메시지를 구성하고 표현할 만큼 철자를 습득하지 못하였거나 앞으로도 자발적인 철자 학습 기회를 발달시킬 것으로 기대되지 않는다. 이들 중 대부분은 철자 학습 수준과 관계없이 단순히 기억할 수 있는 단어 이외에 다른 단어들은 읽을 수 없다. 이들을 위한 어휘 선택과정은 주로 일상적인 다양한 환경에서의 지속적인 의사소통 욕구를 충족시키는 데 목표를 둔다. 그럼에도 불구하고 이들을 위해 선택된 메시지들은 문자 습득 이전의 사람들을 위해 선택된 메시지들과는 여러 가지 측면에서 다를 수 있다.

문자언어를 모르는 사람들을 위해 선택된 메시지들은 문자언어 습득 이전의 사람들을 위해 선택된 메시지들과 차이를 보인다. 특히 문자언어를 모르는 사람들을 위해 선택되는 메시지들은 발달어휘 중심의 메시지보다는 실질적인 의사표현을 위해 **기능적 어휘**를 사용하는 경우들이 많다. 즉, 의사소통을 통해 언어와 어휘 능력 등의 향상을 촉진하기보다는 자신의 의사를 타인에게 전달하는 것에 전체적인 초점이 맞추어진다.

특히 문자언어를 모르는 사람들의 경우에는 철자보다는 다양한 상징의 형태로 표현되는데 이러한 상징의 유형에는 그림, 사진, 선화, 축소 모형 등 다양한 방법이 활용된다. 또한 문자언어를 모르는 사람들을 위해 선택된 어휘의 경우 연령 및 성별에 대한 적절성이 매우 중요하다. 문자언어를 모르는 사람들 중에는 아동, 청소년, 성인 또는 성별에 따라 남성, 여성으로도 구분될 수 있다. 따라서 유아나 어린 아동에게 적절한 어휘 구성과 성인들에게 적절한 어휘 구성에는 큰 차이가 있을 수 있다. 이처럼 특정한 어휘 구성이 AAC 사용자의 연령, 성별 등의 요인을 적절하게 반영할 수 있도록 구성되어야 한다. 특히 아동들이 사용하는 어휘 구성을 성인들에게도 동일하게 사용하도록 제공되는 경우들을 주의해야 한다.

예를 들면, 행복한 얼굴에 대한 상징은 어린 아동의 경우 '행복한(happy)'이지만 청소년의 경우에는 '멋진(awesome)'의 뜻으로 해석될 수 있다. 청소년의 디스플레이에서는 '멋지다' 또는 '힘내라'는 뜻으로 '엄지손가락을 치켜 올리는(thumb up)' 상징이 사용될 수 있을 것이다(Beukelman & Mirenda, 2017).

문자를 모르는 사람들의 어휘 구성은 대부분이 기능적 의사소통 표현에 초점이 맞춰지는 것이 사실이지만 약간의 **발달어휘**를 포함시키는 것이 필요할 수도 있다. AAC 사용자가 다양한 생활 반경에서 직면하게 되는 새로운 환경이나 참여의 기회가 생길 때마다 새로운 어휘들이 지속적으로 추가될 수 있도록 노력이 필요하다. 그러나 문자언어를 모르는 사람들을 위한 발달어휘의 포함은 문법적인 학습을 목표로 하기보다는 의사소통할 수 있는 어휘들의 개념을 확장시키고자 하는 방향으로 접근하는 것이 중요하다. 이러한 과정은 전체적인 의사소통 과정에서 상황과 맥락 등을 파악하고 이를 의사소통 상대방에게 효과적으로 전달하는 것이 목적이 된다.

3) 문자언어를 습득한 사람들을 위한 어휘 선택

이미 문자언어를 습득하여 철자를 읽고 쓸 수 있는 사람들은 그렇지 않은 사람들보다 상대적으로 다양한 메시지 조합을 선택할 수 있다. 이러한 사람들은 AAC 팀에서 적절한 의사소통 환경을 구축해 준다면 한 글자씩 또는 한 낱말씩 입력하여 완전한 의사소통 메시지로 의사표현을 할 수 있다. 이러한 경우에는 한 글자씩 또는 한 낱말씩 원하는 메시지를 입력하는 과정에서 효과적인 의사표현을 위한 정확도(타이밍)를 높일 수 있는 전략, 메시지 입력 속도를 높일 수 있는 전략, 장시간 메시지 입력 시 신체적인 피로를 줄일 수 있는 전략에 대한 AAC 팀 차원에서의 논의가 이루어져야 한다.

(1) 정확도(타이밍) 강화

전체 의사소통 과정에서는 맥락을 이해하고 그 상황과 순간에 적절한 어휘를 표현하는 것이 중요하다. 하지만 AAC 사용자들은 상대적으로 빠르게 흘러가는 비 AAC 사용자들에 비해 느린 속도로 의사표현을 하기 때문에 적절한 타이밍에 원하는 메시지를 표현하는 것이 어려운 경우가 많다. 적절한 상황과 순간에 원하는 메시지를 전달하지 못하면 전체 의사소통 맥락에서 다른 주제로 넘어간 상황에서 엉뚱하게 다른 메시지를 전달하게 되는 상황이 발생할 가능성이 커지게 된다. 이에 따른 AAC 팀 차원에서의 노력은 주로 자주 사용하는 단어나 문장 등을 미리 구성해서 저장시켜 놓는 방법이다. 식당이라는 환경에서 사용하는 어휘라든가 학교 학습환경에서 사용하는 어휘, 가정에서 사용하는 어휘 등을 각 상황별로 범주화시켜서 각 상황별로 필수적으로 사용해야 하는 단어나 어휘 등을 미리 구성해서 AAC 체계를 통해 출력하는 방법이 있다. 예를 들면, 카페에 가서 차를 주문할 경우, 미리 구성해 놓은 메시지 "주스 한 잔 주세요." "우유 한 잔 주세요." "커피 한 잔 주세요." 등을 통해 개별 메시지들을 입력하는 과정을 생략하고 적절한 타이밍에 의사표현을 할 수 있게 되는 것이다. 이러한 어휘 구성은 개인의 성별, 연령, 참여 활동 등 다양한 요인에 따라 달라지는 것이므로 AAC 팀에서는 이러한 어휘 구성 과정에서 AAC 사용자의 어휘 구성 능력 등을 파악하여 AAC 사용자가 효과적인 의사소통을 할 수 있도록 접근해야 한다.

(2) 입력 속도 향상

문자언어를 습득하여 철자를 읽고 쓸 수 있는 사람들에게는 입력 속도 능력에 따라 전체 의사소통 과정에서 얼마나 자연스럽게 참여할 수 있느냐가 결정된다. 이러한 메시지 입력 속도 향상을 위한 대표적인 방법 중 하나가 **단어 예측 기능**이다. 이러한 단어 예측 기능은 전자 AAC 체계에서 사용할 수 있는 방법으로 주로 전자 체계 안에서 각 상황에서 가장 많이 사용되는 단어의 다음 글자를 미리 예측하여 주는 기능이다. 예를 들면 AAC 사용자가 "안녕하세요."라는 간단한 메시지를 구성하여 의사표현을 하려고 할 경우, '안' 또는 '안녕'이라는 메시지만 입력하면 전자 AAC 체계에서 그 다음에 나올 수 있는 단어들 "안녕하세요." "안녕히 가세요." 등을 예측하여 AAC 사용자에게 원하는 단어를 선택할 수 있도록 하는 기능이다. 이러한 기능 등을 활용하면 전체 단어를

AAC 사용자가 전부 입력하는 과정이 줄어들게 되고 이는 결국 전체 의사소통 과정에서 속도를 향상할 수 있는 효과를 기대할 수 있다. 또한 이러한 기능은 속도 향상뿐만 아니라 AAC 사용자의 신체 피로도를 줄여 주는 역할도 수행할 수 있다.

참고문헌

김성민, 임장현, 장지은, 이정은(2016). 장애유아를 위한 AAC 활동. 서울: 학지사.

박은혜(1994). 보안/대체의사소통(AAC)의 체계: 의사소통판의 실제적 사용중심으로. 언어장애인을 위한 보완/대체 의사소통(AAC) 체계 적용방안 (pp. 103-125). 이화여자대학교 특수교육과 학술 활동 발표집.

박은혜(2003). 보완대체 의사소통중재를 위한 연구 방법론 고찰. 언어청각장애연구, 8(1), 144-167.

오길승, 정광열 외(1996). 재활공학. 서울: 국립재활원.

이상희(1999). 장애아동의 보안 대체의사소통. 난청과 언어장애연구, 제22권 제1호, 245-256.

한경임(1999). 보안대체 의사소통 사용 중증 뇌성마비 아동의 의사소통 기능 증진 방안. 난청과 언어장애연구, 제22권 제1호, 145-158.

34 C.F.R. Part 300 Assistance to States for the Education of Children with Disabilities.

Assistive technology act of 1998. (1998). U. S. Government. http://www.mdtap.org/tt/1998.09/1b-b-art.html

Bain, B. K., & Leger, D. (1997). *Assistive technology: An interdisciplinary approach*. New York, NY: Churchill Livingstone.

Bailey, R. W. (1989). *Human Performance Engineering*. (2nd ed.). Englewoods Cliffs, N.J.: Prentice-Hall.

Baker, B. (1982). Minspeak: A semantic compaction system that makes self expression easier for communicatively disabled individuals. *Byte*, 7, 186-202.

Baker, B. (1986). Using images to generate speech. *Byte*, *11*, 160-168.

Beukelman, D. R., & Mirenda, P. (1992). *Augmentative and Alternative Communication: Management of Severe Communication Disorders in Children and Adults*. Baltimore, MD: Paul H. Brookes Publishing Co.

Beukelman, D. R., & Mirenda, P. (1998). *Augmentative and alternative communication: Management of severe communication disorders in children and adults*. Baltimore, MD: Paul H. Brookes Publishing Co.

Beukelman, D. R., & Mirenda, P. (2017). 보완대체 의사소통(*Augmentative and Alternative Communication*) (박현주 역). 서울: 학지사. (원전은 2013년에 출판)

Burkhart, L. J. (1993). *Total augmentative communication in the early childhood classroom*. Linda J. Burkhart Workshop.

Christiansen, C. (1991). Occupational therapy, intervention for life performance. In Christiansen C., & Baum, C., editors: *Occupational Therapy*, Thoroughfare, N.J., 1991., Slack.

Cook, A. M. (1985) General concepts. In J. G. Webster et. al. (Ed.), *Electronic Devices for Rehabilitation* (pp. 3-29). Norwell, MA: Chapman & Hall(now part of Kluwer Academic Publishing).

Cook, A. M., & Hussey, S. M. (1995). *Assistive technologies: Principles and practice*. Saint Louis, MO: Mosby.

Fraser, B. A., Hensinger, R. N., & Phelps, J. A. (1990). *Physical management of multiple handicaps: A professional's guide*. Baltimore, MD: Paul H. Brookes Publishinng Co.

Gibson, J. (1979). *The ecological approach to visual perception*, Boston: Houghton Mifflin Company.

Kodraske, G. V. (1990). Quantitative measurement and assessment of performance. In Smith R. V., & Leslie, J. H., editors: *Rehabilitation engineering*, Boca Raton, Fla., CRC Press.

Koppenhaver, D. A., Steelman, J. D., Pierce, P. L., Yoder, D. E., & Staples, A. (1993). Developing Augmentative and Alternative Communication Technology in Order to Develop Literacy.

Krefting, L. H., & Krefting, D. V. (1991). Cultural influences on performance. In Christiansen C., & Baum, C., editors: *Occupational Therapy*, Thoroughfare, N.J., 1991., Slack.

Lee, K., & Thomas, D. (1990). *Control of computer-based technology for people with physical disabilities: An assessment manual*. Toronto: University of Toronto Press.

Levy, R. (1983). Interface modalities of technical aids used by people with disability. *The American Journal of Occupational Therapy*, *37*(11), 761-765.

Light, J. C., & Binger, C. (1998). *Building Communicative Competence with Individuals Who Use Augmentative and Alternative Communication*. Baltimore, MD: Paul H. Brookes Publishing Co.

MacKay, D. J. C. (2006). Dasher in Korean. http://www.inference.phy.cam.ac.uk/dasher/download/papers/Korean.pdf

Musselwhite, C. R., & St. Louis, K. W. (1988). *Communication Programming for Persons with Severe Handicaps: Vocal and Augmentative Strategies*. Boston: A College-Hill Publication.

Ragnarsson, K. T. (1990). Prescription considerations and a comparison of conventional and lightweight wheelchairs. *J Rehabil Res Dev Clin Suppl 2*, 8-16.

Romich, B. A., & Vagnini, C. B. (1984). Integrating communication, computer access, environmental control and mobility. Proceedings of the 1984 CTG Conference, 71-77.

Romski, M. A., & Sevcik, R. A. (1996) *Breaking the speech barrier: Language development through augmented means*. Baltimore: Brookes.

Vanderheiden G.C., & Kelso D.P.(1987). Comparative analysis of fixed-vocabulary communication acceleration techniques, *Augment Atern Communication 3*, 196-206.

World Health Organization. (1980). *International classification of impairments, disabilities, and handicaps*. Geneva, World Health Organization.

Yorston, K., & Karlan, G. (1986). Assessment procedures. In S. Blackstone (Ed.), *Augmentative communication: An introduction* (pp. 163-196). Rockville, MD: American Speech-Language-Hearing Association.

▌김소영

제12장

일상생활 보조기기와 서비스

1. 일상생활 보조공학의 개념

1) 일상생활활동의 개념

일상생활활동은 자신의 환경에서 독립성을 성취하기 위해 개인이 할 수 있는 신변처리, 운동성, 의사소통 그리고 가정관리 등의 활동들을 말하며, 광범위한 개념으로 사회적 의미까지 포함한다.

WHO 국제기능 장애 건강분류(ICF, 2001)에서는 '활동(activity)을 개인에 의한 일상생활행위 또는 과제 수행'이라 하였고, 활동이라는 건강 관련 구성요소의 영역에 이동성, 자조관리, 가정생활을 포함시켜 일상생활활동을 나타내었으며, 프리크(2009)는 "인간이 매일 삶에서 일상적으로 수행하는 자기관리 관련활동이나 과제들을 나타내는 포괄적인 용어"라고 하였다. 즉, **일상생활활동**은 개인이 매일의 일상을 영위하는 데 요구되는 필수적인 활동이다.

일상생활활동의 목적은 인간의 삶에서 자기관리를 스스로 유지하고, 개인의 일들을 수행함으로써 자신의 역할과 자아성취를 이루는 데 있다. 그러나 장애를 가지면서 일상생활을 유지하기는 어렵다. 그로 인해 자기 자신에 대한 관리와 환경적 관리에 대한 능력이 상실되고 자존감의 상실, 의존성 그리고 어린아이와 같은 감정을 가지는 결과를 가져올 수 있다.

2) 일상생활활동의 분류

일상생활활동은 개인적인 일상생활활동(Personal Activities of Daily Living: P-ADL)과 기본적인 일상생활활동(Basic Activities of Daily Living: B-ADL)으로 불리는 일상생활활동(Activities of Daily Living: ADL), 수단적 일상생활활동(Instrumental Activities of Daily Living: I-ADL)의 두 가지 영역으로 분류할 수 있다.

일상생활활동(ADL)은 기본적인 기술을 요구하고 자신의 신체를 관리하는 활동에 초점을 두는 단순한 활동으로 목욕/샤워, 대소변 관리, 옷 입고 벗기, 먹기(또는 삼키기), 이동, 침대에서의 움직임, 성 활동, 화장실 위생, 보청기, 보조기, 스프린트와 같은 개인적인 보조기기 관리를 포함한다.

수단적 일상생활활동(I-ADL)은 모든 수행영역에서 보다 진보적이다. 즉, 가정과 지역사회 내에서의 생활을 지지하며, 자조관리에 비해서는 복잡한 활동이다. 수단적 일상생활활동 과제는 다른 사람 혹은 애완동물을 돌보고(자녀양육), 전화 사용과 같은 의사소통 관리, 개인적인 디지털 보조기기와 컴퓨터 사용, 대중교통 이용과 같은 지역사회 이동, 현금의 사용과 같은 재정 관리를 포함한다(〈표 12-1〉 참조).

표 12-1 일상생활활동과 수단적 일상생활활동의 범주

일상생활활동(ADL)	수단적 일상생활활동(I-ADL)
목욕하기, 샤워하기	다른 사람 돌보기
대소변 관리	애완동물 돌보기
옷 입고 벗기	아이 돌보기
먹기	의사소통 관리
식사하기	지역사회 이동
기능적 이동	재정 관리
개인용품 관리	건강관리와 유지
개인위생과 몸단장	가정 설계 및 관리
성 활동	식사준비와 설거지
화장실 위생	종교적 관습
	안전과 응급상황 관리
	쇼핑하기

일상생활활동의 용어를 〈표 12-2〉에서 정의하였다.

표 12-2　일상생활활동의 용어 정리

일상생활활동(ADL)

- 목욕하기, 샤워하기(bathing, showering)

  몸을 씻는 활동, 신체 부위에 비누칠하기, 헹구기, 말리기, 목욕 중 자세유지하기 및 이동하기
- 대소변 관리(bowel and bladder management)

  대장 및 방광 조임근의 수의적인 조절, 관련용품 사용하는 활동(진동 마사지기, 변비약, 관장기 등)
- 옷 입고 벗기(dressing)

  의복 입고 벗는 활동, 시간과 날씨 및 경우에 맞는 옷과 장신구 선택하기, 옷장에서 옷 꺼내기, 순서대로 옷 입고 벗기, 옷과 신발을 조이고 조정하기, 의지나 보조기 입고 벗기
- 먹기(eating)

  입 안에 음식과 음료를 머금고 씹어 삼키는 활동(음식 베어 물기, 음식 머금기, 음식 잘게 씹기, 음식 뭉치기, 혀 뒤쪽으로 음식 밀기, 음식 삼키기 등)
- 식사하기(feeding)

  음식을 입으로 가져가기 전의 준비 활동. 음식을 차리고, 배치하고, 접시나 컵에서 입으로 가져가는 과정
- 기능적 이동(functional mobility)

  한 자세에서 다른 자세로, 또는 한 공간에서 다른 공간으로 이동하기 위한 활동. 침상과 휠체어 내에서의 이동, 휠체어 간 이동 및 침대, 자동차, 욕조/샤워, 의자와 바닥으로 이동하기

  * 이동(transfer): 자세는 변하지 않고, 긴 의자의 한 끝에서 다른 끝으로, 또는 침대에서 의자로 옮기는 것처럼 한 장소에서 다른 장소로의 자리 이동을 의미
- 개인용품 관리(personal device care)

  자기관리를 위해 필요한 물품을 사용하고 관리(보청기, 콘택트렌즈, 안경, 의지, 보조기, 보조기기, 피임용품 같은 개인용품 사용하기, 세척하기, 관리하기 등)
- 개인위생과 몸단장(personal hygiene and grooming)

  몸을 청결히 하고, 차림새를 단정하게 치장하는 활동(체모 손질하기, 화장품 바르고 지우기, 씻기, 말리기, 빗질하기, 스타일링하기, 솔질하기, 머리 다듬기, 손톱 손질하기, 피부, 귀·눈과 코 관리하기, 데오도란트 사용하기, 구강위생, 칫솔과 치실 사용하기와 틀니 끼우기 등)
- 성 활동(sexual activity)

  성적인 만족을 얻을 수 있는 활동, 스킨십하기, 피임용품 사용하기, 성행위
- 화장실 위생(toilet hygiene)

  대변, 소변 혹은 월경 시 위생을 위해 필요한 자세 및 관련된 용품을 얻고 사용하는 활동(의복 관리하기, 대변 및 소변의 자세 유지하기, 회음부 및 항문 씻기, 실변 및 실금 혹은 월경 관리 등)

수단적 일상생활활동(I-ADL)

- 다른 사람 돌보기(care of others)

  다른 사람의 안전 및 성장을 위해 주의하고 감독, 관리하는 활동. 다른 이를 돌보기 위한 계획을 세우고 시행하기(영양관리, 위생관리, 정서적 지지 제공), 보호자 선택하기(가족 혹은 간병인), 보호자 감독

- 애완동물 돌보기(care of pets)
  좋아하는 동물을 가까이 두고 귀여워하며 기르는 활동, 애완동물을 보살피기 위한 준비, 계획, 감독, 관리(영양관리, 위생관리)
- 아이 돌보기(child rearing)
  아이의 발달적 요구를 지지하기 위한 관리와 감독. 신체적 안전(옷, 영양상태, 위생상태) 제공하기, 정서적 안전(꼭 껴안기, 달래기) 제공
- 의사소통 관리(communication management)
  자신의 생각이나 느낌을 상대와 소통하기 위한 활동. 글쓰기 도구, 전화, 타자기, 컴퓨터, 의사소통 보드, 유도등, 비상 대책 시스템, 점자판, 청각장애용 원거리 통신 장비 등의 사용
- 지역사회 이동(community mobility)
  원하는 서비스를 찾고 받기 위해 지역사회 내에서 이동하여 장소를 바꾸는 활동. 대중교통(지하철, 기차, 버스, 택시) 또는 개인적인 교통(자가용, 자전거) 이용하기, 지역사회 내에서 걷기
- 재정 관리(financial management)
  개인의 경제적 상태와 관련된 금전관리 활동. 장기 또는 단기 목표를 세워 재정적인 업무계획 및 수행하기(저축하기, 돈을 빌리거나 빌려주기, 주식 투자하기)
- 건강관리와 유지(health management and maintenance)
  개인의 건강상태 관리 및 유지를 위해 요구되는 활동. 신체 피트니스, 영양섭취, 건강 위험행동 줄이기, 약물치료
- 가정 설계 및 관리(home establishment and management)
  가정을 유지하고 관리하기 위해 필요한 활동. 가사도구(청소기, 식기 세척기, 세탁기 등)의 사용 및 관리하기, 환경(집, 안뜰, 정원, 엘리베이터)을 만들어 유지하기, 도움을 요청하는 방법과 요청할 상대를 아는 것
- 식사준비와 설거지(meal preparation and cleansing)
  음식 만들기, 음식 먹고 난 뒤 그릇을 씻어 정리하는 활동. 균형에 맞고 영양가 있는 식단 계획하기, 준비하기, 대접하기, 식사 후 음식물과 식기 치우기
- 종교적 관습(religious observance)
  신을 비롯한 성스럽거나 초월적인 것에 대한 믿음으로 의식적·상징적·조직화된 활동
- 안전과 응급상황 관리(safety and emergency maintenance)
  갑작스럽고 예기치 못한 위험한 상황을 인식하고, 적절한 대처와 예방절차를 수행하는 활동(구급차 부르기, 심폐소생술 시행하기, 가스밸브 잠그기, 문단속하기 등)
- 쇼핑하기(shopping)
  생활에 필요한 물품을 사기 위해 요구되는 활동. 쇼핑목록 준비하기, 선택하기, 가져오기, 지불 방법 선택하기, 지불하기, 금전 보고서 완성하기

3) 일상생활 보조공학의 개념

공학은 현대 삶의 많은 부분들의 기반이 되며, 저렴하면서도 중요한 부분이 되었다. 공학으로 인해 일상적인 삶의 과제를 관리하는 역할뿐 아니라 장애인이 다른 방식으로 접근하거나 대체할 수 있도록 도와주는 역할을 수행하고 있으며 이것을 보조공학

(assistive technology: AT)이라고 한다. 즉, 보조를 한다는 것은 돕는 것이고 지원하는 것이며 지지하는 것이다. 따라서 보조공학은 작업을 수행하는 데 장애를 가진 사람을 지원하는 기술이다. 이 기술은 비장애인이 일상생활 과제를 수행하기 위해 선호하는 방법(예: TV 리모컨 사용, 발 스위치 사용 등)일 수도 있지만 이 기술 없이 일상생활 과제를 수행할 수 있는 상태 이상으로 보조공학의 수준을 높이지는 않는다.

보조공학은 개인의 본질적인 기능이 향상되지 않는다고 생각하는 것을 전제하여 사용자의 손상된 기능을 대체 또는 지지하는 것으로, 예를 들어 보행의 기능을 대체하는 것이 휠체어이지만 사용자에게 걷는 것을 훈련시키는 효과는 없다. 유사하게 아래팔 크러치(forearm crutch)는 혼자서 설 수 있게 지지하지만 그 자체가 근력을 향상시키거나 골격을 강화하지 않으며 이 장비 없이 사용자가 서는 능력이 바뀌지는 않는다.

보조공학의 목표는 손상되거나 상실된 작업수행능력을 보상하는 것으로 사지마비를 가진 사용자들도 핸즈프리 인터페이스(hands-free-interface)를 이용하여 전화를 걸거나, 편지 쓰기 또는 기구를 조작하는 것과 같은 기술적 활동들을 수행할 수 있게 되는 것이다. 보조공학은 일상생활의 다양한 제한을 가진 사람들의 목표와 원하는 역할을 기초로, 그들이 선택한 삶에 참여할 수 있도록 해 준다.

보조공학은 신체 기능장애로 인해 독립적인 일상생활활동 수행에 어려움을 겪는 사람들을 대상으로 보조기기를 제공함으로써 자신이 가진 잔존능력을 최대한 발휘하고 기능적 문제를 최소화시킬 수 있도록 돕는 기술이다. 클라이언트가 가진 기능적 수준에 맞춘 보조기기의 사용은 일상생활 전반에 걸쳐 발생하는 활동 수행의 어려움을 해결하고 생활의 편의를 제공한다.

보조공학적인 기술 분야를 연구하는 인력인 재활공학 전문가는 재활상담 및 평가, 보조기기의 적용, 사후 관리, 도구 제작 및 개조 등 다양한 역할을 하고 있다. 이 분야는 다양한 학문영역이 협력하면서 서비스를 제공해 주는 것이 좋은데 보조(재활)공학, 작업치료, 물리치료, 의사, 직업재활, 보조기 제작 등이 여기에 포함된다.

보조공학 분야는 앞서 언급한 것처럼 재활 전문가들이 팀을 이뤄 학제간 융합적 접근방법(interdisciplinary approach)을 통해 협력적인 중재가 이루어지는 것이 효과적이다.

4) 일상생활 보조공학의 활용 효과

보조공학은 작업과 역할 활동 그리고 과제를 성취할 수 있도록 함으로써 삶의 모든 부분을 고취시킨다.

보조공학기기를 장애인의 요구에 맞게 선택하고 획득하여 사용할 수 있도록 하는 전체적인 과정인 보조공학 서비스를 장애인들이 일상생활에서 기능적인 능력을 개선하고, 유지하며, 확대할 수 있도록 제공받고 있으며, 이러한 보조공학기기는 상업적으로 생산되었거나, 기존의 기기나 도구를 변경 혹은 새롭게 하여 만든 도구나 물품, 또는 생산 시스템을 통해 개발 및 생산되고 있다.

장애인들은 보조기기를 신체적 제한, 안전 보장, 관절의 손상 예방을 위해 사용할 수 있는데, 전자식 일상생활 보조기기(electronic aids to daily living: EADL)는 심각한 장애를 지닌 사용자들도 라디오, 텔레비전, 전화 및 기타 전기, 전자 장비제어뿐만 아니라 조명, 온도를 제어하는 것과 같은 전기장치 사이에 가교가 되어 준다. 또한 문자전화와 핸즈프리, 개조전화기는 청각장애인을 위한 의사소통 수단으로 택시 등의 교통수단을 호출할 수 있으며, 카탈로그에 적힌 전화로 식료품을 사고, 주문하는 것을 가능하게 했다. 신체적 제한은 근력 상실, 관절 가동범위(ROM) 상실, 협응 운동장애, 감각 상실 등을 포함한다. 안전을 위한 예는 침대나 문에 알람을 설치하여 인지 손상 클라이언트가 길을 잃고 헤맬 때 알람이 울리게 하여 보호자에게 알려 주는 것이다. 관절 손상을 예방하기 위해서는 관절 류머티즘 클라이언트에게 다양한 도구들이 사용된다. 또한 알림메시지, 자동 시계 및 달력, 약물치료 보조기기, 위치 장치, 연상 및 회상 도구 등의 메모리 보조기기나 추적 장치, 일상생활 감독 장치 등의 안전 보행 장치는 치매환자들의 일상생활을 유지시켜 주는 보조기기이다. 다음은 보조공학을 활용함에 있어 치매환자들의 일상생활에서 얻을 수 있는 이익을 〈표 12-3〉에서 예를 들었다.

표 12-3   일상생활 보조공학 활용의 효과(치매환자)

- 치매환자와 주변 사람들의 독립성과 자율성을 촉진
- 집 주변의 잠재적인 위험을 관리
- 케어 홈과 병원으로의 조기 입원을 줄여 줌
- 기억과 회상을 촉진
- 치매환자와 간병인의 스트레스를 줄여 주고, 삶의 질을 향상시켜 줌

보조공학은 장애가 있는 영유아들의 삶에 있어서 많은 영역에 영향을 줄 수 있다. 특정 영역을 고려하면, 가족의 목표, 그들의 특정 요구, 욕망과 안락 수준 등이다. 청각과 시각 장치 등의 감각 촉진에 사용되는 보조기기, 자세와 움직임에 장애가 있는 아동을 위한 보조기기, 자기 자신을 돌보는 데 사용되는 보조기기, 동기부여 장치, 보완대체 의사소통 장치 등은 아동의 독립성을 증진시키고 유지하기 위해 필요하다.

2. 장애유형별 일상생활 보조기기

다양한 상황에서 특정 일상생활 문제를 특정한 기술을 사용하여 해결하는 것은 불가능하다. 그렇기 때문에 여러 가지 방법 또는 보조기기를 찾아서 문제를 해결해야 한다.

다음 기술들은 지체·뇌병변 장애, 시각장애, 청각장애, 지적장애 등을 가진 클라이언트의 일상생활활동(ADL) 문제들을 어떻게 해결해야 하는가에 대한 보조기기 접근방법이다. 초점은 활동의 실행, 환경 변형의 방법, 보조기기 사용을 포함한 보충전략에 맞추어져 있다.

1) 지체·뇌병변 장애인을 위한 일상생활 보조기기

지체·뇌병변 장애를 가진 사람에 있어 주요 문제는 환경적 적용과 보조기기를 사용하여 뻗기의 부족과 운동조절 능력 및 변형된 관절과 탈골을 보상하려는 것이다. 지체장애인은 한 팔, 한 다리 또는 몸통의 기능에 영속적인 장애가 있거나, 왜소증으로 인하여 키가 심하게 작거나, 척추에 현저한 변형 또는 기형이 있는 사람을 말하고, 뇌병변장애인은 뇌성마비, 외상성 뇌손상, 뇌졸중 등의 뇌의 기질적 병변에 기인한 신체적 장애로 보행 또는 일상생활 동작 등에 제한을 받는 사람이다. 뇌손상으로 인해 감각, 지각, 인지와 언어장애가 약한 정도에서부터 심한 정도까지 나타날 수 있는데, 이러한 장애는 학습과 수행능력을 배우고 유지하는 능력에 영향을 끼친다. 정상 인지력과 지각력을 가진 클라이언트는 기술을 빠르고 쉽게 익힐 수 있다. 또한 에너지를 보존하기 위한 기술들 또는 관절을 보호하는 원칙에 근거하여 기능적인 신체 사용을 도울 수 있도록 제시하여야 한다. 몇몇 적용 도구들을 다음에 제시한다.

(1) 하지 옷 입기 활동

• 옷 입는 막대(dressing stick)를 사용하여 옷을 다리에서 올리고 내린다.

그림 12-1   옷 입는 막대

• 양말을 신는 데에는 양말 신는 도구(sock aid) 또는 스타킹 보조기기(stocking device)를 사용한다.

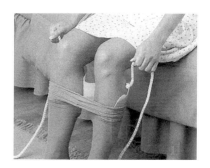

그림 12-2   양말, 스타킹 신기 보조기기

• 벨크로(velcro)는 단추와 지퍼 대신 사용될 수 있다.
• 신발끈을 맬 때 허리 굽히기와 섬세한 동작에서 손가락 관절 사용을 막기 위해 **탄력고무의 구두끈** 또는 **변형된 도구**를 사용한다. 벨크로로 여미는(velcro-fastened) 신발 혹은 안전한 끈 없는 신발(secure slip-on shoes)을 사용한다.
• 양말과 신발, 옷 정리, 옷걸이에서 옷 꺼내기, 바닥의 물건 집기, 바지를 걸기 위해서 **집게**(reachers)를 사용한다.

그림 12-3   집게

(2) 상지 옷 입기 활동

- 셔츠나 블라우스를 머리 위로 올리기 위해 **옷 입는 막대**를 사용한다.
- 큰 단추 또는 잡아당기기 쉽게 **고리가 달린 지퍼**를 사용한다.
- 단추, 걸쇠, 고리는 **벨크로 또는 지퍼로 대체**한다.
- 손가락 관절가동범위에 제한이 있다면 시중에 있는 여러 가지 **단추 끼우기 고리** (button hooks)를 사용한다.

그림 12-4   단추 끼우기 보조기기

(3) 식사 활동

- 쥐기 능력이 제한된 경우 **손잡이가 두꺼운**(built-up handle) 도구를 사용한다.
- 수저를 입에 가져가기 위해 **길고 특별히 휘어진 수저나 포크**가 필요할 수 있다. **회전 수저**(swivel spoon)나 **수저-포크**는 뒤침(supination)이 제한된 클라이언트를 보조해 줄 수 있다.

그림 12-5   회전 숟가락

- 목, 팔꿈관절, 어깨관절의 문제가 있거나 손을 입으로 가져가는 동작에 어려움이 있을 경우, 또는 컵을 잡기 어려운 경우에는 **긴 플라스틱 빨대**와 **빨대 클립**을 유리컵 또는 컵에 부착하여 사용한다.
- 잡는 데 많은 제한이 있거나 손잡이를 두껍게 하여도 부적절할 때에는 **유니버설 커프**(universal cuff) 또는 **수저 홀더**(utensil holder)를 사용한다.

그림 12-6   유니버설 커프

- 음식물이 밖으로 나가는 것을 방지하기 위하여 **접시 방어대**(plate guard) 또는 **움푹 패인 접시**(scoop dish)를 사용하고 접시 아래에는 **미끄러지지 않는 받침대**(non-mat slip), **흡입판**(suction bases) 또는 젖은 수건과 같은 **접시 받침대**를 사용한다.

그림 12-7   접시 방어대, 움푹 패인 접시, 미끄러지지 않는 받침대

- 이동성 팔 지지대나 현수장치(suspension sling)는 팔이 매우 약한 경우 스스로 먹는 것을 가능하게 한다.

(4) 개인위생과 신변처리 활동

- 다리, 발 등에 쉽게 닿을 수 있도록 비누를 넣을 수 있는 **손잡이가 긴 목욕 솔 또는 스펀지**(long-handled brush) 또는 **긴 목욕수건**을 사용한다. 제한된 쥐기를 돕기 위하여 **목욕장갑**(bath mitt)과 끈에 비누를 매달아 쓸 수 있다.

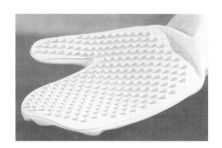

그림 12-8   목욕장갑

- 헤어드라이어를 벽에 걸어 유용하게 사용할 수 있다. 이 도구는 제한된 관절가동범위, 상지근력의 약화, 협동운동 실조증 또는 한쪽 상지만을 사용하는 클라이언트에게 유용하다.
- 손과 손의 협응능력이 부족하거나 손을 머리로 가져가는 동작에 제한이 있는 경우에는 **손잡이가 긴 빗**, **칫솔**, **립스틱**, **마스카라 솔**, **전기 면도기** 등을 사용한다.
- 욕조 이동을 돕기 위해 **안전손잡이**(safety rail)를 설치하고, **욕조 바닥에 안전 매트**(safety mats) 또는 **안전 조각**(strips)을 깐다.

그림 12-9   안전 조각

- 욕조 또는 샤워장에서 안전 향상을 위해, 또는 욕조 바닥에 앉거나 서서 샤워하는 것을 줄이기 위해 **욕조 이동 의자, 샤워 의자 또는 일반 의자**를 사용한다.
- 보통 칫솔보다는 **전동 칫솔과 구강세정기**(예: Water-Pik)를 사용하는 것이 쉽다.
- 화장실에서 휴지를 사용할 경우 **짧은 집게**를 사용하고, 뒤처리 후 옷을 올리기 위하여 **옷 입는 막대**를 사용할 수 있다.
- 넘어지는 것을 예방하고 이동을 쉽게 하기 위하여 잡을 수 있는 **손잡이**(grasp bar)를 설치한다.

(5) 가정관리, 식사준비, 설거지 활동

가정관리 활동은 환경적인 적용, 보조기기, 에너지 보존 방법, 일의 단순화 등의 다양한 방법들에 의해 촉진된다.

- 한번에 여러 가지 물건을 이동하기 위해 **카트**를 이용한다.
- 높은 선반에 있는 물건(가벼운 것)을 옮길 때 **집게**를 사용한다.
- 믹싱 그릇을 고정하기 위해 접시 밑에 **미끄러지지 않는 매트**를 깔고 조리한다.
- **전동 캔 따개와 전동 믹서**를 사용한다.
- 음식을 자르기 위하여 **변형된 칼**을 사용한다.
- 식품 포장 제거를 위한 **전동가위** 또는 **변형된 고리 가위**를 사용한다.
- 몸을 구부리는 것을 피하기 위하여 **벽에 부착된 오븐, 가스레인지** 그리고 **전자레인지**를 사용한다.

2) 시각장애인을 위한 일상생활 보조기기

시각장애는 교정 후에도 학습에 불리한 영향을 미치는 시각 손상을 의미하는 것으로 저시력과 맹을 모두 포함한다. 신체적 장애를 가진 많은 사람들은 나이가 들면서, 나이와 관련된 안 질환 혹은 당뇨 합병증으로 인해 시각장애를 갖게 된다. 시각장애 클라이언트의 평가는 우선적으로 시각장애를 야기하는 원인(예: 시력, 시야)을 파악하는 것이다. 다른 신체적 혹은 인지적 결함으로 인한 시각 손실은 치료 선택과 적응 보조기기 선택에 영향을 미칠 것이다. 시각장애 관련 보조기기 혹은 서비스에 대한 획득은 클라이언트에게 큰 가치를 줄 수 있다.

추가적으로 보조기술, 적응 보조기기, 환경개조, 재조직화, 과제 재설정이 필요할 수도 있다. 적절한 훈련과 적절한 중재방법의 선택과 적응 보조기기가 필수적이다. 어떻게 보조기기가 시각장애 클라이언트를 위해 기능을 하는지와 훈련하는 방법을 결정하는지 〈표 12-4〉를 참고한다.

표 12-4 시각장애 클라이언트를 위한 중재의 틀

• 정확한 렌즈의 사용 필요하다면 클라이언트가 활동을 하기 위해 안경을 쓴다. 현재 상태를 확실하게 처방하기 위해 눈 검사를 실시한다. • 적절한 불빛 예를 들어, 작업 공간에서는 눈부신 또는 현란한 빛을 피하고, 자연 빛을 사용하고 환하게 하기 위해서 추가적인 불빛을 사용한다. • 좋은 인체공학적인 자세 시각 범위 내에서 일을 하고, 클라이언트와 작업반경을 가깝게 한다. • 대조효과 증진 눈에 잘 띄어 보이게 흰색 또는 노란색 종이에 검정 잉크를 사용하여 글씨를 작성한다. 문 또는 계단 가장자리에 대조적인 스트립을 사용한다.	• 환경의 단순화 예를 들어, 작업환경을 최대한 단순하게 하고, 많은 약을 한곳에 모아 둘 수 있는 약병으로 대체한다. • 재료에 쓰여 있는 글씨 크기 조절 물건에 더 큰 글씨로 라벨을 붙이고 더 큰 글씨를 사용한다. • 감각 대체용 제공 문 손잡이에 고무 밴드와 같은 촉각 또는 청각적인 힌트를 사용한다. • 일상생활의 재구조화 힘든 활동과 덜 힘든 활동을 적절하게 나누어서 활동하고, 저시력 클라이언트가 시각 활동이 필요할 경우 가장 컨디션이 좋은 시간대를 활용한다. • 시각 기술/의뢰 시각 전문가 혹은 저시력 재활 전문가에게 의뢰한다.

출처: Weisser-Pike, O, et al., (2010). Occupational approaches to facilitate productive aging for individuals with low vision. OT Practice, 15(3), CE-1-CE-8.

클라이언트가 실질적으로 훈련을 시작하기 전에 적응 보조기기를 탐구하고 훈련하고, 훈련 후에도 복귀하도록 한다.

다음 부분에서 제시되는 것은 시각장애 클라이언트들이 일상생활활동을 수행할 때 적절하다.

(1) 전등과 확대경

• 전등을 눈 쪽이 아닌 작업환경 쪽으로 비치도록 개선한다.

• **조절할 수 있는 블라인드, 얇은 커튼, 엷은 색이 들어간 창문**을 사용하여 눈부심을 줄인

다. **어두운 안경**을 실내에서 쓰는 것도 눈부심을 줄이는 데 효과적이다.

- 과제와 대조적인 작업공간을 택해 **대조를 극대화**한다. 예를 들어, 식탁이 어두운 색이면 음식을 흰 그릇에 담아 준다. 벽과 대조를 이루기 위하여 벽 전등 스위치를 검정색으로 바꾼다.
- 통로를 깨끗이 하고 어지러운 것을 치움으로써 **전경-배경**(figure-ground) **지각력을** **쉽게** 해 준다.
- 의자를 창가에 놓아 **자연광**에서 일하게 한다.
- **전등에 확대경**을 사용한다. 확대경은 여러 확대 각도용과 여러 크기로 나온다. 시각장애에 관한 전문가가 적당한 확대 각도를 결정해 준다.

(2) 옷 입기 활동

제한된 시력은 옷 입기의 신체적 측면에서 어려움이 없다. 단지 시력 손상 환자는 옷 색깔과 스타일이 조화를 이루는지, 옷감의 안팎이 바뀌었는지, 얼룩이나 변형이 있는지를 알아낼 필요가 있다.

- 옷장에 불을 비추어 옷이 잘 보일 수 있게 한다. **어울리는 옷끼리 걸어 둔다.**
- **좋아하는 색상의 옷끼리 보관**하거나, **매칭된 옷을 같은 옷걸이**에 걸어 둔다.
- 옷의 색을 나타내기 위해 **촉각이 독특하거나 색 대비가 높은 꼬리표**를 옷걸이에 걸어 둔다.
- **양말의 제짝을 핀으로 고정**시켜 세탁기나 건조기에서도 같이 붙어 있게 한다.

(3) 식사활동

음식을 차릴 때 가능한 일관된 형식을 지켜야 한다. '고기는 3시 방향'과 같이 시계 방향 표시법을 사용한다. 그 방법이 불가능하다면, 환자에게 음식이 담긴 접시가 어디에 있는지 말해 준다.

- 음료수를 따를 때 깨끗한 손가락을 컵 안으로 집어넣어 액체의 높이를 확인시키거나, 컵이 가득 차면 음성으로 신호를 해 주는 높이 표시기를 이용하여 적당한 양을 정하도록 한다.
- **강한 대조**를 제공한다. 그릇이 식탁 또는 매트와 대조가 되게 한다. 식탁보에 무늬

가 들어가서는 안 된다.

- 음식은 포크를 이용하여 그 끝부분을 찾고, **포크로 한입에 먹을 수 있는 크기를** 가늠한 후 썰어서 먹는다.

(4) 위생과 몸치장 활동

가장 큰 문제는 사물의 확인이 어렵다는 것이다. 화장실 서랍과 장을 깨끗하게 한다.

- **맛, 촉감(크기, 형태, 질감), 위치, 점자 또는 바코드 라벨**을 통해 사물을 확인한다.
- **손 보조기기**를 사용하여 구레나룻을 깎거나, **눈썹연필**을 사용할 수 있다.
- **전기면도기**를 사용한다.
- **확대 거울**을 사용한다.
- 욕조에 **눈에 잘 띄는 매트**를 사용한다.
- 샤워장에 **눈에 잘 띄는 손잡이**를 설치한다.

※ 에어로졸 스프레이는 시각장애 환자가 스프레이의 양을 볼 수 없기 때문에 사용하면 안 된다.

(5) 의사소통과 환경적 도구의 사용

- **시간을 음성으로 알려 주는 벽시계**나 **손목시계**를 사용한다.
- **말하는 체중계**를 사용하여 몸무게를 잰다.
- **말하는 바코드 스캐너**를 이용하여 환자의 약병을 스캔하고, 병 안의 약물 정보와 투약 시간표를 환자에게 알려 준다.
- 컴퓨터에 **큰 글자 확대 스크린**을 사용한다.
- **대조적인 문 손잡이**를 사용하고, 문틀을 문과 **크게 대조되는 색깔**로 칠해서 문을 쉽게 알아볼 수 있게 한다.
- **스피커 폰, 번호저장 전화기, 글씨가 크고 대조되는 버튼이 달린 전화기**를 사용한다. 전화기의 **버튼을 큰 번호 스티커**나 **벨크로 원형 표시**(velcro dot)를 사용하여 클라이언트에게 버튼을 누르는 법을 가르쳐 준다.
- 편지, 수표를 쓰거나 사인을 할 때를 위해 **쓰기 틀**을 사용한다.
- 읽기 위해 **테이프가 있는 책, 말하는 책, 전자책** 그리고 아이패드와 같은 **디지털 책**을

사용한다. **스크린은 확대**될 수 있고, 몇몇의 도구는 읽기 기능을 가지고 있다. 따라서 이야기나 신문 기사를 들을 수 있다. 소프트웨어는 컴퓨터 스크린을 통해 정보를 크게 읽을 수 있는 JAWS 스크린이 있다.

(6) 기능적 기동성

기동성은 **통로를 깨끗하게** 치우고, **가구를 줄임**으로써 좋아질 수 있다. 현관과 출입구의 **전등** 또한 필요하다. 시각장애 클라이언트의 기동성을 가르치고 훈련하는 전문가에게 의뢰한다.

(7) 가정관리, 식사준비, 설거지 활동

시각장애 클라이언트가 집안일을 할 때 보조해 주는 도구는 여러 가지이다. **조직화**와 **일관성**은 안전과 가정관리 과제의 효율적 수행에 중요시된다. 가족 구성원은 물건을 원래 위치에 놓는 일을 잊어서는 안 되고, 시각장애 클라이언트와 함께 물건을 배치해야 한다.

- 기구들의 전원 버튼을 잘 보이도록 **대조되는 색깔**로 테이프를 붙이거나 색칠한다. 자주 사용하는 스위치에 벨크로 탭을 붙인다.
- 재료에 고무밴드를 붙여 전자레인지 조리시간을 표시한다. 두 개의 고무밴드는 2분을 의미한다. 처음에 설치할 때 도움이 필요할 것이다.
- **자르기 틀**이나 **특별히 만들어진 칼**을 이용하여 고기나 빵을 자른다.
- **녹음기**는 식료품 목록을 기억할 때 사용한다.

3) 청각장애인을 위한 일상생활 보조기기

청각장애는 두 귀의 청력손실이 각각 90데시벨 이상인 자, 한 귀의 청력손실이 80데시벨 이상, 다른 귀의 청력손실이 40데시벨 이상인 자, 두 귀에 들리는 보통 말소리의 명료도가 50% 이하인 자로 소리를 듣는 힘이 약하거나 완전히 들리지 않는 사람을 말한다. 정상적인 상지기능과 하지기능을 갖고 있기 때문에 독립적으로 일상생활을 수행할 수 있다. 클라이언트는 일상생활을 수행할 때 사고나 위험에 대해 주의하고 명확히 인식하여야 한다. 의사소통과 환경적 도구들을 살펴보면 다음과 같다.

• 난청일 경우 **보청기**는 소리를 증폭시켜 주어 의사소통을 촉진시켜 준다.

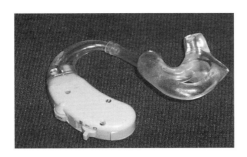

그림 12-10   보청기

• 고도난청 환자는 전기자극을 이용하여 잔존하는 청신경을 자극함으로써 음을 감
  지하게 해 주는 **인공와우**를 사용한다.

그림 12-11   인공와우

• **TV 자막 수신기**는 한글/영어자막을 TV 화면에 실시간으로 보여 주어 청각장애인
  의 이해를 돕는다.

그림 12-12   TV 자막 수신기

- **진동과 빛**을 통해 전화, 팩스, 벨소리, 노크 소리/아기 울음소리/초인종 소리 등을 인지할 수 있게 하는 신호 발신 수신기를 각 방이나 현관, 부엌에 설치한다.

그림 12-13   진동과 빛 신호 발신 수신기

그림 12-14   각 방, 현관, 부엌에 설치

- **도어 노크 센서**는 초인등, 노크 소리를 불빛으로 전달하며 이를 수신기가 받아 문과 멀리 떨어진 방 등에 부착된 수신기에서 누군가가 방문하였다는 것을 수신하여 알려 준다.

그림 12-15   불빛 표시 도어 노크 센서

- 전화기는 소리를 증폭시켜 주는 **전화기용 증폭장치**를 사용하거나 **영상전화기**를 사용한다.

그림 12-16   전화기의 종류

4) 지적장애인을 위한 일상생활 보조기기

지적장애인은 경도, 중도, 중등도로 인지수준에 따라 나누어진다. 각 수준에 따라 일상생활 접근방법이 달라지고 의미도 다르게 해석될 수 있다. **경도의 지적장애인**은 가족 및 지역사회와 통합되어 상호작용할 수 있다. 그들은 독립적으로 살 수 있고, 독립적으로 여행을 즐길 수 있지만, 돈 관리, 여행/삶 계획, 일상생활의 조직화와 같은 지원이 필요하다. 경도 지적장애인은 읽기, 쓰기를 배울 수 있지만 기본적인 수준에 있으며, 어려운 일이 닥쳤을 때 부적절하게 대처하는 경우가 많다. 또한 대인관계와 사회적 규칙을 이해하는 데 있어 제한이 있다. **중도의 지적장애인**은 간단한 일상생활활동과 단순한 행동을 훈련할 수 있으며, 어느 정도의 감독과 도움을 받으며 복잡하지 아니하고 특수 기술을 요하지 아니하는 직업을 가질 수 있는 사람이다. 그들은 '화장실' '종료' '버스 정류장' 등의 단어는 이해할 수 있고, 개인 위생과 관리는 훈련하면 가능하지만 보조자가 매일의 일상을 계획하여 시각적 지시에 따를 수 있도록 해 주어야 한다. **중등도의 지적장애인**은 일상생활과 사회생활의 적응이 현저하게 곤란하여 일생 동안 타인의 보호가 필요한 사람으로 단순히 익숙한 사람을 인식하는 것만 가능하며 전혀 말을 못하거나 몇 단어만 말을 할 수 있다. 그들은 비언적 의사소통에 의존을 많이 한다.

(1) 옷 입기 활동
- 옷의 앞/뒤를 구분할 수 있도록 **라벨**을 붙이거나 **표시**를 해 둔다.
- 옷을 구분할 때에는 **청각적인 단서**를 주거나 **안내 시스템**을 활용한다.
- 그림이나 인형, 컴퓨터를 사용하여 **옷 입는 순서**를 **교육**한다.

- **환경을 단순화**시키고 옷 입는 활동에 집중할 수 있게 한다.
- 날씨와 나이에 맞는 옷을 선택할 수 있는 앱(예: iDress)을 사용한다.

(2) 식사활동

- **식사시간**과 **식사량을 조절**할 수 있게 음식을 입으로 가져와 씹고 삼키는 교육을 시킨다.
- **수저 또는 포크를 이용**하여 음식물을 집을 수 있게 한다. 만약 계속 수저나 포크 사용을 거부하고 손으로 음식을 먹고자 하는 경우에는 손에 수저나 포크를 부착시켜 음식을 먹을 수 있게 한다.
- 보조자나 가족과 함께 식사시간을 보내고 **식사 예절 및 식사 방법**을 배울 수 있도록 시각적 · 청각적 지시를 한다.

(3) 위생과 몸치장 활동

- 일상생활을 계획하여 **일과표**대로 세수 및 양치질 등을 수행할 수 있도록 한다.
- 보상적인 방법을 이용하여 스스로 수행했을 경우 스티커나 좋아하는 것으로 **보상**을 해 준다.

(4) 의사소통과 환경적 도구의 사용

- 낮은 수준에서 높은 수준의 첨단 **의사소통 보조기기**는 신체적 또는 인지적 결함이 있는 클라이언트 중 목소리로 의사소통을 할 수 없는 클라이언트를 위한 의사소통 대체 기기가 된다.
- **전자레인지나 인덕션** 등으로 바꾸고, **사용 방법은 사진이나 그림**으로 조작하기 쉽게 잘 보이는 곳에 붙여 놓는다.
- **최대한 단순하게** 사용할 수 있도록 집안의 용품을 교체한다.

(5) 가정관리

- **사진 기반 요리책**을 사용한다.
- 가사활동을 도와주는 그림 작업 명령(pictorial task instruction)을 제공해 주는 **컴퓨터 지원 시스템**을 활용한다.
- 집안일을 수행하는 데 도움을 주는 **비디오와 오디오**를 사용한다.

- 음성 발생 장치를 이용한다.
- 스마트폰을 이용하여 쇼핑 목록을 작성하여 장을 본다.

(6) 학습

다른 사람과 상호작용하는 학습과 자기 결정 능력을 획득하는 전략을 배운다.

- **학습 보조기기**를 활용한다. 예를 들어, 오디오, 책, 읽기, 듣기를 위한 e-Text를 지원한다.
- 컴퓨터 보조 소프트웨어와 결합되어 있는 **스마트 보드**를 사용한다. 예를 들어, 시각적 단어를 향상시킬 수 있는 디지털 플래시 카드를 사용한다.
- 개인적인 **디지털 보조**를 사용한다.
- **그래픽을 구조화**시킨다.
- **화면 돋보기**를 사용한다.

(7) 건강과 안전

약을 복용할 때 건강과 안전에 위험을 피하고, 의료 서비스를 받으며, 영양가 있는 식단을 유지하고, 긴급서비스(예: 119)를 접근하는 방법을 학습하며, 건강을 유지할 수 있는 장소에 머물면서 **정서적인 건강을 유지**하는 방법을 배운다.

다음은 **건강과 안전을 지원하는 응용 프로그램**의 예로 안전한 생활이 포함되어 있고(중요한 안전 기술을 학습하게 하는) 약물 복용 시간을 알려 주는 보조기기의 예이다.

- 사진이 들어있는 요리책 또는 탭이나 플래시 카드
- 운동 동영상
- 경보 시스템과 휴대전화
- 인터넷 기반 영양 프로그램
- 일과 각성 시계(life alert watches)

3. 일상생활 보조기기의 선택과 적용 방법

일상생활활동은 인간이 매일 생활하기 위해 반드시 필요한 동작들을 말한다. 따라서 이를 성취하는 것은 가정생활과 사회생활에 필요한 기본적인 동작을 가능하게 하고 기능적인 독립성을 얻게 한다. 이러한 동작들을 하기 위해서 반드시 사용해야 할 도구들을 일상생활 보조기기라고 한다. 여기에는 일상생활 보조기기의 선택을 항목별로 분류하고, 클라이언트에게 적용하도록 하였다.

1) 일상생활 보조기기의 선택

(1) 식사 및 주방 보조기기

① 휘어진 숟가락, 포크(curved utensil)

손과 손목의 기능 제한으로 일반 수저나 포크를 사용하기 힘든 경우에 사용하여 음식물을 섭취한다.

그림 12-17   휘어진 숟가락, 포크

② 유연성 있는 숟가락, 포크(flexible utensil)

손목을 굽혀 식사하는 것이 힘든 경우 사용한다. 손의 형태가 변형되거나 일반 수저를 잡기 어려운 클라이언트에게 사용이 편리하도록 제작되었다. 상하, 좌우 원하는 각도로 구부릴 수 있으며 손잡이가 굵어 잡기가 편리하도록 고안된 식사 보조기기이다.

그림 12-18   유연성 있는 숟가락, 포크

③ 무게감 있는 숟가락(weighted spoon)

무게를 나가게 하여 손의 떨림을 줄이고, 협응 능력이 부족한 사람이 쉽게 음식을 쉽게 먹기 위해 고안된 도구이다.

그림 12-19   무게감 있는 숟가락

④ 손잡이가 두꺼운 숟가락, 포크(built-up handle)

제한된 관절가동범위를 갖고 있거나 손에 쥐는 힘이 약한 사람이 사용하면 손잡이가 두꺼워서 잡기 편하다.

그림 12-20   손잡이가 두꺼운 숟가락, 포크

⑤ 손잡이가 긴 숟가락(long-handle spoon)

제한된 관절가동범위를 갖고 있는 사람이 조금의 움직임에도 음식이 쉽게 입까지 도달할 수 있도록 도와준다.

그림 12-21   손잡이가 긴 숟가락

⑥ 유니버설 커프와 숟가락(utensil holder or universal cuff)

고리와 또는 후크, 벨크로가 장착된 잠금장치가 있어 손에 쥐는 힘이 약하거나 제한된 관절가동범위를 갖고 있는 사람 또는 손의 떨림이 있는 사람의 손을 고정시켜 주어 음식물을 섭취할 수 있게 도와준다. 주머니로 된 고정기가 있어 식사 도구를 끼워 넣을 수 있다.

그림 12-22   유니버설 커프와 숟가락

⑦ 흔들 칼(rocker knife)

최소한의 근력을 가진 사람이 독립적으로 음식을 자르기 위해 사용하며, 한 손만 사용할 수 있는 사람에게도 사용된다. 또한 손목의 움직임이 제한된 경우에도 사용된다.

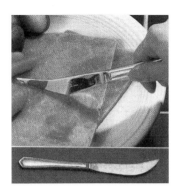

그림 12-23　흔들 칼

⑧ 경사진 접시(scoop dish & scoop bowl)

한 손만 사용하거나 손의 운동능력과 조절능력이 떨어져 식사활동이 원활하지 못한 경우에 사용한다.

그림 12-24　경사진 접시

⑨ 접시 방어대(plate guard)

한 손만 사용하거나 손의 운동능력과 조절능력이 떨어져 있는 사람이 사용하는 것으로 링이 접시 위에 높여 있는 형태로 음식이 밖으로 나가지 않게 방지한다. 접시의 방어대에 세 개의 고리가 안전하게 걸려 있어 음식이 밖으로 밀려가는 것을 막으며 가드의 벽이 오목하게 패여 있는 것도 있다.

그림 12-25   접시 방어대

⑩ 바닥 부착형 접시(suction dish)

양손 사용이 힘들거나 또는 힘이 부족한 아동이나 노인, 손의 떨림 증상이 있는 사람이 음식을 먹을 때 접시가 움직이지 않도록 고정시켜 준다.

그림 12-26   바닥 부착형 접시

⑪ 코 닿지 않는 컵(nosey cup)

제한된 관절가동범위를 갖고 있거나 근력이 약한 사람이 액체를 마실 때 머리를 뒤로 젖히지 않고 쉽게 마실 수 있게 한다.

그림 12-27   코 닿지 않는 컵

⑫ 엄지손가락 걸이 컵(arthro thumbs-up cup)

엄지손가락 또는 손목의 기능이 제한이 있거나 잡는 힘이 부족한 사람이 컵을 잡고 액체를 섭취하기 쉽도록 엄지손가락 부분에 제어장치가 추가되어 있으며, 손목의 움직임 없이 입술이 컵에 닿을 수 있다.

그림 12-28 엄지손가락 걸이 컵

⑬ 빨대 고정 장치(straw holder)

한 손 사용 또는 손의 떨림 증상으로 인해 컵에 있는 액체를 마시기 곤란한 경우 사용하고, 빨대가 고정되어 액체를 섭취하는 데 용이하다.

그림 12-29 빨대 고정 장치

⑭ 주둥이 달린 컵(spout cup)

아동 또는 손의 떨림이나 손의 조절능력이 떨어져 컵에 담긴 음료를 먹는 데 어려움이 있는 경우 사용한다.

그림 12-30   주둥이 달린 컵

⑮ **각이 진 칼**(right angle knives)

각도를 바꿀 수 있기 때문에 관절이 약한 사람 또는 손목 기능이 제한 있는 사람이 사용하기 좋다.

그림 12-31   각이 진 칼

⑯ **병따개**(zim jar bottle opener)

한 손 사용 또는 손의 근력이 부족한 사람이 병을 쉽게 딸 수 있게 한다.

그림 12-32   병따개

⑰ 음식 고정 도마(paring board)

한 손 사용 또는 손의 떨림 증상이 있는 사람, 협응 능력이 부족한 사람이 음식을 자를 때 못이 음식을 고정하는 데 사용되고 코너 부분은 음식이 미끄러지는 것을 방지한다.

그림 12-33   음식 고정 도마

⑱ 가스레인지 거울(oven-stove mirror)

하지마비로 인해 또는 하지의 근력이 약해 휠체어 생활을 하는 사람이 조리할 음식의 상태를 확인할 수 있도록 한다.

그림 12-34   가스레인지 거울

⑲ 미끄럼 방지 매트(non-slip mat)

아동이나, 손의 떨림, 한 손 사용, 협응능력 부족 등이 있는 사람이 음식물을 먹을 때 접시나 컵이 밀려 떨어지는 것을 방지한다.

그림 12-35   미끄럼 방지 매트

⑳ 마찰 음식 섭취 기기(friction feeder)

경직, 가벼운 떨림, 운동실조증을 가진 사람을 위한 기기로 어깨와 팔꿈치의 동작을 조절해 주어 음식 섭취에 도움을 준다. 4개 관절의 마찰밴드가 있어 수평 어깨의 굽힘과 폄, 팔꿈치의 굽힘과 폄의 조절을 도와준다.

그림 12-36   마찰 음식 섭취 기기

㉑ 미끄럼 안정 음식 섭취 기기(stable slide self-feeding support)

한 손 사용, 경직, 떨림, 운동실조증을 가진 사람을 위한 기기로 접시에서 입으로 음식을 가져올 때 부드럽게 팔을 움직여 안정성을 지원한다.

그림 12-37   미끄럼 안정 음식 섭취 기기

(2) 의복 보조기기

① 식사용 앞가리개(clothing protector)

팔의 운동성과 근력이 부족하거나, 손의 떨림 등으로 인해 음식물을 잘 흘리는 경우 사용한다.

그림 12-38　식사용 앞가리개

② 양말 신기 보조기기(sock aid, sock horn)

제한된 관절가동범위를 갖고 있거나, 양손의 섬세한 동작이 어려운 사람이 양말 신기 쉽게 고안되어 있다.

그림 12-39　양말, 스타킹 신기 보조기기

③ 단추 끼우기 보조기기(button hook)

손과 손가락의 섬세한 운동이 되지 않거나, 한 손 사용만 가능하여 옷에 있는 단추를 꿰는 것이 어려운 경우 사용한다.

그림 12-40　단추 끼우기 보조기기

④ 높낮이 조절 옷걸이(adjust control hanger)

팔과 몸통의 운동이 제한된 경우 사용한다. 또한 옷걸이에 걸린 못을 내릴 때, 남방
셔츠 종류의 옷을 입을 때 허리를 굽혀서 신발을 신을 수 없는 경우에도 활용이 가능
하다.

그림 12-41　높낮이 조절 옷걸이

⑤ 바지 고정 집게(pants fixed index)

손의 근력 또는 운동성 저하로 바지를 잡아서 끌어당기기 어렵거나, 한 손을 이용해
서 바지를 입어야 하는 경우, 휠체어 이용 시 앞으로 미끄러지는 경향으로 인해 바지가
쓸려 내려가는 경우에 사용한다.

그림 12-42   바지 고정 집게

⑥ 옷 입는 막대

한쪽 끝에 네오프렌으로 커버된 고리가 있고 반대쪽에는 작은 고리가 있어 제한된 관절가동범위, 근력저하, 하지마비가 있는 사람이 옷을 입고 벗는 데 사용한다.

그림 12-43   옷 입는 막대

⑦ 지퍼 올리기 보조기기(zipper aids)

손의 기능적 사용이 어려운 사람이나 노인들이 의복 착용 중 지퍼를 편리하게 올리도록 하는 기기로 손의 힘이 없고, 몸을 숙이지 못하는 사람이 주로 사용한다. 플라스틱과 고리로 만들어져 있다.

그림 12-44   지퍼 올리기 보조기기

(3) 목욕 및 용변 보조기기

① 높은 변기 시트(elevated toilet seat)

다리의 근력 부족과 운동성 저하 등의 이유로 일반 변기에 앉고 서는 것이 힘든 경우에 사용한다.

그림 12-45　높은 변기 시트

② 이동식 변기(commode chair)

다리의 운동능력과 근력 부족으로 인해 화장실 사용 또는 목욕이 힘든 경우 사용한다.

그림 12-46　이동식 변기

③ 변기 이동 판(commode transfer board)

하지마비 또는 휠체어 생활을 하는 사람이 독립적으로 변기로 이동하는 데 도움을 주는 기기로 변기와 휠체어를 이어지게 놓고 한쪽 면은 맨살이 젖지 않게 이동하고 다른 한쪽 면은 옷의 이동을 위해 완충역할을 한다.

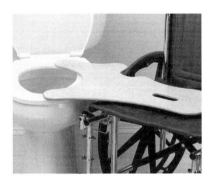

그림 12-47　변기 이동 판

④ 소변 백(alpine leg bag)

소변 기능장애 및 신체 움직임이 불편해 스스로 소변을 볼 수 없는 경우 사용하여 채뇨의 불편과 화장실 이동의 불편을 최소화하기 위한 도구이다.

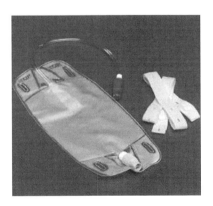

그림 12-48　소변 백

⑤ 소변기(uribag)

이동이 어려워 누운 상태에서 소변을 처리해야 하는 경우 또는 소변 조절이 어려운 경우 핸드백이나 주머니에 보관하여 언제든지 사용할 수 있다.

그림 12-49 소변기

⑥ 좌약 삽입기(grip suppository inserter)

오랜 침상생활로 인해 또는 내장 질환으로 인해 변비가 있는 사람이 변비 관리를 위해 사용한다.

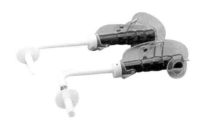

그림 12-50 좌약 삽입기

⑦ 목욕 의자(bath tub/shower chair)

근력이 부족한 사람이나, 몸에 전반적으로 힘이 없어서 몸을 지지하기 힘든 경우, 운동실조증 또는 떨림 증상이 있는 경우, 앞으로 미끄러지는 경향이 있는 경우 등에 사용한다.

그림 12-51 목욕 의자

⑧ 이동용 샤워 의자(commode shower chair)

이동이 불편한 사람들을 위해 정지 및 방향 제어가 가능한 회전 바퀴가 부착되어 있다. 팔 받침을 움직일 수 있어서 편리하게 사용할 수 있으며, 탈 부착이 가능하다. 인체공학적으로 고안된 등받이와 일체형 손잡이가 부착되어 있다.

그림 12-52   이동용 샤워 의자

⑨ 목욕용 리프트(bath lift)

서 있기가 어렵거나, 근력이 부족한 사람을 위한 것으로 일반 욕조에 장착하여 사용할 수 있으며 압력 스위치에 따라서 느리고 안정적으로 움직인다. 욕조의 수면 아래 접촉 부분이 흡착식으로 되어 있어 미끄럼 방지 안전장치가 되어 있다. 리프트가 상하로 작동되어 의자에 앉은 채로 입욕을 즐길 수 있으며, 등받이가 60°까지 기울어져 반신욕을 즐길 수도 있다. 탈부착이 가능한 방석이 부착되어 있어 신체접촉 부분의 상처를 예방할 수 있다.

그림 12-53   목욕용 리프트

⑩ 샤워 트롤리(shower trolley)

누워 있는 환자의 목욕을 돕는 이동형 목욕 보조기기이다. 모터를 사용하여 환자를 좌우로 돌아 눕힐 수 있어 다른 사람의 도움 없이 보호자가 환자의 등을 쉽게 씻을 수 있고 발 스위치가 양쪽에 위치하여 쉽게 조절이 가능하며, 이동이 쉬워 욕실이 아니더라도 제한된 공간에서 환자를 목욕시킬 수 있는 보조기기이다.

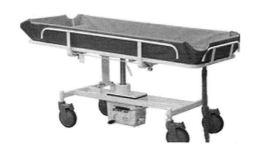

그림 12-54   샤워 트롤리

⑪ 안전 바(grasp bar)

욕조 이동 및 화장실 이동 시 넘어지는 것을 방지하기 위한 안전 바를 설치한다. 이것의 상부 위치는 사용자가 손목이나 몸을 사용하지 않고 욕조로 들어가는 것을 도와주고 낮은 위치는 사용자가 낮추거나 욕조에 앉아 있는 위치에서 일어설 때 사용한다.

그림 12-55   안전 바

⑫ 목욕용 레일(bath side rail)

욕조에 들어가 앉거나 일어설 때 보조해 준다.

그림 12-56　목욕용 레일

⑬ 구부러진 목욕 솔(curved bath brush)

제한된 관절이나 근력이 부족한 사람이 독립적으로 목욕하도록 도와주는 기기로 손잡이가 180° 휘어져 있고 최소한의 관절 가동범위 동작으로 목, 어깨, 등에 닿을 수 있게 한다.

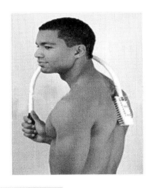

그림 12-57　구부러진 목욕 솔

⑭ 손잡이가 긴 목욕 솔(long bath brush)

제한된 관절가동범위를 갖고 있는 사람에게 목욕 시 어깨와 허리에 솔이 도달하도록 도움을 준다.

그림 12-58　손잡이가 긴 목욕 솔

⑮ 긴 손잡이가 부착된 목욕용 스폰지(long handle spongy)

제한된 관절가동범위를 갖고 있는 사람이 목, 어깨, 등, 다리 등에 닿을 수 있게 한다.

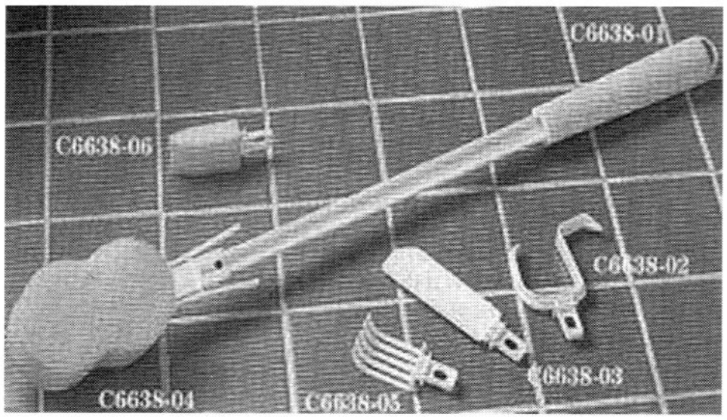

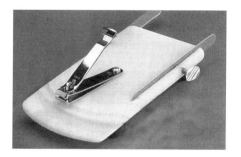

그림 12-59 긴 손잡이가 부착된 목욕용 스폰지

⑯ 한 손 사용자용 손톱깎이 판(one handle use nail clippers)

손과 손가락의 섬세한 운동이 어려운 경우, 또는 한 손 사용이 부자연스러운 경우 사용한다.

그림 12-60 한 손 사용자용 손톱깎이 판

⑰ 튜브 짜기 보조기기(easy out tube squeezer)

손의 근력이 부족하거나, 한 손 사용이 힘들어 치약과 같이 튜브로 된 내용물을 짜는 것이 힘든 경우 사용한다.

그림 12-61　튜브 짜기 보조기기

⑱ 고정형 작은 솔(fixed small brush)

한 손으로 의치나 각종 물건들을 세척할 수 있는 기기이다.

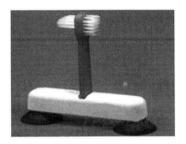

그림 12-62　고정형 작은 솔

⑲ 흡착식 세척 솔(suction brush)

두 개의 흡착판이 한 손 환자 또는 떨림 증상이 있는 환자의 손톱과 손을 문지를 수 있도록 솔을 고정한다.

그림 12-63　흡착식 세척 솔

⑳ 구부러진 피부 관찰용 거울(flexible para inspection mirror)

피부 상태를 확인하고 체크하는 거울로 관찰하기 어려운 부위를 보기 위해 거울을 사용한다.

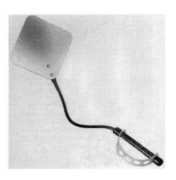

그림 12-64   구부러진 피부 관찰용 거울

㉑ 원거리 피부 관찰용 거울(telescoping self-examination mirror)

원하는 길이로 손잡이를 조절하고 거울을 통해 신체 부위 및 피부를 관찰할 수 있다.

그림 12-65   원거리 피부 관찰용 거울

(4) 학습용 보조기기

① 필기 보조기기(Writing Aid)

쥐는 힘이 약하거나 손목을 들어 올리는 힘이 약해서 필기도구를 잡기 힘든 경우에 쓰기 보조기기를 사용한다.

그림 12-66　필기 보조기기

② 고정식 필기 보조기기(steady writer)

손 기능에 제한이 있어 펜을 사용하기 힘든 경우 사용한다.

그림 12-67　고정식 필기 보조기기

③ 고리형 필기 보조기기(ring writer clip)

손 기능 제한으로 인해 펜을 잡을 수 없는 경우 사용한다.

그림 12-68　고리형 필기 보조기기

④ 공 모양 손잡이(holder-for weak grasp)

손의 섬세한 동작에 제한이 있는 경우 물건을 쥐는 모양을 통해 펜을 사용할 수 있게 한다.

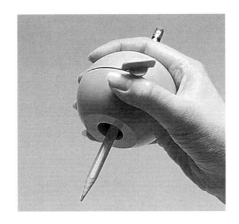

그림 12-69　공 모양 손잡이

⑤ 잡기 쉬운 고리형 가위(loop scissors)

쥐기 또는 잡기가 어려운 경우 사용하는 가위로 스프링에 의해 쉽게 가위를 열 수 있는 구조이며, 제한된 손의 움직임을 도와주는 가위이다.

그림 12-70　잡기 쉬운 고리형 가위

⑥ 한 손 사용자용 가위(push down table top scissors-one handled scissors)

한 손 사용자를 위해 고안된 제품으로 바닥에 미끄럼 방지 처리로 미끄러지지 않으며, 한 손으로 가위질이 가능하도록 설계되었다.

그림 12-71   한 손 사용자용 가위

⑦ 멀티 독서대(multi reading desk)

팔의 기능에 불편이 있는 장애인이 앉은 자세나 선 자세 또는 누운 자세에서 손을 많이 사용하지 않고도 목의 피로를 덜 수 있는 자세로 독서할 수 있다.

그림 12-72   멀티 독서대

⑧ 책장 넘기는 장치(GEWA page turner)

팔에 마비나 운동성 저하로 인해 책장을 넘기기 힘든 경우 사용한다.

그림 12-73   책장 넘기는 장치

(5) 생활 편의 보조기기

① 스프레이 손잡이(spray can handle)

손가락 또는 손의 힘이 부족하거나 한 손만 사용하는 경우 사용한다.

그림 12-74   스프레이 손잡이

② 문 사용 보조 손잡이(leveron doorknob turner)

손의 운동성이 떨어져 둥근 문 손잡이를 사용하기 힘든 경우 사용하거나, 손가락으로 누르는 힘이 약한 경우 사용한다.

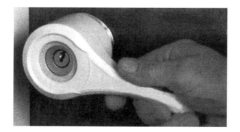

그림 12-75   문 사용 보조 손잡이

③ 페트병 손잡이(two liter bottle handle)

손으로 쥐기 힘들거나, 손에 힘이 없는 경우 사용한다.

그림 12-76   페트병 손잡이

④ 돔형 오프너(domed opener)

한 손 사용자, 관절염 환자, 또는 뚜껑을 돌려서 열 수 없을 정도로 손이나 손목의 운동성이 떨어지거나 힘이 없는 사람들이 사용한다.

그림 12-77   돔형 오프너

⑤ 캔 오프너(can opener)

손과 손목을 이용해서 캔을 따기 힘든 경우 사용한다.

그림 12-78   캔 오프너

⑥ 집게(reacher)

팔의 운동범위가 제한적이어서 물건을 집거나 내리는 것이 힘든 경우 사용하거나 다리 기능에 장애가 있는 사용자가 바닥이나 멀리 떨어진 물건을 집을 때 손잡이를 당겨 사용하는 수동식 집게이다.

그림 12-79　집게

⑦ 확대경(magnifying glass)

저시력 클라이언트 또는 노인을 위해 휴대할 수 있는 확대경이다.

그림 12-80　확대경

2) 일상생활 보조기기 적용 방법

잘 선택되어 적절히 사용되는 보조기기는 그 빛을 발한다. 이를 위해 숙련되고, 신중하며, 철저한 평가가 필요하다.

(1) 일상생활 보조기기 처방 및 제작 시기와 사용 목적

보조공학사가 일상생활 보조기기를 처방하기에 앞서 클라이언트의 장애가 영구적인지 일시적인지 확인하고 장애의 회복과정에 보호적 또는 보조적으로 사용하는지 판단해야 한다. 또한 영구적 장애의 기능 보상(compensation)으로서 장애의 고정기에 최종적 수단으로 사용하는 경우에는 여러 관련 제품을 보조기기센터에서 빌려 사용해 보고 클라이언트에게 알맞은 일상생활 보조기기가 제안될 수 있도록 고려해야 한다.

클라이언트는 일상생활 보조기기를 처방받기 전에 자신의 장애에 대한 '인지-수용-재적응'이라는 정신적인 수용과정이 전제되어야 한다. 즉, 일상생활 보조기기의 제안 및 제작에 있어서 '장애의 수용'을 전제로 받아들임(수용)에 관계되는 여러 가지 요인을 고려한 지원을 하고 최종적으로 사용자 자신에 필요한 보조기기를 선택하게 하는 것이 바람직하다. 몇몇 클라이언트는 보조공학기기를 쉽게 받아들이고 과제와 일상에서 잘 사용하는 반면, 일부는 이것에 대해 반감을 가지고 여전히 두려워하기도 하기 때문이다.

보조공학사는 개인적인 가치를 고려하며 사용자의 목표와 선호도에 중점을 둔다.

(2) 일상생활활동의 평가

평가는 사용자의 목표와 욕구에 따라 좌우된다.

일상생활활동의 평가에서는 클라이언트가 원하고, 필요로 하는 것의 결정과 참여에 대한 지지를 포함한다. **면담**은 수행의 관찰을 통하여 평가에 대한 앞으로의 필요를 결정하기 위한 판별도구로서 제공된다. 의사소통에 어려움이 있는 사용자의 목표와 욕구를 가족 구성원 또는 보호자를 통해 파악할 수 있다.

평가에 대한 필요는 클라이언트, 장애 그리고 이전의 평가에 대한 평가자의 지식을 기초로 하여 결정된다. 부분적인 또는 전체적인 수행평가는 일상생활활동 수행을 평가하는 것에서 매우 중요하다. 면담만으로는 부정확한 가정을 세우게 할 수 있는데 그 이유는 클라이언트가 장애 발생 전 수행능력을 기억할 수 있고, 약간의 신체적 장애를 가진 이후 일상생활활동 수행에 대한 기회가 주어지지 않았거나 적었기 때문에 개인의 능력을 과대평가 또는 과소평가할 수 있다.

평가자는 보통 활동이 있는 시간과 장소에서 평가하는 것이 이상적이다. 예를 들어,

옷 입기 평가는 이른 아침에 집이나 보호시설에서 간호사와 함께 옷을 입을 때 할 수 있다. **식사하기 평가**는 일상적인 식사시간에 할 수 있다. 시간을 맞추는 일이 불가능하다면 평가는 치료실에서 가상의 상황 아래 할 수 있다. 하지만 이러한 인위적인 환경에서의 수행에서 클라이언트는 수행의 어려움을 보일 수 있다. 평가자는 일상생활활동과 수단적 일상생활활동의 체크리스트에서 상대적으로 쉽고 안전한 과제를 고르고 안전성 측정을 포함하는 더욱 어렵고 복잡한 아이템으로 진행시키는 것이 좋다. 일상생활활동 평가는 한번에 완료되어서는 안 되는데, 왜냐하면 이 접근법은 피로를 초래하고 인위적 상황에서 이루어졌기 때문이다. 안전하지 않고 실행될 수 없는 과제는 생략하고 평가 형식에 적절히 표기한다.

수행을 분석하는 동안, 평가자는 클라이언트가 사용하거나 사용하려고 하는 방법을 관찰하고 수행에서의 문제 원인을 밝혀내야 한다. **일반적인 원인**은 약함(weakness), 경련(spasm), 경직(spasticity), 불수의적인 움직임, 지각 결손, 인지 부족, 낮은 지구력 등을 포함한다. 만약 문제와 원인이 밝혀지면 평가자는 훈련 목표, 우선순위, 방법, 필요한 보조도구를 정하기가 쉬워진다.

① 일상생활활동의 평가 결과 기록

평가자는 클라이언트를 면담하고 수행평가를 하는 동안 체크리스트에 알맞게 표시한다. 만약 표준화된 평가가 사용되었다면 그 평가를 위해 확인된 표준 용어를 수행의 설명과 측정을 위해 사용한다. 표준화되지 않은 검사는 자기관리, 가정관리, 이동, 가정환경 평가 등을 위한 별도의 체크리스트를 포함할 수 있다.

독립성 단계(levels of independence)를 설명할 때 최소, 중등도, 최대의 도움과 같은 용어를 종종 사용한다. 다음은 일반적인 도움의 등급을 나타내는 정의이다.

- **독립**(independence): 클라이언트는 보조기기를 사용하거나 사용하지 않고, 암시, 감독, 또는 도움 없이 독립적으로 활동을 수행할 수 있다. 과제는 안전하고 완벽하게 수행한다. 만약 클라이언트가 보조기기를 필요로 하거나 보통 속도에 비해 느리게 수행을 한다면, 제한적 독립(modified independence)이라고 표현할 수 있다.
- **감독**(supervision): 클라이언트가 혼자 활동을 수행할 수 있으나 감독(관찰)을 요구하며, 안전을 위해 언어적 지시를 요구한 경우를 말한다.
- 대기 도움(stand by assistance: SBA)/**접촉 지원 도움**(contact guard assistance: CGA): 클

라이언트는 과제를 안전하게 수행하기 위해서 보호자 혹은 누군가의 접촉 지도를 제공받는다.

- **최소의 도움**(minimal assistance): 클라이언트가 25% 이하의 신체적 도움 혹은 한 사람의 언어적 도움을 필요로 하는 경우를 말한다.
- **중등도의 도움**(moderate assistance): 클라이언트가 25~50%의 신체적 도움 혹은 한 사람의 언어적 도움이 필요한 경우를 말한다.
- **최대의 도움**(maximal assistance): 클라이언트가 50~75%의 신체적 혹은 언어적 도움을 필요로 한 경우를 말한다. 보조자가 과제의 반 이상을 수행하고 반면에 클라이언트는 반 이하는 수행한다.
- **의존**(dependence): 클라이언트가 75% 이상의 신체적 또는 언어적 도움을 필요로 한다. 예를 들어, 클라이언트는 단지 활동의 몇 가지 단계 혹은 1~2단계를 수행한다.

② 기능적 독립성 평가도구

대표적인 기능적 독립성 평가도구(functional independence measure: FIM)는 정교하고, 다른 도구와 다르게 의사소통과 인지 기능을 포함하며 장애 측정을 포괄적으로 한다. 클라이언트가 실제로 가정에서 활동하는 수행력을 측정할 수 있으며, 수행 시 보호자의 도움의 정도에 따라 완전 독립(7), 부분 독립(6), 감독 또는 준비(5), 최소 도움(4), 중등도 도움(3), 최대 도움(2), 완전 의존(1)의 7점 척도로 측정하며, 가장 높은 점수는 126점(완전 독립)이고, 가장 낮은 점수는 18점(완전 의존)이다(〈표 12-5〉 참조).

표 12-5 FIM의 기능적 독립 수준과 점수척도

독립적 활동 수준		
완전 독립 (complete independence)	7	• 적정 시간 안에 보조기기 없이 안전하게 수행 • 보조자가 필요 없음
부분 독립 (modified independence)	6	• 보조자 없이 혼자서 수행이 가능하나 보조기기, 안전에 대한 고려가 필요하고 적정 시간 이상이 걸리는 경우
의존적 활동 수준		
감독 또는 준비 (supervision, set up)	5	• 신체적 접촉은 없으나 단서 제시 또는 격려가 필요하며 보조자가 지켜보는 경우(감독) • 보조기기 등 필요물품을 준비(setting)해 주거나 작업 전에 보조기를 착용해 주어야 하는 경우

최소 보조 (minimal assistance)	4	• 신체적 도움이 필요하지만 활동의 75% 이상을 독립적 으로 수행
중등도 보조 (moderate assistance)	3	• 활동의 50~74% 정도를 수행
최대 보조 (maximal assistance)	2	• 활동의 25~49% 정도를 수행
완전 의존(totally assistance)	1	• 활동을 25% 미만으로 수행

③ FIM의 기능적 독립 수준과 평가항목

전체 평가 항목은 총 18개로 신체영역에서 [식사하기, 몸 단장하기, 목욕하기, 옷 입기-상의, 옷 입기-하의, 화장실 이용하기, 소변 관리, 대변 관리, 침상/의자/휠체어 이동, 화장실 이동, 욕조/샤워실 이동, 걷기/휠체어로 장소 옮기기, 계단 오르내리기]로 13개 항목이고 인지영역에서 [이해력, 표현력, 사회적 상호작용, 문제해결, 기억력]으로 5개 항목이 있다.

(3) 장애의 파악과 동작분석

일상생활 보조기기를 제안하고, 제작하기 전 반드시 이루어져야 하는 것이 클라이언트에 대한 분석이다. 즉, 신체적·정신적·사회적인 측면에서의 장애를 종합적으로 평가한 다음, 사용상의 문제점을 정리하는 것이 필요하다.

다음 〈표 12-6〉은 장애에 대한 전반적인 신체적·정신적·사회적 평가에 대한 내용이다.

표 12-6 전반적인 신체적·정신적·사회적 평가

• 신체적 평가
  관절가동범위, 근력, 협응력, 감각 및 지각, 손 기능, 일상생활 동작, 예후 등
• 정신적 평가
  이해·판단력, 인지능력, 학습능력, 장애의 수용, 도구 사용에 대한 의욕·관심, 가치관 등
• 사회적 평가
  생활력(history), 가족 및 간병 상황, 재가상황, 직업경력, 경제상황, 사회자원 등

(4) 일상생활 보조기기가 갖춰야 할 조건

일상생활 보조기기는 보통 신체적 · 정신적 장애가 있는 클라이언트가 사용한다고 생각하지만 실제로 우리가 살아가는 데 생활의 편의를 위해, 교육을 위해 사용되는 것들도 많다.

이렇듯 일상생활 보조기기가 갖춰야 할 조건은 다음과 같다.

- **가볍고 부피가 크지 않으며 튼튼**해야 된다. 클라이언트가 사용할 때 무겁거나 부피가 크면 활동의 제약이 생기고, 수납 또는 사용하는 데 어려움을 호소할 것이다.
- 촉감 등의 **착용감**이 좋아야 한다. 촉각이라는 감각에 사람들은 예민성을 보인다. 즉, 부드럽고 편안한 느낌을 주는 촉감은 사람들에게 심리적으로 안정감을 주고 계속 사용하고 싶게 만들지만, 불편하고, 따갑고, 아프고, 불안하게 만드는 촉감은 사람들이 자연적으로 피하려고 할 것이다. 그렇기 때문에 클라이언트가 일상생활을 하는 데 안정감을 주면서 보조기기를 사용하도록 하려면 착용감을 최대화시켜야 한다.
- **구성이 간단하고 만들기 쉬우며 파손이 적고 수리하기 쉬워야 한다.** 주방 및 가정용품 또는 목욕 및 위생 등에 관련된 보조기기는 자주 사용되고 위생과 관리가 무엇보다 중요하다. 그렇기 때문에 일상생활 보조기기는 언제든지 사용 후 깨끗이 정리하고 관리될 수 있도록 해야 하며, 파손이 되었을 경우 간단한 방법으로 또는 업체에 보내어 쉽게 수리가 될 수 있어야 한다.
- 일상생활 보조기기는 사용자의 요구, 사용 상황, 장애의 변화에 대응할 수 있는 **유연성**이 있어야 한다. 즉, 클라이언트가 잡는 힘이 부족하여 식사활동 시 손잡이가 두꺼운 숟가락과 포크를 사용하였는데 재활 훈련을 통해 잡는 기능이 증진되어 숟가락 또는 포크 손잡이 두께가 좀 더 얇은 것도 사용할 수 있게 되었다면 보조공학사 또는 보호자는 두께를 쉽게 조정할 수 있어야 한다. 또는 클라이언트가 손잡이가 두꺼운 숟가락이나 포크 사용을 힘들어한다면 유니버설 커프(universal cuff)로 교체하여 준다.
- 일상생활 보조기기 사용 시 사용자, 가족, 간병인이 **안전하고 용이하게 사용**할 수 있어야 한다. 보조기기 사용 시 근골격계의 변형이나 이차적인 합병증이 생겨서는 안 되고, 사용 시 관절이 보호되거나 에너지가 보존되어야 한다. 그리고 일상생활 활동이 보다 간단하고 간편하게 진행될 수 있도록 해야 한다.

- 일상생활 보조기기는 가급적 값이 **저렴**해야 한다. 아무리 잘 갖추어져 있고, 사용하기 편리한 보조기기라도 값이 너무 비쌀 경우 클라이언트가 구입하는 데 부담을 느끼게 된다. 보편적으로 많이 활용되기 위해서는 가급적 값이 저렴해야 한다.
- 일상생활 보조기기가 가급적 보통의 용구로 보이고 눈에 띄지 않으며, **디자인**이 아름다워야 한다. 그래서 일반 사람이 사용해 보고 싶은 것이어야 한다.

일상생활 보조기기를 클라이언트에게 소개하려고 접근할 때에는 올바른 사용법 및 조작법을 충분히 이해할 때까지 설명해야 하고, 평소 손질 방법을 클라이언트 및 보호자, 간병인에게 설명해 주어야 한다. 그리고 보조공학사 및 보호자, 간병인은 일상생활 보조기기가 기대하는 사용 목적을 달성하고 있는지 확인하고 정기적으로 또는 필요에 따라 체크하며, 파손, 오염, 적합 불량이 있으면 수리 및 수정을 하여야 한다. 만약 일상생활 보조기기를 사용하지 않게 되었거나 사용하지 않은 경우 그 원인 및 이유를 검토하여 클라이언트가 일상생활 보조기기를 사용하여 독립적으로 생활할 수 있도록 잘 관리해야 한다.

4. 일상생활 보조기기 적용 사례

김말순 씨(가명)는 요양보호사와 함께 집에서 살고 있는 75세 여성이다. 보조공학사에게 클라이언트가 요즘 체중이 줄었고 식사할 때 요양보호사의 도움을 필요로 한다는 것을 이유로 의뢰가 되어 식사하기 평가를 하였다. 요양보호사는 김말순 씨가 스스로 식사하기 위해서 손잡이가 굵은 숟가락이 필요하다고 하였다.

일상생활 보조기기를 사용하기 위한 평가는 김말순 씨가 원래 식사하던 장소(방에서 침상 위 식탁을 이용)에서 점심 식사하는 모습을 관찰하고, 신체적 평가(근력, 관절가동범위, 감각, 협응), 통합 인지, 지각 평가 그리고 김말순 씨와의 면담을 포함하였다.

김말순 씨는 음식이 따뜻할 때 먹는 것을 좋아하기 때문에 스스로 식사하기를 원했고, 가능한 한 독립적인 식사를 좋아하였다. 평가 결과는 김말순 씨가 휠체어에 똑바로 앉는 데 어려움이 있다는 것이었다. 침상 위 식탁은 너무 높았고, 김말순 씨는 접시에 손이 닿는 데 제한이 있었다. 쥐기 능력의 약화와 협동운동실조가 있었으며, 양쪽 어깨 굴근과 벌림근은 F-(3-)이었다. 하지만 관절가동범위, 감각은 정상범위에 있었고, 인지와 지각은 간단한 자기관리 과제를 다시 배우기에 충분하였다.

보조공학사는 휠체어에서 자세를 바로 알고 일하는 것과 침대용 접이식 탁자를 낮게 해 주는 것을 제시하였으며, 독립적으로 식사하기 위해 손잡이가 굵은 숟가락과 접시 방어대(plate guard)를 사용하게 되었다. 또한 휠체어 자세 향상과 보조방법 지도의 환경적 적응도 요양보호사에게 교육하였다.

참고문헌

박지환 외(2014). 일상생활활동: 생활환경과 여가활동(2판). 서울: 현문사

보건복지부(2004). ICF 국제 기능 · 장애 · 건강 분류.

보건복지부(2014). 한국장애인 개발원, 장애인보조기구 정보 편람.

이경민(2005). 일상생활활동 방법론. 서울: 영문출판사.

일상생활활동 교재편찬위원회(2017). 일상생활활동 기능훈련과 환자관리. 서율: 범문에듀케이션

저장훈 외(2008). 일상생활동작: 환자관리와 기능훈련(4판). 서울: E-PUBLIC

Evmenova, A., Ault, M. J., Bausch, M. E., & Warger, C. (2013). Assistive Technology Provides Supports for Individuals with Intellectual and Developmental Disabilities.

Case Smith, J., & O'Brien, J. C. (2010). 아동작업치료학. [*Occupational Therapy for Children* (6th ed.)]. (최혜숙 외 공역). 서울: 엘스비어코리아. (원저는 2010년에 출판).

Pendleton, H. M., & Schultz-Krohn, W. (2014). 작업치료학: 신체기능장애를 위한 기술. [*Pedretti's Occupational Therapy* (7th ed.)]. (최혜숙, 정민예, 이재신, 장기연, 박수현 외 공역). 서울: 엘스비어코리아. (원저는 2013년에 출판).

Radomski, M. V., & Latham, C. A. T. (2015). 작업치료학. [*Occupational Therapy for Physical Dysfunction* (7th ed.)]. (이정원 외 공역). 서울: 한미의학. (원저는 2014년에 출판).

WHO (2001). *International Classification of Functioning, Disability and Health*. Geneva: World Health Organization.

국민건강보험공단 www.nhic.or.kr

남 캐롤라이나 보조공학 프로그램 http://www.sc.edu/scatp/index.htm

대구광역시보조기구센터 datc.daegu.ac.kr

대구청각 · 언어장애인복지관 www.withwith.or.kr

보건복지부 www.mw.go.kr

산재의료관리원 재활공학연구소 www.atc.or.kr
서울시보조공학서비스센터 www.seoulats.or.kr
중앙보조기구센터 www.knat.go.kr
한국보조공학서비스기관협회 www.atall.or.kr

제13장

장애인 편의시설

▎성기창

　장애인을 위한 생활환경의 개선, 즉 **배리어프리(무장애) 환경**(barrier-free environment)
의 창출을 위해 「장애인 · 노인 · 임산부 등의 편의 증진 보장에 관한 법률」(이하 「편
의 증진법」이라 함)에 의해 편의시설이 설치되고 있다. 이러한 편의시설 설치의 기본
원칙은 장애인 · 노인 · 임산부 등이 공공건물 및 공중이용시설을 이용함에 있어 시
설의 접근성 및 안전성 확보 그리고 가능한 한 가장 쉽게 주변 상황을 인식할 수 있도
록 돕는 다양한 정보제공에 관한 식별성이다(성기창, 2002). 또한 무장애 공간은 일정
한 장소나 건물에 국한되지 않고 일상생활 속의 모든 공간과 시설에 상호 연계성을 지
니고 실현되어야 하므로, 장애인 편의시설 간의 종합적 관점에서의 연계성도 그 기본
원칙이다. 이러한 편의시설 설치의 기본원칙들은 **사회통합**(social integration)과 **정상화**
(normalization)라는 장애인복지의 궁극적인 기본이념을 실현하기 위한 물리적 토대의
기본적인 구축원리로서 다양한 구성원이 동등하게 사회에 참여할 수 있도록 모두를
위한 미래사회의 기본전제다(권선진, 2000). 따라서 이 장에서는 장애인이 비장애인과
함께 불편 없이 지낼 수 있는 물리적 토대, 즉 무장애 환경을 구축하기 위한 장애인 편
의시설의 설치 배경 및 필요성 등을 장애인복지 패러다임의 관점에서 개괄적으로 고
찰한 후, 편의시설 설계의 가장 기본적인 요소를 살펴보고자 한다.

1. 배리어프리디자인과 유니버설디자인

노인 인구가 전체 인구의 7% 이상인 고령화 사회에 진입한 우리나라는 2026년에는 전체 인구 중 노인 인구가 20%인 초고령 사회가 될 것으로 전망되며, 따라서 이에 대비한 주거 및 도시의 건축적인 물리적 생활환경의 정비가 시급히 요구되고 있는 실정이다. 정부에서도 장애인과 노인·임산부 등 사회적 약자들의 참여복지와 삶의 질 향상을 위해 국민의 복지 증진을 목표로 사회통합적 기본환경을 구축하기 위한 정책을 추진코자 하고 있다. 이러한 기본환경의 토대는 **건축의 공공성**과 관련된 건축적인 물리적 환경으로 구성된다. 즉, 노인을 비롯한 장애인에게 건축적 장애물은 한 개인의 자아실현이나 기회균등과 같은 기본적 인권을 침해하는 사회적 장벽을 의미하기 때문이다.

이러한 맥락에서 세계보건기구는 1997년에 장애를 기본적으로 환경과 개인이라는 상황적 요인으로 파악한 새로운 정의를 발표하였다. 즉, 사회적 참여(participation) 가능 여부가 장애의 최종 결정요인이라고 이해한 것이다. 이는 장애를 환경과의 상호적인 관계 속에서 보다 포괄적으로 설명하고자 하는 것이며, 장애인이 사회의 요구에 적응하는 능력만이 결여되어 있다는 것보다는 오히려 장애인에게 적합하도록 사회환경을 바꾸는데 소홀했다는 것에 그 의미를 두고 있는 것이다. 다시 말해, 장애를 장애인과 환경 간의 동적인 상호작용의 산물로 파악하는 보다 적극적인 장애인 복지 패러다임을 의미하는 것이다. 이러한 패러다임 속에서 나타난 장애물 없는 생활환경 만들기의 배리어프리디자인 또는 모두를 위한 유니버설디자인 개념은 환경과 인간, 인간과 인간 등이 서로 소통하고 조화를 이루는 공동체를 현실화하기 위한 새로운 디자인 접근 방식이다. 즉, 인간의 존엄성과 평등을 실현할 수 있는 21세기의 창조적 패러다임이라고 할 수 있다.

배리어프리디자인 개념을 이해하기 위해서는 먼저 장애인 편의시설이라는 용어와 사용배경을 이해하여야 한다. 편의시설이라는 용어는 1981년 「심신장애자복지법」이 제정되면서 영어의 accessible이라는 용어와 개념에 상응하기 위한 관련 조항이 삽입되면서 처음 사용되기 시작하였다. 이 시기에는 도시 및 건축의 물리적 장애요소들로 인해 접근을 통한 장애인의 사회생활이 불가능하였고, 따라서 이를 우선적으로 해결하기 위해 기존의 물리적 장애물을 어떻게 극복할 것인가가 중요하게 부각되었다. 그리하여 기존의 계단을 접근하기 위해서는 부분적으로 경사로를 설치하여야 하는 것이었고, 기존 화장실을 장애인이 이용하기 위해서는 최소 기준의 관점에서 화장실을 개조하여야 하며, 시각장애인들이 장애물을 피해 이동 및 접근할 수 있도록 점자블록을 설치하는 것이었다. 즉, 장애인이 기존의 물리적 환경을 접근 및 이용할 수 있도록 최소의 관점에서 변경하는 것이 관건이었다. 하지만 이러한 노력은 모두에게 공평한 도시 및 건축 환경의 창출이라는 궁극적 목적에 걸림돌로 작용하는 모순적 상황으로 귀결된다. 변함없이 장애요소들이 있는 물리적 환경이 기존의 방식으로 끊임없이 당당하게 만들어지고 이를 해결하기 위한 최소 기준의 편의 시설이 반복적으로 설치된다. 이는 사회적 약자를 포함한 전체 사회 구성원들의 피로도를 높이는 비효율적인 물리적 환경 구축 시스템으로 전락되고 무장애 환경 창출을 위한 노력이 단지 하나의 시설(施設) 설치라는 편견을 갖게 한다. 이러한 제한된 이해와 편견으로부터 벗어나 모두에게 평등한 사회의 물리적 환경 구축이라는 본래 목적을 발전적으로 성취하기 위하여 accessible이라는 개념을 재정립하는 과정에서 나타난 것이 모두를 위한 배리어프리디자인 개념이다. 모두를 위한 배리어프리디자인은 장애요소를 사전에 제거하는 방식으로 물리적 환경을 구축하고자 하는 개념이다. 따라서 장애인 편의시설의 의미는 장애인·노인·임산부 등이 신체적·정신적 결함에 의해, 단순한 이동을 포함한 사회활동을 할 때 가질 수 있는 사회적 장애(handicap)를 가능한 한 최대한으로 감소시키는 장애물 없는 환경을 창출하고자 하는 모두를 위한 배리어프리디자인의 개념으로 확대 재정립할 수 있다.

　여기서 유니버설디자인의 개념과 배리어프리디자인을 함께 생각할 필요가 있다. 왜냐하면 배리어프리디자인 대상은 다양한 상황과 조건 속에서 실체화된 물리적 대상으로서 사용자의 유형을 다양하게 포용하므로, 유니버설디자인이 추구해 나가는 포괄성(inclusiveness)을 강조하기 때문이다. **유니버설디자인**은 론 메이스(Ron Mace)가 "연령과 능력에 상관없이 최대한 많은 사람이 사용할 수 있는 환경과 제품을 만들기 위한 접근"이라고 정의하였듯이, 보다 많은 사람이 연령이나 다양한 신체적 조건에 구애받지 않고 평등하게 디자인의 혜택을 받을 수 있도록 하기 위해 시작된 포용성 있는 포괄적 디자인 개념이다(Mace, 1997). 이러한 유니버설디자인은 1970년 메이스가 지원성(supportive), 융통성(adaptable), 접근성(accessible), 안전성(safe)의 4대 원리를 제시하면서 처음 그 개념이 소개된 이래로 여러 학자에 의해 그 개념과 원리가 정리되고 확장되어 왔다. 코넬(Connell)의 경우에는 공평한 사용(equitable use), 융통성 있는 사용(flexibility in use), 단순하고 직관적인 사용(simple, intuitive use), 인식 가능한 정보(perceptible information), 사고나 잘못의 포용(tolerance for error), 적은 신체적인 노력(low physical effort), 접근과 사용을 위한 크기와 공간(size and space for approach and use)의 7대 원리로 기본개념을 확장시켰다(Mace, 1997). 또한 Behar의 경우에는 4A 원리, 즉 접근성(accessibility), 적용가능성(adaptability), 심미성(aesthetics), 경제성(affordability)으로 유니버설디자인의 원리를 재정리하였다. 이러한 다양한 원리를 토대로 가장 함축적으로 정의한다면, 유니버설디자인은 사용자 중심적인(user-oriented) 디자인으로 무엇보다도 '사람이 우선'이라는, 인간 사회를 보다 유연하게 만들고자 하는 새로운 사고의 움직임이라고 할 수 있을 것이다. 따라서 유니버설디자인의 접근 방식은 이윤추구에 집착하기보다는 좀 더 사회지향적인 것으로 평등과 융통성 그리고 사용자 중심의 기능성이 강조된다.

이러한 유니버설디자인의 개념으로부터 모두를 위한 배리어프리디자인, 즉 장애인 편의시설의 개념을 정리하면 다음과 같다. 사용자로서의 사회 구성원이 건강한 평균적 성인일 뿐 아니라 장애의 유무나 정도, 건강 상태, 교육 정도 등 매우 다양한 여건을 지니고 있다는 것을 인정하며, 사람이 태어나서 성장과정을 거쳐 노인이 되는 인간 생애과정의 다양성을 수용함으로써, 어떤 세대에서도 불이익이 초래되지 않도록 장애물 없는 디자인을 도시 및 건축환경에 구현하는 것을 의미한다.

2. 유니버설디자인의 건축적 접근으로서 장애물 없는 편의시설 설계

장애물 없는 편의시설 설계, 즉 **배리어프리디자인**은 도시 및 건축의 물리적 환경을 구축할 때 계획 및 설계 단계에서부터 장애요소로 작용하는 것을 사전에 철저하게 제거하는 것을 의미한다. 무엇이 장애요소, 즉 장애물인가에서 배리어프리디자인의 기본원리는 도출된다. 장애요소는 기본적으로 물리적 측면과 심리적 측면으로 구분된다. 인간의 활동과 관련해서 이동 및 이용과 관련된 물리적 접근을 불가능하게 하는 것이며, 상황을 이해할 수 없기 때문에 나타나는 심리적 장애 또는 불안 등일 것이다. 즉, 사회참여로 귀결되는 인간활동의 가장 기본적 토대는 접근성과 식별성 그리고 안전성이며, 이러한 기본토대가 모두의 관점에서 장애물이 없도록 계획되는 것이 배리어프리디자인의 기본원리다. 따라서 이러한 원리들의 관점에서 가장 기본적인 편의시설 설계요소[1]들을 살펴보면 다음과 같다.

---

1 장애인 편의시설의 설계요소는 '장애인 편의시설 상세표준도'(보건복지부, 2016)와 『편의 증진법 해설』(강병

1) 장애인 편의시설에서 사용되는 치수체계

「장애인·노인·임산부 등의 편의 증진보장에 관한 법률」 및 동법 시행규칙에서 사용되는 치수는 모두 마감치수다. **마감치수**는 건축 또는 구조물 등에서 벽지 및 장식재 등 마감이 된 상태에서의 최종적인 마감면 기준의 치수를 의미한다. 따라서 휠체어 사용자의 통과를 위한 유효폭은 마감치수 기준으로 90cm다. 90cm의 통과폭은 출입문의 설계 시 의무적으로 확보하여야 한다.

이러한 **출입구의 통과유효폭**은 '좌우 문틀의 안쪽 마감면 폭−[문의 두께+힌지(hinge)·돌쩌귀가 문틀로부터 내미는 거리]'로 산출한다. 따라서 출입문의 폭과 출입구의 유효통과폭은 일치하지 않으며 항상 통과유효폭이 출입문의 폭보다 최소 6~20cm 정도 좁다는 점에 유의하여야 한다.

조작기 등 편의시설의 조작·이용 가능한 치수는 손이 도달 가능한 치수로 표기한다. 손이 도달 가능한 요구치수는 마감면 기준의 도달 가능 최대치수이며, 가장 공통적으로 손이 도달 가능한 치수 범위는 80~90cm 정도다. 특히 휠체어를 탄 채 전면으로 접근할 필요가 있을 경우에는 **전면 접근이 가능한 활동 공간을 확보**하여야 한다. 즉, 접수대 또는 작업대 등의 하부에는 무릎 및 휠체어의 발판이 들어갈 수 있도록 바닥면으로부터 높이 65cm 이상, 깊이 45cm 이상의 공간을 확보하여야 한다.

(단위: cm)

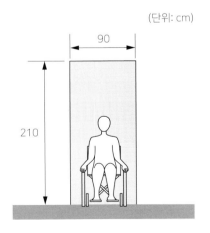

그림 13-1   휠체어의 통과폭

근, 2004) 그리고 「장애인·노인·임산부 등의 편의 증진 보장에 관한 법률 시행규칙」의 내용을 토대로 작성되었음.

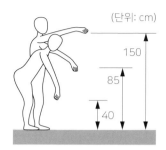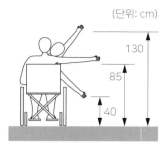

그림 13-2   도달치수

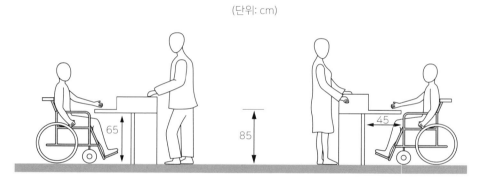

그림 13-3   접수대 또는 작업대 접근치수

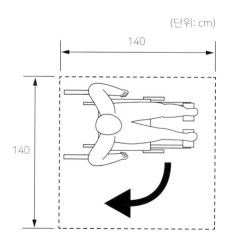

그림 13-4   최소 소요면적(실내)

장애인의 이동·접근·이용 등의 활동에 필요한 공간의 최소 규모는 **소요면적**으로 표기한다. 특히 휠체어 사용자의 활동에 필요한 최소 규모의 소요면적이 법적으로 확보하여야 할 의무사항이 아닌 경우라도 휠체어 사용자의 방향 전환 및 안전과 이용 편의를 위하여 소요면적을 확보하여야 할 필요가 있다. 이러한 소요면적은 외부 공간일 경우 최소 150×150cm이며, 내부 공간일 경우 140×140cm다. 하지만 내·외부 모두 150×150cm로 통일해서 사용하는 것이 바람직하다.

2) 이동 및 접근을 위한 보행 공간

대지 내를 연결하는 주 접근로에 단차가 있을 경우 그 높이 차이는 2cm 이하, 유효폭은 120cm 이상으로 하여야 한다. 하지만 보도 또는 접근로의 휠체어 사용자가 다른 휠체어 또는 유모차 등과 교행할 수 있도록 50m마다 150×150cm 이상의 교행구역을 설치할 수 있다. 따라서 보행 공간의 통행을 원활히 하기 위해서는 기본적으로 통행폭을 최소 150cm로 계획하는 것이 바람직하다. 이는 건물 내부의 동선계획에도 동일하게 적용된다.

보행 공간 중에 2cm 이상의 단차가 있을 경우에는 휠체어 사용자가 접근 및 통행할 수 있는 경사로, 승강설비를 설치해야 한다. **경사로의 기울기**는 외부의 경우 1/18, 건물 주 출입구 및 건물 내부의 경우에는 1/12 이하로 하여야 한다. 또한 바닥면으로부터 높이 75cm 이내마다 휴식할 수 있도록 수평면으로 된 참을 설치하여야 한다. 경사로의 시작과 끝, 굴절 부분 및 참에는 150×150cm 이상의 활동 공간을 확보하여야 한다.

경사로의 길이가 180cm 이상이거나 높이가 15cm 이상인 경우에는 양측 면에 손잡이를 연속하여 설치하여야 한다. 손잡이를 설치하는 경우에는 경사로의 시작과 끝 부분에 수평손잡이를 30cm 이상 연장하여 설치하여야 한다.

경사로의 바닥 표면은 잘 미끄러지지 아니하는 재질로 평탄하게 마감하여야 한다. 양측 면에는 휠체어의 바퀴가 경사로 밖으로 미끄러져 나가지 않도록 5cm 이상의 추락 방지턱 또는 측벽을 설치할 수 있다. 휠체어의 벽면 충돌에 따른 충격을 완화하기 위하여 벽에 매트를 부착할 수 있다. 그리고 건물 주 출입구 등 건물과 연결된 **경사로를 외부에 설치하는 경우** 햇볕, 눈, 비 등을 가릴 수 있도록 지붕과 차양을 설치할 수 있다.

보행 공간의 안전성을 보장하기 위하여 통행로 상부는 장애물 없이 바닥면으로부터 210cm 이상의 유효높이를 확보하여야 한다. 다만, 유효높이 210cm 이내에 장애물이

(단위: cm)

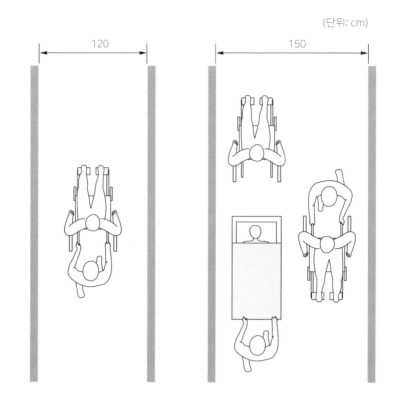

그림 13-5   보행 공간의 통행폭

(단위: cm)

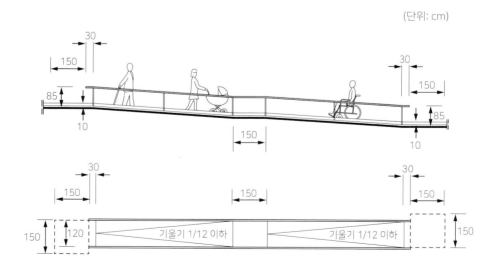

그림 13-6   경사로(실내)

있는 경우에는 바닥면으로부터 높이 60cm 이하에 접근방지용 난간 또는 보호벽을 설치하여야 한다. 또한 휠체어 사용자의 주행안전을 위하여 복도의 경우 벽면에는 바닥면으로부터 15cm에서 35cm까지 킥플레이트를 설치할 수 있으며, 벽면 모서리 부분은 둥글게 마감할 수 있다.

3) 출입구(문)

출입구(문)는 그 통과유효폭을 90cm 이상으로 하여야 하며, 출입구(문)의 전면 유효거리는 120cm 이상으로 하여야 한다. 단, 연속된 출입문의 경우 문의 개폐에 소요되는 공간은 유효거리에 포함하지 않는다. 또한 여닫이문이 단독으로 사용될 경우, 문이 열리는 방향으로는 150cm의 유효거리를 확보하여야 한다. 자동문이 아닌 경우에는 출입문 옆에 60cm 이상의 활동 공간을 확보할 수 있다. 출입구의 바닥면에 문턱이나 높이 차이를 두어서는 안 된다.

출입문은 회전문을 제외한 다른 형태의 문을 설치하여야 한다. **미닫이문**은 가벼운 재질로 하며, 턱이 있는 문지방이나 홈을 설치하여서는 안 된다. **여닫이문**에 도어체크를 설치하는 경우에는 문이 닫히는 시간이 3초 이상 충분하게 확보되도록 하여야 한

(단위: cm)

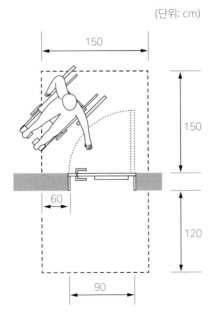

그림 13-7 출입구(문)

다. **자동문**은 휠체어 사용자의 통행을 고려하여 문의 개방시간이 충분하게 확보되도록 설치하여야 하며, 개폐기의 작동장치는 가급적 감지 범위를 넓게 하여야 한다.

출입문의 손잡이는 중앙 지점이 바닥면으로부터 80cm와 90cm 사이에 위치하도록 설치하여야 하며, 그 형태는 **레버형**이나 **수평 또는 수직 막대형**으로 할 수 있다. 건축물 안에서 공중의 이용을 주목적으로 하는 사무실 등의 출입문 옆 벽면에는 방 이름을 표기한 **점자표지판**을 부착하여야 한다.

건축물 주 출입구의 30cm 전면에는 **점형블록**을 설치하거나 시각장애인이 감지할 수 있도록 **바닥재의 질감 등을 달리**하여야 한다. 건축물의 주 출입문이 자동문인 경우에는 문이 자동으로 작동되지 않을 경우에 대비하여 시설관리자 등을 **호출할 수 있는 벨**을 자동문 옆에 설치할 수 있다.

4) 장애인의 이용이 가능한 화장실

장애인 등의 이용이 가능한 화장실은 장애인 등의 접근이 가능한 통로에 연결하여 설치하여야 한다. **대변기**의 유효바닥면적이 폭 160cm 이상, 깊이 200cm 이상이 되도록 설치하여야 하며, 대변기의 좌측 또는 우측에는 휠체어의 측면접근을 위하여 유효 폭 75cm 이상의 활동 공간을 확보하여야 한다. 이 경우 대변기의 전면에는 휠체어가 회전할 수 있도록 140×140cm 이상의 활동 공간을 확보할 수 있다. 출입문의 통과유효 폭은 90cm 이상으로 하여야 한다. **출입문의 형태**는 미닫이문 또는 여닫이문으로 할 수 있으며, 여닫이문을 설치하는 경우에는 바깥쪽으로 개폐되도록 하여야 한다.

대변기는 양변기 형태로 하되, 바닥부착형으로 하는 경우에는 변기 전면의 트랩 부분에 휠체어의 발판이 닿지 않는 형태로 하여야 한다. **대변기의 좌대 높이**는 바닥면으로부터 40cm 이상 45cm 이하로 하여야 한다. 대변기의 양옆에는 수평 및 수직 손잡이를 설치하되, 수평손잡이는 양쪽에 모두 설치하여야 하며, 수직손잡이는 한쪽에만 설치할 수 있다. **수평손잡이**는 바닥면으로부터 60cm 이상 70cm 이하의 높이에 설치하되, 한쪽 손잡이는 변기 중심에서 40cm 이내의 지점에 고정하여 설치하여야 하며, 다른 쪽 손잡이는 회전식으로 하여야 한다. 이 경우 손잡이 간의 간격은 70cm 내외로 할 수 있다. **수직손잡이**의 길이는 90cm 이상으로 하되, 손잡이의 제일 아랫부분이 바닥면으로부터 60cm 내외의 높이에 오도록 벽에 고정하여 설치하여야 한다. 장애인 등의 이용편의를 위하여 수평손잡이와 수직손잡이는 연결하여 설치할 수 있다.

세정장치 · 휴지걸이 등은 대변기에 앉은 상태에서 이용할 수 있는 위치에 설치하여야 한다. 출입문에는 화장실 사용 여부를 시각적으로 알 수 있는 설비 및 잠금장치를 갖추어야 한다. 공공업무시설, 병원, 문화 및 집회 시설, 장애인복지시설, 휴게소 등은 대변기 칸막이 내부에 세면기와 샤워기를 설치할 수 있다. 이 경우 **세면기**는 변기의 앞쪽에 최소 규모로 설치하여 대변기 칸막이 내부에서 휠체어가 회전하는 데 불편이 없도록 하여야 하며, 유효바닥면적을 180×200cm 이상으로 함이 바람직하다.

5) 시각장애인 유도 · 안내설비

점자안내판 또는 촉지도식 안내판에는 주요 시설 또는 방의 배치를 점자, 양각면 또는 선으로 간략하게 표시하여야 한다. 일반 안내도가 설치되어 있는 경우에는 점자를 병기하여 점자안내판에 갈음할 수 있다. 점자안내판 또는 촉지도식 안내판은 점자안내표시 또는 촉지도의 중심선이 바닥면으로부터 100cm~120cm의 범위 안에 있도록 설치하여야 한다. **시각장애인용 음성안내 장치**는 주요 시설 또는 방의 배치를 음성으로 안내하여야 한다.

시각장애인용 유도신호 장치는 음향 · 시각 · 음색 등을 고려하여 설치하여야 하고, 특수 신호 장치를 소지한 시각장애인이 접근할 경우 대상시설의 이름을 안내하는 전자식 신호 장치를 설치할 수 있다.

6) 점자블록

시각장애인의 보행편의를 위하여 점자블록은 경고용 **점형블록**과 유도용 **선형블록**을 사용하여야 한다. **점자블록의 크기**는 30×30cm인 것을 표준형으로 하며, 그 높이는 바닥재의 높이와 동일하게 하여야 한다. **점자블록의 색상**은 원칙적으로 노란색을 사용하되, 상황에 따라 바닥재의 색상과 구별하기 쉽도록 다른 것을 사용할 수 있다. **점형블록**은 계단, 장애인용 승강기, 화장실, 승강장 등 시각장애인을 유도할 필요가 있거나 시각장애인에게 위험한 장소의 30cm 전면, 선형블록이 시작 · 교차 · 굴절되는 지점에 설치하여야 한다. **선형블록**은 유도 방향에 따라 평행하게 연속해서 설치하여야 한다.

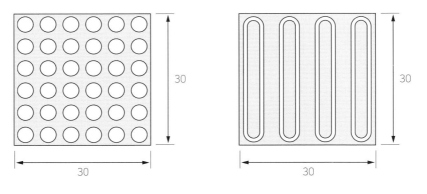

그림 13-8   점자블록

3. 결론

무장애 생활환경은 장애인의 사회통합과 독립적인 자아실현을 위한 가장 기본적인 전제조건이자 기본적인 권리다. 즉, 모든 인간은 자신에게 적합한 생활환경에서 자아실현을 할 수 있는 기회를 제공받아야만 하는 것이다. 따라서 이 장에서는 그러한 인간적이고 장애가 없는 무장애 환경을 위해 필수적인 편의시설을 본래의 의미에 맞게 설치하기 위한 가장 기본적인 설계요소들을 살펴보았다.

편의시설 설치에서 가장 중요한 것은 형식적인 편의시설의 설치보다는 다양한 특성을 갖고 있는 모든 사람의 이용가능성에 초점을 두어야 하는 것이다. 즉, 하나를 설치하더라도 필요성에 따른 본질에 맞게 제대로 설치해야 하며 각각의 편의시설들이 연계성 있게 설치되어야 한다. 이는 장애인 편의시설의 설계기준이 일반적이고 보편적인 건축의 기본개념으로 인식되어야 하며, 상황에 따른 적합한 계획과 구체적인 설계가 이루어져야 한다는 것을 의미한다. 즉, 주어진 공간이 기능이나 용도에 적합하도록 하기 위해 인간의 기능적ㆍ심미적ㆍ심리적ㆍ정서적ㆍ사회적 특성 등을 파악하여 모두를 위한 인간공학적 환경이 되도록 인간과 공간 간의 적합성을 실현해야 하는 것이다. 그럴 때 비로소 모두를 위한 무장애 환경의 창출이 가능하며, 다양성과 융통성을 수용한 진정한 의미의 상호 공존이 합리적으로 실현될 수 있을 것이다.

따라서 복지사회를 지향하는 현시점에서 장애인을 고려한 무장애 건축환경은 해도 되고 안 해도 되는 선택사항이 아니다. 이는 반드시 해야 하는 복지 패러다임에 대한 건축적 반영이며 구체적 실천인 것이다. 이러한 점에서 무장애 건축 생활환경의 시대적 정당성이 있다 하겠다. 그래서 모든 인간과 공간 간의 적합성을 탐구하여 조성하는 무장애 건축환경 창출을 위한 기본원칙을 결론으로 제시하면 다음과 같다.

무장애 건축환경은 특정 장애유형을 위한 특별한 시설들에 관한 것이 아닌 사회통합적인 개념으로, 모든 거주자를 위한 보편적 디자인의 개념으로 접근하여야 한다. 즉, 노인만을 위한 혹은 장애인만을 위한 특별 주거 형태나 단지 혹은 시설 등과 같은 사회로부터의 격리 개념이 더 이상 일반화되지 않고, 노인 및 장애인들도 다른 일반인들처럼 가족이나 친구들을 방문할 수 있으며 독립적으로 생활할 수 있는 통합적 개념이 기본원칙이다.

따라서 모두를 위한 무장애 건축환경 계획 개념은 특정 장애만을 위한 것이 아니라, 모든 사람이 함께 이용할 수 있는 보편적인 대안 중심이다. 그렇기에 특정 장애인 편의시설의 설치로 인하여 다른 사람에게 장애물이 될 수 있는 대안은 배제되어야 한다. 또한 추가 혹은 부수적인 시설의 설치 개념이 아니라, 장애인의 행동 특성에 따른 접근과 안전 그리고 공간의 인지성에 대한 기본특성을 건축설계 및 환경 디자인의 기본개념으로서 접근하여, 각각의 구체적인 상황 속에서 장애물을 제거하거나 적극적인 디자인으로 모두에게 최선의 대안을 창출하는 것이다. 즉, 모두가 접근할 수 있는가, 안전하게 이동 및 사용할 수 있는가, 주위 환경을 쉽게 파악할 수 있는가에 대하여, 주어진 여건 속에서 최선의 해답을 찾는 것이다. 그러므로 모두를 위한 무장애 도시 및 건축환경을 창출하기 위한 장애인 편의시설 설계, 즉 배리어프리디자인은 유니버설디자인의 건축적 접근이다.

참고문헌

강병근(2004). 편의 증진법 해설. 서울: 화영사.

권선진(2000). 장애인 관점에서 본 공유공간의 효용성 (pp. 158, 169). 밀레니엄 커뮤니티 센터. 서울: 연세대학교출판부.

보건복지부(2016). 장애인 편의시설 상세표준도.

성기창(2002). 장애인 편의시설의 개념과 설치사례 분석(편의시설 매뉴얼 교육) (pp. 157-186). 서울: 한국장애인복지진흥회.

한국보조공학사협회 편(2016). 보조공학총론(2판). 서울: 학지사.

Mace, R. (1997). *The principles of universal design*. NC State University: The Center for Universal Design.

제 **3** 부

보조공학 서비스의 임상 적용

제14장 보조공학 서비스 윤리

┃ 이근민

1. 보조공학사 직업적 윤리

표 14-1　북미재활공학협회(Rehabilitation Engineering and Assistive Technology Society of North America: RESNA) 윤리 강령

RESNA-Code of Ethics	북미재활공학협회 윤리 강령
RESNA is an interdisciplinary association for the advancement of rehabilitation and assistive technology. It adheres to and promotes the highest standards of ethical conduct. Its members and credentialed service providers:	RESNA는 재활 및 보조공학의 발전을 위한 다학제 협회이다. 우리는 윤리 행위의 최고 기준을 준수한다. 우리 회원과 회원자격을 갖춘 서비스 제공자는 :
• Hold paramount the welfare of persons served professionally.	• 전문적으로 서비스를 받는 사람들의 복지를 최우선으로 생각한다.
• Practice only in their area(s) of competence and maintain high standards.	• 자신의 업무영역에 있어서 경쟁력을 가지고, 높은 수준을 유지한다.
• Maintain the confidentiality of privileged information.	• 업무상 알게 된 개인정보는 비밀을 유지한다.

RESNA-Code of Ethics	북미재활공학협회 윤리 강령
• Engage in no conduct that constitutes a conflict of interest or that adversely reflects on the association and, more broadly, on professional practice.	• 이해관계가 상충되거나 협회 및 더 광범위하게 전문적 실천에 반하는 행위는 하지 않는다.
• Seek deserved and reasonable remuneration for services.	• 서비스에 대한 합당한 보상을 구한다.
• Inform and educate the public on rehabilitation/assistive technology and its applications.	• 재활보조공학과 적용에 대해 대중에게 알리고 교육한다.
• Issue public statements in an objective and truthful manner.	• 객관적이고 진실된 방식으로 공개 진술을 발표한다.
• Comply with the laws and policies that guide professional practice	• 전문적인 지침을 제공하는 법률 및 정책을 준수한다.

출처: RESNA-Code of Ethics

2. 보조공학사 실행 지침 · 규칙

표 14-2 보조공학 전문가를 위한 실천 표준

RESNA Standards of Practice for Assistive Technology Professionals	보조공학 전문가를 위한 실천 표준
These Standards of Practice set forth fundamental concepts and rules considered essential to promote the highest ethical standards among individuals who evaluate, assess the need for, recommend, or provide assistive technology. In the discharge of their professional obligations the following principles and rules shall be observed: 1. Individuals shall keep paramount the welfare of those served professionally.	이 실천 표준은 보조공학의 욕구를 사정, 평가, 추천, 제공하는 보조공학 전문가에게 가장 높은 윤리 기준을 장려하는 데 필수적인 기본 개념과 규칙을 제시한다. 직업적 의무의 이행과 관련하여 다음과 같은 원칙과 규칙을 준수해야 한다. 1. 개인은 전문적으로 서비스를 받는 사람들의 복지를 최우선으로 지켜야 한다.

RESNA Standards of Practice for Assistive Technology Professionals	보조공학 전문가를 위한 실천 표준
2. Individuals shall engage in only those services that are within the scope of their competence, their level of education, experience and training, and shall recognize the limitations imposed by the extent of their personal skills and knowledge in any professional area.	2. 개인은 능력 범위, 교육수준, 경험 및 훈련된 서비스만 제공해야 하며, 타 전문 분야에서의 지식 및 기술을 인정해야 한다.
3. In making determinations as to what areas of practice are within their competency, assistive technology practitioners and suppliers shall observe all applicable licensure laws, consider the qualifications for certification or other credentials offered by recognized authorities in the primary professions which comprise the field of assistive technology, and abide by all relevant standards of practice and ethical principles, including RESNA's Code of Ethics.	3. 실무 분야가 역량을 갖추고 있는지 판단하는 데 있어 보조공학 실무자 및 공급 업체는 적용 가능한 모든 면허법을 준수하고 보조 분야의 주요 전문분야에서 공인된 기관이 제공하는 인증 또는 기타 자격증명을 고려해야 한다. RESNA의 윤리 강령을 포함한 모든 관련 기준 및 윤리 원칙을 준수해야 한다.
4. Individuals shall not willfully misrepresent their credentials, competency, education, training and experience in both the field of assistive technology and the primary profession in which they are members. Individuals shall disclose their employer and the role they serve in the provision of assistive technology services and devices in all forms of communication, including advertising that refers to their certification in assistive technology.	4. 개인은 보조공학 분야와 그들이 회원으로 가입되어 있는 직업분야에서 자격, 역량, 교육, 훈련 및 경험을 고의적으로 왜곡해서는 안 된다. 개인은 보조공학에 대한 인증을 나타내는 광고를 포함하여 모든 형태의 의사소통 방식으로 보조공학 서비스 및 기기를 제공하는 데 있어 고용주와 그 역할을 공개해야 한다.
5. Individuals shall inform consumers or their advocates of any employment affiliations, and financial or professional interests that may be perceived to bias recommendations. In some cases, individuals shall decline to provide services or supplies where the conflict of interest is such that it may fairly be concluded that such affiliation or interest is likely to impair professional judgments.	5. 개인은 소비자 또는 그들의 옹호자에게 권고 사항을 편향시키는 것으로 인식될 수 있는 고용 관계 및 재정적 또는 전문적 이해관계를 알려야 한다. 경우에 따라 개인은 그러한 이해관계 또는 이익이 전문적인 판단을 훼손할 가능성이 있다고 판단될 정도로 이해 상충이 있는 서비스 또는 용품을 제공하는 것을 거절해야 한다.

RESNA Standards of Practice for Assistive Technology Professionals	보조공학 전문가를 위한 실천 표준
6. Individuals shall use available resources to meet the consumers' identified needs including referral to other professionals, practitioners or sources which may provide the needed product and/or service.	6. 개인은 필요한 제품 및/또는 서비스를 제공할 수 있는 다른 전문가, 종사자 또는 출처에 대한 소개를 포함하여 소비자의 식별된 요구를 충족시키기 위해 가용 자원을 사용해야 한다.
7. Individuals shall cooperate with members of other professions, where appropriate, in delivering services to consumers, and shall actively participate in the team process when the consumers' needs require such an approach.	7. 개인은 소비자에게 서비스를 제공하는 데 적절한 경우 다른 직업의 구성원들과 협력해야 하며, 소비가 그러한 접근을 요구할 때 팀 프로세스에 적극적으로 참여해야 한다.
8. Individuals shall offer an appropriate range of assistive technology services which may include assessment, evaluation, trial, simulation, recommendations, delivery, fitting, training, adjustments and/or modifications and promote full participation by the consumer in each phase of service.	8. 개인은 사정, 평가, 시험, 시뮬레이션, 권고, 전달, 맞춤화, 훈련, 조정을 포함할 수 있는 적절한 범위의 보조공학 서비스를 제공하고 각 서비스 단계에서 소비자의 완전한 참여를 촉진해야 한다.
9. Individuals shall verify consumer's needs by using direct assessment or evaluation procedures with the consumer.	9. 개인은 소비자와 직접 평가 또는 평가 절차를 사용하여 소비자의 요구 사항을 확인해야 한다.
10. Individuals shall inform the consumer about all device options and funding mechanisms available regardless of finances, in the development of recommendations for assistive technology strategies.	10. 개인은 보조공학 전략에 대한 권고안을 개발할 때 재정에 관계없이 이용 가능한 모든 장치 옵션 및 자금 조달 메커니즘에 관해 소비자에게 알려야 한다.
11. Individuals shall consider future and emerging needs when developing intervention strategies and fully inform the consumer of those needs.	11. 개인은 개입 전략을 개발할 때 미래와 새로운 요구를 고려해야 하며 소비자에게 그 필요성을 충분히 알려야 한다.
12. Individuals shall provide technology that minimizes consumers' exposure to unreasonable risk. Individuals shall provide adjustments, instructions or necessary modifications that minimize risk.	12. 개인은 위험에 대한 소비자의 노출을 최소화하는 기술을 제공해야 한다. 개인은 위험을 최소화하는 조정, 지시 또는 필요한 수정을 제공해야 한다.

RESNA Standards of Practice for Assistive Technology Professionals	보조공학 전문가를 위한 실천 표준
13. Individuals shall fully inform consumers or their advocates about relevant aspects of the final recommendations for the provision of technology, including the financial implications, and shall not guarantee the results of any service or technology. Individuals may, however, make reasonable statements about the recommended intervention.	13. 개인은 재정적 영향을 포함하여 기술 제공에 대한 최종 권고의 관련 측면에 관해 소비자 또는 옹호자에게 충분히 알리고 모든 서비스 또는 기술의 결과를 보장하지 않는다. 그러나 개인은 권장된 개입에 대해 합리적인 진술을 할 수 있다.
14. Individuals shall document, within the appropriate records, the technology evaluation, assessment, recommendations, services, or products provided and preserve confidentiality of those records, unless required by law, or unless the protection of the welfare of the person or the community requires otherwise.	14. 개인은 법적으로 요구되지 않는 한, 또는 개인 또는 지역사회의 복지 보호가 요구하지 않는 한, 기술 기록, 평가 기록, 추천 기록, 서비스 또는 제품을 해당 기록 내에 문서화하고 그러한 기록의 기밀을 유지해야 한다.
15. Individuals shall endeavor, through ongoing professional development, including continuing education, to remain current on assistive technology relevant to their practice including accessibility, funding, legal or public issues, recommended practices and emerging technologies.	15. 개인은 지속적인 교육을 포함하여 진행 중인 전문성 개발을 통해 접근성, 기금, 법적 또는 공공 문제, 추천된 기술 및 새로운 기술을 포함하여 실무와 관련된 보조공학에 최신 상태를 유지하도록 노력해야 한다.
16. Individuals shall endeavor to institute procedures, on an on-going basis, to evaluate, promote and enhance the quality of service delivered to consumers.	16. 개인은 소비자에게 제공되는 서비스 품질을 평가, 촉진 및 향상시키기 위한 절차를 지속적으로 실시하도록 노력해야 한다.
17. Individuals shall be truthful and accurate in public statements concerning their role in the provision of all assistive technology products and services.	17. 모든 개인은 모든 보조공학 제품 및 서비스 제공의 역할에 관한 공개 진술에서 진실하고 정확해야 한다.
18. Individuals shall not discriminate in the provision of services or supplies on the basis of impairment, diagnosis, disability, race, national origin, religion, creed, gender, age, or sexual orientation.	18. 개인은 손상, 진단, 장애, 인종, 출신 국가, 종교, 신념, 성별, 연령 또는 성적 취향을 근거로 서비스 또는 용품의 제공을 차별해서는 안된다.

RESNA Standards of Practice for Assistive Technology Professionals	보조공학 전문가를 위한 실천 표준
19. Individuals shall not charge for services not rendered, nor misrepresent services delivered or products dispensed for reimbursement or any other purpose.	19. 개인은 제공되지 않은 서비스에 대해 요금을 부과하지 않으며, 제공된 서비스 또는 상환 또는 기타 다른 목적으로 분배된 제품에 대한 허위 진술을 해서도 안됩니다.
20. Individuals shall not engage in fraud, dishonesty or misrepresentation of any kind, or forms of conduct or criminal activity that adversely reflects on the field of assistive technology, or the individual's ability to serve consumers professionally.	20. 개인은 사기, 부정직 또는 허위 진술, 또는 보조공학 분야에 역효과를 보이는 행위 또는 범죄 행위의 형태로 또는 전문적으로 소비자에게 봉사할 수 있는 개인의 능력에 개입해서는 안된다.
21. Individuals whose professional services are adversely affected by substance abuse or other health-related conditions shall seek professional advice, and where appropriate, voluntarily withdraw from practice.	21. 약물 남용 또는 기타 건강 관련 조건에 의해 전문 서비스가 악영향을 받는 개인은 전문적인 조언을 구해야 하며, 적절한 경우 자발적으로 실무에서 물러나야 한다.
22. Individuals shall respect the rights, knowledge, and skills of colleagues and others, accurately representing views, information, ideas, and other tangible and intangible assets including copyright, patent, trademark, design contributions, and findings.	22. 개인은 견해, 정보, 아이디어 및 저작권, 특허, 상표, 디자인 기고 및 조사 결과를 포함한 유형 및 무형의 기타 자산을 정확하게 대표하는 동료 및 타인의 권리, 지식 및 기술을 존중한다.

출처: RESNA Standards of Practice for Assistive Technology Professionals

제15장

보조공학 임상 및 사례관리

▌ 이근민

오늘날 공학이 매우 발전하여 사회 전반에 걸쳐 공학이 이용되지 않는 곳이 없다. 산업, 교통, 의료뿐만 아니라 교육에서도 이용되고 있고, 재활에 있어서도 공학을 이용하고 있다. 특히 장애를 가진 사람들과 노인의 수가 증가하고 재활에 대한 인식도가 높아 감에 따라, 다양한 서비스의 필요성과 더불어 보조공학의 중요성 또한 그 비중이 커지고 있는 실정이다.

1. 정의

보조공학의 정의는 매우 포괄적이다. 따라서 여기서는 현재 미국에서 사용되고 있는 장애인을 위한 보조공학 관련 용어들을 각각 살펴보고자 한다. 먼저 보조공학(Assistive Technology)이란 용어는 1980년대 후반부터 미국에서 사용되기 시작했다. 그전에는 특수교육공학(Special Education Technology), 재활공학(Rehabilitation Technology), 재활 엔지니어링(Rehabilitation Engineering), 테크니컬 에이드(Technical Aid)란 용어를 사용하였다. **보조공학**은 장애인들이 직면한 문제들을 다양한 기구, 서비스, 보상방법 그리고 실습을 통해 착상 및 응용을 하여 개선시키는 기술을 의미한다 (Cook & Hussey, 1995; Bain & Leger, 1997). 1998년 제정된 미국 「보조공학법」에는 보조 공학기기(Assistive Technology Device)와 보조공학 서비스(Assistive Technology Service) 에 대해 정의해 놓았다. '**보조공학기기**'는 '장애를 가진 개인의 기능적 능력을 증진, 유 지, 향상시키기 위해 사용되는, 시중에서 구할 수 있는 기성품이나, 개조 또는 주문 제 작된 장치나 제작 도구'를 말하며, '**보조공학 서비스**'는 장애인에 관련된 보조기기에 대 한 선정, 구입, 사용 등을 직접적으로 보조하는 모든 서비스를 말하며 다음과 같은 여 섯 가지의 서비스를 포함한다. ① 장애인의 기능 평가, ② 보조공학기기 구입 시 서비 스(구매 또는 임대), ③ 보조공학기기의 선택, 디자인, 맞춤, 개조, 대체, 응용, 유지, 수 리 및 교체, ④ 현재의 교육 및 재활 계획과 프로그램에 관련된 보조공학기기를 활용한 치료, 중재서비스 조정 및 사용, ⑤ 장애인 및 가족을 대상으로 하는 기술적인 훈련 및 보조, ⑥ 고용주, 전문가, 서비스인을 대상으로 하는 기술적인 훈련 및 보조(Assistive Technology Act, 1998; 34 C.F.R. Part 300). 이와 같이 보조공학은 평가에서부터 시작해 서 기기를 개발하고 임상적으로 적용하는 것까지 모두 포함한다.

　　특수교육공학은 실제로 장애인을 위해 사용되는 일반 공학을 포함하며 특수교 육 학습에 이용되는 컴퓨터 보조교수에 중심을 두는 것이다. **재활공학**(Rehabilitation Technology)은 보상 방법 및 기구를 사용함으로써 장애인의 기능(삶의 질)을 증진, 유 지, 향상시키는 기술을 말한다. **재활공학**은 보편적으로 임상서비스 성격과 재활 엔지 니어링처럼 새로운 기술을 디자인 및 개발하는 성격을 가지고 있다. 마지막으로 **재활 엔지니어링**은 체계적인 기술응용, 엔지니어링 방법론 또는 과학적인 원리 서비스를 통 해 장애인들이 직면하고 있는 교육, 재활, 직업, 교통, 독립생활, 레크리에이션에 대한 장애물을 충족시키는 것이다(Cook & Hussey, 1995). 재활 엔지니어링은 새로운 기술을 디자인해서 개발하는 측면에서 다른 용어들과 차이점이 있다.

　　앞서 살펴본 바와 같이 보조공학, 재활공학, 특수교육공학, 재활 엔지니어링은 그 개 념이 유사하고 추구하는 바도 유사하다. 하지만 미국의 예들을 보면 각각의 용어들이 해당하는 영역들 나름대로의 특성을 최대한 살리고, 보다 효과적이고 효율적인 서비 스를 제공하고자 노력하고 있음을 알 수 있다.

　　보조공학, 재활공학, 특수교육공학 그리고 재활 엔지니어링을 연령별로 살펴보자.

　　먼저 **특수교육공학**은 학습과 관련된 내용이 포함되기 때문에 유치원에서 고등학교 까지의 교육을 받는 장애학생이 주 대상이다. **재활공학과 재활 엔지니어링**은 재활이라는 용어 때문에 장애 성인이 주 대상이다. **보조공학**의 특징은 연령과 영역에 구애를 받지 않는다는 것이다. 그러므로 보조공학은 유아에서부터 노인에 이르기까지 모든 연령을 포함하며 임상서비스에서부터 기기 디자인 및 개발까지 포함한다. 보조공학이 우산이라면 그 밑에 재활공학, 특수교육공학, 재활 엔지니어링 그리고 의지보조기까지를 포함한다고 표현할 수 있겠다.

2. 개념

보조공학의 시작은 아마 이미 석기시대부터 그 유래를 찾아볼 수 있을 것이다. 석기시대에 한 원시인이 사냥을 나가다가 돌에 걸려 넘어져 한쪽 다리가 부러졌다. 그 당시에는 아직 휠체어나 목발이 없었기 때문에 주위의 나뭇가지를 찾아다 이용하였을 것이다. 나뭇가지를 지팡이와 같이 사용했던 것에서 볼 수 있듯이 아주 오래전부터 원시적이나마 보조공학은 실행되어 왔다. 이렇게 해서 최초의 보조공학 장비가 구상되어 만들어지고 이용되었다. 이때 이 맞춤장치(나뭇가지)는 진보된 디자인과 최고의 재료가 사용되었기 때문에 '고급기술'로 판명되었을 것이다. 시간이 지남에 따라 그의 자손들은 동물의 빈 뿔로서 큰 소리를 만들어 낼 수 있는 것을 알고 자신의 나빠져 가는 청각문제를 해결했을 것이다. 여기서 가장 중요한 것은 그들이 사용한 보조기기의 형태 또는 스타일이 아니라 기능이다. 원시인이 사용하던 나뭇가지와 현재의 지팡이 또는 목발은 형태와 스타일은 다르지만 기능적으로는 유사점이 많다. 그리고 자손들이 사용한 동물 뿔은 오늘날의 보청기와 비교할 때 형태와 스타일은 다르지만 기능적인 면에서는 유사하다(Cook & Hussey, 1995). 이와 같이 형태와 스타일은 다르지만 기능적인 면에서 보조공학은 이미 오래전부터 사용되어 왔던 것이다.

세계보건기구는 **손상**(impairment)을 "심리적, 신체적 또는 해부학적 구조나 기능의 손실 혹은 이상"으로 정의하였다(World Health Organization, 1980). **장애**(disability)는 손상으로 인해 비장애인과 같이 그 활동을 할 능력이 없을 경우에 나타나는 결과를 말한다(예: 의사소통, 청각, 이동에 관한 것 혹은 사물 조작에 있어서의 어려움). **사회적 불리**(handicap)는 그 사람의 특성이 아니라 사람과 환경 사이의 관계에 대한 설명이다. 예를 들면, 양팔 없이 태어난 사람(손상)은 쓰기나 자조활동의 과제들의 수행이 불가능할 것이다(장애). 만약 이 사람이 이러한 손상이나 장애로 인해 학교나 직업을 구하거나 또는 참여하는 데 있어서 부분적으로 방해 또는 통제를 받는다면, 이것은 사회적 불리이다. 이러한 사회적 불리에도 불구하고 이 사람은 그의 발이나 입을 사용하여 일상생활을 수행하거나 의지보조기를 사용해서 사회적인 불리 상태를 극복할 수 있다. 사회적 불리를 개인으로부터 환경으로 옮기는 접근은 장애의 영향으로 인한 사회적 불리를 감소시키는데 보조공학의 역할에 중요한 관점을 제공한다. 또한 이러한 방법으로 보조공학과 장애인을 설명하는 것은 한계점에 초점을 맞추는 것 보다 기능적 결과 (functional outcome)를 더욱더 강조하며 보조공학은 주로 장애인들을 위한 성공적인 기능적 결과를 제공하기 위해서 사용된다. 그러므로 손상을 입은 사람과 비장애인과의 기능적 능력의 측면만 고려해서 비교해 볼 때 가능하면 같은 기능적 능력을 가지도록 도와주는 것이 보조공학이다. 그리고 보조공학의 혜택을 얻어 손상 입은 사람이 기능적 능력으로 비장애인과 동등한 위치에 있다면 사회참여 또한 가능해질 것이다.

앞에서 말한 바와 같이 궁극적으로 보조공학은 기능적 능력 회복을 통하여 장애인의 삶의 질을 향상시키는 데 목적이 있다. 미국 법률상 보조공학이 정식으로 언급된 것은 1988년 미국 「장애인을 위한 공학 관련 보조법」이다. 하지만 1988년 이전부터 내용상 그리고 간접적으로 이미 보조공학이 사용되었고 또한 보조공학을 의미하기 때문에 1988년 이전 법률을 해석할 때 보조공학으로 사용하겠다. 1918년 미국 「직업재활법」을 통해서 처음으로 보조공학에 대한 자금지원이 시작되었다. 이 법은 미국 「직업

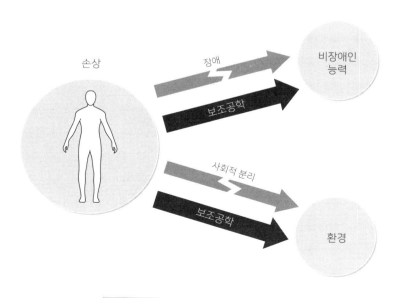

그림 15-1 보조공학과 기능적 결과

재활법」의 한 부분으로서 상이군인들의 성공적인 고용훈련을 위한 서비스 및 기기(보조공학)를 제공했다(Wallace et al., 1995). 1954년에 처음으로 연방정부 재활프로그램에서 주정부로 지급되는 기금이 증가하였고 보조공학 서비스가 확대되었으며 보조공학 구입비가 포함되었다.

　1973년 미국 재활법부터 보조공학에 대한 법률이 본격적으로 활성화되기 시작했다. 이 법은 연방기금을 받는 고용주에게 **합당한 편의**(reasonable accommodation)와 **최소 제한 환경**(least restrictive environment)을 권유하고 있다. 1973년 재활법의 결과로, 많은 고용주와 대학은 장애물을 줄이기 위한 캠퍼스와 작업환경에 대한 건축 상의 변화를 꾀했다. 휠체어 사용자를 위해 건물에 엘리베이터가 설치되고, 경사로가 만들어지고 턱이 없어지며, 시각장애를 가진 사람들에 대한 접근을 제공하기 위해 표지(엘리베이터를 포함한)에 음성과 점자 표지가 부가되었다. 최소 제한 환경에서 편의를 얻기 위한 대다수의 노력은 보조공학의 사용을 수반했다(Cook, 1995). 1975년 모든 장애아동을 위한 교육법은 아동에 대한 최소 제한 환경과 합당한 편의의 개념을 5세부터 22세까지의 아동으로 확대했다. 장애를 가진 아동들에게 제공되는 감각 보조장치(시각적, 청각적)에서부터 보완대체 의사소통 장치, 그리고 특별히 제작한 컴퓨터를 활용해서 교육적 프로그램에 접근할 수 있도록 했다(Cook, 1995). 1970년대 중반에 이미 미국에서는 교실에서의 착석의 중요성에 대해서 인식해 왔다. 당시 교실 내에서의 중증장애인을 위한 자세 장비들이 거의 전무했다. 이를테면 교실 내에는 중증장애인에게 적절하지 않지만, 고작해야 유치원 의자, 패드가 없는 나무의자 등이 전부였다(이근민, 2001). 보조공학 분야의 많은 사업은 1972년에 연방정부의 지원을 받아 장애 연구와 평가를 제공하기 위해 재활공학연구소(Rehabilitation Engineering Research Centers: RERC)들이 설립됨으로써 시작되었다. 이 연구소들은 각각 보조공학의 특정 분야에 중점을 두었다. 각 연구소는 그들이 만든 기기들을 재활서비스 전달체계를 통하거나 상품화함으로써 사람들의 생활 속 깊이 소개될 수 있도록 노력하였다(오길승 외, 1996).

　1980년대에는 소비자에게 재활서비스를 전달하는 데 중점을 두었으며 공학뿐만 아니라 그와 관련된 법안의 입법에 있어서도 많은 진보가 있었다. 이것은 1986년에 파악된 미국에 16개 재활공학연구소가 중점을 둔 분야에서 잘 나타나고 있다(오길승 외, 1996). 1986년 「영유아 장애법」은 공학, 교육 매체와 자료를 이용할 수 있도록 되어 있다. 이 개정된 법률은 장애인 가족 서비스 계획에 보조공학 장치나 서비스를 명시할 수 있으며 가족계획 서비스 계획에서 개별화 프로그램으로 이어질 수도 있다(Cook, 1995). 두 가지 중요한 법안, 즉 미국의 1986년「재활법」개정안과 1988년「장애인을 위한 공학 관련 보조법」은 보조공학으로 혜택을 받을 수 있는 사람들이 보조공학을 보다 손쉽게 이용할 수 있게 하였다. 1986년 개정「재활법」에는 각 주에 속해 있는 직업재활 계획 속에 보조공학의 제공을 요구하고 있다. 이 계획의 실행으로써 각 주가 직업 재활에 관한 연방 자금을 받아 공학과 관련된 서비스를 받을 수 있는 혜택이 주어지는 기초가 되었다. 1988년「장애인을 위한 공학 관련 보조법」은 각 주별로 주 단위의 보조공학 서비스 전달체계를 발전시키는 기회를 제공하였다. 주는 모든 연령의 장애를 가진 사람들에 대한 공학 관련 보조의 주 전체의 포괄적인 고객 반응을 개발시키기 위해 연방정부의 기금을 받았다. 미국「장애인을 위한 공학 관련 보조법」의 목적은 필요로 하는 사람에게 보조공학에 관한 정보를 주는 것이다. 보조와 관련된 공학 전달에 대한 전략은 장애를 가진 사람들로 하여금 출판, 공교육, 세미나, 워크숍 그리고 설명회를 통해 보조공학의 혜택을 인식하도록 하는 인식 프로그램을 포함한다.

　1990년 미국「장애인 법」에는 비록 '보조공학 장치와 서비스'라는 용어가 나타나 있지는 않지만, 보조공학이 '**합당한 편의/적절한 배려**(reasonable accommodation)'와 '**보조기기와 서비스**' 모두의 한 부분으로써 중요한 역할을 수행한다고 분명히 나타나 있다. 법3장(Title III)은 공적 편의(public accommodation)가 합당한 편의로 고려될 수 있는 행동의 목록을 제공한다. 합당한 편의는 장애인에 대한 보조 기기와 서비스를 포함한다. 만약 장애를 가진 사람이 이들 보조 기기와 서비스를 가지고 비장애인과 같이 상품을 즐기고, 서비스, 시설, 특권, 편의 또는 도움을 누릴 수 있다면, 공적 편의는 업무에 부당한 곤란이 없도록 그와 같은 보조 기기와 서비스를 제공해야만 한다. 1990년「장애인교육법(Individuals with Disabilities Education Act: IDEA)」은 만약 학생이 보조공학 기기나 서비스를 원한다면, 그리고 그 학생의 개별화 프로그램이 이를 요구한다면, 그 학생은 지방 교육청이나 주 전체의 시스템으로부터 그것을 얻을 수 있도록 했다. 1992년 미국「재활법」재승인에는 재활공학이 정의되어 있으며 이는 재활 엔지니어링과 보조공학을 포함한다고 규정되어 있다. 이 법에 따라 각 주는 특별한 보조공학기기와 서비스를 실행해야 하며/하거나 작업장의 평가도 함께 제공해야 한다. 개인재활계획서(Individualized Written Rehabilitation Plan: IWRP)에는 재활공학 서비스가 어떻게 중장기간의 목적에 도움을 제공할 수 있는지도 포함되어야 한다. 또한 이 법안에 따르면 재활공학 연구센터는 지속되어야 하며 좀 더 핵심적인 분야에 연구와 개발을 집중

해야 한다고 명시되어 있다(Cook, 1995). 마지막으로 1998년 「보조공학법」의 목표는 각 주에게 모든 연령의 장애인들을 위해서 소비자 중심의 공학 프로그램을 유지 또는 강화하는 데 재정적인 지원을 제공하는 것이다.

보조공학을 통해서 우리들은 장애인에게 여러 가지 서비스를 제공할 수 있다. 예를 들면, 비록 자연어는 아니지만 표현 기능을 회복시킬 수 있는 의사소통기기, 휠체어에 바로 앉을 수 있도록 도와주는 자세유지 보조기기, 보조기기를 활용하여 이동이 좀 더 용이해진 휠체어, 시각장애인들이 모든 정보를 마음대로 활용할 수 있는 보조기기 등의 활용은 장애를 가진 당사자는 물론 그 가족, 나아가 주위의 모든 사람들의 삶의 질까지도 향상시키는 결과를 가져올 것이라 본다. 장애인들이 집이나 직장, 학교 또는 지역사회 어디에서든 그 개인이 처한 환경에 따라 적절한 보조공학 서비스를 받음으로써 잔존 기능을 계발하고 환경의 변형을 통해 보다 편리한 생활을 영위할 수 있기 때문이다.

일반적으로 보조공학 서비스를 제공할 때는 다음과 같은 과정을 거친다.

[그림 15-2]는 보조공학 서비스의 실행과정을 좀 더 구체적으로 나타낸 것으로 상업적으로 구입이 가능한 기기(일반 대중을 위해 디자인된 것과 장애인을 위해 디자인된 것)부터 시작해서 상업적인 기기의 개조, 끝으로 완전히 기기를 주문 제작해서 맞추는 것을 나타내고 있다. 클라이언트를 위해 보조공학기기를 추천할 때 우선 **상업적으로 구입**이 가능한 것부터 고려해야 한다. 만약 클라이언트의 요구를 상업적인 기기로 만족시킬 수 없을 경우 **개조**를 해야 한다. 이런 개조는 단순한 것에서부터 매우 복잡한 것까

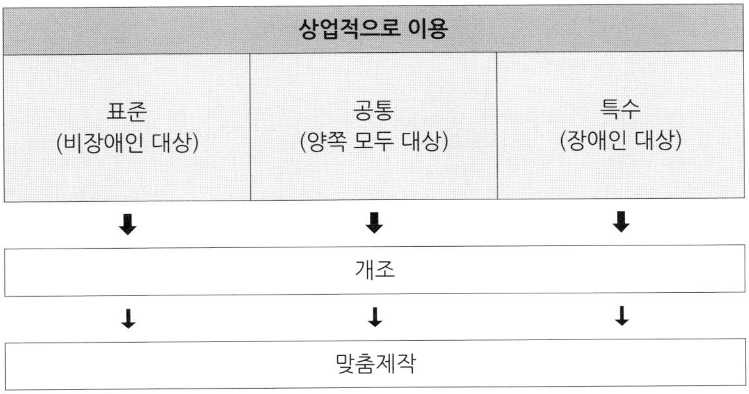

그림 15-2 상업적으로 이용할 수 있는 단계부터 개조 및 맞춤제작까지

출처: Cook, & Hussey (1995). p. 11.

지 있다. 만약에 상업적인 기기 또는 개조로도 클라이언트의 요구를 만족시키기 어려우면 그 요구를 만족시킬 수 있는 특별한 **맞춤제작**이 필요하다. 다시 말하면, 클라이언트에게 맞는 맞춤기기의 개발이 필요하다는 것이다.

3. 컴퓨터 대체 접근

장애인이 표준적인 방법과 다른 방법을 통해 컴퓨터 및 관련된 기기에 접근할 수 있는 방법을 말한다. 대체 접근이라고 하면 많은 장애 영역 중에서도, 특히 지체장애인과 시각장애인에 관계된 부분이라 하겠다. 대체 접근은 사용자가 체계와 인지적, 언어적 그리고 운동적으로 상호작용하는 것을 뜻한다(Koppenhaver et al., 1993). 비장애인 및 장애인들이 손으로 글씨를 쓰기가 어려울 때 가장 익숙한 대체 접근 방법이 타자기와 컴퓨터이다. 하지만 많은 장애인들이 표준 컴퓨터를 사용하는 데는 한계가 있으므로 접근이 매우 어렵다. 그러므로 우리는 다른 방법으로 컴퓨터를 사용할 수 있는 방법을 모색해야 한다. 이것이 바로 컴퓨터 대체 접근이다.

1) 컴퓨터 대체 접근의 목적

(1) 현대인 과학문명 혜택 대 장애인 과학문명 혜택

현대인들이 과학문명의 혜택을 누리면서 삶의 질을 향상하듯이 장애인들도 국민의 한 사람으로서 과학문명의 혜택을 받을 권리가 있다. 궁극적으로 컴퓨터 접근은 장애인의 삶의 질을 향상시키는 데 목적이 있다. 과학문명의 발달이 꼭 장애인들에게 혜택을 준다는 보장은 없다. 왜냐하면 비장애인들을 위한 과학문명이 장애인들에게는 또 다른 장애의 벽을 만들 수 있기 때문이다. 예를 들면, 장애인들은 컴퓨터를 다루기가 참 힘들다. 우선 컴퓨터에 접근하기 위해서는 대체적인 방법을 모색해야만 한다. 그렇지 않으면 컴퓨터는 장애인에게 무용지물이 되고 말 것이며 또 하나의 벽을 만드는 요인이 되는 것이다.

(2) 정보처리 장애인

비장애인들도 컴퓨터를 모르면 컴맹이 되듯이 장애인들도 컴퓨터를 못 다루면 또

하나의 장애물이 되는 것이다. 현대의 과학을 장애인들의 교육과 재활에 응용하지 않는다면, 장애인들의 사회 및 교육 통합이 어려워질 뿐만 아니라 일반사회에서 더욱더 격리될 것이다.

컴퓨터가 생활필수품이 되는 앞으로의 세상에서는 눈이 보이지 않거나 손을 마음대로 움직일 수 없는 사람이 장애인이 아니라, 컴퓨터에 정보를 입력하지 못하는 사람이 정보 입력 장애인이 될 것이고, 컴퓨터에서 출력되는 정보를 사용하지 못하는 사람이 정보 출력 장애인이 될 것이며, 컴퓨터를 이용하여 정보를 처리하지 못하는 사람이 정보처리 장애인이 될 것이다(한성희, 1994).

고용적인 측면에 있어서도 보조공학이 장애인의 고용에 미치는 영향은 대단하다. 공학의 도움을 받지 못하는 장애인의 작업능력은 비장애인과 비교할 수가 없다. 그러나 장애인이 정보를 얼마만큼 빨리 효과적으로 접근하고, 검색하고, 활용하는 능력에 따라 취업률과 직업범위가 좌우될 것이다. 예를 들면, 미국에서는 시각장애인들이 비서 또는 안내원 직종을 가지고 있는 것을 흔히 볼 수 있다. 대학 교무처에서 모든 캠퍼스의 전화번호 및 안내를 맡아서 처리하는 시각장애인이 있는가 하면 보조공학기기 공장에서 손님을 맞이하고 안내하는 비서도 시각장애인이다. 이들의 공통점은 둘 다 정보를 자기 마음대로 접근, 검색 그리고 활용할 수 있는 능력이 있다는 것이다.

(3) 유아에서부터 노인까지

컴퓨터 응용범위는 유아에서부터 노인까지 광범위하다. 유아들은 단일 스위치와 단일 스위치에 의존하는 컴퓨터 보조교수(Computer Assisted Instruction) 프로그램을 활용해서 원인-결과(cause and effect)의 개념을 경험할 수 있다. 예를 들면, 스위치를 누르면 컴퓨터 화면에 공룡이 움직이면서 소리를 내는 것이다. 유아가 스위치를 작동하면 거기에 따른 반응을 나타내면서 자신감을 갖도록 하는 것이 유아 성장과정에 꼭 필요하다. 앞으로 선진국의 보조공학은 대부분 노인을 대상으로 이루어질 것이다. 왜냐하면 의학기술과 유전공학의 발달로 인해 노인 인구의 분포가 매년 늘어날 것이며 재정적으로 가장 여유가 있는 사람도 노인이기 때문이다. 보조공학은 노인들이 좀 더 편리하도록 잃어버린 기능을 대체해 주기 때문에 많은 도움을 줄 수 있다. 그리고 노인은 시력이 약해지고 신체적으로도 약해지기 때문에 보조공학의 대상이 될 수밖에 없다.

(4) 기능적인 능력 회복 또는 기능 대체

컴퓨터 대체 접근의 목적을 다른 시각에서 설명하자면, 장애인 또는 노인은 비장애인과 비교해서 기능이 부족한 것이므로 부족한 기능 또는 잃어버린 기능을 비장애인과 같이 회복을 시킬 수만 있다면 장애가 없어질 것이다. 그러므로 컴퓨터는 이러한 기능을 회복시키고 대체해 줄 수 있는 좋은 도구(tools)인 것이다. 우리는 이러한 도구를 얼마만큼 잘 활용하느냐에 따라 우리가 얼마만큼 기능을 회복할 수 있는지가 결정된다.

(5) 사용자와 환경의 상호작용

마지막으로 컴퓨터 대체 접근의 목적은 외부 환경을 조절하고 외부 정보를 받아들일 수 있는 상호작용환경을 만드는 데 있다. 왜냐하면, 지체장애인 또는 의사소통 장애인은 컴퓨터를 통해 환경을 조절할 수 있고 감각장애인은 환경의 정보를 컴퓨터를 통해 받을 수 있기 때문이다([그림 15-3] 참조).

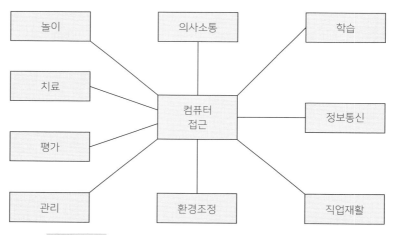

그림 15-3 컴퓨터 접근을 통한 사용자와 환경의 상호작용

2) 지체장애인의 컴퓨터 접근

지체장애인의 경우 신체적 손상으로 인하여 여러 가지 제약을 받게 된다. 이러한 어려움을 덜어 주기 위해서 손상된 부분의 일부분 또는 전체를 보완해 줄 수 있는 기기들이 필요하다. 일상생활에서부터 정보를 얻은 컴퓨터의 사용까지 다양한 방법으로 손

상을 대체해야 한다. 지체장애인의 컴퓨터 사용을 위해서 필요한 입력방법은 크게 직접 입력과 간접 입력으로 나눌 수 있다.

(1) 선택 세트

선택 세트란 선택을 할 수 있게끔 항목을 제공하는 것이다(Lee & Thomas, 1990). 선택 세트는 전통적인 철자(예: 문자로 쓴 단어, 낱말, 그리고 문장), 아이디어를 표시하는 상징, 컴퓨터 아이콘, 선으로 그린 그림 또는 사진, 또는 합성음성으로 표현될 수 있다. 표준 컴퓨터 키보드 또는 타자기의 한정된 상징 세트('tab' 'control' 'shift' 등) 자판을 선택 세트라고 한다. 보완대체 의사소통 기술의 대부분이 선택 세트의 항목을 시각적(예: 키보드의 문자)으로 표시한다. 그런데 시각장애로 인해 시각적 표시가 불가능하면 선택 세트의 항목을 청각적(예: 청각적 스캐닝의 음성 선택) 또는 지각적(예: 물체, 감촉, 형상, 점자)으로 표시해 주어야 한다. 자세한 선택 세트는 11장 '의사소통 보조기기와 서비스'를 참고하기 바란다.

선택 세트의 크기, 양식 그리고 종류는 사용자의 필요와 요구되는 활동 결과에 기준해서 선택된다. 환경조종 장치 또는 전동휠체어는 의사소통 보조기기보다는 보통 적은 항목의 선택 세트를 가지고 있다. 사용자의 기술에 따라 크기가 변할 수 있다. 예를 들면, 철자가 가능하고 신체적인 조정력이 좋은 개인은 모든 문자와 기능키를 가지고 있는 표준 키보드의 선택 세트를 사용할 수 있는 기술을 가지고 있다. 이와 반대로 언어발달 및 의사소통 기술을 개발하고 있는 개인은 랩트레이에 두 개만의 사진 또는 상징만을 포함하고 있는 선택 세트를 가지고 있는 것도 있을 것이다.

(2) 선택 방법

개인을 위해 제어 인터페이스를 선택하는 것은 복잡한 과정이 될 수 있다. 평가과정을 통하여 사용자의 필요와 능력에 맞는 제어 인터페이스를 모색해야 한다. 사용자의 필요성과 신체적인 평가를 토대로 직접선택을 위한 인터페이스 또는 간접선택을 위한 인터페이스 또는 점과 선으로 이루어져 키보드의 입력을 대신하는 모스부호의 사용을 결정해야 한다. 선택 방법은 직접입력과 간접입력으로 구분되는 두 개의 기본적인 방법이 있는데 사용자는 제어 인터페이스를 사용하여 선택하게 된다. 현재 사용되고 있는 간접선택 방법은 스캐닝과 코드화된 접근이다.

(3) 직접 입력

직접입력은 사용자가 선택 세트의 어느 항목을 임의대로 제어 인터페이스를 사용해서 선택할 수 있는 것을 말한다. 다시 말해서, 직접 입력은 사용자의 한 행동이 한 항목을 가리키는 방법이다. 예를 들면, 컴퓨터 키보드를 타이핑하거나 어떤 단어를 가리키는 것을 말한다. 사용자는 그의 음성, 손가락, 손, 눈, 또는 다른 몸 움직임을 사용해서 선택을 가리킨다. 음성인식과 눈 응시 그리고 광학지시기와 같은 입력방법은 접촉이 없는데도 불구하고 직접 입력으로 간주된다. 이런 방법의 선택은 사용자가 목표를 확인한 다음, 바로 그곳으로 가는 것을 말한다. 즉, 사용자의 한 행동이 한 항목을 가리키는 입력 방법이다. 신체적으로 직접 입력은 정밀하고 조종된 움직임을 요구하기 때문에 제일 어렵고 힘이 든다. 인지적으로 직접 입력은 선택을 했으면 즉각적이고 직접적인 결과가 있으므로 보다 직관적이며 쉽다. 직접선택은 동작하는 것이 어렵거나 그로 인해 쉽게 피로해지지 않는 한 표현력이 향상되고, 무엇보다 정확하고 빠르다는 것이 장점이다. 직접선택의 단점은 피로를 빨리 그리고 많이 느끼고, 잘 되지 않을 때는 스트레스를 받고, 자신감을 상실할 수도 있다는 것이다.

① 직접 입력을 위한 제어 강화기

제어 강화기는 사람이 제어 인터페이스를 사용하는 데 이용할 수 있는 신체적 조절능력(범위, 운동능력)을 강화시키거나 확장시키는 보조기를 말한다. 어떤 경우, 제어 강화기는 직접선택을 가능하게 하기에 충분하도록 개인의 범위와 운동능력을 개선한다. 다른 경우, 제어 강화기는 신체적으로 더 편하게 하고 개인을 위해 피로를 최소화한다. 이 제어 강화기로는 다음과 같은 것이 있다. 팔 보조기(arm supports), 마우스스틱

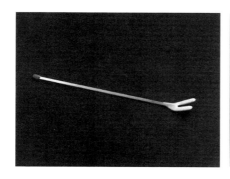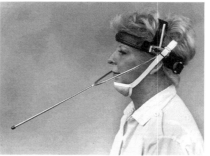

그림 15-4　마우스스틱과 머리 지시기

그림 15-5   팔 지지대 및 타자 보조기

(mouthsticks), 머리 지시기(head and handpointer), 팔 지지대, 타자 보조기와 같은 장치
가 있다([그림 15-4], [그림 15-5] 참조).

② 직접 입력을 위한 키보드

직접 입력을 위한 키보드는 직접선택을 도울 수 있는 변형된 키보드로 확장키보드,
소형·미니 키보드, 터치스크린과 터치 태블릿, 혀 접촉 키패드 등이 있다.

• 확장 키보드

표준 키보드 위에서는 키를 맞추는 데 대한 충분한 능력을 갖지 못했지만 직접적으
로 선택하는 것에 대한 충분한 능력을 아직은 가지고 있는 개인은 확장 키보드를 사용
할 수 있을지 모른다. 즉, 소근육 운동이 어렵고 대근육 운동을 선호하는 개인에게 적
합하다. 확장 키보드는 표준 키보드의 키들이 너무 가까이 함께 있을 때 그것을 정확
하게 치는 데 어려움이 있는 장애인들을 위한 것이다. 확장 키보드의 다른 예로는 킹
키보드(king keyboard), 케닉스 온보드(Ke:nx On:Board), 그리고 인텔리키스(intellikeys)
등이 있다.

그림 15-6　킹 키보드 , 케닉스 온보드

• 소형/미니 키보드

확장 키보드 사용자와는 반대로 표준 키보드가 모든 키에 도달하는 데 충분한 능력은 가지지만 운동 범위가 좁아서 모든 키를 누르는 데 문제가 있는 개인이 있을지 모른다. 이런 상황에서는 축소된 혹은 미니 키보드로 해결할 수 있다. 키보드의 크기가 작을수록 한 손가락으로 타이핑하거나 팔이나 손의 운동 범위가 작은 사람에게 도움을 줄 뿐만 아니라 머리/목 운동을 하여 마우스스틱을 사용하는 경우 타이핑 속도를 증가시키는 데 도움을 준다. 또한 키보드 배열은 일반적으로 가장 많이 사용되는 문자는 가운데 방향으로 위치되어 있고, 적게 사용되는 문자는 키보드의 바깥쪽 가장자리에 위치하는 '사용빈도' 시스템에 기초한다.

그림 15-7　미니 키보드

• 터치스크린과 터치 태블릿

[그림 15-8]과 같은 터치스크린은 사용자가 스크린에 선택 세트를 직접 지시함으로써 작동하게 한다. 터치스크린의 사용은 많은 사용자들이 인지적으로 더 쉽게 선택하게 한다. 왜냐하면 보다 직접적이고 직관적이기 때문이다. 이런 장치들은 매우 약한

광선을 차단시키는 것에 의해서든지 손가락에 전기적 충전을 알아내는 용량성 타입의 배열에 의해서 터치스크린은 컴퓨터 모니터에 붙이거나 탁자 위 또는 다른 평평한 표면에서도 사용할 수 있다. 또한 Powerpad나 Muppet Learning Keys와 같이 터치스크린과 유사한 원리로 작동하는 터치 태블릿이 있다. 이 장치 또한 태블릿에 손가락 상태를 탐지하기 위해 감각의 배열을 사용한다. 그것들은 확장 키보드의 기능을 가지는 것으로, 태블릿에 끌기 그리고 마우스를 흉내 낼 수 있다. 터치스크린과 같은 이런 많은 장치들은 터치 태블릿용 컴퓨터 소프트웨어가 필요하다.

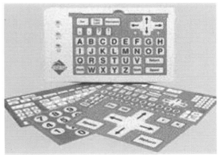

그림 15-8　　터치스크린, 인텔리키스

• 혀 접촉 키패드

혀 접촉 키패드([그림 15-9] 참조)는 아홉 개의 분리된 작은 스위치들로 구성되었으며 구개의 윗부분에 맞도록 되어 있다. 이 무선주파수 송신 인터페이스는 전지로 작동되며 인터페이스의 프로세서를 작동시켜서 컴퓨터에 적외선 신호를 보낸다. 아홉 개 스위치 각각은 컴퓨터 스크린에 나타난 메뉴에 하나의 선택으로 대답한다. 첫 번째 메뉴는 환경조정의 선택(예: 텔레비전, 빛), 컴퓨터의 접근성(키보드 흉내), 휠체어 제어이다. 일단 이들 범주 중에 하나가 선택되면 그때 범주에 속하는 아홉 개 이상의 선택, 예를 들면 텔레비전을 위한 음량, 채널 통제, 문자, 키보드 배열, 컴퓨터 입력을 위한 마우스 움직임 지시, 텔레비전 다이얼을 위한 수의 선택이 나타나게 된다. 이런 접근은 그들의 수족이 근육 통제를 하지는 못하지만 머리, 목과 입의 근육통제는 잘 되는 개인에게 유용하다. 특별히 사용자는 효율적으로 키를 사용하기 위해 혀끝의 들어올리기가 잘 되어야 한다(Lan & O'Leary, 1993).

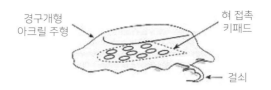

그림 15-9   혀 접촉 키패드

③ 직접 입력을 위한 대체 전자 지시 인터페이스

직접 입력을 위한 대체 전자 지시 인터페이스는 표준 마우스를 대체하여 사용할 수 있는 특수한 형태의 마우스를 말하는데, 예를 들면 마우스키, 트랙볼, 대체(머리 조절) 마우스, 연속적인 입력 조이스틱, 가상 또는 스크린 키보드, 광지시기와 광센서, 음성인식, 눈 응시 시스템, 그리고 뇌파를 이용한 입력 방법 등 다양한 기기들이 있다.

• 마우스키

마우스키는 키보드 우측의 숫자 키패드로 마우스 포인터를 움직이는 것을 말하는데 내게 필요한 옵션 등록 정보에 있다([그림 15-10 참조]).

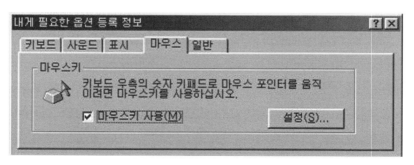

그림 15-10   마우스와 윈도우즈 마우스키 설정

• 트랙볼

트랙볼의 사용은 숙달된 비장애인을 위한 발전된 한 가지 접근법이다. 이것은 종종 마우스를 사용할 수 없는 사람들에게 유용하게 활용되기도 한다. 트랙볼은 마우스를 뒤집어 놓은 것과 같은 형태다. 손이나 손가락의 동작을 이용해 볼을 회전시켜 화면 위의 커서를 움직인다. 본체는 움직이지 않고 손가락만으로 볼을 움직이므로 이 접근은 표준 마우스보다 더 적은 운동 범위를 요구하고 있기 때문에 지체장애를 가진 사용자에게는 마우스에 비해 이용이 용이하다. 이것은 또한 턱이나 발과 같은 다른 몸의 일부로 쉽게 트랙볼을 사용하는 것이 가능하다. 대부분의 트랙볼 사용자는 마우스 버튼을 잠글 수 있다. 그것은 한 손가락이나 마우스스틱 사용자들에게 클릭이나 끌기 기능을 실행하기 위해 동시에 마우스를 움직이는 동안 버튼을 누를 필요가 없다.

그림 15-11   트랙볼

• 대체(머리 조절) 마우스

머리 조절식 마우스나 지시기와 같은 입력방법은 머리의 조절 기능은 좋지만 상지 기능이 손상된 장애인을 위한 선택 방법이다. 이것은 전선으로 컴퓨터에 연결된 헤드세트로 구성되어 있다. 그 헤드세트는 머리의 움직임을 간파하는 센서를 통해서 신호를 컴퓨터로 보내고, 컴퓨터는 신호가 마우스에 의해 보내지는 것처럼 인식한다. 여기서 머리의 움직임은 마우스(커서)의 방향조종과 같다. 불기(puff)와 빨기(sip) 스위치는 마우스의 클릭 기능에 해당되며 헤드세트에 달려 있다. 불기와 빨기 스위치는 플라스틱 재질의 마우스피스(mouth piece)로 구성되어 있는데 사용자의 위생을 위해 갈아 끼울 수 있게 되어 있다. 다른 스위치로도 불기와 빨기 스위치를 대체할 수 있다. 타이핑을 위해서는 헤드 마우스(HeadZmouse)가 가상 또는 스크린 키보드 프로그램과 함께 사용되어야만 한다([그림 15-12] 참조).

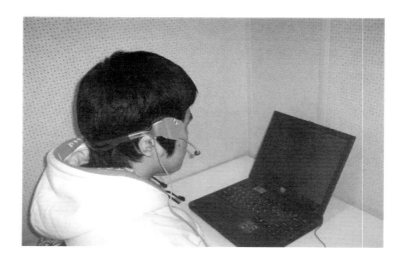

그림 15-12　헤드 마우스(HeadZmouse)

　　헤드 마우스와 유사한 형태인 자우스는 조이스틱과 마우스의 기능을 합친 것으로, 그 이름 역시 두 이름의 합성어이다. 마우스의 움직임은 조이스틱의 움직임과 같고, 이때 조이스틱은 손이 아닌 머리나 턱, 입 등의 부위로 조종된다. 마우스의 클릭은 헤드 마우스와 마찬가지로 불기-빨기 스위치를 이용한다. 터치스크린은 사용자가 스크린의 선택 세트를 직접 지적함으로써 작동하게 한다. 가장 최근에 개발된 것에는 눈 응시 시스템(eye-gaze system: 눈동자만으로 의사소통 및 환경을 조종할 수 있는 장치)과 마인드 스위치(mind switch: 뇌파를 이용해 자신이 생각한 전자제품을 작동시키는 장치)와 같은 것이 있다. 마우스를 대체할 수 있는 것에는 트랙볼, 헤드 센서, 조이스틱, 키패드에서 마우스키의 사용, 그리고 터치스크린이 있다.

• 연속적인 입력 조이스틱

　　네 방향으로 움직일 수 있는 조이스틱은 마우스의 또 다른 대안으로서 사용하기에 적합하다. 조이스틱의 유형에는 두 가지가 있다. 조이스틱형 조정기는 비례적(proportional) 제어방식과 비-비례적(non-proportional) 제어방식으로 나눌 수 있다. 비례적 제어방식은 전진을 위해서는 조이스틱을 앞으로 밀면 되고, 또 앞쪽으로 미는 정도(각도)에 따라 속도가 조절되는 것이다. 비례적 조이스틱은 끊임없이 신호를 보내므로 손잡이의 조절 동작에 즉시 응답하며 그 방향으로 명령이 간다. 비례적 조이스틱의 사용은 개인이 운동의 방향뿐만 아니라 운동의 속도까지 조절할 수 있다. 즉, 많이 밀면(기울기가 커지면) 속도가 빨라지고, 조금 밀면(기울기가 작으면) 천천히 움직인다

(Cook & Hussey, 1995). 비례적 조이스틱은 사용자가 커서운동의 방향과 속도를 조절할 수 있는 대체 마우스로서 긍정적으로 사용된다. 반면에 비-비례적 조이스틱은 미는 각도에 관계없이 일정한 속도를 낸다.

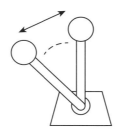

그림 15-13   기우는 각도에 따라 움직이는 비례적 조이스틱

• 가상 또는 스크린 키보드

표준 키보드를 사용할 수 없는 개인을 위해 키보드에 대한 연구가 많이 이루어졌다. 가상 또는 스크린 키보드(virtual, screen keyboard)는 키보드 이미지를 비디오 또는 컴퓨터 스크린에 올려서 사용자가 커서를 원하는 키에 지시해서 선택하는 방법이다. 커서의 움직임은 앞에서 거론된 마우스, 트랙볼, 조이스틱, 스위치 또는 머리 조절 마우스로 한다.

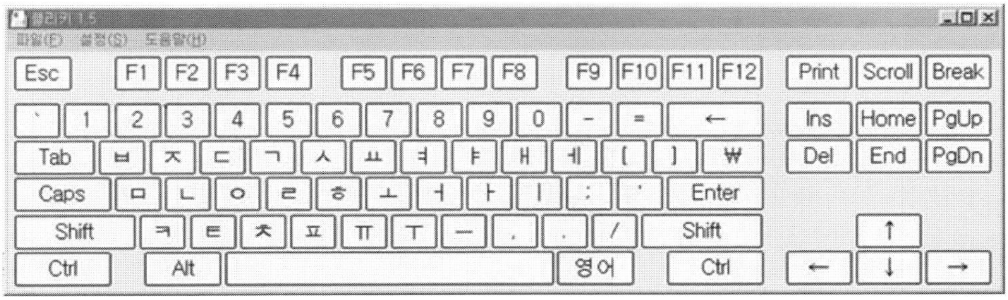

그림 15-14   한글 스크린 키보드

• 광 지시기와 광센서

광선은 직접 입력에서 지시 인터페이스로 사용될 수 있다. 간단한 형태로서 빛은 방에서 물체를 가리킬 수도 있으며 종잇조각 위의 문자를 지시할 수 있다. 광 지시기

(light pointers)의 유효성은 빛의 밝기에 따라 좌우되는데 크기와 무게가 직접 관련된다. 광 지시기는 대부분 공통적으로 머리에 붙여지나, 또한 손에 잡을 수도 있다. 광센서(light sensors)는 보통 머리에 달려 있고 광선의 하나가 겨누어지고 불이 켜졌을 때 센서에 의해 발견된다. 그 장치는 불이 켜지는 것을 알고 센서가 특별한 빛에 의해 출력하는 것을 늦출 수 있다. 빛이 선택되었을 때 이것은 긴 시간 동안 켜져 있고 사용자에게 더 빛나게 된다. 이 접근의 제일 큰 단점은 머리의 센서가 빛을 방사시키지 못하기 때문에, 사용자가 어디를 지시하는지 알 수 없고 다만 선택된 광선으로부터의 피드백을 통해서만 알 수 있다. 이러한 접근법은 현재 라이트 토커(Light Talker : Prenke and Romich Company)란 보완대체 의사소통 기기에 사용된다.

그림 15-15 광 지시기 및 광센서

• 음성인식

장애인을 위한 새로운 컴퓨터 접근 방식 중의 하나로 마이크로폰을 통한 음성 입력이 있다. 이것은 비장애인들도 효율성을 증가시키기 위하여 다수의 키 순차나 명령을 할 때 키보드와 더불어 사용할 수 있다. 상지를 전혀 사용할 수 없거나 제한된 기능을 가지고 있는 장애인들은 음성인식 장치를 통하여 모든 입력을 할 수 있다. 이때 키보드를 전혀 사용할 필요가 없다. 음성인식 시스템은 컴퓨터 접근, 휠체어 조절, 환경조절 시스템으로 사용될 수 있고, 또 응용프로그램에서 목소리를 사용해서 워드 작업을 할 수 있는 컴퓨터 시스템도 있다. 음성인식 시스템과 소리, 문자, 또는 낱말을 입력방법으로 사용한다. 음성인식 시스템에는 기본적으로 두 가지 유형이 있다. 첫 번째 유형은 사용자 의존 시스템으로, 사용자는 같은 요소의 여러 샘플을 생산함으로써 컴퓨터가 개인의 음성 또는 목소리 패턴을 배우고 각 발음을 인식하도록 그 시스템을 훈련한다. 다음은 사용자 독립 시스템으로서 훈련 없이 다른 개인적인 말의 원형을 인식한다(Gallant, 1989). 이 시스템은 수백 명의 사람들로부터 사용하는 말의 샘플과 다양한 단어의 발음장치가 음운학자에 의해 제공되는 정보를 바탕으로 개발되었다.

그림 15-16　한글 음성인식

• 눈 응시 시스템

　눈 응시 시스템은 의사소통 시스템이나 컴퓨터 시스템에 효율적으로 접근할 수 없는 심한 비언어장애인, 사지 마비, 근위축 경화증, 근이영양증 및 뇌성마비 등이 사용할 수 있다. 컴퓨터 활용은 사용자가 안정된 자세로 모니터 앞에 앉아서 머리를 비교적 안정되게(지금 나오는 눈 응시 시스템은 이것을 감안하여 조금의 움직임이 있어도 수용할 수 있도록 제작) 유지하고 있을 때 가능하다. 시스템의 머리 움직임에 대한 내구력은 다양하다. 사용자는 일정 시간 동안 스크린 상의 원하는 문자, 부호, 그림 또는 구절 등을 응시함으로써 선택한다. 선택은 사용자가 시각적으로 스크린을 주시하고, 원하는 항목을 응시하는 것을 정기적으로 멈춤으로써 지속적으로 이루어진다. 컴퓨터는 사용자의 눈앞에 설치된 카메라(CCTV)를 통해 사용자의 한쪽 눈동자(특정한 영역에서 빛의 반사를 통해)의 위치를 탐지한다. 그다음 이런 정보를 컴퓨터가 분석해서 사용자의 한쪽 눈동자가 스크린의 어느 위치를 바라보는지 정확하게 파악한다. 현재 가격이 사용자들에게는 너무 비싼 실정이지만 눈 응시 시스템은 전통적인 방법으로는 컴퓨터에 접근할 수 없는 중증장애인들로 하여금 의사소통하고 통제하며 독립성을 증가시킬 수 있다. LC Technologies 회사에서 개발한 눈 응시 시스템의 원래 기술은 미국 국방부의 전투기 조종사가 특수 헬멧을 착용하고 미사일을 발사해서 적을 격추시키는 기술을 도입한 것이다. 그 당시 국방부에서는 조이스틱을 사용해서 미사일을 격추시키려면 시각적 정보가 뇌를 통해서 팔 운동까지 전달되는 데 상당한 시간이 걸리기 때문에 목표물이 시각적으로 탐지가 되는 순간 미사일을 발사하기 위해서 이러한 기술을 개발했었다고 한다. 현재 이 회사에서는 휴대용 눈 응시 시스템을 개발했다.

• 뇌파

인간의 특정한 뇌파를 측정하여 주변의 환경 또는 컴퓨터에 기반을 둔 장치들을 제어할 수 있다. 뇌파를 감지하여 이를 증폭시켜서 주변의 환경을 제어하는 마인드 스위치도 개발되어 있으며 컴퓨터 게임을 할 때 조이스틱 대신 뇌파를 사용하여 입력을 조정하는 장치도 연구 중에 있다. 아직은 연구 단계에 있지만 앞으로 지체장애인이 환경 조정을 하는 데 큰 도움을 줄 수 있을 것이다.

(4) 간접 입력 또는 스캐닝

직접 입력과 달리 간접 입력은 선택하는 데 중간의 단계를 포함하는 것을 의미하며, 스캐닝과 같은 방법으로 사용자가 원하는 단계에 도달하였을 때 선택할 수 있도록 한다. 이러한 간접 입력은 신체의 통제가 어려워 직접 입력이 가능하지 않을 때 사용된다. 간접 입력에는 스위치를 이용한 방법이 가장 유용하고 대표적으로 사용되는데 감각 피드백의 유형에 따라 다양한 형태의 스위치를 적용하고 사용할 수 있다.

스캐닝은 선택 세트가 화면이나 소리로 제시되며 순차적으로 커서 또는 장치의 빛에 의해 스캔된다. 개인이 선택하고 싶은 특정한 요소가 제시되면 사용자로부터 신호가 생산된다. 그러므로 스캐닝은 스위치 작동이 이루어지기 전에 커서가 원하는 위치에 도달할 때까지 기다려야 하기 때문에 시간적으로 보면 가장 비효율적인 방법이다. 스캐닝을 위해 사용되는 제어 인터페이스 보조공학 장치로는 단일 스위치 또는 이중 스위치 등이 있다.

개인이 자신의 신체에 대한 통제가 어려워 직접 입력이 가능하지 않을 때, 간접 입력 방법이 고려되어야 한다. 간접 입력 방법은 단일 스위치나 정렬된 스위치를 사용하고 사용자가 어떠한 기술을 실행할 수 있도록 요구한다. 보조공학사는 사용자의 능력을 간단한 공학기기(녹음기 또는 배터리로 움직이는 대체 장난감)와 스위치를 연결해서 평가할 수 있다. 이러한 스위치들은 지체장애를 가진 어린 아동들이 장난감을 가지고 놀고자 할 때, 매우 큰 도움을 준다. 아주 간단한 방법으로 개조(제13장 참조)를 하면 다른 아동들이 장난감을 가지고 놀면서 느끼는 즐거움이나 배울 수 있는 '원인과 결과' 같은 부분들을 느끼고 배울 수 있다.

사용자가 이러한 기술을 가지고 있으면 더 나아가 작동, 유지, 해제 기술을 다른 응용 소프트웨어를 통해 시간을 측정할 수 있다. 주로 신체의 한 부분 이상을 인터페이스와의 접촉위치를 찾아 놓는 것이 안전하다. 이러한 과정을 통해 보조공학사들은 신체의 조종위치와 인터페이스를 평가하는 데 중요한 역할을 할 것이다. 간접 선택은 미세한 근육활동만으로도 조작이 가능하다는 것이 장점이며, 가장 일관적으로 움직일 수 있는 신체 부분만 있으면 가능하다. 간접 선택의 단점은 근육활동 자체가 제한되어 있다 보니 정보 입력이 제한되고, 많은 시간을 필요로 한다는 것이다. 직접 입력보다 간접 입력은 여러 단계의 기술을 요구한다. 스캐닝을 하기 위해서는 시각적 관찰력, 상당한 집중력, 그리고 순차 능력이 요구된다. 그러므로 약 4~5세 미만의 아동에게 스캐닝 적용이 어려우며 가능한 한 사용하지 않는다는 통계의 논문이 있다. 즉, 아동이 원하는 항목을 선택하기 위해 기다리는 시간과 스위치를 적절한 시간에 작동 및 해제시키는 기술이 어린 아동이나 인지능력이 부족한 사람에게는 어렵다는 것이다.

스캐닝은 선(linear), 자동, 원, 가로-세로, 그룹, 단계, 역, 유도, 그리고 부호 접근으로 분류된다.

① 선

1차원의 선(가로 한 줄) 스캐닝은 선택 세트의 항목들이 가로선으로 제시되며 하나씩 스캔되면서 원하는 항목이 하이라이트 되었을 때 사용자가 선택한다. 가로선의 맨 마지막(맨 오른쪽) 항목에 도달하고 사용자가 선택을 하지 않았을 경우, 다시 맨 왼쪽부터 다시 반복한다. 2차원의 선 스캐닝은 1차원의 선이 한 줄 이상 있는 것을 말하는

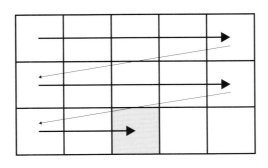

그림 15-17   2차원의 선 스캐닝

데 한 줄이 끝나면 다음 줄 맨 처음(맨 왼쪽)에서부터 스캔하는 것을 말한다.

② 자동

자동 스캐닝은 스위치를 작동하여 커서가 일련의 항목들을 통해 순차적으로 움직이도록 하고 커서가 원하는 항목에 도달할 때 두 번째 스위치 작동을 통해 항목을 선택하여 입력하는 방식이다. 자동 스캐닝은 스위치 작동을 덜 요구하지만 인지 손상인 경우 스캐닝을 학습하기가 어렵다. 자동 스캐닝은 1차원의 선 스캐닝과 동일하다.

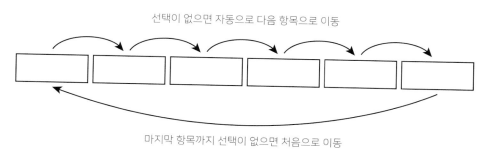

그림 15-18   자동 스캐닝

③ 원

선택 세트의 항목들이 원 모양으로 제시되며 하나씩 시계 방향으로 스캔된다. 선택 방법은 자동 스캐닝과 동일하다.

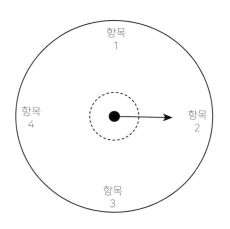

그림 15-19   원형 스캐닝

④ 가로−세로

가로−세로 스캐닝은 하나 이상의 가로줄 항목들로 구성되어 있으며 각 가로줄 전체의 불이 순차적으로 켜진다. 원하는 항목이 있는 줄을 선택하고 나면 그 줄의 각 세로 항목들이 원하는 항목이 선택될 때까지 불이 켜지며 스캔된다. 항목이 선택되면 다시 가로줄로 스캐닝 된다.

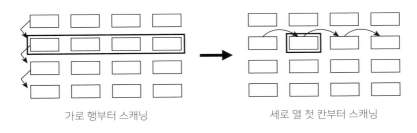

가로 행부터 스캐닝   세로 열 첫 칸부터 스캐닝

그림 15-20   가로−세로 스캐닝

⑤ 그룹

선 스캐닝과 원 스캐닝은 선택 세트의 많은 항목을 스캔하기에는 속도가 느리기 때문에 이 문제를 해결하기 위해 그룹 스캐닝을 고려할 수 있다. 이 경우는 그룹 내에 여러 항목이 있으며 그룹들을 순차적으로 스캔한다. 사용자는 원하는 항목이 들어 있는 그룹을 먼저 선택한다. 원하는 항목이 있는 그룹을 선택하고 나면 그 그룹 내의 개별적 항목들은 원하는 항목에 도달할 때까지 스캔된다. 사용자는 선택 속도를 높이기 위하여 그룹 스캐닝 양식을 개조할 수 있다. 2등분 그룹 스캐닝은 전체 선택 세트 배열을 반으로 나눈다. 각 반을 사용자가 원하는 반을 선택할 때까지 스캔한다. 사용자가 원하는 반을 선택하면 원하는 항목이 선택될 때까지 가로−세로 스캐닝으로 진행된다. 더 나아가 이와 같은 개념은 4등분 그룹 스캐닝에 응용될 수 있다. 4등분 그룹 스캐닝은 전체 선택 세트 배열을 4등분으로 나누어서 앞과 동일한 방법으로 스캔한다. 마지막으로 선택 세트 위치를 사용 빈도에 의해 배열한다. 즉, 가장 빈도가 높게 사용되는 철자를 상단 좌측 위치에 배열하면 선택 속도를 상당히 높일 수 있다. 왜냐하면 스캐닝을 할 때 상단 좌측 위치가 제일 빠른 시간에 도달할 수 있기 때문이다. 워드 플러스 회사의 EZKEY 프로그램이 이러한 그룹 스캔을 사용하는데 세계적 물리학자 스티브 호킹 박사가 이러한 방식으로 워드 작업을 한다.

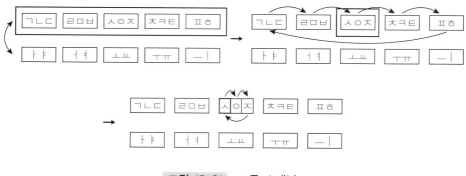

그림 15-21 그룹 스캐닝

⑥ 단계

단계 스캐닝은 연속적인 스위치 작동을 통해 한 항목 한 항목씩 진행시켜 가는 것이다. 사용자가 원하는 항목에 왔을 경우 두 가지의 방법으로 선택한다. 선택하기 위해서 다른 하나의 스위치를 사용해서 그것을 선택한다는 신호를 준다든지 아니면 수용 시간(acceptance time)을 지정해서 일정한 시간 내에 스위치를 누르지 않으면 자동으로 선택된다. 단계 스캐닝은 운동적으로 스위치를 반복해서 많이 눌러야 하기 때문에 운동 피로는 높다. 하지만 원하는 항목을 선택하기 위해서 기다릴 필요가 없으며 시간을 맞출 필요 없이 사용자가 속도를 조절할 수 있기 때문에 좋다.

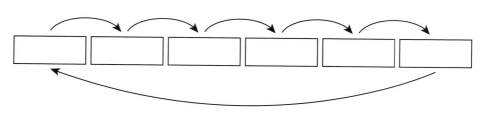

다음 항목으로 이동하고자 할 때마다 스위치를 누른다.

그림 15-22 단계 스캐닝

⑦ 역

역 스캐닝은 스위치를 누르고 있는 동안만 자동적으로 진행되면서 스캔한다. 그러다가 사용자가 원하는 항목에 도달했을 때 스위치를 떼면 선택된다. 정확성을 위해서 역 스캐닝은 적절한 시간 동안 스위치를 누르고 해제시킬 수 있는 고도의 기술을 요구한다. 스위치 작동을 한 다음 스위치를 빨리 뗄 수 없는 개인에게는 자동 스캐닝보다

역 스캐닝이 쉬울 수도 있다. 자동 스캐닝과 마찬가지로 스위치 작동을 조금만 해도 되기 때문에 운동 피로는 감소된다. 하지만 화면을 항상 주의 깊게 보아야 하기 때문에 감각 및 인지 피로는 높다.

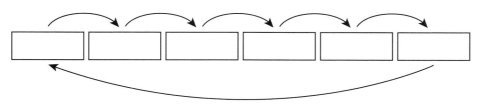

스위치를 누르고 있으면 다음 항목으로 이동하고
스위치를 떼면 항목이 선택된다.

그림 15-23   역 스캐닝

⑧ 유도

유도 스캐닝은 인터페이스를 작동시켜서 스캔의 방향을 세로 또는 가로로 선택하는 것을 말한다. 원하는 항목에 오면 사용자는 선택하기 위해서 일정한 시간을 기다리든지(수용 시간) 또는 다른 제어 인터페이스를 작동하여 선택하든지 아니면 선택된 항목에서 멈추면 된다. 유도 스캐닝은 조이스틱 또는 스위치의 배열(2개에서 8개의 스위치)과 같은 제어 인터페이스를 사용한다. 유도 스캐닝은 직접 입력보다는 많은 단계가 요구되지만 단일 스위치 스캐닝보다는 적은 단계가 요구된다. 사용자는 인터페이스를 작동해서 누르고 있다가 적절한 시간에 해제할 수 있어야 한다. 만약 개인이 이러한 사용 방법이 요구하는 움직임을 할 수 있다면 장치에 원하는 선택을 빠르게 입력할 수 있는 결과를 가져올 수 있다.

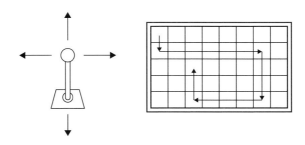

그림 15-24   가로-세로 스캐닝

⑨ 부호 접근

부호 접근은 선택 세트의 각 항목에 해당되는 부호의 입력을 위해 개인이 독특한 움직임을 연속적으로 사용한다. 앞에서 언급한 두 가지의 간접 입력 방법과 같이 선택하기 위해서 중간 단계가 필요하다. 사용되는 제어 인터페이스는 단일 스위치 혹은 부호와 일치되는 스위치의 배열로 구성된 것이다.

모스부호는 부호 접근의 한 예로, 단순히 점(•)과 선(—)만으로도 모든 문자를 만들어 내고 키보드 기능을 대체할 수 있다. 여기서 요구되는 움직임의 연속은 점과 선이다. 그리고 점과 선을 통하여 단어를 조합하여 사용하는 모스부호를 이용한 방법에 각종 스위치와 함께 사용된다. 두 개의 스위치 모스부호에서는 하나의 스위치는 점을 나타내기 위해 구성되고 다른 스위치는 선을 나타낸다. 단일 스위치 모스부호에서는 체계가 스위치의 작동 및 해제를 빨리하면 점을 나타내고, 스위치를 긴 시간 동안 누르고 있다가 해제하면 선을 나타내도록 구성된다. 문자와 문자 사이의 경계는 하나의 문자의 점과 선 간의 멈춤보다 조금 긴 시간의 멈춤으로 구분된다.

모스부호는 선택 세트를 시각적으로 표시할 필요가 없다. 시각적 표시, 그림, 또는 도표를 사용하여 부호를 생각해 내는 데 도움을 줄 수는 있지만 보통 부호는 암기해 놓는다. 스캐닝과 같이 부호 접근은 직접 입력보다 신체적인 기술을 적게 요구한다. 부호 접근이 스캐닝보다 좋은 점은 사용자에 의해 입력 시간이 조정된다는 것이며 장치에 의존하지 않는다는 점이다. 단점은 모든 문자에 해당하는 점과 선의 조합을 배워야만 사용이 가능하다는 것이다. 그러므로 부호 접근은 직접 입력과 비교해서 더 많은 인지적 기술, 특히 기억과 순차를 필요로 한다.

입력신호	모스부호	출력	
스위치 1	•		
스위치 2	—	ㄱ	
스위치 1	•		
스위치 1	•		

그림 15-25 부호 접근

(5) 스위치의 유형

스위치는 제공되는 감각 피드백의 유형(예: 청각, 촉각, 시각, 고유수용감각, 체성감각)

에 따라 다양하다. 또한 누름의 정도 또는 압력 단위(0 온스에서 1 파운드)와 작동하기 위해 요구되는 사용자의 신체 운동에 있어서도 그 종류가 다양하다. 클라이언트에게 제일 적합한 스위치를 선택하는 일은 보조공학 평가에 따라 이루어지며, 각각의 적절한 스위치를 가지고 시험적인 훈련을 통해 지속적으로 평가되어야 하고 클라이언트가 선호하는 스위치를 선택하도록 하면 더욱더 좋다. 각 스위치별로 그 용도와 종목을 알아보자.

플레이트(plate; [그림 15-26] M) 스위치는 특정 가장자리를 누름으로써 작동되는 단일 스위치다. 이것은 보통 손, 머리, 무릎, 또는 발로 작동되며 누를 때마다 청각적인 피드백이 제공된다. 라커(rocker; [그림 15-26] A) 스위치는 단일 혹은 이중 스위치로 되어 있는데, 판의 어느 한쪽 면을 누름으로써 작동된다. 단일 라커 스위치는 팔, 손, 다리, 발, 혹은 머리에 의해 보통 작동되며 이중 라커 스위치는 대부분 손으로 작동된다. 트레드(tread; [그림 15-26] B) 스위치는 한 가장자리를 누름으로써 작동되는 단일 스위치이다. 이것은 누를 때마다 스프링이 작동하는 '딸각' 소리가 남으로써 작동 여부를 판단하는 데 도움을 주는데, 작동시키기 위해서는 약 1 온스의 압력이 필요하다. 수은(mercury; [그림 15-26] T) 스위치는 목을 굽은 위치에서 뻗은 것과 같이, 수평선에서 5° 로 기울이면 작동될 수 있기 때문에 훈련 목적으로 추천되는 단일 스위치이다. 수은 스위치는 모자, 머리핀, 혹은 머리띠 위에 부착시킬 수 있다.

워블(wobble; [그림 15-26] C) 그리고 리프(leaf; [그림 15-26] D) 스위치는 두 가지 방향에서 사용자에 의해 활용되는 2~4인치의 손잡이가 있다. 이 두 가지 스위치는 손, 팔, 무릎, 혹은 머리에 의해 활용될 수 있다. 워블 스위치는 작동할 때 '짤깍' 하는 소리가 나게 만들어졌고, 리프 스위치는 그렇지 않다. 리프 스위치는 청각적 피드백을 제공해 주지는 않지만, 머리, 팔, 손, 혹은 다리로 사용할 수 있도록 어디나 쉽게 부착할 수 있다. 머리 작동을 하는 동안과 같이 스위치가 사람의 시야 범위에서 벗어났을 때 워블 스위치는 더 알맞은 선택이 될 수 있다. 레버(lever; [그림 15-26] P) 스위치는 워블 스위치와 유사하며 다만 작동시키기 위해서는 한 방향의 움직임만 필요로 한다. 이 스위치의 유형은 대개 손잡이의 끝에 둥글게 덧대어져 있고, 그리고 짤깍 소리를 내며, 또한 머리에 의한 작동을 위한 것으로 많이 쓰인다.

호흡(pneumatic; [그림 15-26] R) 스위치들은 불기(puff)와 빨기(sip) 스위치 혹은 베개(pillow; [그림 15-26] S) 스위치를 포함한다. 불기와 빨기 스위치는 스위치 안으로 공기를 개별적으로 불어넣거나 혹은 그것의 밖으로 공기를 빼내는 것으로써 작동이 이루어진다. 사용자는 다양한 공기 압력 정도를 중앙장치에 보내어 크기에 따른 반응 또는 명령을 실행할 수 있다. 베개 스위치들은 손의 둥근 모양의 것과 같이 압착된 공기의 압력 혹은 완충물(쿠션)에 적용된 압력에 반응한다.

앞선 모든 스위치는 수동적이다. 즉, 그들은 어떤 힘도 필요로 하지 않는다. 활동적인(건전지에 의존한) 스위치들 또한 존재한다. 트윙클(twinkle; [그림 15-26] U) 스위치는 사용자의 눈의 움직임(EOG)을 기록하는 눈 가까이에 위치한 전극봉과 신호를 나타낸다. 이 스위치는 둘 중 하나의 입력 혹은 두 개 스위치의 입력을 제공한다. 또 다른 활동적인 스위치에는 매우 작은 움직임도 느끼는 압전기의 수정을 사용하는 적외선(infrared; [그림 15-26] K) 스위치와 눈(eye; [그림 15-26] Q) 스위치도 있다. 적외선 스위치는 광선에 대한 어떠한 방해물의 움직임도 탐지한다. 안경의 테두리 혹은 손가락에 설치할 수 있다.

정렬 또는 복합(multiple; [그림 15-26] E) 스위치는 여러 개의 스위치를 사용하여 보통 방향을 지시하는 데 사용된다. 실(string; [그림 15-26] F) 스위치는 실을 잡아당기면 작동된다. 스크린(screen; [그림 15-26] G) 스위치는 컴퓨터 화면에 붙여서 화면을 보면서 작동할 수 있는 장점이 있다. 스위치 표면에 그림이나 사진을 오려서 넣을 수 있도록 스냅캡(snap-cap; [그림 15-26] H)과 같은 뚜껑을 만든 스위치도 있다. 또 스위치 표면에 촉각적인 피드백을 주려고 울퉁불퉁하게 만든 텍스처(texture; [그림 15-26] I) 스위치도 있다. 쥐는(grasp; [그림 15-26] J) 스위치는 스위치를 손으로 쥐면 작동된다. 마이크로 라이트(micolight; [그림 15-26] L) 스위치는 윗부분을 조금만 접촉해도 작동된다. 플렉스(flex; [그림 15-26] N) 스위치는 까만 고무로 된 끝부분을 위, 아래, 앞, 뒤로 굽히면 작동된다. 마이크로(micro; [그림 15-26] O) 스위치는 아주 작아서 손가락 끝부분으로 작동할 수 있다.

A. 라커 스위치

B. 트레드 스위치

C. 워블 스위치

D. 리프 스위치

E. 정렬 또는 복합 스위치

F. 실 스위치

G. 스크린 스위치

H. 스냅캡 스위치

I. 텍스처 스위치

J. 쥐는 스위치

K. 적외선 스위치

L. 마이크로 라이트 스위치

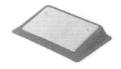

M. 플레이트 스위치

N. 플렉스 스위치

O. 마이크로 스위치

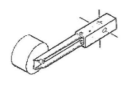

P. 레버 스위치

Q. 눈 스위치

R. 호흡 스위치

S. 베개 스위치

T. 수은 스위치

U. 트윙클 스위치

그림 15-26   스위치의 유형

(6) 스위치의 장착

모든 상황에서 사용자에 의해 기능적으로 최적의 접근이 될 수 있는 스위치의 위치와 배치가 필요하다. 그러므로 지지대는 조정이 가능해야 하고 여러 장소에 위치할 수 있어야 한다. 이것은 스위치를 필요로 하는 사람들이 여러 명 있을 때 좋다. 왜냐하면 여러 사람을 위해 다른 시간대에 같은 지지대를 사용함으로써 비용을 절감할 수 있으며 개개인의 능력 또는 요구의 변화에 따라 스위치의 부착 위치를 충족시킬 수 있다는 것이다. 이 유연성 있는 지지대의 단점은 스위치를 부착할 때마다 지지대의 위치를 재조정해야 하는 번거로움이 있다. 때로는 심지어 스위치 위치의 조그만 변동도 그것에 접근하는 개개의 능력에 영향을 줄 수가 있다. 다시 말해서, 조금만 자세가 바뀌어도 스위치가 달린 지지대를 새로운 자세에 맞도록 재조정해 줘야 하는 번거로움이 따른다.

그림 15-27   스위치 지지대

(7) 키보드 및 마우스 에뮬레이팅 인터페이스

표준 키보드를 대체하기 위한 접근법은 그것이 컴퓨터가 표준 키보드로 받아들인 것과 동일하게 정보를 인식할 수 있을 때 투명성이 있다고 볼 수 있다. 표준 키보드를 대체하기 위해 확장형과 소형 키보드, 음성인식 및 눈 응시 시스템 등을 고려할 수 있다. 이러한 장치들은 키보드 에뮬레이팅 인터페이스(keyboard emulating interface)를 통해 컴퓨터에 연결되는데, 그것은 별도의 장치로부터 나오지 않고 표준 키보드로부터 나오는 것처럼 정보를 전달하는 데 투명한 접근을 하도록 도와준다.

1980년대 애플사에서 개발한 적응 펌웨어 카드(adaptive firmware card)는 대체 키보드(유니콘 확장 키보드)나 한두 개의 스위치를 연결하는 에뮬레이팅 인터페이스로서 주로 애플 II 계열의 컴퓨터에 사용되었다. 이 카드는 컴퓨터 내부 스로트에 끼우고 스위치 및 확장 키보드 포트 장치는 리본을 연결해서 외부에 장착한다. 이러한 키보드 에뮬레이팅 인터페이스는 자동, 단계, 역 스캐닝과 단일 혹은 이중 모스부호 등과 같은 단일 혹은 이중 스위치용 등의 여러 방법과 기법들을 제공해 주며, 또한 한 손가락이나 어떤 지시기로 입력하는 사용자들을 위한 보조 키보드 기능을 제공해 준다. IBM 컴퓨터 또는 MS-DOS용으로는 PC A.I.D.가 있었다.

표 15-1 국외 지체장애인 컴퓨터 접근을 위한 인터페이스

연도	장치명	인터페이스	기능
1980년대 초반	적응 펌웨어 카드 (AFC)		• 키보드 에뮬레이팅 인터페이스의 대표적인 모델이다. • 표준 키보드 이외의 대체 입력장치, 예를 들면 유니콘 보드 등을 사용할 때 이러한 대체 입력장치의 신호를 컴퓨터가 인식할 수 있도록 표준 키보드의 신호로 변환해 주는 장치이다. • 별도의 스위치를 연결할 수 있는 포트가 포함되어 스캐닝이 요구되는 프로그램을 사용할 수 있다.
	Echo		• 음성합성 장치로 애플 II 계열과 DOS에서 사용 가능하다. 음성합성 프로그램과 함께 사용하면 컴퓨터 상의 문자를 합성된 음성으로 읽어 준다. 지금의 음성합성과 비교하면 음질이 많이 떨어지지만 시각장애인들이 이해하는 데는 문제가 없다. • 볼륨 조절과 헤드폰 잭이 있다.
1980년 초반	유니콘 보드 (Unicorn Board)		• 대표적인 프로그램 가능 키보드(Programmable keyboard)의 종류로 Unicorn Engineering 사에서 만든 제품이다. • 바닥면은 센서로 구성되어 있고 사용자의 조건에 맞춰 키를 확장하고 오버레이를 구성해서 사용할 수 있다. • AFC나 GIDEI(General Input Device Emulating Interface) 계열의 인터페이스를 이용해야 한다.

1980년대 후반	T-TAM		• T-TAM은 컴퓨터 접근 장치로부터 전해지는 신호를 표준 키보드와 마우스의 입력신호로 변환해서 컴퓨터에 전달하는 GIDEI 계열의 장치이다. • T-TAM은 표준 키보드 또는 마우스를 사용하는 모든 소프트웨어 또는 운영체제에서 사용이 가능하다. • T-TAM을 사용하면서 기존의 키보드와 마우스를 함께 사용할 수 있다.
1990년대 초반	Discover Ke:nx		• Discover Ke:nx는 현재 가장 대표적인 GIDEI의 한 종류이다. • 대체 키보드를 비롯해 세 개의 스위치를 연결할 수 있으며, 번들 소프트웨어인 Discover:Switch를 이용해 사용자에게 적합한 키보드 및 마우스 인터페이스를 제작 활용할 수 있다.
2000년대	마우스 개조		• 윈도우 호환용 마우스에 설치된 스위치 인터페이스이다. 고가의 전용 스위치 인터페이스를 구입할 필요 없이 기존의 마우스를 개조할 수 있어 가격이 싸고 설치와 사용이 쉽다는 장점을 지니고 있다. • 한두 개의 스위치를 사용할 수 있고 마우스의 좌우 버튼의 기능 혹은 소프트웨어에 따라 필요한 키보드 [Enter]키의 기능을 가진다.

표 15-2 국내 지체장애인 컴퓨터 접근을 위한 인터페이스

연도	장치명	인터페이스	기능	
1995년	스위치 인터 페이스		• 우경복지재단(현 파라다이스 복지재단) 부설 연구소에서 만든 스위치 인터페이스이다. 4개까지의 스위치를 연결할 수 있고 설치와 사용이 간단하다. • 별도의 IBM용과 Mac용이 있으며 IBM용은 PS/2 포트에, Mac용은 ADB 포트에 바로 연결하면 된다.	

최근에는 키보드 에뮬레이팅 용어를 보편적인 입력장치 에뮬레이팅 인터페이스(General Input Device Emulating Interfaces: GIDEI)로 불리는데, 위스콘신 주립대 트레이스 센터(Trace Center)에서 개발한 용어로 마우스 또는 키보드의 에뮬레이션 인터페이

스를 가리킨다. 1990년도에는 매킨토시 컴퓨터를 위해 돈존스턴(Don Johnston) 회사에서 개발한 케닉스(Ke:nx) 에뮬레이팅 인터페이스가 있다. PC용으로는 위스콘신 주립대 트레이스 센터에서 개발한 T-TAM(Trace-Transparent Access Module)이 있다. 우리나라에서는 1995년 우경복지재단에서 개발한 스위치 인터페이스가 있다. 최근에 나오는 TASH 사의 확장 또는 소형 키보드는 키보드 에뮬레이팅 인터페이스를 요구하지 않고 직접 키보드 포트에 꽂아서 사용할 수 있다. 그리고 스위치도 기존의 마우스를 조금만 개조하면 사용할 수 있다(GUS 회사). 스위치의 궁극적인 기능은 마우스의 클릭과 같은 역할을 하기 위한 것이기 때문에 마우스를 조금만 개조하고 스위치 잭을 꽂을 수 있는 포트를 마우스 안에 설치해서 스위치 신호를 인식하도록 개조하면 된다.

3) 표준 키보드 및 마우스 개조

신체장애를 가진 사람들이 표준 키보드나 마우스를 사용하기 어려우면 표준 키보드 및 마우스를 개조해서 사용할 수 있다. 개조는 하드웨어 및 소프트웨어로 나눌 수 있다.

(1) 하드웨어

① 키보드 배열(배치)

키보드 배열을 하드웨어적 또는 소프트웨어적으로 개조하여 사용자가 키에 접근하는 데 필요한 운동량을 줄일 수 있다. 키보드에 있는 문자들의 배치를 변경하는 것은 사용자가 키(컴퓨터의 각각의 키)에 접근하기 위해 움직일 때 움직임의 양을 감소시킬 수도 있고, 피로도 감소시킬 수 있고, 사용자의 속도도 증가시킬 수 있다. QWERTY배치는 많은 손가락의 움직임을 필요로 하고 열 손가락이 사용되어야 한다는 것을 전제로 한다. 그리고 10개의 손가락으로 타자칠 때 타자기가 엉키지 않도록 개조되었다. DVORAK 배치는 피로를 줄이고 속도를 늘리기 위해 제일 많이 사용하는 알파벳을 홈행(home row)에 배열한 것이다.

그림 15-28   QWERTY, DVORAK 키보드 배열

② 키 유도장치, 보호와 형판

어떤 사람은 직접적으로 키를 입력할 수도 있지만 가끔 올바른 키를 놓치거나 키를 잘못 누를 수도 있다. 다시 말해서, 키 유도장치([그림 15-29]의 A)는 협응능력이 손상된 경우에 키 선택의 속도와 정확도를 증진시키기 위해 사용될 수 있다. 정확히 키를 맞추기 어려운 사람은 키 유도장치(키가드)를 키보드 위에 얹어서 각각의 키가 분리되고 손가락의 움직임을 유도할 수 있다. 키 유도장치는 전체 키보드를 덮고 있는 일종의 모형판으로 벨크로 접착식 잠금장치를 부착할 수 있다. 모형판에 구멍을 뚫어서 각 키를 누를 수 있도록 하였다. 상업적으로 구입할 수 있는 키 유도장치는 애플, PC 등이 있으나 아크릴이나 철로 직접 제작도 가능하다. 다만, 아크릴로 제작을 할 때 구멍을 얼마나 금이 가지 않게 기술적으로 제작하는가가 관건인데 레이저로 구멍을 뚫는 방법도 있다.

그 외에도 트랙볼 보호판, 키보드 스킨, 조이스틱 템플릿 같은 보호와 형판들이 있다.

A. 키 유도장치

B. 트랙볼 보호판

C. 키보드 스킨

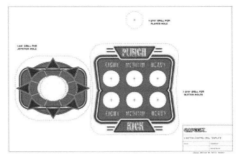
D. 조이스틱 템플릿

그림 15-29

　트랙볼 보호판([그림 15-29]의 B)은 트랙볼을 만지다가 미끄러지는 것을 방지하고 손을 보호판 위에 놓아 편안하게 쉬면서 트랙볼 윗부분을 움직일 수 있다. 그리고 트랙볼 기능 단추들을 정확하고 쉽게 누를 수 있다. 키보드 스킨([그림 15-29]의 C)은 요즘 어디서나 많이 볼 수 있다. 먼지나 물을 차단시켜 키보드를 보호할 수 있다. 점자 키보드 스킨은 각 키 표면에 점자가 표시되어 시각장애인들이 쉽게 키보드를 인식할 수 있다. 조이스틱 템플릿([그림 15-29]의 D)은 조이스틱 방향을 인도하는 역할을 한다. 게임장이나 자동차 기어 제동 장치에서 쉽게 볼 수 있다. 마지막으로 키보드 커버가 있는데 키보드 커버는 단지 한두 개 정도의 키만 눌러도 작동될 수 있는 프로그램을 사용할 수 있도록 돕는 장치이다. 한두 개 정도의 키만 눌릴 수 있도록 키보드 위에 두 개의 판을 놓아서 필요한 부분만 사용하면 된다.

③ 하드웨어 키 걸쇠

　장애를 가진 많은 사람들은 키보드의 키를 누르는 데 충분한 능력이 있으나 머리 지시기와 마우스스틱 사용에 한계를 가진 사람은 단지 한 번에 한 번만 키를 누를 수 있다. 키 걸쇠 장치는 장애를 가진 사람들 가운데 머리 지시기와 마우스스틱을 사용에 한계를 가진 사람, 즉 동시에 두 키를 누를 수 없는 경우, 프로그램 중에서 기능 키([shift], [control], [alternate], [open apple])를 요구할 때 접근하는 데 한계가 온다. 이것을 해결하는 방법 중 하나가 기계적인 키 걸쇠 장치 또는 키 래칭 메커니즘(key latching mechanism)을 사용하는 것이다. 사용자에 의해 활성화되었을 때 그 걸쇠는 물리학적으로 두 번째 키가 눌러질 동안 하나의 키([shift])가 내려가 잠긴다. 키 걸쇠 장치는 선택 키 열에 스카치메이트(scotch mate)나 후면 접착 포말(adhesive backer foam)로 부착
된다. 흔히 키 걸쇠 장치를 필요로 하는 키는 시프트, 컨트롤, 펑션키 등이다. 키 걸쇠
장치의 한 끝을 밀면 원하는 키 위로 레버가 움직이게 되고 그 레버가 치워질 때까지
그 키의 작동을 지속시킨다. 사용자는 변경된 키가 더 이상 필요치 않을 때 걸쇠를 푸
는 막대 모양의 버튼을 양도한다.

그림 15-30 키 걸쇠 장치

④ 컴퓨터 전원 통제기, 디스크 가이드

보통 컴퓨터의 전원스위치는 컴퓨터의 뒤나 옆에 위치해 있으므로 손을 뻗기 힘든
장애인은 접근하기가 불가능하다. 이런 문제를 해결하기 위해서는 모든 컴퓨터 기기
의 플러그(예: 본체, 모니터, 프린터, 스피커, 스캐너 등)를 모니터 밑에 있는 전원 통제기
([그림 15-31] A)에 연결한다. 그다음 전원 통제기 앞에 있는 단추를 누름으로써 모든
기기들을 별도로 작동시킬 수 있다.

손의 협응 기능이 손상된 장애인이 혼자서도 플로피 디스크를 드라이브 속에 삽입
할 수 있도록 도와준다. 디스크 가이드([그림 15-31] B)를 그 위에 놓은 다음 드라이브
의 오픈 슬롯 속에 살며시 밀어 넣을 수 있도록 평편한 면으로 되어 있다. 상업적으로
제작 판매하는 디스크 가이드는 표면을 손상시키지 않고 쉽게 부착하고 제거할 수 있
으므로 컴퓨터가 손상되는 것을 방지한다. 디스크 보관함에서 디스크 드라이브까지
가이드를 만들어서 마우스스틱으로 디스크를 슬라이드해서 넣고 뺄 수도 있다([그림
15-31] C).

A. 컴퓨터 전원 통제기

B. 디스크 가이드

C. 디스크 및 CD-ROM 가이드
및 장착시스템

그림 15-31

(2) 소프트웨어

① 고정키

최근에는 하드웨어 키 걸쇠 장치를 소프트웨어적으로 수행할 수 있는 프로그램들이 있다. 마이크로소프트 윈도우 운영 시스템의 고정키 기능이 있는데 이 기능을 사용하면 두 개의 키를 동시에 누르기가 힘든 경우 [shift], [control], [alternate] 키를 눌러 있는 상태로 고정할 수 있다. 이러한 키를 누를 때 청각적인 피드백을 제공한다. 소리가 난 다음 키를 누르면 동시에 두 개의 키를 누르는 역할을 수행한다.

② 필터키

많은 키보드가 키의 연장된 누름에 의해 특유한 복합적인 입력을 생산한다. 이것은 종종 리피트 키(key repeat)라 불린다. 리피트 키는 한 키를 지속적으로 누르고 있으면 키가 화면에 지속적으로 입력되는 기능을 말한다. 이러한 기능은 장애인이 키를 누른 다음 제시간에 떼지 않으면 문제가 될 수 있으므로, 소프트웨어로 키를 누르면 한 번만 입력되도록 고려한다. 그것은 정상적인 몸을 가진 사람에게 유용한 반면(예: 복합적인 스페이스 및 밑줄을 얻는 것 등), 이것은 빠른 시간 내에 키에서 뗄 수 없는 장애인에게는 문제일 수 있다. 키보드의 민감도에 따라 여러 개의 키를 누르는 경향이 좌우된다. 그리고 키를 누를 때 청각적인 피드백이 사용자에게 키를 떼라는 신호를 줄 수 있다. 마이크로소프트 윈도우 운영 체계에는 이 기능이 내장되어 있는데 이를 필터키라고 부른다. 필터키 기능을 사용하면 너무 짧게 누르거나 반복된 키 입력을 자동으로 무시하게 할 수 있다. 또 반복 속도도 조정할 수 있다. 그리고 슬로우 키(slow key) 또는 수용

시간은 불수의적인 운동이 심한 장애인들이 본의 아니게 키를 잘못 누르는 것을 방지하기 위해 키를 일정한 시간 동안 눌러야만 작동된다. 설정된 시간에 미달되면 입력되지 않는다.

③ 토글키

[Caps Lock], [Num Lock], [Scroll Lock]과 같은 키들이 작동될 때는 높은 신호소리가 나고 작동되지 않을 때는 낮은 신호소리가 난다. 토글키는 일단 누르면 계속 작동되고 다시 누르면 작동이 해제된다.

④ 소리 탐지 및 소리 표시

소리 탐지와 소리 표시는 항상 같이 따라간다. 청각장애인들은 컴퓨터에서 생산되는 청각적인 소리를 들을 수 없기 때문에 소리 탐지가 작동되면 청각적인 소리가 시각적으로 컴퓨터 스크린 상에 소리가 났다고 표시되는 기능이다.

4. 보조공학 시스템

1) BATS

보조공학은 소비자, 과제, 장치 및 환경의 통합된 네 가지 요소에 의해 종합된 체계이다(Bain & Leger, 1997). Bain 보조공학 시스템(Bain Assistive Technology System: BATS)은 소비자가 각 3요소의 중심으로 나타나며, 통합적으로 상호 연관된 체계를 이루고 있다([그림 15-32] 참조). 한 요소에 초점을 맞추다 보면 그 시스템의 총체적인 체계를 유지하기 위해서 다른 세 요소들이 정렬되면서 초점의 위치로 이동된다. 다시 말해서 네 가지의 요소들이 모두 중요하며 서로 떼려야 뗄 수 없는 하나의 체계다. 어떤 한 요소의 간과는 전체적인 노력을 실패의 위험에 빠뜨리거나 혹은 효율성 감소를 초래하며 이는 보조공학 장치의 남용을 초래한다.

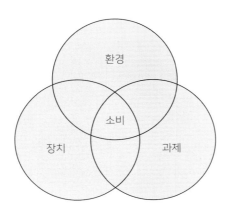

그림 15-32   Bain 보조공학 시스템(BATS)

출처: Bain, & Leger (1997).

2) 제어 인터페이스

제어 인터페이스(control interface, 예: 키보드, 조이스틱)는 보조공학 시스템 내에서 인간이 작동하거나 장치를 제어하는 실제 하드웨어이다(Cook & Hussey, 1995). 제어 인터페이스는 어느 특정한 작업을 수행하기 위해서 어떤 물체, 기계, 기계장치, 기계적인 체계를 최적으로 이용하는 것이다(Levy, 1983). 이들을 때때로 입력장치라 부르기도 한다. 하나부터 무수한 숫자의 독립된 입력 또는 신호를 생성하는 제어영역을 입력장치로 규정한다.

제어 인터페이스는 사용자가 보조기기를 직접 작동하는 것을 의미하는데, 그것은 테크니컬 에이드 또는 보조기기의 한 부분이 될 수도 있다(Romich & Vagnini, 1984). 제어 인터페이스는 하나로 통합된 경우도 있고, 또 별도의 장치로 된 것이 있다. 예를 들면, 일반 컴퓨터의 키보드(제어 인터페이스)와 본체가 통합 또는 분리되어 있는 것과 같이 의사소통 보조기기 또한 입력장치가 통합 또는 분리된 것도 있다. 예를 들면, 의사소통 보조기기 또는 컴퓨터에 스위치, 조이스틱과 같은 입력장치를 달게 되면 제어 인터페이스가 분리되는 경우이다.

[그림 15-33]은 사용자가 테크니컬 에이드를 사용해서 작업을 수행하는 것을 나타내고 있다. 여기서의 입력(input)은 주로 사용자의 네 가지 입력 방법을 말한다. ① 신체적인 움직임(physical movement)에 의한 방법, ② 공기의 작용(pneumatic)에 의한 방법,

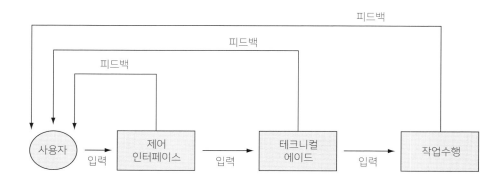

그림 15-33 작업 수행에 있어서 제어 인터페이스의 역할

출처: Romich & Vagnini (1984). p. 72.

③ 근육-전기(myoelectric)에 의한 방법, 그리고 ④ 소리에 의한 방법으로 그림처럼 일을 수행하는 과정마다 피드백을 제공해 준다. 이러한 피드백은 사용자를 위해 대단히 중요한 역할을 한다. 제어 인터페이스에서의 피드백은 스위치 또는 키보드를 누를 때 사용자에게 그것을 시각, 청각 그리고 촉각으로 알리는 것으로 이는 일을 수행하는 데 있어서 대단히 중요하다. 피드백은 사용자가 좀 더 보조기기와 친숙해지고 작업을 보다 더 효율적으로 수행할 수 있도록 하는 데 꼭 필요한 중요한 요소다.

이와 마찬가지로 테크니컬 에이드에서의 피드백도 보조공학 장치 또는 테크니컬 에이드가 작동되었을 경우 그것을 시각, 청각 또는 촉각으로 사용자에게 알리는 것이다. 예를 들면, 사용자가 스위치를 사용하여 항목 또는 어휘를 선택할 때, 선택된 것이 테크니컬 에이드 또는 보조공학 장치 자체에서 소리와 함께 문자로 화면에 표시된다. 마지막으로 **작업 수행**에 있어서의 피드백은 작업이 수행되었다는 신호를 사용자에게 시각, 청각 그리고 촉각으로 알리는 것을 말한다. 예를 들면, 모든 항목 또는 어휘가 선택되면 작업이 완료되었다는 것을 항목 또는 어휘를 하이라이트, 음성출력, 또는 프린트로 출력한다.

3) 제어 인터페이스의 작동 방법

작동 방법은 사용자가 보낸 신호를 제어 인터페이스가 인식해서 프로세서를 작동시키기 위한 방법이다. 〈표 15-4〉의 첫 번째 세로줄은 사용자가 제어 인터페이스에 신호를 보낼 수 있는 네 가지 방법, 즉 운동(눈, 머리, 혀, 팔, 다리), 호흡, 목소리 그리고 뇌파로 이루어져 있다. 가운데 세로줄은 제어 인터페이스에 의해 감지된 신호를 나타내며 오른쪽 세로줄은 각 제어 인터페이스 종류의 예를 제공한다.

　제어 인터페이스는 사용자의 **운동**을 네 가지 기본적인 방법으로 감지한다. **기계적 제어 인터페이스**(〈표 15-4〉)는 움직임을 통하여 힘이 신체의 외부로 발생하는 것을 감지하는 것이다. 제어 인터페이스 중 이러한 형식의 제어 인터페이스가 제일 큰 부분을 차지하고 있다. 대부분의 스위치, 키보드 키, 조이스틱, 그리고 작동을 위해 움직임 또는 힘을 요구하는 다른 제어들(예: 마우스, 트랙볼)이 이 항목에 해당된다. 기계적 제어 인터페이스를 작동하기 위해서는 항상 힘이 요구되지만 기계적인 전위는 일어날 수도 있고 일어나지 않을 수도 있다. 예를 들면, 힘에 의해 제어되는 조이스틱과 얇은 막 표면으로 처리된 키보드는 작동 시 아주 적은 전위를 가지고 있다. 기계적 제어 인터페이스의 작동 노력은 스위치를 작동시키기 위한 힘(Oz.: Ounces)이다. 기계적 제어 인터페이스는 작동 후 해제하는 힘을 필요로 한다. 그러므로 제어 인터페이스로부터 신체의 부분을 해제하기 위해 근육을 수축할 필요가 있다. **전자적 제어 인터페이스**(〈표 15-4〉)는 작동을 위해서 사용자의 신체적 접촉을 필요로 하지 않는다. 이러한 방법은 원거리에서 빛 또는 라디오 전파 에너지의 움직임을 감지한다. 예를 들면, 머리 장착 광선 지시기 또는 리모트 컨트롤을 위한 환경조종 장치와 사용되는 감지기 및 송신기(예: X-10 모듈)를 포함한다. 전자적 제어 인터페이스의 다른 예는 상점에 손님이 들어오고 나갈 때 광선을 차단하는 것을 감지해서 소리로 알려 주는 데 사용되는 광선 장치다. 전자적 제어 인터페이스의 작동 노력은 센서를 작동시키기 위한 최소 거리의 움직임이다. **전기적 제어 인터페이스**(〈표 15-4〉)는 신체에서 발생되는 전류에 민감하다. 전기적 제어 인터페이스의 한 종류인 접촉 스위치는 신체의 표면에 있는 정전기를 감지한다. 이러한 스위치는 아무런 힘을 필요로하지 않으며 근육의 힘이 약한 개인에게 사용될 수 있다. 근접 스위치를 위한 노력 수준은 작동에 필요한 거리의 움직임이다. 마지막으로 **근접 제어 인터페이스**(〈표 15-4〉)는 감지기에 가까운 움직임 외에도 열과 다른 신호도 접촉 없이 감지한다. 몸체 열 센서는 자주 사용되지 않지만 힘을 발생하지 못하는 경우 성공적으로 사용될 수 있다. 우리 주변에서 제일 흔히 볼 수 있는 근접 제어 인터페이스는 접촉 없이 손만 가까이 해도 작동되는 엘리베이터 버튼이다.

　신체에 의하여 발생된 다른 종류의 신호는 **호흡**이다. 감지된 신호는 공기 흐름 또는 공기 압력이다. 이러한 종류의 공기 작용에 의한 제어 인터페이스(〈표 15-4〉)는 흔히 불기－빨기(sip-n-puff; pneumatic) 스위치라고 부르는데 공기 흐름을 잘 조절할 수 있어야 한다. 호흡 제어 인터페이스의 작동 노력은 작동을 위해 필요한 숨을 내쉬는 것과 들이마시는가 하는 양이다. 이것은 공기를 얼마만큼 세게(압력) 또는 빠르게(흐름) 내쉬고 들이마시는 것이다. 예를 들면, 어떤 전동휠체어 제어 프로세서는 불기－빨기 스위치를 세게 불면(많은 노력과 높은 압력 발생) 전진하고 약하게 불면(적은 노력과 낮은 압력 발생) 우회전, 세게 들이마시면 후진이며 약하게 들이마시면 좌회전한다. **소리 또는 음성 제어 인터페이스**(〈표 15-4〉)는 공기 흐름을 통하여 배출될 때 나오는 발음이 분명한 소리 또는 언어 감지에 의해 작동된다. 이러한 작동 방법은 최근에 와서 음성 인식 인터페이스를 통하여 상당한 발전을 보여 왔다. 목소리 신호도 음량 또는 큰 소리와 관련된 노력의 수준을 가지고 있다. 어떤 장난감에서 볼 수 있는 소리에 의한 작동 스위치와 비슷하다. 음성 인식을 위한 제어 인터페이스는 감지를 특정한 단어의 확인에 의해 하기 때문에 노력에 적절한 발음도 포함된다. 마지막으로 특정한 **뇌파**를 감지해서 작동하는 인터페이스도 있는데, 예를 들어 뇌파를 감지해서 생각대로 움직이는 로봇이 있다.

접촉 스위치나 적외선 스위치와 같은 어떤 제어 인터페이스는 작동을 시키기 위해 필요한 노력의 양 또는 민감도를 조절할 수 있는 장치가 있다. 이러한 종류의 제어는 평가 목적을 위해 사용될 수 있으며 또는 인내력이 변동하거나 진행성 상태에 있는 개인을 위해 사용될 수 있다.

제어 인터페이스의 사용을 위해 장착하고 위치할 수 있는 방법에 따라 유연성에 기여를 한다. 개인의 직업 공간에 제어 인터페이스를 최선의 위치에 장착할 수 있다는 것이 작동을 촉진시킨다.

제어 인터페이스에 의해 제공되는 감각적 데이터와 작동에 필요한 노력 사이에는 항상 직접적인 관계가 있다. 체내의 전하에 의해 작동되는 접촉 스위치(예: 접촉만으로 작동)는 사용자에게 전혀 체성 감각 피드백을 제공하지 않는다. 접촉 스위치는 아무런 힘을 요구하지 않기 때문에 고유수용감각이나 시각적인 피드백은 적다. 접촉 스위치는 또한 조용하기 때문에 청각적인 피드백도 없다. 어떤 경우에는 제어 인터페이스가 발생시키는 피드백을 바꿀 수 있다. 예를 들면, 접촉 스위치에 소리를 더하면 청각적인 데이터를 제공하며 또는 얇은 막 표면의 키보드 위에 구별할 수 있는 조직을 놓으면 촉각적인 체계를 통해 피드백을 제공할 수 있다.

표 15-4　제어 인터페이스의 작동 방법

신호출력 사용자 행동	신호 감지	예
1. 운동 (눈, 머리, 혀, 팔, 다리)	가. 기계적 제어 인터페이스: 힘을 가하여 작동	가. 조이스틱, 키보드
	나. 전자적 제어 인터페이스: 빛, 라디오 주파 신호를 받 아서 작동	나. 광선 지시기, 광선 감지기, 무선 라디오
	다. 전기적 제어 인터페이스: 신체 표면의 전기신호를 감 지해서 작동	다. EMG, EOG, 접촉 스위치
	라. 근접 제어 인터페이스: 감 지기에 가까운 움직임을 통 해 작동(접촉 없이)	라. 열-민감 스위치, 　엘리베이터 버튼
2. 호흡	가. 공기작용에 의한 제어 인터 페이스: 호흡에 의한 공기 흐름 또는 압력을 감지해서 작동	불기-빨기 스위치
3. 소리 또는 음성	나. 소리 또는 음성 제어 인터 페이스: 발음이 분명한 소 리, 언어 감지에 의한 작동	소리, 휘파람, 음성인식 스위치

		뇌파를 감지해서 움직이는 로봇
4. 뇌파	다. 특정한 뇌파를 감지해서 작동하는 인터페이스	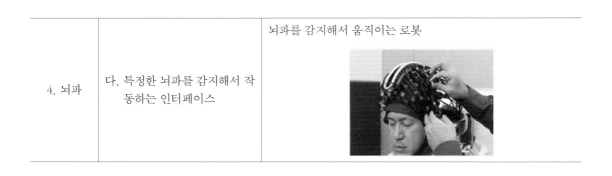

4) 전자 보조기기의 일반적인 형태

모든 **전자 보조기기**는 최소한 세 가지의 기본적인 요소를 가져야 한다(Cook, 1985). 첫째, 주변 환경과 상호작용할 수 있는 방법이 있어야 하고, 둘째, 사용자와 상호작용할 수 있는 방법이 있어야 하며, 셋째, 사용자와 주변 환경 사이에 최대한의 정보 교환이 이루어질 수 있도록 되어야 한다. 전자 보조기기를 감각 보조기기(sensory aids)와 의사소통 및 제어 보조기기(communication and control aids)로 구분해서 보는 것이 전자 보조기기를 이해하는 데 도움이 될 것이다.

감각 보조기기는 환경센서(environmental sensor)라는 요소를 가지는데, 이것은 시각

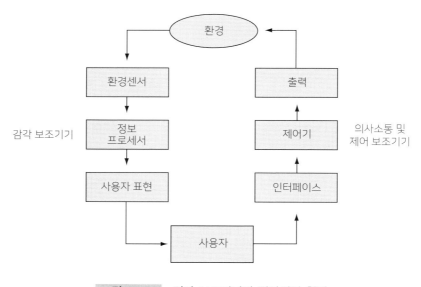

그림 15-32   전자 보조기기의 일반적인 형태

출처: Cook (1985), p. 5.

보조기기일 경우에는 카메라가 될 수 있으며, 청각 보조기기일 경우에는 마이크로폰이, 지각 보조기기(압력 측정기)일 경우에는 외부 압력 또는 힘을 측정할 수 있는 압력센서가 될 수 있다. 이렇게 환경센서로 받아들인 모든 정보는 보조기기를 통해 사용자에게 표현된다. 예를 들면, 약시를 위한 시각 보조기기일 경우에는 카메라를 통해서 입력된 문자를 확대시켜 주는 TV 모니터가 될 수 있으며, 청각 보조기기일 경우에는 마이크로폰으로 받은 소리를 증폭시켜 주는 리시버(receiver) 또는 스피커, 그리고 지각 보조기기일 경우에는 압력센서를 통하여 측정된 압력 분포를 나타낼 수 있는 컴퓨터 모니터가 될 수 있다.

의사소통 및 제어 보조기기는 사용자가 입력을 하고, 환경을 대상으로 출력을 한다. 여기서의 출력은 여러 가지 형태로 나타날 수 있는데 환경조종 장치(environmental control unit), 식사 보조기(feeder), 책장을 넘기는 보조기(pager turner), 로보트 조작기(robot manipulator), 음성출력기 등이 있다. 사용자는 제어 인터페이스(예: 키보드, 스위치, 조이스틱)를 통해 의사소통 및 제어 보조기기와 상호작용 할 수 있다. 대표적인 제어 인터페이스는 단일 스위치를 이용하는 것으로 이때에도 피드백이 필요하다. 즉, 스위치를 눌렀을 경우 청각, 촉각 또는 시각적인 피드백 외에도 고유수용감각 또는 자기 자극에 감응하는 피드백과 체성감각에 의한 피드백을 제공할 수 있다.

고유수용감각 피드백은 사용자가 저항력이 있는 표면(스위치나 키)에 대하여 압력을 가할 때 느끼는 저항력(sense of resistance) 또는 힘(force), 운동감각(kinesthesia), 그리고 신체 관절 위치에 대한 감각을 말한다(Riemann & Lephart, 2002). 수어나 제스처와 같이 공기의 저항과 공간에서의 손-팔-몸 움직임을 통하여서도 고유수용감각 피드백을 느낄 수 있다. 고유수용감각은 신체의 자세에도 영향을 미친다. 신체운동과 자세의 자각에 대한 감각도 이에 해당된다. 체성감각은 주로 우리 신체의 자각에 많은 연관성을 가지고 있으며, 촉감(haptic sense)과 고유수용감각과 많은 상호작용을 하며, 촉각이나 운동감각과 같은 시각-운동 시스템을 돕는 역할을 한다. 체성감각은 촉각(예: 접촉, 간지럼, 압력, 진동) 피드백, 고유수용감각 피드백, 온도와 고통을 모두 포함하는 피드백을 말한다(Cook & Hussey, 1995; 2002). 의사소통 및 제어 보조기기도 사용자에게 이러한 피드백을 제공해 주면 그만큼 사용자의 능력도 향상된다.

체성감각 시스템은 보조공학의 중재에 따른 성공 여부를 결정하는 데 아주 중요한 역할을 한다(Cook & Hussey, 1995). 운동과 감각 시스템 사이의 밀접한 관계는 체성감각이 손상되었을 때 나타나는 조절능력의 감소로 알 수 있다. 예를 들면, 한센병에 걸려 말초감각을 잃은 사람은 운동 시스템에 대한 피드백의 결여를 초래하고 소근육 운동 능력이 상당히 떨어지게 된다. 이렇게 운동능력이 떨어지면 보조공학기기를 조종하는 능력에 많은 영향을 미치게 된다. 체성감각은 압력, 냉-온, 촉각 그리고 운동감각에 의해 느낄 수 있다. 그리고 척수 손상을 입어 감각기능이 상실된 사람은 의자에 앉았을 때 외부에서 가해진 압력으로 인해 피부가 손상될 수 있기 때문에 이러한 것은 앉기 및 자세 시스템과 쿠션을 디자인할 때 매우 중요하다. 장기기억의 체성감각도 보조공학을 적용하는 데 있어서 어느 정도의 역할을 한다. 예를 들면, 기존의 스위치나 조이스틱 사용에 숙달되면 아무리 새롭고 더 좋은 장치가 제공되더라도 친숙하지 못하기 때문에 당장 효과는 없을 것이다. 이와 같이 촉각 기억 또한 앉기 및 자세에서 같은 현상이 일어날 수 있다. 오랫동안 하나의 휠체어를 사용했던 사람은 아무리 새롭고 더 기능적인 휠체어를 제공한다고 해도 편안하게 느끼지 않을 것이다. 왜냐하면 이미 형성된 촉각기억이 현재 존재하기 때문이다. 이러한 현상은 누구에게도 나타난다. 우리가 잠자리를 바꿀 때 잠이 잘 오지 않는다든지 아니면 다른 사람의 자동차를 운전할 때 느끼는 감각도 이에 해당된다.

무엇이든지 새로운 시스템을 적용하려면 적용 훈련기간을 거쳐서 점차적으로 이루어져야 한다. [그림 15-33]은 새로운 기기, 기술, 보완대체 의사소통, 보장구, 의수족 등을 처음으로 적용할 경우 발생하는 학습 또는 습득 원리를 나타내었다. 새로운 시스

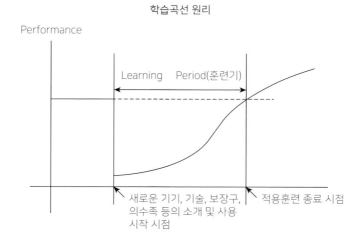

그림 15-33 학습 원리

출처: Cook (1985), p. 5.

템을 적용하기 전의 능력이 어느 일정한 수준에 있다면 새로운 시스템을 적용한 경우에는 능력이 급진적이고 일시적으로 줄어드는 것을 볼 수 있다. 하지만 일정한 적응훈련 기간을 거치면 능력은 다시 전 수준으로 회복해서 향상될 수도 있다. 이러한 학습원리 현상은 보조공학에서 흔히 일어날 수 있기 때문에 예측할 수 있어야 한다.

체성감각 피드백은 제어 인터페이스를 작동 시 느낄 수 있는 촉각, 운동감각 그리고 고유수용감각을 말한다(Cook & Hussey, 1995). 예를 들면, 제어 인터페이스를 작동할 때 그 재질이나 표면의 느낌은 사용자에게 촉각적인 데이터를 제공하고 사용자가 제어 인터페이스의 스위치를 작동시킬 때의 공간에서의 작동 위치는 고유수용감각 데이터를 제공하며, 그리고 스위치 움직임을 통해 생산된 데이터는 운동감각 데이터를 제공한다. 만약 제어 인터페이스가 사용자의 시야 범위 내에 있다면 제어 인터페이스의 배치와 움직임을 관찰해서 시각 데이터도 함께 얻을 수 있다. 예를 들면, 조이스틱을 어느 방향으로 움직이면 사용자에게 제어 인터페이스가 작동되었다는 것을 시각적인 움직임을 통해서 알 수 있다.

제어 인터페이스를 통해 제공된 감각 데이터와 그것을 작동시키는 데 필요한 압력 사이에는 밀접한 관계가 있다(Cook & Hussey, 1995). 접촉 스위치는 신체의 접촉만으로 작동이 되는데 사용자에게 아무런 체성감각 피드백을 제공하지 않는다. 왜냐하면 스위치 작동에 압력이 필요하지 않기 때문에 아주 적은 고유수용감각이나 시각 피드백만이 제공될 뿐이다. 접촉 스위치는 작동 시 소리가 나지 않기 때문에 청각적 피드백 또한 없다. 필요한 경우에 우리는 제어 인터페이스에 의해 생산되는 피드백을 바꿀 수 있다. 예를 들면, 앞에서 언급한 접촉 스위치에 "삑" 하는 신호음을 추가해서 사용자에게 청각적 피드백을 제공해 줄 수 있으며 또한 접촉 스위치 표면위에 독특한 재질을 얹어 사용자에게 촉각적 피드백을 제공해 줄 수 있다.

5) HAAT

베일리(Bailey, 1989)는 어느 상황하에 주어진 특정한 활동에서 인간 사용자의 수행(human performance)을 나타낼 수 있는 모델을 개발했다. 베일리의 모델에서는 보조공학이나 어떠한 형태의 일반 공학에 대해 나타나 있지 않다. 왜냐하면 이 모델은 비장애인 사용을 위해 대량 생산되고 시중에서 구입 가능한 기기들을 디자인하는 데 사용되기 때문이다. 이 모델은 인간이 어떠한 상황에서 어떤 활동과 직면하였을 경우 그

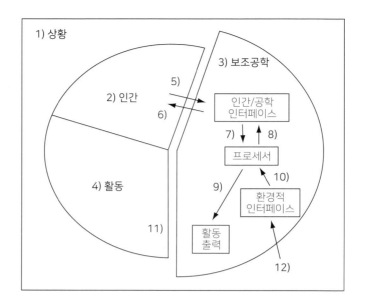

그림 15-34   HAAT 모델

출처: Cook & Hussey (1995). p. 61.

의 능력을 도모하기 위하여 보조공학을 필요로 할 경우에 적용된다. 그래서 쿡과 허시 (Cook & Hussey, 1995)는 보조공학 시스템을 설명하기 위해서 베일리의 모델을 [그림 15-34]와 같이 HAAT(Human Activity Assistive Technology) 모델로 개조하였는데 두 가지가 변경되었다. 첫 번째는 상황을 좀 더 넓혀서 사회적 · 문화적 · 환경적 · 신체적 상태까지 포함하였고, 두 번째는, 보조공학 요소가 명확하게 나타나 있으며 다른 세 요소와 어떠한 관계인지 나타나 있다. 보조공학 시스템은 처음 사람이 활동을 실행하기 위한 필요 또는 욕구에 의해 시작된다. 활동(예: 이동, 쓰기, 말하기)은 보조공학 시스템의 목표를 가르쳐 준다. 이러한 활동은 여러 세분화된 임무(task)를 완성시킴으로써 달성된다. 각 임무는 상황하에 수행된다. 보조공학 시스템의 목표를 달성하기 위해 어떠한 사람의 기술이 필요한지는 활동과 상황을 합해 보면 그 답이 나온다. 만약에 활동을 수행하기 위해 필요한 기술이 부족하면 보조공학을 이용할 수 있다.

(1) 상황

쿡과 허시(Cook & Hussey, 1995)에 의하면 **상황**(Context)은 환경(예: 주택, 직장, 동네), 사회적 상황(동료와 함께, 타인과 함께), 문화적 상황 그리고 물리적 상황(측정할 수 있는 온도, 습도, 빛 등) 네 항목으로 분류된다. 흔히 보조공학의 응용을 고려할 때 인간이 임무를 수행하는 상황을 자주 잊어버릴 때가 많다. 하지만 상황은 보조공학 시스템의 성공과 실패의 중요한 원인이 될 수 있다.

- **환경**: 보조공학을 사용할 환경이다. 환경은 장소보다 더 넓은 의미를 가지고 있다. 환경은 주변의 환경과 수행해야 할 임무의 주제(예: 학습, 컴퓨터 입력, 이동), 임무의 규칙(예: 오전 9시 출근 오후 5시 퇴근, 오전 11시까지 컴퓨터 사용금지, 교실 내 금연), 그리고 안락도, 이 밖에도 잡음, 장비의 보완 및 관리, 장비의 안전한 사용도 고려해야 한다. 어떠한 환경에 따라 보조공학 시스템의 성격이 결정되며 한 체계가 한 환경에 성공적이더라도 다른 환경에는 아닐 수도 있다. 예를 들면, 컴퓨터 스크린(화면에 제시되는 문자 및 그래픽)을 대체하는 음성 출력 체계는 주택환경에서 남에게 피해를 주지 않고 사용이 가능하지만 직장환경에서는 남에게 피해를 줄 수 있기 때문에 사용하기 위해서는 헤드폰이 필요하다. 이와 같이 수동휠체어의 딱딱한 고무 타이어는 주택 주변 사용에는 별 문제가 없지만 바닥이 거친 외부 환경에서의 사용은 어렵다. 가능하면 여러 환경에서 사용할 수 있도록 하는 체계의 유연성이 꼭 필요하며 보조공학 시스템을 계획하거나 보조공학기기를 디자인하고 제작할 때부터 신중히 고려되어야 한다.
- **사회적 상황**: 사회적 상황은 문화와 밀접한 관계를 가지고 있으며 영향을 받는다. 크레프팅과 크레프팅(Krefting & Krefting, 1991)은 우리 모두는 세상을 우리들의 경험의 토대, 가족 관계, 전통 및 다른 요소들에 의한 '문화적인 안경'을 통해서 관찰한다고 지적했다. 이러한 문화적인 안경은 각 개인마다 다르며 다른 사람들과 상호작용 할 때, 여러 임무, 세부 임무, 인생 역할을 선입견을 가지고 보는 것이다. 예를 들면, 만약에 보조공학사와 소비자가 다른 문화적인 안경을 가지고 있다면 서로 공통된 목표를 성취하기는 어려울 것이다. 예를 들면, 보조공학사는 레저를 바람직하고 만족한 직업이라고 생각해서 레저 임무를 활성화시키기 위한 보조공학 시스템(예: 개조된 컴퓨터 또는 비디오게임, 테니스 또는 다른 스포츠를 위한 개조된 휠체어, 개조된 보드게임)를 추천한다. 하지만 소비자가 이러한 레저를 비생산적이라고 생각하는 문화권에서 왔다면 이러한 보조공학 시스템을 시시하다고 거부할 것이다. 보조공학사는 문화적인 요소들 중 외적 모양, 자립성과 중요성, 그리고 가족 역할을 보조공학 전달과정에서 항상 고려해야 한다. 예를 들면 휠체어 회사

들은 요즘 다양한 색상의 휠체어를 제작한다. 이러한 것은 수용소 또는 병원에서 사용되는 휠체어 모양에서 탈피하고 싶은 이들에게 선택을 제공할 수 있기 때문에 좋으며 휠체어를 사용하는 사용자가 보다 더 긍정적으로 보이기 때문에 좋다. 근위축성 측색경화증을 가지고 있는 사람이 있는데 그가 아프기 전까지는 자신이 가정의 가장으로서 모든 일을 결정하였다. 하지만 병으로 인해 언어능력을 상실함으로써 가족과의 대화를 위하여 이-트랜 보드를 사용했다. 그 후 병이 진행되어 악화됨으로써 신체의 모든 수의근 기능을 상실해서 눈동자만 움직일 수 있는 지경까지 이른다. 그래서 눈동자만 움직여서 의사소통을 할 수 있는 새로운 눈 응시 장치를 구입하지만 보조기기에 의존해야 함과 새로운 장치로 이루어지는 의사소통의 어려움 때문에 가족의 가장 역할에 흥미를 잃어버리게 된다. 그의 부인이 가장 역할을 하며 남편이 내리던 모든 결정을 대신 내리게 된다. 그는 그가 가지고 있는 가족의 가장 역할에 대한 문화적인 시각과 가족의 역할 변화 개념을 받아들이는 데 어려움을 느껴 그의 필요에 대한 보조공학 시스템 실패와 거부의 결과를 가져왔다.

사회적 상황의 또 다른 차원은 사람들과의 유대 관계 형식이 보조공학 시스템에 미치는 영향이다. 의사소통 시스템을 친구(친분이 있는 동료) 혹은 교사(친분은 있으나 동료가 아님) 혹은 백화점의 판매원(모르는 사람)에게 사용할 때 어휘의 선택, 속어의 사용, 의사소통의 편안함이 각 상황마다 다를 것이다. 친구들과 대화할 때 사용할 수 있는 속어 표현을 단어 또는 구어로 저장할 수 있다. 또한 교실이나 가게에서 사용할 수 있는 공식적인 구어도 저장할 수 있을 것이다. 친분이 있는 사람과 대화할 경우 서로 잘 알기 때문에 상대방이 무엇을 말할 것인지 미리 예상할 수 있어서 의사소통의 속도와 효율성을 향상시킬 수 있다. 하지만 체계에 익숙하지 않은 낯선 사람은 예상을 할 수가 없으므로 전반적인 의사소통 속도가 느릴 수밖에 없다. 그리고 은행에서 은행 업무를 볼 때는 신속하고 정확하게 전달할 수 있는 보조공학 시스템이 필요할 것이다. 앞서와 같이 사회적 상황은 전체 체계의 성능에 직접적인 영향을 미친다. 그러므로 효과적인 보조공학 시스템은 유연해야 하며 다양한 요구를 수용할 수 있어야 한다.

• **물리적 상황**: 물리적 상황은 보조공학 체계가 사용되는 환경적 상태를 말한다. 세 가지의 측정할 수 있는 변수, 즉 열(온도 관련), 소리 그리고 빛은 보조공학의 효율에 직접적인 영향을 끼친다. 많은 재질들이 온도에 민감하며 과열이나 저열에 영

향을 받는다. 예를 들면, 폼이나 젤을 쿠션으로 사용하면 고온 또는 저온에 따라 그 재질의 성격이 변한다. 액정화면도 온도와 빛에 따라 화면이 달라질 수 있다. 교실 혹은 직장 환경의 빛도 보조공학 사용에 영향을 줄 수 있다. 어떤 화면은 빛을 발사하기 때문에 실내 빛이 약한 상태가 좋으며, 어떤 화면은 빛을 반사하기 때문에 빛이 강한 상태가 좋을 때도 있다. 실내 소리(잡음 포함)도 합성음성 인식 또는 음성 인식 체계에 상당한 영향을 줄 수 있다. 프린터, 전동휠체어, 의사소통 보조기 음성 출력, 그리고 컴퓨터 프로그램에서의 청각적 피드백 등에서 발생하는 소리는 교실 또는 직장 내에서 방해가 될 수 있다.

(2) 인간

인간(Human)은 누가 어디서 무엇을 하는 것을 나타낸다. 크리스티안센(Christiansen, 1991)은 활동을 수행하기 위한 개인의 능력을 감각적 입력, 인지능력, 근육의 세 항목으로 분류했다. 활동에서 정한 목표를 달성하기 위해서 의사소통, 이동 그리고 조작을 위한 사용자의 근육 기술이 요구된다. 하지만 이러한 활동을 수행하기 위해서 감각적인 기술도 요구된다. 예를 들면, 의사소통을 하기 위해서는 시각 혹은 청각적인 입력이 필요하다. 만약에 이러한 기술이 손상되었다면, 보조공학 시스템이 다른 기술을 요구하도록 함으로써 도움을 줄 수 있는 것이다. 예를 들면, 청각이 부족하면 보청기를 사용해서 감각 체계를 보완할 수 있고, 시각적으로 읽기가 어려우면 점자를 사용해서 감각 체계를 대체할 수 있다. 마지막으로 활동을 성공적으로 달성하기 위해서는 인지 능력이 필요하다.

베일리(Bailey, 1989)에 의하면 사람의 기술(skills)과 능력(abilities)을 구분할 수 있다. **능력**은 사람의 기본적인 성격으로서 새로운 활동을 얼마만큼 수용할 수 있는가, 그리고 **기술**은 얼마만큼 일을 능숙하게 하는가이다. 보조공학에서의 이 구분은 매우 중요하다. 왜냐하면 능력은 관련된 영역의 경험에 의해 습득한 기술을 새로운 활동에 응용하는 것을 포함할 수도 있기 때문이다. 예를 들면, 장애인이 조이스틱과 같은 컴퓨터 인터페이스 또는 전자게임에서 사용하던 근육기술을 전동휠체어에 응용할 수도 있다. 이러한 경우 첫 번째 활동에서 습득한 기술이 두 번째 활동에서는 능력으로 사용될 수도 있다.

보조공학기기를 선택할 때나 평가할 때 보조공학기기 사용자가 특정 기술 사용에 있어 초보 사용자(novice)인지 아니면 전문 사용자(expert)인지를 고려해야 할 필요성이 있다. **초보 사용자**는 보조공학 시스템의 사용에 있어서 전혀 경험이 없거나 아니면 적은 경험만 있는 사용자를 의미한다. 초보 사용자는 보조공학 시스템에 대한 더 많은 경험을 얻고 연습할 경우 전문 사용자가 될 수 있다. 초보 사용자는 보조공학 시스템을 효율적으로 사용하기 위해 소프트 테크놀로지에 의존하면서 설명서의 방법대로 효과적으로 사용하는 것이며 하나의 작업에서 다른 작업으로 일반화하는 데 어려움이 따르고 일반화하려면 더 많은 의식적인 노력이 필요하다. 반면에 **전문 사용자**는 보조공학 시스템의 사용 범위를 더 넓혀서 위험을 감수하면서까지 새로운 활동에 사용될 수 있도록 시도한다. 초보 사용자와 전문 사용자의 차이점을 이해하는 것은 보조공학 시스템의 사용과 전략(소프트 테크놀로지)의 개발 방법을 사용자들에게 어떻게 가르치느냐 측면에서 중요한 의미가 있다. 전문 사용자는 보조공학 시스템의 사용에 있어서 능숙하기 때문에 의식적으로 노력이 덜 들어간다. 전문 사용자의 전략을 분석해서 자료화해 놓으면 초보 사용자가 전문 사용자가 되도록 도와줄 수 있는 효과적인 훈련 및 교육 프로그램으로 활용될 수 있을 것이다.

(3) 보조공학

여기서의 **보조공학** 요소는 앞에서 설명한 쿡(Cook, 1985)의 보조 장치의 일반적인 형태([그림 15-32])에 기반을 둔다. 인간과 기계는 제어 인터페이스 요소를 통하여 상호작용한다. 이 상호작용은 양방향으로 이루어진다. 예를 들면, 정보와 힘이 인간에서부터 공학 쪽으로 향하기도 하며(예: 의사소통 및 제어 보조기기), 이와 반대로 공학에서부터 인간으로 향하기도 한다(예: 감각 보조기기). 공학이 기능적인 성능에 기여하려면 출력을 제공하여야 한다. 이러한 출력을 활동 출력(activity output)이라는 요소를 통하여 완성시키는데 쿡(Cook, 1985)의 보조 장치의 일반적인 형태([그림 15-32])의 출력 부분과 동일하다. 제어 인터페이스와 활동 출력은 프로세서로 연결되고 프로세서는 인간으로부터 받은 정보 및 힘을 활동 출력을 제어하는 데 사용될 수 있는 신호로 변환시켜 주는 역할을 한다. 이는 쿡(Cook, 1985)의 보조기기의 일반적인 형태의 제어기 부분과 동일하다. 마지막으로 어떠한 보조공학(예: 감각 보조기기)은 외부 환경 데이터를 탐지할 수 있어야 한다. 환경적인 센서가 이러한 기능을 완성시킨다. 일단 외부 데이터가 탐지된 다음, 프로세서는 이러한 데이터를 제어 인터페이스를 통하여 사용자에게 제공될 수 있도록 분석 및 형식화하는데 쿡(Cook, 1985)의 보조기기의 일반적인 형태의 정보 프로세서와 같은 역할을 한다.

① 하드 테크놀로지

• 제어 인터페이스

로미치와 바그니니(Romich & Vagnini, 1984)에서 언급된 기계적 및 전기적 제어 인터페이스 외에도 앉기 및 자세유지 장치들도 제어 인터페이스에 포함될 수 있다. 모든 사람은 기능적인 활동을 수행하고 그 사람의 환경과 상호작용하도록 하기 위해 안정적인 자세를 가져야 한다. 어떤 장애인은 이러한 상호작용에 필요한 능률적이고 효과적인 움직임을 위해 몸을 안정시킬 수 있는 능력이 부족하다. 그래서 신체에 적절한 앉기 및 자세 체계가 꼭 제공되어야 한다. 기계적 제어 인터페이스와 같이 인간은 자세 체계에 힘을 가하고 이와 동시에 반대로 자세 체계가 인간에게 힘을 가한다. 즉, 인간의 피부와 앉기 및 자세 체계가 접촉하는 부분이 제어 인터페이스다. 이러한 양방향 상호작용에는 인간의 감각적 체계도 함께한다. 예를 들면, 만약에 마비로 인해 감각 기능이 손실되었다면 제어 인터페이스(예: 좌석 쿠션)에 가해지는 힘을 인간이 느끼지 못할 것이다. 만약에 인간에게 제어 인터페이스에 의해 너무 많은 힘을 가할 경우 피부조직에 손상을 가할 수 있다. 또한 만약 인간이 그의 몸에서 제어 인터페이스에 가하는 힘을(예: 양손을 일으키면) 줄이면 제어 인터페이스의 전체 압력을 줄일 수 있으므로 피부조직의 손상도 줄일 수 있다.

• 프로세서

많은 보조공학기기들은 기능적인 활동을 달성하기 위해서 데이터의 제어와 처리를 요구한다. 이러한 일을 프로세서가 수행하는데 일반적으로 컴퓨터라고 부른다. 이러한 컴퓨터는 기능적인 활동 수행의 유연성과 적응성을 증가시키며 개인의 요구에 보다 더 쉽게 체계를 맞출 수 있다. 프로세서는 앞에서 언급한 컴퓨터 이외에도 제어 인터페이스와 활동 출력을 연결하는 단순한 기계적인 요소가 될 수 있다. 예를 들면, 높은 선반 혹은 손이 닿지 않는 위치에 있는 물건을 잡아서 가져오는 데 사용되는 기계적인 집게가 있다. 사용자는 집게의 손잡이를 통해서 조종하는데 손잡이는 물건에 접근해서 가져오기 위해 집게를 닫는 기계적인 링크 장치와 연결되어 있다. 이럴 경우 링크 장치를 프로세서라 한다. 프로세서는 미는 테와 바퀴 간의 기계적인 연결을 포함한다. 왜냐하면 사용자의 손잡이를 움직이는 행동은 물건을 잡고 가져오도록 연결시켜 주기 때문이다.

• 활동 출력

활동 출력은 의사소통, 한곳에서 다른 곳으로 이동, 자기보호를 위한 물체 조작, 직장, 학교 또는 여가를 포함한다. 이러한 각 활동은 기능적으로 동등한 것과 대체(예: 연필과 종이를 사용하지 못하는 사람을 위해 워드프로세서) 또는 보완(예: 연필을 꽉 잡아서 다루는 데 한도가 있는 사람을 위해 연필을 잡을 수 있는 도구)될 수 있다. 의사소통을 위한 활동 출력은 음성합성, 시각적 화면 그리고 프린터를 통해서 제공되는 정보를 전달한다. 조작을 위한 활동 출력은 개조된 숟가락, 브러시, 신발, 환경조종 장치 또는 로보틱스 시스템을 가지고 있는 것이 있다. 이동성을 위한 활동 출력은 휠체어, 자동차를 위한 개조된 보조기가 있다.

• 환경적 인터페이스

보조공학의 제일 마지막 요소는 환경적 인터페이스다. 환경적 인터페이스는 쿡(1985)의 전자 보조기기의 일반적인 형태의 환경센서와 동일하다. 환경적 인터페이스는 어떠한 상황 아래 기기와 외부 세상 간 또는 사용자와 환경의 연결을 제공한다. 이러한 인터페이스는 외부적인 환경을 인간이 받아들일 수 있도록 보조하는 것이다. 시력을 보완 또는 대체하기 위한 환경센서는 외부 모양의 정보를 인간에게 입력할 수 있는 카메라와 같다. 청력을 보완 또는 대체하기 위해 보청기의 마이크로폰을 환경센서로 사용할 수 있다. 마지막으로 느낌 또는 촉각을 보완 또는 대체하기 위해 외부 압력이나 힘을 탐지할 수 있는 변환기를 사용한다.

감각 보조기기는 환경적 인터페이스, 프로세서 그리고 제어 인터페이스를 가지고 있다. 예를 들면, 보청기는 마이크로폰을 환경센서로 사용하며, 증폭기를 프로세서로, 그리고 스피커(리시버)를 제어 인터페이스로 사용한다. 중증 시각장애인을 위한 낭독기는 카메라를 환경센서로 사용하며, 컴퓨터를 프로세서로 그리고 음성합성을 제어 인터페이스로 사용한다.

② 소프트 테크놀로지

하드 테크놀로지와 소프트 테크놀로지의 차이점은 하드 테크놀로지는 만질 수 있는 것인 반면, 소프트 테크놀로지는 인간과 관련된 판단력, 전략, 훈련, 정보, 경험 등으로 만질 수 없다. 소프트 테크놀로지는 인간의 지식에 많이 의존하기 때문에 얻기가 쉽지 않다. 이러한 지식은 훈련과정, 경험 그리고 책을 통하여 천천히 얻어지는 것이다. 소프트 테크놀로지는 일반적으로 다음 중 하나로부터 얻을 수 있는데, ① 사람, ② 인쇄된 문서(사용자 설명서 등), ③ 컴퓨터 등이다(Bailey, 1989). 사용자뿐만 아니라 보호자 및 가족도 훈련과정에 참여하는 것이 바람직하다. 사용자 설명서 및 다른 문서도 보조공학 기기 사용의 성공과 실패의 여부를 결정하는 데 중요한 역할을 한다.

(4) 활동

활동(activity)은 전반적인 보조공학 시스템의 목표를 말한다. 활동은 누가 무엇을 수행하는 과정이며 인간 수행의 기능적인 결과를 나타내는 것이다. 미국 작업치료학회에 따르면 활동은 주로 신변처리, 직장 및 학교, 놀이 및 레저 영역으로 항목화된다.

6) 보조공학과 인간 수행

보조공학사의 최고의 목적은 장애인·노인의 필요를 만족시켜 줄 수 있는 보조공학 기기를 추천하는 것이고, 그 기기는 사용자에게 잘 맞아야 하며, 그 사람에게 주어진 일상생활 상황 안에서 독특한 기능을 완수할 수 있어야 한다. 우리는 장애인을 고친다는 개념보다는 기능적 결과와 그들이 무엇을 성취하고 싶은가에 초점을 맞추어야 한다. 기능적 결과의 달성을 위해서는 장애인의 능력을 최대화해야 하며, 이를 위해서는 장애인이 중심이 되어야 한다.

베일리(Bailey, 1989)는 **인간 수행**(human performance)은 어느 기준에 의한 목적을 만족시키기 위해 수행되는 행동의 형식적 결과라고 정의했다. 보조공학에서는 인간 수행을 관찰하고 측정하는 것이 중요하다. 베일리(1989)에 의하면 수행이 결과라면 행동은 결과로 이어지는 형식이다. 우리는 인간 수행과 행동을 둘 다 관찰할 수 있지만 수행만 측정이 가능하다.

보조공학 시스템에서의 인간 수행과 행동을 구분하기 위해서 다음과 같은 사례연구를 살펴보자. 근위축성 측색경화증(ALS)을 가진 사람이 있는데 그는 이러한 근육 손상 때문에 말을 하지 못하고 쓰지도 못한다. 그는 또한 얼굴표현을 조절할 수 없다. 우리가 그의 운동 행동을 관찰하면 그의 팔이 조금 움직이는 것을 볼 수 있다. 그와 이야기를 하면 그의 얼굴 표현이 그의 기분을 나타내지 않는다는 것을 볼 수 있으며 그의 팔 운동 또는 얼굴 표현만 가지고 그의 기분을 정확하게 분석하기는 매우 어렵다. 다행히도 그는 철자 하나하나를 눈으로 응시해 가면서 단어를 표현할 때 사용하는 이-트랜보드(보조기기)를 가지고 있다. 우리는 그가 이러한 의사소통 체계를 사용할 때의 눈 운동을 관찰하면, 특정한 철자에 응시하는 것을 명확하게 볼 수 있으며 지적인 대화를 수행하는 능력을 확인할 수 있다. 우리가 관찰할 수 있는 그의 행동들은 움직임과 얼굴 표현이다. 우리가 어떠한 기준에 의해 이러한 움직임을 측정하기는 매우 힘들다. 만약에 비장애인을 기준으로 한다면 그의 움직임과 얼굴 표현을 잘못 해석하기가 쉬울 것이다.

만약에 우리가 그의 행동보다는 수행을 측정한다면 우리는 좀 더 좋은 입지에 있다. 커드래스키(Kodraske, 1990)에 의하면 측정은 1차원의 물체 또는 결과의 양을 확실한 기준을 사용해서 재는 과정을 말한다. 만약에 의사를 표현하는 것(의사소통)이 수행이라면, 우리는 수행의 기준을 만들 수 있고 그것을 측정할 수 있다. 예를 들면, 특정한 의사소통 속도, 즉 1분 동안 몇 개의 단어(wpm: words per minute)를 표현할 수 있는지를 어떠한 기준에 의하여(예: 1분 동안 5개에서 10개 단어 표현) 측정할 수 있다. 그러면 그가 1분 동안 몇 개의 단어를 생산할 수 있는지 결정할 수 있다. 만약에 그가 10wpm을 표현할 수 있다면 이러한 측정은 그의 수행의 질을 평가할 수 있다. 만약에 정상 기준이 150wpm이라면 그의 속도는 매우 느리고 부족한 것으로 평가될 것이다. 하지만 만약에 의사소통판 사용 기준이 5∼15wpm이라면 그의 능력은 잘하는 것으로 평가될 것이다. 그러므로 우리는 그의 행동만을 관찰하는 것보다는 그의 수행을 측정함으로써 더 용이한 결과를 찾을 수 있는 것이다.

그가 보완대체 의사소통 평가를 받고 난 후 눈 응시 시스템 장치와 단어예측(word prediction) 기능을 선정하였다고 가정한다. 이 장치는 철자 하나하나를 선택해야 할 필요 없이 한 번의 지시로 전체 단어를 선택할 수 있다. 이러한 상황을 감안해서 다시 그의 행동과 수행을 관찰하자. 즉, 단어예측을 사용해서 한 키를 응시함으로써 단어를 선택한다. 그래서 그는 단어예측을 사용하여 의사표현 속도를 15wpm으로 향상시킨다. 여기서 그의 수행이 과연 향상되었는가? 우리가 결론 내릴 수 있는 것은 그의 수행이 향상되었다기보다는 보조공학 시스템 전체(그의 수행 향상을 포함하는)가 향상되었다고 볼 수 있겠고 그의 수행이 어느 만큼의 역할을 했는지에 대해서는 측정할 방법이 없다. 왜냐하면 10wpm에서 15wpm의 향상은 그의 수행의 향상으로 인해 되었다기보다는 눈 응시 시스템이 제공하는 단어예측의 역할에 의한다고 볼 수밖에 없기 때문이다. 일반적으로 보조공학 사용을 위해 장애인을 평가할 때에는 우리는 인간 수행을 평가해야 한다.

표 15-5 보조공학과 시스템성능의 관계

인간 행동	인간 수행	시스템 성능		
측정하기 어려움	wpm을 통하여 측정할 수 있음	보조공학	단어예측 프로그램	wpm을 측정할 수 있지만 인간 수행의 역할은 측정할 수 없음
			눈 응시 시스템 장치 (안구 마우스)	

5. 성공적인 결과를 위한 보조공학 시스템

개인의 요구를 충족시키기 위해서 우리는 보조공학 시스템을 디자인해야만 한다. 보조공학 시스템은 소비자의 요구(need), 목표(goal) 그리고 기술(skill)을 평가하는 과정을 거치며 이러한 것을 사용해서 어떠한 성격의 보조공학 시스템이 꼭 필요한지를 결정하고, 그 개인을 위한 시스템의 착상 및 계획, 장치의 전달 및 사용에 관한 훈련을 하고, 추후 평가를 통해서 보조공학 시스템의 성공여부를 알 수 있다.

1) 보조공학 시스템

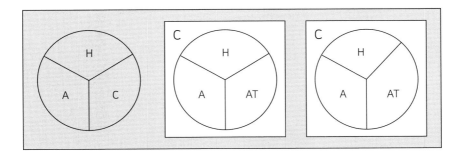

그림 15-35 장애정도 및 개조의 필요를 위한 보조공학 시스템 요소 간의 변화에 대한 기능의 할당

출처: Cook & Hussey (1995), p. 70.
* H: Human 인간, A: Activity 활동, T: Technology 공학, C: Context 상황, AT: Assistive Technology 보조공학

보조공학 시스템은 HAAT 모델처럼 4개의 요소들이다. 요구는 개인의 전반적인 생애에 걸쳐 발생하며, 보조공학 시스템의 목표는 선택된 활동에 의해서 정의된다. 보조공학 시스템의 성격은 활동이 요구하는 과제(여기서 활동은 여러 과제를 통하여 달성된다)와 사용의 상황과 함께, 그리고 작동자의 기술에 의해 결정된다. 활동이 요구하는 과제들을 성공적으로 완성하기 위해서는 과제가 작동자의 능력 및 기술과 일치해야 한다. 다시 말해서, 보조공학을 통해서 이러한 일치를 도모함으로써 개인의 장애 때문에 완성할 수 없었던 과제를 보조공학의 도움으로 소비자가 완성시킬 수 있는 것이다. 어떠한 성격의 보조공학 시스템의 선택과 소비자의 요구와 기술을 일치시키는 것이 보조공학 시스템 디자인 과정을 완성시키는 것이며 보조공학 시스템을 명확히 하는 것이다.

2) 인간과 보조공학의 통합

보조공학 시스템을 성공적으로 디자인하려면 인간과 공학 간의 상호작용을 주의 깊게 고려해야 된다. 이것의 실행을 위한 한 가지 방법은 사용자가 사용하는 보조공학을 어떻게 지각하는가 하는 것이다. 장애인들은 주로 보조공학기기를 자신의 신체의 일부 또는 한 부분처럼 지각한다. 맥도넬 등(McDonell et al., 1989)은 절단장애인이 의수족을 착용했을 경우 자신들의 팔/다리 길이의 끝을 20% 더 과대평가했다고 한다. 이러한 결과는 그들이 의수족에 적응을 했고 의수족을 그들의 수족의 한 부분처럼 지각하여 통합한 것을 나타냈다. 라그나르손(Ragnarsson, 1990)은 휠체어도 사용자의 자아 이미지의 한 부분이 될 수 있으며 이러한 이미지는 휠체어 자체의 성격에 의해 상당히 영향을 받는다고 하였다. 예를 들면, 원래 운동선수를 위해 디자인된 초경량 휠체어는 아주 무겁고 부피가 큰 휠체어보다 좀 더 긍정적인 이미지를 주며 많은 사용자들이 일상생활에서도 선호한다. 휠체어의 좌석과 등받이의 색깔과 무늬도 사용자의 자아 이미지에 영향을 미칠 수 있다. 휠체어 사용자는 휠체어와 그들이 사용하는 상황 속으로부터 분리될 수 없다. 깁슨(Gibson, 1979)은 우리가 사용하는 모든 도구가 사용자의 한 부분이 될 수 있다고 했다. 결론적으로 보조공학 시스템은 이 모든 요소들, 즉 인간, 공학, 활동 그리고 상황을 모두 합치는 것이며 분리하려해도 분리할 수 없으며 하나의 보조공학 시스템인 것이다.

3) 기능의 할당

우리는 어떠한 인간/기기 체계라도 인간과 기기에 기능을 각각 할당할 수 있다. 기능의 할당(allocation of functions) 중 제일 단순한 것이 **비교할당**(comparison allocation)이다. 비교할당은 수행할 과제를 인간 또는 기기에게 전적으로 할당하는 것을 말한다. 사용자의 기술이 그 사람에게 어떠한 과제를 할당할 수 있는지 결정하며 공학의 성격이 어떠한 능력을 기기에 할당할 수 있는지 결정한다. 예를 들면, 컴퓨터는 사용자가 키보드를 누를 수 있고, 모니터를 볼 수 있고, 소리를 들을 수 있고, 마이크에 말을 할 수 있다는 것을 가정해서 디자인했다. 이러한 것은 모든 기능을 사용자에게 할당한 것이다. 하지만 사용자가 이러한 과제를 수행하지 못할 경우 보조공학은 대체적인 방법의 과제를 제공하여야 한다. 예를 들면, 어느 특정한 소비자가 다른 기능은 모두 수행할 수 있는데 다만 키보드를 누르는 것이 되지 않는다고 해 보자. 이런 경우 대체 키보드나 스위치를 사용할 수 있다. 이러한 요소들이 이 체계의 보조공학 요소를 형성한다. 주위 환경도 기능의 할당에 영향을 미친다. 예를 들면, 음성합성기를 사용해서 조용한 환경에서는 대화가 가능하지만 소음이 많은 환경에서는 대화를 나누기가 어렵다. 이럴 경우 문자로 표시되는 보조공학기기가 필요하다.

두 번째 기능의 할당은 **잔존할당**(Leftover allocation)이다. 잔존할당은 인간에게 가능하면 많은 기능을 할당하고 나머지는 장치가 수행하도록 하는 것이다. 보조공학 시스템 디자인에 있어서 이것은 소비자에게 될 수 있으면 그의 활동에 대해 많은 조종권을 주지만 필요 또는 부족한 부분에 있어서는 도움을 제공하는 것을 말한다. 예를 들면, 어떠한 수동휠체어는 필요할 때 원동력을 제공할 수 있는 작은 모터가 뒷바퀴에 부착되어 마찰력을 통해 구동하는 장비 또는 양쪽 휠의 허브에 모터를 부착해서 구동하는 장비가 있다. 평면에서는 개인이 수동휠체어를 별 어려움 없이 잘 굴릴 수 있다. 하지만 언덕이나 경사진 도로를 올라갈 때는 많은 노력이 요구되기 때문에 힘(모터 작동)을 제공한다. 그러므로 한정적인 체력과 인내력이 있는(체력과 인내력에 한계가 있는) 개인은 평면에서는 혼자 수동으로 굴릴 수 있지만 언덕을 올라갈 때는 모터를 사용할 수도 있다.

세 번째 기능의 할당은 **경제적 할당**(economic allocation)이다. 이 할당은 활동을 수행하기 위해 보조원을 선정해서 훈련시키고 인건비를 지불하는 것이 경제적인지 아니면 보조공학 시스템을 디자인 또는 구입하는 것이 경제적인지를 기본적으로 고려하는 것이다. 처음에는 공학 구입비가 상당히 높기 때문에 보조자를 고용하는 것을 선호한다. 하지만 생활의 유용성과 장기적인 측면에서 시간이 지날수록 인건비의 동결 또는 상승을 감안하면 공학적인 접근 비용이 상당히 저렴할 수도 있다.

마지막으로 보조공학 시스템 디자인을 접근하는 데 사용되는 **유연성 할당**(flexible allocation)이 있다. 이것은 소비자가 활동에 대한 참여도를 기술 및 필요에 따라 변경할 수 있는 접근을 말한다. 인간과 공학 요소들은 고정된 것이 아니라 특정한 활동 및 수행되어야 할 과제에 따라 변경될 수 있다. 초보자는 과제를 실행하기 위해 직관적 기술에 더 의존한다. 장치에 대한 작동능력이 향상되고 전략적인 기술이 개발될수록 사용자가 수행하는 과제가 변경되고 체계 작동이 좀 더 효율적이게 될 것이다. 예를 들면, 단어예측 기능을 사용하는 사람은 예전부터 문자를 하나하나씩 입력하는 방식에 능숙하였기 때문에 이 방법을 사용할 것이다([그림 15-36] T2). 하지만 그가 특정한 연속키를 입력할 때 어떠한 단어들이 예측된다는 것을 배우기 시작하면 그는 선택 속도를 높이기 위해 단어 완성 기능을 사용할 것이다([그림 15-36] T3). 그가 단어예측 기능의 사용을 배울수록 보조공학기기가 전체 체계 기능의 많은 부분을 차지하기 때문에 적은 수의 입력만 해도 된다. 만약 장치가 그가 가장 자주 사용하는 단어를 배워서 그에게 첫 번째 선택으로서 제시하면 더욱더 쉽게 입력을 할 수 있을 것이다. 그의 입력 기술이 더욱더 향상될수록 그는 많은 기능을 체계에 할당할 수 있을 것이며 대신 자신의 에너지를 의사결정을 하는 데 남겨 둘 수 있다. [그림 15-36]의 T4는 사용자가 의

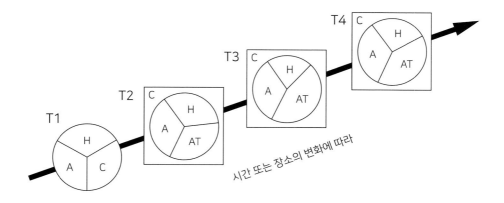

그림 15-36   시간과 장소에 따라 HAAT 모델

체계 요소 간의 변화에 대해 기능의 할당이 변할 수 있다

출처: Cook & Hussey (1995). p. 71.

도적으로 보조공학의 사용을 줄이는 경우와 장애 상태가 호전되어 보조공학의 사용이 줄어드는 경우가 있을 수 있다.

유연성 할당은 진행성 병인 경우에도 인간 기능을 줄일 수 있도록 허용한다. 예를 들면, 근 디스트로피인 사람은 병이 진행될수록 걷기에서 수동휠체어 사용으로, 그다음으로 전동휠체어 사용으로 보통 퇴보할 것이다. 이것은 보통 두 개의 새로운 체계, 수동 및 전동휠체어가 필요할 것이다. 하지만 수동휠체어에 모터를 덧붙일 수 있는 전동 장치(add-on power unit)가 있다. 수동휠체어에 모터를 덧붙일 수 있는 장치를 사용함으로써 수동휠체어가 더욱더 유연성 있게 될 것이며 기능의 이동을 인간(수동휠체어를 굴리기 위한 상지 체력)으로부터 장치(전동휠체어의 전자적인 모터)로 옮길 수 있다.

이러한 현상은 변동되는 신경운동능력(예: 근긴장, 체력, 집중력) 또는 피로, 능력, 수행의 결과가 하루 종일 또는 매일 변동이 심한 사람에게도 적용된다. 어떤 때에는 능력의 변동이 심하기 때문에 이러한 변동을 시스템이 보상해야 한다. 만약 시스템이 기능을 유연성 있게 재할당할 수 있으면 피곤할 때 소비자는 기기의 도움을 더 많이 받아서 과제를 성취할 수 있을 것이다.

어떤 보조공학은 다른 것보다 더 유연하며 인간과 공학 간의 할당의 지속적 변경을 허용한다. 예를 들면, 컴퓨터에 기반을 둔 장치는 소프트웨어만 바꾸면 같은 장치와 인터페이스를 사용해서 많은 기능을 실행할 수 있다. 이와 반대로 앉기 및 자세는 유연성이 적으며 만약 개인의 요소 또는 기능이 상당히 변하거나(예: 아동이 성장하는 과정) 하면 다시 디자인 또는 개조를 꼭 해야 한다.

어떤 측면에서는 보조공학 시스템의 디자인은 기능할당의 과정이다. 전체 시스템은 주어진 활동을 실행하면서 시스템 안에서의 기능의 할당이 어떻게 이루어지는가가 매우 중요하다.

4) 시간과 공간이 기능의 할당에 미치는 효과

HAAT의 체계는 동적이며 환경과 상호작용하기 때문에 열린 체계다. [그림 15-36]은 보조공학 시스템의 디자인에 시간과 장소(공간)를 추가적인 변수로 고려한 것을 설명하고 있다. [그림 15-36]에 시간은 단일 선으로 표시되었으며 각 시간의 체계는 정사각형으로 표현되었다. T1은 상황요소가 공학요소 자리를 대신하고 있다. 이것은 사용자가 공학을 필요로 하지 않고 있다는 것을 말한다. 어느 시간이나 체계는 특정한 인간, 공학, 활동 그리고 상황 요소들을 가지고 있지만 네 개 요소들 간 기능의 할당이 바뀔 수도 있다. 이러한 형식은 시간에 따라 변할 수 있는 기술 습득, 진행성 병의 진행 상태, 또한 환경 상태의 고려를 수용한다. 그리고 장소의 변경에 따라 체계도 바뀐다. 인간과 체계의 다른 부분들이 하나의 장소에서 다른 데로 이동하는 만큼, 상황도 바뀐다. 활동 또한 변화할 수 있으며 한 체계 내의 인간과 공학의 상대적인 역할도 변할 수 있다.

5) 오류가 보조공학 시스템에 미치는 영향

보조공학 시스템이 오류에 어떻게 대처하는가는 매우 중요하다. 보조공학 시스템에는 불규칙적인 오류와 규칙적인 오류가 있다. **불규칙적인 오류**의 예를 들면, 소음이 존재하는 상황에서 합성음성을 꼭 사용해야 하는데 듣는 사람이 소음 때문에 이해를 하지 못하는 경우가 무작위로 발생되는 오류를 말한다. 만약 잡음이 없으면 오류가 없으며 혹 소음이 있더라도 이해할 수만 있다면 오류가 없다. 이러한 불규칙적인 오류는 재발생 할 수도 있지만 시스템에 항상 있는 것은 아니며 우연히 발생한다. 우리는 이러한 종류의 오류를 피하기 위해서 할 수 있는 것이 별로 없다.

두 번째는 **정기적인 또는 규칙적인 오류**다. 이러한 오류는 발생 빈도가 낮지만 예측 가능하다. 예를 들면, 문자-음성 출력 소프트웨어 프로그램에서 음성 합성기기를 함께 사용할 경우 문자가 제대로 입력되었음에도 불구하고 발음이 잘못 출력될 경우가 있다. 어느 특정한 단어를 입력할 때마다 잘못된 발음이 발생한다. 왜냐하면 이것은 단어에서 소리로 변환하기 위한 규칙이 불충분하기 때문이다. 이러한 종류의 오류에 대한 대처방안은 정확하게 타이프된 철자를 음성합성 기기에 보내기 전에 정확한 발음에 가까운 철자로 컴퓨터가 변환하는 방법이다. 이렇게 하면 사용자가 그것을 음성학적으로 철자화해 입력할 필요가 없다.

오류가 보조공학 시스템 성능에 미치는 영향의 종류는 ① 정보의 손실, ② 손상, ③ 당황 등이다. 이와 같은 오류는 같은 시스템 내에서 인간, 활동, 상황 또는 보조공학으로 인해 발생할 수 있다. 전동휠체어는 이 중 어느 오류를 가질 수 있다. 만약 사용자의 부주의로 전동휠체어 배터리 충전을 잊어버렸을 경우 전동휠체어가 작동하지 않을 것이다. 이것이 바로 시스템 오류에 의한 **정보의 손실**이다. 만약 사용자가 조이스틱을 중립으로 놓았음에도 불구하고 휠체어가 정지하지 않을 경우 아주 심각한 신체적 손상을 가져오게 된다. 하지만 휠체어가 원래대로 정지한다 하더라도 미끄러운 표면 (상황)에서 정지한다면 **손상**을 가져올 수 있다. 그리고 아무리 휠체어가 정상적으로 작동된다고 하더라도 사용자가 적절한 시간에 조이스틱을 떼지 않으면 별 가치가 없다. 만약 사용자가 휠체어 경적을 실수로 잘못 누르거나 시스템 고장으로 인해 휠체어 경적이 작동하지 않으면 **당황**하거나 난처해진다.

6) 기구 대 도구

현재 많은 새로운 기술과 장치들이 장애인에게 새로운 잠재능력과 기회를 제공하기 위해 개발되어 사용되고 있다. 장애인들이 직면한 문제를 해결하기 위해서는 공학만 으로는 불가능하며 적절한 훈련과 치료 그리고 다른 재활 프로그램에 의해 해결될 수 있다. 테크니컬 에이드는 크게 두 항목으로 분류될 수 있다(Vanderheiden, 1987). 첫째, **기구**(appliance)는 개인의 능력에 관계없이 장치 또는 공학이 도움을 주는 것을 말한다. 그러므로 기구를 사용하기 위해서는 특별한 기술을 요구하지 않는다. 가정 냉장고가 대표적인 예다. 일단 냉장고를 가동시키면 자동적으로 작동되므로 사용하는데 있어서 특별한 기술이 필요가 없다. 둘째, **도구**(tools)를 사용함으로써 얻어지는 결과는 변동 이 심하며 사용자의 기술에 의해 좌우된다. 프라이팬이 대표적인 예다. 개인이 프라이 팬을 어떻게 사용하느냐에 따라 맛있는 요리를 만들 수도 있는 반면, 어떠한 사람은 달 걀만 구워 먹는 수준밖에 되질 않는다. 보조공학은 기구와 도구가 같이 존재한다. 재 활에 사용되는 기구는 안경, 보청기 등이 있으며 도구는 의사소통 기기, 이동 기기 등 이 있다. 컴퓨터는 기구도 될 수 있으며 도구도 될 수 있다. 왜냐하면 컴퓨터는 사용자 가 특별한 기술 없이도 사용할 수 있도록 환경을 설정할 수 있기 때문이다. 예를 들면, 한글 2020과 같은 워드 소프트웨어는 특별한 기술 없이도 누구나 쉽게 사용할 수 있는 반면, 프로그래밍 언어를 사용해서 소프트웨어를 개발할 수도 있기 때문이다.

7) 공학의 사용에 대한 조건

쿡(Cook, 1995)은 장애인이 직면한 추상적이고 실제적인 장애를 극복하는 데 도움이 되기 위해서는 다음과 같은 다섯 가지 조건들이 충족되어야 한다고 한다.

- 공학은 **사용자의 요구**에 적절해야 한다. 최근 복합적인 공학의 이용도가 증가하고 있지만 실질적으로 문제를 효과적이면서도 값싸게 해결할 수 있는 것은 고급공학이 아니라 간단한 하급공학에 의한 것이다.

- 공학은 **값과 효율성의 비례를 고려**해야 한다. 그래서 값에 비해 장기간의 혜택이 주어지는지 반드시 고려해야 한다. 공학이 사용자들의 요구의 변화와 사용의 값(피로, 정신적 스트레스)에 따라 적절히 적용할 수 있는지도 중요한 요소가 된다.

- 공학을 장애인을 위해 응용하려면 반드시 **대중화된 공학의 혜택**을 기반으로 하는 것이 바람직하다. 여기서 시장원리가 적용된다. 고급공학은 대량생산을 못하기 때문에 당연히 시장원리에 의해서 값이 비싸다. 하지만 대량생산을 하면 할수록 값이 떨어질 수밖에 없다. 따라서 대중화된 상품이나 공학 기술을 활용하면 공학을 직접 처음부터 장애인을 위해 개발하는 것보다 저렴한 가격에 보조공학기기를 통해 보다 더 큰 능력을 제공할 수 있다.

- 공학이 장애인에게 쓸모 있게 사용되려면 공학에 초점을 두는 것보다는 **사용자**에게 두어야 한다. 장애인들이 가지고 있는 문제는 어려운 해결책이 아닌 아주 간단한 해결책에 의하여 풀 수 있다.

- 보조공학 전달의 핵심요소는 무엇보다도 모든 과정에 **소비자의 적극적인 참여**가 필요하다는 데 있다.

이 외에도 보조공학의 사용절차는 될 수 있으면 단순해야 하고, 인간(사용자)이 중심이 되어야 하며, 보조기기들을 저렴한 가격에 구매할 수 있어야 한다. 그리고 마지막으로 공학이 사용자들에게 성공적으로 적용 또는 개발되려면 수많은 시행착오를 겪어야 한다. 실패는 성공의 어머니와 같듯이 한번에 성공하지 못하더라고 계속해서 도전해야 할 것이다.

6. 보조공학 임상 사례연구

사례연구 1: 학교 컴퓨터실에서 워드 작업을 해야 할 사람이 있다고 가정하자. 여기서 워드 작업이 그의 활동이 될 것이며 학교 컴퓨터실이 상황의 한 부분이 될 것이다. 그는 이것을 학교 숙제의 한 부분으로 완성할 필요가 있으므로 이것이 상황의 한 부분이 된다. 그는 척수 손상 때문에 양손을 사용하지 못할 뿐만 아니라 말도 할 수 없다. 그래서 그를 위해 눈 응시 시스템(보조공학)을 구입했다. 이 시스템은 컴퓨터 스크린에 표시되는 스크린 키보드를 눈으로 응시하면 컴퓨터 모니터에 문자로 나타난다. 그는 이 기술(눈 응시)을 사용하여 활동(워드 작업)을 달성할 수 있다. 그가 눈으로 응시하면 자신이 직접 타이프를 치는 것처럼 보조공학이 그의 눈을 인식해서 컴퓨터에 전달하는 것이다.

보조공학 시스템은 다음과 같다. 활동(워드 작업), 상황(학교 컴퓨터실, 학교 숙제 완성), 인간기술(눈 응시), 그리고 보조공학(눈 응시 시스템).

참고문헌

34 C.F.R. Part 300 Assistance to States for the Education of Children with Disabilities.

Assistive Technology Act of 1998. (1998). U. S. Government. http://www.mdtap.org/tt/1998.09/1b-b-art.html

Bailey, (1989). *Human performance engineering. 2nd ed.* Englewoods Cliffs, NJ: Prentice-Hall.

Bain, B. K., & Leger, D. (1997). *Assistive technology: An interdisciplinary approach.* New York, NY: Churchill Livingstone.

Christiansen, C. (1991). Occupational therapy, intervention for life performance. In Christiansen C., & Baum, C., editors: *Occupational Therapy*, Thoroughfare, N.J., 1991., Slack.

Cook, A. M. (1985). General concepts. In J. G. Webster et. al. (Ed.), *Electronic devices for rehabilitation.* (pp. 3-29). Norwell, MA: Chapman & Hall (now part of Kluwer Academic Publishing).

Cook, A. M., & Hussey, S. M. (1995). *Assistive technologies: Principles and practice.* Saint Louis, MO: Mosby.

Gibson, J. (1979). *The ecological approach to visual perception.* Boston: Houghton Mifflin Company.

Kodraske, G. V. (1990). Quantitative measurement and assessment of performance. In Smith R. V., Leslie, J. H., editors: *Rehabilitation engineering,* Boca Raton, Fla., 1990, CRC Press.

Koppenhaver, D. A., Steelman, J. D., Pierce, P. L., Yoder, D. E., & Staples, A. (1993). *Developing augmentative and alternative communication technology in order to develop literacy.*

Krefting, L.H., & Krefting, D.V. (1991). Cultural influences on performance. In Christiansen C., & Baum, C., editors: *Occupational Therapy,* Thoroughfare, N.J., 1991., Slack.

Lee, K., & Thomas, D. (1990). *Control of computer-based technology for people with physical disabilities: An assessment manual.* Toronto: University of Toronto Press.

McDonell, P. M., Scott, R. N., Dickison, A., Theriault, B. A., & Wood, B. (1989). Do artificial limbs become a part of the user? New evidence, *J Rehab Res 26*(2), 17-24.

Ragnarsson, K. T. (1990). Prescription considerations and a comparison of conventional and lightweight wheelchairs, *J Rehavil Res Dev Clin Suppl 2,* 8-16.

Riemann, B. L., & Lephart, S. M. (2002). The sensorimotor system, part I: The physiologic basis of functional joint stability. *Journal of Athletic Training, 37*(1), 71-79.

Romich, B. A., & Vagnini, C. B. (1984). *Integrating communiction, computer access, environmental control and mobility.* Proceeding of the 1984, CTG Conference.

World Health Organization. (1980). *International classification of impairments, disabilities, and handicaps.* Geneva, World Health Organization.

■ 이진현

제16장
보조기기 적용 · 훈련 · 교육

1. 보조기기 적용 및 훈련 이해

보조기기 서비스 과정은 초기평가를 통한 욕구파악, 기능평가, 감각, 신체, 인지, 언어와 같은 부분에서 수행능력과 기기의 특성과 사용자의 욕구, 기술 간의 대응이 이루어진다. 그리고 수집된 정보를 바탕으로 보조기기를 선택하고, 이를 실행하기 위해 주문 또는 제작으로 기기를 마련하고 사용자에게 전달 및 적용을 하면서 훈련을 수행하게 된다. 이러한 욕구파악(needs identification) 과정을 통해 보조기기 중재 서비스의 주요 요소가 될 수 있는 사용자 개인의 욕구와 목표를 정확하게 파악할 수 있다. **사용자의 욕구파악**은 서비스 전달과정에서 가장 결정적으로 중요한 부분으로 평가 초기에 실시된다. 욕구파악을 통해 수집된 정보는 최종적인 성과의 효율성을 측정하는 데 기초가 된다. 따라서 이 단계는 아주 신중하게 진행되어야 하며, 보조기기 중재 서비스를 통해 다루어질 문제의 성격과 범위 그리고 이러한 문제영역을 해결하기 위해 파악된 목표에 대하여 관련된 사람 간의 의견일치가 반드시 이루어지는 것이 중요하다. 또한 욕구파악을 통해 수집된 정보는 보조공학사가 특정한 서비스와 기기를 구매하는 것의 정당성을 입증하기 위해 사용된다. 그리고 욕구파악은 평가의 나머지 과정을 적절하게 수행하기 위해 필요한 계획을 작성하는 데 도움이 된다. 이러한 계획에는 평가 팀의 구성, 필요한 평가 도구나 기기의 결정, 앞으로 더 수집해야 할 정보의 파악 등이 포함된다.

사용자의 **생활역할**은 그 욕구와 목표에 영향을 미친다. 사용자가 아동인가, 아니면 성인인가? 그의 생활역할은 무엇인가? 생활역할로는 학생, 부모, 고용인, 봉사자 등이 기입될 수 있다. 생활역할이 변화함에 따라 필요로 하는 보조기기는 달라질 수 있다. 생활역할과 관련하여 활동이 이루어지는 수행영역(자기관리, 일, 학교, 놀이, 레저 활동 등)이 결정된다. 이러한 수행영역을 파악함으로써 보조공학사는 사용자가 도움을 필요로 하는 활동이 어떤 것인지를 구체적으로 파악할 수 있다.

보조기기나 서비스의 과정에서 욕구에 따른 기기의 추천이 이루어지고 공공, 민간 또는 개인의 자금이 마련되면 실제로 사용하기 위한 적용이 시작된다. 이러한 적용의 서비스 전달과정은 구체적인 기기(장비)를 구성하고, 상업을 목적으로 제작된 장비를 구매하거나 주문된 기기를 제작하고, 필요한 개조를 하고, 장비를 조립 또는 설치하고, 기기를 하나의 시스템으로 철저히 점검하고, 기기를 소비자에게 장착시키고, 그 사용과 관련하여 소비자나 보호자를 훈련시키는 것으로 구성된다.

2. 적용 및 훈련의 주요 원칙

뷰켈먼과 미렌다(Beukelman & Mirenda, 1998)는 사용자에게 실제적이거나 잠재적으로 존재할 수 있는 '기회적 장벽'과 '접근적 장벽'을 구분해 파악할 필요성에 대해 논의하고 있다. **기회적 장벽**(opportunity barrier)은 사용자의 통제하에 있지 않은 상황이나 사람에 의해 부여된다. 그들은 그 유형을 정책적 장벽, 실무적 장벽, 태도적 장벽, 지식적 장벽, 기술적 장벽의 다섯 가지 유형으로 구분하였다. **정책적 장벽**이란 사용자가 보조기기를 사용하는 것을 법률적으로나 규정상 또는 기관의 정책상 제한하는 것을 말한다. **실무적 장벽**은 정책이 보조기기 사용을 제한하도록 규정하지는 않지만 그것을 사용하는 데 필요한 여건을 마련하지 않음으로써 실제적으로 보조기기 시스템을 사용하는 것이 불가능한 것을 말한다. **태도적, 지식적, 기술적 장벽**은 모두 사용자가 접하는 사람이나 보조공학을 효과적으로 사용하기 위해 의존해야 하는 사람들과 관련된다. 예를 들면 AAC 사용자가 직장에서 자동 언어인식 기기가 다른 동료의 작업에 방해가 된다는 이유로 그에 대한 부정적인 태도를 가지고 있다면 그것은 하나의 태도적 장벽이 될 수 있다. 그리고 사용자 주변의 직장상사나 동료들이 자동 언어인식 기기를 장착하거나 그것을 사용자가 효과적으로 이용할 수 있도록 도움을 주는 데 충분한 지식이나 기술을 가지고 있지 못하다면 그것은 각기 지식적, 기술적 장벽이 될 수 있다. 이러한 기회적 장벽을 극복하기 위해 보조공학사가 취할 수 있는 접근 방법은 그 장벽의 유형에 따라 달라질 수 있다. 지식적, 기술적 장벽에 대해서는 훈련이 필요하고, 정책적, 태도적, 실무적 장벽에 대해서는 정책적으로 접근할 필요가 있으며 지속적인 교육이 필요하다. 경우에 따라서 다양한 방법을 병행할 수도 있다.

접근적 장벽(access barrier)은 소비자나 그를 지원하는 시스템의 능력, 태도, 자원 한계와 관련된 장벽을 말한다(Beukelman & Mirenda, 1998). 예를 들어, AAC 기기 사용을 위해 욕구사정을 하는 과정에서 소비자가 의사소통하는 데 사용하는 모든 방법이 파악될 수 있다. 하지만 사용자와 그 가족들이 가지는 기기에 대한 선호경향, 의사소통 상대자의 태도 등이 접근적 장벽이 될 수 있기 때문에 그러한 측면도 충분히 파악되어야 한다. AAC 기기와 관련하여 평가하는 과정에서 쉽게 발견되는 접근적 장벽의 한 예는 사용자의 부모가 자기 자녀가 AAC 기기를 사용하게 되면 자연스러운 언어발달이 저해될지도 모른다는 두려움으로 그 구입을 꺼려 하는 경향이다. 또한 보조공학 시스템이나 서비스에 대한 비용을 지원할 수 있는 자원 확보능력이 부족하다면 그것이 또 하나의 접근적 장벽이 될 수 있다. 욕구사정 기간 동안 현재 또는 잠재적으로 존재하는 장벽(기회적 장벽과 접근적 장벽 모두)을 정확히 파악하는 것은 보조공학사가 사정과 중재의 효과적인 전략을 확립하는 데 도움을 준다.

사용자 욕구에 필요한 정보는 상담 또는 사용자나 보호자에 의해 작성되는 문서화된 평가지를 통해 수집될 수 있다. 사람과 보조공학을 대응시키기 위한 평가(Matching Person and Technology Assessment)와 같은 도구(Scherer, 1998)가 사용자의 욕구와 보조공학 체계를 사용할 수 있는 능력의 영역을 파악하기 위해 보조공학사에 의해 사용될 수 있다. 실제로 사용자를 만나기 전에 평가지를 통해 정보가 이미 수집되었다 하더라도 사용자를 처음 만난 시점에서 그것을 다시 한 번 검토할 필요가 있다. 자료를 다시 검토하는 목적은 필요한 정보가 모두 제공되었는지를 확실히 하고, 명확한 목표를 설정하기 위해 분석하기 위함이다. 이러한 과정에는 다양한 전문가로 이루어진 팀접근이 필요하며 사용자의 욕구와 목표에 관해 여러 전문가의 의견을 반영하고, 의견의 일치를 통해 적용과 훈련 과정에서 발생할 수 있는 오류를 줄일 수 있다.

보조기기를 적용하고 훈련하는 기본적인 목적은 손상의 치료가 아니라 일상생활에서 기능적인 활동을 할 수 있도록 기술적인 지원을 제공하는 데 있다. 그렇기 때문에 보조기기를 사용하였을 때 기능적 결과가 얼마나 향상되었는지를 검토하게 된다. 보조공학사는 장애에 따른 손상에 중심을 두는 것이 아니라 사용자의 신체 및 정신 기능을 파악하여 최대한 활용하는 것에 초점을 둘 필요가 있다. 기능적인 활동에 초점을 맞추는 것이 우선적인 적용 방식이지만, 보조기기를 사용함으로써 개인에게 잠재된 기능(신체적, 정신적)이 향상될 수 있는 부분을 간과하지 말아야 한다. 보조공학의 적용이 욕구에 따른 활동에 대한 기능을 실현시키는 동시에 개인의 신체적인 기능을 향상시키는 두 가지 목표를 달성하는 데 사용될 수 있다(Angelo & Smith, 1989; Smith, 1991).

서비스 전달과정에서 보조기기를 잘 활용할 수 있도록 훈련하는 것은 일시적인 욕구와 지속적인 욕구로 발생하는데, 보조공학사는 계획된 활용 목표와 비교하여 수행 정도를 확인하고 필요에 따라 수정할 수 있다. 이러한 훈련은 장애를 가지고 살아가야 하는 사용자에게 지속적으로 필요할 수 있다. 신체, 환경, 직업, 새로운 기술 등과 같은 변화에 따라 새로운 보조기기를 이용하고 적용함에 따라 동반되기 때문이다. 따라서 현재의 기능적인 활동의 가능성뿐만 아니라 예측 가능한 미래의 상황에 따른 보조공학 체계를 추천하는 근거를 찾을 수 있다. 즉, 보조공학사는 이러한 변화를 예측하여 사용자의 보조공학적 접근에 대한 지속적인 욕구에 대응하고 관리할 수 있는 계획을 세울 필요가 있다.

보조공학사는 보조기기를 적용한 후 훈련이 필요한 경우 사용자가 기능적으로 사용할 수 있는 목표를 세우고 거기에 맞는 계획에 따라 훈련에 참여할 수 있다. 이때 진행되는 과정을 평가하고 기록할 필요가 있다. 이러한 과정에 보조공학사는 중재를 통해 훈련의 변화를 주거나 지속할 수 있다. 설정한 목표에 도달하지 못하는 경우에는 보조기기의 적용 단계에서부터 다시 검토하고 수정하거나, 훈련의 방식을 변경할 필요가 있다.

3. 전반적인 보조공학 서비스 절차

1) 접수 및 상담

처음으로 클라이언트 또는 보조공학의 도움이 필요하다고 생각되는 사람을 접수해서 상담을 하는 과정이다. 보조공학 서비스를 제공하는 사람, 또는 상담가나 감독자는 클라이언트 혹은 그 보호자와의 상담을 통해 기본적인 정보를 수집하고, 클라이언트와 클라이언트 주변 인물들의 요구사항이 무엇인지를 파악하게 된다. 또한 이 과정에서 센터의 서비스 내용이 클라이언트와 클라이언트 주변 인물들의 요구사항을 얼마나 충족시켜 줄 수 있는지에 대한 정보를 얻게 된다. 또한 중요하게 고려해야 할 점은 센터에서 서비스를 받게 될 경우 비용문제이다. 클라이언트 혹은 그 가족의 경제적인 여건 등을 고려하여 센터의 서비스에 소요되는 비용에 대한 자금조달 방법에 대해서도 고려해야 한다. 일정한 범위의 접수 및 상담 절차가 끝나면 다음으로 상담 및 평가 단계로 들어간다.

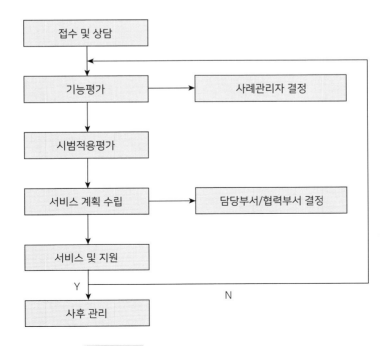

그림 16-1   보조공학 일반적인 서비스 절차

2) 기능평가

이 단계에서는 접수 및 상담 단계에서 수집된 기본 정보들을 바탕으로 하여 보다 상세한 정보와 함께 클라이언트 본인 또는 보호자(부모) 및 클라이언트 주변 인물들이 무엇을 필요로 하고 무엇을 원하는지를 확인한다. 그리고 클라이언트의 신체적, 인지적, 감각적, 언어적 기능에 대한 평가를 통해 기능적인 조건을 확인하고, 클라이언트의 요구와 기능적 능력에 따라 필요로 하는 보조공학기기와 서비스를 결정한다.

이 단계에서 개개의 클라이언트를 전담하는 관리자를 결정한다. 관리자의 역할은 한 클라이언트에 대한 서비스가 결정되면 서비스 계획 수립의 과정에서부터 서비스를 받고, 적합검사를 실시하고, 부가적으로 필요한 사항들을 점검하여 찾아 주고, 보호자 및 가족들의 가정지도를 담당하며, 서비스 후 사후 관리에 이르기까지 한 클라이언트가 센터를 찾아 서비스를 받는 모든 과정을 전담하여 관리하는 것이다.

(1) 요구파악

보조공학은 클라이언트가 필요한 것이 무엇인지 확인이 되자마자 연령에 관계없이 소개하는 것이 좋다. 클라이언트 자신 또는 부모 및 주변 사람들이 무엇을 필요로 하는지를 먼저 확인해야만 한다. 한 가지 중요한 것은 보조공학이 클라이언트의 모든 문제를 해결하거나 비장애인과 똑같이 생활하게 만들지는 못한다는 점이다. 클라이언트에게 아무리 고급의 보조공학기기를 주더라도 만약에 그 기기를 다루는 데 어려움이 있으면 공학이 해결책이 되지 못하는 것이다. 클라이언트가 무엇을 해야 하는지(예: 자립생활, 등교, 구직), 필요한 것이 무엇인지(예: 의사소통, 이동, 특수한 조절장치, 특수한 기기, 교통, 장애인 전용자동차)를 먼저 확인해야 된다. 만약에 클라이언트가 무엇이 필요한지 확실치 않을 때는 클라이언트와 관련된 사람들에게 연락해서 도움을 얻을 수도 있다.

(2) 능력평가

소비자의 감각기능, 신체기능, 인지기능 그리고 언어기능을 고려해야 한다. 감각기능은 주로 청각사, 검안사들이 진단한 진단서를 통해서 알 수가 있다. 일반적인 시력 외에도 시지각 기능도 고려되어야 하며 촉감각 기능도 평가되어야 한다.

신체기능 평가의 목적은 보조공학기기를 사용할 때 기능적으로 최고의 위치를 선택하는 데 활용된다. 이러한 목적을 달성하기 위해서는 앉기 및 자세, 해부학적으로 제일 일관성있게 기기를 사용할 수 있는 위치 평가, 제어 인터페이스 선택, 소비자와 인터페이스 적용 시험 등이 이루어져야 한다. 인지적인 기능의 평가는 주로 임상적 관찰로 이루어진다. 언어기능의 평가는 표현언어 및 수용언어로 분류될 수 있다.

(3) 보조공학기기 특징

보조공학사들은 다양한 분야의 모든 보조공학기기의 용도, 사용법, 적용법까지 이해해야 한다. 클라이언트에게 맞는 보조공학기기를 찾을 때에는 다음과 같은 사항을 고려해야 한다. 첫째, **기기의 용도, 사용법** 그리고 **기능의 한계성**에 대해 알아야 하고, 둘째, **기기의 성능**, 즉 사용 시의 안정성, 편리성, 안락성, 신뢰성을 알아야 한다. 셋째, **내구성**으로 사용자 또는 그 가족에게 기기의 평균 수명과 기기의 관리방법에 대해 알려 주어야 한다. 넷째, **유효성**은 기기의 구입 장소에 따라 훈련이 필요하다면 어디서 서비스가 가능한지 여부와 수리 및 관리 서비스의 편리성에 대해 고려해야 한다. 다섯째, **비용**이다. 뭐라고 해도 비용 부분은 무시할 수 없는 것이다. 특히 개조/제작에 요구되는 비용, 훈련에 필요한 비용, 예상 수리비 및 관리비, 대여 또는 임대의 타당성 등을 고려한 비용이 고려되어야 한다. 여섯 번째가 **미적 외형**이다. 기기의 외적 모양, 부피, 소비자의 외적 이미지에 어떤 영향을 미칠지 여부, 사용 1, 2년 후의 모양을 고려해야 한다. 아무리 좋은 기기라도 보기에 모양이 좋지 않다든가, 사용 중에 모양이 변한다든가 하는 것은 좋지 않다. 일곱 번째, **사용 환경**이다. 어떤 경우 기기를 사용할 것인가, 전동력은 신뢰할 만한가, 날씨에 따라 어떠한 영향을 받는가, 서로 다른 환경 간에 이동은 편리한가 하는 문제점들을 고려해야 한다. 마지막으로 자금조달이다. 여기서 자금은 기기 구입뿐 아니라 관리/수리/부품 및 기기 교체에 관한 모든 것을 포함한다. 실제로 개인의 자금만으로는 부족한 경우가 대부분이므로 지원 가능한 자금의 조달을 고려하지 않을 수 없다.

- 상담과 클라이언트 관리에 있어서 포함되어야 할 역할
① 새로 온 클라이언트에게 안내를 돕는다.
② 클라이언트가 머무는 동안 보조적인 상담을 제공한다.
③ 개개의 클라이언트에게 맞는 서비스 종류, 시간 계획, 성취 목표 등의 서비스 계획을 수립한다.
④ 서비스가 완료되는 동안 승인된 시간에서부터 이행의 이슈에 대해 기록한다.

⑤ 프로그램 진행과정과 관련 이슈에 관한 참고자료를 제공하고 센터 전문가들과 정보교환을 한다.

⑥ 필요에 따라 전문가를 구성하고 순서를 결정한다.

⑦ 지역의 보조기기센터(재활 관련 기관)와 지역사회 내에서 필요한 지원 서비스를 권고한다.

⑧ 매일매일 문제해결을 위한 중재와 보조를 제공한다.

⑨ 클라이언트의 권리와 책임, 이해관계 등에 대한 정보를 제공한다.

⑩ 클라이언트와 가족, 관련된 사람들에게 MRC의 서비스와 재활과정에 대한 정보를 제공한다.

⑪ 승인이 인정된 시간부터 클라이언트의 서비스 과정, 문제점, 가능성과 한계점 등에 대해 기록, 보관한다.

3) 시범적용평가

클라이언트의 요구와 능력에 맞는 보조공학기기가 선택되면 그것의 시범 평가가 이루어진다. 시범적용평가는 자신에게 필요한 공학기기를 구입하거나 사용하기 전에, 혹은 다양한 종류의 공학기기들을 사용해 봄으로써 자신에게 가장 적합한 기기를 선택할 수 있도록 전시, 훈련하는 과정을 말한다. 경우에 따라서는 앞으로의 직장생활이나 가정 내의 작업환경(재택근무 시)의 워크스테이션을 가상으로 꾸미고 자신에게 가장 적합한 환경을 체험해 보고 자신의 조건에 맞게 꾸며 보고, 추후의 직장생활에서의 공간을 계획, 설계할 수 있도록 준비하여 직업재활에 도움이 되도록 한다.

이 단계에서는 임의로 구성된 시범적용평가를 통해 일반적인 클라이언트의 현재 상태를 파악하고 클라이언트에게 필요한 것이 무엇인지를 알 수 있다. 이렇게 확인된 클라이언트의 현재 상태와 요구에 따라 서비스 계획을 수립하고 서비스를 실시한다.

시범적용평가의 과정은 보조공학기기를 선택하고 구입하기 이전에 가상으로 꾸며진 상황에서 사용하고 적용해 봄으로써 보다 적합하고 개개인에게 맞는 기기를 선택할 수 있도록 하며, 또한 선택, 구입한 기기로 훈련하고 사용 방법을 익힐 수 있는 기회를 가질 수 있도록 한다는 데 그 의미가 있다. 즉, 일상생활에서 개개인에게 필요한 보조기기들을 설치, 구성하여 보다 나은 삶을 영위할 수 있도록 준비하게 하고, 적응 훈련을 할 수 있는 기회를 제공하는 것이다.

시범적용평가의 단계에서는 다양한 보조공학을 광범위하게 선택하고 테스트 할 수 있다. 앞서 서비스 절차에 언급된 바와 같이 접수 및 상담 시 클라이언트의 상태를 파악하고, 요구를 확인할 때 이용되고, 일정한 중재 이후 그 결과를 확인하기 위해서도 이용된다.

보조공학 서비스는 일회성 적용과 훈련에만 그치는 것이 아니라 일정한 기간 동안 보조기기를 사용하고 그 안에서 경험을 함으로써 가장 적합한 환경과 필요한 기기들을 선택할 수 있도록 실제 설치 가능성을 고려할 수 있어야 한다.

4) 서비스 계획 수립

상담 및 기능평가의 결과와 시범적용평가와 관련된 전문가의 의견을 수렴해서 클라이언트에게 필요한 보조공학기기와 서비스를 파악하여 그에 맞는 서비스 계획을 수립한다. 이러한 결과를 보고서 형식으로 작성해서 보조공학기기를 구입하는 데 있어서 자금조달 신청 시에도 활용된다. 서비스 계획에는 필요로 하는 서비스는 무엇이고, 각 서비스에 소요되는 시간은 얼마이며, 각 서비스 간의 진행 순서와 중복 여부 그리고 클라이언트의 주 서비스를 담당하는 부서와 주 서비스에 부가적으로 요구되는 서비스를 담당하는 협력부서와 전문가들에 대한 내용이 포함된다.

보조공학에는 시각/청각장애인을 위한 공학, 대체 접근, 보완대체 의사소통, 일상생활 동작, 이동성, 착석 및 자세, 환경조정, 주택 및 직장 환경 개조, 스포츠 및 여가활동, 편의시설 등의 많은 영역들이 있다. 모든 사람들이 보조공학의 모든 영역에서의 도움을 필요로 하는 것은 아니지만 한 사람이 한 가지 영역의 도움만을 필요로 하는 것도 아니다. 즉, 한 클라이언트에 대한 평가로 그 클라이언트에게 필요한 다양한 영역의 보조공학 서비스와 기기가 무엇인지 알게 된다. 하지만 필요로 한다고 해서 모든 서비스와 기기들을 한꺼번에 제공할 수는 없는 일이다. 따라서 각각의 클라이언트에게 맞는 계획을 세우는 데 있어서 요구와 필요성의 중요도에 따라 순서를 정하는 것이 필요하다.

예를 들어, 뇌성마비를 가진 30세의 성인이 있다. 이 사람은 비대칭 긴장성 경반사의 장애를 가지며, 언어의 사용이 어렵고, 이동 시 휠체어를 필요로 한다. 그렇다면 이 사람에게 단순히 휠체어만을 제공하고 보완대체 의사소통 기기를 제공해 준다고 해서 다른 이들과 대화도 하고 어디든지 원하는 곳으로 자유롭게 이동할 수 있는 것은 아니

다. 즉, 그렇게 기본적으로 제공될 수 있는 기기들의 사용에 대한 훈련이나 부가적인
보조 장치들이 필요하다는 것이다. 다시 말하면, 주된 역할을 하는 담당영역과 보조적
인 지원을 하는 협력영역이 있어야 한다는 것이다.

5) 서비스 및 지원

서비스 계획이 수립되고 자금조달 문제가 해결되면 실행단계로 넘어간다. 추천된
보조공학기기를 주문해서 필요에 따라 수정 또는 제작한다. 그러한 준비를 해서 클라
이언트에게 전달된다. 이러한 방법으로 기기가 선정되고 전달되면, 그 기기를 필요로
하는 클라이언트에 대한 적합성 평가가 이루어져야 한다. 첫째, 선택된 공학 기기가
클라이언트의 문제를 어느 만큼 충족해 줄 수 있는지, 둘째, 소비자의 문제가 충족이
안 되었을 경우에는 무엇이 잘못 되었는지에 대한 평가가 이루어져야 한다. 이 단계에
서는 기초적인 기기 사용 방법과 장기적인 사용 방법에 대해서도 훈련을 한다. 이렇게
해서 기기와 사용자 간의 일치도까지 선정되고 나면, 적절한 기기가 선정된 후 올바르
게 사용될 수 있도록 소비자 및 가족 또는 친구를 훈련시킨다. 왜냐하면 만약에 기기
가 잘못되거나 소비자가 혼자서 해결이 불가능할 경우에는 옆에서 기기를 다룰 줄 아
는 사람의 도움이 필요하기 때문이다.

6) 재평가

개개의 클라이언트에게 제공된 서비스와 기기들의 효과와 실용성을 평가하여 제공
된 서비스와 기기들로 인한 문제점을 없애고, 부적절한 부분이 발견될 시에는 '서비스
및 지원' 단계로 되돌아가 부족한 부분에 대한 서비스를 보강한다.

재평가 시에는 상담 및 평가 시에 발견되었던 문제점들이나 클라이언트의 요구가
충족이 되었는지, 서비스 계획 수립의 진행과정에 오류는 없었는지, 혹은 부적절하게
제공된 또는 잘못 적용되어 불편을 주는 장치나 기기들은 없는지, 부가적으로 필요로
하는 서비스나 장치, 기기는 없는지에 대해 세세하게 평가·점검한다.

이 과정을 만족하면 사후 관리로 진행하게 되고, 만일 만족하지 못하면 수정된 계획
을 수립하여 처음부터 다시 서비스에 들어간다.

7) 장·단기 사후 관리

기기가 배달이 되고 서비스 및 지원과정을 거쳐 훈련이 끝나면, 결정된 기기들이 효율적으로 사용되고 있는지에 대한 종합적인 차원에서 평가되어야 한다. 그리고 고장이나 수리의 여지는 없는지를 파악하고 관리하거나, 서비스의 효과가 실제 상황에 제대로 적용되어 사용자가 만족을 하는지, 원하는 요구가 충족되었는지를 지속적으로 관리한다.

보조공학 서비스의 마지막은 바로 후속조치이다. 이전까지 아무리 좋은 기기를 선정해서 제공하고, 사용법을 가르쳤다고 하더라도 사후 관리가 되지 않으면 사용자에게 나쁜 영향을 미칠 수도 있기 때문에 기기가 올바르게 설치되고 사용되고 있는지, 관리방법에 대해서 이해하고 있는지를 지속적으로 관리·점검해야 한다. 그리고 고장이 난 부분이 있으면 수리를 해야 한다.

장기 사후 관리는 최종적인 단계로서 소비자와 정기적인 접촉을 해서 추가적으로 보조공학 서비스가 필요한지를 파악한다. 만약에 필요하다면 처음 단계(접수 및 상담)부터 다시 과정을 밟게 된다. 이 단계에서는 좀 더 소비자의 요구를 장기적인 안목에서 고려해야 될 것이다.

(1) 보호자 및 가족 훈련

클라이언트 개인이 서비스를 받고 훈련이 되었다고 모든 여건이 충족되는 것은 아니다. 실제 상황에서 사용될 때 본인과 함께 생활하는 부모님을 포함한 가족과 배우자, 또는 하루 중 많은 시간을 보내는 동료들에 대한 훈련을 실시한다. 이는 클라이언트가 자신에게 필요한 요건을 스스로 완전하게 갖출 수가 없으며, 또 갑작스러운 돌발상황에 대해 신속하게 대처할 수 있도록 하고, 클라이언트가 자신이 사용하는 기기나 장치에 대해 완전하게 숙달할 수 있도록 클라이언트의 주변 인물이 지속적으로 옆에서 지원해 줄 수 있게 하기 위한 것이다.

(2) 지속적인 관리 점검

한번 서비스가 되고 기기나 장치가 지원되었다고 해서 모든 서비스가 완료된 것은 아니다. 사용하다 보면 갑작스러운 고장이나 문제가 발생할 수 있다. 이러한 문제점이나 고장을 장애인 스스로가 해결할 수 없는 경우를 대비해 보호자와 가족들에 대한 훈련을 실시하지만, 심각한 문제가 생겼을 때는 그들만으로는 해결이 어렵다. 또한 한 가지 기기의 사용은 장애인에게 무리를 가져올 수 있다. 즉, 연령의 변화에 따른 신체적 조건의 변화나 신체적 조건의 변화에 따른 기능적 조건의 변화에 기기의 고정된 형태나 기능이 맞춰질 수는 없는 일이다. 따라서 전담 관리자는 서비스 이후 지속적인 점검과 관리를 통해 변화되는 조건에 따른 충족요건들을 파악하고 이에 대처해야 하며, 심각한 문제점들이 발생하지 않도록 세심한 주의를 기울여야 한다.

4. 적용 및 훈련 사례 소개

1) 컴퓨터 대체 접근 사례

지금부터 소개하는 사례는 중증장애인들의 컴퓨터 접근을 가능하게 하는 것으로, 대상자들은 지체 및 뇌병변장애 1급으로 개호자의 도움 없이는 자조적인 활동이 매우 어려워 직접적인 컴퓨터 사용을 경험하지 못하였다. 이러한 대상자들을 다양한 방법으로 평가하여 이를 토대로 신체적으로 기능을 활성화할 수 있는 부분을 찾아 적합한 대체 접근 기기를 선정하였다. 각 대체 접근 기기들의 개별적인 사용이 가능하도록 훈련 프로그램을 작성하여 지속적인 훈련을 통해 직접적으로 컴퓨터를 활용할 수 있는 기회를 제공하였다. 보조기기 훈련은 총 12회에 걸쳐 실시하였다.

(1) 서비스 대상 정보

표 16-1 서비스 대상 정보

순번	이름	장애 및 등급	성별	나이	특징
1	서○○	지체장애 1급	남	29세	• 척수손상으로 전신의 구축 • 눈동자 움직임을 이용한 컴퓨터 접근
2	김○○	지체장애 1급	남	25세	• 체간의 근 긴장이 매우 높음. • 이마의 근육 움직임을 활용한 컴퓨터 접근
3	지○○	뇌병변장애 1급	여	28세	• 불수의 움직임이 심함. • 목과 머리가 어느 정도 고정된 상태에서 눈동자 움직임의 활용

(2) 대상자들의 주요 컴퓨터 접근 욕구

표 16-2　대상자들의 주요 컴퓨터 접근 욕구

순번	대상	컴퓨터 활용
1	서○○	① 인터넷 사용 ② 문서작업
2	김○○	① 인터넷 접속 및 검색
3	지○○	① 컴퓨터를 통한 원인-결과의 개념 제공

(3) 적용된 대체 접근 기기

표 16-3　적용된 대체 접근 기기

기기 명	특징
퀵글랜스 3 (Quick Glance 3)	전자적 장치로 눈동자의 움직임을 이용한 마우스의 역할
IST 스위치	적외선, 소리, 터치 등의 작용에 반응하는 스위치
대체 장난감	스위치 사용의 기능평가 및 연습을 위한 기기

(4) 서비스에 적용된 소프트웨어

표 16-4　서비스에 적용된 소프트웨어

소프트웨어 명	특징
스위치 스킬 (Switch Skill)	스위치의 기능 향상을 돕기 위한 게임 형식의 소프트웨어 (악어 잡기, 벌 잡기, 퍼즐게임)
거스(GUS Software)	마우스 커서를 스위치를 통해 접근 가능하게 만든 소프트웨어
바로키	단어예측 기능이 있는 화면 키보드
클릭키	기본적인 화면 키보드

(5) 전체 일정별 서비스 내용

표 16-5 전체 일정별 서비스 내용

횟수	서비스 내용		
	서○○	김○○	지○○
1	① 퀵글랜스 초점 파악 훈련 ② 인터넷 접근	① IST 스위치 훈련 ② 스크린안경 적용	① 퀵글랜스 초점 파악 훈련 ② 스위치 스킬 적용 ③ AAC 소프트웨어 적용
2	① 퀵글랜스 초점 파악 훈련 ② 자체 제작한 훈련 소프트웨어 적용 ③ 인터넷 사용 훈련	① IST 스위치와 스위치 스킬 소프트웨어를 통한 훈련	① 퀵글랜스 초점 파악 훈련 ② 스위치 스킬 적용 ③ 인터넷 동화책 적용
3	① 퀵글랜스 초점 파악 훈련 ② 자체 제작한 훈련 소프트웨어 및 스위치 잼 소프트웨어 사용 ③ 인터넷 사용 훈련	① 앉기 자세에서 적합한 IST 스위치 위치 파악 ② 스위치 스킬 훈련 ③ 거스를 통한 훈련	① 퀵글랜스 초점 파악 훈련 ② 스위치 스킬 및 잼을 통한 훈련 ③ 인터넷 동화책 적용
4	① 퀵글랜스 초점 파악 훈련 ② 자체 제작한 훈련 소프트웨어 및 스위치 잼 소프트웨어 사용 ③ 인터넷 교육	① IST 스위치 위치 파악 ② 스위치 스킬 훈련 ③ 거스를 통한 훈련 ④ 인터넷 적용	① 퀵글랜스 초점 파악 훈련 ② 스위치 스킬 및 잼을 통한 훈련 ③ 인터넷 동화책 적용 ④ 꾸러기 야후 한글 교육
5	반복 훈련(인터넷 훈련을 주로 함)	반복 훈련(스위치 스킬 훈련에 중점을 둠)	반복 훈련 및 Sens activities 소프트웨어 적용
6	반복 훈련 및 클릭키를 통한 타자연습	반복 훈련(스위치 스킬 및 거스를 중점)	반복 훈련(스위치 스킬을 중점으로 적용함)
7	반복 훈련(타자연습을 주로 함) 및 인터넷 교육에서 개인 이메일 개설 및 네이트온 가입	반복 훈련(거스 훈련을 중점을 둠)	반복 훈련(인터넷 동화책 보기를 주로 적용함)
8	반복 훈련(타자연습 및 인터넷 교육을 중점으로 함)	반복 훈련(인터넷 적용에 중점을 두고 훈련함)	반복 훈련 및 볼링게임, 풍선게임 등을 통한 마우스 커서 움직임 파악
9	반복 훈련 및 인터넷의 사용 시 해상도 조절을 통한 눈의 피로감 감소를 통한 적용	반복 훈련 및 AAC 프로그램을 통한 의사소통의 가능성 점검	반복 훈련 및 AAC 프로그램의 적용을 통한 의사소통 가능성 점검
10	반복 훈련(타자연습 및 인터넷 교육을 중점으로 함)	반복 훈련 및 바로키를 통한 타자연습	반복 훈련(스위치 스킬 및 AAC 훈련을 중점으로 적용함)
11	반복 훈련 및 바로키를 통한 타자연습과 Scan-Master 프로그램을 통한 의사소통 훈련	반복 훈련 및 Scan-Master 프로그램을 통한 의사소통 훈련	반복 훈련 및 PMLS(그림 · 상징을 제공) 프로그램을 통한 인지능력 향상 훈련

(6) 주요 훈련 내용

① 1회 훈련

표 16-6　1회 훈련

대상	기기 및 프로그램	목표	훈련내용	비고
서○○	퀵글랜스 컴퓨터 지지대	1. 서○○의 퀵글랜스 사용의 정확도를 높임. 2. 인터넷 사용을 할 때 더욱 편안한 환경을 위해서 화면을 확대하여 사용하도록 함.	1. 퀵글랜스 초점 파악 훈련을 2회 실시하도록 함(정확도 및 시간을 측정). 2. 인터넷을 사용을 함. 이때 화면을 확대하도록 한다. 사용 후 어려웠던 점을 파악하도록 함.	- 담당선생님의 참여를 통한 퀵글랜스 사용법 교육
김○○	• 퀵글랜스 • IST 스위치 • 컴퓨터 지지대 • 스크린 안경 • 스위치 스킬 • 거스 소프트웨어	1. 김○○에게 맞는 컴퓨터 접근 환경을 찾는 데 주력함. 2. 스위치 사용에 있어서 정확도를 좀 더 높이도록 함(현 70% 정확도). 3. 화면의 좌우 분할하여 예/아니오 대답을 유도하여 커뮤니케이션을 이루도록 함.	1. IST 스위치 훈련-스위치 스킬소프트웨어를 사용하여 정근씨의 스위치 사용의 정확도를 파악함(최소 10회 이상 훈련). 최초 앉은 상태에서 훈련을 시작하여 불수의 운동의 영향을 파악한 후 누워서 접근할 수 있는지 평가. 이때 컴퓨터 지지대의 위치 선정이 중요함. 2. 스크린안경 착용-기본적인 스크린안경을 착용해 본 후 개조여부를 판단함.	스위치 스킬: 게임으로 스위치의 사용정도를 파악함.
지○○	퀵글랜스 컴퓨터 지지대 스위치 스킬 자체 제작 소프트웨어	1. 지○○의 컴퓨터 접근 시 앉기를 파악하고, 효율적인 자세 및 환경을 파악함. 2. 퀵글랜스의 초점 파악 훈련을 강화하여 환경에 익숙하도록 함. 3. 화면의 좌우 분할하여 예/아니요 대답을 유도하여 커뮤니케이션을 이루도록 함.	1. 퀵글랜스의 초점 파악 훈련을 2회 실시하도록 함(정확도 및 시간을 측정). 2. 스위치 스킬 게임을 사용하여 컴퓨터 흥미를 유발함(3회 실시). 3. 자체적으로 간단히 제작한 AAC 소프트웨어를 통하여 의사소통을 할 수 있는 훈련을 실시함.	

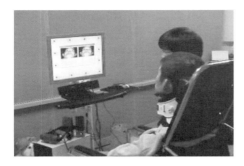
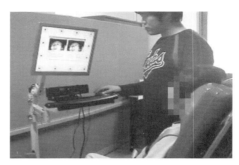

② 2회 훈련

표 16-7 2회 훈련

대상	기기 및 프로그램	목표	훈련내용	비고
서○○	• 퀵글랜스 • 컴퓨터 지지대 • 자체 제작 소프트웨어 • 인터넷	1. 퀵글랜스 사용의 정확도를 높임. 2. 인터넷 사용을 할 때 더욱 편안한 환경을 위해서 글자를 확대하고 10분 간격으로 1분간 눈의 피로를 낮추기 위해 휴식 및 눈 스트레칭을 함.	1. 퀵글랜스 초점 파악 훈련을 2회 실시함(정확도 측정). 2. 자체 제작한 훈련 소프트웨어를 3회 실시함. 2. 인터넷을 사용을 함. 이때 화면을 확대하도록 한다. 사용 후 어려웠던 점을 파악하도록 함.	– 퀵글랜스와 서○○의 위치를 올바르게 자리잡아 오차율을 줄임.
김○○	• IST 스위치 • 컴퓨터 지지대 • 스크린안경 • 스위치 스킬 • 거스 소프트웨어	1. 김○○에게 맞는 컴퓨터 접근 환경을 찾는 데 주력함. 2. 스위치 사용에 있어서 정확도를 좀 더 높이도록 함(현 70% 정확도). 3. 거스 소프트웨어를 어느 정도 사용할 수 있는지를 검토하여 향후 마우스 컨트롤의 주요 프로그램으로 사용할 수 있는 기회를 마련함.	1. IST 스위치 훈련–스위치 스킬소프트웨어를 사용하여 스위치 사용의 정확도를 파악함(최소 10회 이상 훈련). 처음 앉은 상태에서 훈련을 시작하여 불수의 운동의 영향을 파악한 후 누워서 접근할 수 있는지 평가한다. 이때 컴퓨터 지지대의 위치 선정이 중요함. 2. 스크린안경 착용–기본적인 스크린안경을 착용해 본 후 개조여부를 판단함.	
지○○	• 퀵글랜스 • 컴퓨터 지지대 • 스위치 스킬 • joybook.com: 동화책 관련 인터넷 사이트 • 자체 제작 소프트웨어	1. 퀵글랜스의 초점 파악 훈련을 통하여 향후 컴퓨터를 더욱 자유롭게 컨트롤할 수 있는 기회를 제공함. 2. 원인-결과를 제공해 주는 소프트웨어를 통해 컴퓨터 사용의 흥미를 유발하도록 함. 3. 인터넷 동화책을 통하여 혼자서 컴퓨터를 통해 책을 볼 수 있다는 자신감을 고취함.	1. 퀵글랜스의 초점 파악 훈련을 2회 실시함(정확도 측정). 2. 스위치 스킬 게임을 실시함(3회 실시). 3. www.joybook.com의 동화책 1권을 선택하여 클릭을 통해 책을 스스로 컨트롤하여 읽을 수 있도록 기회를 제공함(문제점: 동화책을 읽는 도중에 클릭을 하면 다음 페이지로 넘어감).	

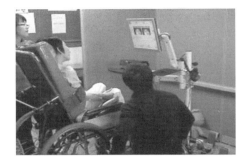

③ 3회 훈련

표 16-8　3회 훈련

대상	기기 및 프로그램	목표	훈련내용	비고
서○○	• 퀵글랜스 • 컴퓨터 지지대 • 스위치 잼 • 자체 제작 소프트웨어 • 인터넷	1. 퀵글랜스 사용의 정확도를 높임. 2. 스위치 잼을 통하여 딱딱한 컴퓨터 사용 훈련을 넘어서 흥미를 부여하도록 함. 3. 인터넷 사용 시 원활한 클릭을 위해 글자를 확대하고, 5분 간격으로 30초간 눈의 피로를 낮추기 위해 휴식을 함.	1. 퀵글랜스 초점 파악 훈련을 2회 실시하도록 함(평가측정). 2. 스위치 잼을 2회 실시함. 3. 자체 제작한 훈련 소프트웨어를 2회 실시함(평가측정). 4. 인터넷을 사용함. 이때 글자를 확대하도록 함.	- 향후 적합한 퀵글랜스 위치를 측정하도록 함. - 담당선생님의 참여를 통한 퀵글랜스 사용법 교육
김○○	• IST 스위치 • 컴퓨터 지지대 • 스크린 안경 • 스위치 스킬 • 거스 소프트웨어	1. 스위치 사용을 편안하게 사용할 수 있는 위치를 찾도록 노력함. 2. 컴퓨터 접근 환경에 익숙해지는 훈련을 실시하도록 함. 3. 거스 소프트웨어를 사용함으로써 기본적인 스캐닝의 이해를 돕도록 함. 4. 스크린안경을 적용함으로써 향후 자세의 변화에도 모니터를 보는 효과를 얻도록 함.	1. IST 스위치를 가장 편안하게 사용할 수 있는 위치를 파악함(최대 15분간 파악). 2. 컴퓨터 접근-스위치 스킬소프트웨어를 사용하여 스위치 사용의 정확도를 파악함(최소 3회 이상 훈련). 3. 거스 소프트웨어의 스캐닝을 통한 선택 훈련을 실시함. 4. 스크린안경 착용-기본적인 스크린안경을 착용해 본 후 개조 여부를 판단함.	
지○○	• 퀵글랜스 • 컴퓨터 지지대 • 스위치 스킬 • 스위치 잼 • joybook.com: 동화책 관련 인터넷 사이트	1. 퀵글랜스의 초점 파악 훈련을 통하여 향후 컴퓨터를 더욱 자유롭게 제어할 수 있는 기회를 제공함. 2. 원인-결과를 제공해 주는 소프트웨어를 통해 컴퓨터 사용의 흥미를 유발하도록 함. 3. 인터넷 동화책을 통하여 혼자서 컴퓨터를 통해 책을 볼 수 있다는 자신감을 고취함.	1. 퀵글랜스의 초점 파악 훈련을 2회 실시함(정확도 측정). 2. 스위치 스킬, 스위치 잼을 실시함(각 2회 실시). 3. www.joybook.com의 동화책 1권을 선택하여 클릭을 통해 책을 스스로 컨트롤하여 읽을 수 있도록 기회를 제공함(문제점: 동화책을 읽는 도중에 클릭을 하면 다음 페이지로 넘어감).	- 스위치 잼은 클릭을 통하여 음악 밴드 중 한 명이 되어 연주를 하는 기분을 만들어 주는 소프트웨어

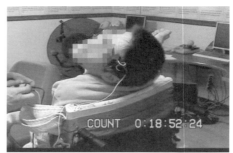
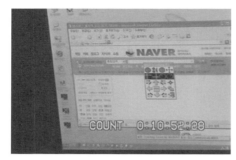

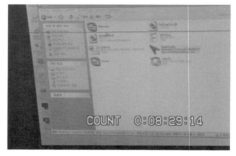

④ 4회 훈련

표 16-9 4회 훈련

대상	기기 및 프로그램	목표	훈련내용	비고
서○○	• 퀵글랜스 • 컴퓨터 지지대 • 스위치 스킬 • 스위치 잼 • 자체 제작 소프트웨어 • 인터넷	1. 서○○의 퀵글랜스 사용의 정확도를 높임. 2. 스위치 스킬 및 스위치 잼을 통하여 딱딱한 컴퓨터 사용 훈련을 넘어서 흥미를 부여함. 3. 인터넷 사용 시 글자를 확대하고, 5분 간격으로 30초 간 눈의 피로를 낮추기 위해 휴식을 함.	1. 퀵글랜스 초점 파악 훈련을 2회 실시하도록 함(평가측정). 2. 스위치 스킬 및 스위치 잼을 2회 실시함. 3. 자체 제작한 훈련 소프트웨어를 2회 실시함(평가측정). 4. 준비된 인터넷 교육 자료를 토대로 실시함.	
김○○	• IST 스위치 • 컴퓨터 지지대 • 스크린안경 • 스위치 스킬 • 거스 소프트웨어	1. 스위치 사용을 편안하게 사용할 수 있는 위치를 찾도록 노력함. 2. 거스 소프트웨어를 사용함으로써 기본적인 스캐닝의 이해를 돕도록 함. 3. 스크린안경을 적용함으로써 향후 자세의 변화에도 모니터를 보는 효과를 얻도록 함.	1. IST 스위치의 위치를 파악함 (최대 5분간 파악). 2. 스위치 스킬소프트웨어를 사용하여 김○○씨의 스위치 사용의 정확도를 파악함(10분간 파악). 3. 거스 소프트웨어의 스캐닝을 통한 선택 훈련을 실시함. 4. 인터넷 접근 시도-접속 후 검색사이트에서 스포츠란으로 이동 후 창원 농구팀 찾아가기 5. 스크린안경 착용에 대한 평가	
지○○	• 퀵글랜스 • 컴퓨터 지지대 • 스위치 스킬 • 스위치 잼 • joybook.com: 동화책 관련 인터넷 사이트 • 야후 꾸러기 한글 교육	1. 퀵글랜스의 초점 파악 반복 훈련을 통하여 정확도를 높임. 2. 원인-결과를 제공해 주는 소프트웨어를 통해 컴퓨터 사용의 흥미를 유발하도록 함. 3. 인터넷 동화책으로 컴퓨터를 통해 책을 보는 기회제공 4. 글자에 흥미가 있는지 파악하고, 적용 가능한지 살핌.	1. 퀵글랜스의 초점 파악 훈련을 2회 실시 하도록 함(정확도 측정). 2. 스위치 스킬, 스위치 잼을 실시하도록 함(각 2회 실시). 3. www.joybook.com의 동화책 1권을 선택하여 클릭을 통해 책을 스스로 컨트롤하여 읽을 수 있도록 기회를 제공함. 4. 야후 꾸러기에 한글 교육 실시함.	

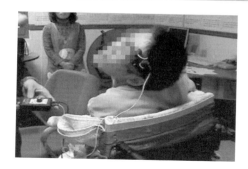

⑤ 5회 훈련

표 16-10 5회 훈련

대상	기기 및 프로그램	목표	훈련내용	비고
서○○	• 퀵글랜스 • 컴퓨터 지지대 • 스위치 잼 • 자체 제작 소프트웨어 • 인터넷	1. 서OO의 퀵글랜스 사용의 정확도를 높임. 2. 스위치 잼을 통하여 딱딱한 컴퓨터 사용 훈련을 넘어서 흥미 부여 3. 인터넷 사용 시 글자를 확대하고, 5분 간격으로 30초간 눈의 피로를 낮추기 위해 휴식을 함.	1. 퀵글랜스 초점 파악 훈련을 2회 실시함(평가측정). 2. 스위치 잼을 2회 실시함. 3. 자체 제작한 훈련 소프트웨어를 2회 실시함(평가측정). 4. 준비된 인터넷 교육 자료를 토대로 실시함.	
김○○	• IST스위치 • 컴퓨터 지지대 • 스크린안경 • 스위치 스킬 • 거스 소프트웨어	1. 스위치 사용을 편안하게 사용할 수 있는 위치를 찾도록 노력함. 2. 거스 소프트웨어를 사용함으로써 기본적인 스캐닝의 이해를 돕도록 함. 3. 스크린안경을 적용함으로써 향후 자세의 변화에도 모니터를 보는 효과를 얻도록 함.	1. IST 스위치의 위치를 파악함(최대 5분간 파악). 2. 스위치 스킬소프트웨어를 사용하여 스위치 사용의 정확도를 파악함(10분간 파악). 3. 거스 소프트웨어의 스캐닝을 통한 선택 훈련을 실시함. 4. 인터넷 접근 시도-접속 후 검색사이트에서 스포츠란으로 이동 후 창원 농구팀 찾아가기 5. 스크린안경 착용에 대한 평가	
지○○	• 퀵글랜스 • 컴퓨터 지지대 • Sensactivities • 스위치 스킬 • 스위치 잼 • joybook.com: 동화책 관련 인터넷 사이트	1. 퀵글랜스의 초점 파악 반복 훈련을 통하여 정확도를 높임. 2. 원인-결과를 제공해 주는 소프트웨어를 통해 컴퓨터 사용의 흥미를 유발하도록 함. 3. 인터넷 동화책으로 컴퓨터를 통해 책을 보는 기회제공	1. 퀵글랜스의 초점 파악 훈련을 2회 실시함(정확도 측정). 2. Sens activities, 스위치 스킬, 스위치 잼을 실시함(각 2회 실시). 3. www.joybook.com의 동화책 1권을 선택하여 클릭을 통해 책을 스스로 컨트롤하여 읽을 수 있도록 기회를 제공함.	

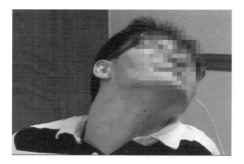
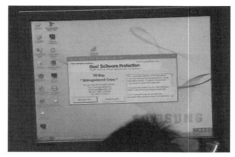
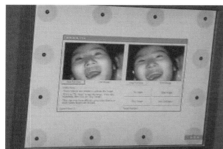

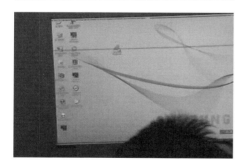

2) 일상생활 동작을 위한 보조공학기기 적용 사례

사례자는 남성으로 10년 전에 교통사고로 C4~5에 손상을 가지게 되어 사지마비 상태로 목 가누기 및 팔꿈치관절 굽힘근의 사용이 가능하지만 전반적인 불완전한 상지 기능을 가지고 있다. 일상생활 동작은 다양한 커프와 보조기기를 이용하여 타자, 필기, 책장 넘기기, 식사 등의 활동들을 비교적 독립적으로 수행하고 있다. 유치도뇨관을 사용하고 있으며, 자연배변이 불가능하여 3~4일에 한 번씩 보호자가 항문마사지를 하여 용변을 처리하고 있다. 자기 부담으로 구매한 이동식 목욕용 휠체어를 통해 보호자의 도움으로 목욕을 하고 있다. 현재 특수교사 임용을 준비하고 있으며 동료상담사, 사회복지사 자격증을 취득하였다. 사례자의 주요 욕구는 〈표 16-11〉에서와 같이 이동, 기립 훈련 및 욕창관리, 휠체어 이동, 학습과 관련하여 현재 가지고 있는 어려움을 해소하기 위한 요소들로 나타났다. 이러한 어려움을 해소하기 위해서는 고가의 보조공학기기 및 ICT 관련 제품이 필요하여 민간에서 지원하는 프로그램 활용을 모색하였다. 일상생활동작과 관련 보조기기를 사용하는 사례자의 모습과 욕구를 해소하기 위한 보조공학기기를 [그림 16-2]에서 보여 주고 있다.

표 16-11 사례자의 기본 정보, 보조기기 사용 이력 및 취득 경로, 주요 욕구

성명/성별	신○○ / 남	나이(생년월일)	○○세(198○. ○○. ○○)
평가 일자	2013. 12. 12.	직업	학생
연락처	01○-8○○○-9○○○	주소	경북 경산시
장애유형/등급	지체 / 1급	장애등록/원인	후천적 / 교통사고
장애 상태	SCI, (C4~5 손상), 사지마비	신변처리	☐ 스스로 가능 ☑ 도움 필요
사용보조기기	수동휠체어	국민건강보험 보장구 급여	
	타이핑, 필기 보조기기	자부담, 국립재활원 입원 당시 제작, 이후 여러 차례 수정·보완함.	
	손목지지대, 수저	자부담, 국립재활원 입원 당시 제작, 이후 여러 차례 수정·보완함.	
	목욕용 휠체어	중고 제품 자부담으로 구매.	
주요 욕구	이동	현재 2명 이상의 보호자가 들거나 안아서 이동 수행 중에 있음. 항상 낙상의 위험이 커 심리적 불안감이 큼.	

주요 욕구	이동	• 보호자의 노동 강도가 매우 높음. 보호자는 허리, 어깨에 통증이 잦으며 디스크 초기 증상의 소견이 있음.
	기립 훈련 및 욕창관리	• 기립이 불가능한 상황. 항상 앉거나 누워서 생활하기 때문에 하지 골격계가 약화되었으며, 골다공증 및 골절 위험이 큼. 재활운동이 필요함. • 욕창 과거력이 있으며 수업이나 학습 시 오랜 시간 체중 부하로 인해 욕창의 위험이 큼. 욕창 발생에 대한 심리적인 불안감 항상 있음. • 지속적인 앉기 시, 방광염 등 2차적인 합병증에 대한 우려가 큼.
	휠체어 이동	• 수동휠체어를 실내·외 구분 없이 사용하고 있음. • 학교까지 거리는 10분 내외로 가까운 편이나 경사진 도로가 많아 자가 추진이 어려운 구간이 많음. 육체적 피로와 근골격계 손상을 야기함.
	학습	• 장애로 인해 필기나 컴퓨터 사용에 한계가 있어 정보에 대한 접근성이 떨어짐.

a) 유치도뇨관 사용

b) 랩보드 사용

c) 랩보드를 활용한 휴대전화 사용

d) 타이핑보조기 및 손목지지대 사용

e) 독서용 팁 사용

f) 수저 및 손목지지대 사용

g) 호이스트 (이송 기기)

h) 기능성, 전동휠체어

i) 터치식 패드

그림 16-2   사례자의 일상생활 보조공학기기 및 이동, 정보협조 보조기기의 예

참고문헌

Angelo, J., & Smith, R.O. (1989). The critical role of occupational therapy in augmentative communication services, *Technology Review, 89.*

Beukelman, D. R., & Mirenda, P. (1998). *Augmentative & alternative communication: management of severe communication disorders in children and adults (2nd),* Brookers Publishing Company.

Scherer, M. J., & Craddock, G. (2002). Matching person & technology (MPT) assessment process, *Technology & Disability, 14*(3), 125-131.

Smith, R. O. (1992). Technology education from an occupational therapy view, *Technology and Disability, 1*(3).

제17장

보조기기 유지관리

▌유성문

1. 보조기기 유지관리의 현황 및 필요성

1990년 이후 정부는 장애인 및 노인들의 기본적 생활을 보장함으로써 이들의 소득안정과 완전한 사회참여를 위한 지원정책을 실시하고 있다. 이러한 정책의 일환으로 2005년 7월부터 보조기기를 지원해 왔으며, 2019년 현재까지 의료적 기준에 의거하여 보행이 어려운 장애인 및 노인들에게 보조기기를 제공하고 있다.

이처럼 정부지원을 통한 보조기기 지원으로 인해 사용자는 꾸준히 증가하고 있으며, 그에 따른 다양한 문제점 또한 증가하고 있지만, 아직까지 마땅한 대응책이 없는 상황이다. 이러한 문제들 중 보조기기에 대한 유지관리는 사용자의 안전과 직결되는 사항으로서 그 중요도가 높으며, 그에 따른 유지관리에 대한 요구 또한 증가하고 있으나 아직 합리적인 제도와 체계가 마련되지 않아 사용자의 불편은 가중되고 있는 실정이다.

표 17-1 보조기기 지원정책 현황(2017년 3월 기준)

부처	보건복지부				고용노동부		보훈처	과학기술정보통신부
과	보험급여과	요양보험제도과	기초의료보장과	장애인자립기반과	근로복지공단 산재보상국 보상계획부	장애인고용과	보훈의료과	정보활용지원팀
사업	건강보험	장기요양보험	의료급여	보조기기 교부	산재보험	보조공학기기 지원	국가유공자 보철구 지급	정보격차 해소 지원
지원기관	국민건강보험공단	국민건강보험공단	시·군·구	시·군·구	근로복지공단	한국장애인고용공단	보훈병원	한국정보화진흥원
2016 지급 실적 (건수)	131,738	2,711,477	34,152	5,689	23,134	7,020	10,500	4,256
2017년 품목수	85	17개 품목 (565개 제품)	85	22	204	58	44종	21개 품목 (98종)
대상	건강보험 가입자		의료급여 수급권자	기초 및 차상위	산재보험 가입자	장애인고용 사업주	국가유공 상이자	등록 장애인
주요 지급 품목	의지보조기, 휠체어, 스쿠터	욕창방석, 목욕의자 등	의지보조기, 휠체어, 스쿠터	욕창방석, 음성시계 등	의지보조기, 직업용 특수 휠체어	정보접근 보조기구, 작업기구, 차량용기기	의지보조기, 욕창방석 등	정보통신 보조기기

출처: 보건복지부(2017).

2. 보조기기 유지관리의 목적

우리 주변의 모든 환경과 사물 등은 꾸준한 관리를 통해 사용자의 요구를 충족시킨다고 할 수 있다. 장애인 및 노인이 사용하는 보조기기 또한 간단하고 정기적인 관리를 통해 이들의 생활은 보다 윤택하게 될 수 있다. 하지만 기본적인 관리가 수행되지 않을 경우, 사용자는 위험에 처할 수 있다. 보조기기 유지관리의 목적은 보조기기 사용에 대한 적절한 관리를 유도하거나 적용함으로써 사용상의 사고를 미연에 예방하고 보조기기의 사용 효율성을 증진시킴으로써 사용자 및 공공의 안전을 확보하고 나아가 국민의 복지증진에 기여하는 것이라 할 수 있다(유성문, 2011).

3. 보조기기 유지관리 서비스의 목적

보조기기에 대한 유지관리 서비스를 제공하는 목적은 다음과 같다. 첫째, 보조기기의 구조와 기초 지식을 사전에 습득함으로써 실제 임상에서 발생되는 보조기기 관련 서비스를 진행할 수 있도록 한다. 둘째, 유지관리 과정에서 발생되는 변동성에 대한 대처능력이나 판단능력을 배양하여, 수리 서비스 제공 시 능숙한 처리방법을 제시한다. 마지막으로 유지관리 서비스를 통하여 장애인 및 노인 스스로 위험상황으로부터 자신을 보호할 수 있는 지식, 태도, 기능을 익혀 건강한 생활을 할 수 있도록 도와주고, 자신에 대한 보호뿐 아니라 타인의 생명을 존중하고 인간 개개인의 존엄을 배양할 수 있도록 지원한다.

4. 보조기기 유지관리의 개념

보조기기 서비스란 장애인 등이 보조기기를 확보하고 효율적으로 활용할 수 있도록 제공되는 일련의 지원을 말하며, 보조기기 서비스의 특성에 따라 다양한 방법들로 진행되고 있다. 이 중 유지관리는 이용 목적에 따라 보조기기를 양호한 상태로 유지하고 보수하는 일로 정의하고 있으며, 점검, 세척, 수리, 재사용으로 분류하고 있다. 유사한 개념으로 개조와 맞춤제작이 있으나, 서비스 과정을 기준으로 살펴보면, 점검, 세척, 수리, 재사용은 보조기기가 최종 적용된 이후의 작업들로 정의할 수 있으며, 개조와 맞춤제작은 보조기기를 새로 구입하거나 최종 적용되는 과정 중의 작업들로 정의할 수 있다.

표 17-2 보조기기 유지관리의 분류

분류	정의	비고
점검	보조기기 사용의 지속적이고 안전한 사용을 위해 보조기기를 상시적으로 관리하여 고장을 사전에 차단하는 것	보조기기 사용단계에서 제공
세척	보조기기의 안전한 사용을 위해 사용 중인 보조기기로부터 미생물, 오물, 불필요한 물질을 제거하는 것	보조기기 사용단계에서 제공
수리	고장 나거나 허름한 보조기기를 손보아 고치는 것	서비스 사후 관리 단계에서 제공

분류	정의	비고
재사용	보조기기를 기증 받거나 회수하여, 점검 및 세척, 수리의 과정을 거쳐 다시 활용하는 것	서비스 사후 관리 단계에서 제공
개조	보조기기를 사용하는 개개인의 장애유형 및 신체 특성에 맞추어 상용화된 보조기기에 어떠한 손질을 가한 후, 보조기기 사용에 대한 편의(기능개선, 자립생활 도모 등)를 제공하는 것	서비스 사후 관리 단계에서 제공
맞춤제작	구입하기 어렵거나 사용화되지 않은 보조기기를 개개인의 장애유형 및 신체 특성에 맞추어 제공하는 것	서비스 사후 관리 단계에서 제공

5. 보조기기 유지관리의 특성

보조기기에 대한 유지관리를 제대로 이해하기 위해서는 보조기기 유지관리가 갖는 특성을 이해할 필요가 있으며, 그 두 가지 측면은 다음과 같다.

표 17-3 보조기기 유지관리의 특성

	보조기기 유지관리의 특성
제공자 측면	• 주로 이동보조기기에 대한 유지관리가 많음 • 종류가 많지 않고, 다른 분야의 기기에 비해 상대적으로 복잡하지 않음 • 같은 부품이라도 유지관리가 어려운 경우가 발생할 가능성 높음 • 즉각적인 전·후 비교가 가능
수요자 측면	• 유지관리를 받을 만한 곳이 많지 않음. 전문 센터의 부재 • 유지관리 제공자의 친절도가 대체적으로 떨어짐 • 유지관리를 받고 신뢰도가 높지 않음 • 전문가 부족

6. 보조기기 유지관리 실무(이동보조기기를 중심으로)

1) 분류 및 차이점

사용자에게 적절한 이동보조기기를 적용하기 위해서는 각각의 이동보조기기가 가지고 있는 특성을 숙지하여야 하며, 사용자의 생활환경과 요구가 적절하게 반영된 서비스가 제공되어야 한다. 또한 최적화된 이동보조기기를 적용하기 위해서는 사용자의 병력과 신체적 손상 정도, 대상자의 신체형태, 신체조작능력 그리고 이동보조기기의 사용유무 등이 고려되어야 한다(유성문, 2011).

- 수동휠체어: 일반적으로 상지에 대한 근골격계 질환이나 통증이 없으며, 주로 사용하는 공간이 실내이거나 단거리 이동이 많은 경우 적용
- 전동휠체어: 본인 스스로 수동휠체어를 독립적으로 추진할 수 없으며, 장거리 이동 시 체력적 문제가 발생하거나 장거리 이동이 잦은 경우의 사용자는 전동휠체어 적용
- 전동스쿠터: 독립적으로 수동휠체어를 사용할 수 없으며, 수동휠체어 사용자에 비

표 17-4 이동보조기기의 분류 및 차이점

	적용 기준	특성	주의사항
수동 휠체어	• 장시간 추진할 수 있는 상지의 근력/지구력이 있을 때 • 상지의 근골격계 질환(통증)이 없을 때 • 주로 단거리 이동이나 실내이동이 많을 때	• 가벼운 무게와 작은 부피(수납의 용이성) • 사용에 대한 어려움이 없음 • 수송이 용이 • 상대적으로 저렴(적은 유지비) • 상지 근력향상에 도움 • 좁은 공간에서 이동의 제한이 적어짐	• 장기간 사용 시 2차적 장애 발생의 위험성(어깨, 손목, 팔꿈치 통증) • 이동에 대한 물리적 노력 필요
전동 휠체어	• 수동휠체어의 독립적 추진이 불가능할 때 • 장거리 이동 시 체력 보존이 필요할 때 • 장거리 이동이 잦은 경우	• 작은 힘으로 최대의 이동범위 제공 • 신체 상태에 맞는 수정이 가능 • 전력을 이용한 자세변환이 가능	• 상대적으로 비싼 가격 • 수동휠체어에 대한 조작성에 어려움이 있을 경우 사용 • 수동휠체어에 비해 위험성이 큼
전동 스쿠터	• 전동휠체어 사용자에 비해 상지의 근력상태가 좋은 경우(의료적으로) • 수동휠체어의 독립적 추진이 불가능할 때 • 장거리 이동 시 체력보존이 필요할 때 • 장거리 이동이 잦은 경우	• 휠체어를 탔을 때보다 장애가 심해 보이지 않음 • 큰 힘 없이 이동성 범위가 증가 • 방향전환이 가능한 시트로 인하여 좌석과 좌석 밖으로의 이동 시 탑승이 용이	• 도로교통에 제한을 받음 • 충전이 필요 • 휠체어보다 공간에 대한 물리적 제약이 있음

※ 수동과 전동의 차이점: 조절 스위치, 모터 및 기어, 축전지 또는 건전지
※ 전동휠체어와 전동스쿠터의 차이점: 모터의 수, 조작방식(주로 손을 이용, 주로 팔과 체간을 이용), 물리적 구조(앞부분이 열린 구조: 전동휠체어, 수동휠체어; 닫혀있는 구조: 전동스쿠터), 전륜과 후륜의 크기, 실내용/실외용

해 상지의 근력 상태가 좋지 않은 대상자는 전동스쿠터를 사용해야 한다. 전동휠체어 사용자와 마찬가지로 장거리 이동 시 체력적 문제가 발생하거나 장거리 이동이 잦은 경우의 대상자 또한 전동스쿠터 적용

2) 구조별 부품

(1) 수동휠체어 부품

등받이 및 좌석은 크게 슬링타입과 블록타입으로 구성되며, 사용자의 상황에 따라 머리 지지대가 추가된다. 각각의 부품은 기본적으로 슬링타입으로 구성되며, 각각의 부품은 다음 표를 참고할 수 있다(유성문, 2011).

표 17-5 수동휠체어 부품

상세 부품명	상세 그림	상세 부품명	상세 그림
등받이 (슬링타입)		좌석 (블록타입)	
등받이 (블록타입)		머리 지지대 (침대형 휠체어용)	
좌석 (슬링타입)		머리 지지대	

팔걸이 전체(arm rest assembly)는 팔받이(arm pad)와 측받이(lateral support)로 구성되어 있다.

표 17-6　수동휠체어의 팔걸이 전체

상세 부품명	상세 그림	상세 부품명	상세 그림
팔걸이 전체		팔받이	
		측받이	

　발걸이는 기본적으로 일반형 발걸이와 거상형 발걸이로 분류할 수 있으며, **일반형 발걸이**는 발판걸이(hanger arm), 발판 전체(foot plate assembly), 발판 연결대(adjustable shaft), 발판(foot plate), 종아리 지지대(leg rest)로 구성되며, **거상형 발걸이**는 종아리 받침대(leg pad), 거상장치(elevating lever)가 추가되어 구성된다.

표 17-7　수동휠체어의 발걸이

상세 부품명	상세 그림	상세 부품명	상세 그림
일반형 발걸이 전체		발판	
거상형 발걸이 전체		종아리 지지대	

상세 부품명	상세 그림	상세 부품명	상세 그림
발판걸이		종아리 받침대	
발판 전체		거상장치	
발판 연결대			

뒷바퀴 전체(wheel assembly)는 핸드림(handrim), 휠(wheel), 타이어(tire)로 구성되며, **앞 바퀴** 전체(fork assembly)는 앞바퀴(caster), 포크(fork)로 구성된다. 안전성을 증대시키기 위해 장착되는 **보조바퀴**(anti-tip)는 전체(assembly) 단위로 구성된다.

표 17-8　수동휠체어의 뒷바퀴 전체, 앞바퀴 전체, 보조바퀴

상세 부품명	상세 그림	상세 부품명	상세 그림
뒷바퀴 전체		앞바퀴 전체	
핸드림		앞 바퀴	
휠		요크	
타이어		보조바퀴	

자체 프레임(frame assembly)은 견대(x-bar)와 손잡이(hand grip) 지지대로 구성되며, 침대형 휠체어의 경우 손잡이 부분에 확장바(extended bar)가 추가된다.

표 17-9 수동휠체어의 자체 프레임

상세 부품명	상세 그림	상세 부품명	상세 그림
자체 프레임		손잡이	
견대		침대형 휠체어 확장바	

기타 장치의 부품으로는 리클라이닝 장치, 틸팅 장치, 제동장치가 있다.

표 17-10 수동휠체어의 기타 장치

상세 부품명	상세 그림	상세 부품명	상세 그림
리클라이닝 장치		제동장치	
틸팅 장치			

(2) 전동휠체어 부품

등받이는 등받이 겉싸개(back seat cover), 등받이 조절 벨트(back rest base belt)로 구성되며, **좌석**은 좌석 쿠션(seat cushion), 좌석 밑판(seat base)으로 구성된다(유성문, 2011).

표 17-11 전동휠체어 부품

상세 부품명	상세 그림	상세 부품명	상세 그림
등받이 겉사개		좌석 쿠션	

상세 부품명	상세 그림	상세 부품명	상세 그림
등받이 조절 벨트		좌석 밑판	
좌석 전체			

팔걸이 전체는 팔받이와 측면 프레임, 측받이로 구성된다.

표 17-12　전동휠체어의 팔걸이 전체

상세 부품명	상세 그림	상세 부품명	상세 그림
팔걸이 전체		측면 프레임	
팔받이		측받	

발걸이는 일반형 발걸이와 거상형 발걸이로 분류할 수 있다. **일반형 발걸이**는 발판 걸이, 발판 전체, 발판 연결대, 발판, 종아리 지지대로 구성되며, **거상형 발걸이**는 일반형 발걸이에 종아리 받침대와 거상장치가 추가되어 구성된다.

표 17-13 전동휠체어의 발걸이

상세 부품명	상세 그림	상세 부품명	상세 그림
일반형 발걸이 전체		발판	
거상형 발걸이 전체		종아리 지지대	
발판걸이		종아리 받침대	
발판 전체		거상장치	

상세 부품명	상세 그림	상세 부품명	상세 그림
발판 연결대			

  뒷바퀴 전체(Rear wheel Assembly)는 뒷바퀴 타이어(Rear tire), 뒷바퀴 휠(Rear Wheel), 뒷바퀴 튜브(Rear tube)로 구성되며, **앞바퀴** 전체(Front Wheel Assembly), 앞바퀴 타이어 (Front tire), 앞바퀴 휠 (Front Wheel), 앞바퀴 튜브(Front tube), 앞바퀴 요크(Fork)로 구성된다. 안전성을 증대시키기 위해 장착되는 **보조바퀴**(Anti-tip)는 전체(Assembly) 단위로 구성된다.

표 17-14 전동휠체어의 뒷바퀴 전체, 앞바퀴 전체, 보조바퀴

상세 부품명	상세 그림	상세 부품명	상세 그림
뒷바퀴 전체		앞 바퀴 타이어	
뒷바퀴 타이어		앞 바퀴 휠	
뒷바퀴 휠		앞바퀴 튜브	

상세 부품명	상세 그림	상세 부품명	상세 그림
뒷바퀴 튜브		앞바퀴 포크	
앞 바퀴 전체		보조바퀴	

　전동휠체어의 차대는 일반적으로 전반부 차대(front chassis), 후반부 차대(rear chassis), 좌석 프레임(seat frame), 하부구조 프레임(undercarriage frame), 측면 프레임(lateral frame), 견대, 등받이 프레임(back frame), 손잡이(hand grip)로 구성된다.

표 17-15   **전동휠체어의 차대**

상세 부품명	상세 그림	상세 부품명	상세 그림
전반부 차대		측면 프레임	
후반부 차대		견대	
좌석 프레임		등받이 프레임	
하부구조 프레임		손잡이	

전동장치 부품은 모터-기어 전체, 모터, 기어, 조이스틱으로 구성된다.

표 17-16 전동휠체어의 전동장치 부품

상세 부품명	상세 그림	상세 부품명	상세 그림
모터-기어 전체		기어	
모터		조이스틱	

기타 장치의 부품으로는 휠체어 현가장치(suspension), 안전벨트, 전조등/방향지시등, 바퀴먼지가드(wheel guard), 배터리 상자(battery box), 수/전동 전환장치(motor release), 조이스틱 스위치류(joystic switch), 각종 케이블이 있다.

표 17-17 전동휠체어의 기타 장치

상세 부품명	상세 그림	상세 부품명	상세 그림
휠체어 현가장치		배터리 상자	
안전벨트		수/전동 전환장치	

상세 부품명	상세 그림	상세 부품명	상세 그림
전조등/ 방향지시등		조이스틱 스위치류	
바퀴먼지 가드		각종 케이블	

(3) 전동스쿠터 부품

좌석 전체는 좌석, 좌석 고정대(seat bracket), 좌석 전·후 조절장치(seat slide), 좌석 회전 장치(seat clamp), 팔걸이 전체, 팔걸이 패드로 구성된다(유성문, 2011).

표 17-18   전동스쿠터 좌석 전체

상세 부품명	상세 그림	상세 부품명	상세 그림
좌석		좌석 회전 장치	
좌석 고정대		팔걸이 전체	

상세 부품명	상세 그림	상세 부품명	상세 그림
좌석 전·후 조절장치		팔걸이 패드	

바퀴 전체(rear wheel assembly)는 바퀴 휠, 타이어, 튜브로 구성된다. 안전성을 증대시키기 위해 장착되는 **보조바퀴**는 전체 단위로 구성된다.

표 17-19 전동스쿠터의 바퀴 전체

상세 부품명	상세 그림	상세 부품명	상세 그림
앞바퀴 전체		뒷바퀴 전체	
앞/뒤 타이어		뒷바퀴 휠	
앞바퀴 휠		보조바퀴	

차대는 대체적으로 주 차대(main chassis), 모터 보호함(motor bracket), 앞 범퍼
(bumber front), 뒷 범퍼(bumber rear), 좌석 고정대(seat holder)로 구성된다.

표 17-20 차대

상세 부품명	상세 그림	상세 부품명	상세 그림
주 차대		뒷 범퍼	
모터 보호함		좌석 고정대	
앞 범퍼			

전동장치의 부품으로는 모터-기어 전체, 모터, 기어, 구동 레버(starter lever), 조
향 장치(steering bar), 전방(프론트) 로드(front rod assembly), 후방(리어) 로드(rear rod
assembly), 튜브 핸들바(tube steering bar)가 있다.

표 17-21 전동스쿠터의 전동장치의 부품

상세 부품명	상세 그림	상세 부품명	상세 그림
모터-기어 전체		조향 장치	

상세 부품명	상세 그림	상세 부품명	상세 그림
모터		전방 (프론트) 로드	
기어		후방 (리어) 로드	
구동 레버		튜브 핸들바	

전동스쿠터의 외관은 전면 슈라우드(front shroud), 후면 슈라우드(rear shroud), 후면 슈라우드 덮개(rear shroud cover), 상부 덮개(upper cover), 조향장치 덮개(steering cover), 발판으로 구성된다.

표 17-22　전동스쿠터의 외관

상세 부품명	상세 그림	상세 부품명	상세 그림
전면 슈라우드		상부 덮개	
후면 슈라우드		조향장치 덮개	
후면 슈라우드 덮개		발판	

　전동스쿠터의 기타 장치에는 현가장치, 안전벨트, 전조등(front light), 후미등(rear light), 방향지시등(turning light), 배터리 상자, 속도 조절 스위치(speed switch), 스위치류, 각종 케이블, 주 전원 스위치(main power s/w), 경적(horn), 핸드 브레이크, 바구니, 산소통 운반대, 지팡이 운반대(stick carrier), 가방(rear bag), 후사경(mirror)이 있다.

표 17-23　전동스쿠터의 기타 장치

상세 부품명	상세 그림	상세 부품명	상세 그림
현가장치		주 전원 스위치	

상세 부품명	상세 그림	상세 부품명	상세 그림
안전벨트		경적	
전조등		핸드 브레이크	
후미등 (Rear light)		바구니	27
방향지시등		산소통 운반대	
배터리 상자		지팡이 운반대	
속도 조절 스위치		가방	

상세 부품명	상세 그림	상세 부품명	상세 그림
스위치류		후사경	
각종 케이블			

7. 수리 공구의 이해와 구분

일상생활 중 보조기기를 사용하다 보면 수리와 관련된 문제들이 발생하게 된다. 이러한 상황에서 다양한 용도와 목적에 맞게 공구를 사용하는 것은 중요한 일이다. 이동과 관련된 보조기기를 유지관리하는 데 필요한 기본 공구는 다음과 같다.

표 17-24 간단하게 구성된 수리 공구

품목	규격	수량		비고
유지관리 유형/특성을 고려하여 선택할 것을 권장				
복스 세트	21PC			
렌치 세트	9pc			
별렌치 세트				
십자드라이버				
일자드라이버				
장갑(코팅)		10개		
경량몽키				
실리콘 건		1개		
전동드라이버				
샌딩기				
롱로우즈	中형			
펜치	中형			
줄자	5m 이상			
기어풀러		1개		
디지털 캘리퍼스		1개		
고무망치		2개		
사다리 작기		1개		
환펀치 세트		1개		
비닐접착기		1개		
공구집	3구	1개		
드릴집		1개		
3포인트 드라이버		1개		
전선릴	5m	1개		
콤프레샤	2.5마력	1개		
테스터기		1개		

8. 기본적인 수리

기본적으로 임상에서 발생되는 수동휠체어와 전동휠체어, 전동스쿠터의 수리 범위는 다음과 같다.

표 17-25 수동휠체어, 전동휠체어, 전동스쿠터의 수리 범위

품목		수리의 범위	
수동휠체어	관련부품	관련부품 전체	
전동휠체어	차대	손잡이, 나머지 부품	
	전동장치	안전벨트, 바퀴먼지가드, 배터리 상자, 조이스틱 스위치류, 각종 케이블, 모터-기어 전체, 모터, 기어, 조이스틱, 휠체어 현가장치, 전조등/방향지시등, 수/전동 전환장치	
전동스쿠터	좌석, 바퀴, 차대, 전동장치, 전동스쿠터 슈라우드	좌석(좌석, 팔걸이 전체, 팔걸이 패드), 바퀴부분 전체, 전동장치(튜브 핸들바), 전동스쿠터 슈라우드 전체, 좌석(좌석 고정대, 좌석 회전장치, 좌석 높낮이 장치), 차대 전체, 전동장치(튜브 핸들바를 제외한 나머지)	
	기타 장치	안전벨트, 전조등, 후미등, 방향지시등, 배터리 상자, 스위치류, 각종 케이블, 경적, 핸드브레이크, 바구니, 산소통 운반대, 지팡이 운반대, 가방, 후사경, 전동스쿠터 현가장치, 속도조절 스위치, 주 전원 스위치	

1) 경정비(간단한 수리)

(1) 차체, 브레이스(가새), 사각형 틀

• **필요한 공구**: 렌치, 십자(+)드라이버, 전동드라이버 등

업체별, 상품별 차이가 있긴 하지만, 기본적으로 휠체어의 차체는 접을 수 있는 타입과 접히지 않는 타입의 두 가지이며, 차체에 프레임과 관련된 수리는 대부분 용접을 통하여 이루어진다. 용접 시에는 용접 부위의 재질에 대한 파악이 이루어진 상태에서 산소 용접이나 알곤 용접이 진행된다.

또한 휠체어 차대의 수리에서는 각 볼트의 분리로 인한 이격현상 및 소음현상이 발생하는 경우도 있으며, 이러한 경우에는 휠체어 구입 시 제공되는 기본 공구를 통해 볼

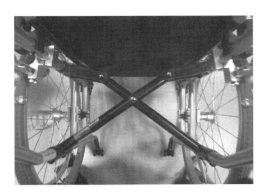

그림 17-1   차체, 브레이스(가새), 사각형틀

트 체결을 마무리하여 수리를 진행할 수 있다.

마지막으로 휠체어 차체의 스테이와 같은 부품은 사용자가 소유한 휠체어에 적용되는 동일한 규격의 스테이를 맞교체함으로써 수리를 완료할 수 있다.

(2) 바닥시트, 등시트

• **필요한 공구**: 십자(+)드라이버 또는 전동드라이버 등

업체별, 상품별 차이가 있긴 하지만, 시트면의 교체는 천과 지지대, 볼트의 분리 후 새 시트의 적용으로 이루어진다. 우선 정해진 타입의 공구(대부분 십자드라이버로 분리 가능)로 수리가 필요한 시트의 일부를 해체한다. 해체된 시트 내부에는 쫄대(일부 업체에서는 '코어'라고도 함)가 삽입되어 있다. 이 쫄대의 역할은 천이나 가죽 또는 에어 매시 소재의 시트면 구멍을 쇠나 플라스틱 재질로 고정하여, 시트면의 찢어짐을 예방하여 주는 것이다. 새 시트의 시트 안쪽에 있는 홀에 쫄대의 위치를 정확히 맞춘 후 분리의 역순으로 조립을 진행하면 된다.

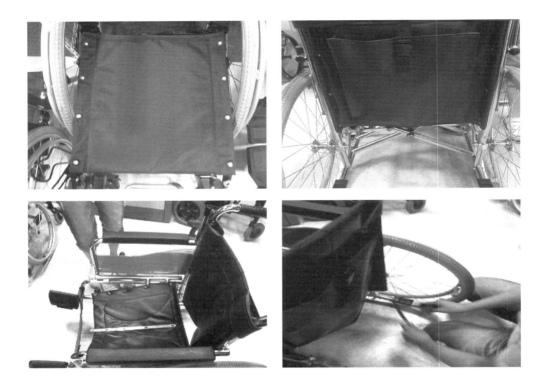

그림 17-2   바닥시트, 등시트

(3) 팔받이폼, 측받이

• **필요한 공구**: 십자(+)드라이버 또는 전동드라이버, 드릴날, 리벳기, 리벳못 등

업체별, 상품별 차이가 있긴 하지만, 대부분의 팔받이폼 및 측받이는 볼트 체결방식과 리벳 체결방식으로 이루어져 있다. 팔받이 패드나 측받이는 규격화된 사이즈의 드라이버를 통하여, 분리 후 교체가 이루어진다.

하지만 십자드라이버나 드라이버 체결방식이 아닌 경우는 리벳기라는 공구를 통하여 리벳못을 이용한 고정방법도 있다. 이 경우는 리벳못의 규격과 유사한 사이즈의 드릴날을 이용하여, 리벳못 상단부를 드릴날로 뚫어 주면, 고정되어 있던 리벳못이 제거된다. 제거된 후 새로운 측받이판을 교체하고, 리벳기를 이용하여 고정을 해 주면 된다.

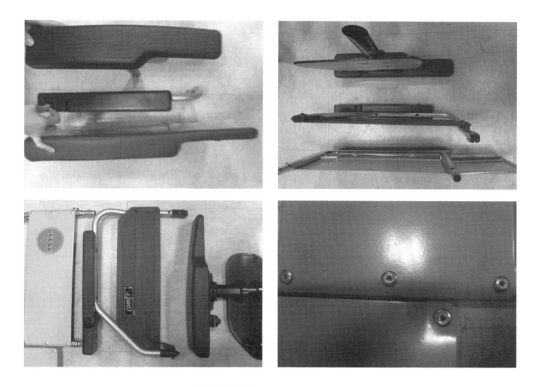

그림 17-3 팔받이폼, 측받이

(4) 발걸이, 발판

- **필요한 공구**: 몽키스패너, 13mm 스패너, 라쳇 스패너, 십자드라이버, 전동드라이
버 등

업체별, 상품별 차이가 있긴 하지만, 대부분의 발걸이 수리는 발판과 관련된 수리가
많으며, 발판의 경우는 13mm 볼트로 체결되어 있는 경우가 많다. 발판의 해체에 필요
한 공구를 이용하여 해당 부품을 분리한 후, 새로운 부품을 적용하여 분리의 역순으로
조립을 완료할 수 있다.

그림 17-4 　발걸이, 발판

(5) 타이어, 보조바퀴

- **필요한 공구**: 렌치 세트(수동), 스패너 세트(전동), 휠체어 휠에서 타이어를 들어 줄 수 있는 납작한 모양의 (맞춤형) 공구 등

타이어 및 튜브와 관련된 수리를 하는 경우, 일(-)자로 된 드라이버를 이용하는 경우가 있다. 이러한 경우, 새 튜브의 손상 및 타이어의 찢김을 유발할 수 있으니 일(-)자 드라이버의 사용은 금지해야 한다.

업체별, 상품별 차이가 있긴 하지만, 타이어나 튜브 교체 시 각 주입구의 모양을 확인한 후, 적절한 펌프로 공기를 주입해야만 적절한 공기량을 확보할 수 있으며, 각 타이어의 공기압은 타이어 표면에 기재되어 있는 권장 공기압(PSI)을 반드시 참고해야 한다.

튜브 및 타이어의 수리에 있어서 중요한 사항은 펑크가 난 튜브의 일부를 수리할 것인가, 완전 교체할 것인가의 선택이라고 할 수 있다. 대부분의 경우 자전거나 오토바이, 자동차의 튜브 교체처럼 패치를 이용해 때우는 경우도 있을 수 있으나, 튜브를 때

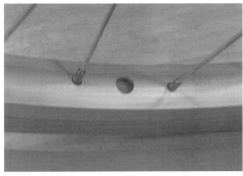

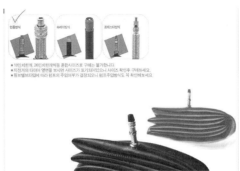

그림 17-5　타이어, 보조바퀴

우는 경우 2차적인 문제(이동 중 바람 빠짐)가 유발되면 장애가 있는 이동기기 사용자는 위험한 상황에 처하게 될 수 있다. 일반인의 상황처럼 즉각적인 문제해결을 위한 장애인의 대처능력이 어렵다는 것을 감안하여 본다면, 긴급한 상황(펑크로 인한 이동불가, 수리 요청하였으나 동일 사이즈의 튜브 재고 부족)이 아닌 경우의 튜브 관련 수리는 완전 교체를 원칙으로 할 것을 권장한다.

2) 중정비(난이도가 있는 수리)

(1) 모터, 기어

- **필요한 공구**: 렌치 세트(수동), 스패너 세트(전동), 일자 드라이버, 구리스 등

　모터와 기어의 수리 증상은 평소 휠체어 및 이동기기 사용 중 소음, 발열, 기타 다양한 증상들로 확인될 수 있으며, 이러한 수리는 업체 또는 휠체어 및 이동기기와 관련된 전문센터 및 기관을 통하여 원인을 분석, 수리한 후 문제점을 해결할 수 있다.

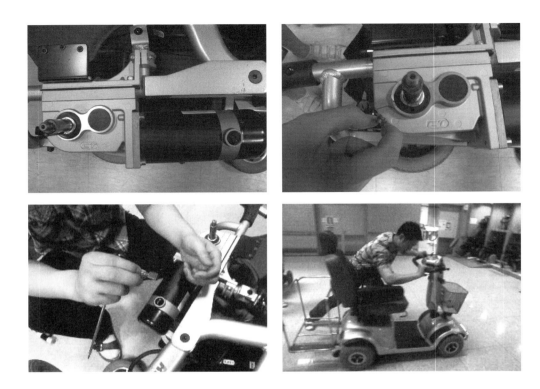

그림 17-6   모터, 기어

(2) 배터리

• **필요한 공구**: 13mm 스패너, 라쳇 스패너, 십자드라이버, 전동드라이버 등

보편적으로 배터리는 완전히 충전된 상태로 보관을 하는 것이 좋으며, 완전히 충전되지 않은 상태에서 보관할 경우, 성능에 영향을 미칠 수 있다. 제품을 장시간 사용하

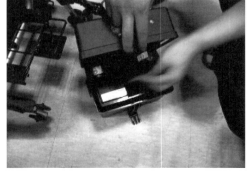

그림 17-7   배터리

지 않을 경우에는 보관하기 전에 완전히 충전을 하고, 배터리 선을 전기장치 컨트롤러에서 분리하여 따뜻하고 건조한 곳에 보관해야 한다. 극한 온도에 배터리를 노출시키는 것은 피하고, 차갑거나 얼어붙은 배터리는 재충전하기 전으로부터 며칠 동안 따뜻하게 보관하도록 한다.

(3) 컨트롤러

PNG(VSI)

DYNAMIC(SHARK)

그림 17-8　컨트롤러

국내 휠체어 및 이동기기에 적용되는 컨트롤러의 약 95%는 해외 제품에 의존하고 있다. 각각의 제품에는 라이센스 스티커가 부착되어 있으며, 국내에서 이 스티커를 제거한 후 컨트롤러 내부를 수리하거나, 분해한 흔적이 있을 경우는 근본적인 수리를 제공받을 수 없다. 컨트롤러와 관련된 수리는 침수로 인한 건조 처리나 컨트롤러 손잡이(knob) 교체 등의 간단한 수리를 제외하고는 정품 유통 · 공급 업체에 수리를 의뢰해야 한다.

컨트롤러 전원을 끌 때에 조종레버의 위치를 확인하고, 구부러졌거나 손상이 없어야 하며 컨트롤러 레버를 놓았을 때에 제자리로 돌아와야 한다. 컨트롤러의 배선을 확인하고, 출발과 정지를 반복하는 것을 피하도록 한다.

(4) 전동 이동기기의 플래시 코드를 이용한 진단 및 결함 발견

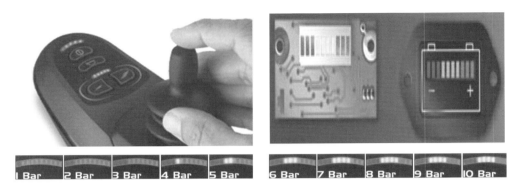

그림 17-9   플래시 코드

전동휠체어나 전동스쿠터에 어떠한 결함이 있을 시 컨트롤러의 자가 진단 경고등은 깜박이게 된다. 경고등은 2~2.5초 간격으로 깜박이며 깜박거리는 플래시의 수는 결함의 특징을 가리킨다. 만약 원인이 제거되면 결함들은 자동으로 해결된다.

9. 이동보조기기 프레임 재료의 사용 및 특성

국내에서 유통 중인 휠체어 및 이동보조기기의 프레임은 스테인리스강, 알루미늄, 크롬, 티타늄으로 구성되어 있다. 각 재료를 이해하는 것은 사용자에게 적절한 휠체어를 제공하는 데 중요한 요소로 활용된다.

- 스테인리스강: 합금강의 하나로서 탄소강보다도 내식성에 우수한 강철이며, 크롬이나 니켈 등을 포함하고 있다. 녹(stain)이 없기 때문에 이 명칭이 붙었다. 식품 공업기기나 조리기구에 자주 사용되는 18-8 스테인리스강의 기본 조성은 크롬이 약 18%, 니켈이 약 8%이다.
- 알루미늄: 은백색의 가볍고 부드러운 금속 원소로서 가공하기 쉽고 가벼우며 내식성이 있다. 인체에 해가 없으므로 건축, 화학, 가정용 제품 따위에 널리 쓴다. 녹는점은 660℃, 끓는점은 2,327℃, 원자 기호는 Al, 원자 번호는 13, 원자량은 26.9815이다.

- 크롬철: 크롬과 철의 합금으로 크롬 광석을 규소철, 용제(鎔劑), 탄소 환원제 따위와 함께 전기로에 넣고 환원 용련하여 얻는다.
- 티타늄: 티탄족에 속하는 전이 원소의 하나이다. 암석이나 흙 속에 들어 있는 윤이 나는 흰색 금속 원소로, 강도와 내식성이 크며 가열하면 강한 빛을 내며 탄다. 터빈 날개나 비행기의 기체 재료, 공업 재료로 쓴다. 원자 기호는 Ti, 원자 번호는 22, 원자량은 47.90이다.

10. 보조기기의 관련 법령

관련 법령에 의거, 법적으로는 완성된 제품의 개조를 실시하여서는 안 된다. 단, 용접이나 접합, 프레임 휨 작업 등을 제외한 추가 장치 부착(assembly) 개념의 무엇인가를 달아 주는 것은 관용적으로 허용되고 있는 실정이다.

1) 관련 법령 1. [의료기기법 제4장 의료기기의 취급 등]

> 「의료기기법」 3절 취급 제26조 일반행위의 금지
>
> ③ 수리업자는 의료기기를 수리할 때에는 제6조 제2항, 제12조 또는 제15조 제2항ㆍ제6항에 따라 허가 또는 인증을 받거나 신고한 성능, 구조, 정격(定格), 외관, 치수 등을 변환하여서는 아니 된다. 다만, 의료기기의 안전성 및 유효성에 영향을 미치지 아니하는 범위에서 총리령으로 정하는 바에 따라 외관을 변경하는 경미한 수리를 하는 경우에는 그러하지 아니하다. 〈개정 2015. 1. 28., 2018. 3. 13.〉
>
> ④ 누구든지 의료기기를 사용할 때에는 제6조 제2항, 제12조 또는 제15조 제2항ㆍ제6항에 따라 허가 또는 인증을 받거나 신고한 내용과 다르게 변조 또는 개조하여서는 아니 된다. 다만, 다음 각 호의 어느 하나에 해당하는 경우에는 그러하지 아니하다. 〈개정 2013. 3. 23., 2015. 1. 28.〉
>
> 1. 제조업자와 수입업자가 자기 회사에서 제조 또는 수입한 의료기기로서 총리령으로 정하는 의료기기를 제12조 또는 제15조 제6항에 따라 변경허가 또는 변경인증을 받거나 변경신고한 내용대로 변조 또는 개조하는 경우
> 2. 의료기기의 안전성 및 유효성에 영향을 미치지 아니하는 범위에서 개인이 자신의 사용 편의를 위하여 변조 또는 개조하는 경우

2) 관련 법령 2. [도로교통법 제 2조 제10호]

1. 「도로교통법」(법 제2조 정의 제10호)
10. "보도"(步道)란 연석선, 안전표지나 그와 비슷한 인공구조물로 경계를 표시하여 보행자(유모차와 행정안전부령으로 정하는 보행보조용 의자차를 포함한다. 이하 같다)가 통행할 수 있도록 한 도로의 부분을 말한다.
제2조(보행보조용 의자차의 기준) 「도로교통법」(이하 "법"이라 한다) 제2조 제10호 및 제17호 가목5)에서 "행정안전부령이 정하는 보행보조용 의자차"란 식품의약품안전처장이 정하는 의료기기의 규격에 따른 수동휠체어, 전동휠체어 및 의료용 스쿠터의 기준에 적합한 것을 말한다. 〈개정 2008. 3. 6., 2010. 12. 31., 2011. 12. 9., 2013. 3. 23., 2014. 11. 19., 2017. 7. 26.〉

[제목개정 2010. 12. 31.]

「도로교통법 시행규칙」(법 제2조)
(보행보조용 의자차의 기준) 「도로교통법」(이하 "법"이라 한다) 제2조 제10호 및 제17호 가목5)에서 "안전행정부령이 정하는 보행보조용 의자차"란 식품의약품안전처장이 정하는 의료기기의 규격에 따른 수동휠체어, 전동휠체어 및 의료용 스쿠터의 기준에 적합한 것을 말한다. 〈개정 2008. 3. 6., 2010. 12. 31., 2011. 12. 9., 2013. 3. 23.〉

「도로교통법 시행규칙」
[시행 2019. 3. 28.] [행정안전부령 제108호, 2019. 3. 28., 일부개정] 전체조문보기
제2조(보행보조용 의자차의 기준) 「도로교통법」(이하 "법"이라 한다) 제2조제10호 및 제17호 가목5)에서 "행정안전부령이 정하는 보행보조용 의자차"란 식품의약품안전처장이 정하는 의료기기의 규격에 따른 수동휠체어, 전동휠체어 및 의료용 스쿠터의 기준에 적합한 것을 말한다. 〈개정 2008. 3. 6., 2010. 12. 31., 2011. 12. 9., 2013. 3. 23., 2014. 11. 19., 2017. 7. 26.〉

[제목개정 2010. 12. 31.]

※ 보행보조용 의자차는 식품의약품안전처의 '전자의료기기 기준규격'에 따라 100kg 이내의 사람이 탑승하고, 최고속도 15km/h 이하로 제작된 것을 말함.

제80조(운전면허) ① 자동차 등을 운전하려는 사람은 지방경찰청장으로부터 운전면허를 받아야 한다. 다만, 제2조 제19호 나목의 원동기를 단 차 중 「교통약자의 이동편의 증진법」 제2조 제1호에 따른 교통약자가 최고속도 시속 20킬로미터 이하로만 운행될 수 있는 차를 운전하는 경우에는 그러하지 아니하다.

11. 이동보조기기의 안전한 사용을 위한 관리방법

1) 수동 이동보조기기

- 운행 전후에 타이어의 공기압을 점검한다.
- 계단이나 가파른 장소 및 에스컬레이터에서는 사용하지 않는다.
- 뒷주머니에는 무거운 물건을 넣지 않는다.
- 최소한 1개월마다 볼트, 너트 등 잠금장치를 조여 준다.
- 주행 중 물건을 집으려고 하지 않는다.
- 바닥에 떨어진 물건을 집으려고 하지 않는다.
- 경사로에서는 상반신을 휠체어 밖으로 내지 않는다.
- 경사로에서 방향을 바꾸려면 정지한 후 방향을 선회한다.
- 휠체어를 타고 내릴 때는 반드시 브레이크를 채운 후, 최대한 휠체어를 몸에 밀착시킨다.
- 보호자의 도움 없이는 차체를 기울이지 않는다.
- 발판을 디딤발처럼 사용하지 않는다.
- 눈, 얼음, 물 또는 기름막이 있는 경사로 및 언덕길에서는 사용을 하지 않는다.

2) 전동 이동보조기기

- 운행 전후에 타이어의 공기압을 점검한다.
- 요철, 경사로 주행 시 저속으로 주행하고 몸이 휠체어로부터 이탈되지 않도록 주의한다.
- 임의로 차체를 변경하거나 분해하지 않는다.
- 운행 전에 배터리가 완전히 충전이 되었는지 확인한다.
- 차도를 주행하지 않으며, 보호자 또는 보조자 없이 터널, 건널목 승강기, 리프트 등의 위험구간에서 사용을 금한다.
- 급가속, 급제동 등의 무리한 조작을 하지 않는다.
- 충전 중에는 담배를 피우거나 연소물질을 가까이 두지 말아야 한다.

- 배터리 효율과 수명을 최대화하기 위해서는 충전 시 완전충전을 한다.
- 방전사고를 예방하기 위하여 무리한 장거리 운행을 자제하고, 수시로 타이어 상태를 점검하여 정상 상태를 유지할 수 있도록 해야 한다.
- 지하철역 휠체어리프트 탑승 시 반드시 안전요원의 안내에 따른다.
- 부득이 야간 운행을 해야 한다면 사고 예방을 위하여 눈에 띌 수 있는 옷을 착용하고, 전조등 및 반사경이 없는 제품인 경우에는 야간조명등 및 형광 표식 등을 부착하여 쉽게 식별될 수 있도록 한다.
- 운행 중에는 핸드폰 등 전자파 발생기구를 사용하지 않는다.
- 항상 안전벨트를 착용한다.
- 허가받은 용도외 사용을 하지 않는다.

참고문헌

국립재활원(2016). 나에게 딱 맞는 휠체어.
국민건강보험공단(2015). 장애인보장구 수리비용 급여화 및 전동보장구 사용실태에 관한 연구.
국민건강보험공단(2019). 장애인 전동보장구·자세보조용구 건강보험 급여제품안내.
보건복지부(2017). 공적급여 지원현황 자료.
유성문(2011). 휠체어 실무자 및 사용자를 위한 휠체어 및 이동기기 안내서.
중앙보조기기센터(2019). 보조기기사례관리사업 운영지침.

http://www.law.go.kr/lsInfoP.do?lsiSeq=205689&efYd=20190312#0000
http://www.law.go.kr/unSc.do?query=%EB%8F%84%EB%A1%9C%EA%B5%90%ED%86%B5%EB%B2%95&tabMenuId=tab73&pageIndex=1&section=&dicClsCd=

제18장
보조기기 개조 · 맞춤제작

▌이진현

1. 주요 개조 및 맞춤제작 방법

1) 키가드 제작

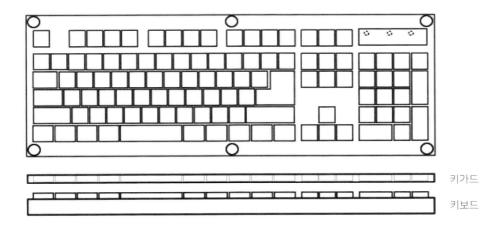

키가드

키보드

그림 18-1　표준 106 키보드를 기본으로 한 키가드의 형태

키가드는 표준키보드 위에 덮개 형태로 얹어 사용하도록 되어 있으며, 표준키보드의 키들을 정확하게 누를 수 없거나 손의 변형으로 인해 키를 누를 때 다른 키들이 같이 눌리는 것을 방지하기 위한 보조장치이다.

Step 1. 먼저 키가드를 사용하게 될 키보드를 복사하여 본을 만든다.
   – 복사기 위에 키보드를 얹어 놓고 복사하면 된다.
Step 2. 최소 9mm에서 12mm(12mm가 적합하다)의 아크릴 위에 붙인다.
Step 3. 아크릴용 드릴을 이용해 구멍을 만든다. 이때 모양은 꼭 사각형일 필요는 없다. 드릴로 제작을 할 때는 사각형의 형태를 만들기 어렵다. 사용자의 조건을 판단해 스틱이나 손가락으로 누르는 것이 가능할 정도의 크기(지름 10mm 정도)이면 된다.
Step 4. 줄을 이용해 절단면과 위아래 꺾이는 면을 깨끗하게 다듬는다.
** 레이저를 이용한 가공은 비용이 많이 들긴 하지만 가공면이 깨끗하고 원하는 모양을 만들기가 용이하다(개별 주문시 구멍 한 개당 100원 정도의 단가가 든다).

2) 장난감 개조

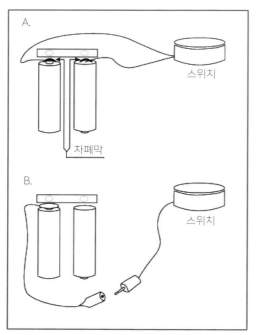

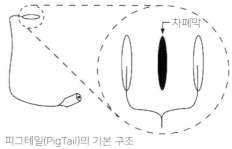

피그테일(PigTail)의 기본 구조

그림 18-2   장난감 개조의 예

장난감 개조에 이용되는 원리는 건전지를 통해 공급되는 전류를 스위치를 눌렀을 때 공급하고 떼었을 때 차단하는 방법으로, 신체적 제약이 있는 사용자가 직접 장난감을 조절할 수 있도록 하는 것이다.

전선을 이용한 개조
Step 1. 먼저 장난감에 사용되는 배터리의 종류에 따라 맞는 크기의 전선과 스위치를 선택한다.
Step 2. 배터리 홀더의 양극(+)이 위치하는 금속 플레이트에 전선을 연결한다. 이때 전선의 처리를 깔끔하게 하기 위해 배터리 케이스에 전선이 빠져나올 수 있도록 홈을 낸다. 사용되는 배터리 수는 무관하다.
Step 3. 전선의 다른 쪽 끝에 스위치를 연결하면 된다.

전선을 이용하지 않은 일반 개조
Step 1. 장난감에 사용되는 배터리의 양극(+)과 음극(−)에 각각 전선을 연결시킨다.
Step 2. 배터리 케이스의 윗면에 배터리와 접지되는 부분을 떼어 버리거나 차폐할 수 있도록 종이나 비닐 등을 덧댄다.
Step 3. 전선의 반대쪽 끝부분에 플러그 어댑터를 연결하면 개조가 완료된다.

장난감 개조는 매우 간단해서 누구라도 쉽게 만들 수 있고 사용되는 재료들도 쉽게 구할 수 있다. 가장 기본원리는 흐르는 전류를 차단하여 스위치를 이용해 이어 주는 것이다.

3) 마우스 개조

마우스 내부에 있는 키 판의 버튼 위치의 아랫면에 전선을 연결해 주고 스위치나 스위치 연결을 위한 플러그 어댑터를 연결해 주면 된다.

Step 1. 마우스를 연다.
Step 2. 마우스 내부의 키 판을 분리한다.
Step 3. 키 판의 아랫부분에서 각 버튼의 두 개의 접점에 각각 전선을 연결한다.
Step 4. 전선의 끝부분에 플러그 어댑터를 각각 연결한다.
Step 5. 마우스 아랫부분에 플러그 어댑터가 위치할 부분을 줄을 이용해 홈을 만든다.
Step 6. 전선을 빈 공간에 잘 갈무리한 다음, 플러그 어댑터를 각각의 홈에 위치시킨다.
Step 7. 키 판을 제자리에 위치시킨 후 마우스를 원래대로 결합한다.

※ 주의할 점: 전선을 불필요하게 길게 사용할 필요는 없다. 전선의 남는 부분은 공간만 차지하여 마우스가 제대로 결합되는 것을 방해하기 때문이다.

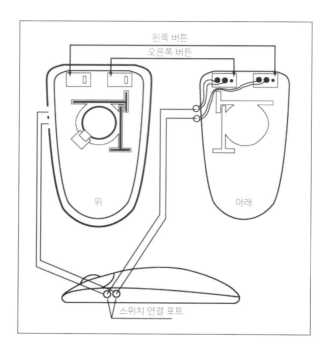

그림 18-3 마우스를 스위치 인터페이스로 개조하는 예

4) 키보드 개조

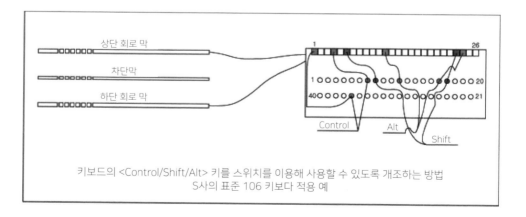

키보드의 <Control/Shift/Alt> 키를 스위치를 이용해 사용할 수 있도록 개조하는 방법
S사의 표준 106 키보다 적용 예

그림 18-4 키보드의 Control/Shift/Alt를 스위치를 이용해 사용할 수 있도록 개조하는 방법

다양한 키보드가 있고 제조 회사에 따라 서로 다른 키 판을 사용하기 때문에 조금씩 다르지만 기본적인 구조, 두 장의 막으로 구성된 키보드 회로와 이 회로와 연결된 하나의 키 판이 있다. 해당하는 키의 위치에 따라 두 장의 막에 그려진 회로를 따라 해당하는 키 판의 위치에 선을 연결해 주면 된다. 이때 주의할 점은 두 장의 막에서 각각 한 선씩 연결이 되어야 한다는 것이다. 특히 Control/Shift/Alt 키는 좌우 두 개가 있다. 상단 막은 좌우가 구분이 되어 있고, 하단 막은 하나로 되어 있다. 사용하는 프로그램이나 용도에 따라 그 기능이 서로 다르기 때문에 주의해야 한다. 세 키의 기본적인 기능을 이용한다고 가정하면, Control 키는 상단의 좌측 키에 해당하는 선을, Shift 키와 Alt 키는 우측 키에 해당하는 선을 연결하면 된다.

Step 1. 키보드 뒷면의 나사를 풀어 키보드 상판을 떼어 낸다.
Step 2. 안쪽의 나사를 풀어 회로막을 분리한다.
Step 3. 스위치를 연결하고자 하는 키의 위치를 회로막에서 찾아 키 판과의 연결점을 찾는다.
Step 4. 키 판 내의 연결점을 찾는다. 이때 찾아놓은 연결점들을 잘 기록해 놓아 혼동하는 일이 없도록 한다.
Step 5. 키 판 아래 납땜 부위에 전선을 연결한다. 이때 상단 막의 한 점과 하단 막의 한 점이 한 쌍이 되도록 연결한다.
Step 6. 키보드 외벽에 홈을 만들어 전선과 연결된 플러그 어댑터를 위치시킨다.
Step 7. 나사로 단단히 고정시켜 키보드를 원래대로 조립한다.

2. 일상생활 보조기기 맞춤제작 사례

대상자는 9세 남학생으로 조산으로 인해 선천적인 장애를 가지고 있으며 자세 정렬이 비대칭을 보이고 있고, 휠체어 또는 의자 착석 시에 전방으로 미끄러짐을 보였다. 인지 및 언어에 어려움이 있어 보호자를 통하여 사례자의 욕구를 파악하였다. 일상생활 동작의 대부분을 보호자에게 의존하고 있었으며, 현재 작업치료의 일환으로 식사를 스스로 할 수 있는 동작을 습득하고 있었다. 현재 사용하고 있는 보조공학기기는 유모차, 수동휠체어인데 이동을 위해 보유하고 있다. 주요 욕구는 스스로 식사를 할 수 있도록 사례자에게 맞는 숟가락과 학습에 필요한 휠체어용 랩보드의 제작이었다.

식사보조 숟가락은 [그림 18-5]와 같이 먼저 상용화된 제품을 적용하였으며, 손잡이가 무거운 제품들은 사례자가 사용하기에 어려움이 있었다. 가벼운 재질의 제품은 사레자가 숟가락의 손잡이를 정확하게 잡는 데 어려움이 있었다. 이러한 문제를 해결하기 위해 직접 설계하여 제작하는 방식을 택하였고 사례자의 쥐는 형태를 분석하여 설계하였다. 일자 형태와 스위블 형태로 제작하여 적용하였으며, 일자형의 경우 대각선 방향으로 숟가락을 입으로 가져가는 과정에 음식물이 떨어졌으나, 스위블 형태는 비교적 숟가락을 입으로 적절하게 가져가는 모습을 보였다. 지속적인 식사 동작에 작업치료와 병행하여 앞가리개를 착용하고 음식물의 약 70~80%를 섭취하는 데 도움을 주고 있다.

랩보드는 사례자의 수동휠체어에 맞게 [그림 18-6]과 같이 설계 및 제작하여 적용하였다. 랩보드는 다양한 활동을 할 수 있는 크기로 설계하여, 손을 최대한 뻗어야지 끝에 닿을 수 있도록 제작하였다. 학습에 필요한 교재, 교구를 비롯하여 식사 등을 랩보드를 활용하여 보다 원활하게 수행할 수 있었다.

표 18-1 사례자의 기본정보, 보조기기 사용 이력 및 취득 경로, 주요 욕구

성명/성별	신○○ / 남	나이(생년월일)	9세(200○. ○○. ○○)
평가 일자	2013. 04. 09	직업	학생
연락처	01○-7○○○-3○○○	주소	대구 달서구
장애유형/등급	뇌병변 / 1급	장애등록/원인	선천적 / 조산
장애상태	상지 동작의 어려움	신변처리	☐ 스스로 가능 ☑ 도움 필요
사용보조기구	유모차	자부담으로 구입	
	수동휠체어	국민건강보험 보장구 급여	
주요 욕구	식사하기	• 현재 작업치료실에 음식 옮기는 동작 훈련 중 • 스스로 식사를 할 수 있다면 교내 및 가정에서 자발적활동에 대한 좋은 교육이 될 것으로 보임.	
	학습	학교 및 가정에서 책, 장난감, 식사 등을 보조할 수 있는 휠체어용 랩보드가 필요함.	

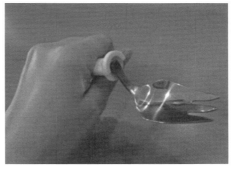

a) 유모차 앉은 모습   b) 시중에 판매되는 식사보조 숟가락 1차 적용

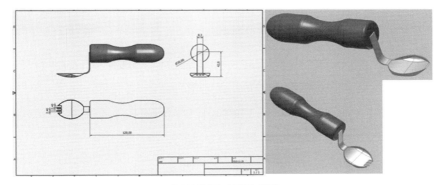

c) 식사보조 숟가락 설계

d) 일자형 및 스위블형 식사보조 숟가락

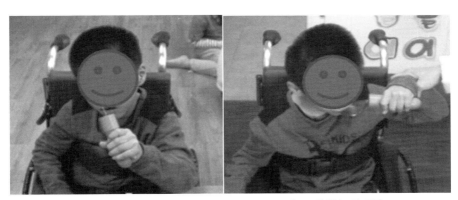

e) 일자형 2차 적용   f) 스위블형 3차 적용

그림 18-5 식사보조 숟가락 제작 및 적용

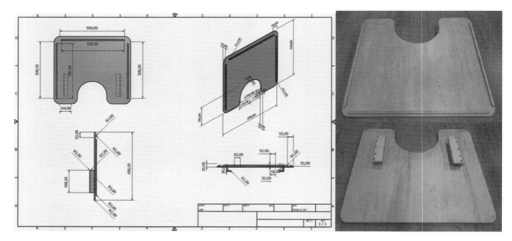

a) 랩보드 설계 및 제작

b) 랩보드 적용

그림 18-6   랩보드 제작 및 적용

부록

부록 1

■ 장애인복지법 시행규칙 [별표 1] 〈개정 2019. 6. 4.〉

장애인의 장애 정도(제2조 관련)

1. 지체장애인

　가. 신체의 일부를 잃은 사람

　　1) 장애의 정도가 심한 장애인

　　　가) 두 손의 엄지손가락과 둘째손가락을 잃은 사람

　　　나) 한 손의 모든 손가락을 잃은 사람

　　　다) 두 다리를 가로발목뼈관절(Chopart's joint) 이상의 부위에서 잃은 사람

　　　라) 한 다리를 무릎관절 이상의 부위에서 잃은 사람

　　2) 장애의 정도가 심하지 않은 장애인

　　　가) 한 손의 엄지손가락을 잃은 사람

　　　나) 한 손의 둘째손가락을 포함하여 두 손가락을 잃은 사람

　　　다) 한 손의 셋째손가락, 넷째손가락 및 다섯째손가락을 모두 잃은 사람

　　　라) 한 다리를 발목발허리관절(lisfranc joint) 이상의 부위에서 잃은 사람

　　　마) 두 발의 발가락을 모두 잃은 사람

　나. 관절장애가 있는 사람

　　1) 장애의 정도가 심한 장애인

　　　가) 두 팔의 어깨관절, 팔꿈치관절, 손목관절 중 2개 관절기능에 상당한 장애가 있는 사람

　　　나) 두 팔의 어깨관절, 팔꿈치관절, 손목관절 모두의 기능에 장애가 있는 사람

　　　다) 두 손의 엄지손가락과 둘째손가락의 관절기능에 현저한 장애가 있는 사람

　　　라) 한 손의 모든 손가락의 관절기능에 현저한 장애가 있는 사람

　　　마) 한 팔의 어깨관절, 팔꿈치관절, 손목관절 중 2개 관절기능에 현저한 장애가 있는 사람

　　　바) 한 팔의 어깨관절, 팔꿈치관절, 손목관절 모두의 기능에 상당한 장애가 있는 사람

　　　사) 두 다리의 엉덩관절, 무릎관절, 발목관절 중 2개 관절기능에 현저한 장애가 있는 사람

　　　아) 두 다리의 엉덩관절, 무릎관절, 발목관절 모두의 기능에 상당한 장애가 있는 사람

　　　자) 한 다리의 엉덩관절, 무릎관절, 발목관절 모두의 기능에 현저한 장애가 있는 사람

　　2) 장애의 정도가 심하지 않은 장애인

　　　가) 한 손의 둘째손가락을 포함하여 3개 손가락의 관절기능에 상당한 장애가 있는 사람

　　　나) 한 손의 엄지손가락의 관절기능에 상당한 장애가 있는 사람

　　　다) 한 손의 둘째손가락을 포함하여 2개 손가락의 관절기능에 현저한 장애가 있는 사람

　　　라) 한 손의 셋째손가락, 넷째손가락, 다섯째손가락 모두의 관절기능에 현저한 장애가 있는 사람

　　　마) 한 팔의 어깨관절, 팔꿈치관절, 손목관절 모두의 기능에 장애가 있는 사람

　　　바) 한 팔의 어깨관절, 팔꿈치관절 또는 손목관절 중 하나의 기능에 상당한 장애가 있는 사람

　　　사) 두 발의 모든 발가락의 관절기능에 현저한 장애가 있는 사람

　　　아) 한 다리의 엉덩관절, 무릎관절, 발목관절 모두의 기능에 장애가 있는 사람

　　　자) 한 다리의 엉덩관절 또는 무릎관절의 기능에 상당한 장애가 있는 사람

　　　차) 한 다리의 발목관절의 기능에 현저한 장애가 있는 사람

　다. 지체기능장애가 있는 사람

　　1) 장애의 정도가 심한 장애인

　　　가) 두 팔의 기능에 상당한 장애가 있는 사람

　　　나) 두 손의 엄지손가락 및 둘째손가락의 기능을 잃은 사람

　　　다) 한 손의 모든 손가락의 기능을 잃은 사람

　　　라) 한 팔의 기능에 현저한 장애가 있는 사람

　　　마) 한 다리의 기능을 잃은 사람

　　　바) 두 다리의 기능에 현저한 장애가 있는 사람

　　　사) 목뼈 또는 등·허리뼈의 기능을 잃은 사람

　　2) 장애의 정도가 심하지 않은 장애인

　　　가) 한 팔의 기능에 상당한 장애가 있는 사람

　　　나) 한 손의 둘째손가락을 포함하여 세 손가락의 기능에 상당한 장애가 있는 사람

　　　다) 한 손의 엄지손가락의 기능에 상당한 장애가 있는 사람

　　　라) 한 손의 둘째손가락을 포함하여 두 손가락의 기능을 잃은 사람

　　　마) 한 손의 셋째손가락, 넷째손가락 및 다섯째손가락 모두의 기능을 잃은 사람

　　　바) 두 발의 모든 발가락의 기능을 잃은 사람

　　　사) 한 다리의 기능에 상당한 장애가 있는 사람

　　　　아) 목뼈 또는 등·허리뼈의 기능이 저하된 사람

　라. 신체에 변형 등의 장애가 있는 사람(장애의 정도가 심하지 않은 장애인에 해당함)

　　　1) 한 다리가 건강한 다리보다 5센티미터 이상 짧거나 건강한 다리 길이의 15분의 1 이상

　　　　짧은 사람

　　　2) 척추옆굽음증(척추측만증)이 있으며, 굽은각도가 40도 이상인 사람

　　　3) 척추뒤굽음증(척추후만증)이 있으며, 굽은각도가 60도 이상인 사람

　　　4) 성장이 멈춘 만 18세 이상의 남성으로서 신장이 145센티미터 이하인 사람

　　　5) 성장이 멈춘 만 16세 이상의 여성으로서 신장이 140센티미터 이하인 사람

　　　6) 연골무형성증으로 왜소증에 대한 증상이 뚜렷한 사람

2. 뇌병변장애인

　가. 장애의 정도가 심한 장애인

　　　1) 보행 또는 일상생활동작이 상당히 제한된 사람

　　　2) 보행이 경미하게 제한되고 섬세한 일상생활동작이 현저히 제한된 사람

　나. 장애의 정도가 심하지 않은 장애인

　　　보행 시 절뚝거림을 보이거나 섬세한 일상생활동작이 경미하게 제한된 사람

3. 시각장애인

　가. 장애의 정도가 심한 장애인

　　　1) 좋은 눈의 시력(공인된 시력표로 측정한 것을 말하며, 굴절이상이 있는 사람은 최대

　　　　교정시력을 기준으로 한다. 이하 같다)이 0.06 이하인 사람

　　　2) 두 눈의 시야가 각각 모든 방향에서 5도 이하로 남은 사람

　나. 장애의 정도가 심하지 않은 장애인

　　　1) 좋은 눈의 시력이 0.2 이하인 사람

　　　2) 두 눈의 시야가 각각 모든 방향에서 10도 이하로 남은 사람

　　　3) 두 눈의 시야가 각각 정상시야의 50퍼센트 이상 감소한 사람

　　　4) 나쁜 눈의 시력이 0.02 이하인 사람

4. 청각장애인

　가. 청력을 잃은 사람

  1) 장애의 정도가 심한 장애인

　두 귀의 청력을 각각 80데시벨 이상 잃은 사람(귀에 입을 대고 큰소리로 말을 해도 듣지 못하는 사람)

  2) 장애의 정도가 심하지 않은 장애인

　가) 두 귀에 들리는 보통 말소리의 최대의 명료도가 50퍼센트 이하인 사람

　나) 두 귀의 청력을 각각 60데시벨 이상 잃은 사람(40센티미터 이상의 거리에서 발성된 말소리를 듣지 못하는 사람)

　다) 한 귀의 청력을 80데시벨 이상 잃고, 다른 귀의 청력을 40데시벨 이상 잃은 사람

나. 평형기능에 장애가 있는 사람

  1) 장애의 정도가 심한 장애인

　양측 평형기능의 소실로 두 눈을 뜨고 직선으로 10미터 이상을 지속적으로 걸을 수 없는 사람

  2) 장애의 정도가 심하지 않은 장애인

　평형기능의 감소로 두 눈을 뜨고 10미터 거리를 직선으로 걸을 때 중앙에서 60센티미터 이상 벗어나고, 복합적인 신체운동이 어려운 사람

5. 언어장애인

가. 장애의 정도가 심한 장애인

　음성기능이나 언어기능을 잃은 사람

나. 장애의 정도가 심하지 않은 장애인

　음성 · 언어만으로는 의사소통을 하기 곤란할 정도로 음성기능이나 언어기능에 현저한 장애가 있는 사람

6. 지적장애인(장애의 정도가 심한 장애인에 해당함)

　지능지수가 70 이하인 사람으로서 교육을 통한 사회적 · 직업적 재활이 가능한 사람

7. 자폐성장애인(장애의 정도가 심한 장애인에 해당함)

　제10차 국제질병사인분류(International Classification of Diseases, 10th Version)의 진단기준에 따른 전반성발달장애(자폐증)로 정상발달의 단계가 나타나지 않고, 기능 및 능력 장애로 일상생활이나 사회생활에 간헐적인 도움이 필요한 사람

8. 정신장애인(장애의 정도가 심한 장애인에 해당함)

　가. 조현병으로 인한 망상, 환청, 사고장애 및 기괴한 행동 등의 양성증상이 있으나, 인격변화나 퇴행은 심하지 않은 경우로서 기능 및 능력 장애로 일상생활이나 사회생활에 간헐적으로 도움이 필요한 사람

　나. 양극성 정동장애(情動障碍, 여러 현실 상황에서 부적절한 정서 반응을 보이는 장애)에 따른 기분·의욕·행동 및 사고의 장애증상이 현저하지는 않으나, 증상기가 지속되거나 자주 반복되는 경우로서 기능 및 능력 장애로 일상생활이나 사회생활에 간헐적으로 도움이 필요한 사람

　다. 재발성 우울장애로 기분·의욕·행동 등에 대한 우울 증상기가 지속되거나 자주 반복되는 경우로서 기능 및 능력 장애로 일상생활이나 사회생활에 간헐적으로 도움이 필요한 사람

　라. 조현정동장애(調絃情動障碍)로 가목부터 다목까지에 준하는 증상이 있는 사람

9. 신장장애인

　가. 장애의 정도가 심한 장애인

　　만성신부전증으로 3개월 이상 혈액투석이나 복막투석을 받고 있는 사람

　나. 장애의 정도가 심하지 않은 장애인

　　신장을 이식받은 사람

10. 심장장애인

　가. 장애의 정도가 심한 장애인

　　심장기능의 장애가 지속되며, 가정에서 가벼운 활동은 할 수 있지만 그 이상의 활동을 하면 심부전증상이나 협심증증상 등이 나타나 정상적인 사회활동을 하기 어려운 사람

　나. 장애의 정도가 심하지 않은 장애인

　　심장을 이식받은 사람

11. 호흡기장애인

　가. 장애의 정도가 심한 장애인

　　1) 만성호흡기 질환으로 기관절개관을 유지하고 24시간 인공호흡기로 생활하는 사람

　　2) 폐나 기관지 등 호흡기관의 만성적인 기능장애로 평지에서 보행해도 호흡곤란이 있고, 평상시의 폐환기 기능(1초시 강제날숨량) 또는 폐확산능(폐로 유입된 공기가 혈

액내로 녹아드는 정도)이 정상예측치의 40퍼센트 이하이거나 안정시 자연호흡상태에서의 동맥혈 산소분압이 65밀리미터수은주(mmHg) 이하인 사람

나. 장애의 정도가 심하지 않은 장애인

1) 폐를 이식받은 사람

2) 늑막루가 있는 사람

12. 간장애인

가. 장애의 정도가 심한 장애인

1) 간경변증, 간세포암종 등 만성 간질환을 가진 것으로 진단받은 사람 중 잔여 간기능이 만성 간질환 평가척도(Child-Pugh score) 평가상 C등급인 사람

2) 간경변증, 간세포암종 등 만성 간질환을 가진 것으로 진단받은 사람 중 잔여 간기능이 만성 간질환 평가척도(Child-Pugh score) 평가상 B등급이면서 난치성 복수(腹水)가 있거나 간성뇌증 등의 합병증이 있는 사람

나. 장애의 정도가 심하지 않은 장애인

간을 이식받은 사람

13. 안면장애인

가. 장애의 정도가 심한 장애인

1) 노출된 안면부의 75퍼센트 이상이 변형된 사람

2) 노출된 안면부의 50퍼센트 이상이 변형되고 코 형태의 3분의 2 이상이 없어진 사람

나. 장애의 정도가 심하지 않은 장애인

1) 노출된 안면부의 45퍼센트 이상이 변형된 사람

2) 코 형태의 3분의 1 이상이 없어진 사람

14. 장루·요루장애인

가. 장애의 정도가 심한 장애인

1) 배변을 위한 말단 공장루를 가지고 있는 사람

2) 장루와 함께 요루 또는 방광루를 가지고 있는 사람

3) 장루 또는 요루를 가지고 있으며, 합병증으로 장피누공 또는 배뇨기능장애가 있는 사람

　　나. 장애의 정도가 심하지 않은 장애인

　　　　1) 장루 또는 요루를 가진 사람

　　　　2) 방광루를 가진 사람

15. 뇌전증장애인

　　가. 성인 뇌전증

　　　　1) 장애의 정도가 심한 장애인

　　　　　만성적인 뇌전증에 대한 적극적인 치료에도 불구하고 연 6회 이상의 발작(중증 발작
　　　　　은 월 5회 이상을 연 1회, 경증 발작은 월 10회 이상을 연 1회로 본다)이 있고, 발작
　　　　　으로 인한 호흡장애, 흡인성 폐렴, 심한 탈진, 두통, 구역질, 인지기능의 장애 등으로
　　　　　요양관리가 필요하며, 일상생활 및 사회생활에서 보호와 관리가 수시로 필요한 사람

　　　　2) 장애의 정도가 심하지 않은 장애인

　　　　　만성적인 뇌전증에 대한 적극적인 치료에도 불구하고 연 3회 이상의 발작(중증 발작
　　　　　은 월 1회 이상을 연 1회, 경증 발작은 월 2회 이상을 연 1회로 본다)이 있고, 이에
　　　　　따라 협조적인 대인관계가 곤란한 사람

　　나. 소아청소년 뇌전증

　　　　1) 장애의 정도가 심한 장애인

　　　　　전신발작, 뇌전증성 뇌병증, 근간대(筋間代) 발작, 부분발작 등으로 요양관리가 필요
　　　　　하며, 일상생활 및 사회생활에서 보호와 관리가 수시로 필요한 사람

　　　　2) 장애의 정도가 심하지 않은 장애인

　　　　　전신발작, 뇌전증성 뇌병증, 근간대(筋間代) 발작, 부분발작 등으로 일상생활 및 사
　　　　　회생활에서 보호와 관리가 필요한 사람

16. 중복된 장애의 합산 판정

　　정도가 심하지 않은 장애를 둘 이상 가진 장애인은 보건복지부장관이 고시하는 바에 따라
　　장애의 정도가 심한 장애인으로 볼 수 있다. 다만, 다음 각 목의 경우에는 그렇지 않다.

　　가. 지체장애와 뇌병변장애가 같은 부위에 중복된 경우

　　나. 지적장애와 자폐성장애가 중복된 경우

　　다. 그 밖에 중복장애로 합산하여 판정하는 것이 타당하지 않다고 보건복지부장관이 정하는
　　　경우

부록 2

장애인·노인 등을 위한 보조기기 지원 및 활용촉진에 관한 법률(약칭: 장애인보조기기법)

[시행 2018. 12. 30.] [법률 제14891호, 2017. 9. 19., 일부개정]

보건복지부(장애인자립기반과) 044-202-3328

제1장 총칙

제1조(목적) 이 법은 장애인·노인 등을 위한 보조기기의 지원과 활용촉진에 관한 사항을 규정함으로써 보조기기 서비스를 효율적으로 제공하여 장애인·노인 등의 활동의 제약을 최소화하고, 삶의 질 향상에 이바지하는 것을 목적으로 한다.

제2조(기본이념) 이 법은 장애인·노인 등의 필요와 요구에 따라 보조기기를 편리하고 자유롭게 활용할 수 있도록 보장함으로써 이들이 자아를 실현하고, 완전한 사회참여와 삶의 질 향상을 통하여 사회통합을 이루는 것을 기본이념으로 한다.

제3조(정의) 이 법에서 사용하는 용어의 뜻은 다음과 같다.

1. "장애인등"이란 「장애인복지법」 제2조에 따른 장애인, 「노인장기요양보험법」 제2조제1호에 따른 노인등, 「국가유공자 등 예우 및 지원에 관한 법률」 제4조에 따른 국가유공자 등을 말한다.

2. "보조기기"란 장애인등의 신체적·정신적 기능을 향상·보완하고 일상 활동의 편의를 돕기 위하여 사용하는 각종 기계·기구·장비로서 보건복지부령으로 정하는 것을 말한다.

3. "보조기기 서비스"란 장애인등이 보조기기를 확보하고 효율적으로 활용할 수 있도록 제공되는 일련의 지원을 말한다.

제4조(국가와 지방자치단체의 책무) ① 국가와 지방자치단체는 장애인등이 보조기기를 활용하는 데 어려움이 없도록 활용촉진, 서비스 제공 및 효율적 관리를 위하여 노력하여야 한다.

② 국가와 지방자치단체는 장애인등에 대한 보조기기 지원과 활용촉진을 위하여 필요한 재원 조달 등 관련 조치를 강구하여야 한다.

③ 국가와 지방자치단체는 장애인등에게 적합한 보조기기 서비스를 제공하는 데 필요한 전문

인력의 양성을 위하여 노력하여야 한다.

제5조(기본계획 수립 등)   ① 보건복지부장관은 관계 중앙행정기관의 장과 협의하여 5년마다 보조기기 지원과 활용촉진을 위한 기본계획(이하 "기본계획"이라 한다)을 수립하여야 한다. 이 경우 기본계획은 「장애인복지법」 제10조의2에 따른 장애인정책종합계획에 포함하여 수립할 수 있다.

② 기본계획의 수립과 중요한 정책의 조정에 관한 사항은 「장애인복지법」 제11조에 따른 장애인정책조정위원회의 심의를 거쳐야 한다.

③ 보건복지부장관은 기본계획의 수립을 위하여 필요한 경우 관계 기관의 장에게 자료의 제출을 요청할 수 있다. 이 경우 요청을 받은 기관의 장은 정당한 사유가 없으면 이에 따라야 한다.

④ 보건복지부장관은 보조기기 정책수립에 필요한 기초자료로 활용하기 위하여 3년마다 보조기기 실태조사를 실시하여야 한다. 이 경우 실태조사는 「장애인복지법」 제31조에 따른 장애실태조사와 함께 실시할 수 있다.

제6조(다른 법률과의 관계)   보조기기의 지원과 활용촉진 및 연구개발에 관하여 다른 법률에 특별한 규정이 있는 경우를 제외하고는 이 법에서 정하는 바에 따른다.

제2장 보조기기의 지원 등

제7조(보조기기 지원 및 활용촉진 사업)   국가와 지방자치단체는 예산의 범위에서 다음 각 호의 사업을 실시할 수 있다.

1. 보조기기의 교부 · 대여 및 사후 관리 등 사례관리 사업

2. 보조기기 관련 정보의 제공

3. 보조기기 품질관리 및 연구개발 지원

4. 그 밖에 보조기기의 지원 및 활용촉진을 위하여 보건복지부장관이 필요하다고 정하는 사업

제8조(보조기기 교부 등)   ① 국가와 지방자치단체는 장애인등이 보조기기를 신청하는 경우 예산의 범위에서 다음 각 호의 어느 하나에 따른 지원을 할 수 있다.

1. 보조기기 교부 · 대여 또는 사후 관리

2. 제1호에 필요한 비용 지급

② 제1항제2호에 따른 비용의 지급은 보조기기의 교부 · 대여 또는 사후 관리가 곤란하다고 인정되는 경우에만 한정한다.

③ 보건복지부장관은 장애인등이 자신에게 적합한 보조기기를 적용하고 활용능력을 향상시

킬 수 있도록 보조기기 서비스에 대한 사례관리를 실시할 수 있다.

④ 제1항에 따른 신청을 할 수 있는 자의 범위, 보조기기의 교부·대여·사후 관리 및 비용 지급의 기준과 방법 등에 필요한 사항은 보건복지부령으로 정한다.

제9조(보조기기 정보제공) ① 국가는 장애인등이 보조기기를 안전하고 편리하게 활용할 수 있도록 필요한 정보를 제공할 수 있다.

② 제1항에 따라 제공하는 정보의 내용과 방법 등에 필요한 사항은 보건복지부령으로 정한다.

제10조(보조기기의 품질관리 등) ① 국가는 장애인등의 안전과 편의가 보장될 수 있도록 보조기기의 품질유지와 향상을 위하여 보조기기의 품질관리를 할 수 있다.

② 국가는 제1항에 따른 품질관리 대상 품목과 품질관리 방법 등을 정하여 고시할 수 있다.

③ 국가는 제1항에 따른 품질관리 등의 실시를 위하여 대통령령으로 정하는 소속 기관장 또는 「공공기관의 운영에 관한 법률」 제4조에 따른 공공기관에 위임 또는 위탁할 수 있다.

제11조(보조기기 및 이용자 정보관리) ① 국가와 지방자치단체는 장애인등에게 보조기기를 제공하는 경우 보조기기와 이용자 등에 관한 정보를 전산시스템 등의 방법으로 수집·관리할 수 있다.

② 제1항에 따라 수집·관리할 수 있는 대상 정보의 범위 등에 필요한 사항은 대통령령으로 정한다.

제12조(보조기기업체의 의무) ① 보조기기를 생산·판매·유통·대여·수입·수리하는 보조기기업체는 보조기기를 취급함에 있어 장애인등의 안전과 편의를 우선적으로 고려하여야 한다.

② 보조기기업체는 보조기기를 판매·유통·대여·수리하는 경우 장애인등에게 사용에 필요한 정보 등을 제공하여야 한다.

③ 보조기기업체는 장애인등의 편의를 위하여 판매·유통되어 장애인등이 사용 중인 보조기기에 대한 고장수리 등 사후 관리 서비스를 제공하여야 한다.

제3장 보조기기센터

제13조(중앙보조기기센터) ① 보건복지부장관은 보조기기의 지원과 활용촉진 등에 필요한 다음 각 호의 사업을 수행하기 위하여 중앙보조기기센터(이하 "중앙센터"라 한다)를 설치·운영하여야 한다.

1. 보조기기 관련 정책의 연구 및 개발 사업
2. 보조기기 전문인력에 대한 교육·연수 및 보조기기 정책 홍보

3. 보조기기 관련 정보의 수집·관리 및 데이터베이스 구축·제공

4. 지역보조기기센터의 운영 및 관리 지원

5. 보조기기 이용자 및 이용실태 관련 모니터링

6. 보조기기 관련 국제협력

7. 그 밖에 보조기기 지원 및 활용촉진을 위하여 필요한 사업으로서 보건복지부장관이 정하는 사업

② 보건복지부장관은 「공공기관의 운영에 관한 법률」 제4조에 따른 공공기관에 중앙센터의 운영을 위탁할 수 있다.

③ 제2항에 따라 중앙센터의 운영을 위탁하는 경우 국가는 예산의 범위에서 중앙센터의 설치 및 운영에 필요한 경비의 전부 또는 일부를 지원할 수 있다.

④ 중앙센터는 제15조에 따른 보조공학사 등 보조기기 관련 전문인력을 두어야 한다. 이 경우 「장애인복지법」 제32조에 따라 등록한 장애인을 우선적으로 고용하도록 노력하여야 한다.

⑤ 그 밖에 중앙센터의 설치·운영, 인력 배치 등에 필요한 사항은 보건복지부령으로 정한다.

제14조(지역보조기기센터) ① 특별시장·광역시장·특별자치시장·도지사·특별자치도지사(이하 "시·도지사"라 한다)는 다음 각 호의 업무를 수행하기 위하여 지역보조기기센터(이하 "지역센터"라 한다)를 설치·운영할 수 있다.

1. 보조기기 관련 상담·평가·적용·자원연계 및 사후 관리 등 사례관리 사업

2. 보조기기 전시·체험장 운영

3. 보조기기 정보제공 및 교육·홍보

4. 보조기기 서비스 관련 지역 연계 프로그램 운영

5. 보조기기 장기 및 단기 대여, 수리, 맞춤 개조와 제작, 보완 및 재사용 사업

6. 다른 법률에 따른 보조기기 교부 등에 관한 협조

7. 중앙센터가 수행하는 사업에 대한 협력

8. 그 밖에 보건복지부장관이 정하는 사업

② 시·도지사는 관할 구역의 장애인 수 등을 고려하여 보건복지부장관이 정하는 적정 규모에 따라 지역센터를 설치·운영할 수 있으며, 이 경우 소요되는 예산의 일부를 시장·군수·구청장에게 공동으로 부담하게 할 수 있다.

③ 시·도지사는 보건복지부령으로 정하는 바에 따라 「공공기관의 운영에 관한 법률」 제4조에 따른 공공기관 또는 비영리법인에 지역센터의 운영을 위탁할 수 있다.

④ 제3항에 따라 지역센터의 운영을 위탁하는 경우 보건복지부장관, 시·도지사와 시장·군

수·구청장은 예산의 범위에서 필요한 경비의 전부 또는 일부를 지원할 수 있다.

⑤ 지역센터는 제15조에 따른 보조공학사 등 보조기기 관련 전문인력을 두어야 한다. 이 경우 「장애인복지법」 제32조에 따라 등록한 장애인을 우선적으로 고용하도록 노력하여야 한다.

⑥ 그 밖에 지역센터의 설치·운영, 인력 배치 등에 필요한 사항은 보건복지부령으로 정한다.

제4장 보조기기 관련 전문인력

제15조(보조공학사 자격증 교부 등) ① 보건복지부장관은 장애인등에게 보조기기의 상담·사용법 교육·정보제공 또는 생산·수리 등의 서비스를 제공하기 위하여 제2항에 따른 자격요건을 갖춘 사람(이하 "보조공학사"라 한다)에게 보조공학사 자격증을 내주어야 한다.

② 제1항에 따른 보조공학사의 자격요건·종류·취득방법 등에 필요한 사항은 대통령령으로 정한다. 다만, 「장애인복지법」 제32조에 따라 등록한 장애인에 대하여는 별도의 요건을 정할 수 있다.

③ 보조공학사 자격증을 분실하거나 훼손한 사람에게는 신청에 따라 자격증을 재교부한다.

④ 보조공학사 자격증은 다른 사람에게 대여하지 못한다.

⑤ 제1항과 제3항에 따른 자격증의 교부·재교부 절차와 관리 등에 필요한 사항은 보건복지부령으로 정한다.

제16조(결격사유) 다음 각 호의 어느 하나에 해당하는 자는 보조공학사가 될 수 없다. 〈개정 2017. 9. 19., 2018. 12. 11.〉

1. 「정신건강증진 및 정신질환자 복지서비스 지원에 관한 법률」 제3조제1호에 따른 정신질환자. 다만, 전문의가 보조공학사로서 적합하다고 인정하는 사람은 그러하지 아니하다.

2. 마약·대마 또는 향정신성의약품 중독자

3. 피성년후견인, 피한정후견인, 피특정후견인

4. 이 법이나 「형법」 제234조·제317조제1항, 「의료법」, 「국민건강보험법」, 「의료급여법」, 「보건범죄단속에 관한 특별조치법」, 「마약류 관리에 관한 법률」 또는 「후천성면역결핍증 예방법」을 위반하여 금고 이상의 형을 선고받고 그 형의 집행이 끝나지 아니하였거나 집행을 받지 아니하기로 확정되지 아니한 사람

제17조(보수교육) ① 보건복지부장관은 보조공학사에 대하여 자질 향상을 위하여 필요한 보수(補修)교육을 받도록 명할 수 있다.

② 제1항에 따른 보수교육 업무는 보건복지부령으로 정하는 바에 따라 「공공기관의 운영에 관한 법률」 제4조에 따른 공공기관 또는 비영리법인에 위탁할 수 있다.

③ 제1항에 따른 보수교육의 실시 시기와 방법 등에 필요한 사항은 보건복지부령으로 정한다.

제18조(자격취소)　보건복지부장관은 보조공학사가 다음 각 호의 어느 하나에 해당하는 때에는 그 자격을 취소하여야 한다.

1. 제15조제4항을 위반하여 타인에게 보조공학사 자격증을 대여한 때

2. 제16조 각 호의 어느 하나에 해당하게 된 때

3. 제19조에 따른 자격정지 처분 기간에 그 업무를 하거나 자격정지 처분을 3회 받은 때

제19조(자격정지)　보건복지부장관은 보조공학사가 다음 각 호의 어느 하나에 해당하면 6개월의 범위에서 보건복지부령으로 정하는 바에 따라 자격을 정지할 수 있다.

1. 보조공학사의 업무를 하면서 고의 또는 중대한 과실로 보조기기 이용자의 신체에 손상을 입힌 사실이 있는 때

2. 제17조에 따른 보수교육을 연속하여 2회 이상 받지 아니한 때

제20조(수수료)　보조공학사의 자격증을 교부 또는 재교부 받으려 하는 자는 보건복지부령으로 정하는 바에 따라 수수료를 내야 한다.

제5장 보조기기 연구개발 및 활성화

제21조(보조기기업체의 육성·연구지원 등)　① 국가와 지방자치단체는 보조기기의 활용촉진을 위하여 보조기기를 생산하는 업체에 대한 생산장려금 지급, 기술지원, 우수업체의 지정, 연구개발의 장려 등 필요한 조치를 강구하여야 한다.

② 제1항에 따른 생산장려금 지급, 기술지원, 우수업체 지정 및 취소 등에 필요한 사항은 보건복지부령으로 정한다.

제22조(보조기기 연구개발의 지원 등)　국가와 지방자치단체는 보조기기에 관한 연구개발활동 및 보조기기 서비스를 제공하는 비영리법인 또는 단체에 대하여 예산의 범위에서 보조금 등을 지원할 수 있다.

제6장 보칙

제23조(압류 등 금지)　이 법에 따라 장애인등에게 보급 또는 지원된 보조기기는 압류하거나 담보로 제공할 수 없다.

제24조(권한위임 등)　① 이 법에 따른 보건복지부장관 및 시·도지사의 권한은 대통령령으로 정하는 바에 따라 시·도지사, 시장·군수·구청장 또는 보건복지부 소속 기관의 장에게 그 일부를 위임할 수 있다.

② 이 법에 따른 보건복지부장관 및 시·도지사의 업무는 대통령령으로 정하는 바에 따라「공공기관의 운영에 관한 법률」제4조에 따른 공공기관 또는 관련 법인이나 단체에 위탁할 수 있다.

부칙〈제15903호, 2018. 12. 11.〉
이 법은 공포한 날부터 시행한다.

장애인 · 노인 등을 위한 보조기기 지원 및 활용촉진에 관한 법률 시행령

[시행 2018. 12. 30.] [대통령령 제29384호, 2018. 12. 18., 일부개정]

보건복지부(장애인자립기반과) 044-202-3328

제1조(목적)　이 영은 「장애인 · 노인 등을 위한 보조기기 지원 및 활용촉진에 관한 법률」에서 위임된 사항과 그 시행에 필요한 사항을 규정함을 목적으로 한다.

제2조(보조기기 실태조사)　「장애인 · 노인 등을 위한 보조기기 지원 및 활용촉진에 관한 법률」(이하 "법"이라 한다) 제5조제4항에 따른 보조기기 실태조사에는 다음 각 호의 사항이 포함되어야 한다.

1. 보조기기의 이용 실태
2. 보조기기의 품목 · 지원방법 등에 대한 수요
3. 보조기기의 생산 · 판매 · 유통 · 대여 · 수입 · 수리 등의 산업동향
4. 그 밖에 보건복지부장관이 보조기기 정책 수립의 기초자료로 활용하기 위하여 필요하다고 인정하는 사항

제3조(보조기기와 이용자 등에 관한 정보의 범위)　법 제11조제1항에 따라 국가와 지방자치단체가 수집 · 관리할 수 있는 보조기기와 이용자 등에 관한 정보의 범위는 다음 각 호와 같다.

1. 장애인등에게 제공하는 보조기기의 종류와 품목
2. 보조기기를 제공받는 장애인등의 인적사항 및 장애의 유형 · 정도
3. 보조기기를 제공받는 장애인등이 다른 법령에 따라 받는 공적 급여
4. 그 밖에 보건복지부장관이 보조기기 품질의 유지와 향상, 보조기기 이용자 등의 안전과 편의 보장을 위하여 필요하다고 인정하여 정하는 사항

제4조(보조공학사의 자격요건)　① 법 제15조제1항에 따른 보조공학사 자격증을 받으려는 사람은 보건복지부장관이 실시하는 보조공학사 국가시험(이하 "국가시험"이라 한다)에 합격해야 한다.

② 국가시험에 응시하려는 사람은 다음 각 호의 어느 하나에 해당하는 요건을 갖춰야 한다.

1. 다음 각 목의 어느 하나에 해당하는 기관에서 별표 1에 따른 보조공학사 관련 과목을 총 10개 이상 이수했을 것. 이 경우 이수한 과목에는 기초 분야의 과목과 응용·실기 분야의 과목이 각각 3개 이상 포함되어야 한다.

   가.「고등교육법」제2조제1호부터 제6호까지의 규정에 따른 학교

   나.「학점인정 등에 관한 법률」제3조제1항에 따라 학습과정의 평가인정을 받은 교육훈련 기관

2.「장애인복지법」제32조에 따라 등록한 장애인으로서 보건복지부장관이 인정하는 교육기관·단체에서 별표 1에 따른 보조공학사 관련 과목을 총 10개 이상 이수했을 것. 이 경우 이수한 과목에는 기초 분야의 과목과 응용·실기 분야의 과목이 각각 3개 이상 포함되어야 한다.

[본조신설 2018. 12. 18.]

[종전 제4조는 제6조로 이동 〈2018. 12. 18.〉]

제5조(보조공학사 국가시험의 시행 및 공고)　① 보건복지부장관은 국가시험을 매년 1회 이상 시행해야 한다.

② 보건복지부장관은 다음 각 호의 사항을 포함한 국가시험의 시행계획을 시험 시행일 90일 전까지 인터넷 홈페이지에 공고해야 한다. 다만, 시험의 장소는 응시인원이 확정된 후 시험 시행일 30일 전까지 공고할 수 있다.

1. 응시자격

2. 시험 일시 및 장소

3. 시험 과목 및 합격자 결정 기준

4. 합격자 발표 일시 및 방법

5. 응시 절차 및 수수료

6. 그 밖에 시험 시행에 필요한 사항

③ 국가시험은 필기시험으로 실시하며, 시험 과목은 별표 2와 같다.

④ 국가시험의 합격 결정 기준은 100점을 만점으로 하여 각 과목 40점 이상, 전 과목 평균 60점 이상으로 한다.

⑤ 보건복지부장관은 최종 합격자가 결정되면 모든 응시자가 알 수 있는 방법으로 알려야 한다.

[본조신설 2018. 12. 18.]

[종전 제5조는 제7조로 이동 〈2018. 12. 18.〉]

제6조(권한 등의 위임·위탁)　① 보건복지부장관은 법 제10조제3항에 따라 같은 조 제1항에 따른

보조기기의 품질관리에 관한 권한을 국립재활원장에게 위임한다.

② 보건복지부장관과 특별시장 · 광역시장 · 특별자치시장 · 도지사 · 특별자치도지사(이하 "시 · 도지사"라 한다)는 법 제24조제2항에 따라 다음 각 호의 업무를 「공공기관의 운영에 관한 법률」 제4조에 따른 공공기관 또는 관련 법인이나 단체에 위탁할 수 있다. 〈개정 2018. 12. 18.〉

1. 법 제7조에 따른 보조기기 지원 및 활용촉진 사업

2. 법 제8조제1항에 따른 보조기기 교부 등에 대한 지원

3. 법 제11조제1항에 따른 보조기기와 이용자 등 정보의 수집 · 관리

4. 법 제15조제1항 및 제3항에 따른 보조공학사 자격증의 교부 및 재교부

5. 제5조제1항에 따른 국가시험의 시행 및 관리

③ 보건복지부장관과 시 · 도지사는 제2항에 따라 업무를 위탁하는 경우에는 위탁받는 기관 또는 법인이나 단체 및 위탁업무의 내용 등을 고시하여야 한다.

[제4조에서 이동 〈2018. 12. 18.〉]

제7조(민감정보 및 고유식별정보의 처리) 보건복지부장관과 지방자치단체의 장(해당 권한 또는 업무가 위임되거나 위탁된 경우에는 그 권한 또는 업무를 위임받거나 위탁받은 자를 포함한다)은 다음 각 호의 사무를 수행하기 위하여 불가피한 경우 「개인정보 보호법」 제23조에 따른 건강에 관한 정보나 같은 법 시행령 제19조제1호, 제3호 또는 제4호에 따른 주민등록번호, 운전면허의 면허번호 또는 외국인등록번호가 포함된 자료를 처리할 수 있다. 〈개정 2018. 12. 18.〉

1. 법 제7조에 따른 보조기기 지원 및 활용촉진 사업에 관한 사무

2. 법 제8조제1항에 따른 보조기기 교부 등의 지원에 관한 사무

3. 법 제11조제1항에 따른 보조기기와 이용자 등 정보의 수집 · 관리에 관한 사무

4. 법 제13조제1항에 따른 중앙보조기기센터의 사업에 관한 사무

5. 법 제14조제1항에 따른 지역보조기기센터의 업무에 관한 사무

6. 법 제15조제1항에 따른 보조공학사 자격증의 교부에 관한 사무

7. 법 제17조에 따른 보수교육에 관한 사무

8. 제5조제1항에 따른 국가시험의 시행 및 관리에 관한 사무

[제5조에서 이동 〈2018. 12. 18.〉]

부칙 〈제29384호, 2018. 12. 18.〉

이 영은 2018년 12월 30일부터 시행한다.

장애인 · 노인 등을 위한 보조기기 지원 및 활용촉진에 관한 법률 시행규칙

[시행 2019. 8. 12.] [보건복지부령 제664호, 2019. 8. 12., 일부개정]

보건복지부(장애인자립기반과) 044-202-3328

제1조(목적)   이 규칙은 「장애인 · 노인 등을 위한 보조기기 지원 및 활용촉진에 관한 법률」 및 같은 법 시행령에서 위임된 사항과 그 시행에 필요한 사항을 규정함을 목적으로 한다.

제2조(보조기기의 종류)   ①「장애인 · 노인 등을 위한 보조기기 지원 및 활용촉진에 관한 법률」 (이하 "법"이라 한다) 제3조제2호에서 "보건복지부령으로 정하는 것"이란 다음 각 호의 어느 하나에 해당하는 것을 말한다.

1. 개인 치료용 보조기기

2. 기술 훈련용 보조기기

3. 보조기 및 의지(義肢)

4. 개인 관리 및 보호용 보조기기

5. 개인 이동용 보조기기

6. 가사용 보조기기

7. 가정 · 주택용 가구 및 개조용품

8. 의사소통 및 정보전달용 보조기기

9. 물건 및 기구 조작용 보조기기

10. 환경 개선 및 측정용 보조기기

11. 고용 및 직업훈련용 보조기기

12. 레크리에이션용 보조기기

13. 그 밖에 다른 법령에 따른 장애인등을 위한 기계 · 기구 · 장비로서 보건복지부장관이 정하는 보조기기

② 보건복지부장관은 제1항 각 호에 해당하는 보조기기의 품목을 고시하여야 한다.

제3조(보조기기의 교부등의 신청)   ① 법 제8조제1항에 따라 보조기기의 교부 · 대여 또는 사후 관

리(이하 "보조기기의 교부등"이라 한다)를 신청할 수 있는 사람은 다음 각 호의 어느 하나에 해당하는 사람으로 한다.

1. 보조기기의 교부:「장애인복지법」제2조에 따른 장애인 중「국민기초생활 보장법」제2조제2호에 따른 수급자 또는 같은 조 제10호에 따른 차상위계층에 속하는 사람

2. 보조기기의 대여 또는 사후 관리:「장애인복지법」제2조에 따른 장애인

② 법 제8조제1항에 따라 보조기기를 신청하려는 사람(이하 "보조기기 신청인"이라 한다)은「장애인복지법 시행규칙」별지 제1호의2서식에 따른 신청서(전자문서로 된 신청서를 포함한다)를 특별자치시장 · 특별자치도지사 · 시장 · 군수 · 구청장에게 제출하여야 한다.

제4조(보조기기의 교부등의 결정) ① 특별자치시장 · 특별자치도지사 · 시장 · 군수 · 구청장은 제3조제2항에 따른 신청을 받은 경우 보건복지부장관이 장애인등의 장애 유형 · 정도 및 경제 상태 등을 고려하여 고시하는 기준에 따라 보조기기의 교부등을 결정하여야 한다.

② 특별자치시장 · 특별자치도지사 · 시장 · 군수 · 구청장은 제1항에 따른 결정을 하기 위하여 필요한 경우에는 법 제14조에 따른 지역보조기기센터(이하 "지역센터"라 한다)에 해당 보조기기의 신청에 대한 상담 및 평가를 의뢰할 수 있다. 다만, 해당 보조기기의 신청이 다음 각 호의 어느 하나에 해당하는 경우에는「장애인복지법 시행규칙」별지 제2호서식에 따라「의료법」제3조에 따른 의료기관 또는「지역보건법」제10조 및 제13조에 따른 보건소와 보건지소 중 보건복지부장관이 정하는 장애유형별 해당 전문의가 있는 의료기관에 그 진단을 의뢰할 수 있다.

1. 해당 보조기기가 의료적 목적으로 사용되는 경우

2. 제3조제2항에 따른 신청서에 기재된 보조기기 신청인의 장애 상태가 현저하게 변화되어 별도의 장애 진단이 필요하다고 판단되는 경우

③ 제2항 단서에 따라 진단을 의뢰받은 의료기관은 그 진단을 의뢰한 특별자치시장 · 특별자치도지사 · 시장 · 군수 · 구청장에게 다음 각 호의 사항을 적은 진단서를 제출하여야 한다.

1. 원래의 장애 상태

2. 현재의 장애 상태

3. 재활의료 등에 보조기기가 필요한 경우 해당 보조기기의 종류 및 처방

④ 특별자치시장 · 특별자치도지사 · 시장 · 군수 · 구청장은 제1항에 따라 보조기기를 교부하거나 대여하기로 결정한 경우에는 법 제10조제2항에 따른 품질관리 대상 품목(이하 "품질관리 대상 품목"이라 한다)에 속하는 보조기기 중에서 해당 보조기기를 교부하거나 대여하여야 한다.

⑤ 제4항에도 불구하고 다음 각 호의 어느 하나에 해당하는 경우에는 품질관리 대상 품목이 아닌 보조기기를 교부하거나 대여할 수 있다.

1. 제2항 단서에 따른 의료기관의 진단 결과 품질관리 대상 품목이 아닌 보조기기의 교부 또는 대여가 필요한 경우

2. 교부하거나 대여하여야 할 보조기기가 식사 등에 필요한 필수 생활용품으로서 장애인등이 사용하기에 안전하고 편리하다고 특별자치시장·특별자치도지사·시장·군수·구청장이 인정하는 경우

3. 그 밖에 장애의 특성 및 정도를 고려하여 품질관리 대상 품목이 아닌 보조기기를 교부하거나 대여하는 것이 필요하다고 특별자치시장·특별자치도지사·시장·군수·구청장이 인정하는 경우

제5조(보조기기의 교부등의 절차) ① 특별자치시장·특별자치도지사·시장·군수·구청장은 제4조제1항에 따라 보조기기의 교부등을 결정한 경우에는 해당 보조기기 신청인에게 별지 제1호서식에 따른 의뢰서(제4조제3항에 따른 진단서가 있는 경우에는 그 진단서를 포함한다. 이하 이 조에서 같다)를 발급하여야 한다. 다만, 보조기기를 직접 구입하여 교부하는 경우에는 그러하지 아니하다.

② 제1항 본문에 따른 의뢰서를 발급받은 보조기기 신청인은 그 의뢰서를 지역센터의 장 또는 법 제12조에 따른 보조기기업체(이하 "보조기기업체"라 한다)에 제출하여야 한다.

③ 제2항에 따라 의뢰서를 제출받은 지역센터의 장 또는 보조기기업체는 해당 의뢰서에 따라 보조기기 신청인에게 보조기기의 교부등을 하고, 그 사실을 지체 없이 특별자치시장·특별자치도지사·시장·군수·구청장에게 통보하여야 한다.

제6조(보조기기의 교부등의 비용 지급기준 등) ① 제5조제3항에 따라 보조기기의 교부등을 한 자는 별지 제2호서식에 따른 비용청구서를 특별자치시장·특별자치도지사·시장·군수·구청장에게 제출하여야 한다. 이 경우 제4조제3항에 따른 진단서가 있는 때에는 그 진단서에 따라 보조기기의 교부등이 이루어졌는지에 대한 의료기관의 확인서를 첨부하여야 한다.

② 보조기기의 교부등에 관한 비용 지급 기준은 다음 각 호와 같다.

1. 보조기기 교부: 국가 및 지방자치단체가 전액 부담

2. 보조기기 대여·사후 관리

가. 「장애인복지법」 제2조에 따른 장애인 중 「국민기초생활 보장법」 제2조제2호에 따른 수급자 또는 같은 조 제10호에 따른 차상위계층에 속하는 사람의 경우: 국가 및 지방자치단체가 전액 부담

나. 가목에 해당하지 아니하는 사람의 경우: 보건복지부장관이 정하여 고시하는 바에 따라 비용의 일부를 보조기기 신청인이 부담

제7조(보조기기 정보 제공의 내용과 방법) ① 보건복지부장관은 법 제9조제1항에 따라 보조기기에 대한 정보를 제공하는 경우 다음 각 호의 내용을 포함하여야 한다.

1. 제2조에 따른 보조기기의 종류와 품목

2. 제3조부터 제6조의 규정에 따른 보조기기의 교부등의 신청 등에 관한 사항

3. 보조기기 사용 지침 등 보조기기를 안전하고 편리하게 사용하기 위하여 보건복지부장관이 필요하다고 인정하여 정하는 사항

② 제1항에 따른 정보 제공은 보건복지부의 인터넷 홈페이지, 전자우편, 서면, 전화 또는 팩스 등을 통한 방법으로 할 수 있다.

제8조(중앙보조기기센터의 설치 · 운영 등) ① 법 제13조에 따른 중앙보조기기센터(이하 "중앙센터"라 한다)에는 중앙센터의 장을 둔다.

② 법 제13조제4항에 따라 중앙센터에 두는 전문인력은 다음 각 호의 어느 하나에 해당하는 사람으로 한다.

1. 「장애인복지법」 제72조제1항에 따른 의지 · 보조기 기사, 같은 법 제72조의2에 따른 언어재활사 또는 같은 법 제72조의3에 따른 장애인재활상담사

2. 「의료기사 등에 관한 법률」 제2조제1항에 따른 물리치료사 또는 작업치료사

3. 「사회복지사업법」 제11조제1항에 따른 사회복지사

4. 민간단체가 발급한 보조공학사 관련 자격증 소지자

③ 중앙센터는 업무에 필요한 사무실, 회의실, 교육실 및 보조기기 전시장 등을 갖추어야 한다.

④ 중앙센터의 장은 사업계획서와 전년도의 사업결과보고서를 매년 2월 말일까지 보건복지부장관에게 제출하여야 한다.

제9조(지역센터의 설치 · 운영 등) ① 지역센터에는 지역센터의 장을 둔다.

② 법 제14조제5항에 따라 지역센터에 두는 전문인력은 다음 각 호의 어느 하나에 해당하는 사람으로 한다.

1. 「장애인복지법」 제72조제1항에 따른 의지 · 보조기 기사, 같은 법 제72조의2에 따른 언어재활사 또는 같은 법 제72조의3에 따른 장애인재활상담사

2. 「의료기사 등에 관한 법률」 제2조제1항에 따른 물리치료사 또는 작업치료사

3. 「사회복지사업법」 제11조제1항에 따른 사회복지사

4. 민간단체가 발급한 보조공학사 관련 자격증 소지자

③ 지역센터는 업무에 필요한 사무실, 회의실, 교육실 및 보조기기 전시장 등을 갖추어야 한다.

제10조(보조공학사 자격증 발급 신청 등) ① 법 제15조제1항에 따른 보조공학사 자격증(이하 "자격증"이라 한다)을 발급받으려는 사람은 별지 제3호서식의 보조공학사 자격증 발급 신청서에 다음 각 호의 서류를 첨부하여 보건복지부장관에게 제출해야 한다.

1. 다음 각 목의 구분에 따른 서류

가. 「장애인·노인 등을 위한 보조기기 지원 및 활용촉진에 관한 법률 시행령」(이하 "영"이라 한다) 제4조제2항제1호에 해당하는 사람: 별지 제4호서식의 보조공학사 관련 과목 이수증명서 1부

나. 영 제4조제2항제2호에 해당하는 사람: 별지 제4호서식의 보조공학사 관련 과목 이수증명서 및 장애인등록증 사본 각 1부

2. 법 제16조제1호 및 제2호에 해당하지 않음을 증명하는 의사의 진단서 1부

3. 사진(제출일 기준 6개월 이내에 모자 등을 쓰지 않고 촬영한 정면 상반신 컬러사진으로 가로 3.5센티미터, 세로 4.5센티미터의 사진을 말한다. 이하 같다) 2장

② 보건복지부장관은 제1항에 따른 신청을 받은 날부터 14일 이내에 신청인에게 별지 제5호서식의 보조공학사 자격증을 발급해야 한다.

[본조신설 2019. 1. 9.]

[종전 제10조는 제18조로 이동 〈2019. 1. 9.〉]

제11조(보조공학사 자격등록 대장) 보건복지부장관은 제10조제2항에 따라 자격증을 발급한 경우에는 별지 제5호의2서식의 보조공학사 자격등록 대장에 그 사실을 등록해야 한다. 〈개정 2019. 8. 12.〉

[본조신설 2019. 1. 9.]

[종전 제11조는 제19조로 이동 〈2019. 1. 9.〉]

제12조(보조공학사 자격증 재발급 신청 등) ① 보조공학사는 자격증을 잃어버린 경우, 자격증이 헐어 못 쓰게 된 경우 또는 자격증 기재사항이 변경되어 재발급 받으려는 경우에는 별지 제6호서식의 보조공학사 자격증 재발급 신청서에 다음 각 호의 서류를 첨부하여 보건복지부장관에게 제출해야 한다. 〈개정 2019. 8. 12.〉

1. 자격증(자격증을 잃어버린 경우에는 그 사유서) 1부

2. 사진 2장

3. 자격증 기재사항의 변경 사실을 증명할 수 있는 서류(자격증 기재사항이 변경되어 재발급

을 신청하는 경우에만 해당한다) 1부

② 보건복지부장관은 제1항에 따른 재발급 신청을 받으면 별지 제5호의2서식의 보조공학사 자격등록대장에 그 사유를 적고 자격증을 재발급해야 한다. 〈개정 2019. 8. 12.〉

[본조신설 2019. 1. 9.]

제13조(보수교육의 실시) ① 보건복지부장관은 보조공학사에 대하여 법 제17조제1항에 따른 보수교육(이하 "보수교육"이라 한다)을 다음 각 호의 구분에 따라 받도록 명할 수 있다.

1. 보조공학사 업무에 종사하고 있는 보조공학사: 보조공학사 업무에 종사하거나 복귀한 날부터 2년마다 8시간 이상의 보수교육을 받을 것

2. 법 제19조에 따른 자격정지 처분을 받은 보조공학사: 자격정지 처분 기간 동안 보건복지부장관이 정하는 교육시간 이상의 보수교육을 받을 것

② 보건복지부장관은 법 제17조제1항에 따른 보수교육 업무를「공공기관의 운영에 관한 법률」제4조에 따른 공공기관 또는 보조공학사를 회원으로 하여 보조기기 관련 학문 · 기술의 장려, 연구개발 및 교육을 목적으로「민법」에 따라 설립된 비영리법인에 위탁한다.

③ 제1항 및 제2항에서 규정한 사항 외에 보수교육의 실시 시기와 방법 등에 필요한 사항은 제2항에 따라 보수교육 업무를 위탁받은 기관 또는 법인(이하 "보수교육 실시기관"이라 한다)이 정한다.

[본조신설 2019. 1. 9.]

제14조(보수교육의 계획 및 실적 보고 등) ① 보수교육 실시기관의 장은 별지 제7호서식에 따라 보조공학사 보수교육 계획서를 해당 연도 1월 31일까지 보건복지부장관에게 제출해야 한다.

② 보수교육 실시기관의 장은 별지 제8호서식에 따른 보조공학사 보수교육 실적 보고서를 다음 연도 3월 31일까지 보건복지부장관에게 제출해야 한다.

③ 보건복지부장관은 보수교육 실시기관의 보수교육 내용 및 운영 등을 평가할 수 있다.

④ 보수교육 실시기관의 장은 보수교육을 이수한 사람에게 별지 제9호서식의 보조공학사 보수교육 이수증을 발급해야 한다.

[본조신설 2019. 1. 9.]

제15조(보수교육 관계서류의 보존) 보수교육 실시기관의 장은 다음 각 호의 서류를 작성하여 3년 동안 보존해야 한다.

1. 보수교육 대상자의 교육 이수 여부가 명시된 명단

2. 그 밖에 보수교육 대상자의 교육 이수 여부를 확인할 수 있는 서류

[본조신설 2019. 1. 9.]

제16조(행정처분의 기준) 법 제19조에 따른 행정처분의 기준은 별표와 같다.

[본조신설 2019. 1. 9.]

제17조(보조공학사 국가시험의 수수료) ① 보조공학사 국가시험에 응시하려는 사람은 영 제6조제2항제5호에 따라 국가시험의 시행 및 관리를 위탁받은 법인이나 단체(이하 "국가시험 관리법인등"이라 한다)의 장이 보건복지부장관의 승인을 받아 결정한 응시 수수료를 현금이나 정보통신망을 이용한 전자화폐·전자결제 등의 방법으로 내야 한다. 이 경우 수수료의 금액 및 납부방법 등은 국가시험 관리법인등이 정하여 공고한다.

② 자격증을 발급 또는 재발급 받으려는 사람은 법 제20조에 따라 수입인지나 정보통신망을 이용한 전자화폐·전자결제 등의 방법으로 수수료 2천원을 내야 한다.

[본조신설 2019. 1. 9.]

제18조(보조기기업체의 육성·연구지원 등) ① 법 제21조제1항에 따른 생산장려금의 지급 및 기술지원 대상은 제19조에 따라 우수업체로 지정받은 보조기기업체로 한다. 〈개정 2019. 1. 9.〉

② 제1항에 따른 생산장려금의 지급 대상 품목·지급액·지급절차 및 기술지원의 방법 등에 관하여 필요한 사항은 매년 예산의 범위에서 보건복지부장관이 정하여 고시한다.

[제10조에서 이동 〈2019. 1. 9.〉]

제19조(우수업체의 지정 및 취소) ① 법 제21조제1항에 따른 우수업체(이하 "우수업체"라 한다)의 지정기준은 보조기기의 제조에 필요한 시설 및 전문인력의 확보 정도 등을 고려하여 보건복지부장관이 정하여 고시한다.

② 우수업체로 지정받으려는 자는 별지 제10호서식에 따른 우수업체 지정신청서(전자문서로 된 신청서를 포함한다)에 다음 각 호의 서류(전자문서를 포함한다)를 첨부하여 주된 사무소의 소재지를 관할하는 특별시장·광역시장·특별자치시장·도지사 또는 특별자치도지사(이하 "시·도지사"라 한다)에게 제출해야 한다. 이 경우 시·도지사는 「전자정부법」 제36조제1항에 따른 행정정보의 공동이용을 통하여 토지등기부 등본 및 건물등기부 등본을 확인해야 한다. 〈개정 2019. 8. 12.〉

1. 보조기기의 개발 및 보급 실적

2. 보조기기의 개발 및 보급 계획서

3. 우수업체로 지정받은 후 실시할 향후 1년간의 사업계획서

4. 재산목록

③ 시·도지사는 제2항에 따른 신청이 제1항에 따른 지정기준에 적합한 경우에는 별지 제11호서식에 따른 우수업체 지정서를 교부하고, 지정 사실을 고시해야 한다. 〈개정 2019. 8. 12.〉

④ 시 · 도지사는 제3항에 따라 지정을 받은 우수업체가 제1항에 따른 지정기준에 적합하지 아니하게 된 경우에는 그 지정을 취소하고, 취소 사실을 고시하여야 한다.

[제11조에서 이동 〈2019. 1. 9.〉]

부칙 〈제664호, 2019. 8. 12.〉

이 규칙은 공포일부터 시행한다.

찾아보기

내용

저자 소개

육주혜(Juhye, Yook)

미국 University of South Carolina 특수교육학 박사
한국장애인고용공단 고용개발원 연구원
한국보조공학회 회장
미국 California State University at Northridge (CSUN) 방문교수
한국보조공학사협회 회장
현 나사렛대학교 재활공학과 교수
　　충청남도보조기기센터 센터장
　　한국재활복지공학회 부회장

〈대표 저서 및 논문〉
『뇌성마비 학생을 위한 컴퓨터 접근의 실제』(공저, 학지사, 2012)
『보조공학총론』(2판, 공저, 학지사, 2016)
「보조공학 지원법 제정을 위한 쟁점 분석」(2015)
「A study on improvements of braille and reverse translation programs」(2019)

이근민(Gun-Min, Lee)

미국 Johns Hopkins University 특수교육공학 박사
한국재활복지공학회 회장
한국보조공학사협회 회장
현 대구대학교 재활공학과 교수
　　대구광역시 보조기기센터 센터장

〈대표 저 · 역서 및 논문〉
『최신특수교육학』(3판, 공저, 학지사, 2013)
『보조공학총론』(2판, 공저, 학지사, 2016)
『행복한 기술, 재활공학』(공역, 그린, 2010)
「한국 보조공학사의 역할과 직무에 대한 고찰: 미국 보조공학사 자격증과 비교」(2020)

김소영(Kim So Young)

대구대학교 재활공학과 박사
영남외국어대학교 작업치료과 조교수
두원공과대학교 작업치료과 조교수
현 대구대학교 재활공학과 겸임교수
    한국보조공학사협회 이사
    한국운전재활 사회적 협동조합 이사

〈대표 저서 및 논문〉
『보조공학총론』(2판, 공저, 학지사, 2016)
「컴퓨터 기반 한국형 디자인 시지각 검사 도구의 개발 연구」(2015)
「N-BACK프로그램이 뇌졸중 환자의 인지, 시지각, 우울, 불안과 일상생활활동에 미치는 효과」
    (2015)

이진현(Lee Jin Hyun)

대구대학교 재활공학 이학박사
미국 Crotched Mountain Rehabilitation Center, internship program 수료
한국보조공학사협회 부회장
현 대구광역시 보조기기센터 연구실장

〈대표 저서 및 논문〉
『보조공학총론』(2판, 공저, 학지사, 2016)
「뇌성마비 장애인의 앉은 자세에서 무릎 각도 변화에 따른 착석압력에 대한 고찰」(2019)

오현정(Oh Hyun Jung)

나사렛대학교 재활복지대학원 재활공학 석사
한국장애인개발원 연구원
나사렛대학교 재활공학과 시간강사
전주대학교 재활학과 시간강사
한국보조공학사협회 강사
현 국립장애인도서관 지원협력과 주무관
    한국보조공학사협회 이사

〈대표 저서〉
『보조공학총론』(2판, 공저, 학지사, 2016)

유성문(Yoo Sung Moon)

순천향대학교 ICT융합재활공학 박사 수료
대세엠케어 대리
국립재활원 중앙보조기기센터 연구원
현 보건복지부 중앙보조기기센터 연구원

⟨대표 저서 및 논문⟩

『휠체어 실무자 및 사용자를 위한 휠체어 및 이동기기 안내서』(보건복지부 장애인보조기구 사례
　　관리시범사업 중앙보조기구센터, 2011)
『나에게 딱 맞는 휠체어: 휠체어 사용법 가이드』(보건복지부 국립재활원, 2016)
「외상성 척수손상장애인과 뇌성마비장애인의 맞춤형 전동휠체어 적용 시 착석시스템의 차이에
　　대한 연구」(2009)
「경수 5번 완전손상 장애인의 욕창예방 보조기구 적용 사례」(2010)
「전동휠체어 등받이시트 디자인 개선을 위한 가이드라인 제안」(2015)
「Usability test of assistive technology devices for prevention of pressure ulcers」(2019)

성기창(Seong Ki Chang)

독일 Technische Universität Berlin 건축공학 박사
베를린공과대학부설 교육문화 및 공공건축연구소 연구원
(사)한국의료복지건축학회 부회장
(사)한국유니버설디자인협회 이사
현 국립한국복지대학교 유니버설건축과 교수

⟨대표 저서 및 논문⟩

『새로운 복지시설 디자인』(공저, 교문사, 2011)
「공공스포츠시설의 장애인스포츠 활성화를 위한 건축계획연구」(2012)
「학교건축의 유니버설디자인 적용에 관한 연구」(2018)
「BF인증을 위한 바닥 마감재 미끄럼 성능기준 및 측정방법에 대한 연구」(2019)

보조공학 서비스
Assistive Technology Service

2021년 1월 20일 1판 1쇄 인쇄
2021년 1월 25일 1판 1쇄 발행

지은이 • 한국보조공학사협회
　　　　육주혜 · 이근민 · 김소영 · 이진현 · 오현정 · 유성문 · 성기창
펴낸이 • 김진환
펴낸곳 • (주) **학지사**
　　　　04031 서울특별시 마포구 양화로 15길 20 마인드월드빌딩
대표전화 • 02)330-5114　　　팩스 • 02)324-2345
등록번호 • 제313-2006-000265호

홈페이지 • http://www.hakjisa.co.kr
페이스북 • https://www.facebook.com/hakjisabook

ISBN 978-89-997-2295-0 93370

정가 28,000원

출판 · 교육 · 미디어기업 **학지사**

간호보건의학출판 **학지사메디컬** www.hakjisamd.co.kr
심리검사연구소 **인싸이트** www.inpsyt.co.kr
학술논문서비스 **뉴논문** www.newnonmun.com
원격교육연수원 **카운피아** www.counpia.com